Erfindung und Kritik

Europäische Hochschulschriften
Publications Universitaires Européennes
European University Studies

Reihe I
Deutsche Sprache und Literatur

Série I   Series I
Langue et littérature allemandes
German Language and Literature

Bd./Vol. 1621

PETER LANG
Frankfurt am Main · Berlin · Bern · New York · Paris · Wien

Hermann Stauffer

Erfindung und Kritik

Rhetorik im Zeichen der Frühaufklärung
bei Gottsched und seinen Zeitgenossen

PETER LANG
Europäischer Verlag der Wissenschaften

Die Deutsche Bibliothek - CIP-Einheitsaufnahme

Stauffer, Hermann:

Erfindung und Kritik : Rhetorik im Zeichen der Frühaufklärung bei Gottsched und seinen Zeitgenossen / Hermann Stauffer. - Frankfurt am Main ; Berlin ; Bern ; New York ; Paris ; Wien : Lang, 1997
 (Europäische Hochschulschriften : Reihe 1, Deutsche Sprache und Literatur ; Bd. 1621)
 Zugl.: Mainz, Univ., Diss., 1996
 ISBN 3-631-31121-4

NE: Europäische Hochschulschriften / 01

D 77
ISSN 0721-3301
ISBN 3-631-31121-4
© Peter Lang GmbH
Europäischer Verlag der Wissenschaften
Frankfurt am Main 1997
Alle Rechte vorbehalten.

Das Werk einschließlich aller seiner Teile ist urheberrechtlich geschützt. Jede Verwertung außerhalb der engen Grenzen des Urheberrechtsgesetzes ist ohne Zustimmung des Verlages unzulässig und strafbar. Das gilt insbesondere für Vervielfältigungen, Übersetzungen, Mikroverfilmungen und die Einspeicherung und Verarbeitung in elektronischen Systemen.

Printed in Germany 1 2 3 4 6 7

INHALT

Vorwort IX

Einleitung
**BILDUNGSPROGRAMM UND KOMMUNIKATIVER
ENTWURF – VOM INTERESSE AN DER RHETORIK
DER FRÜHAUFKLÄRUNG** 1
1. Forschung und Methode 1
2. Vorhaben und Ziele der Arbeit 15

Kapitel I
**GOTTSCHEDS REDEKUNST IM SPANNUNGSVERHÄLTNIS
ZWISCHEN TRADITION UND NEUERUNG** 20
1. Gottscheds rhetorische Lehre und ihre Rezeption 20
1. 1. Ein frühes Zeugnis: Kästners Gottsched-Biographie 20
1. 2. Die Stellung der Schriften über die Beredsamkeit
im Gesamtwerk 22
1. 3. Die Rezeption der *Redekunst* 30
2. Der Umfang der Quellenrezeption in der Gottschedchen
Rhetoriktheorie 34
2. 1. Die Beziehung zu Antike und Neuzeit 34
2. 2. Formen der Vermittlung antiker Lehren 40
2. 3. Die Schlüsselrolle der humanistischen Rhetorik 46

Kapitel II
**RHETORIK, ÄSTHETIK UND ›FREYE KÜNSTE‹.
GRÜNDE UND FOLGEN EINER NEUORDNUNG** 54
1. Die Verortung des ›Rhetorischen‹ 54
1. 1. Die Einordnung der geistlichen Beredsamkeit
in Gottscheds Rhetorik 54
1. 2. Die epistolographische Redekunst 62
2. Die Begriffsbestimmung des ›Rhetorischen‹ 70

Inhalt

3. Wandlungen: Baumgartens *Aesthetica* und die Rhetorik 73
4. Französische Vorbilder im Wandel: Die Kontroverse um
   die Aufgaben von Kunst und Wissenschaft 77

Kapitel III
DIE DEBATTE UM DEN ARGUMENTATIONSWERT
DER TOPIK 86
1. Frühaufklärerische Polemik gegen die Methoden
   der ›Schuloratorie‹ 86
2. Das Verhältnis von Rhetorik und Dialektik in der Theorie
   der Beredsamkeit 91
3. Der ambivalente Toposbegriff im Rahmen der Entwicklung
   von Beweis- und Argumentationslehre 97
4. Wege der Adaption antiker Fragen an die *inventio* 103
4. 1. Das Redeziel der *persuasio* 103
4. 2. *Res* und *verba*, Worte und Sachen – Nachfragen zum
   genus demonstrativum 110
5. Die Antwort der Aufklärer: Der »Hauptsatz« 114
6. Cartesianische Vernunftrhetorik: Lamys *L'art de Parler* 120

Kapitel IV
AUSGANGSPUNKTE UND ZIELE FRÜHAUFKLÄRERISCHER
KRITIK AN DER ›SCHULORATORIE‹ 127
1. Ein neuer Wissenschaftsbegriff 127
1. 1. Die Neueinschätzung der Erfindungsquellen 127
1. 2. »Wirkliche Realien« anstelle der »artificial-invention« 134
1. 3. Die Diskussion der *themata allegorica* 143
1. 4. Die Aufwertung des *iudicium* 150
2. Wegbereiter Gottschedscher Rhetorik:
   Johann Andreas Fabricius und Gottfried Polycarp Müller 152
3. Erfindung, Urteilskraft und Topik in der rationalistischen
   Philosophie 159
3. 1. Leibniz: analytische und synthetische *inventio* 159
3. 2. Wolff: *ars nveniendi a priori* und *ars inveniendi a posteriori* 163

Inhalt

Kapitel V
KONSEQUENZEN RATIONALISTISCHER
VORSTELLUNGEN FÜR DIE RHETORIK 169
1. »Witz«, »Scharfsinn« und »Wahrscheinlichkeit« 169
2. Vernunft und Kritik 178
3. Das Mittel des *Criticus*: Die vernünftige Meditation 182
4. Die *argutia*-Rhetoriker als Kontrahenten aufklärerischer
   Beredsamkeit 194
4. 1. Das Compliment als Ort scharfsinniger Rede 194
4. 2. Maßnahmen gegen die Complimentierkunst 199
5. Rhetorische Meditation: Die Konsolidierung einer Idee 203

Kapitel VI
VERNÜNFTIGE RHETORIKKRITIK: FRÜHAUFKLÄRER
UND ›POLITISCHE‹ REDEKUNST 207
1. Topische Persuasionsstrategien der Hofberedsamkeit 207
2. Die Auseinandersetzung mit der Realienpädagogik
   der Weiseaner 212
2. 1. Pragmatische Erziehung durch die Klugheitsregeln 212
2. 2. Die Lehre von den Redegattungen 217
2. 3. Die Observation des Kollektaneenwesens 220
2. 4. Die besondere Funktion des Redeeingangs 224
3. Urteilskraft und ›realistische‹ Topik
   bei der Instruktion der *Politici* 229
3. 1. *Iudicium*: Eklektische Auswahl oder kritische Wertung? 229
3. 2. Ätiologie und Amplifikation 234

Kapitel VII
DER NEUENTWURF DER AUFKLÄRER:
EINE »VERNÜNFTIGE TOPIC« 243
1. Fundamente rationalistischer Rhetorikkritik:
   ›Seelenkunde‹ und Vernunft*ethos* 243
2. *Inventio thematis* und *inventio argumentorum* im Rahmen
   der klassischen Beweislehre 249

3. Angriffspunkte der Vernunftrhetorik:
   Die »künstlichen Beweisgründe« 255
3. 1. Modifikationen der Gottschedschen Kritik an den
   Topossammlungen 255
3. 2. Die Diskussion der Emblematik 259
4. Aufklärerische Argumentationsstrategien 265
4. 1. Logische Korrektheit der Beweisführung 265
4. 2. Grade der Plausibilität in der »Schluß=Rede« 268
5. Ausblicke: Gottsched und die neue Zeit 275

Exkurs
BEDINGUNGEN UND MÖGLICHKEITEN RHETORISCHER
PRAXIS: GOTTSCHEDS OPITZ-REDE 281
1. Rhetorisch-poetologische Auseinandersetzungen
   als Rezeptionsrahmen 281
2. Aufgeklärte Redekunst 286

Schluß
REDEKUNST UND KRITISCHE ERFINDUNG –
PERSPEKTIVEN FÜR EINE ZUKÜNFTIGE BETRACHTUNG 297

Abkürzungsverzeichnis 303

Quellen- und Literaturverzeichnis 305
1. Quellen 305
2. Nachschlagewerke, Lexika 318
3. Forschungsliteratur 319

Personenregister 353
Sachregister 362

VORWORT

Die vorliegende Arbeit wurde vom Fachbereich 13 Philologie I der Johannes Gutenberg-Universität Mainz 1996 als Dissertation zur Erlangung des akademischen Grades eines Doktors der Philosophie (Dr. phil.) angenommen. Ich hatte bis zur Drucklegung Gelegenheit, die Fakultätsfassung insgesamt zu straffen und Einzelergebnisse nochmals zu überprüfen bzw. zu ergänzen, ohne jedoch ursprüngliche Arbeitsansätze aufzugeben.

An einer Studie wie dieser sind viele Personen beteiligt, und das Vorwort bietet immer eine gute Möglichkeit, sich derjenigen zu erinnern, die zu ihrem Gelingen maßgeblich beigetragen haben. Als erstem bin ich meinem akademischen Lehrer und Betreuer der Arbeit, Herrn Professor Dr. Hans-Henrik Krummacher, für die zahllosen Hinweise und Erläuterungen und für die kritische Kommentierung der Rohfassung zu Dank verpflichtet. Ein besonders herzlicher Dank gilt Herrn Professor Dr. Wolfgang Düsing, der sich nach dem plötzlichen Tod von Herrn Professor Dr. Rudolf Malter als Zweitgutachter zur Verfügung gestellt und verständnisvoll den notwendigen Beistand geleistet hat. In der Endphase der Doktorarbeit habe ich von vielen Seiten Zuspruch bekommen. Danken möchte ich in erster Linie den Herren Professoren Dr. Rudolf Voß und Dr. Stefan Grätzel (FB Philosophie) für ihre Unterstützung.

Es ist mir auch ein Bedürfnis, den Kolleginnen und Kollegen am Institut für Europäische Geschichte in Mainz zu danken, allen voran den beiden Herren Direktoren, Professor Dr. Dr. h.c. Karl Otmar Freiherr von Aretin und Professor Dr. Heinz Duchhardt, die es in vielerlei Hinsicht ermöglicht haben, diese Untersuchung abzuschließen. Herr Dr. Claus Scharf hat den Fortgang meiner Studien immer mit großem Interesse, anregenden Gesprächen und guten Tips verfolgt. Für seine menschliche Offenheit und seine Verbundenheit bin ich Herrn Professor Dr. Martin Vogt zu herzlichem Dank verpflichtet. Alle, die hier nicht namentlich erwähnt sind, bitte ich um wohlwollende Nachsicht – ich danke für ihr Interesse und für vielseitigen persönlichen Zuspruch. Last not least geht ein Extra-Dankeschön an Jürgen Kron M.A., der in all den Jahren das Projekt von Anfang bis Ende als aufgeweckter Kommentator begleitet hat.

Das Werk in seiner jetzigen Form soll meiner Frau Martina gewidmet sein, deren Verständnis mir die notwendige Zeit für die Arbeit ermöglichte, die mehrmals Korrektur gelesen und mir immer wieder geholfen hat, kritische Phasen zu überwinden. Ihr bin ich überdies für die Geduld und die Bereitschaft dankbar, die wenigen materiellen Mittel in dieser schwierigen Zeit mit mir zu teilen.

Mainz, im Dezember 1996   Hermann Stauffer

EINLEITUNG

BILDUNGSPROGRAMM UND KOMMUNIKATIVER ENTWURF – VOM INTERESSE AN DER RHETORIK DER FRÜHAUFKLÄRUNG

1. Forschung und Methode

Die antike Rhetorik hat, weit hinausweisend über ihre kontinuierliche Rezeption als Redelehre im engeren Sinn, den künstlerischen Selbstausdruck des Abendlandes in hohem Maße mitbestimmt. Seit dem Mittelalter und noch bis in das frühe 19. Jahrhundert hinein waren Theorie und Praxis der Beredsamkeit fester Bestandteil des Wissenschaftskanons und Grundlage der sogenannten ›freyen Künste‹. Die Rhetorik definierte die Regeln und stellte das methodische Instrumentarium nicht nur für das Anfertigen von Reden bereit, sondern war auch Richtungsweiser für das Verfassen und Begreifen poetischer Texte. Als regulierendes Prinzip konnte sie so unterschiedliche Betätigungsfelder wie die Predigt und das Briefeschreiben integrieren, ja sogar bildnerische und musikalische Darstellungs- und Verfahrensweisen bewußt machen. Die Rhetorik war – mit einem Wort – universell.[1]

Auch die Frühzeit der Aufklärung in Deutschland, beginnend etwa in den beiden letzten Jahrzehnten des 17. Jahrhunderts bis zur Mitte des 18. Jahrhunderts, stand noch unter dem bestimmenden Einfluß der althergebrachten Tradition von Lehre und Ausübung der Redekunst. Allerdings fällt dem Betrachter sofort ins Auge, daß die schon früher geführte Diskussion über die Berechtigung einer Orientierung an der antiken Beredsamkeit und ihre Bedeutung für die eigene Zeit hier ihren Höhepunkt erreicht. Der von den Aufklärern kritisch betrachteten Adaption überlieferter Lehren und Muster bei Vorgängern und Zeitgenossen setzen sie ein eigenes, die Antike neu deutendes Konzept entgegen. Freilich führt die aufklärerische Debatte um eine authentische Annäherung an die alten Vorbilder zu einer Fundamentalkritik an vererbten Denkmustern, die es späteren Generationen erlaubt, die umfassenden Ansprüche der tradierten Redekunst zu bestreiten.

Im gesellschaftlichen und kulturellen Verkehr des 18. Jahrhunderts war die Rhetorik trotz der kritischen Kommentare der Aufklärer ebenso von Bedeutung wie als Lehrfach an Schulen und Universitäten. Anders als damals spielt sie heute weder als Maßstab für Umgangsformen oder Lebensgewohnheiten noch

---

[1] Der hier nur angedeuteten thematischen Bandbreite soll im folgenden ersten Kapitel der Arbeit die ihr angemessene Aufmerksamkeit zuteil werden. Die oft geradezu stupende Integrationskraft der Rhetorik in der Frühen Neuzeit ist Gegenstand von Kapitel II.

Bildungsprogramm und kommunikativer Entwurf

als Norm künstlerischer Tätigkeit eine Rolle; seit langem ist sie aus dem Curriculum verschwunden, und die moderne Pädagogik verzichtet ebenso auf ihr Dazutun wie der akademische Lehrbetrieb. Das Interesse an der Rhetorik ist heute auf ihre geschichtliche Rolle beschränkt, sieht man einmal von den vielerlei im Buchhandel erhältlichen populären ›Redekünsten‹ ab, die kaum je Berührungspunkte mit der einst lebendigen rhetorischen Tradition erkennen lassen – und eine solche Geistesverwandtschaft auch offensichtlich überhaupt nicht suchen.

Die Frühzeit der Aufklärung in Deutschland ist als epochale Bruchstelle, als Periode des Übergangs vom objektivierenden ›barocken‹ Formwillen zur ›modernen‹ subjektiven Aussprache, für eine Betrachtung der rhetorischen Lehre außerordentlich interessant. Besonders auf der Ebene systematisch-methodischer Merkmale der Redekunst haben sich Veränderungen abgespielt, die das Bild der Rhetorik als Ganzes nachhaltig bestimmten. Aber auch Faktoren außerhalb der systemimmanenten Diskussion sind gerade in dieser Epoche von den komplexen Verschiebungen im Vorgang der Aneignung und Vermittlung rhetorischer Normen und Werte nicht zu trennen. Die Entwicklung einer literarischen und wissenschaftlichen ›Infrastruktur‹, wie sie sich etwa im Aufschwung der Briefkultur, in der Ausformung geselliger Entwürfe bzw. der Expansion aufgeklärter Sozietäten und im Wachstum des Zeitschriftenwesens zeigt, macht die Einbettung des Werdens rhetorischer Lehren in umfassende geschichtliche Zusammenhänge deutlich.

Dies läßt sich leicht exemplifizieren: Johann Christoph Gottsched (1700–1766), ein Hauptrepräsentant der Frühaufklärung, hat solche Strukturen zum Teil vorgefunden, zum Teil selbst geschaffen.[2] Der in Leipzig, seiner Wirkungsstätte, aufbewahrte Briefwechsel, der große Kreis von Schülern und nicht zuletzt seine umfangreiche publizistische Tätigkeit kennzeichnen ihn als typischen Vertreter der ›Gesellschaft der Aufklärer‹.[3] Neben diesen großen Eigenleistungen konnte Gottsched auf Voraussetzungen bauen, die zu seiner Zeit nicht überall selbstverständlich waren: Die Handelsmetropole Leipzig bildete eines der Zentren der deutschen Aufklärung. Als Universitäts-, Verlags-, Buchhandels- und

---

[2] Zu Gottscheds Biographie vgl. Werner RIECK: Johann Christoph Gottsched. Eine kritische Würdigung seines Werkes. Berlin 1972; Walter DIETZE: Gottsched und Leipzig. Vortrag aus Anlaß der Verleihung der Promotionsurkunden durch den Rektor der Karl-Marx-Universität am 5. Februar 1974. Leipzig 1978; daneben auch das apologetische, in seiner Ausführlichkeit jedoch immer noch unerreichte zweibändige Werk von Eugen REICHEL: Gottsched. Bd. 1–2. Berlin 1908 und 1912. Alle drei Arbeiten sind allerdings – was die Werkinterpretation angeht – nur unter Vorbehalt zu empfehlen.

[3] Richard van DÜLMEN: Die Gesellschaft der Aufklärer. Zur bürgerlichen Emanzipation und aufklärerischen Kultur in Deutschland. (Frankfurt 1986). Zu Gottsched ebd., S. 48–54.

Forschung und Methode

Messestadt bot sie günstige Voraussetzungen für Wahrnehmung und produktive Vereinnahmung des aktuellen Geschehens in Wissenschaften und Künsten. Leipzig war Verlagssitz von Breitkopf und Gleditsch, war Publikationsort bedeutender aufklärerischer Periodika wie der *Acta eruditorum* und Nachschlagewerke wie *Zedlers Universallexicon*, war Geburts- und Studienort von Leibniz, war (zeitweise) Wirkungsstätte von Thomasius, Wolff, Vater und Sohn Mencke, Gellert und Gottsched – um nur die bekanntesten Namen zu nennen.[4]

Der Hinweis auf äußere historische Faktoren, auf zeitliche und örtliche Konditionen, kann freilich nicht ausreichen, um die Tiefenschichten im Denken des 18. Jahrhunderts auszuloten. Eine ernsthafte Auseinandersetzung mit den damals neu entwickelten Standpunkten Gottscheds innerhalb der geschichtlichen Entwicklung der Redekunst wird sich kaum eine vergleichende Lektüre von Quellen auch anderer zeitgenössischer Autoren ersparen können. Ohne die interpretative Einbeziehung geistesgeschichtlicher Strömungen der frühen Aufklärungszeit, wie sie in besonderem Maß auch an programmatischen Texten philosophischer Provenienz abzulesen sind, bliebe eine solche Arbeit unvollständig.

Die Feststellung, daß das rhetorische Lehrgebäude von der Antike über das Mittelalter bis zur Frühen Neuzeit einschließlich Gottsched nahezu ungebrochen überliefert wurde, und zwar sowohl in seinen schon von Aristoteles und Cicero aufgeworfenen Grundfragen als auch in den anschließend von Quintilian detailliert ausformulierten Einzelheiten, bedarf eigentlich keiner weiteren Erläuterung. Sie ist selbst längst sozusagen ein Topos der Rhetorikforschung geworden.[5] Es ist dennoch in der germanistischen Forschung nicht selbstverständlich gewesen, einen genauen Blick auf das Oeuvre Gottscheds zur Theorie der Beredsamkeit zu werfen, und dies obwohl die *Ausführliche Redekunst* (1736)[6] eine seiner Hauptschriften ist. Die *Redekunst* stand in der literaturwissenschaftlichen Diskussion immer schon im Schatten der berühmten *Critischen Dichtkunst*.[7] Das

---

[4] Vgl. dazu die Beiträge in: Wolfgang MARTENS (Hrsg.): Zentren der Aufklärung III: Leipzig. Aufklärung und Bürgerlichkeit. Heidelberg (1970).

[5] So etwa Ernst Robert CURTIUS: Europäische Literatur und lateinisches Mittelalter. Bern/München [3]1961, S. 88: Die Rhetorik sei »noch im 17. und 18. Jahrhundert eine anerkannte, eine unentbehrliche Wissenschaft« gewesen.

[6] Johann Christoph GOTTSCHED: Ausführliche Redekunst, Nach Anleitung der alten Griechen und Römer, wie auch der neuern Ausländer, in zweenen Theilen verfasset (...). Leipzig [1]1736; [2]1739; [3]1743; [4]1750; [5]1759. Hier und im folgenden zit. als AW nach dem Neudruck: Ausführliche Redekunst. Teile 1–4 (Ausgewählte Werke, hrsg. von P. M. Mitchell. Bd. VII, Tle. 1–4). Bearb. von Rosemary Scholl. Berlin/New York 1975–1981.

[7] Schon eine frühe – vielleicht die erste – Biographie zu Lebzeiten Gottscheds weist auf den bei der *Critischen Dichtkunst* liegenden Schwerpunkt der zeitgenössischen Rezeption hin:

Bildungsprogramm und kommunikativer Entwurf

scheint verständlich angesichts der gegen Ende des Aufklärungsjahrhunderts immer mehr in den Mittelpunkt rückenden Debatte um die literarische Formensprache und ihren ästhetischen Rang. Das Bild, das sich die nachwachsenden Generationen bis in die jüngste Zeit von der Rhetorik Gottscheds machten, war insbesondere durch die im 19. Jahrhundert formulierten Vorstellungen festgelegt.[8] Weit mehr noch als die literarische Entwicklung selbst bestimmte so die allgemeine Verschiebung des Interesses weg von der Rhetorik hin zu einer von ihr unabhängigen Literaturästhetik die mangelnde Rezeption der Gottschedschen *Redekunst* in der Folgezeit.

Seit der Entwicklung der philologisch-historischen Darstellung der deutschen Literatur aus Vorstellungen Herders wie aus der romantischen Kunstlehre der Brüder Schlegel, die noch vor den Brüdern Grimm damit wesentlich den Konstitutionsprozeß der Germanistik bestimmten, ist die Rhetorik zunehmend aus dem Blickfeld geraten.[9] Theodor Wilhelm Danzel, gleichsam der ›Ahnherr‹ der Gottsched-Forschung, bezieht sich dementsprechend wenig auf die alte Redekunst. Sein Augenmerk gilt, wie noch bei Generationen von Literaturhistorikern nach ihm, dem Streit des Leipziger Professors mit seinen ehemaligen Parteigängern Bodmer und Breitinger in Zürich um die Fragen des Wunderbaren beziehungsweise der Nachahmung der Natur in der Dichtung; rhetorische Kategorien sind Danzel allenfalls noch als Negativfolie bei der Betrachtung des dichterischen Selbstverständnisses im 18. Jahrhundert erwähnenswert.[10]

Das Jetztlebende Gelehrte Europa, Oder Nachrichten von den vornehmsten Lebens=Umständen und Schrifften Jetztlebender Europäischer Gelehrten (...) Durch Gabriel Wilhelm GOETTEN (...) II. Th. Braunschweig und Hildesheim 1736, S. 76–92, mit einer Bibliographie seiner Werke S. 83–92.

[8] Vgl. dazu Ulrich FRIEBEL: Auf der Schwelle zur »neuen Zeit«. Zur Einschätzung Gottscheds und seiner Zeit im 19. Jahrhundert. In: Lessing Yearbook 12 (1980), S. 85–105.

[9] Vgl. dazu Helmut SCHANZE: Romantik und Rhetorik. Rhetorische Komponenten der Literaturprogrammatik um 1800. In: Ders. (Hrsg.): Rhetorik. Beiträge zu ihrer Geschichte in Deutschland vom 16.–20. Jahrhundert. Frankfurt (1974), S. 126–144.

[10] Theodor Wilhelm DANZEL: Gottsched und seine Zeit. Auszüge aus seinem Briefwechsel, zusammengestellt und erläutert von T. W. D. Hildesheim/New York 1970. (ND der Ausgabe Leipzig 1848); vgl. nach Danzel und Carl Lemcke (Geschichte der deutschen Dichtung neuerer Zeit, 1871) etwa noch Franz MANSFELD: Das literarische Barock im kunsttheoretischen Urteil Gottscheds und der Schweizer. Diss. Halle 1928, und F[ritz]. BRÜGGEMANN: Einführung. In: Ders.: Gottscheds Lebens- und Kunstreform in den zwanziger und dreißiger Jahren. Gottsched, Breitinger, die Gottschedin, die Neuberin. Leipzig 1935. Als Einstieg und Überblick über die komplexe Forschungslage zu diesem Thema empfiehlt sich Hans Otto HORCH/Georg-Michael SCHULZ: Das Wunderbare und die Poetik der Frühaufklärung. Gottsched und die Schweizer. Darmstadt (1988), hier S. 18–22 und 26.

Forschung und Methode

Noch Klaus Dockhorns berühmter und in vielerlei Hinsicht die wirkliche historische Größenordnung der Redekunst rehabilitierender Aufsatz über *Die Rhetorik als Quelle des vorromantischen Irrationalismus* (1949) ist insofern dieser alten Perspektive verhaftet, als hier tragende Merkmale der Dichtungstheorie Gottscheds und der Schweizer, nämlich insbesondere des »Wunderbaren«, deren rhetorischen Kern zurücktreten lassen.[11] Geprägt von den aus genieästhetischen und romantischen Kunstanschauungen resultierenden Traditionen, ist die Darstellung Gottscheds trotz längst freigelegter wirkungsästhetischer Grundlagen seines Werks auch heute noch in mancher Hinsicht vorurteilsbeladen, etwa in der Behauptung einer ihm vollständig abgehenden gedanklichen Eigenständigkeit oder in bezug auf seine Person als Redner.[12]

Auch die Gottscheds Rhetorik gewidmeten Monographien haben oft mit derlei überlieferten Positionen der Literaturgeschichtsschreibung zu kämpfen. Berthold Grosser beispielsweise spricht in seiner Arbeit aus den dreißiger Jahren dem Leipziger jede »wirkliche Originalität« ab; dieses Verdikt dient dem Verfasser schließlich als Rechtfertigung dafür, selbst auf eine an den »Gesichtspunkt der Entwicklung« gebundene historische Darstellung zu verzichten.[13]

Aber auch Arbeiten neueren Datums weisen, was Gottscheds Werk angeht, oft allzu leichtfertige Urteile auf. So geht es Gerhard Schäfer, der soziologische Deutungsaspekte als Interpretationsrahmen für die Beschreibung des Nieder-

---

[11] Klaus DOCKHORN: Die Rhetorik als Quelle des vorromantischen Irrationalismus in der Literatur und Geistesgeschichte. In: Nachrichten der Akademie der Wissenschaften. Philologisch-Historische Klasse. Göttingen 1949, S. 109–150 (auch in ders.: Macht und Wirkung der Rhetorik. Bad Homburg u. a. 1968, S. 46–96); vgl. dazu auch HORCH/SCHULZ, Das Wunderbare, S. 81, sowie die kritischen Bemerkungen von Angelika WETTERER: Publikumsbezug und Wahrheitsanspruch. Der Widerspruch zwischen rhetorischem Ansatz und philosophischem Anspruch bei Gottsched und den Schweizern. Diss. Freiburg i. Br. 1979, S. 7 f.

[12] Vgl. dazu auch die Nachworte von Horst STEINMETZ in: Ders. (Hrsg.): Johann Christoph GOTTSCHED: Schriften zur Literatur. Stuttgart (1982), S. 367–385, und in: ders. (Hrsg.): Johann Christoph GOTTSCHED: Sterbender Cato. Im Anhang: Auszüge aus der zeitgenössischen Diskussion über Gottscheds Drama. Stuttgart 1984, S. 132–142; Gerhard SCHÄFER: Johann Christoph Gottsched. In: Deutsche Dichter. Bd. 3. Aufklärung und Empfindsamkeit. Stuttgart (1988), S. 34–50, hier S. 34–36, sowie die Hinweise zur Forschungslage bei Gunter E. GRIMM: Von der »politischen« Oratorie zur »philosophischen« Redekunst. Wandlungen der deutschen Rhetorik in der Frühaufklärung. In: Rhetorik, Bd. 3 (1983), S. 65–96, hier S. 91, und den Forschungsüberblick bei Klaus DOCKHORN: Rhetorik und germanistische Literaturwissenschaft. In: JbG III, Heft 1 (1971), S. 165–185.

[13] Bertold GROSSER: Gottscheds Redeschule. Studien zur Geschichte der deutschen Beredsamkeit in der Zeit der Aufklärung. Diss. Greifswald 1932, hier S. 24 und 26.

gangs des Rhetorischen vor dem Hintergrund der Auseinandersetzung Gottscheds mit den Schweizern zu erschließen versucht, unter anderem um die Feststellung von Rückwirkungen eines »neue[n] Leseverhalten[s]« in der Mitte des 18. Jahrhunderts auf die poetisch-literarische Theorie und Praxis. Durch diese neuartige Haltung habe sich die Ästhetik von der Rhetorik als eigenständige Disziplin emanzipieren können.[14] Nicht der Meinungsaustausch der Aufklärer selbst wird in seiner Entwicklung auf sein tatsächliches Ergebnis hin beobachtet und plausibel gemacht, sondern eine seiner Folgen wird zum Anlaß genommen, im Nachhinein das Ergebnis der Entwicklung – *hysteron-proteron* – zu ihrem eigenen Maßstab zu machen. Im Grunde ist damit weder die Sichtweise eines Danzel aufgegeben, noch kann der Autor dadurch nachweisen, worin die von ihm immer wieder konstatierte Wirkungsmacht des Rhetorischen denn nun eigentlich bestand – abgesehen von der methodischen Fragwürdigkeit einer monokausalen Deutungsweise.

Obgleich Gottscheds Rhetorik bereits mehrere Male Gegenstand wissenschaftlicher Untersuchungen war[15], bleibt doch ein Unbehagen gegenüber der analytischen Aufarbeitung seines Werks zurück. Die Beiträge haben sich trotz in mancher Hinsicht plausibler Einzelanalysen überlebt, da sie auf relativ kleiner Quellenbasis gründen und so insgesamt oft unbefriedigend bleiben (Grosser, Wechsler), oder aber sie sind, anders als ihre Entstehung in den letzten Jahrzehnten vermuten ließe, methodisch nicht fundiert (Bormann, Rossmann), da neuere Forschungsperspektiven nur unzureichend einbezogen werden.

Je offensichtlicher die Mängel besonders in den neueren Arbeiten zutage treten, desto dringender ergibt sich die Forderung nach einer genauen Analyse der

---

[14] Gerhard SCHÄFER: »Wohlklingende Schrift« und »rührende Bilder«. Soziologische Studien zur Ästhetik Gottscheds und der Schweizer. Frankfurt am Main u. a. (1987), hier S. 18 f.; vgl. in ähnlicher Perspektive auch Hans-Wolf JÄGER: Politische Kategorien in Poetik und Rhetorik der zweiten Hälfte des 18. Jahrhunderts. Stuttgart (1970); Thomas MÜLLER: Rhetorik und bürgerliche Identität. Studien zur Rolle der Psychologie in der Frühaufklärung. Tübingen 1990.

[15] Vgl. neben der Dissertation Grossers die zeitgleich entstandene Arbeit von Gerhard WECHSLER: Johann Christoph Gottscheds Rhetorik. Diss. Heidelberg 1933; außerdem Dennis Robert BORMANN: Gottsched's enlightened Rhetoric: The Influence of Christian Wolff's Philosophy on J. Gottsched's »Ausführliche Redekunst«. Diss. Iowa 1968 (Diss. Abstracts 19: 4125 A); vgl. ders.: A Rhetoric of the German Enlightenment. Johann C. Gottscheds »Ausführliche Redekunst«. In: Speech Monographs 38 (1971), S. 92–108; Isabella ROSSMANN: Gottscheds Redelehre und ihre antiken Quellen. Diss. Graz 1970. Der unergiebige Aufsatz von Berthold LITZMANN: Kronprinz Friedrich und Gottscheds Ausführliche Redekunst. In: ZfdA 30 (N. F. 18, 1886), S. 204–212, sei hier nur der Vollständigkeit halber genannt.

Forschung und Methode

frühaufklärerischen Rhetorik Gottscheds im Zusammenhang mit ihrem historischen Standort. Die vorliegende Studie will dieser Forderung nachkommen, indem sie das Werk in den Kontext der vielgestaltigen, dem geschichtlichen Wandel unterliegenden Entstehungsbedingungen stellt. Die in den letzten Jahren anhaltend geführte Forschungsdiskussion um Traditionszusammenhänge und rezeptionsgeschichtliche Perspektiven hat auch für die Bewertung der Aufklärungsliteratur entscheidende Fragestellungen aufgeworfen.[16] Ohne im einzelnen einem jeden Standpunkt folgen oder den Ergebnissen der vorliegenden Arbeit vorgreifen zu wollen, kann an dieser Stelle gesagt werden, daß die Rhetorikforschung mittlerweile so unterschiedliche Darstellungsarten wie sozialhistorische[17], ideologiekritische[18] und strukturalistische[19] Deutungsansätze zur Sprache gebracht hat.

Indessen bieten auch Arbeiten neueren Datums zur Aufklärungsrhetorik – da sie meist als kleinere Aufsätze und Abhandlungen mit eng begrenzter Fragestellung erschienen sind – eine kritische Befragung der frühneuzeitlichen Quellen oft nicht in der wünschenswerten Ausführlichkeit, und oft fehlt es auch an inhaltlicher Auseinandersetzung mit anderen Forschungsbeiträgen.[20] Freilich stan-

---

[16] Vgl. dazu u. a. Wilfried BARNER: Wirkungsgeschichte und Tradition. Ein Beitrag zur Methodologie der Rezeptionsforschung. In: Gunter GRIMM (Hrsg.): Literatur und Leser. Theorien und Modelle zur Rezeption literarischer Werke. Stuttgart 1975, S. 85–100. Grundlegend: Rezeptionsästhetik. Theorie und Praxis. Hrsg. von Rainer Warning. München ²1979, hierin insbes. der Beitrag von Hans Robert JAUSS: Literaturgeschichte als Provokation der Literaturwissenschaft (erstmals 1969); daneben Gunter E. GRIMM: Rezeptionsgeschichte. Prämissen und Möglichkeiten historischer Darstellungen. In: IASL 2 (1977), S. 144–186; ders.: Rezeptionsgeschichte. Grundlegung einer Theorie. Mit Analysen und Bibliographie. München 1977.

[17] Vgl. Wilhelm VOSSKAMP: Probleme und Aufgaben einer sozialgeschichtlich orientierten Literaturgeschichte des 18. Jahrhunderts. In: Das achtzehnte Jahrhundert als Epoche. Hrsg. von Bernhard Fabian und Wilhelm Schmidt-Biggemann. Nendeln 1978, S. 53–69; Hans-Jürgen GABLER: Geschmack und Gesellschaft. Rhetorische und sozialgeschichtliche Aspekte der frühaufklärerischen Geschmackskategorie. Frankfurt und Bern 1982.

[18] Vgl. dazu Hans Gerd SCHUMANN: Ideologiekritische Rhetorikforschung als interdisziplinäre Aufgabe. In: SCHANZE, Rhetorik, S. 199–215.

[19] Vgl. hierzu etwa die »Rhétorique générale« von Jacques DUBOIS u. a.; deutsche Ausgabe: Allgemeine Rhetorik, übersetzt und hrsg. von Armin Schütz. (München) 1974; Ludwig FISCHER: Topik. In: Grundzüge der Literatur- und Sprachwissenschaft. Hrsg. von Heinz Ludwig Arnold und Volker Sinemus. Bd. 1: Literaturwissenschaft. (München ⁴1976), S. 157–164; einen Einblick in die Forschungslage vermittelt Bd. 9 des Jb. Rhetorik (Rhetorik und Strukturalismus), Tübingen 1990.

[20] Etwa Christa HEILMANN: Wissenschaftstheoretische Positionen Gottscheds zur Rhetorik und ihre Aufhebung im 20. Jahrhundert. In: Beiträge zur Erforschung der deutschen Spra-

den ihnen die hervorragenden, der gesteigerten Nachfrage entsprechend sich vervielfachenden bibliographischen Hilfsmittel der neuesten Rhetorikforschung zum Teil noch nicht zur Verfügung[21]; dies gilt ebenso für die lexikalischen und historisch-systematischen Nachschlagewerke[22] – mit Ausnahme des Lausbergschen Handbuchs, das trotz seiner grundsätzlichen Mängel vielen immer noch als primäre Informationsquelle gilt.[23] Auch der Gottsched-Forschung ist durch

---

che 5 (1985), S.276–280; Rosemary SCHOLL: Die Rhetorik der Vernunft. Gottsched und die Rhetorik im frühen 18. Jahrhundert. In: Akten des V. Internationalen Germanisten-Kongresses Cambridge 1975. Bern/ Frankfurt M. 1976, S. 217–221.

[21] Vgl. u. a. die Übersicht von Dieter BREUER und Günther KOPSCH: Rhetoriklehrbücher des 16. bis 20. Jahrhunderts. Eine Bibliographie. In: SCHANZE, Rhetorik, S. 217–355; daß die bibliographische Erfassung noch immer nicht abgeschlossen ist zeigen Robert JAMISON/ Joachim DYCK: Rhetorik – Topik – Argumentation. Bibliographie zur Redelehre und Rhetorikforschung im deutschsprachigen Raum 1945–1979/80. (Stuttgart-Bad Cannstatt 1983); Karl-Heinz NICKEL: Forschung zur Rhetorik im 18. Jahrhundert. Eine Bibliographie der Veröffentlichungen aus den Jahren 1971–1979. In: Das 18. Jahrhundert 4 (1980), S. 132–136; ders.: Quellen- und Rezeptionsbibliographie zur Rhetorik des 18. Jahrhunderts. In: Das 18. Jahrhundert 4 (1980), S. 136–145, sowie die laufenden Verzeichnisse im Jahrbuch *Rhetorik*.

[22] Historisches Wörterbuch der Rhetorik. Hrsg. v. Gert UEDING. Bd. 1: A-Bib. Tübingen (zugleich Darmstadt) 1992; Bd. 2: Bie-Eul. Tübingen (zugleich Darmstadt) 1994 (erscheint im folgenden unter der Abkürzung HWR, Bd. 1; Bd. 2), sowie hierzu Gert UEDING (Hrsg.): Rhetorik zwischen den Wissenschaften. Geschichte, System, Praxis als Probleme des »Historischen Wörterbuchs der Rhetorik«. Tübingen 1991; vgl. jetzt die – leider nicht immer sachliche – Rezension des ersten Bandes des HWR von Franz Josef WORSTBROCK, in: ZfdA 122 (1993), S. 227–243, sowie die Replik der Hrsg. hierauf im Jb. Rhetorik 12 (1993), S. 178–183. Außerdem Gert UEDING/Bernd STEINBRINK: Grundriß der Rhetorik. Geschichte – Technik – Methode. Stuttgart (1986); vgl. dazu die Rezension von Reinhard BREYMAYER, in: Rhetorik 6 (1987), S. 207–211, sowie den kritischen Aufsatz von Samuel JAFFE: The Limits of Theory. *Ars Exemplum* and *Materia* in a New Presentation of the History and System of Rhetoric. In: AKG 72 (1990), S. 405–439.

[23] Bedingt durch die aus heutiger Sicht fragwürdige (auch von Ueding und Steinbrink im systematischen Teil des *Grundrisses* übernommene) Orientierung an Quintilian entsteht bei Lausberg das unhistorische Bild eines systematisch wie auch begrifflich unveränderlich festgefügten rhetorischen ›Plans‹. Es ist eines der Hauptanliegen der folgenden Untersuchung, dieses Bild insofern zurechtzurücken, als in ihr gezeigt werden soll, daß nur die Darstellung des geschichtlichen Wandels in der Lage ist, den Methodencharakter der Rhetorik als Art und Weise des Zugangs und der sprachlich-deskriptiven und kommunikativen Aufarbeitung von ›Welt‹ offenzulegen, wie er als Anspruch im frühen 18. Jahrhundert formuliert wurde, und daß dieses Wesensmerkmal gerade für die Analyse frühaufklärerischer Redelehre und ihr Verständnis der rhetorischen Tradition von entscheidender Bedeutung ist.

neuere Quellenveröffentlichungen mittlerweile eine breite Ausgangsbasis gesichert.[24]

Eine Sonderstellung nimmt die Gottsched-Forschung in der ehemaligen DDR ein, die bis zum Ende der achtziger Jahre sowohl durch die Publikation von Quellentexten als auch durch Interpretationen auf sich aufmerksam gemacht hat.[25] Der größte Teil aus Gottscheds Nachlaß bzw. das Erbe der *Deutschen Gesellschaft*, deren Mitglied und zeitweiliger Präsident er zwischen 1724 und 1738 war, befindet sich von jeher in Leipzig, wurde aber trotz der intensivierten Aufmerksamkeit gegenüber dem Frühaufklärer in den letzten Jahrzehnten nur selten genutzt, wohl auch aus mangelndem Engagement von westlicher Seite. So ist der Briefwechsel Gottscheds nur von Danzel im 19. Jahrhundert und dann von Wissenschaftlern der ehemaligen DDR eingesehen und – unter entsprechenden Vorzeichen – gedeutet worden.[26] Erst seit der Wiedervereinigung scheint das Interesse an den ostdeutschen Quellenbeständen neu erwacht zu sein.[27]

Von der bisherigen Forschung wurden die Zeitschriften Gottscheds bezüglich möglicher Äußerungen zur rhetorischen Theorie nahezu völlig außer acht gelassen; dies erscheint kaum verständlich, sind hier doch – wie die folgende Untersuchung zu verdeutlichen versucht – etliche spezifizierende und erhellende, die vorhandenen Perspektiven erweiternde Ausführungen des Leipziger Professors wie auch seiner Anhänger zu finden.[28] Insbesondere die Monatsschriften aus

---

[24] Vgl. etwa – neben der Auswahlausgabe seiner Werke – als wichtiges Hilfsmittel die Verzeichnisse der Gottsched zugänglichen Buchbestände: Bibliotheca Societatis teutonicae Saeculi XVI–XVIII. Katalog der Büchersammlung der Deutschen Gesellschaft in Leipzig (...). München (1971); Bibliotheca Gottschediana. Catalogvs Bibliothecae, qvam Jo. Ch. Gottschedius (...) collegit atqve reliqvit (...) Lipsiae o. J. (ND München 1977); Wolfram SUCHIER: Gottscheds Korrespondenten. Alphabetisches Absenderregister zur Gottschedschen Briefsammlung in der Universitätsbibliothek Leipzig. Mit Vorwort von Dietmar Debes. Leipzig 1971. (ND aus: »Kleine Gottsched-Halle«, Bde. 7 und 8 [1910–1912]).

[25] Eine vornehmlich auf sozioökonomische Bedingungen als Erklärungsmodell für das Gottschedsche Werk verweisende Perspektive vermittelt die breit angelegte und viele Quellentexte aufgreifende Arbeit Werner RIECKS (Anm. 2).

[26] Vgl. neben den bereits genannten Beiträgen von Dietze, Rieck und Heilmann auch Marianne WEHR: Johann Christoph Gottscheds Briefwechsel. Ein Beitrag zur Geschichte der deutschen Frühaufklärung. Diss. masch. Leipzig 1965.

[27] Vgl. dazu u. a. Gabriele BALL: »Befehlen Sie mir, so sollen meine geringe Kräfte alle Zeit zu dero Diensten bereit seyn« – Gottscheds literarische Vermittler- und Multiplikatorrolle im Spiegel seiner Briefsammlung in Leipzig. In: Das achtzehnte Jahrhundert 18 (1994), H. 1, S. 11–18.

[28] Es handelt sich hierbei um die dem engeren Gottsched-Kreis zugeschriebenen, wohl aber doch meist von ihm selbst verfaßten Rezensionen in: Beyträge zur Critischen Historie der

Bildungsprogramm und kommunikativer Entwurf

Gottscheds späterer Schaffensphase bieten oft aufschlußreiche, seine bekannteren Werke bisweilen deutlich präzisierende Abhandlungen und Rezensionen. Daß die Auswertung dieser Periodika bisher versäumt wurde, ist umso bedauerlicher, als sie in der intellektuellen Biographie Gottscheds eine nicht unbeträchtliche Rolle gespielt haben – immerhin spiegeln sie von den Moralischen Wochenschriften der zwanziger Jahre bis zu den Rezensionsorganen der Spätzeit fast vier Jahrzehnte der Entwicklung eines der prominentesten deutschen Aufklärer.

Was über die Forschungslage zu Beiträgen in seinen Zeitschriften gesagt werden muß, gilt in gleichem Maße auch für die vielen von Gottsched zu unterschiedlichsten Anlässen gehaltenen Reden. Ebenso wie sie sollen seine Vorreden in von ihm herausgegebenen Schriften und Sammelpublikationen in der vorliegenden Arbeit für die Interpretation seiner rhetorischen Lehre herangezogen werden. Das bisherige Gottsched-Bild kann auf diese Weise, so steht zu hoffen, wenn schon nicht grundsätzlich revidiert, so doch zumindest um weitere Facetten bereichert werden.

Es ist kaum zu übersehen, daß die *Redekunst* und die sie begleitenden Schriften gleichsam das ›Stiefkind‹ der Gottsched-Forschung gewesen sind. Dies mag – im Zusammenhang mit der bereits angesprochenen Geschichte der Forschung – u. a. daran liegen, daß im Falle der Gottschedschen rhetorischen Theorie von der Germanistik nicht in der Weise zentrale Diskussionspunkte wahrgenommen wurden, wie sie etwa in der *Critischen Dichtkunst* mit der Auseinandersetzung um die Gattungslehre oder um die Theorie der Naturnachahmung zu finden sind. Wenn überhaupt seine Werke zur Beredsamkeit im größeren Rahmen untersucht wurden, dann in den meisten Fällen unter dem Blickwinkel der Stillehre[29]; na-

---

deutschen Sprache, Poesie und Beredsamkeit. Hrsg. von einigen Mitgliedern der Deutschen Gesellschaft in Leipzig. Begründet von Johann Christoph Gottsched und Johann Georg Lotter, fortgeführt von Johann Christoph Gottsched. 32 Stücke in acht Bänden. Hildesheim/New York 1970. (ND der Ausgabe Leipzig 1732–1744); Neuer Büchersaal der schönen Wissenschaften und freyen Künste. Bde. 1–10. Leipzig 1745–1750; Das Neueste aus der anmuthigen Gelehrsamkeit. Bde. 1–12. Leipzig 1751–1762. Zur Publikationstätigkeit Gottscheds vgl. Fritz STRUTH: Gottscheds »Beyträge zur critischen Historie der deutschen Sprache, Poesie und Beredsamkeit« 1732–1744. Ein Beitrag zur Würdigung seiner Verdienste um die Geschichte der deutschen Philologie. Diss. masch. Marburg 1948. Marianne WINKLER: Johann Christoph Gottsched im Spiegel seiner kritischen Journale. Eine Teiluntersuchung zum gesellschaftlichen und philosophischen Standort des Gottschedianismus. In: Karl-Marx-Universität Leipzig 1409–1959. Beiträge zur Universitätsgeschichte. Bd. I. Leipzig (1959), S. 145–192. Eine neuere Untersuchung zu diesem Thema steht noch aus.

[29] Eric A. BLACKALL: Die Entwicklung des Deutschen zur Literatursprache 1700–1775. Mit einem Bericht über neue Forschungsergebnisse 1955–1964 von Dieter Kimpel. Stuttgart

mentlich wenn es um die Klärung von Gottscheds Verhältnis zu Poetik und Rhetorik vorangegangener Zeiten geht, wird dies deutlich.[30]

Die vorliegende Arbeit versucht, diese mehr oder weniger deutlich hervortretenden Forschungslücken zu schließen. Dabei sind über die bisher dargelegten Sachverhalte hinaus mehrere grundsätzliche Beobachtungen für die Themenwahl entscheidend: Erstens hat die germanistische Forschung in den letzten 25 Jahren wesentliche Fortschritte in der Analyse rhetorischer Diskurse gemacht, sich dabei aber zumeist auf die Barockzeit beschränkt.[31] Zweitens steht in literaturhistorischen Untersuchungen zur Frühen Neuzeit immer noch meist die Poetik im Mittelpunkt des Interesses, viel weniger die mit ihr zwar eng verwandte, aber auch viel umfassendere rhetorische Theorie. Gewöhnlich wird nur deshalb auf die Beredsamkeit Rücksicht genommen, weil die Lehre von der stilistischen Ausarbeitung wesentliche Verknüpfungspunkte zur Rhetorik herstellt.[32]

Neben den hier knapp umrissenen literaturwissenschaftlichen Fragestellungen und Entwicklungen hat sich die Toposforschung als eigene, epochenübergreifende Disziplin etabliert; die Diskussion um methodische Aufgaben und Konsequenzen wird hier besonders intensiv geführt.[33] Dabei ist zunächst die Unter-

---

(1966), hier S. 113–116; Christian WINKLER: Elemente der Rede. Die Geschichte ihrer Theorie in Deutschland von 1750–1850. Walluf/Nendeln 1975. (ND der 1. Auflage, Halle an der Saale 1931). – Eine Ausnahme macht Elke HAAS: Rhetorik und Hochsprache. Über die Wirksamkeit der Rhetorik bei der Entstehung der deutschen Hochsprache im 17. und 18. Jahrhundert. Frankfurt am Main u. a. (1980).

[30] Vgl. neben den Beiträgen von Mansfeld und Schäfer auch Felix LEIBROCK: Das Interesse an der Barockliteratur bei Gottsched und den Schweizern. In: Klaus GARBER (Hrsg.): Europäische Barock-Rezeption, Tl. I. Wiesbaden 1991, S. 327–335; UEDING/STEINBRINK, Grundriß, S. 109 und 112.

[31] Wegweisend dafür die Analysen von Wilfried BARNER: Barockrhetorik. Untersuchungen zu ihren geschichtlichen Grundlagen. Tübingen 1970; Joachim DYCK: Ticht-Kunst. Deutsche Barockpoetik und rhetorische Tradition. 2. Aufl. Bad Homburg u. a. (1969); daneben Ludwig FISCHER: Gebundene Rede. Dichtung und Rhetorik in der literarischen Theorie des Barock in Deutschland. Tübingen 1968.

[32] Vgl. u. a. Wilbur Samuel HOWELL: Poetics, Rhetoric, and Logic. Studies in the basic Disciplines of Criticism. Ithaca and London 1975; Peter SCHWIND: Schwulst-Stil. Historische Grundlagen von Produktion und Rezeption manieristischer Sprachformen in Deutschland 1624–1738. Bonn 1977; Hans-Joachim LANGE: Aemulatio Veterum sive de optimo genere dicendi. Die Entstehung des Barockstils im XVI. Jahrhundert durch eine Geschmacksverschiebung in Richtung der Stile des manieristischen Typs. Bern/Frankfurt a. M. 1974.

[33] Thomas PEKAR: Topos. In: Literatur Lexikon. Begriffe, Realien, Methoden, hrsg. von Lothar Meid. Gütersloh/München 1993, S. 434–436; Max L. BAEUMER (Hrsg.): Toposforschung. Darmstadt 1973; Lothar BORNSCHEUER: Topik. Zur Struktur der gesellschaftlichen Einbildungskraft. Frankfurt am Main 1976; vgl. dazu auch die Rezension von Otto PÖGGE-

scheidung zwischen dem historischen Topos-Begriff der antiken Rhetorik einerseits und dem modernen, heute geläufigen andererseits festzuhalten. Während der letztere seit Ernst Robert Curtius auf die Eigenschaft als technisches Rüstzeug zur Interpretation von Literatur verweist und damit auf eine eher eingeschränkte, lediglich aufs Literarische bezogene Bedeutung, ist er in der Antike seit Aristoteles als allgemein gebräuchlicher, aber nicht fest umrissener Begriff oder Gesichtspunkt (τόπος = Ort) zum Finden und zur praktischen Anwendung von Beweisgründen verstanden worden.[34] In der Rhetorik hat die Toposlehre seit jeher eine nicht zu unterschätzende Rolle bei der Darstellung der Argumentationstheorie gespielt.

Erst in jüngerer Zeit ist es – auch von germanistischer Seite – zu Versuchen der Integration von Ergebnissen der neueren (historischen) Toposforschung aus den und in die Nachbarwissenschaften gekommen, und damit haben sich in gleicher Weise für die Rhetorikforschung die Schwerpunkte verschoben.[35] Da für die Literaturgeschichte im deutschprachigen Bereich kaum Untersuchungen vorliegen, sind für die topologischen Aspekte der folgenden Analyse überwiegend altphilologische und romanistische Arbeiten von Bedeutung.[36] Im Anschluß an

---

LER, in: Poetica 10 (1978), S. 106–119; Peter JEHN (Hrsg.): Toposforschung. Eine Dokumentation. Frankfurt/M. 1972; vgl. dazu auch die Rezension von Adolf FINK, in: GRM 56 (N. F. 25, 1975), S. 102–106. – Zur Epoche der Aufklärung vgl. Lothar BORNSCHEUER: Die Aufklärung der Topik und die Topik der Aufklärung. In: Siegfried JÜTTNER/Jochen SCHLOBACH (Hrsg.): Europäische Aufklärung(en). Einheit und nationale Vielfalt. Hamburg (1992), S. 54–65.

[34] BAEUMER, Vorwort, in: Ders., Toposforschung, S. VII f. – Vgl. zur Forschungslage auch Lothar BORNSCHEUER: Bemerkungen zur Toposforschung. In: Mittellateinisches Jb. 11 (1976), S. 312–320; ders.: Neue Dimensionen und Desiderata der Topik-Forschung. In: Mittellateinisches Jb. 22 (1987), S. 2–27.

[35] Peter HESS: Zum Toposbegriff der Barockzeit. In: Rhetorik 10 (1991), S. 71–88; ders.: »Ein Lusthauß der Nimfen und Feldtgötter«. Zur Rolle der Topik in der Erzählprosa des 16. und 17. Jahrhunderts. In: TATLOCK, Konstruktion, S. 25–40; vgl. auch Dieter BREUER/Helmut SCHANZE (Hrsg.): Topik. Beiträge zur interdisziplinären Diskussion. München 1981; Helmut SCHANZE: Geschichte der Rhetorik. Literaturgeschichte – Stilgeschichte – Sprachgeschichte. Anmerkungen zu einer interdisziplinären Fragestellung. In: Karl-Heinz BAUSCH/Siegfried GROSSE (Hrsg.): Praktische Rhetorik. Beiträge zu ihrer Funktion in der Aus- und Fortbildung. Mannheim (1985), S. 11–22; Josef KOPPERSCHMIDT/Helmut SCHANZE (Hrsg.): Argumente – Argumentation. Interdisziplinäre Problemzugänge. München (1985).

[36] Wesentliche Anregungen für die vorliegende Arbeit hat der Autor durch die umfassende Studie von Wilhelm SCHMIDT-BIGGEMANN: Topica universalis. Eine Modellgeschichte humanistischer und barocker Wissenschaft. Hamburg (1983) erfahren; vgl. die ähnliche Fragestellung auch bei Hans Detlef FEGER: Logik ohne Dornen. Zum Zusammenhang von wis-

sie soll es in der vorliegenden Studie vorrangig um einen bestimmten Punkt in der Entwicklung der rhetorischen Theorie gehen, der für die weitere Diskussion nicht nur in Deutschland, sondern genauso auch in Frankreich und anderen Ländern einen tiefgehenden Bruch bedeutete: um die historische Verknüpfung von Rhetorik, Topik und Philosophie. An ihr kann am besten abgelesen werden, warum althergebrachte Denkmuster und Verfahrensweisen durch neuartige ersetzt wurden: »Der Paradigmenwechsel von der humanistisch-barocken Polyhistorie alteuropäischer Provenienz zum aufklärerischen Bildungs- und Wissenschaftsspektrum« hat, wie Lothar Bornscheuer in seinen knappen Anmerkungen über die *Aufklärung der Topik und die Topik der Aufklärung* vollkommen zu Recht konstatiert, »die Größenordnung einer kulturanthropologischen Evolution«.[37]

Derartige geistesgeschichtliche Tendenzen lassen sich besonders deutlich im Zusammenhang mit der die Topik integrierenden, die Lehre von der Redekunst insgesamt bestimmenden Diskussion der rhetorischen *inventio* beobachten, der Argumentations- und Beweisfindungslehre im Rahmen der Ausbildung zum Redner. Die Konzentration auf diesen Punkt erscheint um so notwendiger, als die Kenntnis der Lehre von den Beweisen in der gesamten rhetorischen Tradition bis zur Aufklärung, speziell hinsichtlich der Aufgaben und Möglichkeiten der Topik, grundlegend für das Selbstverständnis des Redners überhaupt war. Gerade die historische Veränderung von Aufgaben und Bewertung der inventionalen Topik kann deutlich am Werk Gottscheds und seiner aufgeklärten Mitstreiter abgelesen werden. In ihrer rhetorischen Theorie kulminiert eine schon länger geführte Auseinandersetzung, und gleichzeitig weisen sie – ohne es zu wollen – mit ihr den Weg heraus aus überkommenen Denkmustern.

Die Redelehrer kannten seit Beginn der systematischen Betrachtung der Rhetorik in der Antike die Unterscheidung in verschiedene Phasen bei der Anfertigung einer Rede, von denen als erste die stofflich-thematische Entwicklung des Redegegenstandes hervorgehoben wurde. Zentraler Diskussionspunkt der Anweisungen zur Herstellung vermittels der *inventio* war die Rolle, die der Redeteil der *argumentatio* einnehmen soll. Obwohl also schon immer von besonderem Gewicht, liegen sogar zum Thema Beweisfindung und Argumentationstheorie leider nur sehr vereinzelt Forschungsbeiträge vor, und auch unter diesem Gesichtspunkt fehlt es ganz an Arbeiten, die sich der Gottschedschen Theorie als einer der Nahtstellen im historischen Umbruch des Aufklärungsjahrhunderts

---

senschaftlicher Methode und sinnlicher Erkenntnis im 17. und 18. Jahrhundert. In: Daphnis 22 (1993), S. 197–264.

[37] BORNSCHEUER, Aufklärung, S. 63.

widmen.³⁸ Die Klärung ihrer inneren Verbundenheit mit der Überlieferung einerseits und epochengeschichtlichen Gegebenheiten andererseits in der vorliegenden Untersuchung soll die im gegenwärtigen Forschungsstand zu beobachtenden Lücken schließen und dadurch gleichzeitig die weitere Diskussion zwischen den Disziplinen anregen.

*

Macht man sich von den bisher umrissenen Zusammenhängen her bewußt, daß die besondere Rolle, die Gottscheds *Redekunst* in der langen Reihe rhetorischer Werke spielt, nur in und aus dem Kontext der Überlieferung, in dem sie steht, erklärt werden kann, so darf sich das Augenmerk eben nicht ausschließlich auf die Aussagen im Text selbst richten. Um sein Bild der Rhetorik sachgerecht einzuschätzen und verständlich machen zu können, ist genauso der Blick auf die anderen wichtigen Werke wie die *Critische Dichtkunst* oder die *Ersten Gründe der gesammten Weltweisheit* notwendig. Darüber hinaus muß ebenso der Umkreis des Leipziger Frühaufklärers, müssen Zeitgenossen, Weggefährten, Anhänger und Gegner in die Betrachtung miteinbezogen werden; genauso selbstverständlich sind aber auch Ansichten vorangegangener Generationen von Lehrern der Rhetorik in ihren epochalen Beziehungen und Differenzen zu kennzeichnen.

Neben Gottsched als dem prominentesten und einflußreichsten Exponenten frühaufklärerischer Rhetorik stehen dabei als wichtigste Mitstreiter seiner Generation Johann Andreas Fabricius (1696–1769) und Friedrich Andreas Hallbauer (1692–1750) im Mittelpunkt der folgenden Untersuchung, aber auch deren ›Nachfolger‹ wie Daniel Peucer (1699–1756), Johann Gotthelf Lindner (1729–1776) und Friedrich Christian Baumeister (1709–1785) kommen zu Wort; ein gelegentlicher Seitenblick auf die zeitgleiche popularisierende Unterrichtung in

---

38 Zumindest die geschichtlichen Grundlagen von der Antike bis zur Frühen Neuzeit sind ausschnittweise untersucht worden. Vgl. André NGUEMNING: Untersuchungen zur Topik des Aristoteles mit besonderer Berücksichtigung der Regeln, Verfahren und Ratschläge zur Bildung von Definitionen. Frankfurt am Main u. a. 1990; Christian PIETSCH: Prinzipienfindung bei Aristoteles. Methoden und erkenntnistheoretische Grundlagen. Stuttgart 1992; Joachim DYCK: Die Rolle der Topik in der literarischen Theorie und Praxis des 17. Jahrhunderts in Deutschland. In: JEHN, Toposforschung, S. 121–149; Cornelis-Anthonie VAN PEURSEN: Ars inveniendi im Rahmen der Metaphysik Christian Wolffs. Die Rolle der ars inveniendi. In: Werner SCHNEIDERS (Hrsg.): Christian Wolff 1679–1754. Interpretationen zu seiner Philosophie und deren Wirkung. Mit einer Bibliographie der Wolff-Literatur. Hamburg (1983), S. 66–88. Vgl. auch Manfred BEETZ: Argumenta. Stichpunkte zu ihrer Begriffsverwendung, Systematik und Geschichte in der Rhetoriktheorie des 17. und frühen 18. Jahrhunderts. In: KOPPERSCHMIDT/SCHANZE, Argumente, S. 48–60.

Vorhaben und Ziele der Arbeit

Zedlers Universallexikon, an dessen Entstehung auch Mitarbeiter aus dem Gottsched-Kreis beteiligt waren[39], soll die Darstellung der oft recht detailliert geführten Debatte um die Anforderungen an die Rhetorik unter den Vorzeichen der Aufklärung abrunden.

2. Vorhaben und Ziele der Arbeit

Um das System der Rhetorik in ihrem jeweiligen epochalen Verständnis recht zu fassen, bietet sich die Lehre von der *inventio* (εὕρεσις), die Anleitung zum Finden, Auffinden oder Erfinden, kurz also zur inhaltlichen Bewältigung des Redethemas in geradezu idealer Weise an. Sie, und nicht nur die von der Literaturwissenschaft oft diskutierte Lehre von der stilistischen Ausgestaltung (*elocutio*, λέξις) einer Rede, kann in das Zentrum dessen führen, was unter Rhetorik überhaupt verstanden wurde. Der Blick auf die Anschauungen über die *inventio* erscheint um so notwendiger, als die Kenntnis der in ihr vermittelten Instruktion zum Gebrauch von Argumenten und Beweisen in der gesamten rhetorischen Tradition bis hin zur Frühaufklärung der Stillehre vorangestellt wurde und diese damit maßgeblich bestimmte.

Allerdings wurde bis zu den Zeiten der Genie-Ästhetik unter der »Erfindung« nicht die phantasievolle freie Erfindung im heutigen Verständnis begriffen, sondern die bestimmten Regeln unterliegende Auffindung der thematischen Gesichtspunkte. Der rhetorischen Topik kam nach dieser Vorstellung die Aufgabe zu, systematisch glaubwürdige Argumente ausfindig zu machen. Gegenstand einer näheren Untersuchung frühneuzeitlicher Rhetorik muß also die Auseinandersetzung um Wesen und Aufgaben der Topik sein, und genauso muß die sich an ihr entzündende Kontroverse um die Befähigung der Rhetorik als solcher zur sachadäquaten Beschreibung von Wirklichkeit in den Mittelpunkt weiterer Überlegungen gestellt werden. Die Prinzipiendiskussion um Bedingungen und Möglichkeiten der Redekunst, seit den Zeiten des Humanismus Thema der akademischen Debatte, kulminiert bei den Frühaufklärern. Die Beschreibung dieser auf vielen Ebenen betriebenen Erörterung wird ein Kerngebiet der folgenden Unter-

---

[39] Der *Zedler*, erschienen in 68 Bänden zwischen 1732 und 1754 in Halle und Leipzig, wurde von dem Leipziger Wolffianer Karl Günther Ludovici (Ludewig), Verfasser einer mehrbändigen *Historie der Wolffischen Philosophie*, herausgegeben. Vgl. dazu auch Elger BLÜHM: Johann Heinrich Zedler und sein Lexikon. In: Jb. der schlesischen Friedrich-Wilhelms-Universität zu Breslau 7 (1962), S. 184–200; zu Gottscheds Einfluß Günter MÜHLPFORDT: Radikaler Wolffianismus. Zur Differenzierung und Wirkung der Wolffschen Schule ab 1735. In: SCHNEIDERS, Wolff, S. 237–253, hier S. 239.

suchung ausmachen; sie ist so vielschichtig, daß die Darstellung innerhalb eines Abschnitts oder Kapitels unmöglich wäre. Daher kann und soll die hier vorliegende Arbeit auch als Beitrag zur historischen Toposforschung und zur sprachphilosophischen Grundsatzdebatte gelesen werden, die in ihren Zielen naturgemäß noch über die Berücksichtigung der Theorie der Beredsamkeit hinausgehen.

Ausgelöst wurde die Auseinandersetzung um das Wesen der Topik, wie schon eine flüchtige Betrachtung der Quellen zeigt, von den Fragen hinsichtlich der Wissensdisposition in den Topossammlungen, den sogenannten ›Realien‹-Werken, in denen der Redner der Frühen Neuzeit fremdes oder eigenes Wissen zusammentrug. Obwohl die Sammlungen in ihrem Nutzen oder Wert nie ganz unumstritten waren, wurde erst im Aufklärungsjahrhundert eine fundamentale Kritik an diesen Kompendien und ihren als typisch für die Rhetorik der eigenen Zeit angesehenen Verfahrensweise entwickelt. Dabei kommt aus heutiger Sicht die Frage auf, ob und inwieweit eine solche Kritik nicht destruktiv wirken mußte, da sie dem Methodenapparat ›Rhetorik‹ nicht nur erneuerungsfähiges und austauschbares Material, sondern auch ureigene Arbeitstechniken, in letzter Konsequenz also die eigene Arbeitsgrundlage entzog.[40] So manifestierte sich die »vernünftige« Rhetorikkritik der Aufklärer in einer Neuinterpretation traditioneller Begrifflichkeit, und für den heutigen Betrachter entsteht angesichts dieser Beobachtungen die Aufgabe, den oft schillernden, vielfachem Wandel unterliegenden Sinngehalt scheinbar unveränderlich feststehender Begriffe zu erschließen. Im Falle der Argumentationstechnik heißt dies, immer wieder die unterschiedlichen Ebenen aufklärerischer Anschauungen ins Blickfeld zu rücken. So soll das Augenmerk – auch im Kontrast zu barocken Auffassungen – etwa auf die Bedeutungsvarianten und -nuancen der Arten der Argumente (*argumenta illustrantia*, *argumenta explicantia*) gelenkt und damit zugleich auch auf die interpretierende Rezeption in einer spezifisch deutschen Terminologie (»Erklärung«, »Erläuterung«) hingewiesen werden. Die den Einzelfall aufzeigende genaue terminologische Klärung im jeweiligen epochalen Zusammenhang kann die Frage beantworten helfen, inwiefern und auf welche Weise das rhetorische System insgesamt einen Wandel erfahren hat.[41] Beispielsweise gewinnen altbekannte Ansichten vom »Nachsinnen«, *meditatio*, als fundamentaler Verständnismethode hinaus in der Aufklärungszeit als »Meditation« im Sinne der *argumenta explicantia* besondere Bedeutung, denn sie treten als eigenständiges Reflektieren ohne die Zuhilfenahme fremder Mittel an die Stelle der überkommenen Topik.[42] Anhand

---

[40] Vgl. hierzu unten, Kap. IV, 1. und VI, 2.
[41] Vgl. hierzu unten, Kap. VII, 1. und VII, 4. 2.
[42] Vgl. hierzu unten, Kap. V, 3. und V, 5.

Vorhaben und Ziele der Arbeit

der ausführlichen Darstellung dieses für die Frühaufklärer offensichtlich wesentlichen Terminus im Rahmen des begriffsgeschichtlichen Wandels, dem auch er unterliegt, soll im folgenden versucht werden, Entwicklungstendenzen nachzuvollziehen, die, wie im Falle der »Meditation« aus der Problematisierung im Detail entstehend, schließlich eine Infragestellung des Systems in seiner Gänze herbeizuführen vermögen. Dabei darf nicht vergessen werden, wie sehr Phänomene der Gleichzeitigkeit alte und neue Vorstellungsweisen nebeneinander beobachten lassen.

Aber nicht nur die hier angedeutete begriffliche Fassung der inventionalen Elemente und ihrer Komponenten ist von historischen Fortentwicklungen wie auch von Interferenzen geprägt. Ebenso wie bei ihrer Betrachtung stellt sich die Aufgabe, bei der begrifflichen Klärung wesentlicher Bestandteile der Rede darauf zu achten, ob und inwieweit die formelle Trennung der ›klassischen‹ Herstellungsphasen *inventio – dispositio – elocutio* einer primär auf argumentative Verarbeitung des Redethemas zielenden Konzeption unterstellt ist. Auch die Stilhaltung der Rede wird davon bestimmt. Deutlich wird dies auf verschiedene Weise, vor allem aber an dem ambivalenten Begriff der *amplificatio* (αὔξησις), die in besonderer Weise dem Redeziel der Publikumsbeeinflussung dienen kann. Der Amplifikation als Mittel der Überzeugung durch pathoserregende Wirkung wurde in Dichtung und Redekunst des 17. Jahrhunderts eine besondere Rolle zuerkannt. Im frühen 18. Jahrhundert spielte sie eine entscheidende Rolle bei der Definition des Rhetorischen. Sie soll im Mittelpunkt eines weiteren Teils der vorliegenden Untersuchung stehen.[43]

Das Augenmerk muß sich abgesehen von derlei Detailfragen aber immer wieder auch auf die grundsätzliche Tatsache richten, daß der Begriff der *inventio* im 18. Jahrhundert von der inhaltlichen Seite her einen Wandel durchmachte. Die Beobachtung, daß in vorherigen Zeiten unter der »Erfindung« das Vermögen verstanden wurde, in Verbindung mit den Gesetzmäßigkeiten des ›Angemessenen‹, aus vorgegebenen Phrasen und Realien dasjenige ›aufzufinden‹, was zu den jeweiligen Bestandteilen der thematischen Vorgabe paßte, bietet dabei die Grundlage für den Blick auf die veränderte Deutung in der Zeit Gottscheds unter dem entscheidenden Einfluß der rationalistischen Philosophie. Dabei ergibt sich als Aufgabe, die antike Kategorie des *aptum* (πρέπον), die in vielerlei Hinsicht auch bei den Aufklärern von Bedeutung ist, in ihrem jeweiligen Vorverständnis zu betrachten, so daß deutlich wird, wie sie auf entscheidende Weise etwa die Auseinandersetzung um die ethische Verantwortung des Redners bestimmt, ge-

---

[43] Vgl. hierzu unten, Kap. VI, 3. 2.

nauso aber auch zu grundsätzlichen sprachtheoretischen Überlegungen um das Verhältnis der ›Worte‹ und der ›Sachen‹ führt.[44]

Daß die Diskussion im Kreis der Frühaufklärer um Wesen und Aufgaben der Redekunst, die von einem bestimmten Punkt an die Rhetorik selbst in Frage zu stellen begann, im Mittelpunkt der vorliegenden Arbeit stehen muß, liegt nach dem bisher Gesagten auf der Hand. Ebenso wird aber auch immer darauf zu achten sein, auf welche Weise sie auf längere Sicht den Niedergang von spezifisch rhetorischen Denk- oder Vorgehensweisen mit sich brachte. Schließlich wurde mit dieser Kontroverse auch ein ausgefeiltes System bzw. eine Methode von Zugang zu und Vermittlung von ›Wahrheiten‹ derart gründlich aus den Angeln gehoben, daß es dem Außenstehenden in seiner Bedeutung heute oft nur noch schwer verständlich gemacht werden kann.

*

Die Frage, was also die Ursache dafür ist, daß die früher intensiv geführte Diskussion um Wesen und Aufgabe der Beredsamkeit plötzlich abreißt, wird hier allerdings nicht zum ersten Mal gestellt. Ihr ist, wie auch den Auseinandersetzungen um die neue Disziplin der auf philosophischen Fragestellungen ebenso wie auf rhetorischen Kategorien beruhenden Ästhetik, die dann in einer ›entrhetorisierten‹ allgemeinen Kunstlehre münden, gelegentlich nachgegangen worden, allerdings nicht im Rahmen einer ausführlichen Studie.[45]

Von der Forschung bisweilen angebotene globale Lösungsperspektiven können die Problemlage jedenfalls nicht zur Genüge klären: Einerseits wird die sich mindernde rhetorische Argumentationskraft gegenüber der philosophischen Ästhetik auf eine Neuorientierung gesellschaftlicher Kommunikation hinsichtlich naturrechtlicher und damit den repräsentativen Charakter der Rhetorik verdrängender Begründungszusammenhänge zurückgeführt, andererseits auf die zusammen mit einem erstarkenden Nationalbewußtsein sich entwickelnde Muttersprachlichkeit in Deutschland, die im Wegfall der (lateinischen) Rhetorik als Unterrichtsfach resultiert hätten.[46] Damit ist freilich weder geklärt, ob durch den

---

[44] Vgl. hierzu unten, Kap. III, 4. 2.

[45] Joachim DYCK: Philosophisches Ideal und rhetorische Praxis der Aufklärung: Eine Problemskizze. In: Helmut SCHANZE/Josef KOPPERSCHMIDT (Hrsg.): Rhetorik und Philosophie. München (1989), S. 191–200; vgl. zu diesem Sammelband auch die Rezension von Josef SCHMIDT, in: Rhetorik 10 (1991), S. 178–179. – Vgl. auch den Aufsatz von Manfred FUHRMANN: Rhetorik und öffentliche Rede. Über die Ursachen des Verfalls der Rhetorik im ausgehenden 18. Jahrhundert. Konstanz 1983.

[46] DYCK, Ideal, S. 193, 196 und öfter; FUHRMANN, Rhetorik und öffentliche Rede, S. 17.

Vorhaben und Ziele der Arbeit

Prozeß der sukzessiven Preisgabe von Traditionen nicht im Gegenteil zugleich auch das Bewußtsein für den historischen Rang einer eigenen, ›neuen‹ Beredsamkeit gestärkt wurde, noch ob die Redekunst durch gesellschaftliche Emanzipationsbestrebungen *toto genere* absorbiert werden konnte.

Auch das bisweilen konstatierte Anwachsen eines originären politischen Bewußtseins des Bürgertums als Phänomen der Aufklärungsepoche bleibt als Erklärungsmöglichkeit in diesem Zusammenhang sicherlich zu allgemein.[47] Das hier unterstellte einheitliche »bürgerlich«-moralische Ideal der Kommunikationspflicht als ideologisierten Mittels des Selbstbewußtseins und der Selbstbehauptung im Gegensatz zu »feudalabsolutistisch«-repräsentativen Überzeugungen geht von einem gesellschaftlichen Antagonismus im 18. Jahrhundert aus, der in vielerlei Hinsicht, etwa in Anbetracht des »bürgerlichen« Eudämonismus, durchaus weniger machtvoll gewesen zu sein scheint, als an dies gelegentlich vermutet wird.[48]

Insofern soll die hier folgende Untersuchung durch greifbare Textanalysen und -vergleiche zumindest eines deutlich machen: daß nämlich die Rhetorik in der Frühen Neuzeit weit mehr war als Demonstration des sozialen Standesbewußtseins. Als universelle Vorgehensweise formulierte und praktizierte sie den Anspruch der Menschen, im vielschichtigen kommunikativen Austausch und Umgang sich immer wieder ihrer selbst und der sie umgebenden Welt zu vergewissern.

---

[47] Vgl. hierzu neben DYCK, Ideal, auch Peter PTASSEK: Rhetorische Rationalität. Stationen einer Verdrängungsgeschichte von der Antike bis zur Neuzeit. München (1993), der »die Rhetorik als Medium des Politischen« in Erinnerung rufen will (ebd., S. 14), sowie Hermann WIEGMANN: Redekunst und Politik. Über die Bedingungen der rhetorischen Übereinkunft im 18. Jahrhundert. In: Hans Erich BÖDEKER/Ulrich HERRMANN (Hrsg.): Aufklärung als Politisierung – Politisierung der Aufklärung. Hamburg (1987), S. 150–157, sowie zu dieser Publikation die Rezension von Thomas P. SAINE, in: Aufklärung 4 (1989), H. 1, S. 127–129.

[48] Vgl. zu diesem Thema Wolfgang MARTENS: Die deutsche Schaubühne im 18. Jahrhundert – moralische Anstalt mit politischer Relevanz? In: BÖDEKER/HERRMANN, Aufklärung, S. 90–107, insbes. S. 93; ders: Bürgerlichkeit in der frühen Aufklärung (erstmals 1970). In: Franklin KOPITZSCH (Hrsg.): Aufklärung, Absolutismus und Bürgertum in Deutschland. Zwölf Aufsätze. München 1976, S. 347–363; Rudolf VIERHAUS: Deutschland im Zeitalter des Absolutismus (1648–1763). In: Deutsche Geschichte. Bd. 2: Frühe Neuzeit. Göttingen 1985, S. 355–512, S. 447–449 (*Bürgerliche Welt- und Lebensanschauung*).

KAPITEL I

GOTTSCHEDS *REDEKUNST* IM SPANNUNGSVERHÄLTNIS ZWISCHEN TRADITION UND NEUERUNG

1. Gottscheds rhetorische Lehre und ihre Rezeption

1. 1. Ein frühes Zeugnis: Kästners Gottsched-Biographie

Eines der ersten Dokumente der biographischen Gottsched-Literatur findet sich in den *Betrachtungen über Gottscheds Charakter* des Göttinger Gelehrten und Dichters Abraham Gotthelf Kästner (1719–1800), eines seiner loyalsten Anhänger. Wie der Untertitel der Kästnerschen Ausführungen zeigt, handelt es sich dabei um einen in der Leipziger *Deutschen Gesellschaft* am 12. September 1767, fast ein Jahr nach Gottscheds Tod, gehaltenen Vortrag.[1] Dieser wohl allererste Vorstoß, einen sachlichen Lebensabriß durch die Erwähnung von Fehlern wie auch von Verdiensten Gottscheds frei von aller Polemik zu verfassen, steht im Widerspruch zu der mit Pyra und Lessing beginnenden und bis in das 20. Jahrhundert hinein oft erfolgreich betriebenen Praxis, das Gottschedsche Werk als Musterbeispiel für den Eigensinn eines doktrinären Kritikasters, als starrköpfig belehrendes Diktat veralteter Kunstanschauungen oder gar als belächelnswertes Kuriosum darzustellen.

Als der letzte prominente Vertreter der Regelpoetik und Anweisungsrhetorik stand der Leipziger Professor in einer Tradition, die unmittelbare Aussprache von Subjektivität im dichterischen und rednerischen Werk nicht thematisierte, ja gar nicht erst beanspruchte, und die nicht auf Originalität drang. Von der auf ihn folgenden Generation der Stürmer und Dränger und der Ästhetiker wurde seine auf Beachtung der Regeln pochende Haltung einer scharfen – und letztlich vernichtenden – Kritik auf theoretischer und praktischer Ebene unterzogen.[2] Käst-

---

[1] Abraham Gotthelf KÄSTNER: Betrachtungen über Gottscheds Charakter. In: Ders.: Vermischte Schriften. Zweyter Theil. Altenburg 1772, S. 76–86. Zur Biographie Kästners, zur Entstehungszeit der Rede ordentlicher Professor der Mathematik und Physik in Göttingen und als Gelehrter europaweit berühmt, vgl. Rainer BAASNER: Abraham Gotthelf Kästner, Aufklärer (1719–1800). Tübingen 1991; ADELUNG, Gelehrten=Lexico (...), Bd. 3, Sp. 17–22; ADB 15 (1882), S. 439– 451; zur Beziehung Kästners zu Gottsched ebd., S. 446 f., sowie Fritz WINTER: A. G. Kästner und Gottsched. In: Vierteljahrsschrift für Literaturgeschichte 1 (1888), S. 264–271.

[2] Lessing, der wohl den entscheidenden Schlag gegen Gottsched in seinem bekannten 17. Literaturbrief geführt hat, war übrigens zusammen mit Lichtenberg einer der Schüler Kästners. Die oft zitierte ironische Darstellung des Besuchs bei Gottsched in Goethes *Dichtung und Wahrheit* läßt ahnen, wie wenig die Auffassungen des Aufklärers, so sehr sie die litera-

ner, Freund und Korrespondent Gottscheds, war Mitglied in dessen *Vertrauter Rednergesellschaft*, seit 1741 auch der *Deutschen Gesellschaft* sowie bis zu seiner Berufung nach Göttingen Mitarbeiter bei Gottscheds *Critischen Beyträgen* und den *Belustigungen des Verstandes und des Witzes*.[3] Trotz vorübergehender Streitigkeiten mit seinem Mentor um die Poesie Albrecht von Hallers versucht Kästner in den keineswegs kritiklosen Bemerkungen seiner Gedenkrede, eine unparteiische und gerechte Würdigung der Leistungen Gottscheds zu geben:

»Gottscheds Verdienste schränken sich nicht auf deutsche Sprache, Litteratur, und, wenn man sie mir in der erklärten Bedeutung zu sagen verstattet, Beredsamkeit und Dichtkunst ein (...). Den deutschen Philosophen, zeigte Gottsched, glaube ich, zuerst, daß man Philosophie und schöne Wissenschaften verbinden könne. Denn weil die damaligen Philosophen, nur dachten, oder eigentlich: zu denken glaubten, und nicht empfanden; so hatten sie diese Wahrheit in Leibnitzens Schriften nicht gefühlt, und in Wolfs Metaphysik, entdeckte erst lange darnach, ein scharfsinniger Geist die Anfangsgründe der Ästhetik.«[4]

In der Verknüpfung der philosophischen Methode, der Logik bzw. Dialektik, mit Poetik und Rhetorik, in denen die ›schönen Wissenschaften‹ und ›freien Künste‹ substantiell repräsentiert sind, liegt also nach Kästners Aussage die eigentliche Tat Gottscheds. Der innere Zusammenhang der alten Nachbardisziplinen Dialektik und Rhetorik, in denen von Anfang an eine Dichotomie bewahrt wurde, ist so von ihm wieder hergestellt worden. Durch seine Autorität sind Urteilskraft (*iudicium*), Einbildungskraft (*ingenium*) und Erfindung (*inventio*) – wie schon bei den Vorbildern in Antike und Humanismus – zur Einheit verschmolzen. Die Wahrnehmung einer Gefahr für die Autonomie des überkomme-

---

rische Diskussion in Deutschland beherrscht hatten, nur zwanzig Jahre nach dem Gipfelpunkt der Wirksamkeit noch galten. Vgl. dazu auch Gerhard SAUDER: Der junge Goethe und Leipzig. In: MARTENS, Zentren, S. 233–246.

[3] Die *Belustigungen* wurden, von Gottsched angeregt, von dessen wohl anhänglichstem Schüler Johann Joachim Schwabe zwischen 1741 und 1745 herausgegeben. Vor allem in dieser Zeitschrift wurde der Literaturstreit mit den Schweizern Bodmer und Breitinger ausgetragen. Zu Kästners Rolle vgl. BAASNER, Kästner, S. 80–84 u. ö.; vgl. daneben auch RIECK, Gottsched, S. 30.

[4] KÄSTNER, Betrachtungen, S. 84 f.; zur Gottsched-Rede vgl. auch die Bemerkungen bei BAASNER, Kästner, S. 9, 110, 462–465 und öfter. Kästners temporäres Mißverhältnis ging nie so weit, daß er an den sogenannten *Bremer Beiträgen* mitarbeitete. Aus dem Umkreis der *Belustigungen* hervorgegangen, waren die von Karl Christian Gärtner 1741–1750 herausgegebenen *Neuen Beyträge zum Vergnügen des Verstandes und des Witzes* das Forum der abtrünnigen Gottschedianer um Gellert, Rabener und beider Schlegel. Vgl. dazu Christel Matthias SCHRÖDER: Die »Bremer Beiträge«. Vorgeschichte und Geschichte einer deutschen Zeitschrift des achtzehnten Jahrhunderts. Bremen 1956; zu Kästners Rolle bei den *Belustigungen* ebd., S. 17–34, zur Beziehung zu den *Beiträgern* BAASNER, Kästner, S. 150.

nen Lehr- und Lernsystems Rhetorik durch das übermächtig gewordene Vernunftdenken ist in Kästners Würdigung nicht zu erkennen, ebensowenig aber auch eine aktuelle Bedrohung der Vorrangstellung der Beredsamkeit aus einem anderen möglichen Grund: Eine von den »Anfangsgründen der Ästhetik« ausgehende potentielle Infragestellung rhetorischer Prävalenz sieht Kästner, in offensichtlich wohlwollender Haltung gegenüber der sensualistischen Kunstlehre Baumgartens – er wird namentlich nicht genannt – durchaus nicht. Im Gegenteil liegt dem Kästnerschen Urteil eine Sichtweise zugrunde, die dem heutigen Leser nicht mehr unbedingt geläufig ist und von ihm rekonstruiert werden muß, nämlich die Auffassung von einer inneren Verbundenheit zwischen traditionellen rhetorischen und aktuellen ästhetischen Konzeptionen. Gottsched habe, so die Ansicht seines Schülers, auf diesen Tatbestand hingewiesen, und gerade dadurch sei der rationalistische Dogmatismus der Zeitgenossen überwunden, zum mindesten aber vermieden worden. So wird der Leipziger Frühaufklärer im nachhinein zum Geburtshelfer des neuartigen »schönen Denkens«, indem er von Kästner als Popularisator der im Keim bei Leibniz und Wolff angelegten, dann aber von Baumgarten erst wirklich ›entdeckte‹ Kunstlehre charakterisiert wird.

Man wird kaum annehmen können, daß die Kästnersche Bewertung der Verdienste Gottscheds auch dessen ungeteilten Beifall gefunden hätte. Dessen Selbsteinschätzung lag viel eher in einer konservativen, auf Traditionen beharrenden Haltung. Die produktive Aneignung überzeitlicher, verbindlicher Regeln der Redekunst und ihre zeitgemäße Transformation standen für ihn im Zentrum der Überlegungen. Aber eine Vereinnahmung im Sinne Kästners wäre nicht nur Gottsched selbst zu weit gegangen, und sicher ist die Beurteilung nach seinem Tode durch den Göttinger Professor eine Ausnahmeerscheinung geblieben – im Urteil der Nachwelt überwiegt deutlich die Ablehnung Gottscheds.

1. 2. Die Stellung der Schriften über die Beredsamkeit im Gesamtwerk

Gottscheds Freund und lebenslanger Anhänger Kästner, selbst ein prominenter Verfechter der Aufklärung, stellt in seiner Rede ganz selbstverständlich die Verdienste um die Beredsamkeit heraus, obschon vielleicht nicht ganz in dessen Sinn. Im Gegensatz zu Gottsched zeigen die Ausführungen Kästners eine gewisse Bereitschaft, traditionelle rhetorische Werte auf die aktuelle ästhetische Diskussion zu beziehen, ohne diese von vornherein abzulehnen. Entscheidend ist hier aber die grundsätzliche Würdigung des Rhetorikers Gottsched, die eine von späteren Generationen nahezu vergessene Komponente seines Denkens als signifikant hervorhebt. Auch wenn heute immer noch wegen der meist im Vordergrund stehenden *Critischen Dichtkunst* kaum beachtet, spielt die rhetorische Lehre in Gottscheds intellektueller Biographie tatsächlich eine wesentliche Rolle, denn sie begleitet ihn von deren Anfang bis zum Schluß.

Die *Ausführliche Redekunst* bildet das Zentrum von Gottscheds rhetoriktheoretischem Schaffen. Sie erfuhr in einem Zeitraum von 23 Jahren 5 Auflagen, ohne daß sich das Textkorpus wesentlich verändert hätte – von der Ausklammerung bestimmter inhaltlicher Bereiche und von Redebeispielen abgesehen, gab es leichte Verschiebungen vornehmlich in Gottscheds Kritik am Topossystem.[5] Aber auch schon vor 1736, dem Jahr der Erstauflage der *Ausführlichen Redekunst*, war der Leipziger auf dem Buchmarkt präsent. Der *Grundriß einer Vernunfftmäßigen Redekunst*[6] von 1729 war Gottscheds erstes veröffentlichtes Lehrbuch überhaupt. Das Werk war als Kompendium der Vorlesungen gedacht, die Gottsched seit der Promotion im Jahr zuvor an der Leipziger Universität hielt und denen seit etwa Mitte der zwanziger Jahre erste Studien zur Rhetorik der Antike und der Frühen Neuzeit vorangegangen waren.[7] Wie der Titel des *Grundrisses* andeutet, ist die Schrift *Mehrentheils nach Anleitung der alten Griechen und Römer entworfen* worden. Obwohl er sich in der Frage eines Vorzugs von klassischen Werken gegenüber neuzeitlichen nicht eindeutig festlegen will, macht Gottsched in der *Vorrede* deutlich, daß er fast alle eigenen Regeln »aus den Schriften der Alten entlehnet« habe.[8] Schon bald nach der Publikation des Werks – und wohl auch als Reaktion auf dessen baldigen Erfolg – wurde Gottsched im Jahr 1730 die erste Professur verliehen, ein neu an der Leipziger Alma mater eingerichtetes Extraordinariat für Poesie und Beredsamkeit. Offensichtlich wurde dem Aufklärer aber gerade bezüglich seiner Erfahrungen mit der Redekunst über die Heimatstadt hinaus binnen kurzem allgemeine Anerkennung

---

[5] Vgl. dazu unten Kap. VII, 3. 1. – Da das rhetorische *Opus magnum* im Mittelpunkt der vorliegenden Untersuchung steht, erübrigt sich hier eine detaillierte Einführung.

[6] Johann Christoph GOTTSCHED: Grundriß Zu einer Vernunfftmäßigen Redekunst Mehrentheils nach Anleitung der alten Griechen und Römer entworfen und zum Gebrauch seiner Zuhörer an Licht gestellet von M. Joh. Christoph Gottscheden (...). Hannover 1729.

[7] Ebd., Vorrede an den Leser, Bl.)(5^r f. Zur Frage der Entstehung bzw. der oft falsch angesetzten Datierung (u. a. bei HIRSCHBERG, Taschengoedeke, S. 170; Rosemary SCHOLL: Nachwort des Herausgebers, in: GOTTSCHED, Ausführliche Redekunst. Anhang, Variantenverzeichnis, Nachwort, AW VII/3, S. 243–250, hier S. 243) vgl. WEHR, Briefwechsel, S. 27 f.; BLACKALL, Entwicklung, S. 418 f. – Kaum zutreffend dürfte der Hinweis bei UEDING/STEINBRINK, Grundriß, S. 120, sein, daß der *Grundriß* als Schulbuch »im Unterricht der deutschen Sprache an den Lateinschulen einen festen Platz hatte«, da das Werk tatsächlich der akademischen Unterweisung dienen sollte und für den Schulunterricht viel zu hohe Anforderungen stellte.

[8] GOTTSCHED, Grundriß, Vorrede, Bl.)(7^r.

gezollt, denn schon 1731 sollte Gottsched an die Universität Halle berufen werden, an der eine Professur der deutschen Beredsamkeit neugeschaffen worden war. Die Planungen zerschlugen sich jedoch frühzeitig.[9]

Schon nach seinem Magisterexamen in Königsberg im Jahr 1723 war es Gottscheds Aufgabe an der Albertina gewesen, Schüler in der Rede- und Dichtkunst zu unterrichten. Nachdem er einige Jahre als Bibliotheksverwalter und Hofmeister im Haus des Leipziger Publizisten und Universalgelehrten Johann Burckhard Mencke (1674–1732) verbracht hatte, bot dieser Gottsched schon 1726 einen ihm selbst angetragenen Lehrstuhl für Beredsamkeit in Petersburg an, den er jedoch ablehnte.[10] Als weithin bekanntem Anhänger des Philosophen Christian Wolff wurde Gottsched schließlich 1740, nach dessen Ausscheiden aus hessischen Diensten, eine Berufung als Nachfolger in Marburg offeriert, die dann aber ebenso nicht zustandekam.[11] Wenn auch diese Berufungsverhandlungen eher für Gottscheds Reputation als Philosophieprofessor denn als Lehrer der Redekunst sprechen, so kommt doch darin zumindest der auch von seinem Schüler Kästner hervorgehobene Anspruch Gottscheds auf wechselseitige Durchdringung von Philosophie, Rhetorik und anderen ›schönen Wissenschaften‹ zum Ausdruck – die Zeitgenossen erkannten Gottscheds vielseitige Ambitionen und honorierten diese durch die verschiedenen Lehrstuhl-Offerten. Die Rhetorik war Gottsched als ständiger Begleiter auf seinem Lebensweg gegenwärtig.

Eine Schulbuchfassung seiner rhetorischen Lehre legte Gottsched 1754 mit den *Vorübungen der Beredsamkeit*[12] vor, ebenso wie er die *Critische Dichtkunst*

---

[9] Nach der Habilitation für Schöne Wissenschaften bekleidete Gottsched von 1734 bis zu seinem Tod 1766 eine ordentliche Professur für Logik und Metaphysik; vgl. dazu DIETZE, Gottsched, hier S. 14 f.; REICHEL, Gottsched, Bd. 1, S. 669; zum folgenden ebd., Bd. 2, S. 235; Johannes REICKE: Zu Joh. Christ. Gottsched's Lehrjahren auf der Königsberger Universität. Königsberg i. Pr. 1892, hier S. 21.

[10] Mencke lehrte seit 1699 als *Professor Historiae* an der Leipziger Universität. Seit 1707, nach dem Tod des Vaters Friedrich Otto Mencke, wirkte er als Herausgeber der *Acta Eruditorum*, seit 1708 als sächsischer Hofhistoriograph. Mencke war Mitinitiator der *Deutschübenden Poetischen Gesellschaft* in Leipzig, der Vorläuferorganisation von Gottscheds *Deutscher Gesellschaft*. – Neben der vielfältigen biographischen Literatur sei hier insbesondere verwiesen auf die Beiträge von Notker HAMMERSTEIN, Jus und Historie; ders.: Die Universität Leipzig im Zeichen der frühen Aufklärung. In: MARTENS, Zentren, S. 125–140.

[11] Vgl. Hans-Bernd HARDER (Hrsg.): Marburger Professoren und Studenten aus Ostdeutschland und Osteuropa. Marburg/Lahn 1977, S. 27.

[12] Vorübungen der Beredsamkeit, zum Gebrauche der Gymnasien und größern Schulen, aufgesetzet von Joh. Christ. Gottscheden (...). Leipzig 1754. Eine zweite Auflage des Werks erschien 1756, eine dritte 1764, eine vierte 1775; vgl. zu den *Vorübungen* auch RIECK, Gottsched, S. 82 f.; Eugen REICHEL: Gottscheds Stellung in der Geschichte des deutschen

Gottscheds rhetorische Lehre und ihre Rezeption

(1730; ⁴1751) zwei Jahre später um die *Vorübungen der lateinischen und deutschen Dichtkunst* (1756; ²1760) erweiterte. Genau so verfuhr Gottsched auch mit seinem philosophischen Kompendium *Erste Gründe der gesammten Weltweisheit* (1734; ⁸1778), das er für den Schulgebrauch in die *Ersten Gründe der Vernunftlehre* (1766) übertrug. So standen zu all diesen Themengebieten Werke für die Unterweisung von Anfängern wie auch für das akademische Publikum zur Verfügung, und mit jedem seiner Werke hat Gottsched, den unterschiedlichen Aufgabengebieten entsprechend, eigene Ziele unter dem gemeinsamen Dach der Aufklärung verfolgt.

Das Schwergewicht der ›kleinen‹ Rhetorik, der *Vorübungen,* liegt nicht auf der Findung und Disposition von Stoffen, sondern auf der Stilistik, und dies macht auch Sinn, denn eine jede Altersstufe der Redeschüler wird durch bestimmte Sachgebiete und Schwierigkeitsgrade gefordert. Die Zurückhaltung in bezug auf die Inventionslehre in den *Vorübungen* wird – anläßlich der Rezension des Werks in Gottscheds Zeitschrift *Das Neueste aus der anmuthigen Gelehrsamkeit* – damit begründet, daß die Schule selbst nur lückenhaft logisch-philosophischen Unterricht, die Voraussetzung »vernünftiger« rednerischer Erfindungen, geben könne. Daher sei das Werk als Propädeutik frühestens bei Sekundanern einzusetzen: »Es gehören schon etwas geübtere Sinne dazu, wenn man selbst etwas aufsetzen soll; was nicht aus einem Wörterbuche ängstlich zusammen geschrieben worden.«[13]

In der Tat aber fanden die *Vorübungen* offensichtlich rege Verwendung als Lehrbuch an deutschen Universitäten, was Gottscheds Intention, ein Elementarwerk für den Schulunterricht anzubieten, entschieden widersprach. Die *Ausführliche Redekunst* war sehr teuer, für Studenten nahezu unerschwinglich – sie kostete »über einen Thaler«.[14] Nur eine aktuelle Überarbeitung für den universitären Unterricht konnte diesem Mißstand abhelfen. Im Gegensatz zu den *Vorübungen* sollte die neue Schrift, die *Akademische Redekunst,* als kürzerer »Auszug« aus dem oratorischen Hauptwerk aber auf die detaillierte Darlegung der Stillehre

---

Unterrichts- und Erziehungswesens. In: Mitteilungen der Gesellschaft für deutsche Erziehungs- und Schulgeschichte 19 (1909), S.77–117, hier S. 90–92; Horst Joachim FRANK: Geschichte des Deutschunterrichts. Von den Anfängen bis 1945. (München 1973), S. 90–92; Frank schätzt das Werk als »das erste Beispiel für die didaktische Umsetzung eines vorgegebenen Lehrgegenstands in die Möglichkeiten des schulischen Unterrichts, die sich nicht mit einer bloßen Verkürzung und Vereinfachung des Stoffes begnügte«.

[13] GOTTSCHED (?): [Rezension] Vorübungen der Beredsamkeit, in: Das Neueste, Christmond 1754, S. 921–925, hier S. 922 f.; vgl. ähnlich auch die Vorrede in den *Vorübungen.*

[14] Vgl. auch zum folgenden die Rezension der *Akademischen Redekunst* in: Das Neueste, Brachmond 1759, S. 479–480.

verzichten.[15] Die Bekanntschaft mit Tropen und Figuren sollte nach den Vorstellungen des Autors bereits in der Schule gemacht worden sein, und das akademische Lehrwerk war dazu gedacht, die Studenten darüber hinaus in das Wesentliche und zugleich Schwierigste der Redekunst vordringen lassen – in die Lehre von der *inventio*. Sie nimmt denn auch gut ein Drittel des Werkumfangs ein.[16]

Gleichwohl ist der *Akademischen Redekunst* ein Anhang beigefügt, der auf grundsätzliche Probleme der Stillehre eingeht. Ungewöhnlich daran ist, daß es sich hierbei nicht um eine von Gottsched selbst verfaßte Arbeit handelt, sondern um die Wiederveröffentlichung der *Dissertatio De Meteoris* des Baseler Gelehrten Samuel Werenfels (1657–1740) aus dem Jahr 1694.[17] Dieses Vorgehen des Vielschreibers Gottsched ist vor allen Dingen deshalb höchst interessant, weil das Schwergewicht der Abhandlung Werenfels' auf der Beschäftigung mit dem *genus sublime* liegt, der »erhabenen Schreibart«.

Anders jedoch als bei den späteren Ästhetikern wie Kant und Schiller ist in der Schrift des Schweizer Theologen und Professors der Beredsamkeit das »Erhabene« noch ausschließlich auf die Darstellungsweise bezogen und an rhetori-

---

[15] Akademische Redekunst, zum Gebrauche der Vorlesungen auf hohen Schulen als ein bequemes Handbuch eingerichtet und mit den schönsten Zeugnissen der Alten erläutert von Johann Christoph Gottscheden. Leipzig 1759, Vorrede, hier Bl. *5ᵛ–*6ʳ.

[16] Es geht in der *Akademischen Redekunst* immer vorrangig um die systematisch-theoretische Beschreibung und Fixierung von Merkmalen der Redekunst. Diese späteste Schrift über die Beredsamkeit stellt in jedem Fall das ›abstrakteste‹, am wenigsten von Beispielen durchsetzte und am nächsten an logisch-dialektischen Abhandlungen orientierte rhetorische Werk Gottscheds dar – offensichtlich ein Kennzeichen für die zunehmende Entfernung des Leipzigers von der ›traditionellen‹ Anweisungsrhetorik in seinen letzten Lebensjahren.

[17] Der Deutschen Gesellschaft in Leipzig Eigene Schriften und Uebersetzungen, Leipzig 1730, Bd. 1, S. 339–412. Vgl. auch die kurzen Bemerkungen darüber bei GOTTSCHED, Ausführliche Redekunst, XV. HSt., III. §., S. 361. Vgl. zu dieser Schrift Helmut ABELER: Erhabenheit und Scharfsinn: Zum »argutia«-Ideal im aufgeklärten Klassizismus. Diss. Göttingen 1983, S. 132–139; Wilhelm KÜHLMANN: Gelehrtenrepublik und Fürstenstaat. Entwicklung und Kritik des deutschen Späthumanismus in der Literatur des Barockzeitalters. Tübingen 1982, S. 443 f. – Werenfels ist Gottsched daneben auch wegen seiner *Rede zur Verteidigung der Schauspiele* wichtig, die er in den *Beyträgen*, Bd. VIII, 32. Stück (1744), S. 598–623, behandelt; vgl. auch BG, *Libri omissi*, Nr. 25. Vgl. hierzu Martin STERN: Über die Schauspiele. Eine vergessene Abhandlung zum Schultheater des Basler Theologen Samuel Werenfels (1657–1740) und ihre Spuren bei Gottsched, Lessing, Gellert, Hamann und Nicolai. In: Text & Kontext 17 (1989), S. 104–126; ders./Thomas WILHELMI: Samuel Werenfels (1657–1740): Rede von den Schauspielen. Der lateinische Urtext (1687/1716), die Übersetzungen von Mylius (1742) und Gregorius (1750) sowie deren Rezeption durch Gottsched, Lessing und Gellert. Ein Beitrag zur Theaterfrage in der Frühaufklärung. In: Daphnis 22 (1993), S. 73–171.

schen Kategorien gemessen. Gottsched signalisiert mit der Wiederveröffentlichung, daß er diesen in der zeitgenössischen Diskussion immer wichtiger werdenden Begriff nicht, wie mittlerweile wiederholt geschehen, als Ausdruck eines bestimmten ästhetischen Empfindens verstanden haben will. Im Gegenteil folgt er damit Werenfels, weil dieser mit einem ganz dem herkömmlichen innerrhetorischen Sprachgebrauch entsprechenden terminologischen Instrumentarium operiert. Zum Zeitpunkt der Publikation in der *Akademischen Redekunst* war dies ein offener Angriff gegen eine Entwicklung, die seit der Apologie von Longins Schrift *Über das Erhabene* bei den Schweizern und der sich von der Rhetorik emanzipierenden Ästhetik Baumgartens längst nicht mehr zu stoppen war.[18] Die erneute Veröffentlichung von Werenfels' Werk zu Anfang der sechziger Jahre des 18. Jahrhunderts konnte vom zeitgenössischen Lesepublikum unter diesen Voraussetzungen nur als Beleg für eine an gestrigen Vorstellungen sich klammernde Haltung Gottscheds gewertet werden.[19] Gottsched blieb Werenfels' Abhandlung treu: schon für die Konzeption seines *Grundrisses* hatte er sie benutzt, auch dort insbesondere für die Charakterisierung der »schwülstigen« Schreibart.[20]

Ein weiteres besonderes Merkmal macht die *Akademische Redekunst* für den heutigen Leser vor allem wichtig: Es ist das Vorhaben Gottscheds, im *Versuch einer deutschen Redner=Bibliothek* erstmalig auf diesem Gebiet und nur dafür ein bibliographisches Verzeichnis empfehlenswerter Quellen und Hilfsmittel aufzuführen. Die nach dreierlei Gesichtspunkten geordnete Liste führt auf acht Druckseiten insgesamt 42 »Redekünste«, 47 »Einzelne Reden und Sammlungen« und zwölf Einträge für einen »Vorrath und Hülfsmittel zur Beredsamkeit« auf. Sie wird ergänzt durch ein weiteres Bücherverzeichnis von 61 aus der Sicht des Autors auch für die eigene Zeit geeigneten antiken und humanistischen Reden und Redekünsten; mehrere französische Werke und eine englische Rhetorik

---

[18] Vgl. dazu auch HWR, Bd. 2, Sp. 1357–1389, s. v. das Erhabene; zur unterschiedlichen Einschätzung bei Gottsched und den Schweizern sowie zur Entwicklung des Begriffs bis zu Kant und Herder vgl. ebd., Sp. 1370–1374, sowie Marylin K. TORBRUEGGE: Bodmer and Longinus. In: Monatshefte 63 (1971), H. 4, S. 341–357. S. auch weiter unten in diesem Kapitel.

[19] Vgl. auch die unter Gottscheds Federführung entstandene Übersetzung der Abhandlung von Alexander POPE: Anti=Longin, Oder die Kunst in der Poesie zu kriechen (...), nebst einer Abhandlung Sr. Hochedelgebohrnen, Hn. Johann Christoph Gottscheds (...), von dem Bathos in den Opern. Leipzig, verlegts Joh. George Löwe, 1734; Gottscheds Aufsatz ist abgedruckt in: ders., Gesammelte Reden, AW X/1, S. 39–72.

[20] GOTTSCHED, Grundriß, II. Abth., I. Abschn., 1. HSt., §. 19–§. 21, S. 57 f. Vgl. dazu auch weitere Nachweise bei WECHSLER, Gottsched, S. 56 und 103.

aus der Frühen Neuzeit kommen hinzu.[21] Zunächst läßt dieser umfangreiche Bücherkatalog auf eine gründliche Quellenkenntnis des Leipzigers schließen, zumal er betont, er habe alle Beiträge »selber gelesen und mit Vortheile zu Rathe gezogen«.[22] Von besonderem Interesse dabei ist, welche der antiken und nichtantiken Werke in die Liste der Empfehlungen aufgenommen werden, denn daran läßt sich ablesen, welche Schwerpunkte Gottsched für die eigene Arbeit gelegt hat und in welchen Diskussionsrahmen er sein rhetorisches Oeuvre gestellt sehen wollte.[23]

Neben Stillehre und bibliographischer Pionierarbeit weist die *Akademische Redekunst* noch ein weiteres Charakteristikum auf: Gottsched läßt seinem Leser einzelne Erörterungen zur Predigtlehre zukommen, wobei sich der Anknüpfungspunkt für ihn auf der Fundamentalebene jedweder Rede, der Erfindung, ergibt.[24] Die Integration der Kanzelrede – sie findet sich auch in der ersten Auflage der *Ausführlichen Redekunst* – ist insofern ungewöhnlich, als der Rhetorikunterricht in der Tradition des Triviums lediglich vorbereitende Funktion für die dem Theologiestudenten vorbehaltene Unterweisung in der Predigtlehre hatte. Aufgrund der alten, auch zu Gottscheds Zeit wirksamen Unterscheidung zwischen weltlicher und geistlicher Beredsamkeit war der Predigtlehre eine eigene Gattung rhetorischer Abhandlungen zuerkannt worden, die homiletische Rhetorik, und die integrativen Absichten des Aufklärers stießen auf Widerstand.

Gottsched wurde von der protestantischen Orthodoxie wiederholt zum Vorwurf gemacht, er leugne den Unterschied zwischen geistlicher und weltlicher Beredsamkeit. Über die Position gegenüber der Homiletik in der ersten Auflage der *Ausführlichen Redekunst*, dargelegt unter anderem in der *Rede wider die homiletischen Methodenkünstler*, kam es zu Auseinandersetzungen mit der kursächsischen Zensurbehörde.[25] Im September 1737 mußte Gottsched sich für sein

---

21 Ders., Akademische Redekunst, I. HSt., 17. §., S. 16–23 und S. 33–38. Vgl. dazu auch Ursula STÖTZER: Deutsche Redekunst im 17. und 18. Jahrhundert. Halle (Saale) 1962, S. 90.
22 GOTTSCHED, ebd., S. 38. – Daß die Quellenkenntnisse Gottscheds ohne Frage noch weit umfassender waren, als dieser Katalog nahelegt, ergibt sich aus den einschlägigen Bücherverzeichnissen der BG und der BST.
23 Diesen Fragen widmet sich insbes. der folgende Abschnitt 2.
24 GOTTSCHED, Akademische Redekunst, Das XVI. Hauptstück: Von geistlichen Lehrreden, oder Predigten, S. 286–300.
25 Ders., Rede wider die homiletischen Methodenkünstler, AW VII/3, Anh. 15, S. 122–131. Vgl. dazu WEHR, Briefwechsel, S. 27 f. und 356; zu Gottscheds Auseinandersetzungen mit der Zensur vgl. Agatha KOBUCH: Zensur und Aufklärung in Kursachsen. Ideologische und politische Meinungen zur Zeit der sächsisch-polnischen Union (1697–1763). Weimar 1988, S. 157–164; zur *Ausführlichen Redekunst* ebd., S. 158–160.

Gottscheds rhetorische Lehre und ihre Rezeption

Rhetoriklehrbuch vor der Bücherkommission in Leipzig aufgrund einer Beschwerde der theologischen Fakultät wegen Freigeisterei verantworten. Das Oberkonsistorium in Dresden hatte ihm Verstöße gegen die evangelische Lehre sowie Mißbrauch des akademischen Amtes und Irreführung der studentischen Jugend vorgeworfen.[26] Das homiletische Werk Gottscheds, der *Grund-Riß einer Lehr-Art ordentlich und erbaulich zu Predigen* erschien daraufhin 1740 anonym in Berlin. Die Wahrung des Incognito schien Gottsched nötig, obwohl er, wie er im Titel des Werks verdeutlichte, ein Dekret des preußischen Königs über die zeitige Orientierung von reformierten Studenten und Kandidaten der Theologie an der Philosophie Christian Wolffs als Legitimation für sein eigenes Vorhaben in Anspruch nehmen konnte.[27] Nur durch Protektion des sächsischen Gesandten am Hof Friedrich Wilhelms I. in Berlin, Ernst Christoph Graf von Manteuffel (1676–1749)[28], und des Hofpredigers Johann Gustav Reinbeck (1683–1741)[29] war er schließlich in der Lage, die Schrift fertigzustellen. Das Verfahren gegen den Leipziger Aufklärer endete mit einem Verweis; in der zweiten Auflage seiner *Ausführlichen Redekunst* erschien die *Rede wider die homiletischen Methodenkünstler* nicht mehr.[30]

---

[26] Vgl. dazu RIECK, Gottsched, S. 58; GROSSER, Redeschule, S. 23; zu Gottscheds Korrespondenz in diesem Zusammenhang WEHR, Briefwechsel, S. 301.

[27] Grund-Riß einer Lehr-Arth ordentlich und erbaulich zu predigen nach dem Inhalt der Königlichen Preußischen allergnädigsten Cabinets-Ordre vom 7. Martii 1739. entworffen. Nebst Hrn. Joh. Gustav Reinbecks Consistorial-Rath und Probsts zu Cölln an der Spree Vorbericht und kurtzen Einleitung wie eine gute Predigt abzufassen sey. Berlin 1740; vgl. RIECK, Gottsched, S. 60 f.; GROSSER, Redeschule, S. 23. Zur zeitgenössischen Rezeption der *Lehr-Art* vgl. REICHEL, Gottsched, Bd. 2, S. 498 f.

[28] Vgl. Gottscheds Leichenrede auf ihn in: Gesammelte Reden, AW IX/1, S. 333–352 (mit Anspielungen auf die Affäre ebd., S. 342 f.), sowie die akademische Lobrede auf ihn, ebd., S. 193–211. Zur Entstehung der *Lehr-Art* vgl. SUCHIER, Korrespondenten, S. 49 f. (81 Briefe Manteuffels an Gottsched); WEHR, Briefwechsel, insbes. S. 112, 146 f., 151 f.; die Verbindung der beiden beleuchtet Thea von SEYDEWITZ: Ernst Christoph Graf Manteuffel, Kabinettsminister Augusts des Starken. Persönlichkeit und Wirken. Dresden 1926, S. 147–158.

[29] Reinbeck, früher und einflußreicher Anhänger Wolffs, gehörte der Prüfungskommission an, die, 1736 von Friedrich II. eingesetzt, Wolff rehabilitierte, und spielte dabei mit seiner theologischen Rechtfertigung des Philosophen eine entscheidende Rolle. Zu ihm auch als Hrsg. der *Lehr-Art* vgl. WEHR, Briefwechsel, S. 131 f.; MÜHLPFORDT, Wolffianismus, insbes. S. 243 f.; Uta JANSSENS-KNORSCH: Jean Deschamps, Wolff-Übersetzer und »Alétophile français« am Hofe Friedrichs des Großen, S. 254–265, insbes. S. 260 f.; Sonia CARBONCINI: Transzendentale Wahrheit und Traum. Christian Wolffs Antwort auf die Herausforderung durch den Cartesianischen Zweifel. Stuttgart-Bad Cannstatt 1991, S. 155–158.

[30] KOBUCH, Zensur, Anh. 14, S. 268–276 gibt ausschnittweise das Protokoll über die Anhörung Gottscheds wieder; vgl. dazu auch Rosemary SCHOLL, Nachwort, AW VII/3, S. 246 f.

Redekunst zwischen Tradition und Neuerung

1. 3. Die Rezeption der *Redekunst*

Gottscheds *Ausführliche Redekunst* war eines der bekanntesten und bedeutendsten Lehrbücher seiner Zeit, ebenso wie seine *Critische Dichtkunst*, die *Sprachkunst* und die *Weltweisheit*. Sie diente als Grundlage von Vorlesungen an Hochschulen im ganzen deutschen Sprachraum, mit der größten Breitenwirkung in Süddeutschland.[31] Von dort kam freilich auch die wohl bekannteste Polemik gegen die Gottschedsche Rhetorik, die der Benediktinermönch Augustin Dornblüth aus der Abtei Gengenbach verfaßte; den sprachtheoretischen *Observationes, oder gründliche Anmerkungen über die Art und Weise eine gute Uebersetzung, besonders in die teutsche Sprach zu machen* (1755), hatte Dornblüth eine *Critic über Hrn. Gottschedens sogenannte Redekunst und teutsche Grammatic* beigefügt.[32] Man könnte vermuten, die Anwürfe des katholischen Geistlichen seien vor dem Hintergrund konfessioneller Spannungen oder Aversionen gegenüber dem preußischen Protestanten und bekannten Wolffianer Gottsched aufgekommen. Aber selbst angesichts der gelegentlichen Vorwürfe der Gottschedianer in ihren publizistischen Erwiderungen an Dornblüths Adresse, seine Sprachkritik sei auf »Religionseifer« gegen den »Kätzer« Gottsched zurückzuführen, zielen die Klagen und gelegentlichen Ausfälle des Gengenbachers in der Sache gegen die Gottschedsche Konzeption der deutschen Schriftsprache und die Ausrichtung des Hochdeutschen an der sächsischen Mundart, und es wäre übertrie-

---

– 1725 hatte Gottsched in der *Vertrauten Rednergesellschaft* seine *Akademische Rede Von dem verderblichen Religioneifer, und der heilsamen Duldung aller christl. Religionen* gehalten, die ebenfalls seit der zweiten Auflage aus der *Ausführlichen Redekunst* verschwand. 1749 wurde sie dann in die *Gesammleten Reden* Gottscheds aufgenommen (wieder abgedruckt in AW IX/2, S. 456–464). Vgl. dazu REICHEL, Gottsched, Bd. 1, S. 177–181; WEHR, Briefwechsel, S. 20.

31 Zur zeitgenössischen Rezeption, insbesondere dort und in Österreich vgl. die Zeugnisse bei REICHEL, Gottsched, Bd. 2, S. 24, 101 f., 648; WEHR, Briefwechsel, insbes. S. 84, 91, 114–122 und 268. Daneben auch Ingo REIFFENSTEIN: Gottsched und die Bayern. Der Parnassus Boicus, die Bayerische Akademie der Wissenschaften und die Pflege der deutschen Sprache im 18. Jahrhundert. In: Soziokulturelle Kontexte der Sprach- und Literaturentwicklung. FS Rudolf Große, hrsg. von Sabine Heimann u. a. Stuttgart 1989, S. 177–184.

32 Vgl. das publizistische Echo bei den Gottschedianern dazu: Ein Ungenannter: [Rezension] Observationes, oder gründliche Anmerkungen (...) In: Das Neueste, Heumond 1755, Num. VII., S. 526–537; Auszug aus dem Briefe eines vornehmen Gelehrten, der in einer großen katholischen Residenz lebet, Hrn. P. Dornblüthen betreffend. In: Ebd., Aerntemond 1755. Num. VIII., S. 612–615; [Rezension] Benastasii Liares [d. i. Sebastian Sailer], vier Sendschreiben, wider Herrn P. Augustin Dornblüth (...) In: Ebd., Hornung 1756, Num. II., S. 126–136.

ben, von konfessionellen Motiven als eigentlichem Beweggrund für die *Critic* zu sprechen.[33]

Aber auch in anderen Teilen des deutschen Sprachgebiets fand das Werk reges Interesse. Daniel Peucer (1699–1756), seit 1751 Direktor des Gymnasiums in Eisenach[34], verfaßte 1739 *seine Anfangs-Gründe der Teutschen Oratorie.*[35] In weiten Teilen ist das Werk – gemäß den Erwartungen an den Schulunterricht – eine Grammatik, die für die rhetorische Lehre allenfalls propädeutischen Anspruch erhebt. In der Vorrede des Werks bekennt Peucer sich zur Lehre der »Herrn Fabricii, Hallbauers und Gottscheds«; alle drei bezeichnet er in einem einleitenden geschichtlichen Abriß der Redekunst als Vertreter des »güldenen Alters« in der »Historie der teutschen Beredtsamkeit und Oratorie«.[36]

Ebenso wie Peucer legte der Helmstedter Johann Georg Lindheimer die *Ausführliche Redekunst* Gottscheds seinem eigenen Werk, dem *Kurzen Inbegriff der Redekunst zum Gebrauche akademischer Vorlesungen* (1747)[37] zugrunde. Der Wolfenbütteler Schulmann Johann Christoph Dommerich nahm sie für seine *Anweisung zur wahren Beredsamkeit* (1747)[38] ebenso zum Vorbild wie der Rektor

---

[33] Vgl. etwa den oben in Anm. 32 genannten Auszug aus dem Briefe, S. 613; die konfessionelle Motivation bei WEHR, Briefwechsel, S. 259 u. ö.

[34] Über ihn vgl. ADELUNG, Gelehrten=Lexico, Bd. 5, Sp. 2119 f.: Der Pastorensohn erlangte nach dem Studium in Jena 1726 den Magistergrad der Philosophie. 1727 Rektor im fürstlich-weimarischen Buttstädt, wurde Peucer 1733 Rektor des Rats-Lyzeums in Naumburg, 1743 schließlich Konrektor in Schulpforta. Vgl. außerdem STÖTZER, Redekunst, S. 90 und 267; UEDING/STEINBRINK, Grundriß, S. 105; BARNER, Barockrhetorik, S. 168.

[35] Hier benutzt in der Ausgabe *M. Daniel* PEUCERS (...) Anfangs=Gründe der Teutschen Oratorie in kurzen Regeln und deutlichen Exempeln (...). Dresden ⁴1765. (ND Kronberg Ts. 1974). Die Schrift erlebte vier Neuauflagen (²1740), wobei es sich bei der hier zitierten letzten um eine unveränderte Neuausgabe der dritten, in Schulpforta entstandenen Auflage von 1744 handelt.

[36] Ebd., Vorrede, Bl. *3ʳ, und Einleitung, §. 27, S. 42–44.

[37] Vgl. über ihn ADELUNG, Gelehrten=Lexico, Bd. 3, Sp. 1878 (hier der Vorname Johann Gerhard!); zum *Inbegriff* vgl. BG, Nr. 2152; GOTTSCHED, Akademische Redekunst, S. 19, Nr. XXXVII*; vgl. auch zu den folgenden Autoren die Hinweise bei GROSSER, Redeschule, S. 23.

[38] Dommerich (1723–1767) war Schüler Baumgartens in Halle und Lehrer am dortigen Pädagogium. 1748 Magister, war er kurzzeitig als Adjunkt der philosophischen Fakultät in Helmstedt tätig, wohin er, nach zehnjährigem Rektorat in Wolfenbüttel, 1759 als Ordentlicher Professor der Logik und Metaphysik zurückkehrte. Neben der Rhetorik verfaßte Dommerich einen *Entwurf einer deutschen Dichtkunst für Schulen* und verfaßte ein Programm über Klopstocks *Messias*. Vgl. über ihn ADELUNG, Gelehrten=Lexico, Bd. 2, Sp. 734–736, sowie ADB, Bd. 5 (1877), S. 326 f.; zur *Anweisung* vgl. BG, Nr. 2056; GOTTSCHED, Akademische Redekunst, S. 19, Nr. XXXVIII*.

des Görlitzer Gymnasiums, Friedrich Christian Baumeister (1709–1785), für seine *Anfangsgründe der Redekunst in kurzen Sätzen* (1751).[39] Gottsched war einerseits stolz darauf, daß seine Lehre so viele Nachahmer fand und dadurch weiter verbreitet wurde, andererseits beklagte er sich darüber, daß nicht alle Epigonen ihn ausdrücklich als Initiator der frühaufklärerischen Rhetorik benannten.[40]

Weit über Deutschland hinaus gab es in ganz Europa eine intensive Gottsched-Rezeption[41]; der russische Pädagoge und Wolffianer Michail Vasil'evic Lomonosov (1712–1765), der während des Studiums in Deutschland zwischen 1736 und 1741 seine *Ritorika* (1739) verfaßte, stützte sich auf Gottscheds Werk ebenso selbstverständlich wie Lindheimer, Dommerich oder Baumeister.[42]

Ein spätes, noch unmittelbar den Pfaden Gottscheds folgendes Beispiel für die Redelehre aus dem Geist der frühen Aufklärung bieten die 1756 veröffentlichten *Muster der Beredsamkeit* des Johann Traugott Schulz (1731–1755), Schüler Gottscheds in Leipzig.[43] Entgegen dem ersten Eindruck, den der Titel erweckt,

---

[39] Ebd., S. 19, Nr. XLI*; BG, Nr. 2007 und 2008. Über ihn vgl. ADB, Bd. 2 (1875), S. 136. Zur Rezeption der Gottschedschen Rhetorik vgl. FRANK, Deutschunterricht, S. 87; daß auch Baumeister auf antike Werke Bezug nimmt, zeigen anschaulich die Anmerkungen von Franz Günter SIEVEKE zur Übersetzung von ARISTOTELES: Rhetorik. München (^{2}1987), hier S. 233. Baumeisters wohl bekannteste Schrift als Wolffianer ist die *Philosophia definitiva, hoc est definitiones philosophicae es systemate lib. bar. a Wolf* (Wittenberg 1733; ^{9}1775 Wien); vgl. auch [BAUMEISTER]: Vita, Fata et scripta Christiani Wolfii Philosophi. Lipsiae et Vratislaviae MDCCXXXIX. ND in: Christian WOLFF: Biographie. Mit einem Vorwort von Hans Werner Arndt. Hildesheim/New York 1980.

[40] Vgl. hierzu neben der Vorrede zu den *Vorübungen*, in der Lindheimer, Dommerich und Baumeister aufgeführt werden, sowie GOTTSCHED, Ausführliche Redekunst, Vorrede zur fünften Auflage, AW VII/1, S. 7.

[41] Vgl. dazu REICHEL, Gottsched, Bd. 2, S. 885–890 (mit Beispielen aus dem Baltikum, England, Finnland, Frankreich, Italien und Osteuropa).

[42] H[elmut]. GRASSHOFF: Lomonosov und Gottsched. Gottscheds »Ausführliche Redekunst« und Lomonosovs »Ritorika«. In: Zeitschrift für Slawistik 6 (1961), S.498–507; Wolfgang HELLER: Kooperation und Konfrontation. M. V. Lomonosov und die russische Wissenschaft im 18. Jahrhundert. In: Jahrbücher für die Geschichte Osteuropas. N. F. 38 (1990), S. 1–24; Ulf LEHMANN: Der Gottschedkreis und Rußland. Deutsch-russische Literaturbeziehungen im Zeitalter der Aufklärung. Berlin 1966. Wie weit Gottscheds Ruf ging, belegt P. M. MITCHELL: Ein isländischer Student bei Gottsched. In: »Der Buchstab tödt – der Geist macht lebendig«. Bern u. a. (1992), S. 989–997.

[43] Muster der Beredsamkeit. Aus den besten geistlichen und weltlichen Rednern der Deutschen gesammlet (...) mit einer Vorrede Herrn Prof. Gottscheds begleitet, Hrsg. von M. Johann Traugott SCHULZEN (...). Leipzig 1755; die Vorrede Gottscheds auf Bl. a2^r–b8^v ist wiederabgedruckt in ders., Kleinere Schriften, AW X/2, S. 407– 423. Über sein Leben, vor allen Dingen über die Aktivitäten in akademischen Kreisen unterrichtet Johann Daniel TITI-

handelt es sich hier nicht bloß um eine Sammlung von hervorragenden Vertretern der (aufgeklärten) Redekunst, sondern auch um ein theoretisches Werk zur Rhetorik; gleichwohl versucht Schulz mit einer Vielzahl von Beispielen, die ganze nach Gottscheds Vorbild ausgebreitete Theorie der Beredsamkeit zu belegen. Im Grunde handelt es sich also um eine unschöpferische Nachahmung der Gottschedschen *Ausführlichen Redekunst* zu einer Zeit, in der die Wirkungsmacht des ›Meisters‹ längst schon ihren Höhepunkt überschritten hatte.[44] Die Nachahmung geht auch bei den »Mustern« aus der Redepraxis bis ins Detail – Schulz' Publikation ist oftmals geradezu eine Sammlung von Zitaten und Hinweisen auf Reden seines großen Vorbildes, etwa auf die *Festrede auf die Erfindung der Buchdruckerkunst* aus dem Jahr 1740 oder die *Lob- und Gedächtnisrede auf Martin Opitz* (1739).[45]

Alle hier aufgeführten Beispiele von mehr oder weniger engen Anlehnungen an Gottscheds *Redekunst* zeigen deutlich, wie stark der Einfluß nicht nur der »critischen« Poetik, sondern auch der mit ihr eng verbundenen Rhetorik auf die Bildungslandschaft in Deutschland war. Dennoch vermag dies nicht darüber hinwegzutäuschen, daß Gottsched in den letzten Jahrzehnten seines Lebens kaum mehr die zeitgenössische Diskussion bestimmen konnte. Andere, in der Folgezeit weit wirkungsvollere Vorstellungen vom ›Rhetorischen‹ begannen sich neben seiner traditionalistischen Lehre zu etablieren. Gottsched war sich dessen wohl bewußt, wie eine Anmerkung aus der Vorrede zu den Schulzschen *Mustern* zeigt: »Heute zu Tage hat man den gekünstelten und gefirnißten Ausdruck lieb gewonnen; und meynet, wenn man nur *kühn, neu* und *wild,* d. i. *ästhetisch* reden könne: so habe man die ganze Dichtkunst und Beredsamkeit in seiner Gewalt.

US: Lebensumstände weil. Herrn Johann Traugott Schulzens, der Weltweisheit Magisters (...). In: Sammlung einiger Ausgesuchten Stücke, der Gesellschaft der freyen Künste zu Leipzig. Dritter Theil. Leipzig 1756, S. 472–478; über die *Muster* ebd., S. 476 f. Zur Rezeption der Gottschedschen Theorie und Praxis der Beredsamkeit bei Schulz vgl. auch die Hinweise bei RIECK, Gottsched, S. 82 und 274.

[44] Eine Rezension in der von Gottsched herausgegebenen Zeitschrift Das Neueste, Brachmond 1755, Num. VI., S. 465–469, hebt denn auch deutlich hervor, das Werk sei »unter der Aufsicht des Herrn Professors« entstanden (ebd., S. 465 f.).

[45] Lediglich bei der Abhandlung von Inventions-, Dispositions- und Stillehre hält sich der Autor auf theoretischer Ebene nicht an die traditionelle Reihenfolge. Nach zwei allgemeinen Kapiteln über die Redekunst und deren Wortgebrauch (S. 13–20 und S. 21–36) folgt ein längerer Abschnitt über die Lehre »Von den Redensarten [= Stillehre], und ihren verschiedenen Gattungen« (S. 37–109), sowie in Cap. IV. (S. 110–223) die Figurenlehre und in Cap. V. (S. 224–370) Erläuterungen zur »Schreibart« (*genera dicendi*). Erst im Anschluß daran gibt Schulz Erläuterungen zur Inventions- und Dispositionslehre (Cap. VI.–XII., S. 371–584).

Redekunst zwischen Tradition und Neuerung

Die Schreibart allein soll alles Verdienst eines Dichters und Redners ausmachen: der innere Kern beyder Künste, dort die richtige Nachahmung der schönen Natur; hier aber die gründliche Ueberredung des Verstandes und Willens, gehen darüber gar verlohren.«[46]

Die Beschreibungsmerkmale »kühn«, »neu« und »wild« entsprechen in Gottscheds Lehrgebäude dem manieristischen Stil, der seiner Forderung nach »natürlicher« Schreib- und Redeweise diametral entgegensteht.[47] Insofern – es ist kein Zufall, daß das obige Zitat einem Angriff auf den Barockdichter Daniel Casper von Lohenstein folgt – bilden die »Ästhetiker« für Gottsched einen Rückfall in längst überwunden geglaubte Vorstellungsweisen. Dennoch hatte sich die theoretische Erörterung in den fünfziger und sechziger Jahren des 18. Jahrhunderts, ebenso wie die dichterische Tätigkeit, längst von solcherlei Charakteristika abzulösen begonnen, wie Gottsched sie vertrat. Auf der Suche nach authentischen Beschreibungsmerkmalen des Künstlerischen war man zur Begriffsbestimmung dessen gekommen, was Gottsched in der *Vorrede* zu den Schulzschen *Mustern* abfällig als das »Ästhetische« bezeichnet.

So ergibt sich, übersieht man die Rezeption der Gottschedschen Rhetorik in ihrer Gesamtheit, ein durchaus ambivalentes Bild, das dem Status des Aufklärers gegen Ende seines Lebens durchaus entspricht: Zwar wurden seine Lehrbücher als solide Grundlage für den Schul- und Universitätsunterricht überall geschätzt, aber das, was Gottsched mit ihnen intendierte, nämlich programmatische Entwürfe anzubieten und dadurch selbst die Rolle des Schrittmachers zu übernehmen, wurde ihm nicht zuteil.

2. Der Umfang der Quellenrezeption in der Gottschedschen Rhetoriktheorie

2. 1. Die Beziehung zu Antike und Neuzeit

Bei der Titelgebung seines rhetorischen Hauptwerks, der *Ausführlichen Redekunst*, hat Gottsched es offensichtlich für nötig gehalten, durch einen besonderen Zusatz auf die Tradition hinzuweisen, in der er selbst sein Werk sah. Im Unterti-

---

[46] GOTTSCHED, Vorrede zu »Muster der Beredsamkeit«, AW X/2, S. 419.

[47] Vgl. zur »natürlichen« Schreibart in Dichtungs- und Redelehre SCHWIND, Schwulst-Stil, S. 238; BLACKALL, Entwicklung, S. 113 f.; Volker SINEMUS: Poetik und Rhetorik im frühmodernen deutschen Staat. Sozialgeschichtliche Bedingungen des Normenwandels im 17. Jahrhundert. Göttingen 1978, hier S. 189 und 197 f.; zu Poetik und Rhetorik bei Gottsched im Zusammenhang mit anderen zeitgenössischen Entwürfen vgl. Uwe MÖLLER: Rhetorische Überlieferung und Dichtungstheorie im frühen 18. Jahrhundert. Studien zu Gottsched, Breitinger und G. Fr. Meier. München (1983), hier insbes. S. 16–43.

Der Umfang der Quellenrezeption

tel heißt es, die Arbeit sei »nach Anleitung der alten Griechen und Römer, wie auch der neuern Ausländer« verfaßt. Diesem Anspruch versucht der Leipziger Professor der Poesie und Beredsamkeit auf vielfältige Weise gerecht zu werden. Mit seiner Bezugnahme auf klassische und aktuelle, d. h. vornehmlich französische Vorbilder steht er natürlich keineswegs allein – vielmehr ordnet er sich in das Verständnis von Poetik und Rhetorik ein, das seit dem Humanismus Richtschnur der Kunstauffassung generell gewesen ist: Gottsched verpflichtet sich den kanonischen »praecepta« und »exempla« als Leitbildern des eigenen Entwurfs. Dies geschieht freilich nicht ohne einen bestimmten Anspruch, und eben diese – in aufklärerischer Terminologie ›vernünftige‹, ›critische‹ – Perspektive ist es, die ihn als Vertreter einer rationalistischen Rhetorikkonzeption von seinen Vorgängern unterscheidet.

Der Verweis auf vorbildliche Autoren ist schon in der Antike selbst zu finden – Aristoteles bezieht sich auf Isokrates und Gorgias ebenso selbstverständlich wie auf Platon, Quintilian neben den dichterischen Vorbildern Vergil, Horaz und Sallust vornehmlich auf Cicero, der seinerseits in der Auseinandersetzung mit den Griechen zum eigenen Rednerideal findet. Die Gültigkeit der altbewährten Lehren der antiken Rhetoriker bleibt, nachdem sich seit der Renaissance ein Autorenkanon herausgebildet hat, über Jahrhunderte hin gewahrt. Die Berufung auf Aristoteles, Cicero und Quintilian ist in der Frühen Neuzeit so selbstverständlich geworden, daß sie in den Augen der ersten Aufklärergeneration einen oft geradezu formelhaften Charakter angenommen hat. Gottsched will, um solchen Tendenzen entgegenzuwirken, erneut einen Blick auf die Alten werfen, und er erhofft sich, durch eine ›critische‹ und ›vernünftige‹ Betrachtungsweise die wahre Bedeutung antiker Autoren für die eigene Zeit ergründen zu können. In der Vorrede zur fünften (und letzten) Auflage seiner *Ausführlichen Redekunst* (1759) blickt er zurück auf die Geschichte des Werks und stellt es nochmals in Zusammenhang mit dem im Titel formulierten Anspruch. Unter ›critischem‹ Blickwinkel verändert sich dabei der traditionelle Verweis auf Vorbilder. ›Vernünftige Redekunst‹ bedeutet Mißbilligung aller unreflektierten – und damit unberechtigten – Inanspruchnahme der Musterautoren für die eigenen Zwecke. Gleichwohl ist eine überzeitliche Sichtweise auch für die philosophisch geläuterte Rhetorik bestimmend: »Meine Grundregeln waren nämlich auf die menschliche Natur, auf die Absichten eines jeden vernünftigen Redners gerichtet, und stimmeten mit den Vorschriften und Beyspielen der größten Männer des griechischen und römischen Alterthums überein.«[48]

---

[48] GOTTSCHED, Ausführliche Redekunst, Vorrede, S. 6.

Redekunst zwischen Tradition und Neuerung

Offensichtlich ist es die »vernünftige« Methode, die allein in Gottscheds Augen genügend Integrationsfähigkeit besitzt, altüberlieferte wie auch neuartige Standpunkte in differenzierter Weise zu vereinen[49], und keineswegs will er den Eindruck vermitteln, er verweise wie viele seiner Vorläufer auf altvertraute Autoritäten, deren Einfluß sich aber oft schon in der bloßen Nennung des Namens erschöpft. Obwohl er also immer wieder die Neuartigkeit seines eigenen Standpunkts hervorhebt, fügt sich Gottsched als Rhetoriker des frühen 18. Jahrhunderts, genau wie die Vorläufer in der Barockzeit, von denen er sich abgrenzt, in das überlieferte Dreierschema der rhetorischen Unterrichtung, das neben *praecepta* und *exempla* auch die *imitatio* einschließt, also die Nachahmung überlieferter Vorbilder und Beispiele. Die Tradition der humanistischen *eloquentia* beruhte auf dem Wetteifer mit der Antike, der *orator doctus* orientierte sich, geleitet durch die Maxime der *imitatio* und *aemulatio*, an der lateinischen Überlieferung.[50] Es stellt sich damit die Frage, was Gottsched bewogen haben mag, auf dem Titelblatt seiner Redekunst besonders auf den Umstand zu verweisen, er beziehe sich auf das Muster und Leitbild anderer, und ob dieser Verweis sich als im Grunde willkürliche Konstruktion von Bezügen entpuppt, wenn diese Bezugnahme gleichzeitig der epochenspezifischen Begründung unterliegt.

Die absolute Autorität der Alten war zu Gottscheds Zeit durchaus nicht mehr unumstritten. Die Poetiker und Rhetoriker hatten schon länger zu ermitteln versucht, was die antiken *praecepta* ihrer eigenen, von der Debatte um politische Regeln der Staatsklugheit dominierten Zeit noch zu sagen vermochten. Immer häufiger wurde die Frage gestellt, inwieweit und ob überhaupt das Beispiel und die Grundsätze der *praecepta* auf die Gegenwart angewendet werden könnten, und ob nicht besser aktuelle Muster gesucht werden sollten. Nach einer überaus ergiebigen, mit der Renaissance einsetzenden Tätigkeit des Übersetzens und Edierens klassischer Texte[51] ist Gottscheds Anliegen, mit den *neuern Ausländern* auch zeitgenössische Werke als Exempel zu nennen, für die vom aufklärerischen Denken geprägte Epoche symptomatisch. Der kritisch abwägende, von neuartigen Abgrenzungsversuchen getragene Epochenvergleich zwischen Alten

---

[49] Zu den Grundlagen der ›critischen‹ Rhetorik siehe unten, Kap. V, 2., S. 178–182.

[50] Vgl. dazu BARNER, Barockrhetorik, S. 59, 241–244, 417 u. ö.; UEDING/STEINBRINK, Grundriß, S. 304 f.; die analogen Vorstellungen in der Poetik beschreibt Gerhart HOFFMEISTER: Deutsche und europäische Barockliteratur. Stuttgart (1987), hier S. 68 und 73.

[51] Vgl. dazu die Übersicht bei Franz Josef WORSTBROCK: Deutsche Antikerezeption 1450–1550. Teil I: Verzeichnis der deutschen Übersetzungen antiker Autoren. Mit einer Bibliographie der Übersetzer. Boppard (1976); Horst RÜDIGER: Die Wiederentdeckung der antiken Literatur im Zeitalter der Renaissance. In: Herbert HUNGER/Otto STEGMÜLLER u. a.: Die Textüberlieferung der antiken Literatur und der Bibel. (München ²1988), S. 511–580.

und Neuen, dem er sich anschließt, hat seine geschichtliche Wurzel in der schon einige Jahrzehnte zuvor im Frankreich des ausgehenden 17. Jahrhunderts entfachten Debatte, ob der antiken oder der Gegenwartsdichtung der Vorzug zu geben sei, mit Fontenelle und Perrault als den Protagonisten der ›Modernes‹ und Boileau, La Fontaine und Huet als Vorkämpfern der ›Traditionalisten‹. Gottscheds oft nur von Stichworten getragene Hinweise auf die Vorbildlichkeit von Antike und Neuzeit sind immer noch Reflex der *Querelle des Anciens et des Modernes*.[52]

Aufgrund seiner reichen Kenntnis der Quellen ebenso wie der aktuellen poetisch-rhetorischen Auseinandersetzung war es für Gottsched klar, daß genau diese Diskussion über den Prozeß der produktiven Aneignung und reflektierenden Transformation traditioneller Normen in die eigene Lebenswirklichkeit eine wichtige, wenn nicht die entscheidende Grundlage für ein neues rhetorisches Lehrbuch war. Der die bildenden Künste, Poetik, Rhetorik und Wissenschaft umfassende Vorzugsstreit ist von nicht zu unterschätzender Bedeutung für die Entwicklung der Theorie der Redekunst bis hin zum Ausbau ästhetischer Kategorien bei den späten Aufklärern. Die Adaption der Antike vollzieht sich nicht mehr unhinterfragt. Gottscheds Schriften können hier als Spiegel eines viele Bereiche umfassenden epochalen Bruchs angesehen werden, wobei der Leipziger kennzeichnenderweise eine vermittelnde, sich weder zur Partei der Traditionalisten noch zu den Modernisten bekennende Position einnimmt.

Auch die Angabe Gottscheds, *neuere Ausländer*, also in erster Linie französische Rhetoriker, hätten als Vorbilder für sein Werk gedient, hebt ihn nicht von zeitüblichen Gepflogenheiten ab, im Gegenteil: Die gesellschaftlichen Ansprüche und Erwartungen der französischen Adelshöfe waren zu Beginn des 18. Jahrhunderts längst Vor- und Leitbild für Umgangsformen und Lebensart in den maßgebenden Schichten und für die verschiedenartigsten Bereiche des Lebens auch in Deutschland geworden. Universitätsprofessoren und Schulmänner übernahmen diese Konventionen in ihren Unterricht. Kulturelle Einflüsse des Hofle-

---

[52] Vgl. auch zum folgenden Thomas PAGO: Gottsched und die Rezeption der Querelle des Anciens et des Modernes in Deutschland. Untersuchungen zur Bedeutung des Vorzugsstreits für die Dichtungstheorie der Aufklärung. Frankfurt a. M./Bern u. a. (1989); vgl. dazu die Rezension von Helga BRANDES, in: Germanistik 33 (1992), S. 143 (Nr. 1134). Vgl. auch zum weiteren Echo auf die *Querelle* im 18. Jahrhundert Jürgen von STACKELBERG: Die »Querelle des Anciens et des Modernes«. Neue Überlegungen zu einer alten Auseinandersetzung. In: Richard TOELLNER (Hrsg.): Aufklärung und Humanismus. Heidelberg (1980), S. 35–56; Manfred FUHRMANN: Die ›Querelle des Anciens et des Modernes‹, der Nationalismus und die Deutsche Klassik. In: Bernhard FABIAN u. a. (Hrsg.): Deutschlands kulturelle Entfaltung. Die Neubestimmung des Menschen. München (1980), S. 49–67.

bens in Frankreich hatten zu Übersetzungen von Werken der Verhaltensregeln und zu ihrer Adaption in Romanform geführt. Christian Friedrich Hunold, genannt Menantes (*Die verliebte und galante Welt*, 1700; *La Civilité Moderne, Oder die Höflichkeit der Heutigen Welt*, 1705), und August Bohse, genannt Talander (*Das Liebescabinet der Damen*, 1685; *Amor am Hofe*, 1710), sind hier als bedeutendste Autoren zu nennen. So war schon eine Generation vor Gottsched das um 1630 entwickelte und dann schnell und weit verbreitete Ideal des *honnête homme*[53] aus dem Grand Siècle Louis' XIV. nach Deutschland importiert und als höfische »Complimentierkunst« populär gemacht worden – allerdings nicht ohne dabei schon bald auf aufklärerische Kritik an der Art und Weise des politisch-aristokratischen, auf Stilisierung und Konvention beruhenden Reglements zu stoßen.[54]

Beispielhaft für die frühzeitige Verknüpfung von französischer Galanterie und aufklärerischem Impetus ist das Werk des von Gottsched hochgeschätzten Leipziger Rechtsgelehrten Christian Thomasius (1655–1728).[55] Dies wird an vielen Stellen seiner Vorlesungen *Welcher Gestalt man denen Frantzosen im gemeinen*

---

[53] Einen ersten Einblick in die umfassenden historischen Zusammenhänge vermittelt Oskar ROTH: Höfische Gesinnung und *honnêteté* im Frankreich des 17. Jahrhunderts. In: August BUCK u. a. (Hrsg.): Europäische Hofkultur im 16. und 17. Jahrhundert. Hamburg (1981), Bd. II, S. 239–244; vgl. auch Volker KAPP: Attizismus und Honnêteté in Farets »L'honnête homme ou l'art de plaire à la cour«. Rhetorik im Dienste frühabsolutistischer Politik. In: RZL 13 (1989), S. 102–116; zum Begriff des »honnête homme« und zur umfangreichen Quellen- und Forschungsliteratur vgl. Rolf REICHARDT: Wandlungen des *Honnêteté*-Ideals vom Absolutismus zur Französischen Revolution. Zwischenbilanz der Forschung aus sozialhistorischer Sicht. In: RZL 11 (1987), S. 174–192; ders.: Der *Honnête Homme* zwischen höfischer und bürgerlicher Gesellschaft. Seriell-begriffsgeschichtliche Untersuchungen von *Honnêteté*-Traktaten des 17. und 18. Jahrhunderts. In: AKG 69 (1987), S. 341–370.

[54] Vgl. dazu HOFFMEISTER, Barockliteratur, S. 24; Ulrich WENDLAND: Die Theoretiker und Theorien der sogen. galanten Stilepoche und die deutsche Sprache. Ein Beitrag zur Erkenntnis der Sprachreformbestrebungen vor Gottsched. Leipzig 1930; Manfred BEETZ: Negative Kontinuität. Vorbehalte gegenüber barocker Komplimentierkultur unter Altdeutschen und Aufklärern. In: GARBER, Barock-Rezeption, Tl. I, S. 281–301; REICHARDT, *Honnête Homme*, S. 368–370.

[55] Rolf LIEBERWIRTH: Die französischen Kultureinflüsse auf den deutschen Frühaufklärer Christian Thomasius. In: Wissenschaftliche Zeitschrift der Martin-Luther-Universität Halle-Wittenberg, Gesellschafts- und sprachwissenschaftliche Reihe XXXIII (1984), H. 1, S. 63–73; Werner SCHNEIDERS (Hrsg.): Christian Thomasius 1655–1728. Interpretationen zu Werk und Wirkung. Mit einer Bibliographie der neueren Thomasius-Literatur. Hamburg (1989); Max FLEISCHMANN (Hrsg.): Christian Thomasius. Leben und Lebenswerk. Aalen 1979. (ND der Ausgabe Halle 1931).

Der Umfang der Quellenrezeption

Leben und Wandel nachgehen solle? ebenso deutlich wie in seinem Bemühen, althergebrachte rhetorische Kategorien wie *decorum* und *honestum* in den juristisch-ethischen Entwurf zu integrieren.[56] Vor allem aber in seinen seit Januar 1688 erschienenen *Monatsgesprächen*, dem ersten wissenschaftlichen Periodikum in deutscher Sprache, das – anders als die ausschließlich an ein belesenes Publikum gerichteten *Acta Eruditorum* (seit 1682) – Wissen nach französischen Vorbildern im galanten Stil vermitteln sollte, bietet Thomasius zum großen Teil Texte und Rezensionen französischer Autoren dar und versucht, Begriffe wie »honnête homme« »galant homme« oder »homme savant« auf die gesellschaftlichen Konstellationen in Deutschland zu übertragen. Daneben und gleichrangig findet sich aber auch, in Übereinstimmung mit dem eklektizistischen Gelehrtenideal Thomasius', eine Hochschätzung vieler Autoren und Werke der französischen Aufklärung, etwa der *Logik von Port-Royal* Antoine Arnaulds und Pierre Nicoles.[57]

So standen am Ende des Barockjahrhunderts die Werke der *neuern Ausländer* gleichberechtigt oder zumindest Gleichberechtigung mit den antiken Regelwerken beanspruchend auf dem universitären Lehrplan oder waren Gegenstand der akademischen Erörterung. Ein umfassender Rezeptionsprozeß, der die französische Literatur im allgemeinen ebenso wie die Redekunst im speziellen einschloß, war damit zu der seit dem Humanismus selbstverständlich gewordenen Antikerezeption hinzugekommen. Die Aufgabe der Rhetorik im engeren Sinn war indessen ganz traditionell nahezu ausschließlich auf die Funktion als Richtschnur der praktischen Betätigung im Rahmen der sozialen Kommunikation beschränkt. Die Lobrede – das antike *genus demonstrativum* – stand dabei im Mittelpunkt der Überlegungen. Da die Regeln der griechischen und besonders der

---

[56] Eine Rezension in Gottscheds *Beyträgen* III, Zehntes Stück (1734), ist der Ausgabe von Thomasius' *Kleinen deutschen Schriften* (1707) gewidmet. Dessen Bemühungen um die Muttersprache finden ebenso eine Würdigung wie seine produktive Haltung gegenüber der »deutschen Oratorie«. Zum Stellenwert der Rhetorik in Thomasius' Werk vgl. auch UEDING/STEINBRINK, Grundriß, S. 103. Zur Gewichtung von Traditionalismen der Schulgelehrsamkeit im Werkkontext vgl. die anregende Studie von Klaus PETRUS: »Scholastische Pedanterey« und »anklebende crudelitas«. Für und wider die Autorität? Aspekte der Philosophie Christian Thomasius'. In: DVjS 68 (1994), S. 429–446.

[57] Vgl. Emilio BONFATTI: Verhaltenslehrbücher und Verhaltensideale. In: STEINHAGEN, Gegenreformation, hier S. 74; PETRUS, »Scholastische Pedanterey«, S. 433; LIEBERWIRTH, Kultureinflüsse, S. 64 f.; Max Freiherr von WALDBERG: Eine deutsch-französische Literaturfehde. In: Deutschkundliches. Heidelberg 1930, S. 93–95. Zu den *Monatsgesprächen* vgl. Wolfgang MARTENS: Die Botschaft der Tugend. Die Aufklärung im Spiegel der Moralischen Wochenschriften. Stuttgart 1971, hier S. 77–83; Hanns FREYDANK: Christian Thomasius der Journalist. In: FLEISCHMANN, Thomasius, S. 345–382, hier S. 351–359 und 382.

römischen Redelehrer aber in erster Linie der gerichtlichen Beredsamkeit – dem *genus iudiciale* – gegolten hatten, war ein weites Feld von den praktischen Überlegungen ausgeschlossen. In Deutschland spielte die Gerichtsrede ohnehin schon deshalb keine Rolle mehr, weil juristische Angelegenheiten nahezu vollständig auf schriftlichem Wege erledigt wurden.

In ersichtlichem Zusammenhang mit diesen Entwicklungen legt Gottsched bei seiner Einführung in die Gattungslehre keinen Wert mehr auf eine detaillierte Darlegung der klassischen *genera causarum* wie noch viele seiner Vorgänger. Als Begründung nennt er den historischen Werdegang der Redekunst in der Neuzeit, die zwei der drei antiken Gattungsformen überflüssig gemacht habe: Nur das *genus demonstrativum* könne als gegenwartsnahe Form der Rede Geltung beanspruchen; die von den Vorgängern als eigene Form gezählte politische Rede wird ihr subsumiert. Allerdings bleibt das alte *genus deliberativum*, die beratende Rede, untergründig erhalten, und zwar als eine der beiden fakultativen Möglichkeiten der epideiktischen Gattung, nämlich der belehrenden (neben der lobenden) Rede.[58] Gottscheds Anspruch, die eigenen Zeitgenossen neben den Alten gleichberechtigt auf dem Titel seiner *Redekunst* zu nennen, ist auch in diesem Kontext zu sehen. Es geht ihm unter epochenspezifischen Voraussetzungen um die Wiederaufnahme der alten Frage, inwieweit antike *praecepta* zu den aktuellen Erfordernissen der Zeit passen und inwieweit sich dabei eigene Vorstellungen und Ansprüche von denen der Vorgänger unterscheiden. Eines wird zumindest deutlich: Die Vorbildfunktion der Alten wird, trotz des großen Einflusses zeitgenössischer Lehren der gesellschaftlich determinierten Redekunst, nie in Frage gestellt, sondern sie rückt im Gegenteil im Anschluß an die aktuellen Standortfragen der Rhetorik wieder mehr in den Vordergrund.

2. 2. Formen der Vermittlung antiker Lehren

Wie wichtig für Gottsched als Vertreter der frühen Aufklärung das gleichberechtigte Nebeneinander von Altem und Neuem ist, läßt sich an einem Artikel in seinen *Critischen Beyträgen* ablesen. Im Jahr der zweiten Auflage seiner Rede-

---

[58] GOTTSCHED, Ausführliche Redekunst, III. HSt., V. §., S. 126. Zur aristotelischen Trias der Gattungen vgl. Oskar KRAUS: Neue Studien zur aristotelischen Rhetorik, insbesondere über das génos epideiktikon. Halle a. S. 1907; zu ihrer Rezeption im Altertum vgl. FUHRMANN, Rhetorik, S. 81–83; UEDING/STEINBRINK, Grundriß, S. 24 f.; die alte Dreiteilung findet sich noch bei VOSSIUS, Commentariorum Rhetoricorum, Liber I: Das ganze erste Buch basiert ab Cap. III: De generibus caussarum, bis Cap. XII: De argumentis, S. 16–192, auf der traditionellen Ordnung.

Der Umfang der Quellenrezeption

kunst, 1739, publizierte er dort die Übersetzung einer anonym in Frankreich erschienenen Schrift unter dem Titel *Betrachtungen über die Beredsamkeit und über den Redner.*[59] Es handelt sich hierbei um eine kritische Auseinandersetzung mit der zeitgenössischen Predigtlehre und -praxis. In Gottscheds aufklärerisches Programm paßt der an jener Stelle erhobene Anspruch auf »vernünftige« Argumentation des Kanzelredners, ebenso wie das dort artikulierte Postulat einer »natürlichen« Redeweise. Letztere hat sich, und das soll für den geistlichen Redner ebenso wie für den weltlichen entscheidend sein, am Bildungsgrad seines Auditoriums zu orientieren.[60] Diese aus der antiken rhetorischen Theorie auf die aktuelle Redepraxis übertragene Forderung nach angemessener Sprechweise (*decorum, aptum*)[61] wird mit dem Wunsch nach vernunftorientierter Belehrung verknüpft. Die Adaption antiker Lehren geht aber noch weiter: Wenn der anonyme Autor als Ziel der (geistlichen) Redekunst neben der Unterrichtung des Publikums auch die Erregung der Gemütsbewegungen, neben dem »Verstand« auch

---

[59] In: Beyträge VI, Zwey und zwanzigstes Stück (1739), S. 281–298. Die Ermittlung der Vorlage für diesen Auszug kann sich nur auf unzureichende bibliographische Angaben in den *Beyträgen* stützen. Dort wird S. 281 gesagt, der Artikel sei »aus dem französischen Buche eines Ungenannten: La Langue, übersetzet«. In den einschlägigen Verzeichnissen läßt sich keine anonyme Veröffentlichung dieses Titels nachweisen; vgl. Edmund STENGEL: Chronologisches Verzeichnis französischer Grammatiken vom Ende des 14. bis zum Ausgange des 18. Jahrhunderts nebst Angabe der bisher ermittelten Fundorte derselben. Neu hrsg. mit einem Anh. von Hans-Josef Niederehe (Universität Trier). Amsterdam 1976; Rudolf BEHRENS: Französischsprachige rhetorische Theoriebildung im 17. und frühen 18. Jahrhundert. Eine Auswahlbibliographie. In: ZFSL 88 (1978), S. 326–353, sowie Volker KAPP: Rhetorische Theoriebildung im Frankreich des 17. und frühen 18. Jahrhunderts. Methodologische Randbemerkungen mit Nachträgen zu einer Auswahlbibliographie von R. Behrens. In: ZFSL 89 (1979), S. 195–210.

[60] [Anon.:] Betrachtungen über die Beredsamkeit, S. 283 f.: »Eure Zuhörer können sich nicht so hoch versteigen, daß sie euch erreichen: Erniedriget euch demnach, bis ihr ihnen gleich werdet. Ihr redet für sie, und nicht für euch«. Der für die Kanzelrede kennzeichnende schlichte Redestil (*genus humile*) verbindet sich mit der Aufforderung zur Belehrung (*docere*), ebenso aber findet dort auch der gezielte Einsatz von Mitteln der Affekterregung und -steigerung zu seinem Recht; vgl. etwa zu Luthers rhetorischem Verständnis, auf das sich die Ausführungen in den *Critischen Beyträgen* in erster Linie beziehen, UEDING/STEINBRINK, Grundriß, S. 82 und 92; BARNER, Barockrhetorik, S. 259 f.

[61] Das πρεπον der griechischen Rhetoriker wird von Cicero im *Orator* mit »decorum« übersetzt, von Quintilian mit »aptum«. Vgl. hierzu DYCK, Ticht-Kunst, S. 104–106; SIEVEKE, Anmerkungen, S. 285 f.; HWR, Bd. 2, Sp. 423–451. – Zur Definition des *decorum* als Maßstab für das Verhaltensreglement auch bei der ersten Aufklärergeneration vgl. Georg BRAUNGART: Hofberedsamkeit. Studien zur Praxis höfisch-absolutistischer Rede im deutschen Territorialabsolutismus. Tübingen 1988, hier S. 26–29.

das »Herz« als Ort der Überzeugung nennt, wird dies als – der den Zeitgenossen stets gegenwärtige – Rekurs des Redners auf die klassischen *officia docere, delectare* und *movere* im Rahmen der *partes oratoris officii* und in Zusammenhang mit seinem Ziel der *persuasio* gedeutet.[62]

Gottscheds mit der Publikation der Übersetzung verbundene Absicht wird überall deutlich: es geht ihm um den Nachweis, daß die aktuell wirksame Redekunst den Gesetzen der Alten gehorcht, auch wenn sie unter ganz anderen Bedingungen – auf der Kanzel – ihren Anfang nimmt. Besonders bei französischen Rhetorikern findet Gottsched Geistesverwandte. Nicht nur im anonymen Traktat, sondern auch bei dem berühmten Pädagogen Fénelon, der gleich zu Beginn seiner *Dialogues sur l'eloquence* auf das aus der Antike vermittelte Gebot der unbedingten Wahrheitsbekundung eingegangen war. Ganz im Sinne der weltlichen Redekunst sah er die Gelegenheit zu einer Konzentration der Zielsetzung auch in der Kanzelrhetorik auf drei Hauptpunkte (»trois qualitez«): »prouver« (beweisen), »peindre« (malen, abschildern) und »toucher« (rühren, bewegen, *movere*), eine Übersetzung klassischer Terminologie, wie sie auch Gottsched als Hauptziel einer recht verstandenen Homiletik gefaßt haben will.[63]

Wenn Gottsched betont, seine *Redekunst* »nach Anleitung der alten Griechen und Römer« angefertigt zu haben, konfrontiert dies den heutigen Leser nicht nur mit dem Problem, inwieweit die Antike insgesamt in systematischer Hinsicht rezipiert wird, sondern es stellt ihn auch vor die Frage, inwieweit der Aufklärer auf Unterschiede zwischen einzelnen antiken Rhetoriken Bezug nimmt. Die über einen langen Zeitraum und in ganz unterschiedlichen Entstehungszusammenhängen konzipierten klassischen Redelehren vermittelten wohl auch für den Leipziger Professor nicht gerade ein einheitliches Bild. Mit einer nicht näher spezifizierten Bemerkung wirft Gottsched überdies die Frage auf, wo Berufungen auf

---

[62] [Anon.:] Betrachtungen über die Beredsamkeit, S. 286. – Die Terminologie ist nicht einheitlich. Lausberg nennt neben der griechischen Bezeichnung ἔργα τοῦ ῥήτορος noch die vornehmlich aus Quintilians Werk gewonnenen lateinischen Bezeichnungen *rhetorices partes* und *partes oratoris*. Heinrich LAUSBERG: Handbuch der literarischen Rhetorik. Zweite, durch einen Nachtrag vermehrte Auflage. (München 1973), § 255, S. 139.

[63] François de Salignac de la Motte FÉNELON: Dialogues sur l'eloquence en general, et sur celle de la chaire en particulier (...) Amsterdam M.DCCXVIII, Preface, Bl. *2ʳ–*2ᵛ. Vgl. zu diesem Werk Marguerite HAILLANT: Fénelon et la prédication. Paris 1969. Wie Fénelon formuliert der Leipziger Aufklärer drei klassische Hauptziele der Rhetorik auch für die Homiletik: »Eine andere Betrachtung, meine hochzuehrenden Herren, ist es, wenn ich mir zu erweisen getraue, daß die gewöhnliche Homiletik einen Prediger weder recht erklären, noch beweisen, noch bewegen lehrt. Und gleichwohl sind dieses die drey hauptsächlichsten Stücke für einen Redner, die man von ihm fordern kan?« GOTTSCHED, Rede wieder die so genannte Homiletik, AW VII/3, Anh. 16, S. 135.

andere Autoren explicit oder wo sie möglicherweise verdeckt in Anspielungen zur Sprache kommen. Am Ende des Ersten Hauptstücks seiner *Ausführlichen Redekunst, Was die Redekunst sey, imgleichen von der Beredsamkeit und Wohlredenheit überhaupt,* stellt Gottsched einen kommentierten Katalog empfehlenswerter, seinem Werk zugrundeliegender rhetorischer Lehrbücher vor.[64] Er beendet diesen Katalog mit der Aufforderung an den Leser, mögliche Parallelen und Traditionen selbst zu rekonstruieren, da er eine übermäßige Präsenz von Zitaten und Verweisen ablehne: »Ich habe auch alle gemeldte Bücher mit solchem Fleiße gelesen, und, bey meinen vieljährigen oratorischen Lectionen (...) so viel darüber nachgedacht, daß mir alles darinn so eigen geworden ist, als ob ichs selbst erfunden hätte. Wem daran gelegen ist, der kann sich die ähnlichen Stellen aus den Alten selbst anmerken, und am Rande hinzuschreiben, wo sie stehen sollen (...)«[65]

Zwar rekurriert Gottsched immer wieder direkt, auch mit Zitaten im Anmerkungsapparat der *Redekunst,* auf Cicero und Quintilian, merkwürdig ist aber, daß Aristoteles eher selten zur Sprache kommt. Es scheint aber so, als ob gerade die aristotelischen Überlegungen grundsätzlicher Art zum Wesen der Rhetorik für eine sachgerechte Einschätzung der Gottschedschen Redelehre besonders aufschlußreich sein können, denn gerade Aristoteles hat mit seiner engen Anbindung der Rhetorik an logisch-dialektische Verfahrensweisen eine besondere Nähe zur rationalistischen Konzeption.[66] Zwar gab es seit dem Mittelalter, in größerem Umfang seit der Zeit des Humanismus, eine intensive Beschäftigung mit Aristoteles, der aber meist über die Cicero-Lektüre und -Auslegung vermittelt wurde.[67] Nicht unerheblich bei Gottscheds kursorischem Verweis auf die antike Überlieferung ist damit die Frage, welche Ausgaben der antiken Rhetoriker

---

[64] GOTTSCHED, Ausführliche Redekunst, I. HSt., XIV.§.–XVI. §., S. 98–101.

[65] Ebd., XVI. §., S. 101.

[66] Leider wird die Dissertation von Isabella ROSSMANN, Gottscheds Redelehre und ihre antiken Quellen, ihrem vielversprechenden Titel auch in dieser Hinsicht nicht gerecht. Die Autorin fragt lediglich nach der Herkunft von Verweisen auf Cicero und Quintilian – die Gottsched allemal in seinen Zitaten benennt – ohne deren je unterschiedlichen historischen Hintergrund zu ermitteln und sie unter dieser Voraussetzung zu interpretieren.

[67] Eine Bibliographie der umfassenden Rezeptionsgeschichte bei Keith V. ERICKSON: Aristotle's Rhetoric: Five Centuries of Philological Research. Metuchen, N. J. 1975; Handschriften, Drucke und frühe Kommentatoren behandelt Rudolf KASSEL: Der Text der aristotelischen Rhetorik. Prolegomena zu einer kritischen Ausgabe. Berlin/New York 1971; zu Forschungsstand und Rezeption vgl. Markus H. WÖRNER: Das Ethische in der Rhetorik des Aristoteles. Freiburg/München 1990, S. 25–31; vgl. auch den (im Detail allerdings nicht sehr ergiebigen) Artikel von Gonsalv K. MAINBERGER: Aristotelismus. In: HWR, Bd. 1, Sp. 998–1009, hier Sp. 1000 und 1002.

den Aufklärern zur Verfügung standen, und ob Übersetzungen, Anmerkungen und Kommentare von Herausgebern die Antikerezeption im 18. Jahrhundert unter bestimmte Vorzeichen gestellt haben. So findet sich das rhetorische Werk des Aristoteles in Gottscheds Bibliothek in einer von dem italienischen Humanisten Antonio Riccoboni veranstalteten Ausgabe.[68]

Das editorische Vorgehen des Italieners ist für den heutigen Betrachter ungewöhnlich: Um den Anforderungen der zeitgenössischen Beredsamkeit gerecht zu werden, ist sein bekanntestes Lehrbuch, *De usu artis rhetoricae Aristotelis commentarii vigintiquinque* (1595)[69], keine texttreue Wiedergabe oder philologische Rekonstruktion des aristotelischen Werks, sondern eine eigentümliche Mischung von Text und gelehrtem Kommentar. Riccoboni klassifiziert die auseinanderliegenden Hinweise und Erklärungen des Aristoteles neu, löst damit freilich auch die ursprüngliche Ordnung und den ihr zugrundeliegenden philosophischen Kern zugunsten der überschaubaren systematischen Darstellung auf.[70] Die Großgliederung der Ausgabe ist ausgerichtet an der aristotelischen Gattungstrias der *genera causarum* (*genus deliberativum – demonstrativum – iudiciale*), wobei – neben einer Mischform aus diesen, dem *mixtum* – noch das *genus ecclesiasticum* als neue Redegattung benannt wird.[71] Jedes *genus* wird detailliert abgehandelt und ausführlich mit Beispielen erläutert. Interessant dabei ist, daß bei den drei traditionellen *genera* Redebeispiele aus der klassischen Antike (Cicero, Demosthenes), bei den Ausführungen zum *ecclesiasticum* Muster aus den Schriften der Kirchenväter herangezogen werden; für die spezifischen Anforderungen der eigenen Zeit können die Werke der Alten keine passenden Exempel bereitstellen.

Beispielhaft dafür, wie komplex sich ein solches Vorgehen auf das Rezeptions- und Interpretationsspektrum späterer Generationen auswirken kann, mag

---

68 BG, Litteratura graeca, latina aliarumque linguarum, Nr. 1613: Aristotelis artis rhet. libb. III, ab Ant. Riccobono latine conversi. gr. lat. Hanov. [1]630.

69 Antonio RICCOBONI De Vsv Artis Rhetoricæ Aristotelis Commentarii Vigintiqvinqve, qvibus duplex Rhetorica strictim explicatur (...). Francoforti MDXCV. Zum Plan des Werks vgl. Rüdiger CAMPE: Affekt und Ausdruck. Zur Umwandlung der literarischen Rede im 17. und 18. Jahrhundert. Tübingen 1990, S. 11.

70 Weitere Werke des Autors mit gleicher Zielsetzung sind: *Aristotelis Artis Rhetoricae Compendivm* (...) *Collectvm Et Ad Vsvm Conficiendarum orationum ordinatum* (1596); *Paraphrasis in Rhetoricam Aristotelis* (1630); vgl. auch die weiteren bibliographischen Angaben bei BREUER/KOPSCH, Rhetoriklehrbücher, S. 269 f.; SIEVEKE, Bibliographie, in: ARISTOTELES, Rhetorik, S. 338.

71 RICCOBONI, De Vsv, S. 148–243 (*genus deliberativum*); S. 244–349 (*demonstrativum*); S. 350–489 (*iudiciale*); S. 489–582 (*mixtum*); S. 582–630 (*ecclesiasticum*). Zur letzteren Gattung siehe unten, Kap. II, 1. 1., S. 54–62.

die Bindung der klassischen *loci communes* etwa an das anthropologische Problem des Willens (θυμός bei Aristoteles; *virtus, fortezza*) unter den renaissancetypischen Voraussetzungen in Riccobonis Kommentierung sein, aus deren Einordnung in das rhetorische Gesamtsystem sich die Bewertung der (aristotelischen) *topoi* hinsichtlich ihrer Funktion als die Willenskraft tatsächlich beeinflussender Faktoren der Rede ergibt.[72] Die Wirkungsmacht der rhetorischen Topik erstreckt sich demnach nicht nur auf den Verstand, sondern auch auf die Willenskraft.

Falls Gottsched lediglich Riccobonis Aristoteles-Ausgabe zur Verfügung hatte – was allerdings kaum anzunehmen ist –, stellt sich die Frage, ob und inwieweit mögliche Abweichungen vom Sinngehalt des Originaltextes, Kommentare des Herausgebers oder gar Wertungen auf den Aufklärer wirkten. Der Zusammenhang zwischen äußeren Faktoren und Willensproblematik ist tatsächlich auch in Gottscheds *Redekunst* zu entdecken, wenn auch unter ganz anderen Vorzeichen: Immer wieder ist die Rede von den »Bewegungsgründen« neben den »Beweisgründen«.[73] Es sieht ganz danach aus, als sei hier für den Aufklärer das rednerische *movere*, die Bewegung der Affekte, durch die Bezeichnung als »Gründe« auf eine intellektuelle Operationsbasis zurückzuführen, die es mit dem *docere* gemeinsam hat. Beide entspringen der »*Natur des Menschen*« ebenso wie der »*Absicht des Redners*«:

»Man muß die Vernunftlehre und die Sittenlehre zu Hülfe nehmen, und den Verstand und Willen des Menschen kennen lernen. Wer dieses nicht thut, der kann weder gute Regeln der Beredsamkeit vorschreiben, noch die vorgeschriebenen recht glücklich beobachten. Alle ausgekünstelte Methoden taugen nichts, wenn sie von dieser Richtschnur abweichen. Auch die Alten werden uns nur darum zu Lehrern und Mustern angepriesen, weil sie ihre Regeln und Exempel nach dieser Vorschrift eingerichtet haben. Ihr Ansehen soll also unsern Regeln keine Kraft geben: sondern ihr Beyfall soll uns nur, wider den Vorwurf der Neuerung, zur Rechtfertigung dienen.«[74]

---

[72] Ebd., Commentarivs qvinctvs: De vsv locorvm topicorvm in quaestionibvs infinitis, S. 139–148; darin S. 140 ein Katalog von 18 an Ciceros Modell orientierten Fundstätten (*topoi*), die anschließend im einzelnen erklärt werden. Vgl. zur epochenspezifischen Problematik die Hinweise grundsätzlicher Art bei Jörg VILLWOCK: Rhetorik und Poetik: Theoretische Grundlagen der Literatur. In: PGL, Bd. 3, S. 98–120, hier S. 100 f.

[73] GOTTSCHED, Ausführliche Redekunst, I. HSt., VII. §., S. 92; III. HSt., III. §., S. 124; VI. §., S. 126 f.

[74] Ebd., I. HSt., XIII. §., S. 98. Vgl. ähnlich ebd., VI. HSt., V. §., S. 166 f. Bezeichnend ist in diesem Zusammenhang auch die »Hauptregel« Gottscheds, ebd., IX. HSt., XX. §., S. 252, der Redner solle sich »jeden Affect in Form eines Vernunftschlusses« vorstellen.

Die produktive Rezeption antiker Lehren vollzieht sich für Gottsched unter der Voraussetzung von »Vernunft-« und »Sittenlehre«. Aber auch die neuzeitlichen Autoren werden unter diesem Blickwinkel kritisch beobachtet. Obwohl die für das neuzeitliche Denken charakteristische anthropologische Perspektive, wie sie den Hintergrund der Kommentare Riccobonis bildet, auch in Gottscheds grundsätzlichen Überlegungen im Zusammenhang mit der »Natur des Menschen« bemerkbar ist, lehnt der Aufklärer eine daran gekoppelte Topik, wie sie für Aristoteles ebenso wie für den Humanisten selbstverständlicher operativer Bestandteil der rednerischen Produktion war, entschieden ab. Die humanistisch geläuterte Aristoteles-Interpretation eines Riccoboni wird von ihm so umgestaltet, daß sie den eigenen Ansprüchen an »Vernunft« und »Moral« Genüge leistet. Die bloße Autorität kanonisch gewordener antiker Vorbilder findet ebenso ihre Grenzen wie ihre neuzeitlichen Interpretatoren innerhalb der aufklärerischen »Vernunft-« und »Sittenlehre«.[75]

So bleibt dem heutigen Leser die Aufgabe, Gottscheds Art und Weise der produktiven Aneignung als Teil einer komplexen Überlieferungsgeschichte zu erkennen und zu fragen, inwieweit er sich bestimmte Positionen der »Alten« zu eigen macht oder durch die überlieferungsgeschichtliche Situation modifizierte Standpunkte zur Sprache bringt. Dies schließt auch das Problembewußtsein dafür ein, an welchen Stellen des rhetorischen Werks signifikante Verschiebungen und Brüche ausfindig gemacht werden können, die auf genuine Eigenleistungen Gottscheds schließen lassen bzw. ihn als typischen Vertreter einer »vernünftigen« Redekunst ausweisen. Insbesondere für seine Lehre von der *inventio* ist der Rekurs auf antike Quellen interessant, da hier bereits all die Grundfragen angedeutet sind, die Gottsched aufgreift. Da auch frühere Generationen von Redelehrern seit dem Humanismus durchaus die Problematik eines wie auch immer gearteten Wiederaufgreifens klassischer Lehren erkannt und artikuliert haben, ist die Klärung von Gottscheds Verhältnis zu ihnen umso aufschlußreicher.

2. 3. Die Schlüsselrolle der humanistischen Rhetorik

Die im vorangegangenen Abschnitt beispielhaft an einem Punkt vorgeführte Affinität des Gottschedschen Werks zu antiken Vorbildern wie auch deren Vermittlung durch die humanistische Rhetorik läßt vermuten, daß Spezifica der frühaufklärerischen Theorie im Rahmen rezeptionsgeschichtlicher Abläufe nur

---

[75] Ebd., IX. HSt., V. §., S. 225 f.; für weiterführende Erläuterungen zu diesem Hauptstück über *Die Erregung und Dämpfung der Gemüthsbewegungen* verweist Gottsched an einer der wenigen Stellen seines Werks explizit auf Aristoteles.

Der Umfang der Quellenrezeption

als Ergebnis eines komplexen Geschehens verständlich werden können. Aus diesem Grund soll im folgenden Abschnitt ein zunächst eher allgemein gehaltener Überblick über Gottscheds Verhältnis zur humanistischen Tradition gegeben werden, der für den weiteren Gang der Untersuchung auch insofern von Belang ist, als er die dort an verschiedenen Stellen und in unterschiedlichen Zusammenhängen erörterten Fragen als Bestandteil der zu Beginn der *Ausführlichen Redekunst* entworfenen historischen Sichtweise der Entwicklung der Beredsamkeit vorstellt.

Die rhetorische Lehre aus der Zeit des Humanismus, der Wiederentdeckung der Antike, nimmt eine zentrale Stellung für die Beantwortung der Frage nach der Beziehung der Aufklärer zu den griechischen und römischen Klassikern ein. Gottsched versteht sich als Teil der humanistischen gelehrten Tradition, als Mitglied der ›Gelehrtenrepublik‹.[76] Sein Verhältnis zur Schulrhetorik wird in dem den eigentlichen Lehrstücken der *Ausführlichen Redekunst* vorangestellten historischem Abriß *Vom Ursprunge und Wachstume der Beredsamkeit* deutlich. Im XXIV. §. dieses Überblicks stellt der Leipziger die beiden bedeutendsten Exponenten des 16. und frühen 17. Jahrhunderts, deren Werke noch über zweihundert Jahre nach ihrem erstmaligen Erscheinen im Schulunterricht benutzt wurden, einander gegenüber: Philipp Melanchthon (1497–1560) und Gerhard Johannes Vossius (1577–1649).[77] Als beider Verdienst wird ihr Zurückgreifen auf die antike Rhetorik genannt, durch das ihre eigene Lehre erst eine Vervollkommnung und überzeitliche Geltung erlangt habe. Allerdings gibt Gottsched, anders als viele seiner Zeitgenossen, die den Holländer favorisieren, Melanchthons System den Vorzug.[78] Ursache für die seiner Meinung nach nicht unbedingt auf-

---

[76] Beispielhaft dafür GOTTSCHED, Vorrede (des ersten Bandes) des Historischen und Critischen Wörterbuchs von Pierre Bayle (1741), AW X/1, hier S. 87–89. Vgl. zu diesem Thema Sebastian NEUMEISTER/Conrad WIEDEMANN (Hrsg.): Res Publica Litteraria. Die Institution der Gelehrsamkeit in der frühen Neuzeit. Tle. I und II. Wiesbaden 1987, sowie dazu die Rezension von Reinhard BREYMAYER, in: Rhetorik 10 (1991), S. 193–195; Günter MÜHLPFORDT: Gelehrtenrepublik Leipzig. Wegweiser- und Mittlerrolle der Leipziger Aufklärung in der Wissenschaft. In: MARTENS, Zentren, S. 39–101.

[77] BG nennt unter der Nr. 1724 die Ausgabe Paris 1527 *Phil. Melanchthonis de rhetorica libb. III*, sowie unter Nr. 1725 *Elementa rhetorices* (Basel 1563). Daneben Nr. 2171 *Vielfältige schöne Exempel, Sprüche [etc.] aus Melanchthons Lectionen, Tischreden [etc.] von Joh. Manlio.* Frankfurt/M. 1556; Vossius' *Elementa rhetorices* unter Nr. 1888 (Naumburg 1661), *De Rhetorices natura ac constitutione* (1622) unter Nr. 1814, *Rhetorices Contractae* (1655) unter Nr. 1815.

[78] Siehe dazu auch das Melanchthon gewidmete Sonderheft in: Das Neueste, Ostermonath 1760, Num. IV., 1760; darin S. 245–252 eine Rezension der von Gottsched herausgegebenen Gedächtnisschrift für Melanchthon mit dem Titel *Ad Memoriam Communis Germaniae*

rechtzuerhaltende Höherschätzung der Vossischen Rhetorik vor der Melanchthonschen, die zu Unrecht in Vergessenheit geraten sei, ist für Gottsched die einseitige Protektion durch Schul- und Universitätslehrer:

»Doch hat Deutschland in diesem Falle niemanden [sic!] mehr zu verdanken, als dem gelehrten Melanchthon, der auch im Absehen auf seine Verdienste, in Beförderung der freyen Künste und Wissenschaften, mit Recht der allgemeine Lehrer desselben genennet worden. Er war nämlich hier eben das, was Erasmus in den Niederlanden war, und führte seine Schüler auf die Regeln und Exempel der alten Griechen und Lateiner; als auf die rechten Quellen des guten Geschmackes. Er schrieb selbst eine Rhetorik, die auch gewiß nach diesen Mustern eingerichtet ist, und die gesundesten Regeln der wahren Beredsamkeit in sich hält. Es ist ein Wunder, daß selbige nachmals so in Vergessenheit gerathen: indem Vossius fast allein, in niedrigen und hohen Schulen, die Oberhand bekommen hat. Denn es ist gewiß, daß Melanchthons Redekunst der vossischen, wo nicht vorzuziehen, doch gewiß gleich zu setzen ist.«[79]

Der abwägende Vergleich des *Praeceptor Germaniae* Melanchthon mit dem niederländischen Rhetoriker Vossius wird an anderer Stelle noch deutlicher. Ganz bewußt bringt Gottsched den Humanisten des 16. Jahrhunderts in ein Verhältnis mit einem Zeitgenossen seiner eigenen Epoche: »Von den deutschen Rhetoriken kann ich unter denen, deren Verfasser bereits todt sind, keine einzige loben, als Philipp Melanchthons seine; und Prof. Polykarp Müllers.«[80]

Das Werk Gottfried Polykarp Müllers (1684–1747) wird dann ins Spiel gebracht, wenn es um die historische Rekonstruktion einer bestimmten Tradition der Antikerezeption von der Reformationszeit bis zur eigenen Gegenwart geht, genauso wie diese Tradition entscheidend für die Wertschätzung Melanchthons oder des Vossius ist. Auf Müllers Rhetorik, *Eloquentia nov-antiqua* (1718), bezieht Gottsched sich wohl in erster Linie deshalb, weil in dieser Schrift, wie der Titel schon sagt, explizit auf die antiken Redelehrer als Maßstab für die eigene Epoche verwiesen wird. Der Begriff der *eloquentia nov-antiqua*, wie er auch bei vom Pietismus beeinflußten Verfassern wie Georg Ehrenfried Behrnauer oder Johann Christoph Wentzel (*Eloquentia nov-antiqva*, 1712) anzutreffen ist[81],

---

Praeceptoris (Leipzig 1760). Es folgen Abdrucke verschiedener Lobreden und Gedichte auf den Humanisten (u. a. von Caspar Damian Grulich und Johann Friedrich Schröter).

[79] GOTTSCHED, Ausführliche Redekunst, Historische Einleitung, XXIV. §., S. 77 f.; zur Benutzung der Vossischen Rhetorik im Schulunterricht in Deutschland vgl. die Nachweise bei BARNER, Barockrhetorik, S. 266.

[80] GOTTSCHED, Ausführliche Redekunst, I. HSt., XVI. §., S. 100.

[81] Vgl. dazu Reinhard BREYMAYER: Pietistische Rhetorik als eloquentia nov-antiqua. Mit besonderer Berücksichtigung Gottfried Polykarp Müllers (1684–1747). In: Tradition – Krisis – Renovatio aus theologischer Sicht. Marburg 1976, S. 258–272, hier S. 264 f. Zu Müller vgl. unten, Kap. IV, 2., S. 157–159.

schließt die programmatische Verbindung von griechisch-lateinischer und muttersprachlicher Rhetorik ein.

Der Hinweis auf Müller in einem Atemzug mit dem *Praeceptor Germaniae* macht deutlich, worum es dem Aufklärer geht: Gottscheds Hochschätzung für Melanchthons rhetorisches Oeuvre ist maßgeblich durch den Rückgriff auf antike Redelehren bestimmt, denn Melanchthons auf die Alten verweisende Definition der Redekunst als einer »ars, quae docet viam ac rationem recte et ornate dicendi«[82], die sich wortwörtlich übersetzt in der *Ausführlichen Redekunst* wiederfindet, ist für Gottsched gleichsam Ursprung und Kernpunkt der deutschsprachigen Beredsamkeit: »Von den Neuern hat niemand die Redekunst besser beschrieben, als der oben schon gerühmte *Melanchthon*. In dem ersten Capitel seiner Rhetorik saget er: sie sey eine Kunst, welche die Art und Weise, recht und zierlich zu reden, lehret.«[83]

Bis in das 17. Jahrhundert hinein war Melanchthons Rhetorik dominierend im Schulunterricht. Entsprechend seinem didaktischen Ziel, die verloren geglaubte Verbindung zwischen Theologie, Philologie und Philosophie zustandezubringen, hatte Melanchthon auch eine enge Verwandtschaft der Disziplinen Rhetorik und Dialektik, der Wissenschaft von der lehrhaften Darstellung, gesehen[84], wobei die Sichtweise dieser Analogie auf Rudolf Agricolas *De inventione dialectica* (1523)

---

[82] Ph. Mel. Elementorum Rhetorices Libri Duo. In: Opera qui supersunt omnia. Edidit Carolus Gottlieb Bretschneider. Halis Saxonum 1846. (Corpus Reformatorum. Vol. XIII. ND New York u. a. 1963), Sp. 419. Zu Melanchthons Rhetorik vgl. Joachim KNAPE: Philipp Melanchthons »Rhetorik«. Tübingen 1993; zum Werkzusammenhang vgl. auch die ältere Arbeit von Karl HARTFELDER: Philipp Melanchthon als Praeceptor Germaniae. Nieuwkoop 1964 (Reprint der Ausgabe Berlin 1889).

[83] GOTTSCHED, Ausführliche Redekunst, I. HSt., II. §., S. 87; vgl. auch das Dokument zur von ihm präsidierten akademischen Feier *Ad memoriam commvnis germaniae praeceptoris magni qvondam viri Philippi Melanchthonis post bina ab obitu eivs saecvla proxima mercvrii de XXX. aprilis (...) invitat ordinis philosophici decanis Io. Christoph Gottschedivs (...). Lipsiae [1760]* und die Rezension dazu in: Das Neueste X (1760), S. 245–252, sowie ders.: Rezension eines anonymen *Lobgedichts auf den berühmten Philipp Melanchthon*, in: Ebd., S. 289–300.

[84] Zum Verhältnis Rhetorik – Philosophie (Dialektik) vgl. Quirinus BREEN: The Subordination of Philosophy to Rhetoric in Melanchthon. A Study of his Reply to G. Pico della Mirandola. In: AR 43 (1952), S. 13–28; John R. SCHNEIDER: Philip [!] Melanchthon's Rhetorical Construal of Biblical Authority. Oratio Sacra. Lewiston u. a. (1990), hier insbes. Kap. 4: Melanchthon's Rhetoric of 1519, S. 65–95; HWR, Bd. 2, Sp. 559–606, s. v. Dialektik. Siehe dazu auch unten, Kap. III, 2., S. 91–96 dieser Arbeit.

fußt.[85] Bei der Bewältigung ethischer Fragestellungen und der methodischen Anleitung zur Wahrheitsfindung, beides Aufgaben der Dialektik, half traditionell seit Aristoteles die rhetorische Ermittlung von Überzeugungsstrategien. Der Unterschied zwischen Rhetorik und Dialektik besteht für Melanchthon lediglich in der Eigenart des Ausdrucks (*elocutio*), dagegen die Gemeinsamkeit in der Lehre von der Beweisfindung (*inventio*) und der Stoffgliederung (*dispositio*).[86]

Die Publikationen des Leidener Professors der Eloquenz und Geschichte lösten Melanchthons Rhetorik relativ schnell in der Mitte des 17. Jahrhunderts als Werke für den Schulunterricht im protestantischen Deutschland ab. In den *Commentarii Rhetorici* (1639) findet sich eine detaillierte und differenzierte Darlegung und Diskussion von Fragen der Beredsamkeit in sechs Büchern, die weitaus genauer als in antiken oder auch in anderen humanistischen Rhetoriken ist.[87] Im Gegensatz zu Melanchthon rechnet Vossius die Stoffsammlung und das Auffinden der Beweisgründe und die gliedernde Anordnung durch den Redner nicht zur Dialektik, denn seiner Ansicht nach würde die Beredsamkeit so auf die bloße Stilistik reduziert. Den Unterschied zwischen Rhetorik und Dialektik sieht er in der Zielsetzung der beiden Disziplinen, die er durchaus traditionell definiert: Während die Dialektik der reinen Wissensvermittlung dient, ist es die primäre Aufgabe der Redekunst, zum Handeln aufzurufen.[88] Vor allem Aristoteles, mit Einschränkungen Cicero und Quintilian werden als Ahnherren seines Systems

---

[85] Vgl. dazu die Neuausgabe Rudolf AGRICOLA: De inventione dialectica libri tres. Drei Bücher über die inventio dialectica. Hrsg., übersetzt und kommentiert von Lothar Mundt. Tübingen 1992. Zu Agricola als Vorgänger und Vorbild Melanchthons Vgl. Neben SCHMITT-BIGGEMANN, Topica, S. 3–15, auch JOACHIMSEN, Loci, S. 33–53; HARTFELDER, Melanchthon, S. 186, sowie HWR, Bd. 2, Sp. 577 f.

[86] Zur Lehre von der *inventio* vgl. SCHNEIDER, Melanchthon, S. 70–78, zur *dispositio* ebd., S. 78–80. Zum Verhältnis von Dialektik, Rhetorik und Topik bei Aristoteles vgl. Andreas BERIGER: Die aristotelische Dialektik. Ihre Darstellung in der *Topik* und in den *Sophistischen Widerlegungen* und ihre Anwendung in der *Metaphysik* M 1–3. Heidelberg 1989.

[87] Gerardi Ioannis Vossi Commentariorum Rhetoricorum sive Oratoriarum institutionum, Libri sex (...). Lugduni Batavorum MDCXLIII; Gerhard Joannes VOSSIUS: Commentariorum Rhetoricorum, sive Oratorium libri sex (1630). (ND Kronberg 1974). Die wichtigsten Werke zur Rhetorik neben den bisher erwähnten sind *De Rhetorices Natvra Ac Constitvtione Et Antiqvis Rhetoribvs, Sophistis, ac Oratoribus, Liber* (1621, weitere Auflagen 1622 und 1658) und *Institutiones oratoriae* (1616). Vgl. dazu C. S. M. RADEMAKER: Life and Word of Gerardus Joannes Vossius (1577–1649). Assen 1981, hier S. 177 f., und die bibliographischen Angaben bei BREUER/KOPSCH, Rhetoriklehrbücher, S. 285 f.

[88] Vgl. dazu RADEMAKER, Life, S. 180.

Der Umfang der Quellenrezeption

verstanden[89], wobei Vossius sich, beeinflußt von der seit längerem währenden Diskussion um den rechten Gebrauch topischer Verfahrensweisen, bewußt für eine selektive Vorgehensweise bei seiner Berufung auf Autoritäten entscheidet. Diese ist von dem jeweils aktuell zu erarbeitenden Detailentwurf seines Systems bestimmt, und auf ihr beruht schließlich auch die entweder der Rhetorik oder der Dialektik zugemessene Aufgabenstellung. Den eigentlichen Erörterungen des Hauptwerks vorangestellt sind Definitionen rhetorischer Grundbegriffe.[90]

Melanchthon und Vossius sind nach Gottscheds Ansicht dadurch ausgezeichnet, daß beide die Aufgabenteilung von Rhetorik und Dialektik mit integrativen Absichten behandeln. Ohne daß ein fundamentaler Unterschied zu konstatieren wäre, hängen die der jeweiligen Disziplin zukommenden Aufgaben von deren fachlichen Intentionen ab. Die große Integrationskraft des Vossischen Werks ergibt sich aus dessen offensichtlich gerade für den Aufklärer ausschlaggebenden Betonung der rhetorischen *inventio*, und dies scheint tatsächlich auch für andere bestimmend gewesen zu sein.

Wie von Gottsched referiert, wurden die Schullehrbücher des Leideners, die *Rhetorica Contracta* und die *Elementa rhetorica*[91], schon zu dessen Lebzeiten in seiner Heimat für den Unterricht in den Lateinschulen vorgeschrieben. Von großem Einfluß waren die Vossischen Schriften aber nicht nur in Holland, sondern in ganz Europa. Ihre Wirkung erstreckte sich auf Rhetoriklehrer mit unterschiedlichsten Zielen, wie etwa einerseits auf Johann Heinrich Alsted (1588–1638)[92], der einer Harmonisierung von lullistisch-topischer Kombinatorik und aristotelisch-scholastischer Philosophie in seinen Werken nachging, andererseits auf den italienischen *Professor Eloquentiae* Giambattista Vico, der als Mitbegründer

---

[89] VOSSIUS, Commentariorum, Liber III: De dispositione, Cap. VIII: Exponitur artificium, quo Cicero est usu in exordio orationis pro Milone, S. 344–346. Zu Vossius als Vertreter des »enzyklopädischen Eklektizismus« vgl. SCHMIDT-BIGGEMANN, Topica, S. 255–264; zum Verhältnis von Logik und Rhetorik bei Vossius ebd., S. 259–261.

[90] Liber I, Cap. I: De Natura Rhetorices: Auf sieben Seiten werden die wichtigsten Fachtermini der Redekunst abgehandelt.

[91] *Rhetorices Contractae sive partitionum oratoriarum libri V* (1621; mindestens 39 weitere Auflagen, davon nicht weniger als 28 im 17. Jahrhundert!); *Elementa Rhetorica, Oratoriis ejusdem Partitionibus accomodata* (1626; mindestens 22 weitere Auflagen). Vgl. dazu RADEMAKER, Life, S. 177 f. Rademaker nennt außerdem als bedeutendes Werk des Autors zur rhetorischen Theorie *De imitatione* (Amsterdam 1647); vgl. auch BARNER, Barockrhetorik, S. 265–274.

[92] Alsteds siebenbändige *Encyclopedia* (1630) behandelt die Grundlagen der Wissenschaften; der zweite, der Philologie gewidmete Band ist in sechs Bücher unterteilt: Lexica, Grammatica, Rhetorica, Logica, Oratoria und Poetica. Vgl. dazu SCHMIDT-BIGGEMANN, Topica, S. 103; RADEMAKER, Life, S. 80.

einer in rhetorisch-topischen Schemata wurzelnden, sich davon aber auch emanzipierenden Geschichtsphilosophie gilt. Wie Alsted verfolgt auch der seit 1708 in Neapel wirkende Vico bei der Behandlung der Topik als Quelle der *inventio* eine Harmonisierung der Aufgabengebiete.[93]

Der von den Humanisten in Gang gesetzte Meinungsaustausch über die richtige Gewichtung von Rhetorik und Dialektik für die sachgemäße Organisation und Vermittlung von Wissen wird immer wieder aufgegriffen und differenziert sich im Lauf des 17. Jahrhunderts kontinuierlich.[94] Die allgemeine Verbreitung und Hochschätzung des Vossischen Lehrbuchs noch zu seiner Zeit erwähnt Gottsched in der Vorrede zu den *Vorübungen*, dem eigenen Schulbuch. Das Werk des Holländers findet Verwendung für den Schulunterricht, allerdings ohne daß ihm damit immer Recht getan wird: »Der gute Vossius, oder wer sonst seine Lehrbücher der Beredsamkeit den hohen Schulen zu gut geschrieben, muß sich in die Classen der niedrigen verdammen lassen: und da untersteht man sich, unwissende Köpfe diejenige Kunst zu lehren; die ein Cicero in der höchsten Reife seines Verstandes und seiner Gelehrsamkeit, kaum recht zu beschreiben, und auszuüben vermocht.«[95]

Wenn Gottsched zum einen hervorhebt, daß die Vossische Rhetorik aufgrund der in ihr vermittelten außerordentlichen Ansprüche keinesfalls für niedere Schulklassen als Unterrichtswerk geeignet sei, wenn er zum anderen deutlich macht, daß die Melanchthonsche Adaption der antiken Redelehren die dortigen Kernaussagen zeitgemäß interpretiert und transformiert habe, wird die Zielrichtung des Aufklärers deutlich: Melanchthon genießt deshalb als Schulmann den Vorzug, weil er die im Kern nur schwer begreifliche Lehre von der *inventio* für

---

[93] In seinem 1725 entstandenen Werk *Nuova Scientia*, das in zweiter Auflage posthum 1744 erschien, beschreibt er eine geschichtsphilosophische Haltung, die die Topik als Verfahrensweise des produktiven Geistes (»ingenium«, »phantasia«) bewertet, dem das menschliche Dasein seine Geschichtlichkeit verdankt. Damit tritt er in eine Gegenposition zur cartesischen Philosophie, die die Topik generell ablehnt und konsequenterweise nach einer nicht-metaphysischen Erklärung von Historizität verlangt. Vgl. dazu KOPPERSCHMIDT, Topik, S. 171 f. Zur aus der Methodenkritik Vicos an Descartes hervorgegangenen Toposdiskussion vgl. FEGER, Logik, S. 235–241.

[94] In seinem *Compendium Rhetorices* (1682) nimmt Christoph Kaldenbach (1613–1698) die Frage nach dem Zusammenhang zwischen Rhetorik und Dialektik wieder auf. Seiner Ansicht nach besteht der Unterschied darin, daß die Dialektik in der Lage ist, allgemeinere Gesichtspunkte von Einzelfragen zu liefern; damit fällt ihr der Bereich der Topik bzw. der *loci argumentorum* zu und gehört nicht mehr zur rhetorischen *inventio*. Die Beredsamkeit hat diese allseitigen Bezüge im einzelnen zu erläutern und zu exemplifizieren. Vgl. dazu ausführlich BARNER, Barockrhetorik, S. 425–447.

[95] GOTTSCHED, Vorübungen, Vorrede, Bl. *5^v.

Schüler in adäquater Weise dargestellt hat, während Vossius eher den Studenten vorbehalten bleiben sollte. Es ist Melanchthon, der »die gesundesten Regeln der wahren Beredsamkeit«[96] in seinem vom interdisziplinären Impetus getragenen pädagogischen Vorhaben auch dem neuzeitlichen Schüler der Redekunst vor Augen gestellt hat.

Gottscheds »critische« Absage an jegliches unreflektierte, unbefugte Aufbieten der Musterautoren und sein wiederkehrender Rekurs auf die philosophischen Grundlagen in der Antike stehen in engstem Zusammenhang mit seiner Protesthaltung gegen eine Funktionalisierung der Rhetorik, wie sie im frühen 18. Jahrhundert weithin üblich war, nämlich der Auffassung von der Redekunst als einer zweckdienlichen Richtschnur sozialer Kommunikation. Nur eine sich ihrer historischen Stellung bewußte, die Lehre von der *inventio* sachgemäß herausarbeitende Theorie der Beredsamkeit hat nach Gottscheds Dafürhalten die erforderliche Fähigkeit, altüberlieferte wie auch neuartige Standpunkte in differenzierter Weise zu vereinen und das Innerste des Rhetorischen zu erfassen. Daß gerade Melanchthon als Vorläufer der »critisch-vernünftigen« Betrachtungsweise eingespannt wird, liegt an der Eigenart seiner Darlegung der rednerischen Erfindung, mit der er Gottscheds Forderung nach fruchtbarer Transformation althergebrachter Prinzipien und Regeln in die eigene Lebenswirklichkeit entspricht. Aber die aufklärerische Affinität zu den Humanisten im Rekurs auf die Antike hat auch ihre Grenzen: Die neuesten Erkenntnisse der »Vernunft-« und »Sittenlehre« bilden auch für sie den Rahmen. Wie für Gottsched das Wesentliche der Beredsamkeit in Erfahrung gebracht werden kann und inwiefern dabei die zeitgenössische Diskussion um das Verhältnis von Rhetorik, Ästhetik und ›freyen Künsten‹ sowie um die Berührungspunkte mit homiletischer und epistolographischer Lehre eine Rolle spielt, soll im nächsten Kapitel geklärt werden.

---

[96] Siehe oben in diesem Abschnitt, S. 48.

KAPITEL II
RHETORIK, ÄSTHETIK UND ›FREYE KÜNSTE‹. GRÜNDE UND FOLGEN EINER NEUORDNUNG

1. Die Verortung des ›Rhetorischen‹

1. 1. Die Einordnung der geistlichen Beredsamkeit in Gottscheds Rhetorik

Nicht nur die weltliche, sondern auch die sakrale Redekunst war, seit sie im Mittelalter ihren Aufschwung genommen hatte, für Generationen von Redelehrern ohne weiteres den überlieferten rhetorischen Regeln der antiken Klassiker unterworfen[1]; daß auch Gottsched der Kanzelberedsamkeit eine eigene Arbeit widmete, ist dafür kennzeichnend. Aber die Vorzeichen, unter denen der Leipziger *Professor Eloquentiae* sie sieht, sind symptomatisch für einen veränderten Standpunkt: Sein Augenmerk richtet sich kritisch auf eine oft nur allzu selbstverständlich als Sonderfall eingeschätzte spezifisch christliche Redekunst, denn unter »vernünftiger« Perspektive kann es für ihn keine Ausnahmen von den objektiven Regeln geben. Das nur in der ersten Auflage der *Ausführlichen Redekunst* abgedruckte Hauptstück *Von geistlichen Lehrreden, oder Predigten* umreißt diese in der homiletischen Schrift, dem *Grund-Riß einer Lehr-Art ordentlich und erbaulich zu Predigen*, umfassend referierte Sichtweise in knappster Form.[2] Die von früheren und zeitgenössischen Redelehrern behaupteten Diskrepanzen zwischen weltlicher und geistlicher Rhetorik werden von Gottsched entschieden bestritten: »Ich weis wohl, daß die Materien der geistlichen Reden nicht bloß aus der Vernunft und Natur; sondern auch aus der Offenbahrung hergenommen werden müssen. Allein die Verschiedenheit der Stoffe hebet die Gleichförmigkeit der Lehrart und des Vortrages nicht auf.«[3]

Gleichwohl wird im Zusammenhang deutlich, daß hier eine lange, mit den Kirchenvätern einsetzende und als unumstößlich erachtete Tradition auch von rationalistischer Warte aus stets gegenwärtig ist. In seiner *Rede wider die homi-*

---

[1] Vgl. auch zum folgenden die ausführliche und differenzierte Darstellung in: HWR, Bd. 2, Sp. 197–222, s. v. Christliche Rhetorik; UEDING/STEINBRINK, Grundriß, S. 46–73.

[2] GOTTSCHED, Ausführliche Redekunst [1]1736, Das V. Hauptstücke: Von geistlichen Lehrreden, oder Predigten, abgedruckt in AW VII/3, Anh. 11, S. 64–72; vgl. auch ders., Akademische Redekunst, Das XVI. HSt., von geistlichen Lehrreden, oder Predigten, S. 286–301; zu Gottscheds *Lehr-Art* siehe oben, Kap. I, 1. 2., S. 29.

[3] GOTTSCHED, Ausführliche Redekunst [1]1736, §. II., S. 65. Vgl. die Vorrede in: Friedrich Andreas HALLBAUER: Nöthiger Unterricht zur Klugheit Erbaulich zu Predigen, zu Catechisiren und andere geistliche Reden zu halten (...) Jena [2]1726.

Die Verortung des ›Rhetorischen‹

letischen Methodenkünstler nimmt Gottsched darauf Bezug, stellt aber von Anbeginn an heraus, daß es ihm weniger um Kritik an den Kirchenvätern oder theologischen Aussagen geht, sondern daß er die Wahrnehmung von aktuellen rhetorischen Dekadenzphänomenen in einem speziellen Bereich für seine vordringliche Aufgabe hält: »Wie haben die alten Kirchenväter ein Chrysostomus, ein Gregorius von Nazianz, ein Augustinus und Hieronymus ihre lehrende geistliche Reden abgefasset? Haben sie etwa nicht erbaulich geprediget? Oder haben sie auch schon die heutige Methode, noch vor ihrer Erfindung, gebrauchet? Ich will nimmermehr hoffen, daß jemand dieses letztere behaupten wird, ungeachtet es nichts unmögliches wäre. (...)«[4]

Gottsched spielt hier in gedrängter Form auf komplexe Zusammenhänge einer eigenständigen Überlieferungssituation an. Schon Augustinus hatte versucht, antike, aus christlicher Sicht heidnische Reden für Predigten nutzbar zu machen. *De doctrina christiana*, läßt sich – von ihm durchaus so beabsichtigt – unter diesem Blickwinkel lesen.[5] So können etwa die Bücher 1–3 mit ihrer Darlegung der biblischen Hermeneutik nach rhetorischer Einteilung als Leitfaden für die *inventio* gedeutet werden, und im vierten Buch erläutert Augustin seine Vorstellungen von der Predigt anhand der klassischen rhetorischen Terminologie.[6] Dergestalt ergibt sich aus der Rhetorizität der Heiligen Schrift die Frage nach der Einordnung der Predigt als belehrender Rede in das klassische Dreierschema der Redearten (*genus demonstrativum, deliberativum, iudiciale*). An diesen Traditionszusammenhang schließt sich Gottscheds Fragestellung an, und an ihm orientiert sich auch seine Einordnung der Predigt in die Gattung der lehrhaften Rede: »Nächst den grössern und kleinern Lobreden, kommen wir billig auf die andere Gattung der bey uns gewöhnlichen Reden, nemlich auf die Lehrreden; darinn

---

[4] GOTTSCHED, Rede wider die homiletischen Methodenkünstler, AW VII/3, Anh. 15, hier S. 128 f.

[5] Vgl. dazu James J. MURPHY: Augustinus und die Debatte über eine christliche Rhetorik. In: KOPPERSCHMIDT, Rhetorik, Bd. II, S. 60–80; Gonsalv K. MAINBERGER, Rhetorica I. Reden mit Vernunft. Aristoteles. Cicero. Augustinus. (Stuttgart-Bad-Cannstatt 1987), S. 316–372; hier S. 360. Desweiteren Gertrud KAGER: De doctrina christiana von Aurelius Augustinus: Die erste Anweisung zur christlichen Redekunst. Diss. Wien 1970; Peter DRONKE: Mittelalterliche Rhetorik. In: Die mittelalterliche Welt. 600–1400. Berlin (1988), S. 182–198; UEDING/STEINBRINK, Grundriß, S. 48–52.

[6] Vgl. die Ausführungen über Augustinus im HWR, Bd. 2, Sp. 202–204. Kennzeichnend für die Predigt seit Augustinus ist der *sermo humilis*, der einfache Stil. Zu dessen Herkunft von Augustin und ihrer Entwicklung in der Frühen Neuzeit vgl. Hans-Henrik KRUMMACHER: Der junge Gryphius und die Tradition. Studien zu den Perikopensonetten und Passionsliedern. München 1976, S. 393–434; zum Predigtstil vgl. Joachim DYCK: Ornatus und Decorum im protestantischen Predigtstil des 17. Jahrhunderts. In: ZfdA 94 (1965), S. 225–236.

man sich vorsetzet, seine Zuhörer von gewissen dogmatischen Wahrheiten, sie mögen nun theoretisch oder practisch seyn, zu überzeugen. Ohne Zweifel stehen hier die sogenannten Predigten, oder geistlichen Reden oben an.«[7]

Nach Augustins Vorbild wurde die Predigt in Mittelalter und Früher Neuzeit als den Regeln der antiken Rhetorik verpflichtet betrachtet.[8] Dabei stand die Gattungsfrage, wie auch von Gottsched referiert, als wichtiger Punkt immer wieder auf dem Programm. Melanchthon entwickelte die Lehrmeinung, zu den drei klassischen Redegattungen müsse eine bisher der Rhetorik unbekannte hinzugefügt werden, nämlich die lehrhafte oder didaktische Gattung (διδασκαλικὸν γένος), die eigentlich zur Dialektik gezählt wurde. Begründet ist diese Zugehörigkeit für ihn in der Forderung nach Belehrung in der kirchlichen Predigt.[9] Mit auf der Synthese von humanistischer und reformatorisch-theologischer Ausbildung beruhenden pädagogischen Prinzipien soll der Grundstein für ein sich aus dem Geist des Protestantismus verstehendes rhetorisches Erziehungsprogramm gelegt werden, das die antike Beredsamkeit ebenso wie die biblische Überlieferung als Fundament ethischen Handelns schätzt, mit den antiken Rhetoren als Vorbild und Muster.[10] Aber nicht nur auf protestantischer, sondern auch auf katholischer Seite suchte man die Integration von Rhetorik und Predigtlehre.[11]

---

[7] GOTTSCHED, Ausführliche Redekunst, AW VII/3, Anh. 11, §. I., S. 64 f.

[8] Auf das Verhältnis der mittelalterlichen Theologie zur Rhetorik kann an dieser Stelle nur hingewiesen werden. Als Einführungen sind nützlich Hennig BRINKMANN: Mittelalterliche Hermeneutik. Darmstadt 1980; James J. MURPHY: Rhetoric in the Middle Ages. A History of Rhetorical Theory from Saint Augustine to the Renaissance. Berkeley u. a. 1974.

[9] MELANCHTHON, Elementorum, Sp. 421. Auch Gottscheds Mitstreiter Andreas Hallbauer kennt das *genus didascalicum* als vierte Redegattung, die allerdings ganz summarisch auf die Unterrichtung der Zuhörer bezogen ist. Generell lehnt er derartige Differenzierungen bei der *inventio thematis* ab, da sie für die von ihm disqualifizierte ›Schuloratorie‹ kennzeichnend sind. Friedrich Andreas HALLBAUER: Anweisung Zur Verbesserten Teutschen Oratorie. Nebst einer Vorrede von Den Mängeln Der Schul=Oratorie. JENA ³1736, S. 238.

[10] Zur Entwicklung der humanistischen *ratio studiorum* vgl. beispielhaft Anton SCHINDLING: Humanistische Hochschule und freie Reichsstadt. Gymnasium und Akademie in Straßburg 1538–1621. Wiesbaden 1977.

[11] Den konfessionellen Differenzierungen trägt auch der o.g. Artikel im HWR, Bd. 2, Rechnung, indem er gesondert auf die Entwicklung der katholischen und der protestantischen Predigt eingeht. – Die wohl berühmteste katholische Predigtlehre verfaßte, fast 100 Jahre nach nach Melanchthon, der Pariser Rhetorikprofessor und Beichtvater Ludwigs XIII. Nicolaus Caussinus (1583–1651) mit den *Eloquentiae Sacrae et Humanae Libri XVI* (1619). Vgl. hierzu Franz Günter SIEVEKE: Eloquentia sacra. Zur Predigtlehre des Nicolaus Caussinus S. J. In: SCHANZE, Rhetorik, S. 43–68.

Die Verortung des ›Rhetorischen‹

Gottscheds Erklärung für eine »vernünftige« geistliche Beredsamkeit richtet sich, unbeeinflußt von konfessionellen Erwägungen, gegen bestimmte Tendenzen auf beiden Seiten, etwa zu immer größerer Komplikation des Aufbaus der Rede, die sich unabhängig von Melanchthons oder Caussinus' prinzipiellen Überlegungen im Lauf der Zeit herausgebildet hatten.[12] In kennzeichnender Weise steht für Gottsched die Gattungsfrage in unmittelbarem Bezug zur Frage der ›Erfindung‹, und beides wird verknüpft mit seiner Opposition gegen eine Sonderung von geistlicher und weltlicher Rhetorik. Ansatzpunkt für die Kritik von aufklärerischer Seite ist abermals die rednerische *inventio*, aus der trotz unterschiedlicher Anlässe durchaus nicht unterschiedliche Wege der Darstellung hervorgehen:

> »Daß eine Materie aus verschiedenen Gründen her zu holen ist, das kan ihr keine neue Art der Ausführung nothwendig machen: Sonst müßte es ja auch eine juristische, medicinische und historische Redekunst geben; als welche Wissenschaften auch nicht alles aus philosophischen Gründen herholen. Und was darf ich viel mit Gründen wider meine Gegner streiten? Doctor Luther selbst ist meiner Meynung gewesen: Diesem werden sie sonder Zweifel mehr glauben, als allen meinen Beweisen.«[13]

In welchem Maße für den Aufklärer alle Redearten den gleichen Reglements unterliegen, ist daran zu sehen, daß er in der ersten Auflage seiner *Ausführlichen Redekunst* im Rahmen der Darstellung der Predigtlehre auch zur Praxis der Leichenrede Stellung nimmt. Mit dieser Redegattung, die ihm, ob Leichenpredigt oder weltliche Grabrede, seit der Zeit seines Studiums der Theologie in der Königsberger Heimat als Redner vertraut war[14], ist die Frage nach einer möglichen

---

[12] GOTTSCHED, Grundriß, I. Abth., III. HSt., §. 7, S. 29 f.: Gottsched spricht sich gegen die zu seiner Zeit üblichen zwei Redeeingänge in der Predigt aus.

[13] Ders., Ausführliche Redekunst, AW VII/3, Anh. 11, §. II., S. 65; vgl. auch ders., Akademische Redekunst, Vorrede, Bl. *6ʳ: »Hier habe ich aus D. Luthers Schriften die vornehmsten Regeln entlehnet; die aber mit den meinigen so sehr übereinstimmen: daß ich mirs für eine Ehre zu schätzen habe, mit diesem großen Manne einerley Begriffe von der geistlichen Beredsamkeit zu haben«. Zum reformatorischen Rhetorikverständnis vgl. jetzt auch HWR, Bd. 2, Sp. 216.

[14] Eines der frühesten überlieferten Dokumente von Gottscheds rednerischer Produktivität überhaupt ist die zu dieser Zeit gehaltene *Lob und Traur-Rede, Welche bey dem Anno 1719 den 2. Jan. geschehenen Leich-Begängnisse dem (...) Herrn Ioannis Biemanni Gehalten worden (...).* Der Verstorbene, Pfarrer in Grunau, war Gottscheds Großvater mütterlicherseits; vgl. REICKE, Lehrjahre, S. 24 f. und S. 52; REICHEL, Gottsched, Bd. 1, S. 43. Zu Praxis und Rezeption der Leichenrede bei Gottsched vgl. ebd., S. 86, sowie die bibliographischen Angaben in AW XII, Nr. 272, 334 (programmata fvnebre), Nr. 686 (Rezension einer Leichenrede) und 726 (Grabschrift), sowie Nr. 22, 122, 207, 209, 212 u. ö.; vgl. zum Thema

Unterscheidung zwischen weltlicher und geistlicher Redekunst besonders eng verbunden.[15] Im Gegensatz zu den oft sehr ausführlichen Anweisungen in anderen Lehrbüchern seiner Zeit[16] versucht Gottsched jedoch nicht, einer bestimmten Gattung eine außergewöhnliche Bedeutung zuzuschreiben – ihre Erarbeitung untersteht denselben Bedingungen und Voraussetzungen wie die weltlichen Reden: »Was nun von Casualpredigten, davon man ein so großes Werk zu machen pflegt, zu halten sey, das kan ich ganz kürzlich sagen. Man wähle sich einen Hauptsatz, der sich zu Predigten reimet, und führe denselben nach eben den bisher erklärten Regeln aus. (...)«[17]

Dem Leipziger ist eine gewohnheitsmäßige Verknüpfung zwischen Gelegenheitsrede und christlicher Redekunst aus der zu seiner Zeit geläufigen Auffassung gegenwärtig, wonach die eigentliche Leichenpredigt von dem ausführlichen Lebenslauf (Personalia) und der weltlichen Leichabdankung (Parentation) abgehoben wurde.[18] Die aus dieser Differenzierung und dem Bemühen um Darstellung der Gelehrsamkeit hervorgehende, oft weitschweifige Wiedergabe theo-

---

auch den Forschungsüberblick bei Sibylle RUSTERHOLZ: Leichenreden. Ergebnisse, Probleme, Perspektiven ihrer interdisziplinären Erforschung. In: IASL 4 (1979), S. 179–196.

[15] »Denn da ich selbst die Geheimnisse der homiletischen Kunst viel Jahre lang gelernet, und in mehr als hundert Predigten auszuüben Gelegenheit gehabt: So sollen die Bewunderer solcher gekünstelten Predigermethoden zum wenigsten nicht sagen können, daß ich, wie der Blinde von der Farbe, geurtheilet habe.« GOTTSCHED, Rede wider die homiletischen Methodenkünstler, AW VII/3, S. 124; vgl. auch ders.: Rede wieder die so genannte Homiletik, ebd., hier insbes. S. 133.

[16] Vgl. etwa Christian Weidlings *Oratorischer Hofmeister* (...). Leipzig 1698: Das IV. Capitel De Parentationibus beschreibt auf knapp 650 [!] Seiten (S. 136–779) ausführlich zwölf verschiedene Arten der Leichabdankung, z. B. »durch eine Historie«, »durch eine schöne Allegorie«, durch »eine gelehrte Frage usw. – Daß Gottsched Weidlings *Hofmeister* wie auch andere Werke aus dessen Feder kannte, belegen die Hinweise bei GOTTSCHED, Ausführliche Redekunst, S. 82 und 218; ders., Akademische Redekunst, S. 18, Nr. XX* und S. 21, Nr. XX*; BG, Nr. 2312 und 2313.

[17] Ders., Ausführliche Redekunst, AW VII/3, Anh. 11, §. X., S. 71. Die für die Zeitgenossen übliche Art der *inventio* lehnt Gottsched kategorisch ab: »Ueberhaupt hüte man sich vor den Jahrgängen; einer ungereimten Kunst, aus allen Texten einerley zu drechseln, und das Wort Gottes lächerlich zu machen. In Wahrheit, wo irgend etwas eine phantastische Erfindung heissen kan: So ist es gewiß diese (...)«. Ebd., §. III., S. 67 f. Zu der hier angesprochenen Art der *inventio* in der Predigt und in der geistlichen Literatur anhand der Perikopen vgl. die Studie von KRUMMACHER, Gryphius, S. 46–164; zur wachsenden Kritik an den Perikopen im ausgehenden 17. und im 18. Jahrhundert vgl. ebd., S. 59 f. Daß Gottsched im engeren Sinne hier die Postillen, Jahrgänge von Predigten über die Perikopen, gemeint haben könnte, erhellt aus den Ausführungen ebd., S. 69–90.

[18] RUSTERHOLZ, Leichenreden, S. 180 f.

Die Verortung des ›Rhetorischen‹

logischer Lehrinhalte, bzw. die weit ausgreifende Darstellung von Wissen zur Demonstration des Glaubens, stößt auf das Unverständnis des Aufklärers.[19] Alle Redearten gehorchen seiner Meinung nach einem und demselben Prinzip – dem der logischen Reduzierbarkeit ihres Inhaltes auf den einen Lehrsatz, dem alles weitere zu folgen hat.

Gottsched beruft sich in seinen Ausführungen zur geistlichen Rede auf den französischen Jesuiten und Rhetoriklehrer Blaise Gisbert (1657–1731) und dessen Werk *L'Eloquence Chrétienne* (1714), das innerhalb zweier Jahrzehnte zweimal ins Deutsche übersetzt wurde.[20] Im Lauf seiner Erörterungen über das Verfertigen von Leichenpredigten besteht Gisbert ebenso rigoros wie später der Leipziger auf der vernunftgegründeten Überzeugung des Zuhörers: »Wenn du also über ein Geheimniß eine Predigt halten solst, so prüfe mit Weile, was für sichere, und unwidersprechliche christliche Wahrheiten nach der heiligen Schrift darinne enthalten sind. Was nur auf bloßen Meynungen beruhet, oder nichts weiters als einen wahrscheinlichen Grund hat, das darf sich auf der christlichen Canzel nicht erblicken lassen.«[21]

Die *inventio* der Predigt untersteht demnach dem unbedingten Wahrheitsgebot ebenso wie die weltliche Rede – bloße Plausibilität alleine kann die oratorische Überzeugung in beiden Fällen nicht herbeiführen. Mit diesem Postulat ist Gisberts Mustergültigkeit für Gottsched begründet. In seinem daraus abgeleiteten Anspruch auf strenge Ausrichtung der rhetorischen Mittel an dialektischen Vor-

---

[19] Gottsched empfiehlt denn auch dem Redner, »der kein geweihtes Amt führet, (...) wann er einige Schritte in das heilige Gebiethe der Religion wagen will«, insbesondere dann, wenn er eine Leichenrede hält, klug genug zu sein, »solches mit der gehörigen Art, und ohne eine postillenhafte Geschwätzigkeit zu thun.« GOTTSCHED: Vorrede zu Lob- und Trauerreden von Esprit Flechier. 1749, in: Ders., Kleinere Schriften, AW X/1, S. 327–350, hier S. 347. Vgl. auch HWR, Bd. 2, Sp. 218; WELZIG, Nutzen, S. 14 und 17; RUSTERHOLZ, Leichenreden, S. 183.

[20] L'Eloquence Chrétienne. Dans l'IDEE et dans la PRATIQUE. Par le P[ère]. B[laise]. GISBERT (...). Amsterdam MDCCXXVIII – Die Christliche Beredsamkeit, Nach ihrem innerlichen Wesen, und in der Ausübung vorgestellt durch den ehrwürdigen Pater Blasius Gisbert (...). Aus dem Französischen übersetzt [von] Franz Neumayr (...). Augsburg und Innsbrugg 1759. Schon 1740 war die erstmals 1702 unter dem Titel *Le bon goût de l'éloquence chrétienne* erschienene Schrift durch den protestantischen Schul- und Kirchenmann Johann Valentin Kornrumpf übersetzt worden, jedoch, wie NEUMAYR, Vorrede, Bl.)(3ʳ, berichtet, auf konfessionell bedingte Ablehnung gestoßen. Vgl. GOTTSCHED (?): [Rezension] P. Blasius Gisberts christliche Beredsamkeit (...) übersetzt von Johann Valentin Kornrumpf. In: Beyträge VI, 23. Stück (1740), S. 434–445; vgl. auch BG, Nr. 3858 *(Libri Theologici, Iuridici et Medici)*. Über Gisbert vgl. DBF, Bd. 16, Sp. 317–318.

[21] GISBERT, Beredsamkeit, S. 426.

gaben übertrifft der Franzose sicherlich die meisten seiner aufklärerisch gesonnenen Mitstreiter, wenn sich auch das Gebot der Tatsachenvermittlung in erster Linie auf »christliche Wahrheiten nach der heiligen Schrift« bezieht.[22] Gottsched zollt Gisberts rigiden Forderungen Anerkennung, indem er ihn uneingeschränkt als einzigen neben Luther zum Vorbild für seine eigene Predigtlehre ernennt:

> »Ein Prediger muß keinen andern Ruhm von seiner Beredsamkeit erwarten, als den ihm die Erbauung seiner Zuhörer geben kan. Es ist weit besser, wenn ihn ihre Werke, als wenn ihn nur ihre Lippen loben. Das ist einem geistlichen Lehrer die gröste Ehre, wenn man aus seinen Reden mit neuer Einsicht, mit festerer Uberzeugung, voller Scham über seine bisherige Unart, und mit einem ernstlichen Vorsatze, gottselig zu leben, aus der Kirche kömmt. Man sehe hiervon nach, was der berühmte P. Gisbert, in seiner *Eloquence Chretienne* vor herrliche Regeln gegeben hat.«[23]

An vielerlei Stellen seines Werks versucht Gottsched die Einordnung und Bewertung der Leichenpredigt wie auch der weltlichen Parentation und ihrer spezifischen Erfordernisse. Vor allem in seiner Rezensententätigkeit in den Periodika nimmt er die in der *Redekunst* wiedergegebenen Prinzipien zum Anlaß, jene Formen der Redepraxis zu beanstanden, die den vom Vernunftethos gebotenen hohen Erwartungen nicht genügen. Immer wieder rekurriert er dabei, wie im rhetorischen Hauptwerk, auf das Prinzip der »Erbauung«, das er für essentiell hält und doch bei seinen Zeitgenossen kaum je verwirklicht.[24] Seines Erachtens werden oft genug Lobreden ohne geistliche Unterrichtung gehalten, die das Ziel der Besserung, der Stärkung der Tugenden und der moralischen Läuterung des Auditoriums verfehlen. In diesem Zusammenhang gestattet Gottsched, die Bibel gleichberechtigt neben antiken Autoren als Quelle der Invention zu nutzen, ja er gibt sogar eigene Beispiele für biblische Texte, aus denen Lobreden allgemein entstehen können: »auf diesem Fuß lassen sich viele geschickte Texte finden.«[25]

---

[22] Gisbert nennt, ganz Humanist, in seiner *Zuschrift des Verfassers* die Bibel und die Redner der klassischen Antike als nachahmenswerte Vorbilder. GISBERT, Beredsamkeit, Bl.)()(1ᵛ.

[23] GOTTSCHED, Ausführliche Redekunst, Anh. 11, §. X., S. 71.

[24] Ders., [Rezension] Johann Riemers von aller Welt beweinter Maccabäus, in den übergroßen Thaten Friedrich Wilhelms, Marggrafen und Churfürsten von Brandenburg. In: Beyträge VII, 28. Stück (1741), S. 624–646, hier S. 629 f.; vgl. in diesem Zusammenhang Hans-Henrik KRUMMACHER: Erbauung. In: HWPh, Bd. 2, Sp. 601–604; daneben HWR, Bd. 2, Sp. 1347–1356, s. v. Erbauungsliteratur.

[25] GOTTSCHED, [Rezension] Riemers Maccabäus, S. 633. Gisbert erhebt bei der Darstellung des beweisenden Verfahrens in der Redepraxis den Anspruch, daß in der Predigt nur aus dem Redegegenstand selbst, d. i. dem Bibeltext, die Überzeugungsgründe hervortreten dür-

Die Verortung des ›Rhetorischen‹

Zu beachten ist dabei allerdings, daß die bei den Zeitgenossen so beliebten Fundstätten der oratorischen *inventio* wie Allegorie oder Emblematik bzw. die Nutzung des Bibeltextes als Quelle diesem Ziel kaum je entsprechen und deshalb abgelehnt werden müssen.[26] So ist das Feld der rhetorischen Erfindung unter »critisch-vernünftigem« Blickwinkel in Gottscheds Augen auch hinsichtlich der speziellen Anforderungen der Homiletik abgesteckt.

*

Gottscheds an verschiedenen Stellen und bei verschiedenen Gelegenheiten beharrlich vorgetragene Forderung nach einer geistlichen wie weltlichen Beredsamkeit, die beide streng rationalen Prinzipien hinsichtlich der Erfindung wie auch der stilistischen Ausgestaltung zu folgen haben, scheint von den Zeitgenossen in ihrer Bedeutung registriert, wenn auch nicht immer wohlwollend akzeptiert worden zu sein.[27] In seiner Würdigung der Gottschedschen Verdienste kommt Abraham Gotthelf Kästner zu dem Schluß, daß über die Art und Weise der begreiflichen Darstellung, der Förderung der Muttersprache[28] und der populären Vermittlung von Wissen im Dienste der Aufklärung hinaus Gottsched mit seiner Kritik aus dem Geist des Rationalismus von wesentlichem Einfluß auf die Predigtlehre und -praxis seiner Zeit war: »Nachdenkliche Wahrheiten faßlich und selbst angenehm vorzutragen, ist seit ihm gewöhnlicher geworden. Auch in andern Theilen der Gelehrsamkeit änderte sich die Einkleidung, selbst der Canzleystil ward deutscher; und geistliche Reden, die es sind, und die es seyn sollen, würden wir schwerlich jetzo so viel haben, wenn nicht Gottsched, unbesorgt ob die Homileten ihn verketzerten, behauptet hätte, daß der Lehrer der Beredsamkeit den Prediger bilden müsse.«[29]

---

fen – »alles fremde und weithergeholte schicket sich wenig, und folglich ist es alles unanständig.« GISBERT, Beredsamkeit, S. 497; vgl. die o.g. Äußerungen in der *Zuschrift*, ebd.

[26] Vgl. dazu unten, Kap. IV, 1. 3. und VII, 3. 2.

[27] Siehe etwa die oben, Kap. I, 1. 3. erwähnten Dornblüthschen Ausfälle gegen den Aufklärer.

[28] Ein Beispiel dafür ist Gottscheds *Aufmunterungsrede an die Gesellschaft der freyen Künste in der ersten Versammlung des 1753sten Jahres*, in: Sammlung einiger Ausgesuchten Stükke, der Gesellschaft der freyen Künste zu Leipzig. [Erster Teil]. Leipzig 1754, S. 94–106. Schon im Frühwerk startet Gottsched Angriffe gegen Fremdwortgebrauch und »ausländische Redens=Arten« sowie die »so genannte Galanterie«: GOTTSCHED, Grundriß, II. Abth., I. Abschn., I. HSt., §§. 10–14, S. 51–55 *Von fremden, alten und neuen Wörtern*, hier insbes. §. 10, S. 51.

[29] KÄSTNER, Betrachtungen, S. 85. Kästners Formulierungen weisen unmittelbar auf die Gottschedsche *Rede wider die homiletischen Methodenkünstler* und *Über die sogenannte Homiletik* aus der ersten Auflage der *Ausführlichen Redekunst* und die darauffolgenden Zensur-

Rhetorik, Ästhetik und ›freye Künste‹

Kästner macht deutlich, worauf es seinem Leipziger Lehrer ankam: Die Redepraxis des Predigers hat sich ebenso sehr an die Vernunftregeln zu halten wie die des weltlichen Redners. Für beide gelten die Regeln der Logik, beide sind den Gesetzen der *ratio* unterworfen. Die Verkündigung der christlichen Heilsbotschaft darf genau so wenig zur hohlen Phraseologie werden wie die Lob-, Trauer- oder Staatsrede. Aus der Ausrichtung der Erfindung an den Vernunftregeln hat immer auch die faßliche Art und Weise der Darstellung zu folgen, und diese hat umgekehrt Rückwirkungen auf das erstrebte Verständnis des Zuhörers.

Der relativ globale Hinweis Kästners auf die Beförderung des ›angenehmen Vortrags‹ durch Gottscheds Redelehre bzw. eine durch sie bewirkte tatsächliche Änderung der Darstellungs- und Ausdrucksweise könnte sich auch auf einen weiteren, seit je her eng an die Rhetorik geknüpften Kommunikationsbereich beziehen lassen, und dies möglicherweise viel eher noch als auf die Homiletik, nämlich auf die Anweisung zum Briefeschreiben. Der Bedeutung Gottscheds in dieser Hinsicht soll im folgenden Abschnitt nachgegangen werden.

1. 2. Die epistolographische Redekunst

Ebenso wie bei der Homiletik handelt es sich bei der Epistolographie der Frühen Neuzeit um eine mit der ›eigentlichen‹ rhetorischen Lehre auf das engste verknüpfte Disziplin. Viele Lehrer der Redekunst haben es immer wieder für selbstverständlich gehalten, sich zum einen oder anderen ›Randgebiet‹ der Beredsamkeit zu äußern. Auch hier entwickeln die Aufklärer auf neuartiger Grundlage eigene Ansichten. Die Unterschiede zwischen Brief- und Redekunst sind nach Gottscheds Dafürhalten so gering, daß er eine Anleitung eigens zum Briefeschreiben nur am Rande für nötig hält. Er dokumentiert diese Auffassung auch dadurch, daß er in seiner *Ausführlichen Redekunst* ganz auf derartige Erläuterungen verzichtet, entgegen der weitverbreiteten Gewohnheit, beides miteinander abzuhandeln.[30] Obwohl die Theorie des Briefs nicht im Mittelpunkt der Erörte-

---

streitigkeiten mit der Leipziger Theologischen Fakultät hin. Inwieweit Kästners Behauptung von Gottscheds Einfluß auf die Entwicklung der Predigt und die Art ihrer Darbietung tatsächlich zutrifft, wäre eine eigene Untersuchung wert.

30 Vgl. auch zum folgenden HWR, Bd. 1, Sp. 1040–1046, s. v. Ars dictandi, dictaminis; HWR, Bd. 2, Sp. 60–76, s. v. Brief, sowie ebd., Sp. 76–86, s. v. Briefsteller. Die ältere Arbeit von Agnes ROSENO: Die Entwicklung der Brieftheorie von 1655–1709. (Dargestellt an Hand der Briefsteller von Georg Philipp Harsdörfer, Kaspar Stieler, Christian Weise und Benjamin Neukirch). Diss. Köln 1933, macht, bei allen grundsätzlichen Mängeln, doch die richtige Beobachtung der rhetorischen Grundlagen.

rungen auch der anderen Frühaufklärer steht, ist doch ihr Einfluß, und insbesondere der Einfluß Gottscheds selbst, auf die Neudefinition des Briefstils um die Mitte des 18. Jahrhunderts, vermittelt hauptsächlich von Christian Fürchtegott Gellert (1715–1769), Johann Christoph Stockhausen (1725–1784) oder Johann Wilhelm Schaubert (1720–1751), überall zu verspüren.[31]

Die seit der Zeit des Humanismus vertraute Kultur des Briefeschreibens[32] und die im 17. und frühen 18. Jahrhundert weit verbreiteten theoretischen Anweisungen zur Korrespondenz, die ebenso wie die Schreiber selbst und die Herausgeber ihrer Briefe kaum je zwischen dem Brief als gelehrter Abhandlung und als privater Nachricht unterscheiden und ihn in demselben Maße als Stilmuster wie als Dokument betrachten, erleben mit Gellert und seinen Anhängern die allseitige Entwicklung der Entrhetorisierung mit: Der Brief wandelt sich vom formalisierten Nachrichtenträger zum Vermittler persönlichen Empfindens.[33]

Aber Gellerts Auffassung vom Brief als Mittel des freundschaftlichen, auch nichtöffentlichen Dialogs eines Bundes empfindsamer Individuen lebt ebenfalls von der klassizistischen Überlieferung, wenn er sich – freilich mit neuartigen Nuancen – für die »natürliche« Form verwendet, die sich durch gedankliche Klarheit, Kürze und Lebhaftigkeit sowie Deutlichkeit der Diktion auszeichnet.[34]

---

[31] Vgl. vor allem Christian Fürchtegott GELLERT: Briefe, nebst einer praktischen Abhandlung von dem guten Geschmacke in Briefen. In: Ders.: Gesammelte Schriften. Kritische, kommentierte Ausgabe. Hrsg. von Bernd Witte. Bd. IV. Berlin/New York 1984, S. 105–221. Zur Rezeption von Gottscheds rhetorisch-epistolographischer Theorie vgl. Reinhard M. G. NICKISCH im HWR, Bd. 2, Sp. 80 f.; Diethelm BRÜGGEMANN: Gellert, der gute Geschmack und die üblen Briefsteller. Zur Geschichte der Rhetorik in der Moderne. In: DVjS 45 (1971), S. 117–149; UEDING/STEINBRINK, Grundriß, S. 129; ROSENO, Entwicklung, S. 56.

[32] Vgl. hierzu die Beiträge in: Franz Josef WORSTBROCK (Hrsg.): Der Brief im Zeitalter der Renaissance. (Weinheim 1983), sowie Alfred NOE: Der Einfluß des italienischen Humanismus auf die deutsche Literatur vor 1600. Ergebnisse jüngerer Forschung und ihre Perspektiven. Tübingen 1993, Kap. 9: Sprachtheorie, Rhetorik und Poetik, S. 234–250.

[33] Vgl. zum folgenden Wilfried BARNER: »Beredte Empfindungen«. Über die geschichtliche Position der Brieflehre Gellerts. In: Eberhard MÜLLER (Hrsg.): »...aus der anmuthigen Gelehrsamkeit«. Tübinger Studien zum 18. Jahrhundert. Tübingen (1988), S. 7–23; Bernd WITTE: Die Individualität des Autors. Gellerts Briefsteller als Roman eines Schreibenden. In: Ders. (Hrsg.): »Ein Lehrer der ganzen Nation«. Leben und Werk Christian Fürchtegott Gellerts. München (1990), S. 86–97, sowie ders.: Christian Fürchtegott Gellert. In: Deutsche Dichter. Bd. 3: Aufklärung und Empfindsamkeit. Stuttgart (1988), S. 101–118; Wolfram Malte FUES: Die Prosa der zarten Empfindung. Gellerts Brieftheorie und die Frage des weiblichen Schreibens. In: Das achtzehnte Jahrhundert 18, (1994), H. 1, S. 19–32.

[34] Daß Gellert hier auf antike, etwa bei Quintilian ausführlich referierte rhetorische Termini wie *claritas, brevitas, perspicuitas* zurückgreift, stellt BARNER, »Beredte Empfindungen«, S. 10 f., heraus.

Rhetorik, Ästhetik und ›freye Künste‹

Die Diskussion um Wesen und Aufgaben eines Briefs im Spannungsfeld zwischen Öffentlichkeit und Familiarität, für das die Kontroverse über seine Wirkung im Rahmen der alten rhetorischen Kategorien Ausdruck ist, wird so zunehmend durch die Abkehr von den mit der klassizistischen Terminologie verbundenen, überlieferten Regelvorstellungen gekennzeichnet.

Neben dem Brief als Kommunikationsmedium war aus den mittelalterlichen *artes dictaminis* in der Frühen Neuzeit, den juristischen und kurialen Erfordernissen entsprechend, eine eigene Kultur von Titel- und Formularbüchern für die Kanzleien bis hin zu den Sekretariatskünsten noch des frühen 18. Jahrhunderts entstanden, die den Zeitgenossen überall präsent waren – in Gottscheds Bibliotheksverzeichnis sind diese Werke reichlich zu finden.[35] Bestimmte, noch zu seiner Zeit gemeinhin vorherrschende Entwicklungstendenzen lassen das Bedürfnis nach einer immer weiter ins Detail gehenden und für alle Fälle abgestuften Beschreibung von Briefmerkmalen erkennen, und viele Autoren bringen es oft nur mehr zur bloßen Wiedergabe von Anreden, Formeln und Musterfällen in voluminösen Publikationen, ohne daß sie auf die Redelehre im eigentlichen Sinne eingehen.

Seit dem späten 17. Jahrhundert bemühten sich die ›galanten‹ Redelehrer, allen voran Hunold-Menantes (1680–1721)[36] und Bohse-Talander (1661–1742)[37], außer dem Französischen auch das Deutsche als Mittel eines gewandten Brief-

---

[35] BG, Nr. 2273 und 2274: [Caspar Stieler:] *Der teutsche Secretarius, 1. und 2. Theil*, Nürnberg 1674; Nr. 2045: *Cleanders Secretariatskunst*, Jena 1714; nach JÖCHER/ADELUNG, Bd. 2, Sp. 1209 f. handelt es sich bei dem letzteren um den Weimarer Kanzleibeamten Salomo Francke (1659–1725) und dessen Werk *Das eröffnete Cabinet der durchlauchtigsten Secretariats=Kunst in auserlesenen Staatsbriefen, nebst einer Einleitung zum Canzley=Stylo* (1710, 1714 und 1726). BG Nr. 1912: *Rhetorica vnd Formular teutsch (...). Darauß die jungen beynah alle schreiberey leichtlich lernen*, Tübingen 1532; Nr. 1919: [Friedrich Riederer:] *Spiegel der waren Rhetorik vß Cicerone vnd andern getütscht vnd nutzbar expmpliert*, Straßburg 1515 (erstmals 1493 erschienen, ist das Werk auch eine Brieflehre. Vgl. GOTTSCHED, Akademische Redekunst, S. 16, Nr. II*); Nr. 1985: *Formulare teutscher Rhetoric u. gerichtl. Process nach jetzigem Canzlyschen Gebrauch [etc.] beschrieben durch Ulrich Jasium*, Frankfurt 1531; Nr. 2039: *Der Hoch=Deutschen Canzley IIter Theil*; Nr. 2092: *Goldtwurms schemata retorica*, Marburg 1545; Nr. 2255: *Epistel=Büchlein vnd teutsch Rhetorik von Abr. Sawrn*, Frankfurt am Main 1605.

[36] *Die allerneueste Art, höflich und galant zu schreiben* (1702), *Einleitung zur Teutschen Oratorie und Brief-Verfassung* (1709). Vgl. zu diesem Thema Wilhelm VOSSKAMP: Das Ideal des Galanten bei Christian Friedrich Hunold. In: BUCK, Hofkultur, Bd. II, S. 51–60.

[37] *Der allzeitfertige Briefsteller* (1690), *Wegweiser zur Teutschen Rede-Kunst und Brieffverfassung* (1695), *Neuerläuterte Teutsche Rede-Kunst und Brieffverfassung* (1700), *Gründliche Einleitung zu Teutschen Briefen* (1706). BG Nr. 2290: *Talanders Briefsteller. 3ter Theil* (1697).

Die Verortung des ›Rhetorischen‹

stils einzuführen. Auch Werke dieser rhetorischen Provenienz nimmt der Leipziger Professor der Dicht- und Redekunst in den theoretischen Schriften zur Kenntnis, wenngleich er die meisten der von ihnen vorgetragenen Auffassungen und die Tendenz zur Sprachvermengung keineswegs billigt. Ein außergewöhnliches Verhältnis hat Gottsched dennoch zu einem der ›Galanten‹, nämlich zu dem bekannten Dichter und Verfasser mehrerer Briefsteller Benjamin Neukirch (1665–1729), den er als Vorläufer für etliche seiner eigenen Ansichten ansieht.[38] Wie groß die Bewunderung Gottscheds für den Dichter Neukirch war, zeigt die von ihm veranstaltete Ausgabe *Herrn Benjamin Neukirchs, weiland Marggräfl. Brandenburg=Anspachischen Hofraths, auserlesene Gedichte* (1744)[39], in deren Vorrede er zwar die Vorbildlichkeit der französischen ›Galanten‹ für Neukirch zu relativieren versucht, trotzdem aber grundsätzlich dessen großenteils auf ihrer Lehre beruhenden Vorstellungen gutheißt.[40]

Die ›galanten‹ Briefsteller verleiben sich, ebenso wie noch viele Redelehren der Generation Gottscheds, ganz bedenkenlos die überlieferten Regeln des rhetorischen Systems ein.[41] So folgt der Aufbau der Neukirchschen Schrift, der *Anweisung zu teutschen Briefen* (1709), genau dem hergebrachten rhetorischen Schema: Nach dem einleitenden ersten Buch »Von denen aneinander schreibenden personen« handelt das zweite Buch »Von der materie und erfindung der

---

[38] Benjamin Neukirchs (...) Anweisung zu Teutschen Briefen. Achte Auflage. Nürnberg 1746. Das Werk war bereits 1695, 1700 und 1707 unter dem Titel *Unterricht von Teutschen Briefen* erschienen, seine neunte Auflage erlebte es 1760; in Gottscheds Bibliothek ist ein Exemplar der Auflage von 1721 nachgewiesen (Nr. 2192). Neben Neukirch läßt Gottsched allenfalls Christian Junckers *Wohl-informirten Briefsteller* (1709) gelten (BG, Nr. 2362).

[39] Vgl. dazu ergänzend die bibliographischen Hinweise in: Nachricht von denen noch hinterbliebenen ungedruckten Schriften des sel. Herrn Hofraths Neukirch. In: Beyträge IV, Dreyzehendes Stück (1735), S. 132–236 [recte 136]; Zuverläßige Nachricht von des seligen Herrn Hofraths Neukirch hinterlassenen Schriften. In: Ebd. V, Neunzehntes Stück (1738), S. 517–521. Zu Gottscheds Haltung gegenüber Neukirch vgl. SINEMUS, Poetik, S. 190 und 196.

[40] »Es ist auch dieses Buch unstreitig das Beste in dieser Art, und es ist gewiß, daß weder die Welschen, noch die Franzosen dergleichen aufzuweisen haben.« GOTTSCHED: Vorrede zu auserlesene Gedichte von Benjamin Neukirch. 1744. In: Ders., Kleinere Schriften, AW X/1, S. 237–254, hier S. 247. Vgl. auch die Beispiele für Briefgedichte aus Neukirchs Feder in ders.: Versuch einer Critischen Dichtkunst. Anderer besonderer Theil (AW VI/2), Berlin/New York 1973, V. Capitel Von poetischen Sendschreiben oder Briefen, S. 139–165.

[41] Vgl. u. a. Christian SCHRÖTER: Gründliche Anweisung zur deutschen Oratorie nach dem hohen und sinnreichen Stylo der unvergleichlichen Redner unsers Vaterlandes (1704). Kronberg Ts. 1974. (ND der 4. Ausgabe Leipzig 1704), Cap. VI: Von Briefen, S. 249–391, und WEIDLING, Hofmeister, Cap. VIII Von Brieffen, S. 1597–1652.

briefe«, das dritte Buch »Von der *disposition* oder eintheilung der briefe« und das abschließende vierte Buch »Von dem *stylo* oder schreib=art in briefen«.[42] Über diese rein formale Adaption hinaus ist aber auch aufschlußreich, daß Neukirch der Stillehre noch eine weit größere Bedeutung zumißt als später die Frühaufklärer, deren epistolographische Theorie in viel stärkerem Maß auf der Lehre von der *inventio* beruht.[43]

Das an der Rhetorik ausgerichtete Selbstverständnis der Briefschreiber orientiert sich in der Zeit des Barock und bis in die Aufklärungszeit lakonisch an den Fakten und entwickelt so gut wie nie Reflexion und Gefühlsaussprache. Im Gegenteil entwerfen Complimentier- und Formularbücher ein ausgefeiltes Reglement der Disposition.[44] Von der kunstvollen, am höfischen Zeremoniell ausgerichteten Stilisierung der Rede geht der Weg über die Theoretiker der galanten Epoche mit ihrem an der diplomatisch geschliffenen Konversation geschulten neuen Anspruch auf Natürlichkeit hin zu Gottscheds und Gellerts Postulat des »natürlichen« Stils gemäß dem aufklärerischen Vernunft- und Geschmacksideal.[45]

---

[42] Selbst Gellerts *Praktische Abhandlung* unterliegt, bei aller modernen Präsentation ohne »Abtheilungen«, »Hauptstücke« und »Paragraphen« und trotz der Zurückweisung von Regeln und Schemata, doch in nicht unbeträchtlichem Maß noch der alten Ordnung von *inventio – dispositio – elocutio*.

[43] Noch im Anhang der Gottschedschen *Vorübungen der Beredsamkeit*, dem XI. Hauptstück: Von Briefen, oder Sendschreiben, S. 200–224, finden sich knappste Bemerkungen zur Epistolographie; vgl. ähnlich noch Friedrich Christian BAUMEISTER: Anfangsgründe der Redekunst in kurzen Sätzen. Zum Gebrauch der oratorischen Vorlesungen in dem Gymnasio zu Görlitz (...). Leipzig und Görlitz 1751, Cap. 7, S. 39–43, sowie den Anhang *von Briefen* bei PEUCER, Anfangs=Gründe, S. 491–527. Zu Adaptationen der Neukirchschen Lehre bei Gottsched schon im *Grundriß* vgl. WECHSLER, Gottsched, S. 82.

[44] Vgl. dazu BRÜGGEMANN, Gellert, sowie Hans-Henrik KRUMMACHER: Stand und Aufgaben der Edition von Dichterbriefen des deutschen Barock. In: Briefe deutscher Barockautoren. Probleme ihrer Erfassung und Erschließung. Vorträge und Berichte. Hamburg (1978), hier S. 13 und 21. Zur Stillehre vgl. Reinhard M. G. NICKISCH: Die Stilprinzipien in den deutschen Briefstellern des 17. und 18. Jahrhunderts. Mit einer Bibliographie zur Briefschreiblehre (1474–1800). Göttingen 1969, sowie ders.: Gottsched und die deutsche Epistolographie des 18. Jahrhunderts. In: Euphorion 66 (1972), S.365–382; FISCHER, Rede, S. 17–21.

[45] Vgl. GOTTSCHED, Grundriß, I.Abth., I. HSt., §. 11 und 12, S. 12: »Hauptsätze« in Briefen und Briefgattungen; dagegen NEUKIRCH, Anweisung, S. 454, sowie Christian Weise, *Curieuse Gedancken von deutschen Brieffen* (1691); Hunold (Menantes), *Die Beste Manier in Honnêter Conversation sich Höflich und Behutsam aufzuführen* (1707), und ders., *Die Manier Höflich und wohl zu Reden und Leben* (1710). VOSSKAMP, Ideal, S. 63 f., hebt im Anschluß an NICKISCH, Stilprinzipien, zu Recht hervor, daß der »natürliche« Stil hier noch als Gegenbild zur »gezierten«, künstlichen Diktion ganz im Sinne der alten rhetorischen Vor-

Die Verortung des ›Rhetorischen‹

Eine Definition dieser »natürlichen Schreibart« gibt Gottsched in den *Critischen Beyträgen* in der Rezension der deutschen Übersetzung von Longins Περὶ ὕψους anläßlich seiner Selbstverteidigung gegen Angriffe auf die *Critische Dichtkunst*. Nach der Kritik des Longin-Übersetzers Carl Heinrich Heineken an Gottscheds Einteilung der *genera dicendi* in die »natürliche« bzw. »niedrige«, die »sinnreiche« bzw. »hohe« und in die »pathetische Schreibart« rechtfertigt dieser den Begriff »natürlich« durch das Antonym »künstlich« bzw. »gekünstelt« und nicht etwa »unnatürlich«. Er habe den Stil »natürlich« genannt, dessen sich »jedermann in Schriften bedienet, wenn er gar nicht darauf sinnet, wie er seine Gedanken künstlich einkleiden, und mit gewissen Zierrathen vortragen will.«[46] Aus der Stillehre der Neukirchschen *Anweisung* übernimmt Gottsched trotz kritischer Anmerkungen im einzelnen das Klassifikationsprinzip nach der »Natur« des Stils für seine *Ausführliche Redekunst* (mit der »natürlichen«, der »scharfsinnigen« oder »sinnreichen« und der »pathetischen« oder »beweglichen« Schreibart), das mit der Neuinterpretation der überkommenen Einteilung in den »hohen«, »mittleren« und »niederen« Stil einhergeht.[47]

Für eine solche Verknüpfung der *inventio* mit der »Schreibart« kann Gottsched auf ältere Abhandlungen über die Kunst des Briefeschreibens zurückgreifen, die sich mit ihr allerdings unter anderen Vorzeichen und in erster Linie unter dem Gesichtspunkt der Darstellung der Stillehre beschäftigen. Benjamin Neukirch gibt in seiner *Anweisung* eine ganz im Zeichen der ›galanten‹ Poetik und Rhetorik stehende Definition der Beweisfindungskunst, wenn er den »galanten *stylo*« beschreibt: »Das führnehmste in dieser schreib=art ist der *tour*, oder die art eine *invention* durchzuführen, und unsre gedancken recht anzubringen. (...) man kan alles galant ausdrucken [sic!]; wenn man nur den frantzösischen *tour*, oder vielmehr das *decorum* der alten verstehet. Denn die Frantzosen haben

---

stellungen verstanden werden muß; vgl. dazu auch SINEMUS, Poetik, S. 189; HILDEBRANDT-GÜNTHER, Rhetorik, S. 139.

[46] Dionysius Longin vom Erhabenen, Griechisch und Teutsch, Nebst dessen Leben, einer Nachricht von seinen Schrifften, und einer Untersuchung, was Longin durch das Erhabene verstehe, von Carl Heinrich Heineken. Leipzig und Hamburg, Verlegts Conrad König. 1738. Dazu die Rezension GOTTSCHEDS, in: Beyträge V, Siebzehendes Stück (1737), S. 108–140, hier S. 127. – Daß Gottsched mit seiner Einteilung auf das traditionelle Schema der Stilarten *genus humile, medium* und *grande* zurückgreift, betont SINEMUS, Poetik, S. 197 f.; vgl. daneben BLACKALL, Entwicklung, S. 113 f.; ABELER, Erhabenheit, S. 107–140.

[47] Zur »natürlichen Schreibart« GOTTSCHED, Ausführliche Redekunst, XVI. HSt., VI. §., S. 398; ders., Grundriß, II. Abth., III. HSt., §. 20, S. 81, zur »natürlichen Schreibart« im Brief ebd., §. 26, S. 86; vgl. auch ders.: Versuch einer Critischen Dichtkunst: Erster, allgemeiner Theil. (AW VI/1). Berlin/New York 1973, X. Cap.

es denen Römern und Griechen abgeborget: und weilen sie selber nicht wissen, was es ist, so haben sie es *je ne sai quoy*, genennet.«[48]

Die *inventio* steht für Neukirch ganz im Dienste der ›eleganten Sprechweise‹, des *decorum*: Der mit ihr verbundene Anspruch erstreckt sich auf das Finden situativ passender Worte eher als auf die mögliche Überlegung, ob diese Worte denn auch adäquate Repräsentanten von hinter ihnen stehenden Aussagewerten, ›Ideen‹ sind. Dadurch, daß Neukirch seine Ausführungen außer zum klassisch-humanistischen Ideal des Schicklichen, ›Angemessenen‹ auch in das Verhältnis zur französischen Kulturhaltung der *délicatesse* bringt, stellt er sich in ein unmittelbares Verhältnis zur aktuellen Geschmacksdiskussion seiner Zeit und dem Bestreben, französische Hofsitten in Deutschland einzuführen.[49] Den »*tour*« der französischen Regelwerke stellt Neukirch auf eine Stufe mit dem »*decorum*« der Alten – und zugleich mit der Undefinierbarkeit des ästhetischen Wohlgefallens. Offenbar sieht er gerade auf diese Weise die antiken Ordnungsvorstellungen verwirklicht. Freilich mutet es zunächst etwas sonderbar an, daß ein geregelter Zustand der Beschreibung wie auch seiner Einbettung in ein bestimmtes, sich an den Vorstellungen des *decorum* orientierendes Zeremoniell auf der einen Seite und der Zustand der Unbestimmtheit oder Ungewißheit (*je ne sais quoi*) miteinander vereinbar sein sollen.

Hier, bei der Definition des ›Galanten‹ Neukirch, läßt sich schon deutlich die Abkehr der Rede- und Schreiblehren von der früheren Bedeutung des Kunstcharakters durch artifizielle Disposition und elocutionelle Ausgestaltung mit vielerlei Schmuckmitteln hin zur Betonung des inventionalen Moments als des erstrangigen, »fürnehmsten« spüren, allerdings unter dem Vorzeichen der auf den Umgang in fest umrissenen Situationen bezogenen gesellschaftlichen Verhaltensweise.[50] So ist das Werk denn auch in weiten Abschnitten weniger Stilhandbuch als vielmehr moralisch-didaktisches Kompendium von Verhaltensmaßregeln.[51] Neukirchs *Anweisung* war ein halbes Jahrhundert lang, bis zum Erscheinen von Gellerts *Praktischer Abhandlung über den guten Geschmack in Briefen* (1751)[52], das wohl einflußreichste epistolographische Lehrbuch seiner Zeit.

---

[48] NEUKIRCH, Anweisung, Vierdtes buch, das VI. capitel, von dem unterschiede des guten *styli*, §. 5. (Der galante *stylus*), S. 588.

[49] Vgl. dazu auch SINEMUS, Poetik, S. 190.

[50] Vgl. allerdings gegen die »galante« Briefdisposition nach Chrienart GOTTSCHED, Grundriß, I. Abth., V. HSt., §. 8., S. 40 f. Gegen die Exordialtopik bzw. Formelhaftigkeit in Briefeingängen ebd., III. HSt., §. 8., S. 30.

[51] Vgl. dazu ROSENO, Die Entwicklung, S. 42; HWR, Bd. 2, Sp. 80.

[52] Vgl. daneben auch Gellerts in den *Belustigungen des Verstandes und des Witzes* 1742 veröffentlichte *Gedanken von einem guten deutschen Brief*. Die kleine Abhandlung ist wieder-

Die Verortung des ›Rhetorischen‹

Daß Gellert, der seit 1745 als Kollege Gottscheds in Leipzig Vorlesungen über Poesie und Beredsamkeit hielt, den Leser zu einem »natürlichen«, weniger durch feste Regeln als durch den »guten Geschmack« definierten Briefstil auffordert, ist von der Forschung hinreichend dargestellt worden.[53] Daß es ihm aber gleichermaßen auch um die »natürliche« *inventio* geht, sollte zumindest ebenso deutlich betont werden. Gleich zu Beginn der *Praktischen Abhandlung* enthüllt Gellert, daß er durchaus gängige – nämlich rhetorische – Grundsätze als Voraussetzung seiner Überlegungen über den Brief als Kommunikationsmittel ins Auge gefaßt hat: »Man braucht keine große Mühe, wenn man das Schöne und Schlechte in einem Briefe erklärt, und noch weniger, wenn man es kennen lernen will. Man darf nur die Natur und Absicht eines Briefes zu Rathe ziehen, und einige Grundsätze der Beredsamkeit zu Hülfe nehmen, so wird man sich die nöthigsten Regeln, welche die Briefe fodern, leicht entwerfen können.«[54]

Benjamin Neukirch wird von Gellert als Beispiel für die mißlungene Erfindung im Brief angeführt – im Gegensatz zu Cicero, Quintilian und Plinius, die Vorbilder in Theorie und Praxis sind. Neben den antiken Rhetoren zitiert Gellert – ganz ähnlich wie sein Kollege Gottsched – gleichberechtigt den Humanisten Erasmus von Rotterdam (*De conscribendis epistolis*, 1522) und den französischen Aufklärer Charles Rollin (*Traité de la manière d'enseigner et d'etudier les belles-lettres*, 1726).[55]

Gellert, von 1741 bis 1744 Mitarbeiter *der Belustigungen des Verstandes und des Witzes* und dann prominenter Vertreter der ›Bremer Beiträger‹, setzt sich von Vorgängern wie Neukirch und Gottsched insofern ab, als er die praktische Einübung des Briefeschreibens neu gewichtet. Der Brief als »freye Nachahmung« des Gesprächs bedarf keiner »künstliche[n] Ordnung« mehr: » (...) man überlasse sich der freywilligen Folge seiner Gedanken«.[56] Gellert hintertreibt

---

abgedruckt in: Christian Fürchtegott GELLERT: Gedanken von einem guten deutschen Briefe, an den Herrn F. H. v. W. In: Ders.: Gesammelte Schriften, Bd. IV, S. 97–104.

[53] Vgl. etwa WITTE, Gellert, S. 115 f.; BARNER, »Beredte Empfindungen«, S. 10 f.; UEDING/STEINBRINK, Grundriß, S. 129; daneben auch die knappen Bemerkungen bei Friedrich KOCH: Christian Fürchtegott Gellert. Poet und Pädagoge der Aufklärung. Weinheim 1992, S. 76 f.

[54] GELLERT, Abhandlung, S. 111.

[55] »Die meisten von den neukirchischen galanten Briefen können zu Mustern dienen, wie ein Brief nicht beschaffen seyn muß, wenn er natürlich seyn soll.« Ebd., S. 119, ähnlich ebd., S. 138. Zu Rollin siehe unten, Kap. II, 4., S. 77–85.

[56] GELLERT, Abhandlung, S. 111 und 126. – Das Gespräch vollzieht sich ebenso wie für Gellert auch für Gottsched unabhängig von den Regeln der Redekunst: »Es ist wahr, daß Gespräche keiner künstlichen Logischen oder Rhetorischen Disposition oder Einrichtung unterworfen seyn: und wer sie auf diese Art abfassen wollte, der würde wieder [!] die Haupt-

mit der konsequenten Beschneidung dispositioneller Schemata durch die Betonung des Gesprächscharakters Gottscheds starre Orientierung auch des Briefs an den allezeit gültigen Regeln der Redekunst. Indem Gellert so den Begriff des »Natürlichen« neu füllt, verstärkt er allerdings die bei Gottsched schon entwickelte Tendenz zur Betonung der *inventio* (Gedanken) gegenüber dem Vorherrschen formaler und stilistischer Gestaltung.[57] Sicherlich ist diese Neudefinition der Erfindungstechnik im Brief, wie sie von den empfindsamen Zeitgenossen begriffen und dann in verstärktem Maß von den Dichtern und Briefeschreibern der Genieästhetik als Grundlage der poetischen Produktion wie der Verständigung überhaupt aufgefaßt wurde, einer der bemerkenswertesten Gründe für den immer weiter schwindenden Einfluß der Rhetorik im späten 18. Jahrhundert.

2. Die Begriffsbestimmung des ›Rhetorischen‹

Das rhetorische Denken hat von der Zeit der Sophisten bis zum 18. Jahrhundert mancherlei Wandlungen durchgemacht. Seine konstante Wahrnehmung und Beachtung über eine lange Zeitspanne hinweg auch in der Neuzeit verdankte es der Verankerung im Lehr- und Schulsystem des Humanismus. Im Lauf der Jahrhunderte entwickelte die Rhetorik eine oft erstaunliche Fähigkeit zur Integration der verschiedenartigsten, oft sogar unvereinbaren Standpunkte. Auch scheinbar so unterschiedliche Metiers wie die Predigt und das Briefschreiben und die von ihnen formulierten Ansprüche vermochte die aus der Antike überlieferte Theorie für die neuzeitlichen Rhetoriker unter ihrem Dach zu vereinen. Betrachtet man die Epoche der Aufklärung in ihrem Verhältnis zur Rhetorik, ist jedoch eines gerade in diesem Zusammenhang besonders bemerkenswert: Die Redekunst verliert im sogenannten ›philosophischen Jahrhundert‹ so auffallend an Bedeutung, daß sie Kant in seiner 1786 veröffentlichten *Kritik der Urteilskraft* nur mehr eine abschätzige Randnotiz wert ist:

»Die Beredsamkeit, sofern darunter die Kunst zu überreden, d. i. durch den schönen Schein zu hintergehen (als ars oratoria), und nicht bloße Wohlredenheit (Eloquenz und Stil) verstanden wird, ist eine Dialektik, die von der Dichtkunst nur so viel entlehnt, als nötig ist, die Gemüter, vor der Beurteilung, für den Redner zu *dessen* Vorteil zu gewinnen, und dieser die

---

regeln der Gespräche handeln.« GOTTSCHED: Discurs des Übersetzers von Gesprächen überhaupt (Vorrede zu Gespräche Der Todten Und Plutons Urtheil Uber Dieselben von Bernard de Fontenelle). 1727. In: Ders., Kleinere Schriften, AW X/1, S. 1–38, hier S. 33.

[57] Zu sprachtheoretischen Hintergründen der unterschiedlichen Positionen vgl. Barbara GERKEN: Die sprachtheoretische Differenz zwischen Gottsched und Gellert. Frankfurt am Main u. a. (1990).

Die Begriffsbestimmung des ›Rhetorischen‹

Freiheit zu benehmen; kann also weder für die Gerichtsschranken, noch für die Kanzeln angeraten werden. (...)«[58]

Obwohl bei diesem knapp und scharf gefällten Urteil des Königsberger Philosophen zunächst die Vermutung naheliegt, er habe seine Ausführungen nebenbei als relativ belanglosen Zusatz zu den eigentlichen Ausführungen über die ästhetische Urteilskraft gemacht, läßt sich doch unterschwellig im Gebrauch der Begriffe eine charakteristische Traditionsverbundenheit mit den in ihnen vermittelten, für die Zeitgenossen stets aktualisierbaren Vorstellungen vom Wesen der Rhetorik ablesen. Diese Begriffsverwendung weist bei genauerer Beobachtung und Klärung ihres geschichtlichen Hintergrundes keinesfalls auf ein vorschnelles oder gar oberflächliches Betrachten des Gegenstandes in Kants Urteil hin, sondern sie stammt im Gegenteil aus einem ihm gegenwärtigen, umfassenden geistigen Horizont: der polyhistorischen universitären Gelehrsamkeit des 18. Jahrhunderts. Deren differenzierte Anschauungen gehen aus demselben Überlieferungs- und Unterweisungsstrang hervor, der noch wenige Jahrzehnte vor Kant Gottscheds Bemühungen kennzeichnet, eine genaue Abstufung in der begrifflichen Beschreibung der *ars oratoria* zu erreichen. Kants Vokabular, das wird dabei deutlich, ist nur vor dem Hintergrund der breitangelegten Begriffsklärung des Rhetorischen bei seinen Vorgängern in der Entwicklung ästhetischer Theorien angemessen zu verstehen.

In seinen 1758 erschienenen *Beobachtungen über den Gebrauch und Misbrauch vieler deutscher Wörter und Redensarten*, einem weithin unbekannt gebliebenen Werk, unternimmt Gottsched den ausführlichen Versuch einer Abgrenzung:

»*Die Redekunst* ist ein Inbegriff der Regeln, nach welchen man wohl reden lernt. Einer, der die Redekunst versteht, kann sie also andre lehren; aber selbst vieleicht keine mittelmässige Rede ausarbeiten, oder halten; wie Aristoteles mit seinem Beyspiele gewiesen. Das sind nun Lehrer der Redekunst, oder Redekünstler.
Beredt heisst derjenige, der diese Kunstregeln nicht nur versteht, sondern wirklich ausüben kann, und eine Fertigkeit darinnen hat. Diese nennet man nun insbesondere Redner; ob sie gleich die Regeln derselben niemandem beybringen können oder wollen. Jene heissen latein. *Rhetores*, diese *Oratores*.
Beredsamkeit ist die Fertigkeit, so zu reden, dass man seine Zuhörer von seiner Meynung überredet, und sie gewinnet, das zu thun, was man von ihnen verlanget. So war Cicero ein Mann von grosser Beredsamkeit. So sind Fleschier, Saurin und Mosheim beredte Männer gewesen.
Die Wohlredenheit endlich ist eine Geschicklichkeit, wohl und angenehm zu reden und zu schreiben; wenn man gleich die Absicht nicht hat, jemanden zu überreden. Viele besitzen also

---

[58] Immanuel KANT: Kritik der Urteilskraft. Hrsg. von Wilhelm Weischedel. (Frankfurt am Main 1974), § 53, S. 266.

Rhetorik, Ästhetik und ›freye Künste‹

die Wohlredenheit in Briefen, Gesprächen und Geschichten, die darum noch keine Redner zu nennen sind. (...) Sie reden und schreiben munter und artig, ohne eben ihre Leser und Zuhörer zu überreden, oder zu gewinnen. (...) Es sind *homines diserti, scriptores venusti*, aber keine *oratores*.«[59]

Gottscheds Ausführungen stehen, wie latent auch die Kantischen, in seit der Antike überlieferten Denktraditionen: die Unterscheidung zwischen *Beredsamkeit* und *Wohlredenheit* fußt auf der antiken Unterscheidung zwischen *disertus* und *eloquens*. Während *disertus* genannt wurde, wer sich geschliffen äußern konnte und schlagfertig war, signalisierte der Terminus *eloquens* darüber hinaus die seelische Teilnahme des Redners. Dem lediglich routinierten *disertus* gebührte das Epitheton *eloquens* (beredsam) demnach nicht unbedingt.[60] Das humanistische Ideal der *eloquentia* ist diesem Gedanken verpflichtet. Nicht die bloße Wohlredenheit, die Fähigkeit, in wohlgesetzten Worten Wissen zu vermitteln (*docere*), zu erfreuen (*delectare*) oder zu bewegen (*movere*), sondern die in ihr als ethisches Postulat vom Redner immer mit zu bekundende Verantwortung vor sich selbst und seinem Publikum stehen dabei im Vordergrund.[61] Indem Gottsched in seiner *Ausführlichen Redekunst* genau die terminologische Differenzierung Ciceros referiert, gibt er zu verstehen, daß er sich dadurch in die Tradition der Gelehrsamkeit eingereiht wissen will: »Die Wohlredenheit drücket nach dem Klange des Wortes, nichts weiter aus als eine Fertigkeit wohl; das ist, zierlich, und anmuthig zu reden, oder zu schreiben. (...) Ein Geschichtschreiber, ein Briefsteller, ein dogmatischer Scribent, kann den Ruhm erlangen, daß er schön schreibe; und doch wird ihn niemand noch einen Redner nennen. Die Alten pflegten dergleichen Leute *disertos homines, scriptores venustos et elegantes*; nicht aber *eloquentes* oder *oratores* zu nennen.«[62]

---

[59] Johann Christoph GOTTSCHED: Beobachtungen über den Gebrauch und Misbrauch vieler deutscher Wörter und Redensarten. Als ND der Ausgabe Straßburg und Leipzig 1758 hrsg. von Johannes Hubertus Slangen (zugleich Diss. Heerlen 1955), S. 174 f. (S. 252 f. der Originalpaginierung); über die *Beobachtungen* vgl. die Einleitung Slangens, S. 1–34; zur begrifflichen Abgrenzung vgl. auch STÖTZER, Redekunst, S. 95–101; KLASSEN, Logik, S. 12 f.; UEDING/STEINBRINK, Grundriß, S. 122; HWR, Bd. 2, Sp. 1091–1098, s. v. Eloquentia.

[60] Vgl. dazu Rudolf SCHOTTLAENDER: Der Beitrag der ciceronischen Rhetorik zur Entwicklung der Humanitätsidee. In: Antike und Abendland. Beiträge zum Verständnis der Griechen und Römer und ihres Nachlebens 22 (1976), S. 54–69, hier S. 54 f.

[61] Zur ciceronischen Differenzierung des Redeziels der Überzeugung (*persuadere*) nach unterschiedlichen Graden des *docere*, *delectare* und *movere* sowie der Adaption in Poetiken und Rhetoriken der Frühen Neuzeit vgl. FISCHER, Rede, S. 84; DYCK, Ticht-Kunst, S. 34.

[62] GOTTSCHED, Ausführliche Redekunst, I. HSt., III. §., S. 89; zu Gottscheds Distanzierung vom populären zeitgenössischen Sprachgebrauch vgl. GRIMM, Oratorie, S. 78 f.

Baumgartens *Aesthetica* und die Rhetorik

Angesichts des vernichtenden Urteils in Kants *Kritik der Urteilskraft* über den Wert der Redekunst stellt sich die Frage nach dem Motiv des Königsberger Philosophen für eine derart rigide Ablehnung. Die Frage scheint umso interessanter, als Kants Verdikt gegen Ende des Aufklärungsjahrhunderts keineswegs ein singuläres Phänomen ist: Die Zahl neu verfaßter rhetorischer Lehrbücher, von denen seit der Epoche des Humanismus Hunderte publiziert worden waren, verringerte sich noch zu seinen Lebzeiten rapide und erreichte dann im 19. Jahrhundert einen historischen Tiefstand; die rhetorische Lehre wurde zunehmend als unselbständiger Teil umfassenderer ästhetischer Entwürfe vermittelt oder kurz und am Rande abgehandelt wie in der *Kritik der Urteilskraft*.[63] Diese Entwicklung steht in Gegensatz zu der Bedeutung, die der Rhetorik seit den frühesten Zeugnissen der *studia humanitatis* zukam. Über Jahrhunderte hinweg gehörte sie – freilich mit den vom epochalen Wandel gekennzeichneten Unterschieden – zum selbstverständlichen Traditionsgut in Schule und Universität. Darüber hinaus bildete die Theorie der Beredsamkeit eines der Fundamente der gesellschaftlichen Umgangsformen. Sie war als Methode unerläßlich für die Problematisierung der Grundlagen wie auch der Vermittlung von Wissen überhaupt.

3. Wandlungen: Baumgartens *Aesthetica* und die Rhetorik

Es ist sicher nicht übertrieben, der genuin rhetorischen Lehre von der Erfindung eine besondere, zwischen den Künsten vermittelnde Rolle zuzuschreiben – die persuasive, auf Wirkung ausgerichtete Bestimmung des Rhetorischen wird in ganz unterschiedlichen Zusammenhängen immer wieder deutlich. Seit der Renaissance war die Rhetorik Fundamentaldisziplin aller *artes*. Ebenso wie die Poesie kannte auch die Malerei die Regeln einer konstruktiven ›Erfindung‹.[64]

---

[63] Vgl. neben BREUER/KOPSCH, Rhetoriklehrbücher, auch Marie-Luise LINN: Studien zur deutschen Rhetorik und Stilistik im 19. Jahrhundert. Marburg 1963; das Kapitel über die *Ubiquität der Rhetorik* im 19. Jahrhundert bei UEDING/STEINBRINK, Grundriß, S. 134–156, sowie Bd. 12 (1993) des Jahrbuchs Rhetorik: Rhetorik im 19. Jahrhundert, hierin insbes. Helmut SCHANZE: Transformation der Rhetorik. Wege der Rhetorikgeschichte um 1800, S. 60–72; Tobia BEZZOLA: Die Rhetorik bei Kant, Fichte und Hegel. Ein Beitrag zur Philosophiegeschichte der Rhetorik. Tübingen 1993, hier insbes. über Kant, S. 6–63.

[64] Vgl. zum Anteil des Rhetorischen an Poesie, Malerei und Musik Gerard LECOAT: The Rhetoric of the Arts, 1550–1650. Frankfurt/M. 1975; vgl. auch die Beiträge im III. Abschnitt *Rhetorik und künstlerische Ausdrucksformen* des Sammelbandes Rhetorik zwischen den Wissenschaften, hrsg. von Gert Ueding. Tübingen 1991. Auf die Bedeutung der Rhetorik für Johann Joachim Winckelmann (1717–1768) kann hier nur hingewiesen werden. Vgl. dazu auch die Rezension der zweiten Auflage seiner *Gedanken über die Nachahmung der*

Rhetorik, Ästhetik und ›freye Künste‹

Auch den Techniken musikalischer Komposition waren rhetorische Implikationen keineswegs fremd, und zwar nicht nur hinsichtlich ihrer die Leidenschaften bewegenden Vorgehensweisen; seit dem Mittelalter galt vor allem die Musik, die – nach mathematischen Regeln organisierte Kunst – auch nach Disposition verlangte, als besonders von rhetorisch-topischen Gesetzmäßigkeiten beeinflußt.[65] Dem Leipziger Thomaskantor Johann Sebastian Bach, Zeitgenossen und Mitbürger Gottscheds[66], war die rhetorische Dimension seiner *Inventionen* sicherlich gegenwärtig, und dies gilt übrigens noch für Beethoven zu Beginn des 19. Jahrhunderts.[67]

---

griechischen Werke in der Malerey und Bildhauerkunst (1756) in: Das Neueste, Jg. 1756, S. 859–868. Zu diesem Thema vgl. auch Gert UEDING: Von der Rhetorik zur Ästhetik. Winckelmanns Begriff des Schönen. In: Ders.: Aufklärung über Rhetorik. Versuche über Beredsamkeit, ihre Theorie und praktische Bewährung. Tübingen 1992, S. 139–154.

[65] Vgl. Hans Heinrich EGGEBRECHT: Invention. In: Riemann Musik Lexikon. Sachteil. Mainz 1967, S. 416 f.: »Zu den Hilfsmitteln des Erfindens gehörten speziell die Ars combinatoria oder Verwechslungskunst der Töne oder Rhythmen und die oratorischen Loci topici.«; vgl. dagegen Margarete REIMANN: Invention. In: Die Musik in Geschichte und Gegenwart, Bd. 6, Sp. 1384: dort wohl zu Unrecht die Ablehnung einer »Identifizierung mit den Elementen der Rhetorik«. Vgl. darüber hinaus Joachim BIRKE: Christian Wolffs Metaphysik und die zeitgenössische Literatur- und Musiktheorie: Gottsched, Scheibe, Mizler. Berlin 1966; SCHÄFER, Gottsched, hier S. 44. Zur mittelalterlichen Musiktheorie vgl. Fritz RECKOW: Zwischen Ontologie und Rhetorik. Die Idee des *movere animos* und der Übergang vom Spätmittelalter zur frühen Neuzeit in der Musikgeschichte. In: Traditionswandel und Traditionsverhalten. Hrsg. von Walter Haug und Burghart Wachinger. Tübingen (1991), S. 145–178.

[66] Einer der ganz wenigen Hinweise auf die gegenseitige Kenntnisnahme der beiden prominenten Leipziger findet sich in der Gottsched-Bibliographie, hrsg. von P. M. Mitchell, Berlin/New York 1987, AW XII, S. 326, Nr. 32: eine von Gottsched verfaßte und von Bach vertonte Trauerode auf den Tod der Königin Christiane Eberhardine, die Ehefrau Augusts des Starken; vgl. auch ebd., Nrn. 26, 46 und 957. Vgl. auch Armin SCHNEIDERHEINZ: Über Bachs Umgang mit Gottscheds Versen. In: Bericht über die wissenschaftliche Konferenz zum III. Internationalen Bach-Fest der DDR. Leipzig (1977), S. 91–98; Günther STILLER: Johann Sebastian Bach und Johann Christoph Gottsched – eine beachtliche Gemeinsamkeit. In: Musik und Kirche 46 (1976), S. 166–172.

[67] EGGEBRECHT, Invention, ebd.: Bei Bach, Verfasser zahlreicher *Inventionen*, meint der Begriff »keine Form, sondern ein Prinzip des Komponierens«; vgl. dazu auch Arnold SCHMITZ: Die oratorische Kunst J. S. Bachs. Grundfragen und Grundlagen. In: KOPPERSCHMIDT, Rhetorik, Bd. I, S. 290–312. Zu Beethoven vgl. George BARTH: The pianist as orator. Beethoven and the transformation of keyboard style. Ithaca, NY 1993; Carl DAHLHAUS: Ludwig van Beethoven und seine Zeit. Laaber 1987, hier S. 94 f.: rhetorische Kategorien (mit direktem Bezug auf Gottsched) und ihr Einfluß auf Beethovens Kompositionsmethode.

Baumgartens *Aesthetica* und die Rhetorik

Trotz oder gerade wegen ihrer Grundlagenfunktion war der Rhetorik im Lauf des 18. Jahrhunderts ein besonderes Schicksal beschieden. Daß sie als Fundamentaldisziplin, als Grammatik, Dialektik, Poesie und Historiographie[68] anführende Instrumentalmethode tatsächlich schon seit den Zeiten des Aristotelismus diese Aufgabe erfüllte[69], kann man über den rein quantitativen Maßstab der Publikationsfülle hinaus daran ablesen, daß zentrale Begriffe der Wissenschaft vom Schönen, der Ästhetik, ihren Ursprung im System der Beredsamkeit haben.

Die Ästhetik löste die Rhetorik allmählich als Wissenschaft von den Grundlagen und Regeln der Künste ab. Gleich zu Beginn seiner bahnbrechenden Schrift bestimmt Alexander Gottlieb Baumgarten (1714–1762) die »*Aesthetica*« als »theoria liberalium artium«, als allgemeingültige und normenbegründende Wissenschaft, die auch die Redekunst umfaßt.[70] Wenn er auch mit seiner Definition nicht unbedingt die Ablösung der Rhetorik durch die Ästhetik als Kernstück des gesamten Wissens intendierte, wurde Baumgartens Schrift von vielen Zeitgenossen und erst recht von späteren Generationen so verstanden.[71]

Nach der Einteilung in zwei Hauptabschnitte, die nicht vollständig ausgeführte *Aesthetica theoretica (docens)* und die nur projektierte *Aesthetica practica*, folgt

---

[68] Zur Rhetorik als methodischer Grundlage der Geschichtsschreibung bis hin in die Aufklärungsepoche vgl. Eckhard KESSLER: Das rhetorische Modell der Historiographie. In: Formen der Geschichtsschreibung, hrsg. von Reinhart Koselleck u. a. (München 1982), S. 37–85; Klaus HEITMANN: Das Verhältnis von Dichtung und Geschichtsschreibung in älterer Theorie. In: AKG 52 (1970), S. 244–279.

[69] Ebd., S. 250; Friedrich SOLMSEN: The Aristotelian Tradition in Ancient Rhetoric. In: Rudolf STARK (Hrsg.:) Rhetorika. Schriften zur aristotelischen und hellenistischen Rhetorik. Mit einem Vorwort von Peter Steinmetz. Hildesheim 1968, S. 312–349, hier S. 336. HWR, Bd. 1, Sp. 1080–1109, s. v. Artes liberales.

[70] Alexan. Gottlieb BAVMGARTEN: Aesthetica. Hildesheim 1961. (ND der Ausgabe Fankfurt 1750), Prolegomena, §. I., Bl. A; zu Baumgarten vgl. Ursula FRANKE: Kunst als Erkenntnis. Die Rolle der Sinnlichkeit in der Ästhetik des Alexander Gottlieb Baumgarten. Wiesbaden 1972; Michael JÄGER: Kommentierende Einführung in Baumgartens »Aesthetica«. Zur entstehenden wissenschaftlichen Ästhetik des 18. Jahrhunderts in Deutschland. Hildesheim/New York 1980; Hans Rudolf SCHWEIZER: Ästhetik als Philosophie der sinnlichen Erkenntnis. Eine Interpretation der »Aesthetica« A. G. Baumgartens mit teilweiser Wiedergabe des lateinischen Textes und deutscher Übersetzung. Basel/Stuttgart (1973); Marie Luise LINN: A. G. Baumgartens »Aesthetica« und die antike Rhetorik. In: DVjS 41 (1967), S. 424–443.

[71] So z. B. die *Anfangsgründe aller schönen Wissenschaften* (1748/1750) seines bekanntesten Schülers: Georg Friedrich MEIER: Anfangsgründe aller schönen Wissenschaften. Teile I–III. (ND der Ausgabe Halle 1754). Hildesheim/New York 1976; Vgl. dazu Wolfgang BENDER: Rhetorische Tradition und Ästhetik im 18. Jahrhundert. Baumgarten, Meier und Breitinger. In: ZdPh 99 (1980), H. 4, S. 481–506; zur Bedeutung der Rhetorik für das ästhetische System in Meiers *Anfangsgründen* vgl. außerdem MÖLLER, Überlieferung, S. 83–97.

Baumgartens Konzeption dem klassischen rhetorischen Gliederungsschema der Bearbeitungsphasen *inventio, dispositio* und *elocutio*. Auch die weitere Unterteilung, insbesondere bei der detaillierten Abstufung der verschiedenen Erscheinungsformen der *genera dicendi*, ist an der antiken Lehre orientiert.[72] Vor allem in den Passagen über *colores aestheticae*, Tropen und Figuren und über *persuasio, confirmatio* und *reprehensio*[73] ist die rhetorische Basis deutlich spürbar, aber auch die in Auseinandersetzung mit (Pseudo-)Longin gewonnenen Lehrsätze zur *argumentatio* sowie die das Werk abschließende Erörterung der *persuasio aesthetica* bzw. der *argumenta persuasoria* zeigen die fortwirkende Macht klassischer Redelehren.[74]

Bestimmte Hauptthesen basieren so sehr auf antikem Fundus, daß die *Aesthetica* stellenweise fast ausschließlich aus einer Aneinanderreihung von Zitaten griechischer und römischer Autoren zu bestehen scheint. Dennoch markiert das Baumgartensche Werk einen Wendepunkt: Für die rednerische und überhaupt künstlerische Selbsteinschätzung der Zeitgenossen liegt die wohl entscheidende Neuerung von Baumgartens Wissenschaft der sensitiven Erkenntnis in dem bei ihm vorgefundenen Natur-Begriff und im Verständnis vom dichterischen *ingenium*, von dem gefordert wird, Neues zu schaffen. Es scheint den Lesern des Baumgartenschen Werks im späten 18. Jahrhundert so, als ob sein Verfasser dadurch dem Künstler erst wirklich breitesten Raum für Subjektivität und Originalität gegeben habe.

Damit sind allerdings die Abschnitte, denen die Zeitgenossen größte Aufmerksamkeit beimaßen, nämlich über die erkenntnistheoretische Begründung der ästhetischen Wahrheit, aus dem vorgegebenen rhetorischen Zusammenhang herausgelöst.[75] Die Aufwertung der sinnlichen Erkenntnis, der »ars pulchre cogitandi«, führt mit der Neubewertung der affektiven Wirkung zur Begrenzung des reflektierenden Moments, das nur eine Generation vorher von Gottsched als kennzeichnende Leistung dichterischer und rednerischer Produktivität hervorgehoben worden war. Allerdings sind sich Gottsched wie auch Baumgarten einig in der

---

[72] Vgl. dazu BENDER, Tradition, S. 488 und 490 f.; LINN, Baumgarten, S. 426 f.; zu Meiers Orientierung an der rhetorischen Terminologie vgl. BENDER, ebd., S. 494 f.

[73] Vgl. dazu die Nachweise bei SCHWEIZER, Ästhetik, S. 336–345.

[74] Auch bei Winckelmann wird der persuasive und damit genuin rhetorische Charakter des »Schönen« im Sinne der rhetorischen Wirkungsfunktion der Leidenschaftserregung deutlich, etwa in der *Geschichte der Kunst des Altertums* (1764); der berühmten Schilderung der Laokoon-Gruppe als Beispiel für »edle Einfalt und stille Größe« liegt als rhetorisches Muster die innere Harmonie der Teile (inneres *aptum*) entsprechend der Bearbeitungsphasen einer Rede zugrunde. Vgl. dazu UEDING, Von der Rhetorik, S. 146–149, S. 154.

[75] Vgl. SCHWEIZER, Ästhetik, S. 12, 41 f., 46–49.

Zurückweisung der Topik als schöpferischen Mittels, wenn auch dieser mit der für Gottsched inakzeptablen Begründung, der Zustand schöpferischer Begeisterung, der Enthusiasmus, erfordere derlei Mittel nicht.[76] Die Bewegung der Affekte, eigentümliche Aufgabe des rhetorischen *movere*, weicht der psychologischen Betrachtungs- und Erklärungsweise. War die Wolffsche Psychologie, auf die sich Gottsched und seine Zeitgenossen noch stützten, wie die Lehre von den Affekten vornehmlich deduktiv-rationaler Natur, kommt zusammen mit der Betonung der sinnlichen Erkenntnis die Disziplin der empirischen »Erfahrungsseelenkunde« auf. In ihrer Konzequenz schwächt sie die Wirkmächtigkeit des hinter der Affektenlehre stehenden anthropologischen Bildes der Rhetorik.[77] Da es Baumgarten mit der Zielsetzung, die allgemeinen Regeln des ›schönen Denkens‹ zu erkennen, ebenso wie später Kant mit seinem Werk in erster Linie um eine allgemeine Kunstlehre ging, konnte die Rhetorik den ihr bisher eigenen Stellenwert nicht mehr verteidigen und allenfalls den Rang eines speziellen, zweitrangigen Regelsystems beanspruchen.[78]

So haben es die nachrückenden Generationen der jungen Dichter aufgefaßt, und dies ist wohl auch einer der entscheidenden Gründe für den Niedergang der Rhetorik in den folgenden Jahrzehnten. Selbst Adam Müllers zu Beginn des 19. Jahrhunderts geäußerte Klagen über den Verfall der Beredsamkeit (1812) und sein Versuch, die alte Unterscheidung von Poesie und Prosa und damit von Poetik und Rhetorik beizubehalten und auch die traditionelle Stillehre zu bewahren[79], konnten diese Entwicklung nicht mehr verhindern.

4. Französische Vorbilder im Wandel: Die Kontroverse um die Aufgaben von Kunst und Wissenschaft

Die trotz aller Verwurzelung in klassischen Autoritäten immer stärker hervortretende kritische Haltung gegenüber rhetorischen Vorgehensweisen der Regi-

---

[76] BAVMGARTEN, Aesthetica, Pars I, Cap. I, Sectio X, §. 141, S. 74: »Reice, quidquid est ubique locorum, pendeant opere topicorum interrupta tuque in eventum festinans, et in medias res«. Vgl. BENDER, Tradition, S. 483; LINN, Baumgartens »Aesthetica«, S. 434; UEDING/ STEINBRINK, Grundriß, S. 107.

[77] Vgl. dazu auch die Hinweise bei DYCK, Ideal, S. 197.

[78] BENDER, Tradition, S. 485.

[79] Adam MÜLLER: Zwölf Reden über die Beredsamkeit und deren Verfall in Deutschland. Hrsg. von Jürgen Wilke. Stuttgart (1983). Vgl. dazu Walter HINDERER: Das kluge Amphibium. Über Adam Müller. In: Der Monat 20 (1968), H. 243, S. 80–86; Helmut SCHANZE: Romantik und Rhetorik. Rhetorische Komponenten der Literaturprogrammatik um 1800. In: Ders., Rhetorik, S. 126–144, hier S. 140–143.

strierung und Beschreibung von Sachverhalten, die schließlich in der Propagierung neuer (oder, je nach Blickwinkel, alter, unrhetorischer) Kontrollinstanzen mündete, ist freilich nicht erst bei Gottsched oder Baumgarten zu finden. Schon einige Zeit vor der Diskussion um die Berechtigung traditioneller rednerischer Verfahrensweisen angesichts veränderter Erfordernisse an die künstlerische Produktivität und ihre Bewertungskriterien waren Philosophen und Naturwissenschaftler zu der Auffassung gelangt, daß das überkommene, von Aristoteles sich herleitende Wissenschaftssystem seinen Anspruch auf vollständige Erfassung der Wirklichkeit nicht mehr beibehalten könne. Sie reagierten damit auf einen umfassenden Umwälzungsprozeß, der durch den rasanten Aufschwung der Naturbeobachtung und -beschreibung im 16. und 17. Jahrhundert ausgelöst worden war.

Mit Sicherheit wirkte sich das empirisch-experimentelle Denken, angesichts des technischen Fortschritts von zunehmendem Einfluß auf das gesamte Wissenschaftssystem, auch auf die Reflexion des rhetorischen Modells aus.[80] Die Mathematik wurde immer mehr als umfassendes Ordnungsschema geschätzt, und spätestens seit Newtons *Philosophiae naturalis principia mathematica* (1687) triumphierte das naturwissenschaftlich-mechanistische Denken als allgemeine Lehrmeinung.[81] Entscheidend bei diesem ganzen Vorgang ist die wachsende Dominanz der mathematischen Methode über traditionelle Denkschemata und die damit gleichlaufende Mißbilligung topischer Vorgehensweisen. Über die Rhetorik hinaus läßt sich dies etwa auch an der Entwicklung der Lyrik im frühen 18. Jahrhundert ablesen, so an der mit Brockes beginnenden, von naturwissenschaftlicher Reflexion geprägten und gleichzeitig von traditionellen *topoi* immer weiter abrückenden Naturlyrik, die dann über Albrecht von Haller und Klopstock schließlich auf einer sensualistischen Ästhetik beruht.[82]

---

[80] Einen – wenn auch begrenzten – Einblick in Gottscheds Verhältnis zur naturwissenschaftlichen Forschung seiner Zeit vermittelt die *Vorrede* zu *Grundlagen der Naturwissenschaft* von Peter von Muschenbroek. 1747, in: ders., Kleinere Schriften, AW IX/1, S. 279–291. – Daß auch Galilei als der Bahnbrecher des neuartigen Wissenschaftsverständnisses rhetorische Kategorien in sein Denken ohne Frage zu integrieren vermochte, zeigt Maurice A. FINOCCHIARO: Galileo and the Art of Reasoning. Rhetorical Foundations of Logic and Scientific Method. Dordrecht u. a. (1980). Ähnlich zu Kopernikus: Jean Dietz MOSS: Novelties in the heavens. Rhetoric and science in the Copernican controversy. Chicago 1993.

[81] Vgl. Max FUCHS: Untersuchungen zur Genese des mathematischen und naturwissenschaftlichen Denkens. Weinheim und Basel (1984), hier insbes. Kap. 3: Zur Entstehung der neuzeitlichen Wissenschaft, S. 45–125; zu Newton und seinem Einfluß auf das Dichtungsverständnis vgl. Karl RICHTER: Literatur und Naturwissenschaft. Eine Studie zur Lyrik der Aufklärung. München 1972, S. 25–31, insbes. S. 25 f.

[82] Ein Reflex in der Rhetorik bei LINDNER, Anweisung zur guten Schreibart, S. 73: Verweis auf Milton und Klopstock. Vgl. zu diesem Thema Paul BÖCKMANN: Anfänge der Naturlyrik

Französische Vorbilder im Wandel

Auch an der Konzeption einer aufklärerisch-rationalistischen Redekunst konnte diese Entwicklung nicht spurlos vorbeigehen. Wenn Gottsched wiederholt in seiner *Ausführlichen Redekunst* zu verstehen gibt, sie sei auch und gerade nach den Regeln der »neueren Ausländer« verfaßt, stellt sich die Frage, inwieweit er dies auch im Hinblick auf deren Standpunkte und damit auf eine Einverleibung neuartiger wissenschaftlicher Reflexionsweisen in seine eigene Arbeit tut, denn in Frankreich hatten mathematische Modelle schon Jahrzehnte vor der dezidierten Zurückweisung der Topik bei den deutschen Frühaufklärern ihren Ausdruck in Philosophie und Rhetorik gefunden. Insbesondere am Schluß des I. Hauptstücks *Was die Redekunst sey, imgleichen von der Beredsamkeit und Wohlredenheit überhaupt*, das grundlegende Fragen einführend klären will, scheint Gottsched der Moment günstig zu sein, auf französische Redelehren neueren Datums zu verweisen, da diese offensichtlich die aktuelle akademische Diskussion eher als andere – deutschsprachige – Beiträge widerspiegeln.

Der französischen Rhetorik kommt, das wird immer wieder auch zwischen den Zeilen deutlich, die Vorreiterfunktion bei der Erörterung genereller Fragen zu, aber auch bei der Klärung von Einzelheiten. Im Gegensatz zu zeitgenössischen deutschsprachigen Beiträgen, die er nur ganz vereinzelt als empfehlenswert betrachtet, präsentiert Gottsched dem Leser seiner *Redekunst* etliche dieser Arbeiten als vorbildliche und lehrreiche Publikationen, beispielsweise Fénelons *Dialogues sur l'éloquence en général et celle de la chaire en particulier* (1718)[83] und Rollins *Traité de la manière d'enseigner et d'étudier les belles-lettres* (1726).[84] Selbst für die in der rhetorischen Theorie weithin eher stiefmütterlich

---

bei Brockes, Haller und Günther. In: Literatur und Geistesgeschichte. Festgabe für Heinz Otto Burger. Hrsg. von Reinhold Grimm und Conrad Wiedemann. (Berlin 1968), S. 110–126; Karl RICHTER: Die kopernikanische Wende in der Lyrik von Brockes bis Klopstock. In: JbSG 12 (1968), S. 132–169, sowie dessen Studie über das Verhältnis von Literatur und Naturwissenschaft (wie Anm. 81).

[83] GOTTSCHED, Ausführliche Redekunst, I. HSt., S. 99; ders., Akademische Redekunst, S. 35. Eine deutsche Übersetzung erschien 1734. Zu Fénelon (1651–1715) vgl. George A. KENNEDY: Classical Rhetoric and its Christian and Secular Tradition from ancient to modern Times. Chapel Hill (1980), S. 222–226; Wilbur Samuel HOWELL: Poetics, Rhetoric, and Logic. Studies in the basic Disciplines of Criticism. Ithaca and London (1975), Kap. 3: Oratory and Poetry in Fénelons Literary Theory, S. 123–140. Zu den *Dialogues* vgl. HAILLANT, Fénelon, S. 31–64. Zur Rezeption bei Gottsched vgl. Leo JUST: Fénelons Wirkung in Deutschland. Umrisse und Beiträge. In: Johannes KRAUS/Josef CALVET (Hrsg.): Fénelon. Persönlichkeit und Werk. Baden-Baden 1953, S. 52 f.

[84] GOTTSCHED, Ausführliche Redekunst, S. 88 und 99; ders., Akademische Redekunst, S. 35; Das Werk wurde von Gottscheds Schüler Johann Joachim Schwabe übersetzt und 1738 unter dem Titel *Carl Rollins Anweisung, wie man die freyen Künste lehren und lernen soll* her-

behandelte Lehre von der *pronuntiatio* oder *actio*, dem Vortragen der Rede, finden sich hier Anmerkungen, etwa René Barrys *Méthode pour bien prononcer un discours, et pour le bien animer* (1659)[85] und Michel Le Faucheurs *Traitté de l'action de l'orateur* (1657).[86] In vielerlei Hinsicht, auch was die redepraktische Mustergültigkeit anbelangt, können die französischen Rhetoriker und der in ihren Werken vermittelte Anspruch, alle Künste in gleicher Weise zu behandeln, selbst für den Unterricht im deutschsprachigen Raum mit seinen oft ganz andersartigen Anforderungen exemplarisch sein:

> »Auch von neuern Anleitungen zur Redekunst etwas zu gedenken: so muß ich einige Franzosen in diesem Stücke rühmen, und zwar lauter solche, die ich selbst gelesen, und den Regeln der Alten gemäß befunden habe. Darunter ist nun der Jesuit *Rapin* einer der besten, der nicht nur von der Beredsamkeit, sondern auch von der Dichtkunst, Historie und Philosophie die vernünftigen Gedanken an das Licht gestellet hat. (...) *Fénelons* Gespräche von der Beredsamkeit sind überaus schön, und die *Réflexions sur l'Eloquence*, die man außer denselben hat, sind auch nicht ohne Vortheil zu gebrauchen.«[87]

---

ausgegeben. Die Übersetzung ist durch Zusätze vorwiegend pädagogischer Natur bestimmt, auf die Schwabe offenbar nicht verzichten wollte. Vgl. dazu auch die Rezension in den Beyträgen V, 17. Stück (1737), S. 312. Siehe auch unten, Kap. V, 4. 2., S. 202.

[85] GOTTSCHED, Ausführliche Redekunst, S. 100, S. 417; ders., Akademische Redekunst, S. 36. Zu Barry vgl. DBF, Bd. 5, Sp. 635 f.; zu Gottscheds Rezeption Rudolf BEHRENS: Problematische Rhetorik. Studien zur französischen Theoriebildung der Affektrhetorik zwischen Cartesianismus und Frühaufklärung. München (1982), S. 118.

[86] GOTTSCHED, Ausführliche Redekunst, S. 100 und 417; ders., Akademische Redekunst, S. 36. Nach WECHSLER, Gottsched, S. 75 f. war Gottsched in der Menckeschen Bibliothek sowohl eine französische Ausgabe als auch eine lateinische Übersetzung des *Traité* zugänglich. Allerdings ist die Zuschreibung als Werk Le Faucheurs nicht unproblematisch – KENNEDY, Classical Rhetoric, S. 228, identifiziert den französischen Jesuiten Louis de Cressoles als Autor. Vgl. dazu auch SCHOLL, Kommentar, AW VII/4, S. 37 und 102 f. – Zur Lehre von der *pronuntiatio* vgl. Volker KAPP: Die Sprache der Zeichen und Bilder. Rhetorik und nonverbale Kommunikation in der frühen Neuzeit. (Marburg 1990), sowie Bd. 13 (1994) des Jahrbuchs Rhetorik.

[87] GOTTSCHED, Ausführliche Redekunst, XV. §., S. 99; ebd., Besondrer Theil, AW VII/2, S. 19; AW VII/3, S. 8, und ders., Akademische Redekunst, S. 35. Der Jesuitenpater René Rapin (1621–1687) verfaßte neben den *Réflexions* (1684) auch einen *Discours sur la comparaison de l'eloquence de Démosthène et de Ciceron* (1670) und *Réflexions sur la Poétique*, in denen er auch auf der Redekunst entlehnte Elemente der poetischen Invention zu sprechen kommt: »L'art universel de la poétique comprend les choses dont traite le poète, et la manière de les traiter. Le dessein, l'ordonnance, la proportion des parties qui le composent, l'arrangement général des matières, et tout ce qui regarde l'invention, appartient aux choses dont cet art doit traiter.« René RAPIN: Les Réflexions sur la Poétique de ce Temps et sur les Ouvrages des Poètes Anciens et Modernes. Edition Critique publiée par E. T. Dubois. Genève 1970 (nach der Originalausgabe Paris MDCLXXV), Abschn. XVIII, S. 32. »Ordon-

Französische Vorbilder im Wandel

Daß Gottsched in der *Redekunst* auf französische Autoritäten außer in der Einführung nur sehr sporadisch verweist, steht in offensichtlichem Gegensatz zur eingehenden Behandlung der Alten, deren Lehrsätze er auch in Einzelfragen würdigt, gelegentlich zurückweist oder gegeneinander abwägt. Die Adaption von Theorien französischer Vorläufer ist eher grundsätzlicher Natur und liegt weniger in der detailgenauen Darstellung von Lehrmeinungen – bestimmend scheint hier die generelle, an der cartesischen Philosophie geschulte ›critische‹ Perspektive zu sein.

Es ist also gerade der aus Frankreich kommende Impuls einer unter dem Einfluß des Rationalismus stehenden Rhetorik, der »philosophische« Zugang zu ihr, der Gottsched dazu finden läßt, die Beredsamkeit einer generellen Prüfung zu unterziehen, in wichtigen Punkten freilich modifiziert durch Diskussionsschwerpunkte des deutschen Rationalismus Leibnizscher und Wolffscher Provenienz.[88]

Allerdings sollte diese Feststellung nicht zu dem Schluß verleiten, Gottsched habe all die von ihm scheinbar beiläufig genannten Werke der französischen Rhetoriker nur oberflächlich gelesen.[89] Aufgrund der nur sehr kursorischen Hinweise auf die »neuern Ausländer« und der augenscheinlichen Vermeidung einer ins Detail gehenden Auseinandersetzung mit ihnen könnte man kurzsichtig schließen, er habe etwa die Arbeiten eines Charles Rollin nicht recht wahrgenommen oder schlicht übergangen.[90] Oder aber man könnte annehmen, der Einfluß habe sich in erster Linie auf die Funktion der Franzosen als »Wegweiser zur Antike«[91] bezogen, auf eine lediglich vermittelnde, das überkommene Lehrge-

---

nance« und »proportion des parties« sind Merkmale eines oratorischen Vorgehens ganz im Sinne antiker *decorum*-Vorstellungen. Demnach konstatiert auch BEHRENS, Rhetorik, S. 27, bei Rapin eine »Neuorientierung der zeitgenössischen Eloquenz an den Modellen antiker Rhetorik«. – die Hinweise bei WECHSLER, Gottsched, S. 74, auf Parallelen bei Gottsched zu Rapins Rhetorik sind unergiebig.

[88] Vgl. hierzu unten, Kap. IV, 3. und V, 1.–2.

[89] An dieser Annahme scheitert letztlich die ausführliche Quellenanalyse von WECHSLER, Gottsched, S. 59–62, die zwar überall im Werk Gottscheds Bezugnahmen auf die Franzosen neben den antiken Autoren detailliert nachweist, die Eigenart dieser Relationen aber nicht weiter zu differenzieren vermag.

[90] Die These WECHSLERS, Gottsched, S. 55, 72 und 106, Gottsched habe Rollin »wenn überhaupt, dann nur oberflächlich, und nicht in der Absicht, ihn zu nutzen, gelesen«, ist durch nichts bewiesen; im Gegenteil legt – neben Gottscheds oben zitierter Bemerkung – die Anführung der Übersetzung unter den *libri incompacti* der BG, Nr. 132, eine intensive Nutzung durch Gottsched nahe; vgl. daneben auch die Rezension in: Beyträge V, 18. Stück (1738), S. 309–320. Gegen Wechsler spricht überdies die bei ihm selbst erwähnte Tatsache, daß Gottscheds Mitarbeiter Schwabe an seiner Übersetzung bereits seit 1733 arbeitete.

[91] So SCHOLL, Rhetorik, hier S. 219.

bäude nicht weiter hinterfragende Position. Dann wäre freilich die sie kennzeichnende, die Antike selbst schon interpretierende Rezeption klassischer Vorbilder übergangen und mit ihr weiterhin die gesamte frühneuzeitliche Debatte um die Integration antiker Werte in die eigene Lebenswelt. Daß diese Annahmen kaum zutreffen können, zeigt schon ein erster Blick in die genannten Schriften. Sie weisen neben der rationalistischen Grundhaltung, die sich in Frankreich aufgrund des schnell wachsenden Einflusses der cartesischen Lehre einige Jahre früher als in Deutschland verbreitete, inhaltliche Ähnlichkeiten gerade an jenen Stellen auf, an denen beide Seiten, die französischen wie auch die deutschen Rhetoriker, sich kritisch mit der Tradition und mit den antiken Quellen auseinandersetzen.[92] Diese Passagen sollen in den folgenden Kapiteln benannt und auf ihre Bedeutung für die Entwicklung der rhetorischen Lehre im 18. Jahrhundert befragt werden.

Das rhetorische Werk des als Pädagoge weithin berühmten und einflußreichen Erzbischofs von Cambrai, Fénelons *Dialogues sur l'éloquence*, waren in den 1670er Jahren entstanden, aber erst posthum veröffentlicht worden.[93] Naturgemäß ist bei dem von ihm ausgeübten Bischofsamt ein besonderes Interesse an der Kanzelberedsamkeit, der *éloquence de la chaire*, zu erwarten, und ihr ist das dritte Buch der *Dialogues* gewidmet. Neben Platon und Aristoteles wird Augustinus zur wichtigsten Quelle für die Theorie, neben Demosthenes und Cicero (den er gegenüber dem Griechen geringer schätzt) werden die Bibel und die Kirchenväter zu Musterbeispielen der Praxis.[94]

Möglicherweise waren Fénelons Differenzierungen zwischen guter, dem öffentlichen Wohl dienender, und schlechter, das Gemeinwohl vernachlässigender

---

[92] Vgl. dazu bes. unten, Kap. III, 6. – In diesem Sinne urteilt auch SCHWIND, Schwulst-Stil, S. 226, der Einfluß der Franzosen auf Gottsched beziehe sich auf die »Art der Auseinandersetzung mit antiken Quellen«.

[93] Zur aufklärerischen Pädagogik Fénelons vgl. E. von SALLWÜRK: Fénelon und die Litteratur der weiblichen Bildung in Frankreich von Claude Fleury bis Frau Necker de Saussure. Langensalza 1886; Günter R. SCHMIDT: François Fénelon (1651–1715). In: Hans SCHEUERL (Hrsg.): Klassiker der Pädagogik. Bd. 1: Von Erasmus von Rotterdam bis Herbert Spencer. München (1979), S. 194–203. Zur Datierungsfrage vgl. HOWELL, Poetics, S. 123, der die Entstehungszeit um das Jahr 1679 ansetzt.

[94] Zu Fénelons geistlichem Werk vgl. HAILLANT, Fénelon, S. 55–64; H. DRUON: Fénelon. Archevêque de Cambrai. Paris (^{3}1905); Robert SPAEMANN: Reflexion und Spontaneität. Studien über Fénelon. (Stuttgart ^{2}1990); zur Rezeption antiker Lehren KENNEDY, Rhetoric, S. 222 f.; SALLWÜRK, Fénelon, S. 78 f..

Französische Vorbilder im Wandel

Redekunst von seiner quietistischen Haltung mitgeprägt[95], doch sind diese Unterscheidungen mindestens genauso antiken ethischen Vorstellungen von den Aufgaben des Redners verbunden. Die produktive Aneignung und konstruktive Umgestaltung entsprechend den aktuellen Bedingungen wird so aus Gottscheds Perspektive zum entscheidenden Kriterium für Fénelons Vorreiterrolle. Im übrigen sollte der unmittelbare Einfluß der vielfältigen religiös-spirituellen Bekenntnisse oder der konfessionellen Auseinandersetzungen jener Zeit (Jansenismus, Jesuitismus, Pietismus, Calvinismus, Orthodoxie usw.) auf die ästhetische und die pädagogische Debatte oder auf die »Sittenlehre« nicht überbewertet werden[96], wenngleich er natürlich häufig im Hintergrund spürbar ist.

Für seine Begriffsbestimmung der Beredsamkeit anhand der ebenso durch moderne wissenschaftliche Perspektiven wie auch durch die Erfordernisse der Kanzelrede abgewandelten antiken Regeln rekurriert Gottsched außer auf Melanchthon als deutsches Vorbild auf zwei weitere französische Rhetoriker. Mit deren Nennung an solch exponierter Stelle hebt er zugleich ihre außerordentliche Wichtigkeit für die Entwicklung seiner eigenen Anschauungen hervor:

> »Von den Neuern hat niemand die Redekunst besser beschrieben, als der oben schon gerühmte Melanchthon. (...) nur ein paar Franzosen will ich noch zum Ueberflusse zu Hülfe nehmen. Der erste sey P. *Lami*, der uns in seiner *Art de parler* eine recht gute Redekunst geliefert hat; ob sie gleich viele Dinge in sich hält, die zu einer allgemeinen philosophischen Sprachkunst gehören. (...) Der andre mag *Rollin* seyn, der in einem ganzen Bande seiner Manier, die schönen Künste zu lehren und zu lernen, von der Redekunst gehandelt hat. Dieser saget: (...) Die Redekunst bestünde aus Vorschriften, die auf Grundsätze des natürlichen Verstandes und der gesunden Vernunft gegründet wären; und diese wären nichts anders, als vernünftige Anmerkungen, die von geschickten Leuten über die Reden der besten Redner gemachet; nachmals aber in Ordnung gebracht, und in gewisse Hauptstücke eingetheilet worden.«[97]

Das Lehrbuch *De la manière d'enseigner et d'étudier les belles-lettres* des Pariser Universitätslehrers Charles Rollin (1661–1741), war erstmals 1726 erschienen; weitere Auflagen folgten innerhalb kurzer Zeit 1728 und 1734.[98] Insbesondere im zweiten Band des Werks finden sich die Ausführungen Rollins über die Rhetorik. Wie vor ihm Fénelon, an den er sich anlehnt, sieht auch er in der Anti-

---

[95] Vgl. Benjamin SAHLER (Bearb.): Madame Guyon et Fénelon. La Correspondence Sécrete. Avec un Choix de Poésies Spirituelles. Paris (1982), sowie DRUON, Fénelon, Kap. II und IV, S. 34–63 und 111–162.
[96] So etwa bei WEHR, Briefwechsel (Gottsched) und bei HOWELL, Poetics, S. 133 (Fénelon).
[97] GOTTSCHED, Ausführliche Redekunst, I. HSt., II. §., S. 87 f.; vgl. genauso ders., Akademische Redekunst, I. HSt., 2. §., S. 24 f.
[98] Vgl. SALLWÜRK, Fénelon, S. 232; KLASSEN, Logik, S. 11.

ke die unübertroffenen Muster und Lehrer für Poesie und Redekunst. Aristoteles, Cicero und Quintilian werden ebenso genannt wie Dionysios von Halikarnaß und Longin. Die uneingeschränkte Autorität der Alten dient Rollin als Leitfaden für das eigene pädagogische Programm der muttersprachlichen Erziehung zum »bon goût« in den schönen Wissenschaften.[99] Mit seinem von vielen Einfügungen, Zitaten und gelehrten Abschweifungen unterbrochenen lockeren Aufbau steht der Schlußteil des Werks, der die rhetorische Lehre präsentiert, in der Tradition der humanistischen Rhetorik und deren Ideal der *eloquentia* bzw. *elegantia*.[100] Dennoch läßt sich das Ziel dieser Ausbildung, die Entfaltung des des guten Geschmacks, für Rollin nicht mehr mit traditionellen Kategorien beschreiben.[101] Über das Festhalten von überlieferten Regeln müssen andere Wege beschritten werden, um den »bon goût« zu realisieren, und genau an diese Problematisierung knüpft Gottsched an.

Das von Gottsched durch wörtliche Übersetzung und Zitat hervorgehobene Faktum, daß Rollin die Induktion als den Weg beschreibt, zu rhetorischen Regeln zu gelangen, scheint für ihn von ausschlaggebender Bedeutung gewesen zu sein. An anderer herausragender Stelle, in der Vorrede zu Johann Traugott Schulz' *Muster der Beredsamkeit*, beschreibt Gottsched nochmals und in eigenen Worten den Prozeß der Gewinnung von Regeln *a posteriori* durch den Redner:

»Nun wollen wir die Deutung auf die Beredsamkeit machen. Die Nothdurft, andern Menschen unsere Gedanken zu eröffnen, und in wichtigen Fällen, Leute, denen man nichts zu befehlen hatte, auf seine Meynung zu bringen, hat zu Erfindung derselben Anlaß gegeben. Hieraus flossen nun die ersten wesentlichen Regeln derselben; wie man den Verstand und den Willen andrer Menschen, durch gute Vorstellungen und Gründe, zu lenken und zu bewegen hätte. Man gab also Vorschriften von den Eingängen, Erklärungen, Beweisen und Bewegungsgründen. Man lehrete, die Leidenschaften zu seinen Absichten brauchen; und kurz, alles

---

[99] Zum Einfluß Fénelons vgl. SALLWÜRK, Fénelon, S. 231–234. Zur Longin-Rezeption, auch im Zusammenhang mit der Debatte um Asianismus und Attizismus vgl. SCHWIND, Schwulst-Stil, S. 226 f., sowie Thomas GELZNER: Klassizismus, Attizismus und Asianismus. In: FLASHAR, Classicisme, S. 1–41. Zum ›bon goût‹ in der französischen Klassik vgl. Ute FRACKOWIAK: Der gute Geschmack. Studien zur Entwicklung des Geschmacksbegriffs. München (1994).

[100] Vgl. WECHSLER, Gottsched, S. 71 f. Allerdings ist die These Wechslers, bis auf wenige unwesentliche Übernahmen des pädagogischen Programms sei Gottscheds Rezeption der Rollinschen Lehre folgenlos geblieben, zu stark verkürzt. Zur *elegantia* vgl. HWR, Bd. 2, Sp. 991–1004.

[101] Vgl. auch den Hinweis auf Rollin in GOTTSCHED, Critische Dichtkunst, AW VI/1, Das dritte Capitel: Vom guten Geschmacke eines Poeten, 14. §., S. 179 f., und die dort zitierte Stelle aus der *Manière*, sowie ebd., Vorrede zur zweyten Auflage, S. 14.

klüglich anwenden, um die Ueberredung der Zuhörer, als den Hauptzweck aller Beredsamkeit, zu erreichen.«[102]

Rapin, Fénelon, Lamy und Rollin werden als Repräsentanten der vernunftgegründeten Beredsamkeit von Gottsched benannt und als solche zu Vorbildern für seine eigene Lehre gemacht. Die Einführung der Geschmackskategorie als Entscheidungs- und Bewertungsinstanz für die oratorische Korrektheit qualifiziert sie, in Abgrenzung von den antiken Redelehrern, zu Leitfiguren der neuen Zeit ebenso wie die Entwicklung eines historischen Deutungsansatzes bei der Darstellung der rhetorischen Systematik. Es ist die von ihnen in Gang gesetzte Diskussion um die Eigenständigkeit und Eigenwertigkeit nicht nur der neuzeitlichen, ›modernen‹ Dichtung, sondern auch der aktuellen rednerischen Praxis, die die »neueren Franzosen« zu Vorbildern macht, gerade auch weil diese Diskussion in der Entscheidung zugunsten einer Orientierung an den »Alten« mündet.[103] Die differenzierte Erörterung des Verhältnisses der Epochen zueinander setzt die – historisch reflektierende – Urteilsbildung in Gang und damit den Prozeß der »Aufklärung« des Geschmacksurteils. Freilich muß die Lehre eines Rapin, Fénelon oder Rollin, etwa hinsichtlich pädagogischer Richtlinien, erst auf deutsche Verhältnisse übertragen werden können, um dort ihre Wirksamkeit zu entfalten.

---

[102] Ders., Vorrede zu Muster der Beredsamkeit, AW X/2, S. 417 f.
[103] Dies dürfte im wesentlichen auch der Grund für die von PAGO, Gottsched, konstatierte Indifferenz des Leipzigers gegenüber der einen oder anderen Partei sein.

KAPITEL III
DIE DEBATTE UM DEN ARGUMENTATIONSWERT DER TOPIK

1. Frühaufklärerische Polemik gegen die Methoden der ›Schuloratorie‹

Als zentraler Diskussionspunkt für eine Standortbestimmung der Beredsamkeit unter den Vorzeichen einer philosophischen Betrachtungsweise hat sich die aus der Antike überlieferte Lehre von der *inventio* erwiesen. Sie bestimmt als anfängliche thematische Reflexion in besonderem Maß den vom Redner einzuschlagenden Weg, und in ihr spielt sich die Grundlagendiskussion darüber ab, welche Quellen und Hilfsmittel der ›Erfindung‹ zu sachgemäßen Ergebnissen führen können. Sowohl die deutschen Redelehrer seit den späten zwanziger Jahren des 18. Jahrhunderts als auch die französischen Rhetoriker seit der zweiten Hälfte des 17. Jahrhunderts sehen die Debatte um Möglichkeiten, Wert und Aufgaben der Topik in ihrer eigenen Epoche als entscheidend für die Definition einer aktuellen »vernünftigen« Redekunst an.

Neben Gottsched ist insbesondere Friedrich Andreas Hallbauer (1692–1750) als Vertreter der frühaufklärerischen Rhetorik zu nennen.[1] Der Jenaer Kollege Gottscheds übt in der seinerzeit berühmten und weithin einflußreichen *Vorrede von den Mängeln der Schuloratorie* seiner *Anweisung zur Verbesserten Teutschen Oratorie* (1725) barsche Kritik an den traditionell in der Schule vermittelten Methoden für die thematische Erörterung in einer Rede und weist seinen Leser damit von Anfang an darauf hin, seine Wahrnehmung auf die Toposkritik als zentralen Diskussionspunkt zu richten: »Die reichen Quellen, Gelehrsamkeit und Erfahrung, gehet man vorbey, und führet zu leeren Brunnen. Die *loci topici*, die Lullianische, analogische und andere Künste werden recommendirt; und gleichwohl hat noch niemals einer aus diesen Quellen einen Tropfen oratorisches Wasser schöpfen können.«[2] Ebenso lehnt Hallbauer in seiner Predigtlehre die Topik

---

[1] Hallbauer, lutherischer Theologe und seit 1721 Adjunkt der philosophischen Fakultät in Jena, wurde 1731 dort zum Professor der Poesie und Beredsamkeit berufen, 1740 zum Professor Ordinarius der Theologie. Neben der Lehrtätigkeit, die selbstverständlich auch die Ausrichtung von Redeübungen umfaßte, trat er als Herausgeber von Werken und unveröffentlichten Briefen des Humanisten Johannes Sturm *(De institutione scholastica opuscula omnia,* 1730) hervor. Über Hallbauer vgl. JÖCHER, Gelehrten=Lexicon, Tl. 2, Sp. 1332–1333; ADB, Bd. 10, (1879), S. 415 f.; STÖTZER, Redekunst, S. 267; WECHSLER, Gottsched, S. 88.

[2] HALLBAUER, Anweisung, Vorrede, Bl. a6ʳ. HALLBAUER, Unterricht, Vorrede, Bl. a6ᵛ. Dagegen nennt Hallbauer die Orientierung an Sturms Programm der Schulreform das durchschlagendste Mittel, um den verderbten Zustand der Schulen in der Gegenwart zu überwinden.

Frühaufklärerische Polemik gegen die ›Schuloratorie‹

als inventionales Mittel ab: »Was hilfts, das leere Stroh[,] die *locos topicos*[,] zu dreschen? daraus ein Anfänger so wenig Materie zu nehmen/ als ein Hungriger aus einer leeren Schüssel seinen Magen füllen kan. Denn wer in denselben etwas finden will, muß es zuvor hinein tragen.«[3]

Das, was in den Schulen als rhetorische Erfindung vermittelt wird, genügt Hallbauer also bei weitem nicht. Seiner Ansicht nach bedrängen die Lehrer den Schüler mit schematisierten Denkschablonen und nivellieren so jegliche rednerische Kreav statt an sein eigenes Denkvermögen zu appellieren und seinen Verständnishorizont für ein echtes Begreifen der ihn umgebenden Realität zu erweitern. Unüberhörbar miteingeschlossen in dieses fundamentale Werturteil ist der Anspruch des Autors, dem *procedere* der rhetorischen *inventio* inhaltliche Gesichtspunkte zuzuweisen. Diese Forderung ist für die Zeitgenossen keineswegs selbstverständlich, und Hallbauers Tadel ist dazu gedacht, die von seiner Umgebung als unangezweifelt hingenommenen, jedoch von ihm als eindimensional erkannten Lehren im Anschluß an und unter Berufung auf antike Redekunst im Kern zu treffen.

Anspruch und Vorwurf des Aufklärers Hallbauer richten sich gegen eine Konzeption des Rhetorikunterrichts in Schulen, wie sie zu seiner Zeit alltäglich war und wie sie etwa Erdmann Uhse (1677–1730), Rektor des Domgymnasiums in Merseburg, in seinem weit verbreiteten *Wohl=informirten Redner* (1702) vertritt.[4] Im Rahmen der ausführlichen Anweisungen zur Inventionslehre breitet Uhse, wie dies auch für andere Redelehrer seiner Zeit selbstverständlich ist, einen Katalog der Erfindungsquellen aus, der auf typische Verfahrensweisen rednerischer Natur im 17. Jahrhundert Bezug nimmt – die *inventio argumentorum* folgt insgemein bestimmten schematischen Vorgaben. So kann sie sich beispielsweise der Namen von in der Rede vorkommenden Personen bedienen, um aus ihnen charakteristische Eigenschaften abzuleiten.[5]

---

[3] Ebd. Ähnlich GOTTSCHED: X. Akademische Rede, Bewillkommnungsrede eines neuen Mitgliedes in der Vertrauten Rednergesellschaft. In: Ders., Gesammelte Reden, AW IX/2, S. 501–508, hier S. 506: »So muß denn ohne Zweifel, ein wahrr Redner seine Wahrheiten nicht mit Stroh und Stoppeln unterstützen. Er muß tüchtige Gründe zum Beweise seiner Sätze, wohlgegründete Vorstellungen zur Ueberredung seiner Zuhörer brauchen; er muß lauter richtige Vernunftschlüsse zu seinen wahren Waffen wählen, als durch welche allein das Gemüth verständiger Zuhörer zum Beyfalle bewogen, das ist, vollkommen überredet werden kann«.

[4] M. Erdmann UHSENS (...) wohl=informirter Redner (...). Leipzig ⁵1712. (ND Kronberg Ts. 1974). Der *Redner* erschien 1727 in neunter Auflage; zu weiteren Werken Uhses vgl. WITKOWSKI, Geschichte, S. 292 f.

[5] UHSE, Redner, »Sectio I. Von der Invention« (S. 256–307); in Abschnitt 21 (*inventio thematis*) werden beispielhaft 14 Loci topici vorgeführt (S. 264–267), an erster Stelle der To-

Die Debatte um den Argumentationswert der Topik

Gottscheds aufgeklärter Kollege Hallbauer entwirft, ebenso wie dieser selbst, eine Sichtweise, die die zunehmende Verwässerung und Trübung der antiken Lehre in Rhetoriken der eigenen Zeit anprangert. Ihrer Meinung nach hat eine fatale Entwicklung zur einseitigen Auffassung der topischen Methode im Sinne eines unreflektierten, prinzipienlosen Vorgehens, eines wahllosen Sammelns und Katalogisierens bis hin zur völligen Beliebigkeit der oratorischen ›Erfindungsquellen‹ geführt. Der Rekurs Hallbauers auf die Alten unter Umgehung oder Ablehnung der solchermaßen als unsachlich gekennzeichneten und demaskierten Antagonisten wie Uhse oder dessen Vorbild Christian Weise findet sich so oder ähnlich auch bei Gottsched.[6]

Auch in dieser Hinsicht zeigen sich die Einigkeit der Frühaufklärer und die gemeinsamen Punkte der Kritik. Die bisweilen weitschweifigen Verzeichnisse und Zusammenstellungen von *topoi* in der Manier Uhses, wie sie besonders im späten 17. und frühen 18. Jahrhundert verbreitet waren[7], sind ihrerseits zwar unter Berufung auf antike Muster erstellt, sie können aber, so die Aufklärer, kaum je deren Anspruch auf fundierte Sacherkenntnis und -beschreibung vermittels der Topik erfüllen. Keinesfalls freilich gibt Hallbauer mit seiner Kritik zu verstehen, die klassischen Autoritäten Aristoteles und Cicero könnten in seiner eigenen Epoche keine Geltung mehr beanspruchen, wo doch auch seine Gegner sich auf diese berufen[8] – das Gegenteil ist der Fall: Es geht um die sachgemäße An-

---

pos E Loco Notationis/ E Nomine (S. 264); vgl. ähnlich den Katalog ebd. im Abschnitt über die *inventio argumentorum* S. 279–283; vgl. hierzu auch SINEMUS, Poetik, S. 181.

6 Das nicht unproblematische Verhältnis zu Uhse ist dokumentiert in der *Trauerrede auf den seligen Herrn M. Uhsen, berühmten Rectorn in Merseburg, gehalten in der vertrauten Rednergesellschaft in Leipzig, deren Mitglied er vormals gewesen war*. In: GOTTSCHED, Gesammelte Reden, AW IX/1, S. 291–300, hier S. 296 f.: »Sein wohl unterwiesener Redner, ist gewiß noch in jedermanns Händen; und hat sogar das Glück gehabt, in sehr vielen Schulen Deutschlands, zum Handbuche der Anfänger, eingeführt zu werden. Ist es wahr, daß man darinn noch hier und dar, einige verwerfliche Spuren der weisischen Redekunst antrifft: so ist es hingegen auch gewiß, daß er seine Regeln von vielen Fehlern seines Lehrmeisters gesäubert, daß er seine Exempel weit artiger eingerichtet, als man vorhin gethan (...)«.

7 Vgl. z. B. Christian WEISE: Politischer Redner (...). Leipzig ³1681. (ND Kronberg Ts. 1974), I, Das Sechste Capitel. Von den *Locis Topicis*, S. 113–132, hier S. 115–122. – Caspar Stieler (1632–1707) führt in seiner *Teutschen Sekretariats-Kunst* (1673) unter der Erörterung der »Gemeinstellen« vor, eine Aufstellung von *topoi* breitet er in seinen Anmerkungen zu Kindermanns *Teutschem Wolredner* (1680) aus; vgl. weiteres dazu bei DYCK, Ticht-Kunst, S. 45; ders., Topos, S. 126 f. und 129–132; FISCHER, Rede, S. 157 f.; BARNER, Barockrhetorik, S. 176 f.; STÖTZER, Redekunst, S. 99; ROSENO, Entwicklung, S. 7 f.

8 So GRIMM, Oratorie, S. 77; ähnlich KLASSEN, Logik, S. 10 f. Die von Grimm richtig beobachtete politisch-gesellschaftliche Argumentation Hallbauers wird unnötigerweise verabsolutiert. Zutreffend beschreibt dagegen SINEMUS, Poetik, S. 383, den aus der aufklärerischen

Frühaufklärerische Polemik gegen die ›Schuloratorie‹

knüpfung an die antike Überlieferung, die für ihn durch Fehleinschätzungen korrumpiert worden ist. Eine adäquate Beschreibung des topischen Verfahrens ist nur, und darin sind beide Aufklärer wiederum einer Meinung, in der Darstellungsweise einer historischen Rückschau möglich, die zugleich die Vergegenwärtigung des eigenen geschichtlichen Standorts erlaubt. Schon in der Vergangenheit, im klassischen Altertum, hat die Auseinandersetzung um ein recht verstandenes topisches Denken gezeigt, daß sie mehr ist als ein methodisches Vorgehen. Dem will Gottsched in seinem ersten rhetorischen Lehrbuch, dem *Grundriß*, offenbar Rechnung tragen, indem er terminologisch zwischen den *loci topici* einerseits und den *loci communes* andererseits unterscheidet. Während er die »loci topici« als Beweisgründe minderer Güte kennzeichnet, weil sie oft »nicht einmal das Ansehen der Wahrscheinlichkeit behaupten« können, definiert er die »Allgemeinplätze« wertneutral: »Ein Locus communis ist ein allgemeiner, mehrentheils moralischer Ausspruch, den man bey Gelegenheit anbringet.« Ein solcher »Allgemeinplatz« kann nach Gottscheds Diktum zu ganz verschiedenen Zwecken eingesetzt werden, er kann sowohl den »Erklärungen«, den »Beweisen« wie auch den »Erläuterungen« in der thematischen Durchführung dienen. Keinesfalls ist er nur Redefigur und damit für die Erfindung unnütz. Allerdings ist seine Verwendung in jeder Hinsicht nicht ganz unproblematisch und sollte nur ausnahmsweise gestattet werden. Der Schüler der Redekunst jedenfalls muß sich von den *loci topici* fernhalten und zunächst sein eigenes Unterscheidungsvermögen schärfen.[9]

Gottscheds wie auch Hallbauers Bemerkungen führen auf eine Problematik, die den Redelehren seit Anbeginn gegenwärtig ist und deren Analyse unter den Vorzeichen einer mehr oder minder starken Einbeziehung logisch-formaler Prozeduren seit jeher die Standortbestimmung des ›Rhetorischen‹ mitdefiniert. Als Hilfsmittel für das argumentative Durchdenken des Themas hatten die antiken Redelehrer das System der Topik entwickelt, die Lehre von den Fundstätten der Argumente und Beweise. Bereits Platon und Isokrates, Antiphon und Protagoras

---

Haltung entspringenden Anspruch auf das antike Erbe – um die eben daraus folgende Abwehr der gedankenlosen Übertragung antiker Lehren in die neuzeitliche Pädagogik geht es in der *Vorrede* Hallbauers. Vgl. dazu auch FRANK, Geschichte, S. 88.

[9] »Weil aber nicht alle *loci topici* ohne Unterschied gründliche Beweisthümer an die Hand geben, so hat ein Redner mit denselben behutsam zu verfahren. Viele *loca* können nicht einmal das Ansehen der Wahrscheinlichkeit behaupten. Nun aber soll ein Redner mit seinen Zuhörern aufrichtig handeln; Also erfordert es auch seine Pflicht, sie mit tüchtigen Gründen zu überführen, die bey der gesunden Vernunfft die Probe halten.« GOTTSCHED, Grundriß, I. Abth., II. HSt., §. 12, S. 21 *Von Beweisthümern*, und I. II., §. 19 und 20, S. 25 f.

Die Debatte um den Argumentationswert der Topik

kannten den τόπος als Mittel der Argumentation.[10] Deren Vorstellung von den *topoi* als vorgefertigten Gemeinplätzen für ganz bestimmte Themen wurde von Aristoteles dadurch erweitert, daß er ihnen einen allgemeinen und zugleich formalen Charakter zuwies: Die τόποι sollten allumfassend das Instrumentarium zur Verfügung stellen, mit dem der Redner in die Lage versetzt wird, im Redeteil der πίστεις (*argumentatio*) seinen Absichten und Zielen gemäß den Redegegenstand zu behandeln; als *loci communes* übersetzt, wurde ihnen in der römischen Rhetorik überdies die Aufgabe zugewiesen, als vorgegebenes Material diesen Zielen zu dienen.[11] Sowohl Aristoteles als auch Cicero verfaßten neben ihren rhetorischen Lehrbüchern *Topiken*, mit denen sie über das Feld der bloßen Anleitung des Redners hinaus auf die logisch-philosophische, aber auch die ethische Dimension der oratorischen Invention verwiesen.[12] In der Antike selbst wie auch im späteren Mittelalter wurden diese Werke als eine Art Mittler zwischen den Disziplinen Dialektik und Rhetorik betrachtet und, insbesondere die aristotelische Schrift, immer wieder kommentiert. Vielfältig vermittelt und neu systematisiert und dabei meist durch eine ciceronische Optik gesehen, war von Aristoteles selbst im scholastischen Betrieb allerdings oft nicht mehr allzuviel erhalten geblieben.[13] Gottsched nennt die zwei klassischen Autoren gleichberechtigt nebeneinander, beide aber nur unter Vorbehalt als Möglichkeit für den Schüler der Beredsamkeit, sich mit der von ihm zu behandelnden Sache vertraut zu machen: »Wem es beliebig ist, kan sich dieses Hülfs=Mittels [d. i. der Topik] auch bedienen, und theils den Aristoteles in seiner Rhetorick, theils den Cicero in seinen *Topicis* zum Führer erwehlen.«[14]

---

[10] Vgl. SOLMSEN, Tradition, S. 317 f.; William M. A. GRIMALDI: Studies in the Philosopy of Aristotle's Rhetoric. Wiesbaden 1972, hier S. 119 f.

[11] Vgl. noch das Referat bei VOSSIUS, Commentariorum, Liber I, Cap. II: De inventione, Sectio IV: Quid locus sit, et quotuplex, und Sectio V: De locis communibus, hier S. 13–15.

[12] In welch umfassendem Diskussionszusammenhang dies zu sehen ist, zeigt sich u. a. daran, daß die dem Bereich der Ethik entnommenen Beispiele der aristotelischen *Topik* in unmittelbarer Beziehung zur noch platonisch beeinflußten Seelenlehre stehen. Der harmonische Zustand der Seelenteile führt zur εὐδαιμονία und damit zum höchsten praktischen Guten. Vgl. dazu Hans von ARNIM: Das Ethische in Aristoteles' Topik. Wien/Leipzig 1927, hier S. 88, 134 u. öfter.

[13] Vgl. dazu Max WALLIES: Die griechischen Ausleger der Aristotelischen Topik. Berlin 1891; zur Rezeption im Mittelalter Martin GRABMANN: Ungedruckte lateinische Kommentare zur aristotelischen Topik aus dem 13. Jahrhundert. In: AKG 28 (1938), S. 210–232. Zur Frage der Textgenese Edmund BRAUN: Zur Einheit der aristotelischen »Topik«. Diss. Köln 1959.

[14] GOTTSCHED, Grundriß, I. Abth., II. HSt., §. 11, S. 21.

Das Verhältnis von Rhetorik und Dialektik

Neben den klar ersichtlichen, durch den gemeinsamen Gegenstand bestimmten Berührungspunkten mit seinem griechischen Vorgänger lassen sich bei Cicero Unterschiede in der Behandlung des topischen Systems insofern feststellen, als er die Topik nun unmittelbar als Lehre von der *inventio* selbst begreift.[15] Darin spiegelt sich zweifellos die aristotelische Vorstellung von der Topik als einem allumfassenden Prozeß des Zugangs zu Sachverhalten wider, wenn auch in verengender Perspektive. Cicero trennt wohlüberlegt zwischen dem inventiv-rhetorischen und dem rational-dialektischen Vorgehen: Erfinden und Urteilen sind zweierlei Angelegenheiten.[16] Diese Unterscheidung im Sinne Ciceros bleibt als Diskussionsgrundlage erhalten und wird insbesondere seit der Neubelebung der antiken Auseinandersetzung um das Verhältnis von Rhetorik und Dialektik im Wissenschaftssystem der Humanisten wieder beachtet. Die Gemeinsamkeit der beiden Klassiker für die frühen Aufklärer ergibt sich in erster Linie aus dem Tatbestand, daß beide, indem sie neben der Präsentation von möglichen Fundstätten auch die Frage nach deren Tauglichkeit und Wahrheitsgehalt stellen, zugleich Aufgaben, Möglichkeiten und Grenzen der rhetorischen *inventio* thematisieren. Aus diesem Grund kann Gottsched ihre Werke in einem Atemzug nennen, und aus diesem Grund genießen sie Vorbildcharakter noch viele Jahrhunderte nach ihrer Entstehung.

2. Das Verhältnis von Rhetorik und Dialektik in der Theorie der Beredsamkeit

Gottsched hat die Entwicklung in der antiken Rhetorik von den Vorsokratikern über Aristoteles und Cicero bis hin zu Quintilian genau gekannt und in seinen Schriften die Differenzierungen, die sich schon im Altertum über den Zeitraum von Jahrhunderten ergeben hatten, immer wieder benannt. Besonders in der *Ausführlichen Redekunst* hat er die meisten der klassischen Redelehren, oft bis ins Detail gehend, als Quellen herangezogen. Aber nicht nur dort, sondern

---

[15] WALLIES, Ausleger, S. 4.

[16] In diesem Sinne ist auch der Vorwurf Ciceros an die Stoiker zu lesen, sie hätten die Kunst des Erfindens, genannt Topik, der Wissenschaft des Urteilens, genannt Dialektik, zuliebe vernachlässigt. Marcus Tullius CICERO: Topik. Übersetzt und mit einer Einleitung hrsg. von Hans Günter Zekl. Hamburg (1983), II, § 6, S. 4–6. Vgl. dazu Ernesto GRASSI: Macht des Bildes: Ohnmacht der rationalen Sprache. Zur Rettung des Rhetorischen. (Köln 1970), S. 201 f. und 224 f.; HESS, Toposbegriff, S. 73. – Daß aber auch schon im mittelalterlichen Aristoteles-Kommentar des Boethius genau diese Fragestellung zum Gegenstand gemacht wird, betont GRASSI, ebd.; vgl. auch UEDING/STEINBRINK, Grundriß, S. 57.

Die Debatte um den Argumentationswert der Topik

auch im Abschnitt *Von den Beweisgründen,* dem Kernstück seiner Inventionslehre in der *Akademischen Redekunst,* setzt Gottsched sich zugleich von den aus andersartigen Rahmenbedingungen hervorgegangenen Topiken des klassischen Altertums ab. Abgesehen von seinem Insistieren auf den erst zu seiner Zeit vollständig erkannten und beschriebenen Regeln der »Vernunftlehre«, strenggenommen dem einzigen Maßstab rednerischer Erfindung[17], nimmt Gottsched dabei auch auf die unterschiedlichen historischen Zusammenhänge Bezug:

> »Die ganze Ueberredung nämlich muß aus dem Beweise entstehen: und folglich ist dieser der rechte Kern und Mittelpunct der Redekunst (...). Nach diesen Mustern würde ich auch von solchen topischen Erfindungsfächern der Beweisgründe handeln müssen, wenn wir noch gerichtliche Reden zu halten hätten. Allein bey unsern heutigen Reden läßt sich die Sache sehr ins Kurze ziehen.«[18]

Die vorsichtig abwägenden Bemerkungen Gottscheds über die antiken Redelehren im Zusammenhang mit der Erörterung der Topik kommen nicht von ungefähr, denn eine gewisse Mehrdeutigkeit des *topos* hatten auch schon die Alten konstatiert, wenn es um die Diagnose von dessen Beweiskraft ging. So erläutert Cicero in seinem Frühwerk *De inventione*: »Haec ergo argumenta, quae transferri in multas causas possunt, locos communes nominamus«.[19] Der argumentative Charakter der *loci* für alle möglichen Themengebiete wird hier deutlich. Ihr Wert besteht in der Allgemeingültigkeit der Aussagen und in der dadurch gegebenen universellen Nutzbarkeit. Hingegen definiert Cicero in seiner Toposlehre die Topik als »inveniendi artem«, als »Kunst« oder »Methode« der Auffindung. Durch den hier betonten methodischen Wert der *topoi*, bei dem zweifellos die Form des argumentativen Zugangs zu einem Thema im Mittelpunkt steht, scheint die frühere, auf den Gehalt zielende Definition konterkariert.[20]

---

[17] Vgl. im Anschluß an und unter Berufung auf Gottsched auch die knappe Darstellung der Beweislehre bei BAUMEISTER, Anfangsgründe, 1, 39.–56., S. 9–12.

[18] GOTTSCHED, Akademische Redekunst, VI. HSt., 1. §. und 2. §., S. 104 f.

[19] Marcus Tullius CICERO: Rhetoricae libri duo [Qui sunt de inventione rhetorica]. In: M. Tullii Ciceronis Opera Rhetorica recognovit Guilielmus Friedrich. Vol. I. Leipzig 1893. (ND der Ausgabe Leipzig 1884), II, Cap. 15, 48, S. 189.

[20] Auf die Mehrschichtigkeit des antiken Topos-Begriffs und ihre Bedeutung für frühneuzeitliche Redelehren macht KÜHLMANN, Gelehrtenrepublik, S. 113–115, aufmerksam – danach umfaßt der Sinngehalt des Terminus *topos* über das Verständnis als »logisch-mnemotechnische Untersuchungsmethode« der Findung und Disposition argumentativ ausschlaggebender Einzelheiten hinausgehend auch die Fähigkeit des Redners, außer der konkreten Problemstellung des Themas und seiner Einzelaspekte (*quaestio finita*) die grundsätzlichen Gesichtspunkte (*quaestiones infinitae*) zur Sprache zu bringen.

Das Verhältnis von Rhetorik und Dialektik

An gleicher Stelle gesteht Cicero der Topik als »ratio inveniendi«, gleichsam in Stellvertreterschaft für die Redekunst insgesamt, sogar den Vorrang vor der Dialektik, der »ratio iudicandi«, zu.[21] Rhetorik und Dialektik sind somit von Cicero als zwei Grundprinzipien (*rationes*) der argumentativen Bewältigung von Sachverhalten auf der Ebene der außersubjektiven Wirklichkeit gekennzeichnet; gleichwohl bedingen sie sich gegenseitig. Auch bei Quintilian, der sich hier, wie so oft, an Cicero anschließt, ist die Separation von Dialektik und Rhetorik offenbar entschieden und damit die Trennung beider Disziplinen voneinander endgültig.[22] Auf der anderen Seite weist Quintilian aber die Isolierung des inventionalen und des iudicialen Verfahrens gegen Cicero bei der Abstufung der Redeteile mit der *argumentatio* im Mittelpunkt von sich, ja er erweitert damit im Gegenzug sogar die Gleichstellung des topischen und des iudicialen Prinzips noch. Quintilian überträgt die Zuordnung des *iudicium* von der *inventio* auf die folgenden Herstellungsphasen der Rede und betont damit die Notwendigkeit des dialektischen Urteilens für das gesamte rhetorische Verfahren: »(...) et Cicero quidem in rhetoricis iudicium subiecit inventioni: mihi autem adeo tribus primis partibus videtur esse permixtum (nam neque dispositio sine eo neque elocutio fuerit), ut pronuntiationem quoque vel plurimum ex eo mutuari putem.«[23]

Mit dem Ausdruck »esse permixtum« ist bei Quintilian wohl endgültig ausgeprägt, was bei Cicero in anderer Weise als Eigenart der rednerischen *ars inveniendi* mit dem rationalen Vorgang des *iudicium* gegenüber *dispositio* und *elocutio* abgegrenzt wurde: Rhetorik und Dialektik stehen eine der anderen nicht entgegen, sondern sie gehen vielfach ineinander über.[24] Dies gilt es vor allem deshalb im Auge zu behalten, weil es in der Debatte der Frühaufklärer um die Einschätzung des Verhältnisses von logisch-dialektischem Vorgehen und Rhetorik zu dezidierten Neubewertungen im Rückgriff auf antike Konzeptionen kommt.

---

[21] CICERO, Topik, II, § 6, S. 4–6; vgl. dazu auch HESS, Toposbegriff, insbes. S. 72 f. und S. 76; GRASSI, Macht, S. 201 f.

[22] Vgl. auch zum folgenden C. v. BORMANN: Kritik. In: HWPh, Bd. 4, Sp. 1254 f.

[23] Marcus Fabius QUINTILIANUS: Institutionis oratoriae libri XII. Ausbildung des Redners. Zwölf Bücher. Hrsg. und übersetzt von Helmut Rahn. Teile 1–2. Darmstadt 1972–1975, Tl. 1, III. Buch, Kap. 3, 6, S. 290 f.; zur Rezeption Ciceros bei Quintilian vgl. M. L. CLARKE: Die Rhetorik bei den Griechen und Römern. Ein historischer Abriß. Göttingen (1968), S. 142–154; FUHRMANN, Rhetorik, S. 71–73; UEDING/STEINBRINK, Grundriß, S. 41 und 44 f.

[24] Vgl. in diesem Sinne PEUCER, Anfangs=Gründe, Einleitung, §. 9., S. 9 f.: »So wird die Beredsamkeit auch billig vor ein Stück des andern Theils der Logic gehalten. Denn ob dieselbe gleich, wegen ihres weiten Umfangs, und der vielen Regeln, als eine besondere Wissenschaft, tractirt wird, so gehört sie doch, ihrer Natur nach, zu der Mittheilung der Gedanken, welches, nach iedermanns Geständniß, der andere Theil der Vernunftlehre ist«.

Die Debatte um den Argumentationswert der Topik

Die hier nur knapp umrissene Erörterung von Aufgaben und Standort der Redekunst in der Antike kommt in späterer Zeit noch anderweitig zum Tragen. Die seit Cicero sich entwickelnde und im Lehrkanon sich immer mehr entfaltende Differenzierung zwischen Logik bzw. Dialektik und Rhetorik ist von nicht unmaßgeblichem Einfluß auf die frühneuzeitliche Intention, Ordnungsschemata für das immer größer werdende Wissen und dessen Vermittlung aufzustellen. Für Melanchthon besteht die Aufgabe der Rhetorik im Gegensatz zur Dialektik, die rein belehrende Funktion (*docere*) hat, im Bewegen und Erschüttern (*permovere*) des Hörers; Anleitung zur Auffindung (*inventio*) und Gliederung (*dispositio*) des Stoffes einer Rede sowie der *loci* ist vor allem Aufgabe der Dialektik.[25] Es scheint fast so, als sei die Rhetorik auf etwas außer ihr Stehendes, auf das dialektische *procedere* verwiesen. Allerdings kann es hier keine strenge Trennung der beiden Instrumentalwissenschaften geben, da der Redner sich immer auch dialektischer Methoden für seine Beweisführung bedient und umgekehrt dialektisch erörterte Themen rhetorisch vermittelt werden. Für die rhetorische *inventio* ist eine dialektische Vorentscheidung notwendig. Damit erhält das *iudicium* wenn nicht Vorrang vor der *inventio*[26], so doch zumindest Gleichwertigkeit ihr gegenüber. Die beiden Disziplinen werden von Melanchthon nicht gegeneinander ausgespielt, sondern sind, wie schon bei den antiken Vorbildern, aufeinander verwiesen. Diese deutlicher noch im Werk des Humanisten als dem der Alten erkennbare Betonung logisch-rationaler Vorgehensweisen bei der immer auch auf ihre kommunikative Funktion Rücksicht nehmenden Behandlung eines Gegenstandes oder Sachverhalts durch den Redner mußte bei Gottsched natürlich auf offene Ohren stoßen, insbesondere deshalb, weil die Theorie von der oratorischen Erfindung, wie er immer wieder konstatiert, im Verlauf des 17. Jahrhunderts Wege genommen hatte, die den Intentionen sowohl der Alten als auch der Humanisten nicht mehr unbedingt entsprachen, ja vielfach ihnen zuwiderliefen.

Aber auch noch eine weitere Facette in der historischen Entwicklung des Topos-Begriffs war ganz offensichtlich von Einfluß auf Gottscheds Bild der rhetorischen Erfindungslehre. Neben der Bindung des analytischen Zugangs zum Re-

---

[25] MELANCHTHON, Elementorum, Sp. 419 f.: »Tanta est dialecticae et rhetoricae cognatio, vix ut discrimen reprehendi possit. Quidam enim inventionem ac dispositionem communem utrique arti putant esse, ideo in dialecticis tradi locos inveniendorum argumentorum, quibus rhetores etiam uti solent. Verum hoc interesse dicunt, quod dialectica res nudas proponit. Rhetorica vero addit elocutionem quasi vestitum.« Zum Verhältnis der Nachbardisziplinen Rhetorik und Dialektik bei Melanchthon vgl. KNAPE, Melanchthon, S. 5–10; Karl BULLEMER: Quellenkritische Untersuchungen zum I. Buche der Rhetorik Melanchthons. Würzburg 1902, hier S. 26 f.; HWR, Bd. 2, Sp. 578 f.

[26] So SCHMIDT-BIGGEMANN, Topica, S. 20.

Das Verhältnis von Rhetorik und Dialektik

degegenstand an eine Vorgabe der Urteilsfähigkeit läßt sich bei Melanchthon – ebenso wie in der quintilianischen Deutung Ciceros und möglicherweise in Anlehnung an ihn – eine deutliche konzeptionelle Ausweitung von Anwendungsmöglichkeiten der Topik in der rhetorischen *inventio* erkennen: Immer sind bei der systematischen Ermittlung von Erfindungsquellen auch äußere, von diesen selbst unabhängige Faktoren der kommunikativen Vermittlung wie etwa die Frage nach der oratorischen Wahrheit in Relation zum Redeziel der Überzeugung mit zu berücksichtigen. Zwischen Rhetorik und Dialektik stehen die *loci communes*, sie bilden ihr gemeinsames Reservoir.[27] Indem Melanchthon die *loci* als Fundorte der Argumente definiert, versteht er sie als epistemologische Leitbegriffe, ohne die ein Thema nicht bewältigt werden kann.[28] Dieser Definition entsprechend kann man den sachlichen Gehalt einer Rede nicht aus den Lehrbüchern entnehmen: »Verum ego non admodum opus esse longioribus praeceptis in hac parte iudicio. Nam via quadam cognita, postea res non in libellis rhetoricis quaerendae erunt, sed tum a communi prudentia, tum ex aliis artibus sumendae.«[29]

Der von Cicero ausgearbeitete und im Anschluß an ihn in erster Linie von Redelehrern der Frühen Neuzeit vervollständigte Entwurf des Rhetorischen wird also zum Teil von Melanchthon zurückgewiesen. Dennoch erkennt der Humanist den Methodencharakter der *topoi* an. Der Schüler der Redekunst soll nicht lange in den Rhetoriken oder den Hilfsmitteln suchen, wenn er den Gegenstand seiner Rede begriffen hat, sondern sich auf seinen gesunden Menschenverstand verlassen. Eine inhaltsbezogene Argumentationsweise läßt sich demnach nicht einfach aus rhetorischen oder dialektischen Unterrichtswerken gewinnen, und diese können allenfalls wissenschaftliche oder überhaupt geistige Ordnungsschemata, die Selektion und Disposition des Materials regeln, zur Verfügung stellen.

Mit dieser zugleich die begrenzten Möglichkeiten des topischen Vorgehens aufzeigenden Auslegung antiker Vorstellungen, mit seiner Absage an jeglichen wissenschaftlichen Eklektizismus und mit seiner interpretierenden Konzentra-

---

[27] Die Frage, inwieweit der für Melanchthon so wichtige Begriff der *loci* auch theologische Bedeutungsinhalte in sich aufnimmt und je nach Zusammenhang ganz unterschiedliche Vorstellungen impliziert, ist von der Forschung noch immer nicht hinreichend geklärt. Zur Terminologie in Melanchthons Werk *Loci communes rerum theologicarum seu hypotyposes theologicae* (Wittenberg 1521) vgl. Quirinus BREEN: The Terms »Loci Communes« and »Loci« in Melanchthon. In: Church History 16 (1947), S. 197–209 (vorzugsweise unter theologisch-homiletischem Aspekt); daneben Edgar MERTNER: Topos und Commonplace. In: JEHN, Toposforschung, S. 20–68, hier insbes. S. 41–43.

[28] Vgl. auch zum folgenden MERTNER, Topos, S. 41 f.; SCHMIDT-BIGGEMANN, Topica, S. 19 f.

[29] MELANCHTHON, Elementorum, Sp. 451.

Die Debatte um den Argumentationswert der Topik

tion auf bestimmte historisch gereifte Bedeutungsvarianten stellt sich Melanchthon, der nach Gottscheds Ansicht »die gesundesten Regeln der wahren Beredsamkeit«[30] beschrieben hat, als Vorbild für eine aufklärerische Erfindungslehre dar, die den Redner weit eher auf die produktive Nutzung der eigenen Gelehrsamkeit und Erfahrung verweist denn auf kompilatorisches Wissen aus zweiter Hand:

> »Wenn es sich nun fraget, wo man die Beweisgründe zu dergleichen Sätzen hernimmt? So antworte ich, aus der Sache selbst, davon die Rede ist (...). Der Redner muß nämlich die Sache selbst wohl inne haben, davon er reden will. (...) Hier nun sieht ein jeder, daß man, ohne alle topische Erfindungsfächer, gar leicht wird finden können, wenn man nur kein Fremdling in den Geschichten und in den Wissenschaften ist.«[31]

Durch die sachgemäß prüfende und auswählende Adaption antiker Vorstellungen von der Topik, kraft derer nach Gottscheds Vorstellung die eigene Lehre erst dem Anspruch auf überzeitliche Geltung zu genügen vermag, ist für ihn bei Melanchthon der Wissenschaftscharakter ebenso konstituiert wie in der Fähigkeit seines Systems zur differenzierten Harmonisierung altüberlieferter und neuartiger Standpunkte. Auch hierin ist der Humanist lebendiges Vorbild für den Aufklärer. Nur eine sich ihrer historischen Stellung bewußte Redelehre kann das innerste Wesen des Rhetorischen erfassen, und nur das Wissen um den komplizierten Verlauf der Auseinandersetzungen über das ›wahre‹ Wesen des Rhetorischen kann den methodischen und argumentativen Wert der Topik genau bestimmen helfen. Unstreitig sind klassisch-antike und humanistische Positionen auch hier in ihrer geschichtlichen Relativität zu sehen: Über das vom *Praeceptor Germaniae* anvisierte Ziel einer Rekonstruktion der Verbindung zwischen Theologie, Philologie und Philosophie hinaus ist es allemal die Idee der aufklärerischen Vernunft- und Sittenlehre, die Gottscheds Bild der Topik im Rahmen der Diskussion von dialektischen und rhetorischen Methoden entscheidend prägt.

---

30 Vgl. hierzu auch oben, Kap. I, 2. 3., S. 48, Anm. 79.
31 GOTTSCHED, Ausführliche Redekunst, VI. Haupstück, IV. §. und V. §., S. 166. In der Vorrede zur *Dialektik* (1520) bezieht Melanchthon einen ähnlichen Standpunkt der Bindung von dialektisch gewonnenen Erkenntnissen an die Erfahrungswelt durch die Topik: An die Stelle der dialektischen Diskussion bloßer Meinungen (»opiniones«) soll die Beziehung auf die »causae communes«, d. h. auf Stoffe der empirisch verifizierbaren Beobachtung treten. Zu diesem Zweck müssen die ›Meinungen‹ auf Loci, Axiome, Kategorien usw. reduziert werden, wobei die Entdeckung von deren Wesen als Aufgabe der Dialektik angesehen wird. Die Bedürfnisse des Erfahrungswissens bestimmen ihre Auswahl ebenso wie das kommunikative Anliegen der Mitteilung. JOACHIMSEN, Loci, S. 62, sieht genau hierin den entscheidenden Gegensatz zur Methode des zeitgenössischen, von der aristotelischen Scholastik geprägten Wissenschaftsbetriebes.

3. Der ambivalente Toposbegriff im Rahmen der Entwicklung von Beweis- und Argumentationslehre

An der antiken Debatte um das Verhältnis der *artes* Rhetorik und Dialektik zueinander und ihrer Adaption bei den Humanisten wird zumindest im Kern das Problem für die aufklärerische Redelehre deutlich, daß unter der Topik zweierlei verstanden werden konnte: auf der einen Seite ein methodisches Vorgehen im hermeneutischen Sinn, ein Verfahren des Erkennens oder der Wahrheitsfindung, auf der anderen Seite die Vorstellung von den *topoi* oder *loci communes* als den Argumenten selbst oder, im weiteren Sinne, als einer Art »Sammelbecken« von allgemeinen Gesichtspunkten, welche den Redner die dem Redegegenstand innewohnenden Sachbezüge aufdecken lassen.

Diese begriffliche Ambivalenz des Toposbegriffs in der Antike, wie sie bereits bei Aristoteles und davon ausgehend in vielen Redelehren der folgenden Zeiten zu finden ist[32], kann, so Gottsched, den Schüler der Redekunst vor das terminologische Problem stellen, welcher Bedeutungsinhalt wann zur Sprache gebracht wird und auf welche Art und Weise das Finden, Auffinden oder Erfinden seiner Rede denn nun eigentlich zustande kommen soll. Daneben läßt sich diese Fragestellung nicht auf die relativ deutlich erkennbare semantische Mehrschichtigkeit in den Rhetoriken Aristoteles' und Ciceros beschränken, sondern sie weist vielmehr noch auf eine fundamentale Aufgabe hin, die sich bei der Lektüre nahezu sämtlicher Texte zur rhetorischen Theorie bis hin zur eigenen Zeit aufdrängen mußte: Immer wieder hat der Redner sich zu vergegenwärtigen, ob und inwieweit sich bestimmte Traditionen der Antikerezeption herausgebildet und auseinanderentwickelt haben, und damit auch, ob ein Lehrbuch aus der nachantiken Zeit – vielleicht dem oft versicherten ›klassischen‹ Erbe entgegen – nur ausschnittweise die Lehre eines Cicero oder Quintilian wiedergibt oder unter bestimmten Vorzeichen zu lesen ist. Die systematische Betrachtung der Redekunst

---

[32] ARISTOTELES, Rhetorik, Buch I, 2. Kapitel, 21.–22., S. 19 f. Vgl. in diesem Sinne auch die antike Rhetorica ad Herennium, dort allerdings mit dem Akzent auf der Differenzierung zwischen Wahrheit und Wahrscheinlichkeit: »Inuentio est excogitatio rerum uerarum aut ueri similium, quae causam probabilem reddant.« Incerti auctoris De ratione dicendi ad C. Herennium libri IV. [M. Tulli Ciceronis ad Herennium libri VI]. Edidit Fridericus Marx. Leipzig 1894, I, Cap. 2, 3, S. 188. Für das Glaubhaftmachen des rednerischen Anliegens als Ziel der *persuasio* wurde diese Abstufung zwischen Tatsachenbeschreibung und plausibler Vermittlung allerdings bisweilen als unerheblich eingeschätzt, so etwa in Rhetoriken des 17. Jahrhunderts. Vgl. dazu Hans Peter HERRMANN: Naturnachahmung und Einbildungskraft. Zur Entwicklung der deutschen Poetik von 1670 bis 1740. Bad Homburg u. a. (1970), hier S. 33.

Die Debatte um den Argumentationswert der Topik

ist für Gottsched erst dann vollzogen, wenn sie die ›Aufklärung‹ ihrer eigenen Historizität wahrgenommen hat. Gottsched hat gesehen, daß es schon in der Welt des Altertums zu kaum mehr überbrückbaren Verwerfungen gekommen war, weil sich die Rhetorik schon hier augenfällig aufgefächert hatte. In den folgenden Abschnitten soll verdeutlicht werden, daß diese Problemstellung für Gottscheds Verhältnis sowohl zur antiken wie auch zur neuzeitlichen Rhetorik von entscheidender Bedeutung gewesen ist und daß er an den zentralen Stellen seiner Bestimmung der aufklärerischen Redekunst diese Fragen immer wieder neu gestellt hat. Die Erörterung der Topik erweist sich so als der springende Punkt für die Definition der Beweislehre und der oratorischen Überzeugung sowie der Beschreibung der Redegattungen unter ›critisch-vernünftigen‹ Voraussetzungen.

*

Mit der Lehre von den *topoi* ist die Lehre von den Beweisen seit der Antike unmittelbar verknüpft. In den technischen Beweisen oder Argumenten finden die einzelnen *topoi* als allgemeine Gesichtspunkte Anwendung. Cicero beschreibt sie in seiner *Rhetorik* als »sedes et quasi domicilia omnium argumentorum«, als Fundstätten und gleichsam Wohnungen aller Argumente[33], wobei er zweierlei Arten dieser Fundstätten gegeneinander abgrenzt: Zum einen die *loci*, die sich aus dem inneren Wesen einer Sache ergeben, zum anderen diejenigen, die von außen an den Gegenstand herangetragen werden: »Quid enim est, in quo haereat, qui viderit omne, quod sumatur in oratione aut ad probandum aut ad refellendum, aut ex sua sumi vi atque natura aut adsumi foris? Ex sua vi, cum aut res quae sit tota quaeratur, aut pars eius, aut vocabulum quod habeat, aut quippiam, rem illam quod attingat; extrinsecus autem, cum ea, quae sunt foris neque haerent in rei natura, conliguntur.«[34]

Beide Arten der *sedes argumentorum* sind jeweils noch einmal genau nach einzelnen Gesichtspunkten differenziert.[35] Für die Entwicklung des rhetorisch-topischen Systems ist eine weitere Auffächerung bei den römischen Redelehrern von Bedeutung. Der von Aristoteles erhobene universelle, über die Rhetorik hin-

---

[33] CICERO, de oratore 2, 162, S. 308; ders., Topik, II, § 8, S. 6; damit kennzeichnet Cicero (ebenso wie nach ihm Quintilian) die *topoi* in vor-aristotelischer Manier im Sinne der »Gemeinplätze«. Vgl. SOLMSEN, Tradition, S. 333.

[34] CICERO, de oratore 2, 163, S. 308.

[35] Ebd., 164–173, S. 308–314; vgl. zur *confirmatio* ders., de inventione I, Cap. 24, § 34–Cap. 28, § 43 und in Anlehnung an ihn QUINTILIAN, institutio oratoria, Tl. 1, V. Buch, Kap. 10, 23–31, S. 556–558 (*loci a persona*) und 32–99, S. 558–586 (*loci a re*).

Der ambivalente Toposbegriff

ausweisende Anspruch der *topoi* wird von Cicero und ebenso in der anonymen, ihm lange Zeit zugeschriebenen Herenniusrhetorik dadurch relativiert (oder wenigstens modifiziert), daß diese die Topik nun als Hilfsmittel der rednerischen *inventio* begreifen. Indem beide die Gerichtsrede in den Mittelpunkt ihrer Überlegungungen stellen, verfeinern sie die von Hermagoras von Temnos entworfene *status*-Lehre, durch die eine Gerichtsrede nach einem detaillierten Fragenkatalog hergestellt werden konnte; für jeden *status* zeigen sie eine besondere Topik auf.[36] In der Entwicklung des mittelalterlichen und insbesondere des frühneuzeitlichen Kanzleiwesens mit seiner charakteristischen, den ›Curialstil‹ immer weiter verfeinernden Anknüpfung an rhetorische Traditionen spielte dies eine große Rolle, ebenso wie in der Literatur jener Zeit, die oft an diese spezifische Funktionalisierung unmittelbar anknüpfte.[37]

Da im 17. und frühen 18. Jahrhundert im allgemeinen Cicero als Vorbild für die Toposlehre gilt, stellt sich die Frage, welcher der von Cicero hervorgehobenen *loci*, etwa der das innere Wesen einer Sache (*definitio*), einen Teil derselben (*partitio*) oder ihre Bezeichnung (*vocabulum, notatio*) betreffende, oder, nach äußeren Gesichtspunkten, welcher *topos* in bezug auf das Verwandte (*coniuncta*), die Gattung (*genus*) oder die Arten (*partes generibus*) in den Werken dieser Zeit noch Beachtung findet.[38] In seinem *Handlexicon* referiert Gottsched eine solche, von den Zeitgenossen augenscheinlich als zweckmäßiges Hilfsmittel gebilligte Liste von *topoi* und stellt gleichzeitig die Frage nach deren aktueller Berechtigung. Seiner Ansicht nach war die Topik

---

[36] Vgl. LAUSBERG, Handbuch, §§ 99–133, S. 70–83;. Josef A. R. KEMPER: Topik in der antiken rhetorischen Techne. In: BREUER/SCHANZE, Topik, S. 17–32, hier S. 24 f.; GRIMALDI, Studies, S. 116–118. Zu Hermagoras (2. Hälfte des 2. Jahrhunderts v. Chr.) vgl. ausführlich FUHRMANN, Rhetorik, S. 40 f. und S. 99–113; UEDING/STEINBRINK, Grundriß, S. 28 f. – Die auch in der nachantiken Zeit selbstverständlich vermittelte *status*-Lehre findet sich noch auf über 60 Druckseiten ausführlich referiert bei VOSSIUS, Commentariorum, Liber I, Cap. VII: De statu coniecturali; Cap. VIII: De statu finitivo; Cap. IX: De statu qualitativo; Cap. X: De statibus legalibus; Cap XI: De statu quantitatis. Den weiteren Rahmen von Genese und Rezeption der Rechtstopologie behandelt Ernst MEYER: Die Quaestionen der Rhetorik und die Anfänge juristischer Methodenlehre. In: Zeitschrift der Savigny-Stiftung für Rechtsgeschichte, Romanistische Abteilung 68 (1951), S. 30–73.

[37] Vgl. beispielhaft dazu Friedrich Wilhelm STROTHMANN: Die Gerichtsverhandlung als literarisches Motiv in der deutschen Literatur des ausgehenden Mittelalters. Jena 1930.

[38] Vgl. dazu DYCK, Ticht-Kunst, S. 43; hier sind einige der von Dyck für die Folgezeit als wichtigste hervorgehobenen *loci communes* bei Cicero genannt. Vgl. auch ders.: Die Rolle der Topik in der literarischen Theorie und Praxis des 17. Jahrhunderts in Deutschland. In: JEHN, Toposforschung, S. 121–149.

Die Debatte um den Argumentationswert der Topik

»bey den Alten eine sehr weitläuftige Lehre in der Rhetorik, in welcher sie gewisse Classen oder Fächer, zur bequemen Erfindung der Beweisgründe anführeten. Sie lehreten, wenn man einen Satz beweisen, und die Gründe dazu finden wollte; so müßte man Achtung geben, auf der Sache, oder des Wortes Bedeutung, Beschreibung, Gattung, Ursachen, Wirkungen, Umstände, Gegentheil, und fast unzählige andere Dinge mehr. Diese Loca sind nicht ganz zu verwerfen, und in den gerichtlichen Reden der Alten konnten sie zur Erfindung gewisser Beweisgründe beytragen. Deswegen hat Cicero ein ganzes Buch geschrieben, welches er Topica betitelt. Doch in unsern heutigen Reden können sie uns nichts helfen.«[39]

Angesichts dieses Urteils über den Wert der Topik stellt sich die Frage, wie Gottscheds Argwohn, nicht nur gegenüber ihrem praktischen Nutzen, sondern auch gegenüber ihrer Existenzberechtigung schlechthin, zustandekommen konnte. Aber nicht allein das bereits von den Alten ausgearbeitete Topossystem in all seiner Vielschichtigkeit wird auf seine Plausibilität und Praktikabilität hin überprüft. Es ist vielmehr noch die sich auf antike Redelehrer berufende Topik der eigenen Zeitgenossen, die einer kritischen Revision standhalten muß, um den Erfordernissen einer »wahren« Beredsamkeit entsprechen zu können.

Hierbei zeigt der Leipziger Professor seine von den Gegnern gefürchtete Strenge gegenüber jeder Vorstellung von rednerischen Verfahrensweisen, die den Maßstäben der ›Vernunftregeln‹ widerspricht. Die relativ moderat vorgetragene Kritik an grundlegenden antiken Ansichten – die ja unter historischem Blickwinkel als Prinzipiendiskussion ihre Berechtigung findet – weicht immer wieder auf das schärfste vorgetragenen Attacken gegen die weitverbreitete Auslegungsweise der klassischen Topiken als bequeme Möglichkeit für den Redner, das eigene Nachdenken von sich fernzuhalten. Am Beispiel der zu seiner Zeit im Mittelpunkt der Betrachtung stehenden Lobrede erläutert Gottsched, daß eigene Reflexion, Bildung und Erfahrung durch eine schablonenhafte Erfindung nicht ersetzt werden können: »Z. E. sollte ich jemandem eine Lobrede halten, und erwiese die Vortrefflichkeit derselbigen Person, aus ihren großen Eigenschaften, die sie in verschiedenen Gelegenheiten, durch unläugbare Proben erwiesen; aus den Diensten, die sie der Kirche, dem Fürsten und dem Vaterlande geleistet; aus den Thaten, die sie gethan; oder aus den Schriften, die man von ihr in Händen hätte: so würden alle Beweise wohl gegründet, und überredend seyn.«[40]

---

[39] Johann Christoph GOTTSCHED: Handlexicon oder Kurzgefaßtes Wörterbuch der schönen Wissenschaften und freyen Künste. Hildesheim/New York 1970. (ND der Ausgabe Leipzig 1760), Sp. 1571 f., s. v. Topik. Wohl an Gottscheds Formulierungen anknüpfend, aber eindeutiger in seiner Ablehnung PEUCER, Anfangs=Gründe, Einleitung, §. 29, S. 48: gegen die »leeren Fächer der locorum dialecticorum«.
[40] GOTTSCHED, Ausführliche Redekunst, I. HSt., VII. §., S. 92.

Der ambivalente Toposbegriff

Die so beschaffene, korrekt nach den Regeln der Vernunft verfahrende oratorische *inventio*, die ihre argumentativen Elemente aus der Sache selbst schöpft, steht im Kontrast zu der von vielen Zeitgenossen praktizierten Erfindungsmethode, die sich – zu Unrecht – Darlegungen des Altertums als vorgefertigte, schematisch anzuwendende Versatzstücke zu eigen macht:

»Wenn aber jemand aufstünde, und seine Lobrede nur auf das alte, berühmte und gelehrte Geschlecht, auf das Vaterland oder die Vaterstadt, auf den merkwürdigen Tag der Geburt, auf den schönen Namen, auf die Glücksgüter und äußerliche Gestalt, auf die Gnade großer Herren, auf die erlangten Ehrentitel oder zusammengebrachten Reichthümer, ja endlich wohl gar auf das Alter, und auf den sonderbaren Todestag desjenigen gründen wollte, den er zu loben vorhätte: so würden alle diese Gründe keine logische Prüfung aushalten. Man könnte nämlich auf diese Art dem allerelendesten Menschen eine Lobrede halten, der sein Lebenlang weder ein Fünkchen Verstand, noch die geringste Spur einiger Tugend erwiesen hätte.«[41]

Gottscheds Katalog von Beispielen für ein solchermaßen entartetes Toposverständnis gibt ausschnitthaft exakt das wieder, was, unter Anlehnung an bestimmte Entwicklungstendenzen in der antiken Beredsamkeit, von vielen Rhetorikern im frühen 18. Jahrhundert als normale Erfindungstechnik aufgefaßt wurde: die Deutung des Topos als Weg zur inhaltlichen Bewältigung eines jeden nur denkbaren Redegegenstandes. Im Gegensatz dazu stellt er für ihn allenfalls eine akzidentielle Erweiterung für die an sich verbindliche Beweiskraft der Vernunftschlüsse dar und wird von ihm allenfalls in bestimmten Fällen als Notbehelf akzeptiert:

»Nur bey den Lobreden dünket manchem diese Hauptregel nicht zuzulangen. Man soll mehrentheils Leute rühmen, von denen in den Geschichtsbüchern noch nichts geschrieben steht. Wo ist da etwas herzunehmen, wenn man nicht die LOCA zu Hülfe nimmt, und aus den Namen, Aeltern, Vorfahren, Oertern, Zeiten, Reisen, Gütern des Glücks, Eigenschaften des Leibes und Gemüthes, Thaten und Tugenden u. s. w. gewisse Gründe herzuholen weis? Wir verwerfen nicht alle diese Quellen, einen Menschen zu loben; können aber auch unmöglich einräumen: daß alle ohne Unterschied, einen zulänglichen Beweis, von der Vortrefflichkeit einer Person abgeben.«[42]

Daß der Aufklärer, indem er immer wieder auf das *iudicium* verweist, eine schematische Behandlung der in Frage stehenden Sache ohne die prüfende Kontrollinstanz der Vernunft prinzipiell und über alle epochalen Bedingungen hinaus ablehnt, wird an seinen kritischen Ausführungen über den um die Zeitenwende in Rom lebenden griechischen Historiker und Rhetoriklehrer Dionysios von Halikarnaß und dessen Vorschriften für alle möglichen Gelegenheitsreden

---

[41] Ebd.
[42] Ebd., VI. HSt., V. §., S. 167; vgl. ähnlich auch ders., Akademische Redekunst, VI. HSt., 9. §., S. 109.

Die Debatte um den Argumentationswert der Topik

deutlich. Gottscheds Darlegungen aus dem Jahr 1749 im Rahmen der Vorrede zur Ausgabe des von ihm hochgeschätzten französischen Bischofs und Kanzelredners Valentin-Esprit Fléchier (1632–1710) gleichen bis ins Detail den über zehn Jahre zuvor in der *Ausführlichen Redekunst* entworfenen und erläuterten Grundsätzen:

»Zuförderst gebeut unser Dionysius auf den merkwürdigen Tag Acht zu geben, an welchem jemand gebohren worden. (...) Nach den Tagen lehret unser Dionysius seinen Schüler auch auf die Jahreszeit zu sehen (...). Nun kömmt er auf die Oerter (...). Wenn er aber angiebt, wie man diese Person loben soll: so befiehlt er ihr Geschlecht, ihre Erziehung, die Schönheit ihrer Leiber, ihr Alter, ihren Reichthum, und ihre Aemter und Bemühungen zu rühmen. (...) Man soll nämlich abermal ihr Vaterland, Geschlecht, ihre Natur, Auferziehung, und ihr Verhalten loben.«[43]

Die dionysische Anweisung zur Lobrede ist damit gleichsam als Dekadenzerscheinung einer »klassischen« Redelehre, wie sie Aristoteles als Maßstab entwickelt hatte und nur kurze Zeit vor Dionysios von Cicero adäquat auf römische Verhältnisse übertragen worden war, bloßgestellt. Im Gegensatz zu Cicero, der auf den Methodencharakter der *loci communes* hingewiesen hat, begnügt sich Dionysios nur etwa zwei Jahrzehnte nach dessen Tod mit der Vermittlung ganz konkreter Detailschritte der rednerischen Erfindung, wobei er in Kauf nimmt, daß einer lediglich die inhaltlichen Aspekte wahrnehmenden Topik jegliche prinzipiengebende Beschaffenheit verloren gehen muß: »Doch was halte ich mich bey dergleichen schlechten Kunstgriffen auf, die um nichts besser werden, weil sie in einem Alten, und zwar noch dazu, in einem Griechen stehen? Wir sehen daraus so viel, daß auch in dem klugen Griechenlande, die schöne Zeit der Wissenschaft, bald nach Alexanders Zeiten sehr verschwunden sey, und daß Tändeleyen, falsche Schlüsse und Spielwerke, die Stelle des alten Ernstes, der gesunden Vernunft, und des richtigen Witzes, eingenommen haben.«[44]

Gottscheds Darstellung antiker Verfallserscheinungen im Zusammenhang mit dem Hinweis auf die Beweisfähigkeit der Argumente als Primärziel oratorischen Vorgehens legt den Schluß nahe, daß ein so beschaffenes Toposverständnis das eigentliche Anliegen der Redekunst, die Überzeugung der Zuhörer, verfehlt. Dabei ist es gleichgültig, ob sich die Kritik auf die Zeitgenossen oder auf die Alten richtet – immer geht es um die bündige Beschreibung von objektiven, überhistorischen Gesetzmäßigkeiten des rhetorischen Systems. Gottsched führt immer wieder diesen Zusammenhang vor Augen, weil er die eigene *Redekunst* als Ge-

---

[43] Ders.: Vorrede zu Lob- und Trauerreden von Esprit Flechier. 1749, in: Ders., Kleinere Schriften, AW X/1, S. 327–350, hier S. 338–341.

[44] Ebd., S. 342.

genentwurf zu den von ihm so vehement bekämpften ›Verfallserscheinungen‹ der eigenen Zeit versteht.⁴⁵

4. Wege der Adaption antiker Fragen an die *inventio*

4. 1. Das Redeziel der *persuasio*

Trotz der begrifflichen Unbestimmtheit im einzelnen bleibt die generelle Abfolge der Herstellungsphasen als strukturierendes Moment des rhetorischen Lehrgebäudes seit der Antike gewahrt. Die Bestimmung der Redekunst durch das vorrangige Ziel der »Überzeugung«/»Überredung« des Zuhörers (πειθω, *persuasio*) in Redelehren der Frühen Neuzeit bis zur Aufklärung hat zweifellos in den von Anfang an überlieferten Vorstellungen ihre Grundlage. Gleichwohl stellt sich auch hier die Frage nach dem epochenspezifischen Verständnis und seinen Vorzeichen.

Gottsched hat das Problem seiner vernunftgegründeten Rhetorik sehr wohl gesehen. Wenn die Rede auf klar und deutlich gegründeten Begriffen, Sätzen und Urteilen aufbauen soll, kann das Problem entstehen, wie diese mit dem Ziel der Überzeugung in Einklang zu bringen sind, wie also die *persuasio* eigentlich zu definieren sein soll, denn etlichen Zeitgenossen scheint es auf ein solches Redefundament weniger anzukommen als auf eine zielgerichtete Einflußnahme. Für den Aufklärer Gottsched ist die rednerische Darstellung eines Sachverhalts immer an das Gebot der Wahrheitsvermittlung geknüpft, jedoch müssen oft bloß glaubliche oder wahrscheinliche Gründe zu diesem Zweck genügen. Hinweise zum begrifflichen Verständnis des Redeziels gibt Gottsched an vielerlei Stellen seines Werks in Auseinandersetzung mit Quintilian und besonders mit Cicero. In seinen *Beobachtungen über den Gebrauch und Misbrauch vieler deutscher Wörter und Redensarten* grenzt er auf aufschlußreichem Weg das Begriffsfeld zwischen »überzeugen«, »überreden« und dem im 18. Jahrhundert gebräuchlichen »überführen« ab: »*Ueberzeugen* heisst, einen durch Anführung von mündlichen oder schriftlichen Zeugen, oder Zeugnissen überweisen, dass ein Ding so

---

⁴⁵ Aus diesem Grund ist der *Ausführlichen Redekunst* auch der *Dialogus de oratoribus* vorangestellt (AW VII/1, S. 11–56). Der Autor, von Gottsched noch nicht eindeutig als Tacitus identifiziert, macht den Wechsel von der republikanischen Verfassung zur Monarchie seit Caesars Zeit für den Niedergang der Rhetorik verantwortlich, der sich auch im Stilwandel hin zu manieristischen Formen zeige. Vgl. hierzu auch Willibald HEILMANN: »Goldene Zeit« und geschichtliche Zeit im Dialogus de oratoribus. Zur Geschichtsauffassung des Tacitus. In: Gymnasium 96 (1989), S. 385–405; Karl BARWICK: Der Dialogus de oratoribus des Tacitus – Motive und Zeit seiner Entstehung. Berlin 1954.

Die Debatte um den Argumentationswert der Topik

und nicht anders gewesen, oder geschehen sey.« (...) »*Ueberreden* heisst, einen durch wahrscheinliche Gründe zum Beyfalle bringen. So pflegen die Redner ihre Sachen vorzutragen (...) Das ist nun *persuasio*.« (...) »*Ueberführen* heisst endlich, einen durch vollkommen trifftige Beweise zum Beyfalle zu nöthigen, oder zu zwingen (...) das heisst nun *convictio*.«[46]

Die Glaubwürdigkeit verbürgende »Überzeugung« durch Orientierung an Fakten steht der rednerischen *persuasio* ebenso gegenüber wie der an der mathematischen Demonstration ausgerichteten »Überführung«. Für eine genaue Abgrenzung der verschiedenen Ebenen persuasiven Sprechens bieten sich im Deutschen unterschiedliche Termini an. Die oratorische »Überredung« operiert mit »wahrscheinlichen Gründen«; die höchste Stufe ist dann erreicht, wenn die Beweiskraft der Argumente philosophische Gewißheit, *convictio*, impliziert.[47] Da der rednerischen *persuasio* nicht in jedem Fall die sicher gegründete Gewißheit der demonstrativen *convictio* eigen ist[48], so ist es für den Redner selbstverständlich, zur Überzeugung seiner Zuhörer zeitweise auch nur wahrscheinliche oder glaubliche Gründe anzuführen. Zwar entsteht die Überredung »aus einer Reihe von wahrscheinlichen Vernunftschlüssen: davon aber die Förder[= Vorder-]sätze

---

[46] GOTTSCHED, Beobachtungen, S. 269 f.; vgl. auch HALLBAUER, Anweisung, S. 204; ders., Anleitung zur Politischen Beredsamkeit (...). Jena und Leipzig 1736, S. 67 f.; vgl. weitere Hinweise bei KLASSEN, Logik, S. 12 und 172; UEDING/STEINBRINK, Grundriß, S. 104.

[47] GOTTSCHED, Ausführliche Redekunst, AW VII, I. HSt., X. §., S. 95: »Einen *überführen*, heißt einem durch eine Reihe unumstößlicher Vernunftschlüsse, die aus den ersten Gründen hergeleitet werden, oder durch eine Demonstration, zum Beyfalle bewegen, ja dazu nöthigen und zwingen.« Vgl. ähnlich ders., Akademische Redekunst, I. HSt., X. §., S. 30. – Die terminologischen Interferenzen sind aber keineswegs überall so eindeutig entschlüsselt, so auch nicht bei dems., Bewillkommnungsrede, S. 504.: »Was ist aber die wahre Beredsamkeit anders als die Fertigkeit eines Gelehrten, seine Zuhörer durch eine wohlgesetzte Rede von allem, was er will, zu überreden? Die Ueberredung geschieht allezeit durch gewisse Gründe, die entweder bloß den Verstand lenken, etwas für wahr zu halten oder nicht; oder den Willen zu bewegen, etwas zu thun, oder zu lassen. Je stärker nun diese Beweise und diese Bewegungsgründe sind; je mehr Gewalt sie über die Gemüther der Menschen haben: desto vollkommener ist die Beredsamkeit desjenigen, der sie ersonnen, und so geschickt vorzutragen gewußt hat.« Vgl. zu diesem Thema Klaus PETRUS: Convictio oder persuasio? Etappen einer Debatte in der ersten Hälfte des 18. Jahrhunderts (Rüdiger – Fabricius – Gottsched). In: ZdPh 113 (1994), S. 481–495.

[48] BAUMEISTER, Anfangsgründe, 1, 7. u. 8., S. 2 f.: Unterscheidung zwischen dem Überführen »durch unumstößliche Beweisthümer« und dem Überreden durch »Beweisgründe« ebenso wie durch »wahrscheinliche Gründe«. Vgl. zur ähnlichen Unterscheidung zwischen der zur Philosophie gehörigen »conviction« und der die Rhetorik kennzeichnenden »persuasion« in Fénelons *Dialogues sur l'eloquence* die Hinweise bei WECHSLER, Gottsched, S. 75.

Wege der Adaption antiker Fragen

nicht bis auf die ersten Gründe hinauslaufen, sondern nur in vielen Fällen zutreffen (...). Daher pflegen sich auch die Redner mit der Ueberredung zu helfen.«[49]
Das heute ungebräuchliche »überführen« in einem erweiterten semantischen Zusammenhang im Sinne der *convictio* wird auch in den *Critischen Beyträgen* erläutert. Anläßlich der Rezension einer neu erschienenen deutschen Übersetzung der *Christlichen Beredsamkeit* des für Gottsched vorbildhaften französischen Jesuiten Blaise Gisbert[50] heißt es, der Prediger müsse »bloß die Laster, und nicht die Personen angreifen: Und auch dabey muß er die Zuhörer zu überführen suchen, daß er es einzig darum thue, weil er die Wohlfart suchet.«[51] Der Begriff des Überführens deckt demnach ein weites Bedeutungsspektrum ab – neben dem Bereich der rationalen, beweisenden Methode trifft er auch auf den Komplex der im Glauben gegründeten christlichen Verkündigung zu. Ihre dem demonstrativen Beweis entsprechende Persuasivität gewinnt die geistliche Rede freilich durch axiomatische Gewißheit.[52] Gisberts Homiletik findet Gottscheds Anerkennung denn auch vor allem deshalb, weil der Franzose das rhetorische *movere* als das dem »Hauptzweck der evangelischen Predigt«, der Bekehrung, dienende Mittel durch die Analogie zum logisch-beweisenden Verfahren beschreibt: »Man soll nicht allein erleuchten, sondern auch bewegen«.[53]

Neben der ganz auf die *ratio* ausgerichteten Begriffsbestimmung und weitgehend unabhängig von ihr entwickelte sich in der Frühen Neuzeit noch eine andere, eher pragmatisch-kasuistische Definition von »Überzeugung«. Sie konnte unterdessen auf eine ähnlich lange Überlieferungsgeschichte zurückblicken wie die der geistlichen Beredsamkeit Melanchthonscher Provenienz: Es war dies die ganz eigene Tradition der Hofliteratur, die von Anbeginn an eine zweckbestimmte Vorstellung der rednerischen *persuasio* anbot – und denen die Aufklärer

---

[49] Johann Christoph GOTTSCHED: Erste Gründe der gesammten Weltweisheit, Theoretischer Teil, AW V/1, Tl. 2, V. HSt., 201. §., S. 219; vgl. ebd. zur »Ueberführung« und 202. §., S. 219 f., zur »Ueberzeugung«.

[50] Vgl. hierzu oben, Kap. II, 1. 1., S. 54–62.

[51] GOTTSCHED (?), [Rezension] Gisbert, S. 443; vgl. ebenso in der Rezension zu Riemers *Maccabäus*, S. 628: »Auf der Kanzel ist es nicht Zeit zu grübeln, sondern ins Herz zu dringen und zu erbauen. Diesen Endzweck aber erreichen die ausnehmend methodisch=homiletisch=hermeneutischen Steinmetzereyen nicht. Denn sie überführen den Zuhörer mit allen ihren theoretischen Speculationen nie ernstlich genug (...)«.

[52] Ders., Rede wider die homiletischen Methodenkünstler, AW VII, 3, S. 125 f.: »Denn in einem jeden biblischen Zeugnisse, welches ich zur Bestätigung einer Wahrheit anführen höre, steckt in der That diese Schlußrede: Was uns Gott in der H. Schrift offenbaret hat, das ist unfehlbar und gewiß wahr. Dieses oder jenes hat Gott in der H. Schrift etc. [sic!] derowegen ist es unfehlbar und gewiß wahr«.

[53] Ders. (?), [Rezension] Gisbert, S. 435 f.

unweigerlich eine auf philosophischer Deduktion von Regeln beruhende Begriffsbestimmung entgegenzusetzen sich verpflichtet fühlten. Bei den Vertretern der höfischen oder ›politischen‹[54] Rhetorik war eine sachgemäße Annäherung an das Redethema sicher weniger Gegenstand der Überlegungen als vielmehr die Anleitung zur gezielten Durchsetzung persönlicher oder politischer Ziele. Kennzeichnend ist August Bohse-Talanders Definition der *inventio* in unmittelbarer Nachbarschaft zu seiner Formulierung der gängigen Zielsetzung der Redekunst, der *persuasio* des Publikums: »Die Invention giebt der Rede das Loben/ und schlägt dem Redner vor/ was er zu seinem Vorhaben suchet: in denen Schulen heist man es argumenta. (...) *Die Redekunst ist ein Vermögen dem Zuhörer alle Dinge ein= und auszureden.*«[55]

Mit der Nennung des Redeziels der Überzeugung ist ein wesentlicher, wenn nicht gar der zentrale Punkt in der Diskussion um Aufgaben und Möglichkeiten der Rhetorik für das politische Handeln angesprochen.[56] Um den Kern der *persuasio*, die schon in den Anfangszeiten der Redekunst als das wesentliche Charakteristikum der Beredsamkeit im Gegensatz zu den Nachbardisziplinen Dialektik und Grammatik, Dichtung und Historiographie[57] bezeichnet wurde, herrscht von der Renaissance an eine langanhaltende und intensiv geführte Auseinandersetzung. Daß die Redekunst genuin persuasiv ist, steht außer Frage –

---

[54] Der Begriff ›politisch‹ ist hier im Sinne des frühen 18. Jahrhunderts gebraucht – über das im gesellschaftlichen Verkehr bedachtsame und gewandte Inviduum hinaus beschreibt er auch die Aufgaben und Tätigkeiten der Staatsverwaltung; vgl. dazu BARNER, Barockrhetorik, S. 135–142; STÖTZER, Redekunst, S. 76 und 265.

[55] [August BOHSE:] Talanders getreuer Wegweiser zur Teutschen Rede= Kunst und Briefverfassung (...). Leipzig 1692, S. 4.

[56] Vgl. in offensichtlicher Anlehnung an Bohse auch Johannes RIEMER: Standes=Rhetorica. Oder vollkommener Hoff= und Regenten=Redner (...) Leipzig 1685, §. I., S. 69: »Die Rede=Kunst ist einerley Vermögen/ dem Zuhörer alle Dinge ein= und auszureden.« – Daß diese Formulierung nicht nur mit der Nennung der *persuasio* unmittelbar an die lateinische Terminologie anknüpft, sondern auch den Kunstcharakter (*ars*) ebenso wie den traditionellen Objektbezug (*omnes res, omnis materia*) benennt, zeigt FISCHER, Rede, S. 33, unter Verweis auf die gleichlautende Stelle in Riemers *Neuaufgehendem Stern-Redner* (1689), der eine erweiterte Neuauflage der *Standes-Rhetorica* ist. Vgl. hierzu August Friedrich KÖLMEL: Johannes Riemer. 1648–1714. Diss. Heidelberg 1914, S. 21.

[57] GOTTSCHED, Critische Dichtkunst, AW VI/1, II. Cap., 6. §., S. 148: Als ein Vertreter der ›freyen Künste‹ unterscheidet sich der Redner durch gewisse Eigenschaften vom ihm verwandten Poeten, Philosophen oder Historiographen: »Ein Redner soll nicht nachahmen, was andre Leute thun; sondern die Leute überreden, etwas für wahr oder falsch zu halten, und sie bewegen, etwas zu thun oder zu lassen.« Vgl. zur Nachbarschaft der Disziplinen auch die Beiträge von KESSLER, Modell, und HEITMANN, Verhältnis.

wie das Wesen der Überzeugung zu fassen sei, darüber findet sich keineswegs Übereinstimmung.

Die antike Redelehre sah das Redeziel der Überzeugung des Publikums stets in engstem Zusammenhang mit dem Eingehen des Redners auf dessen ethische Ansichten. Der *consensus omnium* war Voraussetzung für das (äußere) *aptum*, die tunliche Harmonisierung mit dem Publikumshorizont, als Maßstab der Rede.[58] Wenn Lehrbücher mit dem Beginn der Neuzeit als Redeziel *persuasio* nicht im Sinne der Überzeugung, sondern der Überredung definierten, bedeutet dies im Verhältnis zur Antike eine spürbare semantische Verschiebung, die sich auch auf den dort immer gegenwärtigen ethischen Anspruch an Redner und Publikum auswirkt.[59] Gleichzeitig gerät der Konsens über die rednerische Aufgabe der sachgemäßen Annäherung an den Stoff ins Hintertreffen – die *elocutio* gewinnt angesichts der außer Kraft gesetzten *aequatio* gegenüber der *inventio* als Ort der Überredung an Bedeutung.[60]

Ein ähnlicher Vorgang scheint sich im Übergang zwischen barocker und aufklärerischer Redelehre abgespielt zu haben. Durch die Rekonstruktion von Zusammenhängen, wie sie in der griechischen und römischen Rhetorik vorgegeben waren, wird für Gottsched und seine Mitstreiter eine Vorstellung von der *persuasio* problematisch, die sich ihrer Meinung nach nur auf die Erregung der Affekte konzentriert und dabei Gefahr läuft, über die Sache selbst, um die es geht, hinwegzutäuschen. In einer aufklärerischen Redekunst hingegen müssen sich »Vernunftgründe« und »Bewegungsgründe« als die beiden Mittel der *persuasio* die Waage halten.[61] Gottsched besinnt sich neu auf die Überzeugung als ethische Leistung des Redners. Immer wieder, auch in den von ihm öffentlich gehaltenen Reden, stellt er diesen Zusammenhang prononciert her – so etwa in den beiden

---

[58] Die antiken Vorstellungen über das *aptum externum* sowie die Rezeption in der frühneuzeitlichen Poetik und Rhetorik sind in der Forschung schon häufiger Gegenstand der Erörterung gewesen. Vgl. z. B. neben FISCHER, Rede, S. 193 f., insbesondere WETTERER, Publikumsbezug; zur ciceronischen Lehre ebd., S. 70.

[59] Vgl. zu diesem Gedanken BRÜGGEMANN, Gellert, S. 123 f.

[60] Beispiele dafür mag auch die frühneuzeitliche Predigtliteratur geben, die trotz der immer wieder betonten, auf dem humanistischen Bildungsgedanken beruhenden rhetorischen Eigenart im Gebrauch der Redefiguren zunehmend auf die affektive Wirkmächtigkeit im Sinne des *movere* vertraut; vgl. dazu die Hinweise bei KRUMMACHER, Überlegungen, hier S. 111 f.

[61] GOTTSCHED, Ausführliche Redekunst, I. HSt., VI. §., S. 91: »Doch ist die Beredsamkeit nicht von einerley Art. Diesen wichtigen Unterschied recht ins Licht zu setzen, müssen wir auf die *Mittel* sehen, wodurch die *Ueberredung* der Zuhörer bewerkstelliget werden kann. Diese haben, als Menschen, Verstand und Willen: und beyde muß ein Redner gewinnen können, wenn er dieselben zum Beyfalle bewegen, oder überreden will«.

akademischen Reden *Zum Lobe der Weltweisheit* und *Daß ein Redner ein ehrlicher Mann seyn muß*.[62]

Indem Gottsched gleichzeitig mit der Frage nach den »ersten Gründen« und mit der Betonung ethischer Ansprüche in diesem Zusammenhang die wesenhafte Unzulänglichkeit einer nur affektischen *persuasio* hervorkehrt[63], sie aber als Ort der rhetorischen Glaubwürdigkeit für unerläßlich hält, weil der Rhetorik nicht mehr ein *consensus omnium* wie in der Antike zugeschrieben werden kann, erweist sich seine *Redekunst* trotz der Berufung auf klassische Autoritäten eben doch als wohlüberlegter Versuch, der neuzeitlichen Problematik gerecht zu werden.

Ähnlich wie Gottsched greift auch Johann Andreas Fabricius (1696–1769)[64], neben und mit Hallbauer einer seiner prominentesten Mitstreiter, auf antike Redelehren zurück, wenn er in der Vorrede seiner *Philosophischen Redekunst* (1739) den Anpruch vertritt, daß es bei der Beredsamkeit nicht um bloße Überredung im Sinne einer auf Unmittelbarkeit reduzierten *persuasio* oder um die rednerische Zierde durch Schmuckmittel gehe, sondern um den sachgerechten Ausdruck von Gedanken mit der Absicht eines wohlverstandenen Überzeugens.[65] Unter Berufung auf Quintilian demonstriert Fabricius diese Forderung anhand der Konfrontation der »vernünftigen« mit der »pöbelhaften« Beredsamkeit. Über das bloße Redeziel der *persuasio* hinaus fordert Fabricius: »Dabey man den Endzweck hat, (...) überhaupt einen vernünftigen Gebrauch der Rede unter den Menschen einzuführen, damit man wisse, so zu reden, daß man nicht mehr und nicht weniger sage, als die Beschaffenheit der Sache, der Gedanken

---

[62] Ders., I. und IX. Akademische Rede, in: Ders., Gesammelte Reden, AW IX/2, S. 398–413 und S. 509–518. Daß damit zugleich der Verzicht auf humanistische *elegantia*- bzw. *eloquentia*-Vorstellungen zugunsten der vernunftbetonten *persuasio* ausgesprochen ist, betont zu Recht GRIMM, Oratorie, S. 78 f.

[63] GOTTSCHED, Grundriß, I. Abth., II. Abschn., II. Hauptstück: Von Bewegungs=Gründen, §. 16, S. 24: »Ein redlicher Mann erreget auch den Affect nicht eher, als biß er den Verstand mit tüchtigen Gründen eingenommen hat; sonst würde er ein Feuer mit Stoppeln anzünden, welches zwar bald und starck, aber nicht lange brennet.« Vgl. ähnlich ders., Akademische Redekunst, I. HSt., 6. §., S. 27.

[64] Fabricius wurde 1734 Nachfolger Hallbauers als Adjunkt der philosophischen Fakultät in Jena, danach 1740 Rektor der Katharinenschule (Collegium Carolinum) in Braunschweig und 1753 Rektor des Gymnasiums Nordhausen. Zur Biographie vgl. ADELUNG, Gelehrten= Lexico, Bd. 2, Sp. 988–989; ADB, Bd. 6 (1877), S. 509.

[65] M. Johann Andreä Fabricii, der hochl. Philos. Fac. zu Jena Adjuncti, Philosophische Redekunst (...). Leipzig 1739, Vorrede, Bl. 2^v–3^r.

und Regungen erfodert, und im Stande sey, von seinen Reden und Worten zureichenden Grund anzuzeigen.«[66]

Kennzeichnend für die Vorstellung von der rednerischen Überzeugung in der Zeit der Frühaufklärung, wie sie Fabricius und Gottsched formulieren, ist offensichtlich eine gewisse Schwierigkeit, den Konflikt zwischen der Ambition einer objektivierenden Realitätsbeschreibung einerseits und dem Wissen um die Relativität kommunikativer Übermittlung von Inhalten andererseits zu bereinigen.[67] Eine der wichtigsten Aufgaben des Redners besteht darin, seine Überzeugungskraft in den unterschiedlichsten Situationen mit dem Wissens- und Erwartungshorizont seines Publikums abzustimmen – er kann nicht wie der Philosoph die jenseits aller Subjektivität liegende Wahrheitsvermittlung in jedem Fall als Ziel formulieren. Zuweilen ist der Redner auch darauf angewiesen, die Wirksamkeit seiner Ausführungen auf das Fundament bloß wahrscheinlicher, nicht aber sicherer Argumente zu bauen. Dies kann mit dem aufklärerischen Anspruch auf Wahrheitsvermittlung durch Vernunftgründe und der daraus resultierenden Aufforderung zum rechten Handeln kollidieren.

Die Diskussion der *persuasio* führt so auf das Feld der Definition des ›Rhetorischen‹ überhaupt: Wäre die Rede ausschließlich den strengen Regeln der Logik unterworfen, so wäre die Konzeption eines mit Plausibilitätsgründen arbeitenden rednerischen *ethos* von vornherein zum Scheitern verurteilt. Die immer wieder von Gottsched und seinen Mitstreitern betonte Priorität rationalistischen Begreifens und Bewältigens von Zusammenhängen findet insofern auf der Ebene des Überzeugens ihre Grenzen. Demzufolge ist der aus der ihnen gegenwärtigen philosophischen Anspruchshaltung hervorgegangene Habitus in ihren *Redekünsten* immer wieder neu darauf verwiesen, sich seiner historischen Stellung zu vergewissern. Affektische Überzeugungsmittel, seit den Anfängen der Redekunst als genuin rhetorisch betrachtet, werden in der Form der »Bewegungsgründe« bei Gottsched zum natürlichen Teil der *inventio*, obwohl – oder gerade weil – die vorangegangene Generation von Rhetorikern das Persuasionspotential der Rede vorrangig ihrer geschickten elocutionellen Gestaltung zugeschrieben hatte.[68]

---

[66] Ders., Abriß I, §. XXXIIII, S. 261 f.; ders., Redekunst, Vorrede, Bl. 1ᵛ f.; vgl. dazu auch SINEMUS, Poetik, S. 193.

[67] Vgl. hierzu die Studie von WETTERER, Publikumsbezug, sowie die zusammenfassenden Bemerkungen bei HORCH/SCHULZ, Das Wunderbare, S. 137–139; vgl. in diesem Zusammenhang auch KLASSEN, Logik, S. 176 f.; UEDING/STEINBRINK, Grundriß, S. 104.

[68] GOTTSCHED, Ausführliche Redekunst, IX. Hauptstück Von Erregung und Dämpfung der Gemüthsbewegungen, und dem Beschlusse, S. 221–256; ders., Akademische Redekunst, IX. Hauptstück Von Erregung und Dämpfung der Leidenschaften, S. 162–185; ders., Grundriß,

Die Debatte um den Argumentationswert der Topik

Ebenso wie das Gebot an den Redner, das Publikum als Entscheidungsinstanz für seinen Erfolg zuzulassen, ist die unmittelbar an diese Vorstellung geknüpfte Verbindung der oratorischen *persuasio* mit ethischen Postulaten antiken Differenzierungen verpflichtet, aber auch sie führt die aufklärerische Diskussion an die Grenzen des vorgefundenen Selbstverständnisses. Die grundsätzliche Problematisierung durch die Frühaufklärer um Gottsched läßt als nächste Stufe der Debatte um das Wesen des Rhetorischen die Infragestellung seiner historisch gewachsenen Rolle aufkommen und führt schließlich zur Suche nach umfassenderen Konzeptionen, die als Kunst- und Wissenschaftslehre traditionelle Aufgaben der Redekunst in sich zu fassen vermögen.

4. 2. *Res* und *verba*, Worte und Sachen – Nachfragen zum *genus demonstrativum*

Im erneuten, hergebrachte Vorstellungen hinterfragenden Rückgriff auf die antike Überlieferung und in deren aktualisierender Übertragung in die eigene Lebenswelt liegt ein wesentliches Moment der frühaufklärerischen Kritik an der Entwicklung der barocken Inventionslehre. Daß diese Kritik nicht im luftleeren Raum bloßer Theorie stattfand, sondern ganz konkret auf den rednerischen (wie auch literarischen) Alltag bezogen wurde, verdeutlichen Gottscheds Anweisungen zur rhetorischen Ehrung oder Huldigung von Personen. Die hierin eingeschlossene Diskussion um die Redegattung der Lobrede (γένος ἐπιδεικτικὸν, *genus demonstrativum*) steht im engsten Zusammenhang mit der Erörterung der oratorischen Persuasivität wie auch der Orientierung an der Praxis der Gelegenheitsrede, an die zeitgenössische Toposkataloge anknüpfen.

Gottscheds im *Besonderen Theil* der *Redekunst* wiedergegebene Beschreibung der oratorischen Erfindungstechnik in einer Lobrede greift sowohl antike als auch barocke Anschauungen von der topischen Vorgehensweise auf, aber wie immer aus der charakteristischen ›critischen‹ Perspektive des Aufklärers. Zunächst sieht es so aus, als führe er die Topos-Methode pauschal als nachahmenswert vor, da in der Form von verzeichnisartigen Übersichten Anhaltspunkte für rednerische Fundstätten gegeben und die grundsätzlichen Überlegungen des ersten, *Theoretischen Theils* nicht mehr eigens in diesem Zusammenhang ins Gedächtnis zurückgerufen werden. Faktisch erweist sich dieses indexhafte Vorführen allerdings als das genaue Gegenteil, nämlich als Aufforderung an den Redner, sich stets seiner Urteilsfähigkeit zu vergewissern, und als Appell an seine

---

I. Abth., II. Hauptstück: Von Bewegungs=Gründen, S. 22–27; FABRICIUS, Redekunst, Vorrede, Bl. 1ᵛ–2ʳ, S. 18, 41 u. öfter. – Siehe dazu auch unten Kap. VII, 1.

Einsicht, stets die Beweise durch logische Analyse aus den stoffimmanenten Gesichtspunkten zu schöpfen:

»Der Beweis in den Lobreden muß, wie schon gedacht worden bloß aus dem Leben, den Tugenden und Thaten des Helden, und aus dem Begriffe, den man von ihm geben will, daß er ein guter Regent, Soldat etc. gewesen sey, nicht aber aus Namen, Wappen, Geburts- und Sterbetagen, u. d. m. herfließen. Diesen nun zu erfinden, dazu gehöret eine Kenntniß aller menschlichen und bürgerlichen Pflichten, aus der Sittenlehre, und Staatskunst etc.«[69]

Äußere, an das Redethema – hier die Würdigung von Personen – herangetragene Argumentationsquellen reichen nicht aus für eine wahrheitsgemäße Diagnose von Sachverhalten, und extern vorgefundene Beweisgründe können *a priori* nie eine adäquate Tatsachenbeschreibung in Gang setzen. Mit der Betonung des analytischen Verfahrens spielt der Leipziger Aufklärer auf einen Fragenkomplex an, der die rhetorische Theorie von ihren Anfängen an beschäftigte: Das ausgewogene Verhältnis von *res* und *verba*, die Einheit von Redegegenstand und der ihm gemäßen sprachlichen Form, bezeichnet seit der Frühzeit der Sprach- und Rhetoriktheorie, mit anderen Worten seit Platons *Kratylos* und den im *Phaidros* gegebenen Hinweisen auf Teisias und Gorgias, das innere *aptum* der Rede.[70] Die thematische Diskussion über das rechte Verständnis von sprachlicher Affinität und sachgerechter Vermittlung ist seither Gegenstand der Erörterungen, insbesondere dann, wenn es um die Möglichkeiten der Topik geht.[71] Die

---

[69] GOTTSCHED, Ausführliche Redekunst, Besondrer Theil, AW VII/2, Das III. Hauptstück: Von den großen Lobreden, oder sogenannten *Panegyricis*, V. §., S. 91. Vgl. ders., Critische Dichtkunst, 2. Th., AW VI/2, Das VIII. Capitel. Von dogmatischen, heroischen und andern größern Poesien, hier insbes. 9. §.–11. §., S. 248 f.; ebd., Des I. Abschnitts VI. Hauptstück: Von heroischen Lobgedichten, S. 478–498. – Vgl. hierzu die weiteren Ausführungen über die praktische Realisierung dieser Forderungen unten im Exkurs.

[70] Nach QUINTILIAN, Institutio oratoria, III., Kap. 3, 1, besteht jede Rede aus fünf Elementen, nämlich dem Inhalt (*res*), der seinen Ursprung in der *inventio* hat, während die anderen vier Elemente der Form (*verba*) zufallen; das innere *aptum* einer Rede bezieht sich auf die Einheit von Redegegenstand/*res* und dessen sprachlicher Bezeichnung/*verba*, auf *inventio*, *dispositio* und *elocutio*. Das äußere *aptum* dagegen auf die Redeteile *pronuntiatio* und die ihr vorausgehende *memoria*, wobei die Art des Vortrags ebenso wie die *memoria* (Erinnerung) der konkreten historischen Situation entsprechen muß, in der der Redner sich befindet. Vgl. dazu LAUSBERG, Handbuch, § 1055–§ 1062, S. 507–511, hier insbes. § 1056, S. 507 f.; FUHRMANN, Rhetorik, S. 118–123; GRASSI, Macht, S. 207.

[71] Daß dies auch für die Überlegungen hinsichtlich der Kanzelberedsamkeit gilt, etwa bei Luther, zeigt Herbert WOLF: Martin Luther. Eine Einführung in germanistische Luther-Studien. Stuttgart 1980, S. 96 f.; ebenso UEDING/STEINBRINK, Grundriß, S. 80; zur Lehre der deutschen Barockpoetiken vgl. das Kapitel *Die Lehre vom Angemessenen* bei FISCHER, Rede, S. 184–252.

Die Debatte um den Argumentationswert der Topik

in der zweiten Hälfte des 17. Jahrhunderts veröffentlichten, immer umfangreicheren Rhetoriken widmen sich umso intensiver der *inventio* und der mit ihr unmittelbar verknüpften *dispositio*[72], auch bei der Darstellung der mannigfaltigen Erscheinungsformen der Gelegenheitsreden. Ebenso wie hier gelten die antiken Autoren selbstverständlich als Maßstab der Sprachauffassung – bis hin zu Leibniz ist das humanistische Sprach- und Stilideal der *elegantia* mit der rhetorischen Einbindung und Umbildung klassischer Werke in die eigene Sprache die Richtschnur literarischer Erzeugnisse.[73]

Alle Rhetoriker der Frühen Neuzeit folgen der klassischen Abgrenzung von *res* und *verba*, die die Aufgaben des Redners strukturieren und bei der Ausfertigung einer Rede deren innere Ordnung herbeiführen soll[74], und auch Gottsched thematisiert im Abschnitt *Von den Perioden und ihren Zierrathen, den Figuren* in der *Ausführlichen Redekunst* das rechte Verhältnis von *res* und *verba*, wie es seiner Ansicht nach durch die Erfüllung der Forderung nach »vernünftiger« Redeweise im Vorrang der logisch-analytischen *inventio* verwirklicht werden kann:

»Um nun alles dieß ungereimte und phantastische Zeug zu vermeiden, so merke man sich überhaupt die Regel an: *Eine jede Periode muß einen deutlichen, vernünftigen und wahren Gedanken zum Grunde haben.* Ein seltsames Mischmasch vieler Ideen macht einen Satz nicht schön, wenn keine Wahrheit, kein gegründeter Ausspruch darinnen enthalten ist. (...) die logische Richtigkeit eines Gedankens muß aller Perioden innerliche Schönheit ausmachen, die hernach durch den Ausdruck nur geputzet wird. Dieses haben alle die wunderlichen Stilisten nicht beobachtet, die nur durch die äußerlichen Putzwerke der Worte, und durch ihre seltsame Verbindungen den Ruhm beredter Leute haben erhalten wollen.«[75]

Welche Art der Erfindung und welches damit verbundene Verständnis vom Verhältnis zwischen Wort und Sache Gottsched dabei im Sinn hat, ist deutlich

---

[72] Zum Vorrang der die thematischen Darlegungen strukturierenden *dispositio* vgl. etwa die Vorrede des rhetorischen Lehrbuchs des Weiseaners Gottfried LANGE: Einleitung zur *ORATORIE* durch Regeln und gnugsame Exempel. Leipzig 1706, Bl.)(4ʳ: Vorrang der »richtige[n] Eintheilung« vor dem »Ausputz der Rede«; Zur *aptum*-Lehre vgl. HWR, Bd. 1, Sp. 579–604, s. v. Angemessenheit.

[73] Vgl. dazu BÖCKMANN, Formprinzip, S. 56; HWR, Bd. 2, Sp. 995–999 (zur *elegantia* in Humanismus und Renaissance). Zur aufklärerischen Mißbilligung dieser Sprach- und Stilhaltung vgl. Uwe K. KETELSEN: Poesie und bürgerlicher Kulturanspruch. Die Kritik an der rhetorischen Gelegenheitspoesie in der frühbürgerlichen Literaturdiskussion. In: Lessing Yearbook 8 (1976), S. 89–107.

[74] Z. B. bei QUINTILIAN, Institutio oratoria, Tl. 1, III. Buch, Kap. 3, 1, S. 290–294.

[75] GOTTSCHED, Ausführliche Redekunst, XIV. HSt., IX. §., S. 337; Vgl. auch die stilkritischen Bemerkungen über die Dichtungen Johann Klajs, Birkens und Harsdörffers, in: Ders., Critische Dichtkunst, AW VI/1, Das VII. Capitel. Von poetischen Worten, 14. §.–17. §., S. 295–299.

zu sehen: Es ist die für das Barockzeitalter typische Form der rhetorischen Invention, die die »äußerlichen Putzwerke der Worte« in den Mittelpunkt stellt. Noch zu Beginn des 18. Jahrhunderts hält Johann Christoph Männling (1658–1723)[76] ohne weiteres an den etablierten Standpunkten fest. Im zweiten Kapitel seiner Rhetorik, des *Expediten Redners* (1718), benannt *Von der Invention oder Erfindung*, stellt Männling einen Katalog der Fundgruben vor, der sogar noch über das Maß früherer Lehrbücher der Redekunst hinausgeht und die »sinnreiche Fassung aller Sachen« näher erläutert:

»Indeß werden doch die meisten [Erfindungen, H. S.] genommen, entweder von dem Alter, Zeit, Jahren, Tagen, Monathen, Ehestande, Nahmen, Ampte, Würde, Zufällen, Begebenheiten, Umständen, Wapffen, Siegel, Gestalt, Geschichten, Bildern, *Inscriptionen*, Sinnbildern, *Symbolis, Emblematibus, Anagrammatibus,* Exempeln, *Sententien,* Sprüch=Wörtern, *Apophthegmatibus,* Zeitungen, Gebräuchen, *Epigrammatibus, Epitaphiis,* Historien, Bäumen, Blumen, Steinen, Städten, *Medaill*en, Müntzen, Schau=Pfennigen, *Allegori*en, Parabeln, Büchern etc. daß es also eine Unmöglichkeit heisset, arm an Erfindung zu seyn (...)«[77]

In dieser die frühere Orientierung an antiken Redelehren weit übersteigernden Verbindung von traditionellen *topoi*, literarischen Gattungen, Gegenständen des täglichen Lebens und weiteren, nahezu nicht mehr systematisierbaren Kriterien zeigt sich eine Anwartschaft der Topik auf universelle Gültigkeit.[78] In Männlings Poetik, dem *Europäischen Helicon oder Musenberg* (1704/5), finden sich entsprechende Verzeichnisse auch für den Dichter.[79] Die besondere Bedeutung

---

[76] Vgl. über ihn JÖCHER, Gelehrten=Lexicon, Bd. III, Sp. 24; ADELUNG, Gelehrten=Lexico, Bd. IV, Sp. 341; Johann Christian LEUSCHNER: Ad Cunradi Silesiam Togatam Spicilegivm Vicesimvm Primvm (...). Hirschberg (1756), S. B3ᵛ–B4ʳ (unpag.). Männling, evangelischer Theologe und Diakon in Stargard, war als Verfasser zahlreicher poetischer und poetologischer wie auch rhetorischer Werke bekannt. Seine Popularität bei den Zeitgenossen gründete wohl in erster Linie auf den Lohenstein-Extrakten wie dem *Lohensteinius Sententiosus* (1710) und dem *Arminius Enucleatus* (1708), die das Werk des Barockdichters nach Stichworten zergliedern und als Fundgrube für die dichterische und rednerische Praxis nutzbar machen. Vgl. Alberto MARTINO: Daniel Casper von Lohenstein. Geschichte seiner Rezeption. Bd. I: 1661–1800. Aus dem Italienischen von Heribert Streicher. Tübingen 1978, S. 246–251.

[77] M. Joh. Christoph Männlings (...) Expediter Redner. Oder Deutliche Anweisung zur galanten Deutschen Wohlredenheit (...) FRANKFURT und LEIPZIG 1718. (ND Kronberg Ts. 1974), S. 11.

[78] Wie suspekt diese für den heutigen Betrachter oft kaum mehr durchschaubaren Indices sind, zeigt die Diagnose von bisweilen ins Groteske gehenden Zügen der Männlingschen Kataloge bei HESS, Toposbegriff, S. 83.

[79] »Die Erfindung geschicht also/ daß ich alle Umstände betrachte/ als: (I) Die Beschaffenheit der Zeit (...) (2) Den Ort (...) (3) Die Gelegenheit oder Ursachen (...) (4) Die Personen (...)

Die Debatte um den Argumentationswert der Topik

der *topoi* für die rednerische Praxis stellt sich den Zeitgenossen in Männlings Rhetorik offenkundig dar: Die Topik und das von ihr bereitgestellte Material bieten in größtmöglicher Fülle die Erfindungsquellen für jede denkbare Gelegenheit dar. Die verbale Gestaltung dominiert über inhaltliche Stringenz.

Der Nutzen einer solchen, auf das Inhaltliche der *topoi* zielenden Art der Invention bleibt für die nachfolgende Generation fraglich. Untergründig scheint hier die alte Debatte zwischen aristotelischen und ciceronischen Vorstellungen über Wesen, Aufgaben und Möglichkeiten der Topik wiederaufgenommen zu werden. Während eine bestimmte, noch von Männling repräsentierte Richtung der Rhetorik des 17. Jahrhunderts sich der ciceronischen Lehre anschließt, nach der die topische Vorgehensweise im wesentlichen zu einer genügenden thematischen Aussage führen kann, scheint im Zuge der Methodenreflexion Cartesischer Provenienz, sprich der rationalistischen Philosophie selbst, eine neue Generation von Lehrern der Beredsamkeit zur – aristotelischen – Auffassung zu kommen, die *topoi* seien allenfalls als Art und Weise des Zugangs zur den Gesetzen der Logik vorbehaltenen Klärung von Sachfragen und Problemlösungen geeignet.

5. Die Antwort der Aufklärer: Der »Hauptsatz«

Gottsched sieht die thematische Durchführung der Lobrede in einem neuen Licht. Kennzeichnend für die Redepraxis überhaupt in seiner Zeit, bietet das *genus demonstrativum* dem Leipziger Frühaufklärer Gelegenheit, durch die Präsentation mehrerer Beispielreden die Nützlichkeit seiner Beobachtungen herauszuarbeiten. Die überlieferten Mittel und Wege dieser Redegattung lassen keine adäquate Handhabe für eine sachgemäße Bewältigung der rednerischen Aufgaben für ihn erkennen. Anstelle von künstlich entwickelten, mühsam nur aufzuspürenden und doch nie den Kern der Sache treffenden topischen Erfindungen setzt Gottsched eine andere Methode, die er wie folgt charakterisiert:

»Den Hauptsatz seiner Lobreden muß ein Redner ohne alle Kunst machen. Er darf nur schlechtweg sagen, er wolle seinen Helden loben; oder wenn er sich ja näher etwas erklären

---

(5) Die zufälligen Umbstände (...) (6) Die Nahmens=Bedeutung/ als auch Buchstaben=Wechsel (...) (7) Das Alter oder Jahre/ Monathe etc. Welche Sachen alle/ wenn sie erwogen werden/ viel *contribu*ieren zu *Invention*«. Joh. Christoph MÄNNLING: Der *Europäische Helicon, Oder Musen=Berg/ Das ist Kurtze und deutliche Anweisung Zu der Deutschen Dicht=Kunst* (...). Alten Stettin 1705, S. 79 f.; DYCK, Topik, S. 134 f. erkennt in dieser Aufzählung einen auswählenden Rückgriff auf quintilianische *sedes argumentorum* im V. Buch der *Institutio oratoria* wieder.

Die Antwort der Aufklärer: Der »Hauptsatz«

will: so darf er nur melden, daß er denselben als einen vollkommenen Kaiser, König, Regenten, Feldherrn, Staatsmann, u. s. w. darstellen wolle. (...) Die künstlichen Einfälle hergegen, die eines allegorischen oder metaphorischen Ausdruckes nöthig haben, müssen aus einer vernünftigen Lobrede verwiesen seyn.«[80]

Hier ist ein Vorgang bei der Herstellung von Reden beschrieben, der in Gottscheds Augen etwas Neues, von den Lehrern der Beredsamkeit bisher nicht Wahrgenommenes in sich faßt und den er, weil von essentieller Wichtigkeit, dem Leser in all seinen Einzelheiten auseinanderzusetzen versucht. Für die Darstellung dieses Vorganges der »vernünftigen« Erfindung wird ein neuer Terminus eingeführt, da traditionelle Kategorien dafür nicht mehr ausreichen: Es ist die Rede vom »Hauptsatz«. Der »Hauptsatz« als die analytische, sich aus der zu behandelnden Sache oder zu charakterisierenden Person von selbst ergebende thematische Durchführung nach den Regeln der Vernunft kann allein das Erreichen des Redeziels der *persuasio* verbürgen: »Eine Rede also, die nur einen Hauptsatz hat, ist die allervollkommenste, und je einfacher derselbe ist, desto schöner ist er. (...) Man bemühe sich also, so viel als möglich ist, den ganzen Inhalt seiner Rede, die man noch ausarbeiten will, in einen so einfachen und logischen Satz zu fassen, der sich leicht verstehen und behalten läßt.«[81]

Wenn Gottsched das adäquate Ausarbeiten des Themas im Prozeß der Zergliederung und der Rückführung von komplexen Aussagen auf ein relationales Gefüge von »Subject« und »Prädicat« sieht, entfernt er sich gewiß weiter von traditionellen Vorstellungen als irgend jemand vor ihm. Dennoch ist der »Hauptsatz« nicht in jedem Fall identisch mit der grammatischen oder formallogischen Einheit ›Satz‹, er ist vielmehr die gedankliche Essenz und der verbalisierte Extrakt der oratorischen Reflexion. Das überkommene rhetorische System reicht jedenfalls zur Beschreibung aktueller praktischer Bedürfnisse nicht aus, denn die von ihm zur Verfügung gestellte Inventionsmethode ist nicht in der Lage, ein geeignetes Instrumentarium zur wirksamen Überzeugung des Publikums anzubieten. Diese Überlegung hat weitreichende Folgen für die Strukturierung der *Ausführlichen Redekunst*: Bevor er zur Erörterung der »klassischen« Redeteile »Erfindung« (*inventio*, Hauptstücke IV.–IX.), »Anordnung« (*dispositio*, Hauptstücke X. und XI.) und stilistische »Ausarbeitung« einer Rede (*elocutio*, Hauptstücke XII.–XVI.) kommt, handelt der Leipziger Professor *Von der Eintheilung der Redekunst, und den Theilen einer Rede, auch von den Hauptsätzen* (Drittes Haupt-

---

[80] GOTTSCHED, Ausführliche Redekunst, Besondrer Theil, III. HSt., III. §., S. 89 f.
[81] Ebd., XV. §., S. 126 f.; die Orientierung an der Logik noch stärker in: Ders., Akademische Redekunst, III. HSt., 21. §., S. 74 f.; 24. §., S. 77, und öfter. Der Terminus »Hauptsatz« auch bei PEUCER, Anfangs=Gründe, Einleitung, §. 22: Theile der Oratorie, S. 29 f. und öfter.

stück).[82] Daß er mit seinen Ausführungen über den »Hauptsatz« nicht dem überlieferten Schema eines rhetorischen Lehrbuchs entspricht, ist Gottsched zweifellos klar – für seine Abweichung liefert er eine historische Erklärung:

»Es ist ein Wunder, daß die Alten unter der Anzahl der Dinge, die man erfinden soll, nicht auch die Hauptsätze der Reden gerechnet haben. Denn das dörfte manchem leicht das allernöthigste, und das allerschwerste zu seyn bedünken, wenn er eine Rede machen soll; wovon, oder was er eigentlich reden solle? Allein die Reden der Alten waren gemeiniglich so beschaffen, daß ihnen nichts leichter fallen konnte, als den Hauptsatz derselben zu bestimmen. (...) Sie redeten nicht bloß zum Zeitvertreibe, oder bloß ihren Witz sehen zu lassen; sondern in wichtigen Angelegenheiten. Daher gaben ihnen die Umstände an die Hand, was und wovon sie reden sollten.«[83]

Es geht Gottsched bei dieser geschichtlichen Rechtfertigung seines eigenen Entwurfs zwar grundsätzlich um die Vorbildlichkeit und damit den überzeitlichen Vorrang der antiken Redner und Redelehrer, aber zugleich auch darum, die andersartige, für den neuzeitlichen Menschen erläuterungsbedürftige Situation im Altertum zu verdeutlichen und das selbstkritische Bewußtsein für die Historizität rhetorischer Systeme zu schärfen. Da die Redner des Altertums sich seiner Auffassung nach in einer glücklicheren Lage befunden haben als die zeitgenössischen, kamen sie gar nicht erst in die Verlegenheit, thematische Aspekte künstlich an die zu behandelnde Sache herantragen zu müssen, im Gegensatz zu Entwicklungstendenzen der nachantiken Welt und der noch im 18. Jahrhundert gegenwärtigen Praxis, die sich bis zu einem Punkt entwickelt hat, an dem sie sich nur allzu oft in Selbstgenügsamkeit und artistischer Selbstgefälligkeit erschöpft. Deshalb empfiehlt Gottsched seinen Zeitgenossen, den Teil der »Erfindung« einer Rede im Auge zu behalten, der schon von den Alten als der wichtig-

---

82 Danach schließen sich – ebenfalls ganz traditionsgemäß – noch knappe Erläuterungen über den »Vortrag« (*pronuntiatio*, Hauptstücke XVII. und XVIII.) an. Es fehlt der überlieferten rhetorischen Systematik gemäß lediglich das Teilstück über mnemotechnische Verfahrensweisen (*memoria*), welche überhaupt kaum je näher erläutert werden und als ›Stiefkind‹ der Theorie der Beredsamkeit angesehen werden können. Zur *memoria* bringt die *Ausführliche Redekunst* fast keine näheren Erläuterungen – ein vereinzelter zusammenhängender Abschnitt findet sich nur im II. Hauptstück des Ersten Teils *Von dem Charactere eines Redners, oder von denen ihm dienlichen Vorbereitungen*, X. §., S. 111; vgl. auch GOTTSCHED, Grundriß, II. Abth., II. Abschn., III. Hauptstück: Vom Auswendig Lernen, S. 98–102. Zu diesem Thema vgl. Jörg Jochen BERNS/Wolfgang NEUBER (Hrsg.): Ars memorativa. Zur kulturgeschichtlichen Bedeutung der Gedächtniskunst 1400–1750. Tübingen 1993, darin insbes. (mit Schwerpunkt auf Melanchthons Lehre) Joachim KNAPE: Die Stellung der *memoria* in der frühneuzeitlichen Rhetoriktheorie, S. 274–285.
83 GOTTSCHED, Ausführliche Redekunst, III. HSt., VII. §., S. 127 f.

Die Antwort der Aufklärer: Der »Hauptsatz«

ste erachtet wurde und den er mit dem »Hauptsatz« identifiziert: die *inventio thematis*.[84]

Dem neuzeitlichen Redner bleibt wegen der – insbesondere bei der Verfertigung von Gelegenheitsreden drohenden – Gefahr, sich »abgeschmackten Erfindungen« zu verschreiben, nur die Orientierung an den strengen Regeln der Logik.[85] Die Rhetorik wird so Teil eines umfassenderen Denkens: einer – je nach Standpunkt – rhetorischen Dialektik oder dialektischen Rhetorik. Nach Christian Wolff, dessen entschieden logisch-systematische Konzeption der Philosophie bei Gottsched auch für das rhetorische Lehrgebäude Vorbildfunktion hat, sind der Satz vom Widerspruch (*principium contradictionis*) und der Satz vom zureichenden Grund (*principium rationis sufficientis*) die Grundlage der Wissenschaft überhaupt (*scientia rerum possibilium qua talium*), die nicht nur die Möglichkeit zu beschreiben, sondern auch immer zu begründen hat.[86] Dieses Postulat macht in der mit Wahrscheinlichkeiten operierenden Rhetorik ein beweisendes Verfahren notwendig, das nach Gottscheds Ansicht seinen Ausdruck in eben jenem logisch-syllogistischen »Hauptsatz« findet. Dieser ist mit der der menschlichen Natur entsprechenden Verstandestätigkeit identisch.[87]

Gleich zu Beginn seines *Grundrisses* gibt Gottsched, nachdem er auf Zeit, Ort, Personen und Umstände als diejenigen Kategorien verwiesen hat, die das Redethema entscheidend abstecken, eine Begriffsbestimmung des »Hauptsatzes«, die

---

[84] So auch HALLBAUER, Anleitung, Cap. II., §. 7. Von den Hauptsätzen in politischen Reden und Schriften, S. 73 f.: Der Hauptsatz entspricht dem »*thema*« bzw. der »*Proposition*«.

[85] GOTTSCHED, Ausführliche Redekunst, III. HSt., XII. §., S. 133: »Wer einmal fähig und geneigt ist, in seinem Hauptsatze die einfältigen Spuren der Natur zu verlassen, von dem kann man auch in der ganzen Ausführung nichts gesundes und natürliches hoffen. Bey dem Unnatürlichen aber ist keine wahre Beredsamkeit zu erlangen möglich; man mag selbiges noch so sehr zu überkleistern und zu verstecken suchen.« Vgl. ähnlich ders., Akademische Redekunst, III. HSt., 17. §., S. 71.

[86] Christian WOLFF: Vernünftige Gedancken von Gott, der Welt und der Seele des Menschen, auch allen Dingen überhaupt (Deutsche Metaphysik). Mit einer Einleitung und einem kritischen Apparat von Charles A. Corr. Hildesheim/Zürich/New York 1983. (GW I, Bd. 2), 2. Cap.: Von den ersten Gründen unserer Erkäntniß und allen Dingen überhaupt, S. 6–106, hier insbes. §§ 10–32, S. 6–18; vgl. dazu auch Dieter KIMPEL: Christian Wolff und das aufklärerische Programm der literarischen Bildung. In: SCHNEIDERS, Wolff, S. 203–236, hier S. 206.

[87] GOTTSCHED, Ausführliche Redekunst, III. HSt., III. §., S. 124; XV. §., S. 136 f.; XVII. §.–XVIII §., S. 138–140; dies gilt auch für den Kanzelredner: vgl. ders., Grundriß, I. Abth., IV. HSt., §. 5, S. 32; die Orientierung am syllogistischen Verfahren auch bei HALLBAUER, Anweisung, S. 396; FABRICIUS, Redekunst, S. 165. Vgl. dazu auch GROSSER, Redeschule, S. 34 f., KLASSEN, Logik, S. 166.

besonders aufschlußreich für das Verständnis dieses in seiner Theorie der Beredsamkeit zentralen Terminus ist. Aufschlußreich deshalb, weil er zwar Neues bezeichnet, tatsächlich aber, und so auch von Gottsched intendiert, weil er in engstem Zusammenhang mit der rhetorischen Tradition gesehen werden muß: »Dasjenige wovon ein Redner reden soll, kan allezeit in einen oder etliche kurtze Sätze gefasset werden. Man pflegt dergleichen Satz sonst das Thema, die Proposition oder den Haupt=Satz der gantzen Rede zu nennen. Hieraus und aus dem vorhergehenden ist leicht zu sehen, daß das Thema entweder ein vorgeschriebenes oder ein selbst=erwehltes Thema seyn werde.«[88]

Indem der »Haupt=Satz« der Rede mit den herkömmlichen Redeelementen »Thema« oder »Proposition« gleichgesetzt wird, deutet Gottsched seine aus der aktuellen epistemologischen Diskussion erwachsene Klassifikation inventionaler Komponenten im Rahmen der rhetorischen Überlieferung neu. Dies geschieht allerdings auf kennzeichnende Weise, so daß der Terminus »Haupt=Satz« bei aller scheinbaren Konventionalität definitorisch ein neues, ›aufgeklärtes‹ Bewußtsein in sich birgt, nämlich den stets gegenwärtigen Appell an den Gebrauch der eigenen Vernunft. Es ist die strikte Ausrichtung an den Gesetzen der Logik, die, nach dem Satz vom Widerspruch, keine verschiedartigen, gleichberechtigt nebeneinander stehenden Aussagen über ein und denselben Gegenstand duldet und die zugleich diese neue Reflexivität in die ihr adäquate Form bringt. Der Versuch Gottscheds, alte und neue Vorstellungsmuster miteinander zu vereinen, ist deutlich zu erkennen. »Eingang« (*exordium*) und »Erklärung« bzw. »Erzählung« (*narratio*) einer Rede, »Beweisgründe« (*argumenta*) und »Widerlegung« von Entgegnungen (*refutatio*) unterstehen auf solche Weise den Regeln des oratorischen *ethos* ebenso wie »Erregung der Gemüthsbewegungen« bzw. »Bewegungsgründe« (*affectatio*) und »Beschluß« (*conclusio*) der Rede.[89]

Gottscheds terminologische Neuerung war für die weitere Entwicklung der Rhetorik eine maßgebende Modifikation der überlieferten Theorie. Durch ihn wurde die vorhandene rhetorische Begrifflichkeit mit neuen Inhalten gefüllt und – dies ist seine spezifische Leistung – unter diesen neuen Aspekten weithin populär gemacht. Seine Lehre vom »Hauptsatz«, die über die hier angedeuteten Prinzipien bis ins Detail das bisher übliche topisch-schematische Vorgehen hin-

---

[88] GOTTSCHED, Grundriß, I. Abtheilung. Von der Erfindung und Einrichtung einer Rede, oder vom Nachdencken, I. Hauptstück: Von Erfindung des Haupt=Satzes oder *Thematis* einer Rede, §. 2., S. 8. – Daß es sich hier um einen angeblich von Gottsched neu propagierten Redeteil handelt, wie von BORMANN, Gottsched, S. 66 u. ö., konstatiert, beruht auf einem grundsätzlichen Mißverständnis des Autors, unter dem schließlich die gesamte Untersuchung leidet.

[89] GOTTSCHED, Ausführliche Redekunst, III. HSt., III. §., S. 124 f. und IV. §., S. 126 f.

Die Antwort der Aufklärer: Der »Hauptsatz«

terfragte[90], war von weitreichendem Einfluß auf die folgende Generation von Rhetorikern. Sie ist in jeder Hinsicht in die Definition der *Anweisung zur guten Schreibart* (1755) Johann Gotthelf Lindners eingeflossen:

»Jeder vernünftige Mensch und also auch ein Redner hat einen Endzweck, er mag nun den Verstand oder den Willen des Zuhörers angehen. Dieser Endzweck giebt die Hauptgedanken, und derjenige Satz, auf den sich das übrige bezieht, heißt der Hauptsatz (*Thema,* Propositio)[.] Die andere zur Ausführung und Anwendung dienende Gedanken heissen Nebengedanken. Der Hauptsatz wird entweder aufgegeben, oder er ist willkührlich.«[91]

Die *Anweisung* ist symptomatisch für den Übergang zwischen der alten frühaufklärerischen, aus dem Versuch einer Synthese von antiken und humanistischen Denkmustern einerseits und logisch-rationaler Lehre andererseits sich herleitenden Rhetorik und der neuartige gefühlsmäßige Größen auslotenden Ästhetik. Lindner (1729–1776), der nach dem Studium in Königsberg 1753 Lehrer an der Domschule zu Riga wurde und während dieser Zeit sein Lehrbuch verfaßte[92], beruft sich in der Vorrede zu seiner Schrift sowohl auf Gottsched als auch auf Georg Friedrich Meier (1718–1777), die er bedenkenlos auch an anderer Stelle als Autoritäten nebeneinander nennt.[93]

In Lindners Diktion ist Gottscheds Einfluß anschaulich zu beobachten. Aber der Leipziger Professor war nicht der einzige und bei weitem nicht der erste

---

[90] Vgl. dazu auch die folgenden Kapitel, insbesondere VI, 3. 2. und VII/2. und VII. 3.

[91] Johann Gotthelf LINDNER: Anweisung zur guten Schreibart überhaupt und zur Beredsamkeit insonderheit (1755). Kronberg Ts. 1974. (ND der Ausgabe Königsberg 1755), 3. HSt., Zweiter Abschnitt. Von den nothwendigen Gedanken in einer Rede, und zwar Ersthe Abtheilung: Von Erfindung der Hauptsätze, §. 78, S. 106 f.; vgl. auch SCHULZ, Muster, Kap. VIII: Von den Hauptsätzen der Rede, S. 427–458. In Gottscheds Sinn wird bei BAUMEISTER, Anfangsgründe, 1, 22., S. 6, der »Hauptgedanke« mit dem Thema der Rede gleichgesetzt. Zu Lindner siehe auch unten, Kap. V, S. 173 f. und 205.

[92] Es war Lindner, der den jungen Herder 1764 an die Rigaer Domschule berief; er selbst, der bei Knutzen studiert hatte und mit Hamann, Hippel und Kant verkehrte, war nach seiner Berufung zum ordentlichen Professor der Dichtkunst in Königsberg 1764/65 auch Direktor der dortigen Deutschen Gesellschaft, deren Ehrenmitglied Gottsched war. Vgl. ADB, Bd. 18 (1883), S. 704 f.; JÖCHER, Bd. III, Sp. 1885 f.; STÖTZER, Redekunst, S. 91 und 268, Anm. 57. Von Lindner stammen außer der *Anweisung* auch das *Lehrbuch der schönen Wissenschaften* (2 Bde., 1767/68), der *Kurze Inbegriff der Aesthetik, Redekunst und Dichtkunst* (2 Teile, 1771/72) sowie von ihm gesammelte und edierte Schülerreden (ab 1756).

[93] LINDNER, Anweisung, Vorrede, unpag. [Bl. 2ᵛ]. Der Einfluß der Baumgartenschen Schule wird allerdings schon hier mehr als deutlich, wenn Lindner in einem knappen Überblick über das Werk auf die »ins Ganze der *Aesthetick* sich erstreckende[n] Kapitel« über die rhetorische Inventio verweist; vgl. dazu auch die Verweise auf »Meiers Aesthetick«, ebd., S. 71, 73, passim, sowie auf Longin (S. 72), Milton und Klopstock (S. 73).

Die Debatte um den Argumentationswert der Topik

Lehrer der Redekunst, der seinen Anhängern ein solches ›vernünftiges‹ Vorgehen abverlangte. Wiederum war ein französischer Autor Vorgänger der deutschen Frühaufklärer. Ganz ähnlich verlaufend, hatte im Nachbarland bereits im ausgehenden 17. Jahrhundert der Prozeß der umgestaltenden Einordnung rationalistisch-philosophischer Verfahrensweisen in das oratorische System stattgefunden. In diesem Sinne hatte sich Bernard Lamy (1640–1715) schon über ein halbes Jahrhundert vor Gottsched dagegen verwahrt, die Topik könne dadurch, daß sie eine große Zahl von sich gegenseitig stützenden Beweisgründen zur Verfügung stelle, mit dem von ihm postulierten logisch fundierten Beweis konkurrieren:

»Si on veut dire en faveur des Lieux Communs, qu' à la verité ils n'enseignent pas tout ce qu'il faut dire, mais qu'ils aident à trouver une infinité de raisons qui se fortifient les unes les autres: ils répondent, & je serois bien de leur avis, que pour persuader il n'est besoin que d'une seule preuve qui soit forte & solide, & que l'eloquence consiste à étendre cette preuve, & à la mettre en son jour, afin qu'elle soit apperceuë.«[94]

Ähnlich wie Gottsched sich auf Wolffs konsequente Orientierung am mathematisch-demonstrativen Denken beruft, ist auch Lamys Modell der Beredsamkeit von einem Philosophen bzw. dessen Schule geprägt. Im folgenden Abschnitt soll der Werdegang der französischen rationalistischen Rhetorikkonzeption an diesem entscheidenden Punkt nachvollzogen und auf diese Weise, speziell im Zusammenhang mit den Grundsatzfragen, die durch Lamy aufgeworfen wurden, der entscheidende Einfluß auf den Vorstellungswandel bei den deutschen Redelehrern um die Mitte des 18. Jahrhunderts nachgewiesen werden.

6. Cartesianische Vernunftrhetorik: Lamys *L'art de Parler*

Bernard Lamys rhetorisch-sprachphilosophische Schrift *L'art de parler*[95], die – wohl von Gottsched selbst – in einer Rezension anläßlich der deutschen Über-

---

[94] LAMY, Discours, Chapitre I, V, S. 290; in der Übersetzung I. HSt., V, S. 280: »Saget man für die Stellenplätze, daß sie der Wahrheit zum Besten nichts von dem sagen, was man sagen muß, sondern daß sie nur zur Erfindung unzähliger Beweise dienen, von denen einer den andern bestärket, so antworten sie [d. h. die Verächter der Topik, H. S.] und ich werde wohl ihrer Meynung seyn, daß man zum Uiberreden [sic!] nur einen Beweiß nöthig hat, der kräftig und gründlich ist und daß die Beredtsamkeit darinne bestehe, diesen Beweiß zu erweitern und in ein Licht zu setzen, damit er eingesehen werde«.
[95] Bernard LAMY: De l'art de parler. Kunst zu reden. Hrsg. von Ernstpeter Ruhe, mit einem einleitenden Essay »Perspektiven für eine Lektüre des *art de parler* von Bernard Lamy«

Cartesianische Vernunftrhetorik: Lamys *L'art de Parler*

setzung im Jahr 1753 als »die beste Anleitung zur Redekunst, welche die Franzosen aufzuweisen haben« bezeichnet wurde[96], wirkte mit ihrer Fundamentalkritik am topischen Denken und der in ihr vermittelten Konzeption der Findungskunst nicht nur auf Gottsched, sondern fand ein internationales, bis zu den Enzyklopädisten anhaltendes Echo.[97]

Lamy stand als Schüler der ›Oratorianischen Kongregation‹ in Le Mans unter dem Einfluß von Rhetoriklehrern, die sich wie sein Förderer Malebranche am Cartesianismus orientierten.[98] Nach seiner Priesterweihe war Lamy ab 1671 Philosophielehrer am *Collège Royal des Catholiques* in Saumur und baute in dieser Funktion seine cartesisch-antiaristotelischen Anschauungen aus.[99] Zum Zeitpunkt des Erscheinens seines rhetorischen Lehrbuchs im Jahre 1675 war er jedoch schon wieder von der Kongregation aus dem Schulbetrieb verbannt worden, da er als prominenter Fürsprecher der rationalistischen Philosophie unter das königliche Verbot der Weiterverbreitung des Cartesianismus fiel. Das Werk mußte so zunächst anonym erscheinen.

Ebenso wie in der *Ausführlichen Redekunst* beruft Gottsched sich bei der Darstellung der Tropen und Figuren in der *Critischen Dichtkunst* explizit auf Lamys Werk als Grundlage.[100] Auch Fabricius nimmt bei der Darstellung der Figuren-

---

von Rudolf Behrens. München (1980); Vgl. auch zum folgenden HWR, Bd. 1, Sp. 967–970 s. v. Argumentation.

[96] Rezension: Bernard Lami Kunst zu reden, aus dem Französischen übersetzt von M. J. C. M***. Altenburg, bey Paul Emanuel Richtern 1753, in: Das Neueste, Windmonath 1753, S. 876–877; der Übersetzer wird als »Herr M. Messerschmidt in Weißenfels« identifiziert.

[97] Das Werk wurde noch in der Mitte des 18. Jahrhunderts in Frankreich als Schulbuch benutzt. Zur Rezeption Lamys vgl. BEHRENS, Rhetorik, S. 115 und S. 204 f.

[98] Vgl. zur Biographie Lamys François GIRBAL: Bernard Lamy (1640–1715). Étude biographique et bibliographique. Textes inédits. Paris 1964; D. EHNINGER: Bernard Lami's »L'art de parler«. A critical analysis. In: Quarterly journal of speech 22, Nr. 4 (1946), S. 429–434; BEHRENS, Rhetorik, S. 120–123. Daß selbst in der Cartesischen Philosophie ein Zusammenhang zwischen Wahrheitstheorie und der Rhetorik, insbesondere in Bezug auf deren Persuasivität, zu konstatieren ist, zeigt Peter FRANCE: Rhetoric and Truth in France. Descartes to Diderot. Oxford 1972, S. 40–67; zur Rhetorizität des Descarteschen Werks ebd., S. 52–67.

[99] Zu Descartes' Sprachphilosophie als Grundlage Lamys wie auch anderer französischer Rhetoriker (Rollin, Gisbert) vgl. neben FRANCE, Rhetoric, auch Samuel IJSSELING: Rhetorik und Philosophie. Eine historisch-systematische Einführung. (Stuttgart-Bad-Cannstatt 1988), S. 91–98.

[100] GOTTSCHED, Critische Dichtkunst, X. Cap.: Von den Figuren in der Poesie, hier bes. 3. §., S. 382 f.; vgl. ebd., 1. Cap., 14. §., S. 127. Vgl. dazu auch WECHSLER, Gottsched, S. 73; BEHRENS, Rhetorik, S. 21–25, 169 f.; REICHEL, Gottsched, Bd. 1, S. 400.

lehre Bezug auf den französischen Rhetoriklehrer. Er beschreibt in seiner *Philosophischen Redekunst* (1739) das System der »vernünftigen« Beredsamkeit, der selbstverständlich auch die Tropen und Figuren angegliedert sind. Der methodische Ausgangspunkt bei der Betrachtung und Annäherung an das rhetorische Gedankengebäude ist der gleiche wie bei seinem Leipziger Kollegen Gottsched: Die Lehre von der *inventio* genießt die Vorrangstellung vor allen anderen Bearbeitungsphasen einer Rede.

Wie Lamy rechnete der französische Philosoph Antoine Arnauld (1612–1694)[101] schon einige Zeit vor ihm in der an Wirkung kaum zu unterschätzenden *Logik von Port-Royal* (1662)[102] das topische System nicht mehr zur *inventio*, die er vornehmlich als eine ›Kunst des Entdeckens‹ verstand. Dem philosophischen Ansatz entsprechend ist für ihn die rhetorische Argumentation ganz von der (ihrerseits veränderten) Dialektik bestimmt. Arnauld war davon ausgegangen, daß es über den Weg der Klassifikation von Argumenten durch das System der Topik hinaus noch weitere Beweisgründe geben müsse, die sich nicht in ein derartiges Schema einordnen lassen. Daher sollte der Redner oder Schreiber sich nicht allein auf das überkommene Lehrgebäude verlassen, sondern sein Wissen um die mannigfaltigen Wahrheiten als Mittel der Argumentation nutzen, ebenso wie seinen »gesunden Menschenverstand« und gründliche Reflexion über seinen Gegenstand.[103] Insbesondere verwahrt Arnauld sich, dies wohl unter dem prägen-

---

[101] Zur Biographie vgl. DBF, Bd. 3, Sp. 859–867; zum Werk vgl. Steven M. NADLER: Arnauld and the Cartesian philosophy of ideas. Manchester (1989); Aloyse Raymond NDIAYE: La philosophie d'Antoine Arnauld. Paris 1991. Zu Arnauld als – neben Pierre Nicole – dem bedeutendsten Vertreter des Jansenismus vgl. Frantz CALOT/Louis-Marie MICHON: Port-Royal et le Jansénisme. (Paris 1927); J. PAQUIER: Le Jansénisme. Paris 1908. Vgl. zu diesem Thema auch Lucien GOLDMANN: Die Kulturgeschichte des Jansenismus und die Vision des Tragischen: Pascal und Racine. In: PGL, Bd. 3, S. 281–300, hier S. 285.

[102] A. ARNAULD/C. LANCELOT: Grammaire générale et raisonée (1660) *suivie de* La Logique ou L'Art de Penser (1662). Genève 1972. (Réimpression des editions de Paris, 1660 et 1662); als Übersetzung der Ausgabe Amsterdam 1685: Antoine ARNAULD: Die Logik oder Die Kunst des Denkens. Darmstadt 1972.

[103] ARNAULD, Logique, III. Partie, XV, S. 292–300 »Des Lieux ou de la Methode de trouver des argumens. Combien cete methode est de peu d'vsage«; in der Übersetzung: ARNAULD, Logik, Tl. 3, Kap. XVII, S. 222–227: »*Von den Loci argumentorum oder über die Methode, Argumente zu finden; von welch geringem Nutzen diese Methode ist*«. Zwar wird den *loci*, da sie einen Themenbereich unter verschiedenen Aspekten beleuchten, ein gewisser heuristischer Wert zugestanden, aber die natürliche Erkenntnis ist durch sie blockiert; vgl. HWR, Bd. 2, Sp. 580. Auch Fénelon lehnt das topische System als Grundlage der *inventio* ab; vgl. dazu KENNEDY, Rhetoric, S. 225; vgl. auch zum folgenden BORMANN, Gottsched, S. 69 f.

Cartesianische Vernunftrhetorik: Lamys *L'art de Parler*

den Einfluß methodologischer Überlegungen der cartesischen Philosophie, gegen eine bestimmte Interpretation des aristotelischen Systems der Topik, die seiner Meinung nach der topischen Invention den Vorrang vor den Regeln der Logik einräumt, nämlich diejenige des Petrus Ramus (Pierre de la Ramée, 1515–1572) und seiner Anhänger.[104] Als Konsequenz aus deren Lehre könnte in Arnaulds Augen die rhetorisch-topische Erfindung ihre Bindung an die Kontrollinstanz der Urteilskraft (*iudicium*) verlieren und würde sich dadurch von logisch-dialektischen Methoden emanzipieren. Die Logik hat dagegen für den im Mittelpunkt seiner Abwägungen stehenden Erkenntnisprozeß uneingeschränkten Vorrang. Arnaulds Werk und mit ihm die Bewertung der klassischen Argumentationstheorie stehen vor diesem Hintergrund freilich vor allem unter dem Eindruck des Cartesianismus und dessen apodiktischer Ablehnung der topischen Praxis.[105]

Den kritischen Überlegungen Arnaulds folgte Lamy insofern, als er dessen streng logisch deduziertes Regelwerk auf das menschliche Sprach- und Kommunikationsvermögen übertrug. Hauptsächlich im *Discours dans lequel on donne*

---

[104] ARNAULD, Logique, S. 292 f. Die einflußreichen *Dialecticae institutiones* (1543), die allein bis zu Ramus' Tod mindestens 39 Auflagen erlebten, waren gerade für die Methodendiskussion in der frühneuzeitlichen Rhetorik besonders wichtig. Zu Ramus und seiner Schule siehe auch unten, Kap. V, 2., S. 179 f.; vgl. außerdem Walter J. ONG: Ramus. Method, and the Decay of Dialogue. From the Art of Discourse to the Art of Reason. Cambridge/Mass. 1958; zur ramistischen Rhetorik ebd., S. 270–292; zur zeitgenössischen Auseinandersetzung mit Cicero vgl. Kees MEERHOFF: Rhétorique et Poétique au XVIe siècle en France. Du Bellay, Ramus et les autres. Leiden 1986.

[105] Wie vertraut Gottsched mit Leben und Werk Arnaulds und den Hintergründen der bei ihm sich abspielenden Debatte war, zeigt der Anmerkungsapparat zum *Dictionnaire historique et critique* des französischen Polyhistors Pierre Bayle (1647–1706), den er zusammen mit seiner Frau übersetzte und umfassend kommentierte zwischen 1741 und 1744 herausgab. Allerdings werden in diesem Artikel eher konfessionelle Dispute mit Zeitgenossen behandelt: Pierre BAYLE: Historisches und Critisches Wörterbuch. Nach der neuesten Auflage von 1740 ins Deutsche übersetzt; auch mit einer Vorrede und verschiedenen Anmerkungen versehen von Johann Christoph Gottsched. Bd. I. Mit einem Vorwort von Erich Beyreuther. Hildesheim/New York 1974, S. 343–352; auf das Verhältnis zu Descartes wird nur knapp, ebd., S. 352, Anm. (CC), eingegangen. – Vgl. auch Gerhard SAUDER: Bayle-Rezeption in der deutschen Aufklärung. (Mit einem Anhang: In Deutschland verlegte Bayle-Ausgaben und deutsche Übersetzungen Baylescher Werke). In: DVjS 49 (1975), Sonderheft »18. Jahrhundert«, S. 83*–104*; hier ebd., S. 95* f., sowie Ph. Aug. BECKER: Gottsched, Bayle und die Enzyklopädie. In: Beiträge zur deutschen Bildungsgeschichte. FS zur Zweihundertjahrfeier der Deutschen Gesellschaft in Leipzig 1727–1927. Leipzig 1927, S. 94–108; Erich LICHTENSTEIN: Gottscheds Ausgabe von Bayles Dictionnaire. Ein Beitrag zur Geschichte der Aufklärung. Heidelberg 1915.

une idée de l'Art de Persuader, dem Anhang zu seinem Hauptwerk[106], versucht Lamy die traditionelle Anweisungsrhetorik zu überwinden, indem er den Schüler der Redekunst – ganz im Sinne Descartes' – in logisch aufeinander aufbauenden Schritten ihr Wesen verstehen und die Grundlagen nachvollziehen läßt und ihn, anders als die Anweisungsrhetorik, zur Nachahmung aus Einsicht verpflichtet.[107] Das Augenmerk auf hermeneutische Fragestellungen und auf pädagogisch durchdachte, epistemologisch orientierte Belehrungen ist an die zentrale Frage nach den »natürlichen« Regeln des Wissenschaftssystems Rhetorik gebunden. Der *Discours* als 5. Buch des *Art de parler* konzentriert sich auf die Darlegung von *inventio* (Kapitel 1–3) und *dispositio* (Kapitel 4). Die Wiedergabe der *inventio* ihrerseits offenbart das besondere Verhältnis Lamys zur rhetorischen Tradition: die Kapiteleinteilung folgt der aristotelischen Aufteilung der (entechnischen) Beweisgründe.[108] Obwohl auch Lamy einen Toposkatalog aus angeblichem Respekt vor der Tradition präsentiert, kann seiner Auffassung nach die topische Methode das Finden der Argumente nur behindern: »Si un Orateur au contraire ignore le fond de la matiere qu'il traitte, il ne peut atteindre que la surface des choses, il ne touchera point le noeud de l'affaire (...)«[109] Dementsprechend verwirft er die Topik mit dem Argument, sie stelle ein Übermaß an Möglichkeiten der Wahrheitserfassung zur Verfügung, das den sachgemäßen Einsatz

---

[106] In: LAMY, De l'art de parler, S. 276–336; in der Übersetzung *Eine Abhandlung, darinne ein Begriff der Kunst zu überreden gegeben wird*, ebd., S. 267–324; leider ist der *Discours* in der ansonsten verdienstvollen Arbeit Behrens' von der Untersuchung ausgeklammert. Durch die Schwerpunktsetzung auf sprachphilosophische Probleme wird der in der zeitgenössischen Theorie wurzelnde innerrhetorische Diskurs übergangen. Insgesamt erweist sich der Versuch des Autors als zweifelhaft, Vorstellungen und Termini des 20. Jahrhunderts aus der strukturalistischen Debatte – etwa Foucaults – auf Redelehren des 17. Jahrhunderts zu applizieren und damit Vorläuferschaften zu unterstellen bzw. Rezeptionslinien *ex post* zu konstruieren.

[107] LAMY, De l'art de parler, S. 17; zur Pädagogik Lamys vgl. BEHRENS, Rhetorik, S.17, 122 f.

[108] Vgl. WECHSLER, Gottsched, S. 72; BEHRENS, Rhetorik, S. 125.

[109] LAMY, Discours, Chapitre I, V (Reflexion sur cette Methode des Lieux), S. 289; in der Übersetzung Messerschmidts 1. HSt., V (Betrachtung über diese Lehrart der Stellen), S. 279: »Hingegen wenn ein Redner den Grund seiner Abhandlung nicht weiß, so kann er nur die Sachen von aussen, und nicht in ihrer Verbindung berühren (...)« – Bei Fénelon wird die Topik überhaupt nicht diskutiert. Stattdessen verlangt der Autor von seinem Leser, sich umfassende Kenntnis über seinen Redegegenstand zu verschaffen. Im Unterschied zu Lamy differenziert Fénelon jedoch zwischen der allgemeinen Rhetorik, die Beweispflicht unterliege, und der Kanzelberedsamkeit, der die Gewißheit genüge; vgl. dazu KENNEDY, Rhetoric, S. 225.

des *iudicium* verhindere: »Ceux qui méprisent la Topique, ne contestent point sa fecondité, ils demeurent d'accord, qu'elle fournit une infinité de choses; mais ils soûtiennent que cette fécondité est mauvaise, que ces choses sont triviales, & que par consequent la Topique ne fournit que ce qu'il ne foudroit pas dire.«[110]

Der innere Zusammenhang einer Rede, von dem Lamy spricht, wird vermittels der Beweise hergestellt. Über die Auslegung dessen, was als beweiskräftig anzusehen ist, gehen die Ansichten freilich auseinander. Man kann sogar sagen, daß sich die Diskussion um Aufgaben und Wesen der Rhetorik immer wieder an der Klärung dieser Frage festmachen läßt. Eben dieser Diskussionszusammenhang wird bei Lamy deutlich, und er wird auch von Gottsched thematisiert. Den Abschnitt *Von den Beweisgründen* in seiner *Akademischen Redekunst* beginnt der Leipziger mit der Feststellung, die rednerische *persuasio* habe ihren »Kern und Mittelpunct« im Beweis:

> »Da nun hierinn die Alten alle eins sind: so haben auch alle sehr weitläuftig von den Beweisen gehandelt. Sonderlich hat Aristoteles die sogenannten *Loca*, oder *Topica*, ausführlich ausgeführet; darinn er die Quellen der Beweisgründe abhandelt, woraus junge Redner und Disputanten schöpfen konnten. Die Zahl derselben war sehr groß, und ihre Erklärung füllete viele Bücher: daraus Cicero, dem Trebatius zu gut, nur einen Auszug machete.«[111]

Daß der Beweis keinesfalls von vornherein mit den Entwürfen der *Topica* identifiziert werden darf, macht Gottsched im selben Teilstück wenig später, bei der Erörterung des *genus demonstrativum* deutlich. Hier zählt er – wie sein französischer Vorgänger – eine Liste verschiedener, traditioneller *topoi* auf, um sie im selben Atemzug als untauglich zurückzuweisen:

> »Hier möchte nun jemand wünschen, daß man doch eine Art von topischen Fächern bei den Lobreden an die Hand geben, oder verstatten möchte: wie Dionys. von Halikarnaß gethan; oder auch Cicero selbst am angezogenen Orte vorschlägt. Man will nämlich gern aus den Namen, Aeltern, Vorfahren, Geburtsstäten [sic!], Landschaften, Anverwandten, Lehrern, Reisen, Gütern des Glückes, Ehrenstellen und andern solchen äußerlichen Umständen, dahin auch wohl gar die äußerliche Leibesgestalt, Stärke, das Alter, oder die Geburts= und Todesstunde gerechnet werden, etwas beweisen. Allein wir haben schon oben gezeiget, daß dieß alles sehr

---

[110] LAMY, Discours, ebd.; in der Übersetzung Messerschmidts, S. 279: »Dieienigen, welche die Topik verwerfen, machen ihr nicht ihre Fruchtbarkeit streitig; sie kommen darinne überein, daß sie unzählige Sachen darreichet. Sie behaupten nur, daß diese Fruchtbarkeit schlimm sey, daß dergleichen Sachen gemein sind, und daß folglich die Topik vorbringt, was sie nicht sollte.« Da sich dieser Begründungszusammenhang auch bei Gottsched findet, der eben deshalb wie Lamy die Topik nicht vollständig zurückweist, muß gegen WECHSLER, Gottsched, S. 54, 102, passim, von seiner Bekanntschaft auch mit französischen Rhetorikkonzeptionen bei ihm ausgegangen werden.

[111] GOTTSCHED, Akademische Redekunst, VI. HSt., 2. §., S. 104 f.

schwache Beweise abgiebt, die in der wahren Beredsamkeit keine statt finden; deren sich also ein Redner billig zu enthalten hat. Bloß große Gaben, gute Eigenschaften, Tugenden und Thaten, geben ein wahres Lob.«[112]

Die Übereinstimmung des deutschen Aufklärers mit dem französischen Vorbild ist deutlich zu erkennen. Über die Adaption der Figurenlehre[113] hinaus ist die Ablehnung der Topik auf der Basis eines »vernünftigen« Menschenbildes auf beiden Seiten zu sehen. In der Forschung wurde verschiedentlich auf Diskrepanzen in der psychologischen Grundlegung zwischen dem Leipziger Professor und dem französischen Philosophielehrer am *Collège Royal* hingewiesen: Aufgrund des Wegfallens der psychologischen Analysen bei Gottsched sei der Einfluß Lamys trotz großer Ähnlichkeiten »auf eine nur äußerliche Anlehnung und Entlehnung beschränkt«[114]; Gottsched habe eine andere psychologische Konzeption als Lamy zugrunde gelegt, dessen religiös gebundenes anthropologisches Bild sei bei ihm zur »soziale[n] Norm« degeneriert, die der Rechtfertigung der ständischen Normen diene.[115]

Diese Differenzen sind jedoch m. E. nicht entscheidend; sie beruhen auf einer an Wolff statt an Descartes ausgerichteten Psychologie. Viel wichtiger für die Entwicklungsgeschichte des rhetorischen Systems als eines Ganzen an der Wende vom Barock zur Aufklärung ist die einheitliche, nationenübergreifende Überzeugung, die althergebrachte Methode des topischen Denkens könne einer wahren (oder glaubhaften) Beschreibung der Realität nicht dienen. Diese Überzeugung nämlich unterhöhlt nicht nur das überkommene rhetorische Lehrgebäude, sondern das ›rhetorische Denken‹ als solches. Wenn das Denken in rhetorischen Kategorien grundsätzlich in Frage gestellt wird, ist es nur noch ein Schritt zur Infragestellung und Auflösung der gesamten Lehre, deren Stelle dann von einer anderen Disziplin eingenommen werden muß.

---

[112] Ebd., 9. §., S. 109; ähnlich ders., Ausführliche Redekunst, VI. HSt., V. §., S. 167. Siehe zur praktischen Anwendung auch unten im Exkurs.

[113] Aus dem 1.–4. Buch von Lamys Werk; *memoria* und *actio/pronuntiatio* als die weiteren klassischen Herstellungsphasen der Rede sind von der Behandlung ausgeschlossen; zur an Cicero, Quintilian und Longin anschließenden, deren Lehre aber durch eine neuartige Psychologie modernisierende Figurenlehre vgl. BEHRENS, Rhetorik, S. 148–155.

[114] WECHSLER, Gottsched, S. 73. Vgl. ähnlich die kurzsichtige Behauptung bei REICHEL, Gottsched, Bd. 2, S. 62, Gottsched habe Bekanntschaft mit den Werken Lamys und Rollins erst nach der Ausarbeitung seines *Grundrisses* (1728/29) geschlossen, was daran zu sehen sei, daß sie in dem Frühwerk nicht genannt würden.

[115] BEHRENS, Rhetorik, S. 25.

KAPITEL IV

AUSGANGSPUNKTE UND ZIELE FRÜHAUFKLÄRERISCHER KRITIK AN DER ›SCHULORATORIE‹

1. Ein neuer Wissenschaftsbegriff

1.1. Die Neueinschätzung der Erfindungsquellen

Die Anweisungssrhetoriken des 17. Jahrhunderts präsentieren dem Leser als typisches Erkennungsmerkmal oft umrangreiche Aufstellungen und Verzeichnisse von Erfindungsquellen. Einer der Hauptpunkte der Kritik an der sogenannten ›Schuloratorie‹ bei den Frühaufklärern Gottsched, Fabricius und Hallbauer bezieht sich auf diese Toposverzeichnisse bzw. die von ihnen ausgehende Erfindung.

Ähnlich Christoph Männlings Katalog der Erfindungsquellen[1] legt Christian Weidling (1660–1731), Lehrer am *Gymnasium illustre* in Weißenfels[2], umfangreiche, für verschiedene Anlässe bestimmte Indices vor. So nennt er beispielsweise in seinem *Oratorischen Hofmeister* (1698), der ausführliche, durch viele praktische Exempel erläuterte Anweisungen zum Verfertigen von Leichabdankungen gibt, »Wapen« oder »Fahnen und Grabschriften« als eigene Arten der Herkunft rednerischer Erfindung.[3] Auch in anderen Werken wie dem *Trauerredner* (1698) und dem *Gelehrten Kirchenredner* (1700) sind die topischen *inventiones* von Weidling so organisiert, daß der Suchende ein detailreiches Bild davon erhält, wie Reden zu verschiedensten Anlässen und unter den unterschiedlichsten Voraussetzungen regelrecht abzufassen sind. Man meint Weidlings Ordnungsschema oder Männlings Aufstellung der Fundgruben vor Augen zu haben, wenn man Gottscheds Polemik gegen »dieses wunderliche Zeug« in der *Ausführlichen Redekunst* liest: »Ich widerrathe dabey alles Ernstes, alle die Erfindungsquellen, die man sonst nach der vormaligen Redekunst angewiesen, und

---

[1] Siehe oben, Kap. III, 4. 2., S. 113.

[2] Nach dem Magisterexamen 1684 in Leipzig und der Promotion zum Doctor Iuris in Jena mit anschließender fünfjähriger Lehrtätigkeit ging Weidling 1707 als Rektor nach Weißenfels, wo er schon seine Schulzeit verbracht hatte. 1719 zum Ordentlichen Professor der Rechte nach Leipzig berufen, stand er schließlich als Kammer- und Hofrat in herzoglich-anhaltischen Diensten. Nach 1727 lehrte er die Rechte in Kiel. Über ihn vgl. JÖCHER, Gelehrten-Lexicon, Bd. 4 (1751), Sp. 1854; ADB 41 (1896), S. 456 f.; ZEDLER, Universal-Lexikon, Bd. 54 (1747), Sp. 267–269.

[3] WEIDLING, Hofmeister, Cap. IV. De Parentationibus, Sechste Art *per insignia*, durch Wapen, S. 505–511 (Regeln) und 511–630 (Beispiele), Siebende Art, S. 630–635 (Regeln) und 635–655 (Beispiele).

die in den Wappen, in den öffentlich Zeitungen, in den Namen, oder in allerley Sinnbildern, Münzen und Ehrenpforten gesuchet worden (...)«[4]

Genau diejenigen »Örter«, die Männling und Weidling dem Redner als korrekte Mittel der *inventio* anempfehlen, werden also von Gottsched abgelehnt, denn sie tragen seiner Ansicht nach zu einem substantiellen Erfassen und publikumsbezogenen Vermitteln der zu behandelnden Themen nichts bei. Die Funktionsbestimmung der rednerischen Vorgehensweise im *genus demonstrativum* ergibt sich ihn im Gegenteil erst aus der Fundamentalkritik an den im Lauf des 17. Jahrhunderts entwickelten oder vielmehr verfeinerten Inventionsverfahren. Das weitverbreitete *procedere* des ›Erfindens‹ von stofflich-thematischen Aspekten, an dem Gottsched sich stößt, hat gerade bezüglich der im täglichen Leben seiner Zeit so bedeutungsvollen Gelegenheitsreden besondere Auswirkungen, und hier muß die ›Aufklärung‹ des Redners (wie damit auch des Zuhörers) ansetzen. Ansonsten besteht größte Gefahr, daß die gängigen Handbücher und Hilfsmittel ein falsches, zumindest aber schiefes Bild dessen vermitteln, was eigentliche Aufgabe des Redners ist. In Fabricius' *Philosophischer Redekunst* (1739) findet sich, in einer Gottscheds Dissens mit den Vorläufern ähnlichen, historischen Perspektive, eine entsprechende Bemerkung, die gleichermaßen an Männling oder Weidling gerichtet sein kann: »Vor diesem [d. i. früher] hielte man beispiele, zeugnisse, sinbilder, gleichnisse, münzen, wapen und dergleichen vor realien, iezo hält man gründliche und nach der klugheit angebrachte urtheile, vernünftige schlüsse, davor.«[5]

Im gleichen Jahr apostrophiert Daniel Peucer in seinen *Anfangs=Gründen der Teutschen Oratorie* »Münzen, *emblemata*, Wapen, Wahlsprüche, sinnreiche Reden, *hieroglyphica*, rare Gewächse, Bilder, und Statuen etc.« als Zeichen eines »verderbten Geschmacks von der Beredtsamkeit«.[6] Das so geartete, die Kombinationsfähigkeit der Zuhörer herausfordernde anspielungs- und ›sinn-‹reiche

---

[4] GOTTSCHED, Ausführliche Redekunst, III. HSt., XII. §., S. 133; ähnlich ebd., VI. HSt., V. §., S. 167 und XV. HSt., XI. §., S. 370; ders., Akademische Redekunst, III. HSt., 17. §., S. 71; ebd., VI. HSt., 9. §., S. 109. Gegen Münzen und Wappen als Erfindungsquellen auch ders., Vorübungen, VI. HSt., 18. §., S. 52; der Rekurs auf »Sinnbilder«, »Münzen« und »Ehrenpforten« auch in ders.: XII. Akademische Rede, Zum Abschiede aus der vertrauten Rednergesellschaft zu Leipzig im Jahr 1728 den 20. Aug. gehalten. In: Ders., Gesammelte Reden, AW IX/2, S. 518–533, hier S. 528. Daß Gottscheds Mißbilligung einer Nutzung dieser Quellen als Mittel der elocutionellen Ausgestaltung auch die Fundamentalebene der argumentativen Beweisfindung erreicht, zeigt zutreffend SCHWIND, Schwulst-Stil, hier S. 253.

[5] FABRICIUS, Redekunst, § 46, S. 20.

[6] PEUCER, Anfangs=Gründe, Einleitung, §. 29. Arten der oratorischen Vorurtheile, 4., S. 46. Die Folgen sind für Peucer klar: »Denn dieses führet auf eine Wortkrämerey und Wäscherey und nicht selten zu einer schwülstigen und affectirten Beredtsamkeit«.

Ein neuer Wissenschaftsbegriff

Sprechen, wie es im 17. Jahrhundert als essentiell rhetorisch verstanden wurde, hält der Forderung nach einer sachgemäßen oratorischen Verfahrensweise gemäß den Regeln der logischen Vernunft nicht stand. Daß alle drei, Gottsched, Fabricius und Peucer, gedanklich übereinstimmend und nahezu wortgleich formulieren und dabei unter anderem auf solche Details wie »Wappen« und »Münzen« als Erfindungsquellen abheben, kann nur als Vorgehen aus dem Geist der Aufklärung gegen die weitverbreiteten Verzeichnisse rednerischer Fundstätten und der für ihre Nutzung vorausgesetzten Erfindungstechnik in der Manier Männlings oder Weidlings verstanden werden.

Als primäre Bezugsquelle und Folie für die Kritik aus neuartiger Perspektive muß das Werk gelten, das der Ziehvater einer ganzen Generation von Redelehrern, Christian Weise (1642–1708)[7], verfaßt hat, und das auch für Männling und Weidling vorbildlich war. Weise hatte die durch langjährige Lehrtätigkeit, zunächst als Hauslehrer, schließlich als Professor der Politik, Poesie und Beredsamkeit am Weißenfelser Gymnasium zwischen 1670 und 1678[8], dann am Zittauer Gymnasium bis 1708 erworbenen Kenntnisse in einer Vielzahl von Lehrbüchern niedergelegt und war als einer der bedeutendsten Pädagogen seiner Zeit anerkannt. Immer war es die an konkrete lebensweltliche Situationen anknüpfende Redepraxis, die für ihn im Mittelpunkt oratorischer ›Erfindung‹ und deren Einübung stand. In seinem *Gelehrten Redner* (1693) gibt Weise auf über 200 Seiten als nachahmenswertes Vorbild für seine Aufforderung an den Schüler der Redekunst, eigene Sammlungen aus Sprüchen und Sentenzen anzulegen, gesammelte »Miszellen« vornehmlich aus Werken der Numismatik wieder, in denen einzelne Münzen unter Angabe von Sinnbildern und -sprüchen genau als Quel-

---

[7] Vgl. Peter BEHNKE/Hans-Gert ROLOFF (Hrsg.): Christian Weise. Dichter – Gelehrter – Pädagoge. Beiträge zum ersten Christian-Weise-Symposium aus Anlaß des 350. Geburtstages, Zittau 1992. Bern u. a. (1994). Zu Leben und Werk Weises vgl. Hans Arno HORN: Christian Weise als Erneuerer des deutschen Gymnasiums im Zeitalter des Barock. Der »Politicus« als Bildungsideal. Weinheim/Bergstr. 1966; Manfred BEETZ: Christian Weise. In: Deutsche Dichter. Bd. 2. Reformation, Renaissance und Barock. Stuttgart (1988), S. 376–388; BARNER, Barockrhetorik, S. 190–220; STÖTZER, Redekunst, S. 266.

[8] Das Gymnasium war 1664 von Herzog August von Sachsen-Weißenfels (1656–1680), dem Oberhaupt der Fruchtbringenden Gesellschaft, nach dem Vorbild der Ritterakademien gegründet worden; der kunstsinnige Sohn des Herzogs, Johann Adolph, förderte die gymnasialen Theateraufführungen (Schulactus), die besonders unter Weise als Rhetorikübung eine Blüte erlebten. Vgl. KÖLMEL, Riemer, S. 8 f.; BARNER, Barockrhetorik, S. 206 f. Zur Rolle der Rhetorik Christiane CAEMMERER: Christian Weises Stücke vom dritten Tag als praktischer Übungsteil seiner Oratorielehre. In: BEHNKE/ROLOFF, Weise, S. 297–313; Konradin ZELLER: Rhetorik und Dramaturgie bei Christian Weise am Beispiel der dramatischen Disposition. In: Deutsche Barockliteratur und europäische Kultur, S. 258–260.

len der Erfindung beschrieben werden; die eigenen Redebeispiele sind durch Motti aus solcherlei Fundgruben verbunden.[9]

Man sollteallerdings vorsichtig sein, die von seiten der späteren Kritiker oft recht drastisch formulierte Auseinandersetzung mit diesen populären Redelehrern als offene Diffamierungen aufzufassen. Gottscheds, Fabricius' und Peucers Kritik an rednerischen Erfindungsquellen, wie Männling, Weidling und Weise sie aufführen, bezieht sich weniger auf diese Autoren persönlich, als vielmehr auf sie als Exponenten einer im Lauf des 17. Jahrhunderts immer weiter geführten rhetorischen Praxis, die in Werken wie dem *Gelehrten* oder dem *Expediten Redner* theoretisch abgesichert wurde. Ausgehend von der schon von Quintilian referierten Einteilung in *loci a persona* und *loci a re* und den im Anschluß daran – etwa von Fortunatian – genannten inventionalen ›Generalnennern‹ Personen, Sachen, Ursachen und Umstände, weiteten sie die möglichen Erfindungsquellen in immer umfassenderen Katalogen aus. Dabei wurde dem rednerischen Urteilsvermögen *iudicium* eine immer wichtigere Rolle als praktischem Entscheidungskriterium über äußere Faktoren wie Zeit, Ort, Anlaß und Personen neben den überkommenen Regeln vom ›Angemessenen‹ im Sinne des *aptum externum* zugesprochen.[10] Die Zentralkategorien der *inventio* tauchen dementsprechend als Grundlage von immer umfassenderen und detaillierteren Indices in Rhetoriken – wie auch Poetiken[11] – der Frühen Neuzeit auf.

---

[9] Vgl. dazu die Hinweise bei BÖCKMANN, Formgeschichte, S. 70.

[10] Vgl. die Zweiteilung bei UHSE, Redner, S. 293–298 (»Was vor *Argumenta* werden bey dem Zuhörer *appliciret*?«), hier S. 294: nach den Regeln des Angemessenen sind zu beachten »Die *Person/* in welcher der *Affect* entweder erwecket oder gestillet werden soll«, und »Die *Sache/* gegen welche der *Affect* entweder erwecket oder gestillet werden soll«. SINEMUS, Poetik, S. 55 f. prägt dafür den Begriff »situatives aptum«; vgl. auch im Anschluß an ihn Ursula GEITNER: Die Sprache der Verstellung. Studien zum rhetorischen und anthropologischen Wissen im 17. Jahrhundert. Tübingen 1992, hier S. 15, und den systematischen Teil in UEDING/STEINBRINK, Grundriß, S. 220–225 (*loci a persona*) und S. 226–235 (*loci a re*).

[11] Die *Loci a persona* zusammen mit den *Loci a re* finden sich etwa bei Georg Philipp HARSDÖRFFER: Poetischer Trichter. Darmstadt 1969. (ND der Ausgabe Nürnberg 1648–1653), im Titel des zweiten Teils: Erfindungen »aus dem Namen« und »aus den Sachen und ihren Umständen«. In diesem Werk begründet Harsdörffer unter dem Blickwinkel der allgemeinen Funktionsbestimmung der Dichtkunst gemäß den rhetorischen Forderungen des *docere, movere* und *delectare*, die horazischen *prodesse et delectare*, die Auswahl von vier zentralen *topoi*. Vgl. dazu Franz Günter SIEVEKE: Topik im Dienst poetischer Erfindung. Zum Verhältnis rhetorischer Konstanten und ihrer funktionsbedingten Auswahl oder Erweiterung (Omeis – Richter – Harsdörffer). In: JbG VIII (1976), H. 2, S. 17–48, insbes. S. 34–47. – In Anlehnung an Harsdörffer definiert Birken die »*inventio thematis* des Poeten« als »entweder eine Person/ oder eine Sache/ ein Ding/ oder eine Handlung« betreffend.

Ein neuer Wissenschaftsbegriff

Sicherlich hing diese Tendenz zu Ausbreitung und Vergrößerung mit dem im Lauf des Barockjahrhunderts sich verändernden Stilbewußtsein zusammen, das eine immer stärkere Betonung der ›Worte‹ gegenüber den ›Sachen‹ erlaubte. Aber es wurden nicht nur die Toposkataloge in dieser Zeit immer umfangreicher. Aus dem Bestreben der Rhetoriker insbesondere des späten 17. und frühen 18. Jahrhunderts heraus, die von relativ homogenen Vorstellungen geprägte humanistische, am klassischen Altertum orientierte Erwartungshaltung gegenüber der Redekunst in die eigene Muttersprache zu verpflanzen, und aus dem von daher neu empfundenen Sprachbewußtsein ist der Drang zu einer intensivierten Sprachhaltung zu verstehen, ein Vorgang, der sich ebenso im Bereich des Dichterischen abgespielt hat.[12]

Die Grenzen zwischen *inventio* und *elocutio* werden mit einem durch neuartige Ansprüche an die Redekunst modifizierten Erfindungsbegriff fließend, da eine andere Art der Auffassung der ›Sachen‹ selbst vorzuherrschen beginnt. Dieses in ganz Europa verbreitete, in erster Linie als Stilhaltung wahrgenommene Phänomen ist im nachhinein auf verschiedene Weise abschätzig etikettiert worden, von Gottsched und seinen Mitstreitern als »Pomp«, »Schwulst« oder »Bombast«[13], und, nicht zuletzt aufgrund ihres aufklärerischen Verdikts, von späteren Generationen als »Manierismus« oder als »Barockstil«[14] schlechthin. So muß der Rhetoriker und Poetiker Männling schließlich als Beispiel herhalten, wenn Gottsched gegen die »affectirte« oder gegen die »pedantische« Schreibart polemisiert, die sich aus einer veränderten Vorstellung von der *inventio* ergibt: »*Männling* kann uns hier zum Beyspiele dienen, der gewiß in seinen Zueignungs-

---

[Sigmund von BIRKEN:] Teutsche Rede-bind und Dicht-Kunst/ oder Kurze Anweisung zur Teutschen Poesy (...). Nürnberg MDCLXXIX, II, S. 187.

[12] Vgl. dazu Karl Otto CONRADY: Lateinische Dichtungstradition und deutsche Lyrik des 17. Jahrhunderts. Bonn 1962, S. 222; Marian SZYROCKI, Einleitung. In: Ders. (Hrsg.): Die deutsche Literatur des Barock. Eine Einführung. Stuttgart (1987), S. 10–15.

[13] Mit der Bezeichnung »Bombast«, die Gottsched explizit auf England bezieht, sind dortige Stilphänomene im Übergang von Renaissance zu Barock gemeint, die allgemein unter dem Begriff des Euphuismus bekannt sind; bedeutendste Dokumente dieser Stilrichtung sind wohl die in der Tradition der *oratio aulica* stehenden Erziehungsromane *Euphues: the Anatomy of Wit* (1578) und *Euphues and His England* (1580) von John Lyly (1544?–1606). Vgl. dazu sowie zur Wirkungsgeschichte Claus UHLIG: Dichtung und Prosa in England. In: PGL, Bd. 3, S. 258–280, hier S. 272; HOFFMEISTER, Barockliteratur, S. 34.

[14] GOTTSCHED, Ausführliche Redekunst, XV. HSt., XIX. §., S. 381 f.; vgl. dazu neben den Studien von SCHWIND, Schwulst-Stil, und LANGE, Aemulatio, auch Wilfried BARNER: Stilbegriffe und ihre Grenzen. Am Beispiel »Barock«. In: DVjS 45 (1971), S. 302–325; ders., Barockrhetorik, Tl. 1, S. 3–84; August BUCK: Renaissance und Barock. In: Ders.: Renaissance und Barock. Die Emblematik. Zwei Essays. (Frankfurt am Main 1971), S. 6–34.

schriften und Vorreden alle Theile der Welt ausgeplündert hat, um ein elendes Nichts damit auszuputzen.«[15]

Auch hier ist Männling für die aufklärerische Kritik eher Repräsentant oder Exponent einer weit umfassenderen Entwicklung denn individuell zu bekämpfender Gegner. Je mehr die ›sinnreiche‹ Erfindung sich von den Sachen selbst emanzipiert, desto mehr spielt sie hinüber in den Bereich der *elocutio*, die dann mehr ist als bloße Ausschmückung der Rede und hinter der diese Erfindung oft zu verschwinden scheint. Das angestrebte ausgewogene Verhältnis zwischen Worten und Sachen geht so für den Leipziger Kunstrichter verloren.

Gottsched hat das Verschwimmen der Grenzen zwischen *inventio* und *elocutio* bei den Schulrhetorikern seiner Zeit genau wahrgenommen: Wenn der Redner das Wesentliche einer Sache nicht begriffen hat, nutzen alle Toposkataloge wenig, und seien sie noch so umfangreich, und auch eine ausschweifende stilistische Darbietung kann die fehlende stofflich-materielle Durchdringung des Themas nicht kaschieren. In seinem rhetorischem Frühwerk, dem *Grundriß*, weist er demgegenüber neben Zeit, Ort und Personen auf die »Gelegenheiten« als mögliche Erfindungsquellen im *exordium* (προοίμιον, bei Gottsched: »Redeeingang«) hin: »Der Eingang muß gantz natürlich und ungekünstelt seyn, damit es das Ansehen gewinne, als wenn der Redner nicht einmal darauf studiret hätte. Ein gar zu gekünstelter Anfang, macht den Zuhörer furchtsam, der Redner mögte sich etwan vorgenommen haben, ihn durch seine große Beredsamkeit zu hintergehen (...) Die Qvellen der Eingänge sind theils die Zeit und der Ort, theils auch die Personen und Gelegenheiten in welchen man reden soll.«[16]

Der bei oberflächlichem Hinsehen womöglich entstehende Eindruck, Gottsched übernehme hier die von ganzen Generationen von Rhetorikern vorgebrachten exordialtopischen Generalnenner[17], ist jedoch trügerisch. Ihm geht es hier ganz offensichtlich um etwas anderes, nämlich um die Fixierung von Kriterien des inneren und äußeren *aptum* gleich zu Beginn der Überlegungen des Redners, die, sorgfältig von ihm beachtet, ein der Situation und dem Anlaß ge-

---

15 GOTTSCHED, Ausführliche Redekunst, XV. HSt., X. §., S. 369; vgl. ebd., XVI. §., S. 375. Gegen den Schwulst: ders., Vorübungen, VI. HSt., 24. §., S. 54; ders., Akademische Redekunst, III. HSt., 18. §.–19. §., S. 72 f. – Zu Recht betont SCHWIND, Schwulst-Stil, S. 255, daß Gottscheds Polemik gegen den barocken Manierismus nicht im Sinne einer ästhetizistischen Wertung von Modeerscheinungen, sondern im Gegenteil als fundamentale Methodenkritik an der oratorischen Produktivität überhaupt zu verstehen ist.

16 GOTTSCHED, Grundriß, I. Abth., III. HSt., §§. 4. u. 5., S. 28 f.

17 Vgl. beispielsweise die bei BIRKEN, Dicht-Kunst, II, S. 187, und UHSE, Redner, S. 302–307, im Zusammenhang mit *inventio thematis* und *inventio argumentorum* folgenden Ausführungen über das *exordium*.

Ein neuer Wissenschaftsbegriff

mäßes, zielgerichtetes Vorgehen erlauben sollen. Eine im Rekurs auf antike und humanistische Prinzipien formulierte Rückbesinnung auf fundamentale Prozeduren, ein umfassender Begriff vom »vernünftigen«, wissenschaftlich integer operierenden Redner wird hier deutlich. Die Wissenschaft von der Logik als Voraussetzung rhetorischer Methodik bezieht selbstverständlich sowohl das inventionale als auch das die *elocutio* betreffende Durchformen der Rede ein. Gottscheds Wortwahl am Anfang dieser Passage beweist dies zur Genüge: Es ist die Rede von der »Natürlichkeit« des Redebeginns. »Natürlich« reden heißt aber nicht nur an dieser Stelle sachgemäß, ohne artifizielle Topologie, sondern überall in der Rede angemessen auch auf sprachlicher Ebene. Bei der Darstellung des »natürlichen« Stils kommt Gottsched nochmals auf den Zusammenhang zwischen inventionaler Methode und kommunikativen Belangen:

> »Ich komme auf das *Natürliche*, das dem schwülstigen entgegen gesetzt ist. Dieses nun zu erreichen, lese man keine hochtrabende Scribenten: es wäre denn in der Absicht, die Ungereimtheit ihrer Schreibart zu bemerken. Man setze sich auch im Denken kein ander Bild in den Kopf, als die Sache selbst, davon die Rede ist. Man zwinge sich zu keinen hochsteigenden Gleichnissen und Allegorien; wo sie nicht mit der Hauptsache auf das genaueste zusammen hängen, und ihr ganz eigen sind. Man kläre sich durch philosophische Wissenschaften den Verstand auf, daß man die Natur einer jeden Sache, so viel als möglich ist, einsehe. Man frage sich bey jedem prächtigen Ausdrucke, den man brauchet: was man dabey denke, und ob er der Sache auch recht angemessen sey?«[18]

Die in literaturwissenschaftlichen Untersuchungen meist in den Vordergrund gerückte Problematik der Bewertung von Stilfragen steht hier also in engstem Zusammenhang mit der Kritik an Erfindungsquellen. Die Inventionstechnik bestimmt wesentlich die Maßstäbe der »Schreibart«, und es gilt, sich des Primats der rednerischen »Erfindung« in der Frühen Neuzeit immer wieder zu vergewissern. Die Vertreter der ›Schuloratorie‹ werden repräsentativ zur Zielscheibe für die Kritik der Frühaufklärer sowohl an Entwicklungstendenzen der Ausdrucksweise als auch an der topischen Inventionspraxis seit dem 17. Jahrhundert. Diese Kritik richtet sich aber nicht bloß gegen das in der humanistischen Tradition stehende (beziehungsweise das deren Erbe behauptende) Lehrgebäude der Schulrhetorik, wie es sich bis hin zum frühen 18. Jahrhundert entwickelt hatte, sondern zugleich – und mit ihr – gegen die sogenannte Schule der Hofberedsamkeit.

---

[18] GOTTSCHED, Ausführliche Redekunst, XVI. Hauptstück: Von dem Unterschiede der guten Schreibart und ihrem Gebrauche in einer Rede, VI. §., S. 398. Vgl. auch ders., Grundriß, II. Abth., III. HSt., §. 20., S. 81; ders., Akademische Redekunst, S. 258, sowie ders., Critische Dichtkunst, AW VI/1, XI. Capitel. Von der poetischen Schreibart, 10. §.–19. §., S. 430–440.

Ausgangspunkte und Ziele frühaufklärerischer Kritik

Um die Auseinandersetzung Gottscheds und seiner Mitstreiter mit deren Lehre von den »Realien« soll es in den folgenden Abschnitten gehen.

1. 2. »Wirkliche Realien« anstelle der »artificial-invention«

Nicht nur Gottscheds *Ausführliche Redekunst*, sondern auch die *Philosophische Redekunst* seines Mitstreiters Johann Andreas Fabricius zeichnet sich von Anfang an durch eine die ganze rhetorische Systematik bestimmende Kritik an der topischen »Erfindung« aus.[19] Durch die Abgrenzung vom Verständnis früherer Zeiten vermittelt Fabricius seinem Leser eine historische Sichtweise des – für ihn positiv besetzten – Begriffs einer dem urteilenden Verstand unterworfenen gegenständlichen Vorgehensweise. Seiner Ansicht nach wurden die sogenannten »Realien« in früherer Zeit fälschlicherweise mit den von seiner Generation verworfenen topischen Fundstätten auf eine Stufe gestellt oder gar gleichgesetzt. Im Gegenzug identifiziert er dann die »Realien« mit den formallogischen Techniken Urteil und Schluß.[20] Ein Beispiel für das nach Meinung der Aufklärer falsche Verständnis der Vorläufergeneration gibt der Weiseaner Christian Weidling in seinem *Oratorischen Hofmeister*, wenn er als spezielle Gattung der Leichenrede auf über 100 Seiten die »Dritte Art von Abdanckungen durch *Realia*« behandelt.[21] Der Schüler der Redekunst soll lernen, die verschiedenartigsten Quellen der rhetorischen *inventio* aufzufinden und sie im späteren Leben eigenständig zu nutzen. Die »Realia« stehen hierzu als rhetorische Mittel im Sinne der *loci topici* zur Verfügung. Naturwissenschaften, Geographie, Mathematik, Geschichte oder neuere Sprachen werden zweckbestimmt in den Dienst rednerischer Performanz gestellt und für das Zurschaustellen weltmännischer Gewandtheit instrumentalisiert.[22]

---

[19] FABRICIUS, Redekunst, Vorrede, Bl. 2ᵛ, sowie ebd., S. 14, 20, 63–65 u. öfter.

[20] Ebd., § 46, S. 20.

[21] WEIDLING, Hofmeister, Cap. IV., Modus III. durch Anmuthige Realia, S. 299–408 – auffällig ist hier wie überall bei Weidling die extreme Disproportionalität zwischen knappen theoretischen Reglements (S. 299–308) und exemplarischer Fülle (S. 308–408).

[22] Vgl. ähnlich WEISE, Politischer Redner, I, Cap. 6, XXV., S. 132, der empfiehlt, »alle *curieuse* Sachen/ welche in *Historicis, Philosophicis, Philologicis*, auch in *argutis Inscriptionibus* und sonsten vorlauffen«, als Erfindungsquellen zu nutzen. Vgl. auch die Anweisungen zum Anlegen von Realiensammlungen ebd., S. 376–378. Ganz anders versteht PEUCER, Anfangs=Gründe, Einleitung, §. 18, S. 22, die »durch Fleiß und Mühe« erlangte Kenntnis in »Geographie«, »Chronologie«, »Genealogie« und »Alterthümer[n]« als rednerisches Hilfsmittel: sie verkörpern lediglich äußerliches Sachwissen, entbinden den Redner also nicht von der eigenen Reflexion.

Ein neuer Wissenschaftsbegriff

Die Gleichsetzung von Topik und Realien bei Weidling erfüllt ihren eigentlichen Sinn im Zusammenhang mit pädagogischen Vorstellungen, die er als Schüler Christian Weises und dessen Interpretation erzieherischer Ideen in Bezug auf die Nutzung der ›Realien‹ vorfand. Vermittels der Berücksichtigung von Realien sollte schon nach Johann Amos Comenius' Konzeption das traditionelle, auf die vollendete rhetorische Sprachbeherrschung ausgerichtete Schulsystem wenn nicht überwunden, so doch um die Vermittlung lebenspraktischer Ratschläge ergänzt werden.[23] Das Topos-System der überkommenen ›Schuloratorie‹ stellte ihm offensichtlich nicht mehr ausreichende Zugangsmöglichkeiten zur immer komplexer werdenden stofflich-thematischen Vielfalt und den immer detaillierter zu definierenden Bedürfnissen des kommunikativen Umgangs zur Verfügung. Genau dieser kritische Ansatz bildet dann im Zusammenhang mit den pädagogischen Erfordernissen der Erziehung zum ›Hofmann‹ für Weise die Gelegenheit zur Gleichsetzung des Anspruchs auf ›realistische‹ Beschreibung mit herkömmlichen, von Comenius überwunden geglaubten Vorgehensweisen.

Ein solches Vorgehen wird schließlich von den Frühaufklärern als ›Etikettenschwindel‹ namhaft gemacht und einer fundamentalen Methodenkritik unterzogen: Statt sich auf die schon von den Alten, den Humanisten und anderen vorgegebenen Grundgedanken zu besinnen, haben die Weiseaner lediglich die positiven Ansätze zu einer Reinigung der Redekunst von Übersteigerungen dazu benutzt, um aus »allerley zusammen gestoppelten Realien« Reden verfertigen zu lassen, »die weder in Gedanken noch in Ausdrückungen etwas besonders, ja nicht einmal etwas leidliches« vorzuweisen hatten.[24]

Als exemplarisch für das althergebrachte »Realien«-Verständnis, das als Negativfolie für ihre sprachkritischen Überlegungen dient, kann man das Werk

---

[23] Vgl. dazu Klaus SCHALLER: Die Pädagogik des Johann Amos Comenius und die Anfänge des pädagogischen Realismus im 17. Jahrhundert. Heidelberg 1962; ders.: Comenius. Darmstadt 1973; Gunter E. GRIMM: Muttersprache und Realienunterricht. Der pädagogische Realismus als Verschiebung im Wissenschaftssystem (Ratke – Andreae – Comenius). In: NEUMEISTER/WIEDEMANN, Res Publica, Tl. I, S. 299–324; Peter J. BRENNER: Individuum und Gesellschaft. In: STEINHAGEN, Gegenreformation, S. 44–59, hier S. 56–59. Zur Rezeption der Realienkritik im 18. und 19. Jahrhundert, etwa in Pestalozzis Kritik an der Schulrhetorik, die nur Scheinwissen und fremde Meinungen anstelle wirklicher Kenntnisse vermittle, vgl. Friedrich PAULSEN: Aufklärung und Aufklärungspädagogik (erstmals 1903). In: KOPITZSCH, Aufklärung, S. 275–293, hier S. 292 f.

[24] GOTTSCHED, Ausführliche Redekunst, Historische Einleitung, XXVIII. §., S. 81; vgl. die kritischen Bemerkungen über Weises Rolle im historischen Überblick der Entwicklung der Redekunst bei FABRICIUS, Abriß, I, §. XXXIIII, S. 269 f.

Ausgangspunkte und Ziele frühaufklärerischer Kritik

Daniel Richters ansehen.[25] Schon einige Zeit vor Weise oder Weidling will Richter einen, wie er sagt »neuen« Weg weisen, sich mit Hilfe der Topik einen größeren Sprach- und Wissensschatz anzueignen, der sich aber als durchaus traditionsgebundenes Vorgehen entpuppt.[26] Die vermeintliche Neuartigkeit oder Besonderheit der Richterschen Rhetorik, des *Thesaurus oratorius novus*, besteht in der vom Autor intendierten topisch-›realistischen‹ Erweiterung der Inventionslehre durch die Nutzbarmachung der *ars combinatoria* nach dem Vorbild des mittelalterlichen spanischen Universalgelehrten Raimundus Lullus (Ramón Llull, 1232 oder 1235–1315 oder 1316) für den Redner.[27] Vor, neben und mit Richter machten sich auch die Rhetoriker der »Herborner Schule« um Johann Heinrich Alsted die *ars combinatoria* (*Clavis Artis Lullianae*, 1609; *Panacea philosophica [...]. De harmonia Philosophiae Aristotelicae, Lullianae et Rameae*, 1610) zu eigen.[28]

---

[25] Über Richter sind so gut wie keine biographischen Informationen bekannt. Sowohl ZEDLER, Universal-Lexikon, Bd. 31 (1742), Sp. 1330, als auch ADELUNG/ROTERMUND, Gelehrten-Lexico, Bd. 6 (1819), Sp. 2064, nennen ihn ohne nähere Angaben. – Selbst in der Alten und der Neuen Folge des Deutschen Biographischen Archivs ist Richter nicht zu ermitteln. Das DLL nennt in Bd. 12 (1990), Sp. 1158, einen um 1684 verstorbenen Dramatiker Johann Daniel R., der am Hof Herzog Ernst des Frommen von Sachsen-Gotha und Altenburg wirkte, aber wohl kaum mit dem Gesuchten identisch ist.

[26] Vgl. zu diesem schon im Titel formulierten Anspruch Daniel RICHTER: Thesaurus oratorius novus. Oder ein neuer Vorschlag/ wie man zu der Rednerkunst/ nach dem *Ingenio* dieses *Seculi*, gelangen/ und zugleich eine Rede auf unzehlich viel Arten verändern könne. Nürnberg 1660., S. 82 u. öfter.

[27] Vgl. dazu Erhard Wolfram PLATZECK: Raimund Lull. Sein Leben – seine Werke. Die Grundlagen seines Denkens (Prinzipienlehre). Bde. I–II. Düsseldorf (1962–1964), hier bes. Kap. 5: Raimund Lulls Kombinatorik, S. 298–322; Kurt FLASCH: Das philosophische Denken im Mittelalter. Von Augustin zu Machiavelli. Stuttgart (1987), S. 381–394; zum lullischen Fragenkatalog vgl. SCHMIDT-BIGGEMANN, Topica, S. 108–110, S. 155–176. DYCK, Ticht-Kunst, S. 31 f., sieht die Wurzeln von Richters »neuer« Findungsmethode in der über Lull vermittelten Lehre der »copia verborum« des Quintilian; die ebd. geäußerte Auffassung, das einzige Unterscheidungsmerkmal der Richterschen Rhetorik gegenüber der geläufigen Poetik liege im Verzicht auf Verslehre bzw. verknappter Gattungsdarstellung, wird dem Anspruch des Werks, wie er sich gerade in der detaillierten Behandlung der *inventio* zeigt, sicher nicht gerecht.

[28] Außer Alsted sind noch Julius Pacius, Nicolaus Caussinus (*De eloquentia sacra et humana*) und Athanasius Kircher (*Ars magna sciendi sive combinatoria*, 1669) als bekannteste Rezipienten der ›Methodus Lulliana‹ im 16. und 17. Jahrhundert zu nennen. Vgl. dazu DYCK, Ticht-Kunst, S. 31; Walter MICHEL: Der Herborner Philosoph Johann Heinrich Alsted und die Tradition. Diss. Frankfurt am Main 1969; Jürgen KLEIN/Johannes KRAMER (Hrsg.): J. H. Alsted, Herborns calvinistische Theologie und Wissenschaft im Spiegel der

Ein neuer Wissenschaftsbegriff

Möglich war diese vielgestaltige Rezeption vor allem deswegen, weil Lullus, der die Logik im Sinne der *ars inveniendi* auffaßte, die daraus sich ergebende topische Universalmethode in seiner *Ars Magna et Ultima* (entstanden vor 1277) für alle Wissensgebiete zweckmäßig organisierte.[29] Zur argumentativen Verstärkung der (an der antiken *status*-Lehre orientierten) ›üblichen‹ Hilfsfragen und -mittel verweist Richter denn auch auf die »termini Lulliani«, die er ausführlich in Cap. IV. beschreibt. Im Verlauf seiner Ordnung und Systematisierung der Stoffe für die Argumentation macht Richter den Vorschlag, die lullische Topik bei der gezielten Zuordnung von Kenntnissen unter bestimmte Kategorien zu benutzen. Im *Thesaurus* gehören neben den topischen Formeln aus dem lullischen Fragenkatalog die sogenannten »Realien«[30] zur »*artificial-Invention*«: »Denn man muß wissen/ daß man alle Sachen/ nemlich alle *Historien/ Fabulas, Emblemata, Apophthegmata, Hieroglyphica, Sententias* und dergleichen allenthalben hin endlich gebrauchen kan/ entweder als ein *Idem/* oder als ein *Contrarium*, oder als ein *Diversum*.«[31]

Die Unterscheidung zwischen »*Idem*« und »*Contrarium*« bezieht sich auf die Beweisgründe der zur *argumentatio* gehörenden Redeteile *confutatio* und *refutatio*. Das »*Diversum*« stellt eine Sonderform dar, die aus Gründen des äußeren *aptum* an die Rede herangetragen werden kann, jedoch offensichtlich nicht obligatorisch ist. Der eindeutig nur topisch verstandene Begriff des »reale« als ausschlaggebenden Ingrediens der rhetorischen *inventio*, wie er von Richter formuliert ist, fordert die Kritik späterer Generationen heraus, wenn auch aus unterschiedlichen Gründen. Für die weniger an kunstreicher Rede als vielmehr an praktischen lehrhaften Inhalten interessierten Weiseaner sind die Anweisungen im Sinne Lulls viel zu kompliziert, und die Ratschläge über den Nutzen von Emblemen und Hieroglyphen verfehlen den Redezweck der Überzeugung. Den Frühaufklärern ist eine sich aus der artifiziellen Bildersprache speisende ›Erfindung‹ ohnehin suspekt. Zur sachgemäßen Beschreibung objektiver Tatbestände ist sie ihrer Meinung nach über das mangelnde Persuasionspotential hinaus völlig ungeeignet.

Angesichts dieser Erläuterungen aus der Richterschen Rhetorik scheint Fabricius' zu Beginn dieses Abschnitts zitierter Vorwurf gegenüber früheren Redeleh-

---

englischen Kulturreform des frühen 17. Jahrhunderts. Studien zu englisch-deutschen Geistesbeziehungen der frühen Neuzeit. Frankfurt am Main u. a. (1988). Zur Rezeption des Lullus bei Alsted vgl. SCHMIDT-BIGGEMANN, Topica, S. 111–113; SIEVEKE, Topik, S. 33.

[29] Vgl. dazu, sowie zur vielgestaltigen Rezeption bis hin zu Leibniz, die Studie von FEGER, Logik, hier S. 201.

[30] RICHTER, Thesaurus, S. 16 f. und 82; vgl. dazu auch SIEVEKE, Topik, S. 32 f.

[31] RICHTER, Thesaurus, S. 87.

rern, sie hätten die Realien mit den *topoi* im Sinne der *sedes argumentorum* auf eine Stufe gestellt, sicher gerechtfertigt. Ob dieser Vorwurf allerdings direkt auf Richter gemünzt ist, muß fraglich bleiben. Dem *Thesaurus* war trotz einer Neuauflage 1662 kein übermäßiger Erfolg beschieden – er findet sich denn auch nicht in Gottscheds Verzeichnis empfehlenswerter Werke in der *Akademischen Redekunst*.[32]

*

Ein weiterer Aspekt in der historischen Entfaltung des ›Realien‹-Begriffs verdeutlicht die in rhetorischen Vorstellungen immer mitschwingende Bedeutungskomponente, wie sie schließlich in Gottscheds Konzeption der »natürlichen«, »vernünftigen« und »wahrhaften« Beschreibung von Fakten mündet. Frühneuzeitliche Entwürfe der Realwissenschaften, wie sie sich im humanistischen Schulsystem aus dem Quadrivium (Arithmetik, Geometrie, Astronomie, Musik[33]) entwickelt hatten, veränderten sich zu einem immer weiter gefaßten Verständnis dessen, was als »factum« oder »reale« klassifiziert werden konnte. Dies wird an der einheitlichen Angliederung von Erfindungsquellen verschiedenartigster Herkunft zu traditionellen *topoi*, offensichtlich ohne Forderung des urteilenden judiciösen Verfahrens, bei Weise, Riemer und Richter deutlich.[34]

Durch die Forderung nach dem *iudicium* als Unterscheidungskriterium versuchen sich die Vertreter der ›politischen‹ oder ›höfischen‹ Rhetorik von denen der ›Schuloratorie‹ abzuheben, zumindest aber durch ihre dem Geist des Ramismus nahestehende Höherschätzung der iudicialen Dialektik für die Didaxe; trotzdem vollziehen sie noch nicht den entscheidenden methodenkritischen Schritt der Frühaufklärer, die entweder durch Quellenstudien oder eigenes Nachdenken erkundeten argumentativen Belege dem Verfahren einer logischen Prüfung zu unterwerfen. Trotz ihrer Intention, dem Schüler der Redekunst präzise und gezielt

---

[32] Zur Rezeption des *Thesaurus* vgl. BARNER, Barockrhetorik, S. 166 f. Barner vermutet sicher nicht zu Unrecht, daß angesichts der zunehmenden Popularität ›politischer‹ Redelehren die dem humanistischen Denken verpflichtete Richtersche Darstellungsweise veraltet auf die Zeitgenossen wirken mußte.

[33] Vgl. dazu SCHMIDT-BIGGEMANN, Topica, S. 37.

[34] WEISE, Politischer Redner, Die Andere Abtheilung. Von der Ubung mit den Complimenten, Cap. 9, S. 376–378; ebd., 6. Cap., XXI., S. 129; RICHTER, Thesaurus, S. 87–90; Johannes RIEMER: Uber=Reicher Schatz=Meister Aller Hohen/ Standes und Bürgerlichen Freud= und Leid=Complimente (...). Leipzig und Franckfurth 1681, S. 233–384. Weitere Hinweise auf Weise und Johann Hübner bei KLASSEN, Logik, S. 137. Vgl. dazu auch den nächsten Abschnitt sowie unten Kap. VI. 3.

Ein neuer Wissenschaftsbegriff

einzusetzende Ratschläge und Hilfsmittel an die Hand zu geben, ufern die ›Realienverzeichnisse‹ der Weiseaner immer weiter aus. Gegen diese Entwicklung steht die aufklärerische Sichtweise der sich in »wirklichen« Realien manifestierenden Natur, die gleichsam wieder auf die humanistischen ›Wurzeln‹ vermittels einer philosophischen Neudefinition zurückgreift und dadurch zu den aufs Grundsätzliche reduzierten Generalnennern findet.

Die aufklärerische Kritik scheint sich auf die gesamte geschichtliche Entwicklung des ›Realien‹-Begriffs bis in das frühe 18. Jahrhundert hinein zu beziehen. Einerlei, ob es sich um die ›schuloratorische‹ Auffassung im Sinne Richters handelt oder um die ›politisch‹-pädagogische Deutung im Sinne Weidlings – in ihrer Diagnose der darin zutage tretenden Unzulänglichkeit der ›Realien‹-Definition vorangegangener Generationen sind sich die Frühaufklärer einig.

Ob die Frühaufklärer die Realien, wie Fabricius, in affirmativer Weise definieren oder aber sich, wie Gottsched, darauf beschränken, die Anweisung zu deren Gebrauch bei Vorgängern zu kritisieren – charakteristisch für ihr Modell ist ein völlig verschiedenartiges Verständnis des Begriffs gegenüber dem ihrer Vorläufer. Gottsched faßt diese neuartige Sichtweise so zusammen: »Man fodert wirkliche Realien, das ist, Sachen, Wahrheiten, Erklärungen, Gründe, Gedanken; nicht aber Purpur und Gold, Marmor und Porphyr, Blumen und Bäume, Wurzeln und Rinden, Datteln und Nüsse, Perlen und Edelgesteine, Vögel und Fische, Leuen und Drachen, Kröten und Affen etc. (...)«[35]

Indem Gottsched diese »wirklichen Realien« mit auf »gründliche Wissenschaften« gebauten »Wahrheiten« identifiziert, bezieht er sich zugleich auf seine im einleitenden Teil der *Redekunst* getroffene Unterscheidung zwischen »wahrer« und »falscher« Beredsamkeit.[36] Demnach gibt es zwei Arten der Argumentation, die sich durch die Beschaffenheit der Gründe, nämlich anhand der wah-

---

[35] GOTTSCHED, Ausführliche Redekunst, VIII. HSt., XXIV. §., S. 219. Vgl. analog dazu ebd., XVI. HSt., VII. §., S. 399 f. die Beschreibung des »*edlen* Ausdrucks« als des sprachlichem Exponenten der »natürlichen Schreibart«: »Wir verstehen aber durch die edlen und erhabenen Ausdrückungen nicht eben diejenigen, da man vor lauter Sonnen und Sternen, Blitz und Donner, Adlern und Löwen, Gold und Silber, Perlen und Edelgesteinen, Marmor, und Helfenbein, Weltmeeren und Strömen, Gebirgen und Pyramiden, Kolossen und Labyrinthen, Kronen und Zeptern, Purpur und Sammet, Kürassen und Schwertern, Mörsern und Karthaunen etc. einen Überfluß antrifft. Dieses sind die elenden Spielwerke kleiner Geister, die ohne dergleichen äußerlich erborgten Anstrich nichts sonderliches zu erdenken wissen (...)«.

[36] Vgl. diese Abgrenzung auch bei PEUCER, Anfangs=Gründe, §. 10, S. 126; BAUMEISTER, Anfangsgründe, 1, 12., S. 3, sowie die schon im programmatischen Titel *Anweisung zur wahren Beredsamkeit* (1747) erkennbare Zielrichtung des Gottschedianers Johann Christian DOMMERICH.

ren und der unwahren Beweise, unterscheiden lassen: »Diejenige Beredsamkeit nun, welche sich der ersten Art der Beweisgründe bedienet, die der Vernunft und Wahrheit gemäß sind, wollen wir eine *wahre*; die aber, welche sich nur bloßer Scheingründe bedienet, die in der That nichts beweisen, wollen wir die *falsche Beredsamkeit* nennen.«[37]

Der hier zugrundeliegende Begriff der »falschen Beredsamkeit« ist nicht nur im theoretischen Zusammenhang mit rednerischen Verhaltensmaßregeln für eine ausgefeilte und gesuchte Sprechweise zu sehen, sondern zugleich auch als Angriff Gottscheds auf die zeitgenössische Praxis mit der in ihr zutage tretenden Auffassung, wie beispielsweise eine Lobrede zu verfassen sei.[38] Namhafte Beispiele dafür bietet die zwischen 1707 und 1722 publizierte Sammlung des Leipziger Stadtschreibers Johann Christian Lünig (1662–1740) mit über 1.500 politisch-diplomatischen Reden prominenter Zeitgenossen.[39] Gottscheds Urteil über das dem Fächerkanon der Ritterakademien entsprechende und von den Forderungen der diplomatischen Konversation bestimmte Realienverständnis (mit Geographie, Geschichte, Staatsrecht u. a. als den »Realwissenschaften«) in dieser Schatzkammer der Beredsamkeit des 16. bis frühen 18. Jahrhunderts ist, was die meisten Beispiele betrifft, vernichtend: »Wenn man gleich die grosse Sammlung von den Reden grosser Herren mit Fleiß durchlieset, so wird man doch sehr wenig Gutes, geschweige denn eine einzige Rede, die eine ciceronische Stärke wiese, antreffen. Das meiste sind magere Chrien, schläferige Complimenten, und frostige Curialformeln. Vieles aber darinn ist ausschweifend, hochtrabend,

---

[37] GOTTSCHED, Ausführliche Redekunst, I. HSt., VII. §., S. 92 f.; vgl. zu dieser Stelle Gudrun FEY: Das ethische Dilemma der Rhetorik in der Theorie der Antike und der Neuzeit. Diss. Konstanz. Stuttgart 1990, S. 122. Die Unterscheidung zwischen »wahrer« und »falscher« Beredsamkeit bei Gottsched wird von Fey auf Platon zurückgeführt, mit der Nuancierung, daß Gottsched nicht auf der Dialektik als Basis für die wahre Rhetorik bestehe – der Text legt freilich das genaue Gegenteil nahe: das auch für Gottsched zur Dialektik zählende *iudicium* ist die Wahrheit (und damit auch ethische Wahrhaftigkeit) verbürgende Instanz. Da Fey die ethische Dimension im Werk des Aufklärers in Frage stellt, gelingt ihr auch kaum eine sachgemäße Einschätzung seines Vorhabens, sich unter Berufung auf antike Autoritäten der verloren geglaubten Verantwortung des Redners wieder zu vergewissern.

[38] Vgl. GOTTSCHED, Akademische Redekunst, I. HSt., 7. §., S. 28, 9. §., S. 29 f.

[39] Johann Christian LÜNIG: Grosser Herren, vornehmer Ministren, und anderer berühmten Männer gehaltene Reden (...), Tle. 1–11. Leipzig 1719–1722; zu Lünig vgl. ZEDLER, Universal-Lexikon, Bd. 18 (1738), Sp. 1101–1103; JÖCHER, Gelehrten=Lexicon, Bd. 2, Sp. 2592 f.; ADELUNG, Gelehrten=Lexico, Bd. 4, Sp. 128–130; ADB, Bd. 19 (1884), S. 641; zu den verschiedenen Ausgaben, Auflagen und zur Entstehungsgeschichte vgl. BRAUNGART, Hofberedsamkeit, S. 2 und 6 f.

und mit weitgesuchten Zierrathen einer übelverdauten Belesenheit zum Überflusse angefüllet.«[40]

Das primär auf Überzeugung eines Gegenübers zielende Artikulieren von Standpunkten, wie Lünig es beispielhaft vorführt, hält der kritischen Prüfung nicht stand, da die Art und Weise der rednerischen Darstellung den Sujets in den meisten Fällen nicht angemessen ist. Darüber hinaus genügt die hier oft zu beobachtende zielgerichtete Umstimmung eines anderen ohne Anspruch und ohne Rücksicht auf Wahrheit als ethisches Fundament von »Realien« nicht.[41] Weidling und Riemer lenken »mit allen Excerptenkrämern« wie auch Weise »mit seinen Münzen, Sinnbildern und Erleuchtungen« durch die Überfülle an sinnreichen Erfindungen vom Eigentlichen der Redekunst ab, anstatt den Zuhörer durch tunliches Maßhalten auf das rechte Verständnis ihres Vortrags hinzuführen: »Man sage nicht, daß dieses eben die rechten Realien eines Redners wären, worauf der ganze Werth einer Rede ankäme. Nein, Stroh und Stoppeln sind es: die rechten Sachen aber, müssen Erklärungen, Gründe, Schlüsse, Beweise, und Bewegursachen zum Thun und Lassen seyn. Diese aber raffet man nicht zu Schocken aus Reisebeschreibungen ein, sondern man lernet sie mit der Einsicht in gründliche Wissenschaften.«[42]

Gottscheds Differenzierung zwischen »rechten«, »wirklichen« und »falschen« Realien und seine Forderung nach Fundamentierung in Glaubwürdigkeit und Wahrheit belegen, daß die Frühaufklärer sehr wohl den Realien als einer bestimmten Art der Fundstätten rednerischer Erfindung eine eigene Bedeutung zumaßen, wenn auch unter bestimmten Bedingungen. Dieser Befund spricht gegen die Auffassung Gunter E. Grimms, der die ›Realien‹ *toto genere* als inventionalen Bezugspunkt nur für das Verständnis von Rhetorik und Poetik im 16. und 17. Jahrhundert gelten lassen will. Eine begriffliche Definition, wie sie Grimm in diesem Zusammenhang für das Verständnis von *inventio* im frühen 18. Jahrhun-

---

[40] GOTTSCHED, Critische Anmerkung Lohenstein, S. 497; ähnlich ders., Akademische Redekunst, Einleitung, §. 31., S. 4. Gottsched war diese Redensammlung sicherlich im Detail bekannt – sie findet sich vollständig im Verzeichnis BST, S. 395–397, sowie auch im Katalog der BG (Nr. 2230, zwei Bde.; siehe auch ebd., Nr. 2154: *Joh. Chr. Lünigs Labyrinth der Beredsamkeit*, zwei Bde., Leipzig 1725). Vgl. auch zu den französischen Mustern dieser Konzeptionen Christian STROSETZKI: Konversation. Ein Kapitel gesellschaftlicher und literarischer Pragmatik im Frankreich des 17. Jahrhunderts. Frankfurt/Main 1978.

[41] Ähnlich Gottsched auch HALLBAUER, Anleitung, Vorrede, Bl.)(6ᵛ: Nicht alle bei Lünig versammelten Beispiele können »vor vollkomme Muster« gehalten werden, »denn es sind nicht wenige darunter, welche bey genauer Prüfung die Probe eines guten Geschmacks nicht halten dürften«. Zur Rolle Lünigs als Quelle Hallbauers vgl. auch BRAUNGART, Hofberedsamkeit, S. 240 u. öfter.

[42] GOTTSCHED, Akademische Redekunst, VIII. HSt., 29. §., S. 161.

dert sieht, nämlich »Neues, bisher noch nicht Bekanntes zu entdecken«[43], würde in dieser verkürzenden Sichtweise der Genieästhetik wohl zu nahe kommen und auch die Möglichkeit einer »creatio ex nihilo« einschließen. Im Gegenteil läßt sich aus den zeitgenössischen Formulierungen nur die Forderung an den Redner entnehmen, die vorgefundene, sich in »rechten« Realien artikulierende Natur nachzuvollziehen, nicht aber sie neu zu erschaffen. Die Kritik, die der Bereich der »Realien« zu Beginn der Aufklärungsepoche erfährt, muß also gegenüber Grimm als kennzeichnendes Merkmal des Denkens jener Zeit stärker betont werden.[44]

Das Ausloten begrifflicher Tiefenschichten, die Analyse von Verfahren und Prinzipien, die intellektuelle Reflexion und Problematisierung von authentisch geglaubten Sachverhalten – dies alles sind Charakteristika frühaufklärerischer Rhetorikkritik. 1734, im Jahr der Berufung Gottscheds auf den Lehrstuhl für Logik und Metaphysik in Leipzig, erschienen seine *Ersten Gründe der gesammten Weltweisheit*. Auch hier, und nicht nur in seiner Rhetorik, geht Gottsched auf die Methodendiskussion hinsichtlich der *inventio* ein. Freilich verschieben sich die Zusammenhänge in der philosophischen Erörterung – nicht die treffende Zergliederung des einzelnen Sachverhalts wie in der Rhetorik, sondern die prinzipielle Klärung der ›Findungsmöglichkeiten‹ von Wahrheit steht hier im Mittelpunkt. Entsprechend definiert Gottsched in seinem philosophischen Hauptwerk die »Erfindungskunst« aus der kritischen Prüfung der objektivierten Natur:

»Wie nun die Vernunft, zum gründlichen Erkenntnisse der bereits gefundenen Wahrheiten, unentbehrlich ist: also ist sie auch sehr behülflich, zur Erfindung neuer Wahrheiten; die uns, oder andern, bis dahin noch nicht bekannt gewesen. Denn indem wir durch die Sinne etwas empfinden, und mit Beyhülfe eines allgemeinen Satzes, eine Folgerung heraus ziehen: so ist dieser Schluß sehr oft eine neue Wahrheit, die wir vorher noch nicht gewußt haben. Wer nun eine Fertigkeit besitzet, dergestalt aus bekannten Wahrheiten neue herzuleiten, der besitzet die *Erfindungskunst*.«[45]

Selbst wenn Gottsched hier dem Wortlaut nach eine Definition der Entdeckung »neuer Wahrheiten« mitteilt, kann diese dennoch nicht mit Vorstellungen von einer frei schaffenden Einbildungskraft gleichgesetzt werden, da diese *ars inveniendi ex ratione*, wie Gottsched sie sieht, immer an die *a priori* festliegenden Regeln der Vernunft gebunden bleibt. Im übrigen ist mit dem starren Festhalten

---

[43] GRIMM, Oratorie, S. 79; die Fundierung auch des rhetorischen Wissens in der Gelehrsamkeit betonen demgegenüber UEDING/STEINBRINK, Grundriß, S. 116.

[44] An anderer Stelle, in seinem Aufsatz über »Muttersprache und Realienunterricht« und den pädagogischen Realismus, stellt Grimm diese Entwicklung deutlicher heraus.

[45] GOTTSCHED, Erste Gründe, Theoretischer Teil, AW V/1, Tl. 4, I. Abschn., V. Hauptstück: Von der Vernunft und der Erfindungskraft, 946. §., S. 537.

des Leipzigers an diesem Prinzip buchstäblich auch sein in der Entzweiung mit den Schweizern sich anbahnendes Unverständnis für die nachfolgende Generation der »Ästhetiker« benannt.

Wurde in der Schulrhetorik des Humanismus und der Barockzeit unter der *Erfindung* das Vermögen verstanden, in Verbindung mit den Gesetzmäßigkeiten des (inneren) *aptum* oder *decorum* aus vorgegebenen Phrasen und ›Realien‹ dasjenige ›aufzufinden‹, was zu den jeweiligen Bestandteilen der thematischen Vorgabe paßte, veränderte sich der Begriff in der Zeit Gottscheds unter dem Einfluß der rationalistischen Philosophie. Ergebnisse empirischer Beobachtung werden in das System der Quellen der Findungskunst integriert. Über die Fixierung der aus Erfahrungen gewonnenen bzw. destillierten Fundamental-›Realien‹ wird die *inventio* nun dem Redeziel der Überzeugung unter dem Vorzeichen der »Wissenschaft« untergeordnet. Die sich im *iudicium* manifestierende Instanz der Urteilskraft stellt die Verbindung zwischen Redekunst und Dialektik her. Insofern zeigt sich auch hier deutlich der Anspruch der Aufklärer auf sachgerechte Rekonstruktion der humanistischen Diskussion um Aufgabe, Wert und Möglichkeiten der Rhetorik im Gesamtzusammenhang des Wissenschaftssystems.

1. 3. Die Diskussion der *themata allegorica*

Im Verlauf seiner Ausführungen über die *inventio thematis* am Anfang seiner *Ausführlichen Redekunst* kommt Gottsched auch auf die Frage zu sprechen, welche der ganz unterschiedlichen Arten der stofflichen Erfindung aus seiner Sicht abzulehnen sind. Gottscheds Gebot des »natürlichen«, »ungekünstelten« Hauptsatzes steht vor allem eine bestimmte Manier der thematischen Durchführung einer Rede entgegen, die für die Barockzeit geradezu das stilprägende Element ist – es sind die »allegorischen oder schematischen Sätze«. Was er von ihnen hält, macht Gottsched umgehend deutlich: »Ich kann darauf sehr kurz antworten: daß ich nämlich gar nichts darauf halte, und sie für Ueberbleibsel eines barbarischen Geschmackes unter unsern Rednern ansehe. (...) Sie helfen nicht das allergeringste zur Ueberredung der Zuhörer, indem sie die Sache, davon eigentlich die Rede handelt, weder deutlicher, noch wahrscheinlicher machen; sondern sie vielmehr verdunkeln und verwickeln helfen, daß der Zuhörer um so viel weniger weis, was er davon halten soll.«[46]

So bereitwillig er auf theoretischer Ebene die Nutzung topischer Mittel in bestimmten Fällen zugesteht, so entschieden spricht sich Gottsched gegen eine Re-

---

[46] GOTTSCHED, Ausführliche Redekunst, III. HSt., XIII. §., S. 134.

Ausgangspunkte und Ziele frühaufklärerischer Kritik

depraxis aus, die aus einer Überfülle an äußeren Quellen schöpft[47], und in engem Zusammenhang damit steht auch seine immer wieder scharf formulierte Ablehnung der *themata allegorica*. Die Kritik an der Lohensteinschen Leichenrede auf Hoffmannswaldau[48] verdeutlicht dies als wohl bekanntestes Beispiel. Sowohl das Unmaß an Realien als auch die allegorische Findungsmethode durch weit hergeholte Vergleiche wie durch bloße Ähnlichkeitsbeziehungen (*loci a simili*), etwa von Wörtern, unterliegen dem Tadel des Aufklärers, der die bei Lohensteins Zeitgenossen offenbar weitverbreitete Auffassung rundheraus ablehnt, die allegorische Methode spreche *eo ipso* für ein großes *ingenium*: »Je unähnlicher die Dinge sind, je grösser ist der Witz dessen, der sie doch mit einander vergleichen kan.«[49]

Den aus dem »Collectaneenbuch« herausgesuchten Erfindungen eines Lohenstein stellt Gottsched die Forderung nach eigener Invention sowie Rücksichtnahme auf den Wahrheitsanspruch des Publikums entgegen, die der Leichredner zugunsten des stilistischen Prunks vernachlässigt habe.[50] »Weithergeholte Aehn-

---

[47] Vgl. ganz ähnlich oben, Kap. III, 5., S. 120, die Äußerungen Bernard Lamys, die sicherlich Vorbildfunktion für den deutschen Aufklärer hatten.

[48] Critische Anmerkung über D. C. von Lohenstein Lobrede bey des weyl. Hochedelgebohrnen, Gestrengen und Hochansehnlichen Herrn Christians von Hofmannswaldau etc. den 30. April 1679. in Breßlau geschehenen Leichenbegängnisse gehalten. In: Beyträge I, 3. Stück (1732), S. 496–526; zu Gottscheds Lohenstein-Kritik innerhalb der umfassenden Rezeption des Dichters vgl. MARTINO, Lohenstein, S. 338–349, hier bes. S. 341–346 zur Rezension der Hoffmannswaldau-Rede; GRIMM, Oratorie, S. 73 f.; REICHEL, Gottsched, Bd. 1, S. 78. – Zur Rede selbst vgl. Peter SCHWIND: Lohensteins Lobrede auf Hoffmannswaldau als Beispiel argumentativen Figureneinsatzes barocker Gelegenheitsrede. In: BIRCHER/MANNACK, Barockliteratur, S. 303–305.

[49] [GOTTSCHED,] Critische Anmerkung, S. 505; daneben auch ebd., S. 503 (allegorische Findungsmethode), S. 506 (Realien-Redundanz) und S. 508 (Lohensteins Grammatik). – Vgl. dazu als Antipode etwa WEIDLING, Hofmeister, Cap. IV. De Parentationibus, Vierdte Art von Abdanckungen durch eine schöne *Allegorie*, S. 409–414 (Lehre) und S. 415–465 (Musterbeispiele).

[50] [GOTTSCHED,] Critische Anmerkung, S. 518. Am Ende der Rezension von Riemers *Maccabäus*, S. 645 f., kommt Gottsched auch auf Weises Redepraxis zu sprechen. Dem rezensierten Exemplar der Riemer-Rede ist eine Leichenpredigt mit dem Titel *Weisens Zittauischen Rosen, bey dem Grabe Joh. Georgs des dritten Churf. von Sachsen* angebunden. Gottscheds Urteil darüber ist vernichtend: »Solcher Unsinn, wie dieser ist, wenn er auch gleich einmal Mode gewesen ist, verdienet mit Stillschweigen gestraft zu werden.« Weises Stil sey »unnatürlich, übel angebracht, kriechend und abgeschmackt«. SCHWIND, Schwulst-Stil, S. 254, macht zu Recht darauf aufmerksam, daß es bei Gottscheds Stilkritik über diese Polemik hinaus um die Fundamentalkritik an einer bestimmten Stilhaltung geht, für die sich auch in der Antike leicht Beispiele finden lassen.

lichkeiten«, die auf »gezwungene Art sinnreich« sein wollen, kennzeichnen das allegorische Verfahren des Barockdichters – sie entspringen der Unkenntnis der »wahren Regeln der Natur und Vernunft« und sind durch einen verdorbenen »Geschmack« all ihrer Grenzen entbunden.[51]

Die topische Invention, die durch eine allegorische Bildsprache die thematische Durchführung im *genus demonstrativum* zuwege bringt, stellt für Lohenstein das Mittel dar, zugleich zu beschreiben und zu deuten; auch auf stilistischer Ebene ist ein so verstandenes kombinatorisches Vorgehen möglich.[52] Die Differenz zwischen *inventio* und *elocutio* scheint hier aufgehoben zu sein, denn die Allegorie ist nicht mehr einfach nur tropisches Mittel, sondern auch Quelle für das gelungene Herausarbeiten stofflich-thematischer Ansprüche an die Gattung.[53] Für die Lohenstein nahestehenden Rhetoriker stellt die Allegorie ebenso einen sprachlichen Modus zur Verdeutlichung abstrakter Begriffe dar, wie sie selbst zum Ausgangspunkt der Erfindung werden kann – zwischen Erfindung und stilistischer Ausgestaltung besteht einer solchen Konzeption gemäß keine Differenz mehr.[54]

Mit der Diskussion der Allegorie in seinem Werk zur Rhetoriktheorie setzt Gottsched beim Leser also einen Zusammenhang voraus, der den Zeitgenossen selbstverständlich ist: Unter Allegorie wird weit mehr als nur der bildliche Ausdruck, mehr als lediglich eine Redefigur verstanden. Sie ist ebenso als produk-

---

[51] [GOTTSCHED,] Critische Anmerkung, S. 498 f. Die entscheidenden Begriffe sind hier im Zusammenhang genannt: Im rationalistischen Verständnis wird der »gute Geschmack« als Korrelativum zu »Vernunft« und »Natur« gesehen und damit übereinstimmend als Voraussetzung für Kunstwerke, die der vernünftig begriffenen Natur gleichkommen. Vgl. auch ders., Critische Dichtkunst, II. Cap., 2. §., S. 144 f.: Der »gute Geschmack« ist gebunden an die Beurteilung durch die Kenntnis der »richtigen Grundregeln«, er erweist sich durch die Übereinstimmung »mit den Regeln der Kunst (...), die aus der Vernunft und Natur hergeleitet worden«.

[52] Zum allemal vorhandenen Anspruch des Barockdichters auf logisch-argumentative Beweiskraft vermittels des argumentativen Gebrauchs figuraler Mittel vgl. die knappen Thesen bei SCHWIND, Lohenstein, S. 304.

[53] Auf theoretischer Ebene behandelt MÄNNLING, Redner, Cap. II. Von der *Invention* oder Erfindung, 19.), S. 44, traditionell zur *elocutio* Gehöriges, indem er zu den Erfindungsquellen auch die Allegorie hinzuzählt. Deren transzendierender Charakter ist für Männling klar: »Wo man solcher *Allegori*en sich bedienet, da wird man sehen, wie leichte man zu der *Elaboration* kan kommen, weil man nicht in die *Locos communes* geführet wird.« Zum Allegoriebegriff der Lohensteinianer vgl. ALT, Begriffsbilder, S. 330–337.

[54] Vgl. etwa Christian SCHRÖTER, Anweisung, Cap. 4 De variatione, §. 15, S. 135: »Allegoria sind nichts anders/ als eine Fortsetzung oder continuatio der Metaphore, da man die Tertia Comparationis heraus ziehet/ und hernachmahls applicirt.«

tive Art und Weise des Denkens gegenwärtig.[55] Als rhetorische Technik vermag Gottsched die Allegorie nur zu dulden, wenn sie durch den »Witz« gebändigt ist.[56] Dementsprechend lanciert er gegen sie als Quelle der Erfindung die aus der Sache selbst resultierende »natürlichste« als die beste Art der *inventio thematis*.[57] Der »natürliche« Stil als das Gegengewicht zur »schwülstigen« Schreibart ist frei von allegorischer Bildlichkeit.[58] Damit spricht Gottsched aus, was seine Zeitgenossen ebenso empfunden haben: Die Ablehnung der für das Barock typischen Art des schöpferischen Einfalls und der hyperbolischen Ausschmückung einer Rede findet breite Zustimmung.[59] Sie steht auch einer Auffassung unvereinbar gegenüber, wie sie Albrecht Christian Rotth (1651–1701) in seiner *Vollständigen deutschen Poesie* (1688) formuliert hatte:

»Es ist aber eine solche *fictio rerum* nichts anders als eine ausgesonnene Sache/ die zwar erdacht scheinet/ doch etwas anders zugleich/ so wahrhafftig ist, andeutet. Als wenn jemand das Bildniß eines grausamen Menschen wolte vorstellen/ und führte ein *monstrum* auff/ so ein

---

[55] Der äquivalente Begriff in der lateinischen Rhetorik bei Quintilian lautet *inversio*. Vgl. Gerhard KURZ: Metapher, Allegorie, Symbol. Göttingen (1982), zum rhetorischen Allegoriebegriff und zu Quintilian ebd., S. 33–39; HWR, Bd. 1, Sp. 330–392, s. v. Allegorie, Allegorese; vgl. daneben auch HOFFMEISTER, Barockliteratur, S. 134–140.

[56] ALT, Begriffsbilder, S. 369, macht deutlich, daß der dem »Hauptsatz« des Redners entsprechende »moralische Lehrsatz« beim Dichter für Gottsched nur mit Hilfe der Allegorie illustriert werden kann und daß der Leipziger Aufklärer sie deshalb als »poetisches Prinzip« gelten läßt.

[57] GOTTSCHED, Grundriß, I. Abth., I. HSt., S. 10 f.; ders., Ausführliche Redekunst, III. HSt., XIII. §.–XIV. §., S. 134–136; ders., Akademische Redekunst, S. 71 f; zu Gottscheds Allegorie-Kritik in der *Critischen Dichtkunst* vgl. Peter-André ALT: Traditionswandel des Allegoriebegriffs zwischen Christian Gryphius und Gottsched. In: GARBER, Barock-Rezeption, Tl. I, S. 272–279; ebd., S. 250 f. und S. 270 f.: zu Fabricius und Hallbauer.

[58] GOTTSCHED, Grundriß, II. Abth., III. HSt., §. 6., S. 73: »*Phantastisch* schreiben Leute, die im Gehirne nicht wohl versehen sind. Sie nennen alles anders, als es insgemein geschieht; Sie wollen (...) alles sehr Oratorisch oder gar Poetisch sagen, und brauchen endlich gantz ungewöhnliche Beywörter und oftmahls gantz närrische Allegorien.« Ebd., §. 20., S. 81: »Die *natürliche* Schreibart muß so leicht und ungezwungen seyn, als die gemeine Art zu reden selbst: daher muß alle Kunst daraus entfernet seyn ...« — Zur Stilkritik im Zusammenhang mit dem allegorischen Verfahren vgl. ALT, Begriffsbilder, S. 355–357; SCHWIND, Schwulst-Stil, S. 73 f.

[59] So etwa bei FABRICIUS, Redekunst II, S. 11–15; SCHULZ, Muster, S. 59–72; in Anlehnung an Gottsched auch Bernhard WIEDEBURG, Einleitung in die teutsche Wohlredenheit und Beredsamkeit (1748). Vgl. dazu Manfred WINDFUHR: Die barocke Bildlichkeit und ihre Kritiker. Stilhaltungen in der deutschen Literatur des 17. und 18. Jahrhunderts. Stuttgart (1966), S. 82–94: Die Allegorie als tropische Gedankenfigur, als Gattungsbegriff und als Personifikation.

Ein neuer Wissenschaftsbegriff

Löwen=Haupt/ ein Tieger=Hertze und Bären=Klauen hätte. So sieht ein jedweder/ daß das ein erdichtetes *monstrum* ist/ doch mercket er/ daß was anders hierdurch angedeutet wird.«[60]

Ein solches Verständnis der Invention, das die allegorische Behandlung des literarischen oder rednerischen Themas erlaubt, bestimmt – da es der Glaubhaftmachung dient – auch das für den Dichter gegenwärtige Gebot der Nachahmung vom Zweck der *persuasio* aus. Invention heißt daher für den stofflichen Zugang zum Thema in Rotths Verständnis schließlich auch das Finden fiktiver oder allegorischer Amplifikationen, bezogen auf eine primäre ›Wahrheit‹, mit Hilfe des dichterischen *ingenium*.[61] Übereinstimmend damit rechnet der Weiseaner Gottfried Lange in seiner 1706 publizierten Rhetorik die Allegorie zur *amplificatio*. Freilich hat der Dichter im Gegensatz zum Redner (wie etwa auch zum Historiographen) eher die Freiheit, Wirklichkeit in Fiktion umzuarbeiten, Wahrheit also *verisimiliter* zu vermitteln.[62]

In der möglichst unmerklichen Applikation der Regeln auf einen bestimmten Fall liegt nach den Vorstellungen barocker Redelehrer die Aufgabe des rednerischen *ingenium*.[63] Dabei kommt es nicht darauf an, in schöpferischer Weise die einem Gegenstand immanenten Argumente aufzufinden, sondern ihn mit den Mitteln der Gelehrsamkeit vollständig auf die Möglichkeit seiner Wiedergabe hin zu untersuchen. Eines der bevorzugten Mittel hierfür ist die Allegorie, die normalerweise verdeckte thematische Bezüge enthüllen kann.

Dagegen steht Gottscheds Begriff der Natur und ihrer Nachahmung im Kunstwerk. Die objektive Gesetzmäßigkeit von Normen und Regeln wird von ihm nicht etwa auf einen Schematismus menschlichen Vermögens zurückgeführt, dessen Ergebnis nur einer Übertragung auf die vom Menschen getrennte Natur bedarf, um deren Erkenntnis zu objektivieren, sondern im Gegenteil als im überzeitlichen, ideellen Ordnungssystem Natur selbst begründet angesehen, wobei es darauf ankommt, die Prinzipien dieser objektiven Naturordnung nachzuvollzie-

---

[60] Albrecht Christian ROTTH: Vollständige Deutsche Poesie/ in drey Theilen (...). LEIPZIG 1688., III, 1. Th., III. Cap., S. (18); vgl. ebd., S. (26). Vgl. etwa auch MEYFART, Rhetorica, Das 16. Capitel. Von der Allegorey vnd jhren Eygenschafften, S. 151–169.

[61] Zum *ingenium* als Charakteristikum für das Selbstverständnis nicht nur der deutschen, sondern der europäischen Barockliteratur überhaupt vgl. Frank J. WARNKE: Versions of Baroque. European Literature in the Seventeenth Century. New Haven/London 1972, hier S. 19 f.

[62] LANGE, Einleitung, Das fünffte Capitel. Von der *Amplification à* SIMILI (S. 77– 91), hier S. 78. Vgl. dazu FISCHER, Rede, S. 67, ebenso S. 70; HILDEBRANDT-GÜNTHER, Rhetorik, S. 59; Christoph PERELS: [Rezension] Hans Peter Herrmann, Naturnachahmung und Einbildungskraft. In: Daphnis 3 (1974), H. 1, S. 124–126; Gerhard SAUDER: Argumente der Fiktionskritik 1680–1730 und 1960–1970. In: GRM 57 (1976), S. 129–140.

[63] Vgl. auch zum folgenden DYCK, Ticht-Kunst, S. 51.

hen. Dem oratorischen Gebot der Publikumsüberzeugung steht eine solche Sichtweise nicht entgegen, denn der Redner ist aufgrund seiner kommunikativen Intentionen nicht an eine vollständige Begründung wie etwa der Logiker gebunden, und dementsprechend vermag er auch Ähnlichkeitsverhältnisse in den Argumentationszusammenhang miteinzubeziehen.[64] Da die Regeln ihren Grund in der unveränderten Natur der Dinge selbst haben, muß sich die Darstellung der Natur im Kunstwerk aus vernünftiger Einsicht in der Befolgung der von ihr selbst vorgegebenen Regeln zeigen.[65]

Die kritische Haltung des Leipzigers gegenüber dem allegorisierenden Verfahren ist allerdings vorgeprägt in den Werken seiner Mitstreiter, und schon die Weiseaner haben – wenn auch mit kennzeichnenden Unterschieden – in einer Zeit sich wandelnder Anforderungen an den Redner die Möglichkeiten allegorischen Sprechens eher reserviert bewertet.[66] Während Fabricius und Hallbauer ebenso wie Gottsched selbst strikt die »natürliche« *inventio* als eigentliche und allein gültige Leitlinie des rednerischen Vorgehens fordern, ist bei den höfischen Rhetorikern noch ein ganz andersartiger Standpunkt zu erkennen. Nicht die Allegorie, sondern die mit didaktischen Intentionen übereinkommende gezügelte Sprache steht für die auf konzises, natürliches Reden und lapidaren Stil drängenden Weiseaner im Mittelpunkt; Übertreibungen und Vieldeutigkeiten sollen vom Redner vermieden werden.[67] Aber Inkonsequenzen werden deutlich, wenn es um

---

[64] Dies gegen Friedrich GAEDE: Gottscheds Nachahmungstheorie und die Logik. In: DVjS 49 (1975), Sonderheft »18. Jahrhundert«, S. 105*–117*, hier S. 116*, der jede Abhängigkeit des Nachahmungsbegriffs von der rhetorischen *persuasio* bestreitet. Gaedes Feststellung einer Gebundenheit an philosophische Bestimmungen im Zusammenhang mit der Problematik des zureichenden Grundes, wie sie von Gottsched in der *Weltweisheit* entwickelt werden, ist sicherlich angemessen, jedoch sollte sie nicht ohne weiteres auf rhetorisch-poetisch-ästhetische Theorien übertragen werden, ohne deren je eigene Traditionen entsprechend zu berücksichtigen.

[65] Vgl. dazu HOHNER, Problematik, S. 12, 22, unter Verweis auf Gottscheds *Critische Dichtkunst* und seinen *Auszug aus des Herrn Batteux Schönen Künsten* (1754). Daß, wenn auch erst relativ spät, neben dem Einfluß der rationalistischen Philosophie auch die Dichtungstheorie Batteux' als bestimmend für Gottscheds Begrifflichkeit angesehen werden muß, macht Irmela VON DER LÜHE: Natur und Nachahmung. Untersuchungen zur Batteux-Rezeption in Deutschland. Bonn 1979, deutlich. Zu Gottscheds und Batteux' Begriff des »Witzes« ebd., S. 190–207; daneben MÖLLER, Überlieferung, S. 16–43.

[66] Zu Fabricius' und Hallbauers Vorläuferschaft in der Allegoriekritik vgl. ALT, Begriffsbilder, S. 352–355; zur Einschätzung bei Weise ebd., S. 310–323; GRIMM, Literatur, S. 262.

[67] In diesem Sinne deutet WEIDLING, Hofmeister, S. 24 die Allegorie nur als Redefigur. Allerdings sind theoretische Ausführungen oder gar Definitionen in diesem Werk eher die Ausnahme. Dagegen bietet der Weiseaner und spätere Rektor des Hamburger Johanneums Jo-

Ein neuer Wissenschaftsbegriff

die Realisierung dieser Ansprüche geht. So lehnt Johannes Riemer nach dem Vorbild des *Politischen Redners* zwar theoretisch die Allegorie als unzulänglich und unzweckmäßig ab, in der Praxis jedoch bedient er sich genau dieses Mittels. Wenn er die vom Namen, Stand, Geschlecht und Bildung von Personen ausgehende *inventio*, eine in der Ausübung der Gelegenheitsreden übliche und weit verbreitete Methode, in den Beispielen seines mit einer großen Zahl von Briefen, Komplimenten und Reden gefüllten *Neuaufgehenden Sternredners* nutzt, bezieht er sich auf die letztlich zwar von Quintilian ausgearbeitete, dann aber im Anschluß an ihn immer detaillierter aufgefächerte Lehre von den *loci a persona*, die einer immer weiter sich verselbständigenden ›verbalen‹ Gestaltungsweise der Redekunst bzw. den gesellschaftlichen Forderungen nach ihr Rechnung trägt.[68]

Gottsched hat auch an dieser Redepraxis Anstoß genommen und seine Kritik in einer Rezension der 1689 in Merseburg publizierten Riemerschen Trauerrede auf den Tod des Großen Kurfürsten Friedrich Wilhelm von Brandenburg (1640–1688) formuliert. Indem Gottsched die Riemersche Redetätigkeit mit der Lohensteinischen Praxis auf eine Stufe stellt – nicht von ungefähr lauten die Titel der beiden Reden nahezu gleich –, polemisiert er entsprechend gegen das allegorisierende Vorgehen in der Manier Lohensteins als eines überholten Inventionsverfahrens, für das der Schlesier als Negativmuster verantwortlich gemacht wird: »Hauptsächlich entsteht die falsche Hoheit aus ungeheuren Vergrößerungen, aus unerhörten Gleichnißreden, oder Metaphoren und Allegorien, aus wunderbaren auf ungewöhnliche Art zusammen gesetzten Wörtern, und endlich aus überflüssigen Beywörtern.«[69]

---

hann Hübner neben der ausführlichen Anleitung zur Anlage von »miscellanea« »indices« und »collectanea« in seinen *Kurzen Fragen aus der Oratoria* (1701) eine an der Topik ausgerichtete Anleitung zur Erfindung von Themen allegorischer Art, wobei sich allerdings wie zu erwarten keine Begriffsbestimmungen oder Ableitungen von Regeln aus philosophischen Vorgaben finden; vgl. dazu WECHSLER, Gottsched, S. 80; HORN, Weise, S. 74–76; zur Stillehre Hübners vgl. SINEMUS, Poetik, S. 188 f.

[68] Vgl. KÖLMEL, Riemer, S. 75 f.; vgl. hierzu die bei UEDING/STEINBRINK, Grundriß, S. 220–225, verzeichneten *topoi* wie *genus* (Geschlecht, Stand), *conditio* (soziale Stellung), *nomen* (Name, der Rückschlüsse auf charakterliche Eigenschaften zuläßt), usw.

[69] GOTTSCHED, Ausführliche Redekunst, XV. HSt., XX. §., S. 383; ders., Riemers Maccabäus, bes. 633–637; vgl. auch ders., Ausführliche Redekunst, AW VII/2, III. HSt., IV. §., S. 90 f. Zur Kritik Gottscheds an der Riemerschen Redepraxis vgl. auch SCHWIND, Schwulst-Stil, S. 271.

Ausgangspunkte und Ziele frühaufklärerischer Kritik

1. 4. Die Aufwertung des *iudicium*

Die Diskussion über die theoretische Bestimmung der sogenannten ›Realien‹, über Wesen und Aufgaben entweder topologischer Abstraktionen oder auf Erfahrung beruhender Gegebenheiten, nimmt einen Großteil der Auseinandersetzung der Frühaufklärer mit ihren Vorgängern und den ›galanten‹ oder höfisch-›politischen‹ Zeitgenossen ein. Hallbauer, der sich vielleicht am eingehendsten der Klärung dieser Fragen gewidmet hat, definiert die rhetorische *inventio* wie Gottsched auf »vernünftige« Weise: »ERfinden heist in der Oratorie, aus Wissenschaft und Erfahrung Gedanken abfassen, durch welche der Endzweck der Rede oder Schrift erhalten werden kan«.[70]

Logisches und empirisches Verfahren, »Wissenschaft und Erfahrung« stehen hier erkennbar gleichberechtigt nebeneinander. Darin sind sich die aufklärerischen Rhetoriker der ersten Generation einig: Alle noch so unterschiedlichen Vorgehensweisen des Redners unterliegen einer strikten methodischen Kontrolle. Ihr Maßstab bleibt das *iudicium*, die Fähigkeit des vernünftigen Urteilens.[71] Hallbauers prozessuale Analyse kann sich indessen auf Vorarbeiten stützen, die mit Beginn des neuzeitlichen Rekurses auf antike Lehren einsetzen. Der Einfluß seiner intensiven Beschäftigung mit Johann Sturms Werken als deren Herausgeber und der ›Methodus Sturmiana‹, die bei dem Straßburger Humanisten auf eine Integration rhetorischer und dialektischer Verfahrensweisen aus dem Geist Melanchthons und Agricolas zielte[72], ist hier in den systematischen Abwägungen Hallbauers deutlich zu verspüren: Die den Regeln der Logik zugeordnete Urteilskraft als entscheidende Instanz der rhetorischen Vergewisserung von der ›Realität‹ des zu behandelnden Gegenstandes wird von ihm aufgewertet, nachdem man sie lange zugunsten der unmittelbaren sprachlichen Wirkung vernachlässigt hat. Gleichermaßen ist die Definition der *inventio* auch bei anderen Aufklärern immer an das Postulat des methodisch korrekten Gebrauchs des *iudicium* geknüpft: »Die Erfindung ist eine Darstellung der Sachen, die sich zu unserm

---

[70] HALLBAUER, Anweisung, S. 230. DYCK, Ticht-Kunst S. 42, sieht diese Definition in Zusammenhang mit früheren Begriffsbestimmungen, etwa in Caussinus' *De eloquentia sacra* oder Stielers *Sekretariatskunst* und führt sie auf das ciceronische Rednerideal der Gelehrsamkeit zurück. Vgl. auch ebd. den Hinweis auf CICERO, De oratore 1, 16, 72.

[71] GOTTSCHED, Ausführliche Redekunst, VIII. HSt., XIV. §., S. 206: »Eine gute Urtheilskraft muß der Probierstein seyn, daran er [d. i. der Redner] alle seine Einfälle prüfen soll; damit er nicht Schlacken für Gold ansehe.« Vgl. ähnl. ders., Akademische Redekunst, VIII. HSt., XVIII. §., S. 152.

[72] Zu Sturms rhetorischer Lehre vgl. SCHINDLING, Hochschule, S. 210–235; zum Verhältnis Rhetorik – Dialektik ebd., S. 195–207. Siehe auch oben, Kap. III, 1., S. 86, Anm. 1.

Ein neuer Wissenschaftsbegriff

Zwecke schicken. Denn wer ein Haus bauen will, der muß die nöthigen Bau= Materialien anschaffen. (...) Zur Erfindung der *argumentorum probantium* wird ein *iudicium* erfordert, welches einer Sache nach den Regeln der Methode, nachdenken kan.«[73]

Gottsched nennt demgemäß als elementare Voraussetzung der »Erfahrungskunst« neben der Vollständigkeit der Beschreibungsmerkmale die Beachtung der »Regeln von deutlichen Begriffen und richtigen Urtheilen«.[74] Obgleich die Erfahrungsurteile empirisch sind, müssen sie doch ihre Prinzipien im synthetischen Vorgehen des Redners haben – über die Daten der sinnlichen Wahrnehmung hinaus ist deren logische Verknüpfung nach festen Regeln erforderlich. Das *iudicium* stellt den Redner von Anbeginn seiner Tätigkeit an vor die Aufgabe, seine »Erfindung« des Themas und der zugehörigen Argumente der Urteilskraft unterzuordnen.[75]

Dieser Anspruch der Differenzierung zwischen sachgemäßen und unsachgemäßen Argumenten durch das Urteilsvermögen ist zwar keine Errungenschaft des frühen 18. Jahrhunderts, sondern der rhetorischen Theorie seit der Antike geläufig – entscheidend für die neuartige Sichtweise ist das Ausmaß, in dem Regeln, Urteile, Schlüsse usw. hier in den Vordergrund gerückt werden. Die Debatte um die Vorherrschaft dialektischer Verfahrensweisen, zu denen die Beurteilungsfähigkeit *iudicium* an vorderster Stelle zählt, gegenüber genuin topischen Argumentationsstrategien bestimmt in spürbarem Maß die Geschichte des Lehrgebäudes der Rhetorik im 18. Jahrhundert und seiner Fraktionierung in verschiedene ›Schulen‹. Ausschlaggebend bei den Frühaufklärern gegenüber den Vertretern der ›Schulrhetorik‹ ist die neuartige Bewertung der Zugangsmöglichkeiten zum Thema und seiner argumentativen Analyse. In Rekapitulation des schon bei den Griechen – etwa bei Aristoteles – im Zusammenhang mit der Erörterung der Topik behandelten Verhältnisses von wahrheitsfundierter Wissenschaft und glaublichkeitsorientierter Überzeugung ist erneut das erkenntnisermöglichende

---

[73] PEUCER, Anfangs=Gründe, Einleitung, §. 22, S. 29 f. – SCHMIDT-BIGGEMANN, Topica, S. 39–52, erläutert ausführlich den umfassenden Prozeß der in der Frühen Neuzeit sich verändernden Vorstellungen vom *iudicium* seit Petrus Ramus' *Dialecticae institutiones*.

[74] GOTTSCHED, Erste Gründe, Praktischer Teil, AW V/2, Tl. 3, 1. Abschn., IV. HSt., 491. §., S. 325.

[75] Die Rolle des *iudicium* als wesentlichen Aspekts der unter dem Vorzeichen der Vernunft stehenden Redekunst unterstreicht auch Johann Georg Neukirch in seinen *Academischen Anfangs-Gründen, Zur Teutschen Wohlredenheit, Brief-Verfassung und Poesie* (1729). Dem *iudicium* fällt dabei die Aufgabe zu, das durch die Mittel der Findekunst Entdeckte in dispositionell korrekter Gliederung und nach Maßgabe des Schicklichen (*decorum*) zu ermessen. Vgl. dazu DYCK, Ticht-Kunst, S. 118.

iudicium Entscheidungsinstanz[76], wobei diese Neubewertung der Frühaufklärer allerdings eher als Rückgriff auf die quintilianische Deutung der Vorstellungen Ciceros von der untrennbaren Bindung der Erfindung an die Urteilskraft und umgekehrt gesehen werden muß.[77]

Ausgangs- und Orientierungspunkt für dieses neuartige, diagnostische Verständnis von »Erfindung« ist die erstmals Klarheit verschaffende Perspektive der rationalistischen Philosophie. Als Muster und als vorbildliche Vertreter des Rationalismus in Deutschland nennen Gottsched, Fabricius, Hallbauer und andere immer wieder die Philosophen Gottfried Wilhelm Leibniz und Christian Wolff. Sie haben nach Auffassung der frühaufklärerischen Rhetoriker im Anschluß an die lange währende Auseinandersetzung als erste den Streit um die Prävalenz inventionaler oder iudicialer Methoden entschieden. Worin genau der Einfluß der beiden Philosophen auf die Rhetoriker zu erkennen ist, sollen, nach einem Blick auf zwei aufklärerische Vorläufer Gottscheds, die Schlußabschnitte dieses Kapitels zeigen.

2. Wegbereiter Gottschedscher Rhetorik: Johann Andreas Fabricius und Gottfried Polycarp Müller

Am Ende der seiner eigentlichen Lehre von der Rhetorik vorangestellten *Historischen Einleitung Vom Ursprunge und Wachsthume der Beredsamkeit bey den Alten, imgleichen von ihrem itzigen Zustande in Deutschland* weist Gottsched auf die grundlegende geschichtliche Veränderung hin, die das rhetorische Denken seiner Einschätzung nach in den vorangegangenen Jahrzehnten durchgemacht hat. Als ausschlaggebende Autorität gilt ihm Christian Wolff, durch den die Redekunst, genauso wie die Historiographie und die Philosophie selbst, auf eine neue, höhere Stufe gestellt worden sei:

»So viel will ich überhaupt, von dem itzigen Zustande der Beredsamkeit in Deutschland sagen, daß selbige, seit 1720 ohngefähr, ein ganz andres Ansehen genommen hat, als sie vormals gehabt. Es sind nämlich solche Redner und Scribenten in verschiedenen Provinzen und Städten unseres weitläuftigen Vaterlandes aufgestanden, die so wohl in der philosophischen

---

[76] Diese Tiefendimension ist keineswegs immer in der Rhetoriktheorie der Frühen Neuzeit anzutreffen. Als vornehmliche Aufgabe des *iudicium* wurde beispielsweise von den – antiaristotelischen – Ramisten bestimmt, die inventional gefundenen Einzelurteile logisch abzusichern und in lückenloser Deduktion zu disponieren, ohne damit in jedem Fall einen Erkenntnisanspruch vermitteln zu wollen. Vgl. dazu SCHMIDT-BIGGEMANN, Topica, S. 41 und öfter, sowie oben, Kap. III, 6., S. 123.

[77] Siehe dazu oben, Kap. III, 2., S. 93 f.

Wegbereiter Gottschedscher Rhetorik

als oratorischen und historischen Schreibart uns rechte Meisterstücke gewiesen haben. Und es ist kein Zweifel, daß die durch den Freyh. von Wolf gereinigte Weltweisheit, und die dadurch beförderte Art, natürlich zu denken; mancherley wöchentliche Schriften, die nicht minder die Verbesserung des Geschmackes und der Schreibart, als der Sitten zur Absicht gehabt; nebst den verschiedenen Gesellschaften, die zur Ausübung unsrer Sprache an verschiedenen Orten aufgerichtet worden, nicht ein vieles dazu beygetragen haben.«[78]

Gottscheds Ziel bei dieser knappen Darstellung ist nicht zuletzt, sich selbst als treuen Gefolgsmann des aufklärerischen Philosophen auszuweisen, etwa durch die Anspielungen auf die eigenen Moralischen Wochenschriften, auf die Tätigkeit als Präsident der Leipziger Deutschen Gesellschaft[79] und als Oberhaupt verschiedener ›Rednergesellschaften‹.[80] Andere »Redner und Scribenten« gab es zwar auch, aber sie bleiben in der *Historischen Einleitung* anonym.

Aus bestimmten Gründen mag Gottsched diejenigen nicht namentlich hervorheben, denen das Verdienst gebührt, schon vor ihm selbst rationalistische Vorstellungen auf das rhetorische System übertragen zu haben. Das Verhältnis zu Johann Andreas Fabricius, dem er als Hofmeister bei Mencke nachfolgte, war gespannt, seit Gottsched dessen *Philosophische Oratorie* aus dem Jahr 1724 im ersten Band der *Vernünftigen Tadlerinnen* (1725) spöttisch kommentiert hatte.[81] Überdies war 1726 in Wittenberg anonym ein lateinisch verfaßtes Pamphlet er-

---

[78] GOTTSCHED, Ausführliche Redekunst, Historische Einleitung, XXXIII. §., S. 84 f. Vgl. zu diesem Thema grundlegend Joachim BIRKE: Gottscheds Neuorientierung der deutschen Poetik an der Philosophie Wolffs. In: ZfdPh 85 (1966), S.560–575.

[79] Vgl. Friedrich NEUMANN: Gottsched und die Leipziger Deutsche Gesellschaft. In: AKG 18 (1928), S. 194–212; Ernst KROKER: 200 Jahre Deutscher Gesellschaft. In: Beiträge zur deutschen Bildungsgeschichte, S. 7–27; WITKOWSKI, Geschichte, S. 365–367; Gustav WANIEK: Gottsched und die deutsche Litteratur seiner Zeit. (Leipzig 1972). (ND der Ausgabe Leipzig 1897), S. 83–99; RIECK, Gottsched, S. 26–30; van DÜLMEN, Gesellschaft, S. 48–54. Eine chronologische Übersicht über die vielfältigen Publikationen der Deutschen Gesellschaft bei REICHEL, Gottsched, Bd. 1, S. 609 f.

[80] Gottsched war unmittelbar nach seiner Ankunft in Leipzig 1728 als Mitglied in die *Vertraute* (oder *Nachmittägliche*) *Rednergesellschaft* aufgenommen worden. Aus dieser Zeit stammen seine die Rhetorik selbst erstmals thematisierenden Reden *Daß ein Redner ein ehrlicher Mann seyn muß* und die *Rede wieder die so genannte Homiletik*. 1735 sprach er erstmals vor Studenten seiner *Vormittägigen Rednergesellschaft*. Vgl. dazu neben GROSSER, Redeschule, auch REICHEL, Gottsched, Bd. 1, S. 257; Bd. 2, S. 24 und 53 f.; WANIEK, Gottsched, S. 97–99; UEDING/STEINBRINK, Grundriß, S. 117.

[81] Im 22. Stück der *Tadlerinnen*, S. 174, rügt »Calliste« Fabricius in ironischer Weise, im 43. Stück ist eine gegen ihn gerichtete satirische »philosophische Tabackshistorie« abgedruckt. Vgl. dazu WECHSLER, Gottsched, S. 87; REICHEL, Gottsched, Bd. 1, S. 229.

schienen, *Oratorum novorum pica cum remedio*, das Fabricius in einem scharfen Gegenangriff fälschlicherweise Gottsched zuschrieb.[82]

Interessanterweise wird in Fabricius' 1752 erschienenem *Abriß einer allgemeinen Historie der Gelehrsamkeit* sein namhafter Zeitgenosse Gottsched kein einziges Mal als Lehrer der Redekunst *expressis verbis* genannt, weder als primäre noch als sekundäre Quelle; ausdrücklich als Mitstreiter für aufklärerische Ideen in der Rhetorik erscheint im Text nur Daniel Peucer, in einer Anmerkung darüber hinaus noch Hallbauer.[83]

Auf inhaltliche Äußerungen im *Abriß* scheint die persönliche Aversion gegen Gottsched jedoch keinen Einfluß genommen zu haben, denn auch ohne dies an Persönlichkeiten festzumachen, bleibt als Ziel das gemeinsame Vorgehen gegen Mißstände und Verfallserscheinungen auf zeitgemäßer Grundlage bestehen. Fabricius selbst gibt im *Abriß*, ganz ähnlich wie Gottsched in der *Redekunst*, einen Überblick über die Entwicklung der deutschsprachigen Beredsamkeit – wenn auch in Gegensatz zu diesem äußerst knapp umrissen. In der Chronologie des Querschnitts folgt Christian Weise unmittelbar auf spätmittelalterliche Formular- und Kanzleibücher als die ältesten aufgeführten Werke – die humanistische und die barocke Rhetorik scheinen ihm keine eingehendere Betrachtung wert zu sein. Über die unmittelbaren Vorläufer der frühaufklärerischen Rhetorik, die ›politischen‹ Redelehrer und ihre wichtigsten Repräsentanten, bemerkt Fabricius im *Abriß*: »In den neuern Zeiten muß man Christian *Weisen* allerdings einige Verbesserung der Redekunst zugestehen, wenn er es gleich nicht allenthalben, zumal in dem gar zu starken Gebrauche der Topik getroffen hat, und ihm bis 1724 die meisten, wo nicht alle, die Redekünste geschrieben haben, gefolget.«[84]

Fabricius hat nach seiner *Oratorie* (1724) unter dem Titel *Philosophische Redekunst* 1739 erneut ein rhetorisches Lehrbuch publiziert. Äußerlich unterscheidet sich die *Redekunst* von der *Oratorie* durch ein verändertes, übersichtlicheres Bild, das den Publikationen Wolffs nachempfunden scheint; die durch ausführliche, umständlich wirkende Anmerkungen und Beispiele unterbrochene Darstellung im früheren Werk weicht einer überschaubar geordneten Gliederung in Pa-

---

[82] Mitgeteilt ebd., S. 229 f.

[83] FABRICIUS, Abriß, Bd. I, §. XXXIIII (Von der Redekunst, S. 261–273), hier S. 270, Anm. 996; ähnlich im Abschnitt über die Dichtkunst, §. XXXV, S. 273–289: nur eine einzige namentliche Nennung Gottscheds (S. 288, Anm. 45 a), hier allerdings des öfteren die *Critischen Beyträge* als sekundäre Quelle.

[84] Ebd., S. 269 f. Der Wendepunkt des Jahres 1724 muß mit dem Erscheinungsdatum seines eigenen Werks, der *Philosophischen Oratorie*, angesetzt werden. Vgl. ähnlich auch ebd., Tl. III, S. 980.

Wegbereiter Gottschedscher Rhetorik

ragraphen.[85] Anders als das frühere Werk, das zwischen rhetorischer Lehre einerseits und dialektisch-philosophischer Lehre andererseits unterscheidet – dem Verweis auf den Philosophen Andreas Rüdiger stehen Berufungen auf Morhof (*Polyhistor*; *Unterricht von der Teutschen Sprache und Poesie*, 1682) und Benjamin Hederich (*Anleitung zu den führnehmsten Philologischen Wissenschaften/ Nach der Grammatica, Rhetorica und Poetica*, 1713) gegenüber – strebt die *Redekunst* eine Verbindung beider Disziplinen an.

Dennoch wird bei Fabricius eher als bei Gottsched, der im wesentlichen auf Wolffs universelle Lehre als Maßstab rekurriert, die ›politische‹ Seite der Redekunst deutlich. In der Vorrede zur späteren Schrift nennt Fabricius als seine Lehrer während des Studiums in Helmstedt in den Jahren 1713/14 »Hofrath« Treuer und Justus Christoph Böhmer[86]; während der darauffolgenden Studienzeit in Leipzig hörte er »Herrn D. Müller«, den Leipziger Philosophen und Juristen August Friedrich Müller (1684–1761), seit 1731 Ordinarius für Philosophie und Verfasser einer dreibändigen *Einleitung in die Philosophischen Wissenschaften* (1728).[87] Sein Einfluß auf Fabricius' rhetorisches Denken scheint insofern von Bedeutung zu sein, als Müller in diesem Werk auch eine Bestimmung dessen vornimmt, was unter Erfindung/*inventio* zu verstehen ist. Dabei legt er besonderen Wert auf die an das *iudicium* gebundene logische Erkenntnis und begründet die Findung von Wahrheiten rational durch die Nennung ihrer Grundlage im selbsttätigen Nachdenken.[88] Von Andreas Rüdiger (1673–1731) entlehnt Fabri-

---

[85] Vgl. auch zum folgenden KLASSEN, Logik, S. 10; STÖTZER, Redekunst, S. 84 f.

[86] FABRICIUS, Redekunst, Bl. 1ᵛ. Gottlieb Samuel Treuer (1683–1743) war Professor der Ethik, der Politik und des Staatsrechts und als solcher Vertreter einer naturrechtlichen Staatstheorie; seit 1734 lehrte er an der neugegründeten Göttinger Universität. Vgl. über ihn Horst DREITZEL: Absolutismus und ständische Verfassung in Deutschland. Ein Beitrag zu Kontinuität und Diskontinuität der politischen Theorie in der Frühen Neuzeit. Mainz 1992, S. 80–99; über sein Verhältnis zu Böhmer ebd., S. 97.

[87] Über Müller vgl. ADELUNG/ROTERMUND, Gelehrten=Lexico, Bd. 5 (1816), Sp. 26; ZEDLER, Universal-Lexikon, Bd. 22 (1739), Sp. 197–200. Zum Einfluß auf den Zedler, der z. T. wortwörtlich Müllers eudämonistische Lehren übernimmt, vgl. die Hinweise bei Gunter E. GRIMM, Vom Schulfuchs zum Menschheitslehrer. Zum Wandel des Gelehrtentums zwischen Barock und Aufklärung. In: Hans Erich BÖDEKER/Ulrich HERRMANN (Hrsg.): Über den Prozeß der Aufklärung in Deutschland im 18. Jahrhundert. Personen, Institutionen und Medien. Göttingen (1987), S. 14–38, hier S. 33 f.

[88] Vgl. dazu GRIMM, Schulfuchs, S. 34. Grimm sieht in Müllers Begriffsbestimmung neben der mathematisch-logischen Komponente auch die auf Erfahrung gründende »naturwissenschaftliche Tradition des *inventio*-Begriffs« aufleuchten. Müllers ›höfisch-politische‹ Seite wird in der annotierten und kommentierten Übersetzung von Graciáns *Handorakel* zwischen den Jahren 1715 und 1719 deutlich. Vgl. dazu GEITNER, Sprache, Kap. 1, S. 10–50.

cius die Auffassung, daß die Beredsamkeit in der Philosophie gründe.[89] Damit ist auch bei ihm ein folgenschwerer Bruch mit der rhetorischen Überlieferung vollzogen: Das seit der Antike gleichberechtigt neben der Logik/Dialektik stehende System der Rhetorik wird dieser untergeordnet, da es von ihr seine Prinzipien entlehnt.

Der Jenaer Philosoph Fabricius vollzieht zur gleichen Zeit wie sein Leipziger Kollege Gottsched die für eine künftige Entwicklung der rhetorischen Theorie entscheidende Wende: Die Abkehr von der Beredsamkeit als regelgebender Disziplin. Dennoch bleibt das von den Frühaufklärern erstmals prinzipiell auf die Berechtigung bestimmter Techniken und ihren methodischen Wert hinterfragte rhetorische System in seiner Autorität zunächst unangetastet. Gerade im Bereich des Rhetorischen ist für sie eine vollständige logische Durchdringung der Sachverhalte aus Gründen der Plausibilität oft gar nicht nötig, ja nicht einmal erwünscht.[90] Daher kann sowohl Gottsched als auch Fabricius problemlos einen Schritt vollziehen, der zunächst aufgrund ihrer stets wiederholten Betonung des »vernünftigen« oratorischen Verfahrens mit einem konsequent logischen *procedere* unvereinbar erscheint.

Die Überzeugungsstrategie des Redners zielt nach Fabricius – und in der besonderen Berücksichtigung spezifischer Mittel zur Affekterregung ist er Gottsched sehr ähnlich – sowohl auf den Verstand als auch auf den Willen. Der Verstand »muß entweder unterrichtet, das ist, zu klaren und deutlichen begriffen gebracht, oder überführet, das ist, gewiß gemacht« werden; der Wille »muß beweget werden«.[91] Hier schwingt die Erkenntnis mit, daß bei aller Rationalität der Rhetorik es doch deren ureigenste Eigenschaft ist, ein Publikum auch vermittels nicht-rationaler Mittel zu gewinnen; damit stellt sich Fabricius in die seit Anbeginn der rhetorischen Unterweisung gültige Tradition der Einsicht in das von der rein auf Wahrheitsvermittlung ausgerichteten Philosophie genuin unterschiedene, kommunikativ-persuasive Wesen der Redekunst, die auch andere Mittel als die nur-rationalen einsetzen muß, um die ihr gestellte Aufgabe zu bewältigen.

Ebenfalls in der Vorrede zu seinem zweiten Lehrbuch macht Fabricius auf eine entscheidende Wende in seiner Biographie aufmerksam, die ausschlagge-

---

[89] FABRICIUS, Redekunst, Bl. 1^v f.
[90] GOTTSCHED, Akademische Redekunst, I. HSt., 13. §., S. 32: »Die Absicht des Redners ist also hauptsächlich mit unter die Gründe seiner Regeln zu zählen. Was diese befördert, ist gut und vernünftig, was dazu unnütz ist, tauget nicht; und wenn es die größten Männer gethan und vorgeschrieben haben.« Vgl. ähnlich auch ders., Ausführliche Redekunst, I. HSt., XI. §., S. 95 f.
[91] FABRICIUS, Redekunst, § 42, S. 18 f. Zu einer ähnlichen Differenzierung kommt GOTTSCHED, Akademische Redekunst, I. HSt., 6. §., S. 27; 12. §., S. 31.

Wegbereiter Gottschedscher Rhetorik

bend für die Entstehung dieses Werks war: Erst nach dem Erscheinen der *Philosophischen Oratorie* machte Fabricius Bekanntschaft mit der Wolffschen Philosophie, von der er »zuerst einen rechten deutlichen begrif einer wahren beredsamkeit, nemlich daß sie eine fertigkeit wohl zu reden« sei, bekommen habe; die der Beredsamkeit gegenüberstehende »wohlredenheit« bezeichne andererseits »die volkommenheit der rede«.[92]

Als Autor der *Philosophischen Oratorie* ist Fabricius insofern Vorläufer Gottscheds in der Rolle eines Rhetorikers der Frühaufklärung, als er mit seinem Werk bereits ein halbes Jahrzehnt vor dessen *Grundriß* Betrachtungsweisen und Ergebnisse der aktuellen philosophischen Diskussion auf die Debatte über die Aufgaben der Redekunst überträgt. Allerdings vergeht noch ein weiteres Jahrzehnt der Kontroverse um neuartige philosophische Standpunkte, bis beide, Fabricius und Gottsched, um die gleiche Zeit die Lehre von der rhetorischen *inventio* derart umgestalten, daß sie durch ihre »vernünftige« Kritik zu dezidierten Formulierungen finden, die dann in der Folge, insbesondere bei der Diskussion ästhetischer Prinzipien, eine eigene Dynamik entfalten.

*

Gottscheds knappe Hinweise auf die geschichtliche Situation der Beredsamkeit vor dem Erscheinungsdatum seines eigenen Werks in der *Historischen Einleitung* seiner *Ausführlichen Redekunst* deuten an, daß nicht nur Fabricius eine Rolle als Wegbereiter für eigene Ansichten spielte. Gottfried Polycarp Müller, zwischen 1716 und 1723 außerordentlicher Professor für Poesie und Beredsamkeit in Leipzig, hatte in seiner *Idea eloquentiae nov-antiquae* (1717) und im *Abriß einer gründlichen Oratorie, zum Academischen Gebrauch entworffen und mit Anmerckungen versehen* (1722) den Zustand der zeitgenössischen Redekunst beklagt und versucht, antikes und Wolffsches Denken miteinander zu verbinden.[93] Müller war – nach seiner universitären Laufbahn und der vorübergehen-

---

[92] FABRICIUS, Redekunst, Bl. 2ʳ. Folgt man GRIMM, Oratorie, S. 87, ist der Unterschied zwischen beiden Werken rein formaler Natur – Fabricius habe lediglich die Thomasische durch die Wolffsche Terminologie ersetzt. Abgesehen von der Problematik, inwiefern durch eine veränderte Terminologie auch veränderte inhaltliche Standpunkte deutlich werden, ist von einer Berufung auf Thomasius in der *Oratorie*, wie sie Grimm implizit voraussetzt, nicht die Rede.

[93] Vgl. Reinhard BREYMAYER: Die Erbauungsstunde als Forum pietistischer Rhetorik. In: SCHANZE, Rhetorik, S. 87–104; ders.: Pietistische Rhetorik als eloquentia nov-antiqua. Mit besonderer Berücksichtigung Gottfried Polykarp Müllers (1684–1747). In: Tradition, S. 258–272; daneben KLASSEN, Logik, S. 142 f.; SINEMUS, Poetik, hier S. 189: zur Stillehre. –

den Tätigkeit als Gymnasialdirektor in Zittau (und damit Amtsnachfolger Weises) – seit 1738 Herrnhuter Bischof und unter Graf Zinzendorf Leiter des pietistischen *Seminarium theologicum Augustanae confessionis*. Nach seiner Berufung an die Leipziger Universität 1716 hatte er dort Vorlesungen über Philosophie, Staatengeschichte, Rhetorik und Poetik gehalten, war jedoch bald in Auseinandersetzungen mit Rüdiger und Wolff geraten.[94]

Gottsched nennt Müller ebensowenig wie Fabricius beim Namen als Vorbereiter seiner eigenen Lehre unter philosophischen Vorzeichen. Aversionen aus Gründen der Glaubenslehre scheinen sein Urteil über dessen Rhetorik aber nicht beeinflußt zu haben. Eine allzu deutliche Hervorhebung des Werks hätte Gottsched wegen Müllers späteren Engagements für den Pietismus aber möglicherweise ebenso in Konflikt mit den für ihren Dogmatismus berüchtigten lutherisch-orthodoxen Theologen an der Leipziger Universität bringen können wie schon seine eigenen, vom aufklärerischen Geist getragenen Angriffe gegen die zeitgenössische Predigtpraxis.[95]

Ähnlich wie Gottsched wenige Jahre später leitete Müller in Leipzig eine Sprachgesellschaft, die *Gesellschaft vor Erkäntnis und Verbesserung der deutschen Schreibart*, in der praktische Aufsatz- und Redeübungen mit dem Ziel der Verbesserung von Grammatik, Stilistik und Rhetorik abgehalten wurden.[96] Wie auch die Lehrbücher befördert vom Versuch, Altes und Neues auf Grundlage der Wolffschen Lehre zu verbinden, wird Müllers Tätigkeit zum Anlaß für Gottsched, ihn als legitimen Ahnherrn seiner eigenen, nach-›politischen‹ Redelehre auf antik-humanistischem Fundament zu deklarieren.[97]

Leider war es mir nicht möglich, die Müllerschen Werke im Original einzusehen; Nachforschungen im auswärtigen Leihverkehr blieben ebenso ergebnislos wie separate Anfragen zu Altbeständen in Sachsen-Anhalt.

[94] Zunächst durch die zwischen 1711 und 1720 erschienene *Akademische Klugheit* als Thomasianer bekannt, war Müller wohl der erste, der – ohne sich explizit auf Wolff zu berufen – in der Rhetorik auf dessen philosophische Grundlegung Bezug nahm. Vgl. dazu GRIMM, Oratorie, S. 67. Zur Biographie vgl. JÖCHER, Gelehrten=Lexico, Dritter Theil, Sp. 728–729; ZEDLER, Universal-Lexikon, Bd. 22 (1739), Sp. 113–155; DLL, Bd. 10, S. 1463–1464; STÖTZER, Redekunst, S. 83 und 267.

[95] Die Stadt Leipzig war überwiegend lutherisch-orthodoxer Konfession; seit 1701 herrschte freie Religionsausübung für Reformierte. Schule und Universität waren durch die Orthodoxie geprägt und damit auch durch den Kampf gegen den Pietismus; vgl. dazu REENTS, Bibel, S. 29 f.; SCHÄFER, Schrift, S. 169–174; RIECK, Gottsched, S. 34 f.

[96] Vgl. STÖTZER, Redekunst, S. 83.

[97] GOTTSCHED, Ausführliche Redekunst, I. HSt., XVI. §., S. 100: »Von deutschen Rhetoriken kann ich unter denen, deren Verfasser bereits todt sind, keine einzige loben, als Philipp Melanchthons seine; und Prof. Polykarp Müllers«.

Erfindung, Urteilskraft und Topik

Ausschlaggebend für Gottscheds Bevorzugung der *Idea eloquentiae nov-antiquae* gegenüber den zur gleichen Zeit erschienenen ›galanten‹ oder ›politischen‹ Redelehren ist der Versuch Müllers, durch bestimmte Akzente der Rückbesinnung auf antike Vorbilder die Voraussetzungen und Möglichkeiten für eine Rhetorik unter aufgeklärten Vorbedingungen zu ermitteln. Seine vom Gestus der Klage über den Zustand der gegenwärtigen Beredsamkeit getragenen Vermittlungsversuche kommen denn auch, im Gegensatz zu sonst in der pietistischen Rhetorik herrschenden Tendenzen[98], eher Gottscheds Ambitionen entgegen als die publizistisch weitaus erfolgreicheren Beiträge der Gegenseite, die damals ihre Hochphase erlebte.[99]

Die Rolle als Vorläufer einer neuartigen Rhetorik wird Gottfried Polykarp Müller von Gottsched offener zugestanden als Johann Andreas Fabricius. Beide begegnen sich jedoch nur in der die gesamte Entwicklung der Beredsamkeit umfassenden geschichtlichen Perspektive, eine direkte Auseinandersetzung mit ihren Thesen innerhalb der systematischen Betrachtungen findet nicht statt. Ganz im Gegensatz dazu rekurriert Gottsched an vielen Stellen seines ganzen Werks explizit auf die Schlüsselstellung der Wolffschen Philosophie, der gemeinsamen Ausgangsbasis für dessen Entwicklung, und eben dies ist wohl auch der eigentliche Grund für die fehlende Zwiesprache. Der folgende Abschnitt soll dies weiter verdeutlichen, indem er sich auf die für Gottsched vorbildliche philosophische *ars inveniendi* Wolffs und ihre Grundlage bei Leibniz konzentriert.

3. Erfindung, Urteilskraft und Topik in der rationalistischen Philosophie

3.1. Leibniz: analytische und synthetische *inventio*

Zweierlei entscheidende Berührungspunkte können an dieser Stelle bei allen bisher betrachteten Werken der frühaufklärerischen Rhetorik konstatiert werden. Zum einen ist es die grundsätzliche Ablehnung traditioneller topischer Verfahrensweisen, zum anderen die methodische Fixierung der Redekunst in den Grundsätzen der aktuellen rationalistischen Philosophie, die im Verlauf des 18.

---

[98] Vgl. dazu Hanspeter MARTI: Die Rhetorik des Heiligen Geistes. Gelehrsamkeit, poesis sacra und sermo mysticus bei Gottfried Arnold. In: BLAUFUSS, Pietismus-Forschungen, S. 197–284.

[99] Vgl. BREYMAYER, Rhetorik, S. 267–269. Umgekehrt weist Hieronymus Freyers pietistische *Oratoria* in der 7. Auflage von 1745 auf Gottscheds Werk als nützliche Arbeit hin, ebenso wie auch auf die Schriften der *Deutschen Gesellschaft* in Leipzig. Vgl. dazu Wolfgang MARTENS: Hallescher Pietismus und Rhetorik. Zu Hieronymus Freyers Oratoria. In: IASL 9 (1984), S. 22–43, hier S. 41.

Jahrhunderts immer stärker alle anderen Wissenschaften beeinflußt. Im Fall der Theorie der Beredsamkeit greift die Diskussion um Perspektiven und Grenzen von Argumentationsstrategien und Persuasionsmöglichkeiten, wie auch die Beschreibung der »Erfindungsquellen«, hinüber in ›unrhetorische‹, eigentlich der Dialektik vorbehaltene Bereiche. Die Prinzipienfindung in der Lehre von der rednerischen *inventio* wird zunehmend in den philosophischen Bereich verlagert. Aber nicht nur die Rhetoriker, sondern auch die Philosophen selbst, auf die sie sich berufen, diskutieren Rahmenbedingungen und Aufgaben der *inventio*.

Vor dem immer wieder als Vorbild genannten Christian Wolff war die Rolle der »Erfindung« unter rationalistischen Vorzeichen bereits von Gottfried Wilhelm Leibniz (1646–1716) thematisiert worden. In verschiedenen Aufsätzen zur Sprachphilosophie (*Unvorgreiffliche Gedanken betreffend die Ausübung und Verbesserung der Teutschen Sprache*, 1697) und zum aufklärerischen Bildungsprogramm (*Ermahnung an die Teutsche, ihren Verstand und Sprache zu üben*, 1697) hatte Leibniz auch direkt zur Bedeutung der Rhetorik in seiner Zeit Stellung genommen.[100] Er legte mit ihnen – in einer Phase höchster persönlicher Produktivität – wohl als erster in deutscher Sprache seine Ansichten über das Verhältnis von Philosophie und Rhetorik nieder. Von Leibniz stammen überdies zwei kleinere, kurze Zeit später verfaßte Schriften zum Gegenstand »Erfindung«.[101]

Philosophiegeschichtlich hat die vernunftgegründetete *inventio* bei Leibniz ihren Ursprung in seiner Auseinandersetzung mit der Methode der *ars combinatoria* des Raimundus Lullus[102], die ihn Zeit seines Lebens beschäftigte; die Kombinatorik wird bei ihm freilich erweitert in *ars iudicandi* und *ars inveniendi* durch die Idee des logischen Kalküls.[103] In kritischer Auseinandersetzung mit

---

[100] Vgl. dazu UEDING/STEINBRINK, Grundriß, S. 101–103; BÖCKMANN, Formprinzip, S. 56–61.

[101] Gottfried Wilhelm LEIBNIZ: De synthesi et analysi universali seu arte inveniendi et iudicandi. Über die universale Synthese und Analyse oder über die Kunst des Auffindens und Beurteilens. In: Ders.: Schriften zur Logik und zur philosophischen Grundlegung von Mathematik und Naturwissenschaft. (Philosophische Schriften. Hrsg. und übersetzt von Herbert Herring. Bd. IV.) Darmstadt 1992, S. 131–151, und ders.: Discours touchant la méthode de la certitude et l'art d'inventer. Abhandlung über die Methode der Gewißheit und die Kunst des Auffindens (etwa 1690/91). In: Ebd., S. 203–213.

[102] Zu Lulls Einfluß auf die frühneuzeitliche Rhetorik siehe oben, Abschn. 1. 2., S. 136 f.

[103] Vgl. auch zum folgenden Karl VORLÄNDER: Geschichte der Philosophie mit Quellentexten. Neu hrsg. von Herbert Schnädelbach. Bd. III: Neuzeit bis Kant. (Reinbek bei Hamburg 1990), S. 66–72; Hans Werner ARNDT: Methodo scientifica pertractatum. Mos geometricus und Kalkülbegriff in der philosophischen Theoriebildung des 17. und 18. Jahrhunderts. Berlin/New York 1971, S. 99–103: zum Verhältnis von *ars inveniendi* und *ars iudicandi* bei Leibniz; A. HÜGLI: Invention, Erfindung, Entdeckung, Abschn. III, 3 (Die Invention bei

Erfindung, Urteilskraft und Topik

Descartes' Modell der mathematischen Wissenschaften entstand Leibniz' Versuch einer auf enzyklopädische Erfassung des Wissens gerichteten *ars characteristica*. Begriffskombinatorik und Charakteristik sind Hilfsmittel der *Scientia generalis*. Die *ars combinatoria* stellt eine Verfahrensweise der synthetischen Wahrheitsfindung dar, die insofern inventiv ist, als man mit ihrer Hilfe aus schon bekannten Elementen bislang unbekannte Folgerungen und Wirkungen abzuleiten vermag. Das analytische und das synthetische Verfahren der *ars inveniendi* beziehen sich auf die so verstandene Kombinatorik. Bezeichnenderweise geht Leibniz' Darstellung der mathematisch bestimmten Kunst des Auffindens mit einer Kritik an der topisch bestimmten Rhetorik einher:

»Mais on voit sur tout, que l'art d'inventer est peu connu hors des Mathematiques, car les Topiques ne servent ordinairement que de lieux memoriaux pour ranger passablement nos pensées, ne contenant qu'un catalogue des Termes et des Maximes apparentes communement receues. J'avoue que leur usage est tres grand dans la rhetorique et dans les questions qu'on traite populairement, mais lorsqu'il s'agit de venir à la certitude, et de trouver des verités cachées dans la theorie et par consequent des avantages nouveaux pour la practique, il faut bien d'autres artifices.«[104]

Nachdem der Philosoph festgestellt hat, daß sich die Bekanntschaft mit der Kunst des Auffindens im allgemeinen nur auf die Mathematik bezieht, greift er die mit Gemeinplätzen operierende Vorgehensweise direkt an. Die *topoi* dienten bloß als Verzeichnisse zur notdürftigen Disposition von Gedanken und enthielten nichts als einen Katalog vager Ausdrücke und offenbar gemeinhin anerkannter Maximen. Nach Leibniz untersteht die Topik also dem Plausibilitäts- und Konventionsprinzip. Deshalb gesteht er ihr eine gewisse Eignung für die auch auf Wahrscheinlichkeitsgründe bauende Rhetorik und in Fragen des gesunden Menschenverstandes zu; dagegen verneint Leibniz entschieden die Brauchbarkeit der topischen Methode bei Förderung von Wissen oder der Entdeckung von Wahrheiten, die in der Theorie verborgen liegen. Es ist der praktische Nutzen, für den Leibniz ganz andere, kunstvolle Techniken fordert. Als Methode der philosophischen Invention jedenfalls erweist sich die Topik als untauglich. Daß die unmittelbare Verzahnung von analytischer bzw. synthetischer Verfahrensweise mit der topischen *inventio* aber nicht nur für den Philosophen, sondern analog auch für den Redner von Belang ist, erkennt auch Gottsched:

»Hierauf beruhet nun der Unterschied der Analytischen und Synthetischen Methode, welche auch von Rednern pfleget beobachtet zu werden. Die Analytische Methode fängt von dem

---

Leibniz und den englischen Empiristen). In: HWPh, Bd. 4, hier Sp. 558–560; FEGER, Logik, insbes. S. 202, 213–222.
[104] LEIBNIZ, Discours, S. 210 f.

Schluße an, und läßt die Beweis=Gründe darauf folgen. Die Synthetische hingegen fängt von den ersten Gründen, als von den bekantesten an, und ziehet den Schluß als eine Folgerung heraus. Die letztere ist die natürlichste.«[105]

Leibniz' gradualistische Unterscheidung der Bewußtseinsstufen als Vermittlungsmöglichkeit der bei Cartesius unüberbrückbaren (dualistischen) Differenz zwischen oberen und unteren Erkenntniskräften und ihre Diskussion in der Wolffschen Lehre von den Erkenntnisvermögen bzw. Seelenkräften findet ihren Niederschlag in der Konzeption der »Erfindungskunst« als der Vermittlungsinstanz zwischen bestimmter und möglicher Erfahrung. Die Leibnizsche Differenzierung bezieht sich auf die dunkle Vorstellung (*obscura perceptio*), die klare, aber verschwommene d. h. nicht distinkt analysierbare und deshalb undeutliche Vorstellung (*clara et confusa perceptio*) und die klare und distinkt analysierbare und daher begrifflich deutliche Vorstellung (*clara et distincta perceptio*).[106]

Aus der Erkenntnis der qualitativen Stufung des menschlichen Vorstellungsvermögens im Anschluß an Leibniz ergibt sich, so Gottsched, die ausdrückliche Forderung nach dem moralischen Redner, der aus primärer Einsicht in diese Stufung dem virtuell manipulierbaren Publikum gegenüber für seine Handlung verantwortlich zeichnet.[107] Der Forderung nach rednerischer Moralität angesichts möglicher, vom Auditorium nicht nachvollziehbarer Unwahrhaftigkeit entspricht denn auch die zu beachtende Reihenfolge in der rednerischen Vorgehensweise: Erst nachdem die rationalen Überzeugungsmittel ausgeschöpft sind, sollen die Mittel der Affekterregung eingesetzt werden.[108]

---

[105] GOTTSCHED, Grundriß, I. Abth., IV. HSt., §. 9., S. 34; zur Rolle der Loci topici als schwacher Beweisgründe vgl. ebd., II. HSt., §. 12., S. 21 f. Die von Gottsched vorgetragene Skepsis gegenüber der Übertragbarkeit des mathematischen Methodenideals auf andere Künste findet sich im übrigen auch in Wolffs Vorrede zur *Deutschen Logik*.

[106] Vgl. KIMPEL, Wolff, S. 215 und S. 233, der darauf aufmerksam macht, daß *confusa* hier nicht in der Bedeutung »verworren« zu verstehen, sondern – im Gegensatz zu »scharf voneinander getrennt« – im Sinne von »miteinander verbunden« zu übersetzen ist.

[107] GOTTSCHED, Ausführliche Redekunst, II. HSt., III. §., S. 104 f.; VII. §., S. 108 f.

[108] Ders., Grundriß I. Abth., II. HSt., §. 16., S. 24; ebd., IV. HSt., §. 12., S. 34; im Abschnitt »Von Bewegungs=Gründen« macht Gottsched deutlich, daß die Grundlage auch der Affektenlehre die Leibniz-Wolffsche Psychologie ist: »Aus der Natur der Affecten ist bekannt, daß sie aus vielen undeutlichen Vorstellungen des Guten und Bösen entstehen, dadurch der Verstand sehr lebhafft gerühret wird.« Ebd., I. Abth., II. HSt., §. 15., S. 23.

Erfindung, Urteilskraft und Topik

3. 2. Wolff: *ars inveniendi a priori* und *ars inveniendi a posteriori*

An die Leibnizsche Fundamentalpsychologie schließt die Wolffsche Lehre von den Seelenvermögen unmittelbar an. Eine dabei von Wolff vorgenommene Modifikation greifen die Rhetoriker auf: Über seine an Leibniz anknüpfende Unterscheidung in niedere (Sinne, Empfindungen, Einbildungskraft, Erdichtungskraft, »unreiner Verstand«) und höhere Seelenkräfte (Aufmerksamkeit, Überdenken, Gründlichkeit, Scharfsinn, Vernunft, »reiner Verstand«) hinaus kennzeichnet Wolff das Begehrungsvermögen (Trieb, Affekt, Wille) als Grundpotenz der menschlichen Psyche.[109] Mit allen drei Kräften muß sich die Wissenschaft von den möglichen Dingen (*scientia rerum possibilium qua talium*) auseinandersetzen. Diese Betonung der Affektpsychologie im Wolffschen Sinne macht die universelle philosophische Systematik interessant für eine Übertragung in den Bereich des Rhetorischen.[110] Mit Wolffs konsequent deduzierter Lehre von den Grundkräften der Seele und der Konzeption der Philosophie als Möglichkeitswissenschaft ist für Gottsched zugleich die Grundlage der rednerischen *inventio* methodisch abgesichert, denn die Rhetorik, seit der Antike fixiert auf den *consensus omnium*, zielt im Gegensatz zur Dialektik auf die Möglichkeitserfahrung und ihre adäquate, und das heißt immer ihre überzeugende Vermittlung.[111]

Neben der variierenden Anknüpfung an Leibnizsche Vorstellungen als Basis der Seelenlehre erweist sich ein weiterer erst bei Wolff angedeuteter Entwurf als folgenreich für frühaufklärerische Abwandlungen der überkommenen rhetorischen Lehre: In seinen Schriften zur Psychologie grenzt Wolff zwei Arten der Entdeckung philosophischer Wahrheiten voneinander ab – zum einen die »ars

---

[109] Vgl. dazu KIMPEL, Wolff, S. 205 und 208.

[110] Siehe Gottscheds Unterscheidung in »Verstand«, »Willen« und »Leidenschaften« des Publikums, die es für den Redner einzunehmen gilt. GOTTSCHED, Akademische Redekunst, I. HSt., 12. §., S. 31 und 13. §., S. 32; II. HSt., 3. §., S. 41.; vgl. auch FABRICIUS, Redekunst, § 42, S. 18 f.

[111] Formuliert im Postulat der polyhistorischen Bildung des Redners als der Voraussetzung seiner wirklichen Überzeugungskraft sowie der Erwartung der fachgerechten Nutzbarmachung von Einbildungskraft und Witz durch ihn: »Vermöge dieser nämlich fallen einem bey gegenwärtigen Dingen die abwesenden, vergangenen, möglichen und unmöglichen, wahrscheinlichen und unwahrscheinlichen Dinge ein: und man hat die Wahl alles dessen, was man brauchen will, oder kan.« GOTTSCHED, Akademische Redekunst, II. HSt., 7. §., S. 44 f., und 12. §., S. 47 f. – Hier deutet sich überdies ein wesentliches Unterscheidungskriterium zur Poetik und Rhetorik der Schweizer bzw. zur Ästhetik im Gefolge Baumgartens an: die Einbildungskraft (*ingenium*) wird von Gottsched, wie von den frühen Wolffianern überhaupt, noch nicht als produktive Fähigkeit im Sinne der freischaffenden Phantasie aufgefaßt.

inveniendi veritatem a posteriori«, also die durch Erfahrung (*experientia*) – zum anderen die »*ars inveniendi eandem a priori*«[112], also die durch bereits *per definitionem* erworbene Begriffe:

> »Arte inveniendi a priori ex notationibus determinatis seu veritatibus universalibus cognitis eruuntur veritates incognitae (...), & quidem per ratiocinia (...), operationibus mentis subinde suppetias ferende (...). Ars inveniendi a posteriori veritatem incognitam eruit vel ex observationibus, vel experimentis (...), adeoque ex factis naturae (...), quae sensu percipimus, vel in mente nostra ad nos spectantia appercipimus (...).«[113]

Möglich wurde diese Sichtweise gewiß nicht zuletzt aufgrund neuartiger Methoden der Naturbeobachtung, die im Lauf des 17. Jahrhunderts für den Begriff von »Wissenschaft« zunehmend an Bedeutung gewannen. Der Begriff der »Erfindung« wurde in mancher Hinsicht mit dem der »Entdeckung« gleichgesetzt. Als zwar vorhandene, aber nicht ausdrücklich formulierte Tendenz war diese Auffassung in Leibniz' Philosophie noch nicht in dieser Weise formuliert, da Naturbeobachtung und Experiment im synthetischen Verfahren unter dem Vorzeichen der (mathematisch verfahrenden) Charakteristik standen.[114]

Dieser Unterschied wird durch Gottscheds autobiographische Bemerkungen in seiner *Historischen Lobschrift des Freyherrn von Wolff* (1755), in denen er den Einfluß des naturwissenschaftlichen Denkens und darüber hinaus den entscheidenden Wendepunkt in seiner Entwicklung durch das über die Leibnizsche Lehre hinausweisende Wolffsche System kenntlich macht, nochmals bildhaft verdeutlicht:

---

[112] Christiani WOLFFII Psychologia empirica. Edidit et curavit Johannes Ecole (...). Hildesheim 1968. (ND der Ausgabe Frankfurt und Leipzig 1738), I., III., Cap. IV., § 455, S. 356; vgl. ebenso GOTTSCHED, Erste Gründe, AW V/1, Tl. 2, I. HSt., 126. §., S. 175 (über die *inventio veritatum a posteriori, sive per experientiam*) und AW V/2, Tl. 3, 1. Abschn., IV. HSt., 490. §., S. 325: Entdeckung von Wahrheiten aus Erfahrung bzw. Beobachtung (induktiv) und aus Vernunft bzw. Prinzipien (deduktiv).

[113] Christiani WOLFII [sic!] Psychologia rationalis. Édition critique avec introduction, notes et index par Jean Ecole (...). Hildesheim/New York 1972. (ND der Ausgabe Frankfurt und Leipzig 1740), Sect. I., Cap. IV., § 478, S. 391; zu Wolffs Konzeption einer *ars inveniendi* vgl. ARNDT, Methodo, S. 139–147; Cornelis-Anthonie VAN PEURSEN: Ars inveniendi im Rahmen der Metaphysik Christian Wolffs. Die Rolle der ars inveniendi. In: SCHNEIDERS, Wolff, S. 67; CARBONCINI, Wahrheit, S. 66 f.

[114] Vgl. dazu HÜGLI, Invention, Sp. 559; zum Verhältnis Leibniz-Wolff vgl. Winfried LENDERS: Die analytische Begriffs- und Urteilstheorie von G. W. Leibniz und Chr. Wolff. Hildesheim/New York 1971, hier S. 132–159; zum wachsenden Einfluß der Naturwissenschaften vgl. Wilhelm TREUE, Wirtschaft, hier bes. Kap. 15: Technik in Frieden und Krieg im 17. Jahrhundert, S. 127–133 (mit weiterführender Literatur).

Erfindung, Urteilskraft und Topik

»Ich hatte zu Königsberg nicht nur die aristotelische Philosophie, sondern auch die cartesianische, und Experimentalphysik, ferner die thomasische Sittenlehre und sein Recht der Natur erklären gehöret: außerdem aber auch le Clerks und Lockens Sachen fleißig gelesen, und die Mathematik über Sturms Tabellen und *Mathesin Juvenilem,* auch Herrn Wolfs Anfangsgründe zweymal gehöret. Auf Veranlassung des sel. Prof. Rasts aber (...) las ich 1720 die vernünftigen Gedanken von Gott, der Welt und der Seele des Menschen; zu einer Zeit, da ich eben mit Leibnitzens Theodicee beschäfftiget war, der zu Liebe ich französisch gelernet hatte. So voll aber mein Kopf schon von philosophischen Meynungen war, so ein starkes Licht gieng mir, aus diesen beyden letzten Büchern, auf einmal auf. Alle meine Zweifel, womit ich mich vorhin gequälet hatte, löseten sich allmählich auf. (...) Es war also kein Wunder, daß ich mich auch in denen Abhandlungen, womit ich mir sowohl in Königsberg 1723, als hier in Leipzig 1724, das Recht Vorlesungen zu halten, erwarb, mich als ein Lehrling des Hrn. Hofrath Wolf zeigte; ungeachtet ich weder ihn selbst noch einen seiner Schüler jemals gehöret hatte.«[115]

Der Hinweis auf Descartes am Anfang dieser Passage ist insofern interessant, als – vornehmlich durch die Vermittlung Lamys, aber auch Rollins, Fénelons und anderer – Elemente des cartesianischen Gedankenguts auch in Gottscheds rhetorischer Lehre zu finden sind. Dies läßt sich unter anderem darin sehen, daß Gottscheds Begriff der »Regel« zwar einerseits der rhetorischen Tradition verpflichtet ist (nämlich als Anweisungsregel zur Gestaltung von Reden), daß er aber andererseits und darüber hinaus eine weitere Bedeutung erhält, indem die seit Descartes erörterte Bedeutung des ›Regelhaften‹ im Zusammenhang mit der logisch-philosophischen Erkenntnisproblematik miteinfließt. Unter anderem zeigt sich das in der Objektivierung von Gesetzmäßigkeiten der Natur als durch die Vernunft erkennbare und durch Regeln gegründete Einheit und damit unveränderlichen Grundlage des logischen Denkens.[116] Bis in die 1720er Jahre war die aristotelisch-peripatetische Theorie an der Königsberger Albertina dominierend. Nur allmählich vollzog sich – deutlich spürbar erst gegen Ende der Studienzeit Gottscheds – der Wandel hin zur Wolffschen Lehre. Vor allem durch

---

[115] Johann Christoph GOTTSCHED: Historische Lobschrift des weiland hoch= und wohlgebohrnen HERRN Herrn Christians, des H. R. R. Freyherrn von Wolff (...). Halle 1755. ND in: Christian WOLFF, Biographie (GW I, Bd. 10), S. 85. Vgl. auch die Rezension der *Historischen Lobschrift,* in: Das Neueste 5 (1755), S. 461–464.

[116] Inwiefern sich dies auf die Diskussion der Rhetorik im allgemeinen und auf die Bewertung traditioneller topischer Verfahrensweisen im besonderen auswirkt, wurde oben in Kap. II, 4. gezeigt. Zu Gottscheds Verhältnis zum französischen Rationalismus vgl. Günter GAWLICK: Johann Christoph Gottsched als Vermittler der französischen Aufklärung. In: MARTENS, Zentren, S. 179–204; daneben auch Werner KRAUSS: Gottsched als Übersetzer französischer Werke. In: Hermann Samuel Reimarus (1674–1768), ein »bekannter Unbekannter« der Aufklärung in Hamburg. Göttingen 1973, S. 66–74.

Christoph Friedrich Baumgarten, daneben auch durch Balthasar Heinrich Tilesius und Theodor Reinhold That, wurde die neue Philosophie verbreitet.[117]

In seiner die Definitionen Leibniz' und Wolffs aufgreifenden Begriffsbestimmung der inventionalen Methode, wie sie vergleichbar auch Gottsched vornimmt, unterscheidet Fabricius zwischen analytischem und synthetischem Vorgehen des Redners, dem es überlassen bleibe, »sachen nach der möglichkeit zusammen zu verbinden, oder aus einander zu setzen. (...) eigentlich ist die erfindung eine geschiklichkeit aus bekanten wahrheiten, andere unbekante herzuleiten.«[118]

Neben der mathematischen Methode, die noch Leibniz' Modell des *l'art d'inventer* festgelegt hatte, kommen nun Beobachtung und Experiment als Mittel der Wahrheitsfindung in Betracht.[119] Damit scheint eine Loslösung der Findungskunst von der bisher dominierenden Logik im Sinne des Aristotelismus vollzogen zu sein[120] – auch die in der frühen Neuzeit neu definierte Wissenschaft der Physik, in die zunehmend Wahrnehmung und Betrachtung als Vorgehensweise und Erklärungsmuster von Gesetzmäßigkeiten einflossen, löste sich vom aristotelischen, organischen Bild der Natur.[121] Ebenso wie später für Gottsched und Fabricius auf rhetorischer unterliegt für Wolff auf philosophischer Ebene die empirisch wahrnehmende Erkenntnis den Kriterien und Gesetzen der Vernunft,

---

[117] Vgl. dazu REICHEL, Gottsched, Bd. 1, S. 75.

[118] FABRICIUS, Redekunst, Das erste hauptstük, von der erfindung überhaupt und insonderheit dessen, was man vorbringen wil, § 29, S. 14.

[119] Christian WOLFF: Vernünfftige Gedancken von der Menschen Thun und Lassen, zu Beförderung ihrer Glückseligkeit (Deutsche Ethik). Mit einer Einleitung von Hans Werner Arndt. Hildesheim/New York 1976. (GW I, Bd. 4), II, Cap. 2, § 352, S. 233: Unterscheidung von zwei Arten der Erfindung: Aus Erfahrung (»durch Versuchen«) und aus den Regeln der Logik (»durch Witz und Verstand«); ders.: Vernünfftige Gedanken von den Kräften des menschlichen Verstandes und ihrem richtigen Gebrauche in Erkenntnis der Wahrheit (Deutsche Logik), Hildesheim/New York 1978. (GW I, Bd. 1), 5. Cap. Von der Erfahrung, und wie dadurch die Sätze gefunden werden, § 12–§ 13, S. 187 f.

[120] VAN PEURSEN, Ars, S. 68, sieht diese Abkehr aufgrund der inhaltlichen Trennung der »ars inveniendi« von der Logik durch Einbeziehung der Erfahrung (Beobachtung und Experiment) entschieden. Vgl. auch HWR, Bd. 1, Sp. 998–1009, s. v. Aristotelismus.

[121] Vgl. dazu R. HOOYKAAS: Von der »Physica« zur Physik. In: SCHMITZ/KRAFFT, humanismus, S. 9–38; Robert S. WESTMAN: Humanism and scientific roles in the Sixteenth Century. In: Ebd., S. 83–99. Interessant in diesem Zusammenhang ist der Hinweis RIECKS, Gottsched, S. 12 f., auf den Onkel Gottscheds, den Königsberger Medizin- und Physikprofessor Johann Gottsched, als einen der ersten Vertreter eines am Cartesianismus orientierten naturwissenschaftlichen Denkens und Widersacher der aristotelischen Physik an der Albertina.

Erfindung, Urteilskraft und Topik

die alleine sie zu verifizieren vermögen. Von einer Prädominanz der Empirie kann in beiden Fällen also nicht unbedingt gesprochen werden:

»Uber dieses siehet man auch, daß die Kunst zu erfinden in der Weißheit dienlich ist. Die Weißheit erfordert, daß man in gewissen Fällen sich gewisse Absichten machet, und aus der Beschaffenheit der Absichten und aus anderen mit ihnen verknüpfften Wahrheiten Mittel herleitet, dadurch wir ihrer theilhaftig werden. Und also sind die Umstände, daraus man die Absicht *determini*ret, und die Beschaffenheit der Absichten und andere mit ihnen verknüpffte Wahrheiten von uns erkandte Wahrheiten: hingegen im ersten Falle die Absicht, so aus den Umständen *determini*ret wird, im andern aber die Mittel, die ausgedacht werden, die unbekandten Wahrheiten welche aus jenen hergeleitet werden. Derowegen da die Kunst zu erfinden eine Fertigkeit ist aus bekandten Wahrheiten andere unbekandte heraus zu bringen; so ist klar, daß die Kunst zu erfinden mit zur Weißheit beförderlich ist.«[122]

Für die Standortbestimmung der rhetorischen Erfindung durch die Wolffianer scheint in diesem Zusammenhang nicht unerheblich zu sein, daß Wolff selbst dem Determinismus bei der Ermittlung von Wahrheiten enge Grenzen zieht. Seinem Begriff der *inventio* gemäß ist es bisher niemandem, auch nicht Descartes oder Spinoza gelungen, die Gewißheit mathematischer Beweise auf andere Bereiche der Wissenschaft zu übertragen. Lediglich die Mathematik bietet die Möglichkeit der *ars inveniendi a priori* ohne Beobachtung und Experiment:
»Nun wäre derjenige entweder höchst unverschämt, oder überaus einfältig, welcher vorgeben wolte, man könte ausser der Mathematick eben so gründlich erwiesene oder demonstrirte Wahrheiten und so richtige Erfindungen antreffen als in derselben. Denn ausser der Mathematick schreibet man entweder nach einer gantz anderen Methode, als in derselben gewöhnlich ist, oder man befleißiget sich, die mathematische Methode anzubringen.«[123]

---

[122] WOLFF, Deutsche Ethik, II, Cap. 2, § 319, S. 209 f.; vgl. auch ders.: Deutsche Logik, Cap. 6, S. 190–199 *Von Erfindung der Sätze aus den Erklärungen und von Auflösung der Aufgaben*; Cap. 9, S. 210–219 *Wie man sowohl seine eigene, als fremde Erfindungen beurtheilen soll*; zu Wolffs auf Leibniz aufbauender Konzeption einer *ars characteristica universalis* vgl. Anton BISSINGER: Die Struktur der Gotteserkenntnis. Studien zur Philosophie Christian Wolffs. Bonn 1970, hier S. 106.

[123] WOLFF, Deutsche Logik, Vorrede zur ersten Auflage (1712), S. 105 f. – Wenngleich sie nicht unmittelbar das rhetorische *procedere* berührt, sei hier doch, auch um abschließend die Vielfalt des Begriffs zu veranschaulichen, ein Blick auf die philosophische Inventionslehre in der *Deutschen Ethik* erlaubt: »Mit der eigentlichen Kunst zu erfinden, in so weit sie der Erfahrungs= und Versuch=Kunst entgegen gesetzt wird, hat es gleiche Bewandtniß. Man kan darzu gelangen, wenn man sich im Erfinden übet: welches geschiehet, indem man sich die Erfindungen anderer und ihre Kunstgriffe, die sie gebraucht haben, bekand machet und in änlichen Fällen nachahmet. Es ist nicht zu leugnen, daß viele Wahrheiten hierdurch heraus gebracht werden (...)« WOLFF, Deutsche Ethik, II, Cap. 2, § 303 (Wie man die Erfin-

Inwiefern die mathematische Gewißheit aber mit der auf die Darstellung auch des Wahrscheinlichen oder Möglichen abhebenden Redelehre zu vereinbaren oder gar auf sie zu übertragen ist, steht ganz offenbar als Diskussionsansatz im Hintergrund der Vermittlungsbemühungen zwischen Rhetorik und Dialektik, was sich zum Beispiel darin äußert, daß der Redner von verschiedenen Graden der Überzeugung ausgehen muß.[124] Ob und wo in dieser Diskussion Berührungspunkte gesehen werden, ist allerdings für die weiteren Befunde und Folgerungen dieser Untersuchung von entscheidender Bedeutung.

---

dungs=Kunst erlanget), S. 199; Voraussetzung dafür, »daß man durch eigenes Nachdencken verborgene Wahrheiten heraus bringen kan«, ist die Bekanntschaft mit den Regeln der »Vernunfft=Kunst« – zur Ermittlung der »Regeln der Erfindungskunst« hilft die Orientierung an den Regeln der Mathematik (ebd., II, Cap. 2, § 304, S. 199 f., § 305, S. 201); die »besonderen Regeln der Erfindungs=Kunst« sind »mit in der Beschaffenheit der Sache gegründet«, die es nach den Regeln der Logik in ihrer Sachbezogenheit zu verstehen gilt (ebd., § 307, S. 202).

[124] Siehe dazu oben, Kap. III, 4. 1.

KAPITEL V

KONSEQUENZEN RATIONALISTISCHER VORSTELLUNGEN FÜR DIE RHETORIK

1. »Witz«, »Scharfsinn« und »Wahrscheinlichkeit«

Im Verlauf der Entwicklung des rhetorischen Denkens aus dem Geist der Aufklärung kommen neben der mathematischen Methode empirisch-experimentelle Demonstrationstechniken ins Spiel, die in Zusammenhang mit der Selbstdeutung der Philosophie im Wolffianismus als deterministischer Möglichkeitswissenschaft stehen. Dennoch bleibt das Vorgehen der »Erfindungskunst« immer an die Regeln der Logik gebunden – die Entdeckung natürlicher Gesetzmäßigkeiten entsteht aus der ontologischen Konzeption der Welt als vernünftig erkennbarer und nachvollziehbarer Wirklichkeit. Wenngleich hier zunächst nur ein genereller Einfluß der philosophischen Systematik Wolffs hinsichtlich der Erfindung von Wahrheit auf den rhetorischen Entwurf der Frühaufklärer um Gottsched konstatiert werden kann, so stellt sich doch die Aufgabe, die möglichen Auswirkungen dieser allgemeinen Perspektiven in Verbindung mit der spezifisch rednerischen gegenüber der philosophischen »Erfindung« herauszuarbeiten.

Dreh- und Angelpunkt jeder vernünftigen *inventio* ist der »Witz«, der für Wolff ebenso unabdingbar wie der Vernunftschluß zum Erfinden gehört.[1] Dieser Grundkonsens vermittelt zunächst auf fundamentaler Ebene zwischen Wolffs philosophischen Erörterungen mit der Erkenntnisfrage im Zentrum und den ihn rezipierenden Rhetorikern. Bei Gottsched erscheint der »Witz« als Seelenvermögen, das in Gemeinschaft mit Scharfsinn (*acumen*) und Einbildungskraft (*ingenium*) die Voraussetzungen für Entdeckung und Erfindung schafft.[2] Am deutlich-

---

[1] Vgl. dazu BÖCKMANN, Formprinzip, S. 52–130 (auch als Kap. 5 in ders.: Formgeschichte ²1964; zu Gottsched ebd., S. 84–91); vgl. die Zusammenfassung der Begriffsgeschichte bei Otto F. BEST: Der Witz als Erkenntniskraft und Formprinzip. Darmstadt 1989; zu Gottsched ebd., S. 28–30.

[2] GOTTSCHED, Akademische Redekunst, II. HSt., 11. §.: »Aber auch die übrigen Gemüthskräfte eines Redners müssen mehr als mittelmäßig seyn. Darunter gehöret zuförderst eine große *Scharffsinnigkeit*. Dieß ist die Fertigkeit, viel an einem Dinge wahrzunehmen; und dienet, sich schnell von etwas deutliche Begriffe zu machen (...)« – Ebd., 12. §.: »Nächst dem gehöret eine starke *Einbildungskraft* zum Redner. Diese ist allemal mit einem lebhaften Witze verbunden, der die Aehnlichkeiten der Dinge leicht wahrnehmen kann. Vermöge dieser nämlich fallen einem bey gegenwärtigen Dingen die abwesenden, vergangenen, möglichen und unmöglichen, wahrscheinlichen und unwahrscheinlichen Dinge ein: und man hat die Wahl alles dessen, was man brauchen will, oder kann.« Ähnlich ders., Ausführliche Redekunst, II. HSt., VIII. §–IX. §.

Konsequenzen rationalistischer Vorstellungen

sten und ausführlichsten äußert sich der Leipziger Aufklärer wohl in der *Critischen Dichtkunst* über das Wesen des »Witzes«:

»Dieser Witz ist eine Gemüthskraft, welche die Aehnlichkeiten der Dinge leicht wahrnehmen, und also eine Vergleichung zwischen ihnen anstellen kann. Er setzt die Scharfsinnigkeit zum Grunde, welche ein Vermögen der Seelen anzeiget, viel an einem Dinge wahrzunehmen, welches ein andrer, der gleichsam einen stumpfen Sinn, oder blöden Verstand hat, nicht würde beobachtet haben. Je größer nun die Scharfsinnigkeit bey einem jungen Menschen ist, je aufgeweckter sein Kopf ist, wie man zu reden pflegt: desto größer kann auch sein Witz werden, desto sinnreicher werden seine Gedanken seyn (...)«[3]

Als grundlegendes Gestaltungsprinzip der Dichtkunst ist der »Witz« hier, ähnlich dem »esprit« der Franzosen, im Sinne einer allgemeinen Kombinatorik, einer geordneten Verknüpfung des Heterogenen aufgefaßt. Bis in das 17. Jahrhundert hinein im Sinne von »Verstand« oder »Klugheit«, auch »Schlauheit« und »List« charakterisiert, ändert sich an der Wende zum 18. Jahrhundert der Bedeutungsgehalt – unter Einfluß der Thomasischen Lehre wird er auf den Bereich des Ästhetischen bezogen.[4] Obwohl bereits Ende des 17. Jahrhunderts Christian Wernicke (1661–1725) in den *Uberschrifte oder Epigrammata* (1697 und 1701) den französischen Begriff »esprit« erstmals mit dem deutschen Terminus »Witz« gleichgesetzt hatte, wurde dies – ebenso wie der Autor selbst – bald vergessen.[5]

Bei Gottsched wird der »Witz« zunächst der älteren, logisch-dialektischen Terminologie gemäß und in nahezu wörtlicher Anlehnung an den gedanklichen Kontext bei Wolff bestimmt; die so gewonnene philosophische Definition überträgt

---

[3] Ders., Critische Dichtkunst, AW VI/1, II. Cap.: Von dem Charactere eines Poeten, 11. §., S. 152; siehe auch ebd., 17. §., S. 158 f., und ähnlich ders., Erste Gründe, AW V/2, Tl. 3, 1. Abschn., IV. HSt., S. 319–328: Von dem Witze, der Kunst, und Geschicklichkeit im Erfinden: Der Witz ist »eine Fertigkeit des Verstandes, die Aehnlichkeiten der Dinge wahrzunehmen« (ebd., 479. §., S. 319).

[4] Vgl. dazu ausführlich DWB, Bd. 14, II (1960), Sp. 861–888; auch BÖCKMANN, Formgeschichte, S. 516; ders., Formprinzip, S. 62 f.

[5] Daß Gottsched, der genau zwischen den verschiedenen Bedeutungsebenen im Deutschen unterscheidet, das französische »esprit« eher mit »Geist« als mit »Witz« übersetzen will, erläutert er in der *Vorrede zum Discurs über den Geist des Menschen von C. A. Helvetius* (1760), in: Ders., Kleinere Schriften, AW X/2, S. 425–460, hier S. 430. Zu Wernicke vgl. DWB, Bd. 14, II, Sp. 71; Heinz Otto BURGER: Deutsche Aufklärung im Widerspiel zu Barock und »Neubarock«. In: Ders.: »Dasein heißt eine Rolle spielen«. Studien zur deutschen Literaturgeschichte. München (1963), S. 96 f.; KLASSEN, Logik, S. 147; SCHWIND, Schwulst-Stil, S. 180–189; BÖCKMANN, Formgeschichte, S. 492–496; Theodor VERWEYEN: Christian Wernicke. In: Deutsche Dichter. Bd. 2. Reformation, Renaissance und Barock. Stuttgart (1988), S. 428–435.

er in die rhetorisch-poetologische Diskussion.⁶ Indem er dabei den »Witz« wie Wolff als Seelenvermögen charakterisiert, transzendiert er das Leibnizsche Modell der mathematisch-synthetisierenden Begriffskombinatorik und der aus ihr hervorgehenden Ableitung neuer, unbekannter Wahrheiten.⁷

Wolff versteht den Witz als Fertigkeit, »daß man einen Fall in den anderen verkehret wegen der Ähnlichkeit, die sie miteinander haben« (*facultas observandi rerum similitudines*).⁸ »Witz« ermöglicht demzufolge, Beziehungen herzustellen, Dinge miteinander zu verknüpfen, kurz: die Erfassung von Wirklichkeit auf eine bestimmte Weise; der Vorgang der Erkenntnis überhaupt wird durch »Witz« entscheidend geformt. Er bezeichnet darüber hinaus genauer noch »die Leichtigkeit die Aehnlichkeit wahrzunehmen«, er entspringt »aus einer Scharffsinnigkeit und guten Einbildungs=Kraft und Gedächtniß«.⁹ Wolff übersetzt hier die klassische lateinische, auch für die Rhetorik zentrale Nomenklatur ins Deutsche: »Witz« (*ingenium*) »Aehnlichkeit« (*similitudo*) »Scharffsinnigkeit« (*acumen*) »Einbildungs=Kraft« (*facultas imaginandi, imaginatio*) »Gedächtniß« (*memoria*); aber diese terminologische Übertragung ist nicht das Ausschlaggebende: der in ihr vermittelte neue Bedeutungszusammenhang ist grundlegend für die Ausbildung der späteren rhetorischen und ästhetischen Theorien.

Die eigentliche historische Leistung Gottscheds und seiner Mitstreiter besteht aber nicht allein darin, daß sie die von Wolff in erster Linie für erkenntnistheoretische Definitionen vorgenommenen philosophischen Neuprägungen in den rhe-

---

[6] Vgl. dazu Istvan GOMBOCZ: »Es ist keine Wissenschaft von seinem Bezirke ganz ausgeschlossen.« Johann Christoph Gottsched und das Ideal des aufklärerischen poeta doctus. In: Daphnis 18 (1989), S. 542–561, hier S. 558 f.; BIRKE, Wolff, insbes. S. 21–48. Zu Gottscheds »Witz«-Begriff vgl. DWB, Bd. 14, II, Sp. 872, 879 f.

[7] Das Substrat dieses Modells hat sich in der Betonung des analytischen bzw. synthetischen Vorgehens auch beim Redner in Gottscheds Rhetoriken erhalten. Zur Diskussion der Kombinatorik bei Gottsched unter rationalistischer Perspektive sowie unter Einbeziehung des Geschmacksurteils als Entscheidungskriterium vgl. FEGER, Logik, S. 227 f. und S. 249–254.

[8] WOLFF, Deutsche Metaphysik, Cap. 3, § 366, S. 223. Vgl. dazu KIMPEL, Wolff, S. 203–236, hier S. 210; VAN PEURSEN, Ars, S. 74 f. und S. 87. – Vgl. dazu auch die Rezension von Reinhard FINSTER, in: Aufklärung 1 (1986), H. 1, S. 125–127.

[9] WOLFF, Deutsche Metaphysik, Cap. 5, § 858, S. 532; vgl. auch ders., Deutsche Ethik, II, Cap. 2, § 308, S. 203 und Cap. 2, § 309, S. 204: »Der Witz ist eine Leichtigkeit die Aenlichkeiten [!] wahrzunehmen«. Zum Verhältnis Witz – Scharfsinnigkeit – Einbildungskraft – Gedächtnis bei Wolff vgl. BISSINGER, Struktur, S. 101 f.; zur Wolffschen Lehre als Ausgangspunkt neuer ästhetischer Theorien BIRKE, Wolff, S. 1–20; Notker HAMMERSTEIN: Christian Wolff und die Universitäten. Zur Wirkungsgeschichte des Wolffianismus im 18. Jahrhundert. In: SCHNEIDERS, Wolff, S. 266–277.

torischen Bereich transferieren.[10] Vielmehr intendieren sie damit aus einer erkenntnispraktischen Haltung heraus die Perfektionierung des traditionellen Systems und durch sie – so fassen es denn die Zeitgenossen tatsächlich auf – die zweckentsprechende Verwendung der hinter den Begriffen stehenden und durch sie repräsentierten Konzeptionen. Das Bestreben der Popularisierung verlangt nach detaillierter Ausarbeitung neuer und nach kritischer Reflexion überkommener Größen.

Dabei scheint für den heutigen Leser dieser Werke eine Schwierigkeit darin zu bestehen, daß der klassische Terminus *acumen* in seiner Übersetzung mit »scharfsinnig« offensichtlich mit der »Scharfsinnigkeit« der *argutia* gleichgesetzt bzw. in deren Tradition eingeordnet wird. Jedoch handelt es sich bei *acumen* um eine begriffliche Reduktion des Sinngehalts, um eine semantische Verengung von *argutia*, der scharfsinnigen, konzisen Sprechweise, die insbesondere in der höfischen Rhetorik gepflegt wurde.[11] Die qualitative Verschiebung vom scharfsinnig-kombinatorischen zum scharfsinnig-analytischen Verständnis ist in diesem Bedeutungswandel ausgedrückt. Bezeichnet *argutia* den geist- und anspielungsreichen ›verbalen‹ Sprachgestus auf der Grundlage des Analogiedenkens, der sich metaphorisch-bilderreich gibt, z. B. auf der Ebene der Allegorie, ist mit *acumen* eher die verkürzt-pointierte, auch spitzfindige ›reale‹ Redeweise gemeint.[12] Insofern kann es aber auch als sachbezogene Inventionstechnik des »vernünftigen« Redners beschrieben werden. Die Grundsatzforderung der rationalistischen Ästhetik nach strikter Orientierung an wirklichkeitsnaher Beschreibung von Wahrnehmungen bleibt auch für den »scharfsinnigen« Redner erhalten.

---

[10] GOTTSCHED, Ausführliche Redekunst, II. HSt., VIII. und IX. §., S. 109–111: »Es gehöret aber fürs erste zu einem Redner eine große Scharfsinnigkeit. Diese ist die Fähigkeit, viel an einem Dinge wahrzunehmen, und sich also von jeder vorkommenden Sache, in der Geschwindigkeit einen deutlichen Begriff zu machen (...) Nächst dieser muß er auch eine starke Einbildungskraft und einen lebhaften Witz besitzen. Dieser ist eine Fertigkeit, die Aehnlichkeiten der Dinge wahrzunehmen, wenn sie gleich so merklich nicht wären: jene aber eine Fähigkeit, die vergangenen und vormaligen Bilder und Dinge, sich wiederum als gegenwärtig vorzustellen, so bald man dazu im geringsten veranlasset wird«.

[11] Ihr vermutlich wichtigster Vermittler in Deutschland war Georg Philipp Harsdörffer. Vgl. dazu neben ABELER, Erhabenheit, auch Henry F. FULLENWIDER: Die Rezeption der jesuitischen *argutia*-Bewegung bei Weise und Morhof. In: GARBER, Barock-Rezeption, Tl. I, S. 229–238; HWR, Bd. 1, Sp. 991–998, s. v. Argutia-Bewegung. Zur Mittlerrolle Harsdörffers vgl. HESS, Imitatio-Begriff, S. 12, sowie HOFFMEISTER, Barockliteratur, S. 82; den Zusammenhang der ›politischen‹ mit der *argutia*-Bewegung betont HOFFMEISTER, ebd., S. 41.

[12] Vgl. Ingrid HÖPEL: Emblem und Sinnbild. Vom Kunstbuch zum Erbauungsbuch. (Frankfurt am Main 1987), S. 196. Zur Etymologie des Begriffs vgl. G. KATSAKOULIS: Scharfsinn. In: HWPh, Bd. 8, Sp. 1217–1220, hier Sp 1217. Siehe auch oben, Kap. IV, 1. 3.

»Witz«, »Scharfsinn« und »Wahrscheinlichkeit«

In seiner Rezension der Heinekenschen Longin-Ausgabe nimmt Gottsched eine Untersuchung des Begriffs der Scharfsinnigkeit vor. Dies geschieht hinsichtlich des eigenen Sprachgebrauchs im Unterschied zur üblichen Begriffsverwendung im Sinne der *argutia*. Da »Scharfsinnigkeit« laut der Wolffschen Psychologie als Eigenschaftsbezeichnung nur auf die Perzeptionsfähigkeit des Menschen angewendet werden könne – sie ist eine »Kraft der Seele (...), viel an einem Dinge wahrzunehmen« – sei sie zur Bezeichnung einer von ihr isolierten »Schreibart«, der bloßen Diktion, nicht angemessen: »Hergegen kann das Wort scharfsinnig sehr wohl von einer Schrift, oder von einem mit Worten ausgedrückten Gedanken gesagt werden, wenn er reich an Sinn, oder Verstand, ist; das ist, wenn in wenigen Worten viel Gedanken versteckt liegen, darauf man aber durch dieselben gebracht wird. Auf diese Art sind diese Wörter, in der ausführlichen Redekunst, und der critischen Dichtkunst gebraucht worden.«[13]

Ganz ähnlich wie in Gottscheds Auffassung von Witz und Scharfsinn als Seelenvermögen ist die Vermittlung rationalistischer Psychologie in Bereiche außerhalb der Philosophie auch anderen frühaufklärerischen Werken zugrundegelegt. In diesem veränderten, an Wolffs Darstellung orientierten Sinne scheint auch *Zedlers Universallexikon* den »Scharfsinn« zu verstehen – ein Indiz dafür, wie weit die popularisierende Verbreitung der neuen Lehre ging: »Weil nun der Zusammenhang der Dinge, folglich auch der Wahrheiten, offt weitläufftig und so beschaffen, daß man denselben nicht sogleich einsehen kan, so nennt man denjenigen scharfsinnig, welcher in dergleichen Zusammenhang eine Einsicht hat und erkennet, wie die Sviten und Folgerungen zusammen hängen. Man kan daher sagen, daß die Scharfsinnigkeit diejenige Vollkommenheit des Judicii [sei], krafft deren man den Zusammenhang der Wahrheiten einsehen und erkennen kan.«[14]

Johann Gotthelf Lindner, der den Rationalismus Gottscheds ebenso wie die sensualistische Ästhetik des Baumgarten-Schülers Meier in sein Konzept zu integrieren weiß, operiert mit der scheinbar an alte Traditionen (*argutia, ars combinatoria*) anknüpfenden Terminologie, ordnet die mit ihnen verbundenen neuartigen Vorstellungen jedoch den ›modernen‹ Kategorien »Empfindung« und

---

[13] GOTTSCHED, [Rezension] Dionysius Longin vom Erhabenen, in: Beyträge V, 17. Stück (1737), S. 128, Anm. *.

[14] ZEDLER, Universal-Lexikon, Bd. 34 (1742), Sp. 940, aber auch mit kritischen Anmerkungen über Wolff am Ende dieses Artikels. Daß der *Zedler* spätestens ab Band 19 – trotz gelegentlicher Beanstandungen – zumeist einen pronociert wolffianischen Standpunkt einnimmt, wird deutlich bei BLÜHM, Zedler, hier bes. S. 198 f. – Für den weiteren Bedeutungswandel des Begriffs im 19. Jahrhundert vgl. auch die Definition s. v. Scharfsinn im DWB, Bd. 8, Sp. 2198, sowie die ansonsten nicht sehr ertragreichen Artikel »scharfsinnig« und »Scharfsinnigkeit« ebd., Sp. 2198–2199.

»Geschmack« unter: »Es wäre zu weitläuftig, und fast überflüßig, alle Quellen der sinnreichen Gedanken aufzusuchen. Wir wollen der Empfindung bey witzigen Stellen, und einer Erfindungsregel, die der Geschmack daselbst bald herausziehen kann, und jetzt nur einiger fruchtbaren Wege noch Erwehnung thun, auf Scharfsinnigkeiten und Einfälle zu kommen, z. E. durch Vergleichungen. (...) Denn man übt den Witz durch Erfindung der Ähnlichkeiten (...).«[15]

Als Quelle der Invention spielen die »sinnreichen Gedanken« nur noch eine marginale Rolle – ganz im Gegensatz zu der für Generationen selbstverständlichen Technik der Anfertigung von Reden. Kombinatorisch-scharfsinnige »Erfindung« und analytisch-witzige »Entdeckung« gehen ineinander über, ja verschmelzen hier geradewegs zu einer Einheit. Das alles entscheidende Kriterium ist für Lindner, weit eher noch als für Gottsched oder den streng auf logische Kohärenz achtenden *Zedler*, der regelgebende »Geschmack«. Noch schärfer als Lindner und ganz anders als die Frühaufklärer hebt Kant gegen Ende des Jahrhunderts diese beiden Verfahrensweisen voneinander ab: »Etwas *erfinden* ist ganz was anderes als etwas *entdecken*. Denn die Sache, welche man *entdeckt*, wird als vorher schon existierend angenommen, nur daß sie noch nicht bekannt war (...); was man aber *erfindet* (...), war vor dem Künstler, der es machte, noch gar nicht bekannt. (...) Nun heißt das Talent zum Erfinden das *Genie*.«[16]

Das, was ganz allgemein unter »Erfindung« zu verstehen ist, unterliegt ebenso einem Bedeutungswandel wie die Elemente dieses Verfahrens. Es geht Kant nicht mehr um die Methodenbeschreibung von »Erfindung« als der Entdeckung von Ähnlichkeitsbeziehungen, und schon gar nicht geht das künstlerische Erfinden in irgendeiner Weise kombinatorisch vor. So nimmt die Lehre von der *inventio* im Aufklärungsjahrhundert eine stürmische Entwicklung, die von ihren Pionieren noch nicht abgesehen werden konnte.[17]

Inventio heißt bei Wolff oder bei Gottsched noch nicht, wie dann etwa in der Kunstlehre gegen Ende des 18. Jahrhunderts, daß das persönliche Empfinden oder das unmittelbare Erleben des schöpferischen Subjekts im Mittelpunkt stünde, das eine in letzter Konsequenz voraussetzungslose ›Erfindung‹ hervorbringt,

---

[15] LINDNER, Anweisung, III. HSt., 1. Abschn., §. 70, S. 95. Die alte Rhetorik spielt bei Lindner freilich nicht mehr die herausragende Rolle wie noch eine Generation zuvor. Sie wird als praktischer Teil der umfassenden Ästhetik verstanden.

[16] Immanuel KANT: Anthropologie in pragmatischer Hinsicht. In: Ders.: Schriften zur Anthropologie, Geschichtsphilosophie, Politik und Pädagogik. Bd. 2. Hrsg. von Wilhelm Weischedel. (Frankfurt am Main 1977), I, § 54, S. 543.

[17] Die hier nicht weiter zu behandelnde Ablösung der Geschmackskategorie durch die Erörterung des Geniebegriffs bei Kant stellt den Schlußteil der Arbeit von FRACKOWIAK, Geschmack, dar.

»Witz«, »Scharfsinn« und »Wahrscheinlichkeit«

sondern, wie schon zu früheren Zeiten, die an eine korrekte Sachkenntnis gebundene ›Findung‹ der aus dem Gegenstand selbst hervorgehenden Aspekte.[18] Der rednerische ›Witz‹ verbürgt die Wahrscheinlichkeit der Invention.

Neben dem vernünftigen ›Scharfsinn‹ ermöglicht der auf Erfahrung beruhende ›Witz‹ Einblick in die objektive Naturordnung.[19] Während Gottsched, noch unmittelbar an Wolff anknüpfend, den ›Witz‹ als Grundlage von Rhetorik, Poetik, generell der ›freyen Künste‹ und im Sinne einer geistreichen Kombinatorik im Konnex mit einer durch diesen glaubhaft repräsentierten unveränderlichen Naturordnung versteht[20], ist dann bei Kant die Möglichkeit einer Neuschöpfung des bisher Unbekannten, nicht Dagewesenen eingeschlossen.

Inventio bei Wolff wie bei Gottsched heißt aber auch nicht mehr, wie in vielen Poetiken und Rhetoriken seit der Renaissance, die Kombinatorik im Sinne einer Demonstration des Scharfsinns durch gesuchte Komposition von Texten oder Bildern, durch Verrätselungen und ungewöhnliche gedankliche Verknüpfungen, die den Rezipienten überraschen und auf die Probe stellen sollen.[21] Den Frühaufklärern dient die synthetische Kombinatorik nicht zum arguten Sprechen, sondern sie untersteht alleine dem Gebot der Vermittlung natürlich-objektiv gedachter Wahrheiten.

*

---

[18] Nicht von ungefähr kommen in Gottscheds Erörterungen »Kunst und Gelehrsamkeit« zu Witz, Scharfsinn und Einbildungskraft hinzu. GOTTSCHED, Critische Dichtkunst, AW VI/1, II. Cap., 14. §., S. 154.

[19] Zu Wolffs Philosophie der Natur als Vorbild der Gottschedschen Begrifflichkeit vgl. Ulrich HOHNER: Zur Problematik der Naturnachahmung in der Ästhetik des 18. Jahrhunderts. Erlangen 1976, S. 9–19, hier insbes. S. 10 f.; zur Ontologie BISSINGER, Struktur, S. 127–182.

[20] GOTTSCHED, Critische Dichtkunst, AW VI/1, III., Cap., 8. §., S. 174: »Die Regeln nämlich, die auch in freyen Künsten eingeführet worden, kommen nicht auf den bloßen Eigensinn der Menschen an; sondern sie haben ihren Grund in der unveränderlichen Natur der Dinge selbst (...)« – Daß Gottsched sich durchaus im Rahmen traditioneller Vorstellungen bewegt, zeigt ein Blick etwa in HARSDÖRFFER, Poetischer Trichter I, Die siebende Stund, S. 8: »Ob nun wol der Poet bemühet ist neue Erfindungen an dass Licht zu bringe/ so kan er doch nichts finden/ dessen Gleichheit nicht zuvor gewesen/ oder noch auf der Welt wäre«.

[21] Beispielhaft ist Jacob Masens *Ars nova argutiarum* (1649), in der neben traditionellen den Forderungen des *docere* und *delectare* die Demonstration scharfsinnigen Denkens im Mittelpunkt steht. Vgl. BAUER, »ars rhetorica«, insbes. S. 319–545; HOFFMEISTER, Barockliteratur, S. 75. – Daß die Vorstellung von der scharfsinnigen Sprechweise auf antike Vorbilder zurückblicken kann, zeigt Klaus-Peter LANGE: Theoretiker des literarischen Manierismus. Tesauros und Pellegrinis Lehre von der »acutezza« oder von der Macht der Sprache. München 1968, S. 47–71; HWR, Bd. 1, Sp. 991–998, s. v. Argutia-Bewegung, hier Sp. 995.

Konsequenzen rationalistischer Vorstellungen

In Anlehnung an Wolffs Konzeption des synthetischen Vorgehens bezieht sich Gottsched mit der Benennung der Wahrscheinlichkeit als des Fundaments der rednerischen Überzeugung und der gedanklichen Verknüpfung auf antike Differenzierungen beim rhetorisch-dialektischen Verfahren. Das Prinzip des εἰκός (des Wahrscheinlichen), das die Sophisten als Grundlage der Rhetorik erkannt und ausgearbeitet hatten und dessen übergeordnetes Gegenstück Platon in der Wahrheit der ἰδέαι (Ideen) entdeckte[22], wurde von Aristoteles mit dem τόπος gleichgesetzt. Dieser bezeichnet demnach eine Verfahrensweise des εἰκός; er wird lediglich funktional, nicht inhaltlich bestimmt: »Unsere Arbeit verfolgt die Aufgabe, eine Methode zu finden, nach der wir über jedes aufgestellte Problem aus wahrscheinlichen Sätzen Schlüsse bilden können und, wenn wir selbst Rede stehen sollen, in keine Widersprüche geraten.«[23]

Zwar lehnen sich die Frühaufklärer an diese funktionale Diagnose der Alten an, aber durch den geschichtlichen Wandel ist bei ihnen auch ein kennzeichnender Gegensatz zu den antiken Redelehren zu bemerken – in erster Linie wohl als Reaktion auf die Entwicklung der Redepraxis im 17. Jahrhundert: Stand hier in zunehmendem Maß die wirkmächtige elocutionelle Ausgestaltung der Rede, standen die ›verba‹ im Mittelpunkt, verschiebt sich das Interesse der frühen Aufklärer über die Kongruenz von Sache und Wort hinaus wieder zu den ›res‹, zur wahrheitsgemäßen Beschreibung der Sachen selbst, die in den Regeln der Logik wiedererkannt wird.[24] Gottsched verknüpft folgerichtig seine Definition der wahrheitsorientierten rhetorischen Erfindungskunst mit dem Appell an eine allgemeine ethische Verpflichtung nicht nur des Redners, sondern des philosophisch Gebildeten überhaupt:

---

[22] Vgl. Thomas BUCHHEIM: Die Sophistik als Avantgarde des normalen Lebens. Hamburg (1986); zu Platon, den Sophisten und zur »Idee des eikós« vgl. Otto A. BAUMHAUER: Die sophistische Rhetorik. Eine Theorie sprachlicher Kommunikation. Stuttgart (1986), insbes. S. 135–144; der griechische Begriff findet sich in der neuzeitlichen Theorie wiedergeben von Wahrheiten *verisimiliter*, und noch BAVMGARTEN, Aesthetica, §. 483, faßt die ästhetische Wahrheit als »verisimilitudo« auf im Sinne der Wahrscheinlichkeit; vgl. dazu auch den Artikel *Ästhetik* von Hermann WIEGMANN in Bd. 1 des HWR, hier Sp. 1142; HEITMANN, Verhältnis, S. 266 f.; FISCHER, Rede, S. 67, 70, passim.

[23] ARISTOTELES: Topik (Organon V). Übersetzt und mit Anmerkungen versehen von Eugen Rolfes (ND der zweiten Auflage 1922). Hamburg (1968) 1, 1, S. 1; vgl. dazu auch KEMPER, Topik, S. 18 f. und S. 22; zur aristotelischen *Topica* vgl. PIETSCH, Prinzipienfindung, Kap. 5, S. 140–193.

[24] Vgl. HALLBAUER, Anweisung, S. 202, und die Vorrede von den Mängeln der Schuloratorie, fol. a4^v, a5^v–a6^v. Siehe dazu auch oben, Kap. III, 4. 2., S. 110–114.

»Witz«, »Scharfsinn« und »Wahrscheinlichkeit«

»Denn es gehöret zur Erfindung neuer Wahrheiten, nicht nur das Erkenntniß vieler alten; sondern auch eine gewisse Anleitung und Uebung, ordentlich zu denken, und eins aus dem andern durch Schlüsse herzuleiten. Wer nun mit diesen Vorzügen versehen ist, der thut nicht nur wohl, daß er besondere Sätze zu seinem eigenen Besten entdeckt; sondern er muß auch auf den gemeinen Nutzen des menschlichen Geschlechtes denken, und ihn durch seine Erfindungen, so viel als möglich ist, zu befördern suchen.«[25]

Damit ist programmatisch gesagt, was auch Gottscheds Mitstreiter ganz ähnlich und unter Herausarbeitung weiterer Aspekte formulieren. In seinem *Abriß einer allgemeinen Historie der Gelehrsamkeit* führt Fabricius diesen mit dem ethisch-philosophischen Vernunftpostulat zusammenhängenden und das Redeziel der bloßen *persuasio* transzendierenden Gesichtspunkt aus, wenn er sich als »Endzweck« des Redners vorbehält »(...) überhaupt einen vernünftigen Gebrauch der Rede unter den Menschen einzuführen, damit man wisse, so zu reden, daß man nicht mehr und nicht weniger sage, als die Beschaffenheit der Sache, der Gedanken und Regungen erfodert, und im Stande sey, von seinen Reden und Worten zureichenden Grund anzuzeigen.«[26]

Die aristotelische Funktionalisierung des rednerischen Vorgehens spiegelt sich auf deterministischer Grundlage wider in der Forderung der frühaufklärerischen Rhetoriker nach sachadäquater Findung von Stoffaspekten in der inventionalen Analyse sowie in deren synthetischer Verknüpfung zum Zweck der Ableitung neuer Wahrheiten. Damit geht die erneute Betonung dialektisch-iudicialer Sinngehalte einher – die oratorischen Gestaltungsprinzipien der Invention »Witz« und »Scharfsinn« stehen unter deren Vorzeichen. Persuasive Zwecksetzungen müssen zwangsläufig zurückstehen, werden aber dennoch nicht als oratorische Maxime in Frage gestellt. An ihre Stelle als Fundamentalprinzipien treten ethische Fortschrittsabsichten einer »vernünftigen« Kultur, wie sie für die Aufklärer geradezu epochentypisch sind. Damit ist die Redekunst freilich ihrer Primärfunktion beraubt; systemfremde Ordnungsmechanismen werden für sie bestimmend. Ob die Frühaufklärer in der Lage sind, Alternativen zur Rettung des Rhetorischen aufzuzeigen, zeigt das Maß ihrer Selbstbesinnung auf den Grundsatz der ›Kritik‹. Die Dispositionen für einen Paradigmenwechsel von der Rhetorik zur Ästhetik als Leitwissenschaft der Künste sind zumindest seit Gottsched und seinen Mitstreitern vorhanden.

---

[25] GOTTSCHED, Erste Gründe, Praktischer Teil, AW V/2, 489. §., S. 324.
[26] FABRICIUS, Abriß, Bd. I, §. XXXIIII, S. 261 f.

Konsequenzen rationalistischer Vorstellungen

2. Vernunft und Kritik

Die wohl entscheidende Neuerung gegenüber der von den Aufklärern als für das 17. Jahrhundert typisch angesehenen, aus topischen Argumentationsmustern der *loci-communes*-Sammlungen schöpfenden ›verbalen‹ Gestaltungsweise liegt in einer gewandelten Vorstellung von der rednerischen Verfahrensweise, die unter dem Begriff der »Kritik« zusammengefaßt werden kann.[27] Indem das kritische Vorgehen für die erste Generation der Aufklärer eine Reflexion der Bedingungen und Möglichkeiten dieses Verfahrens mit einschließt, kann die Topik im Sinne der überlieferten Deutung keine Geltung als Wahrheit oder Wahrscheinlichkeit verbürgende Instanz mehr beanspruchen. Im Verständnis einflußreicher Kommentatoren des 16. und 17. Jahrhunderts, die den in der Renaissance ausgearbeiteten Vorstellungen entgegenwirkten, war der Topik eine selbstverständlich vorausgesetzte Deckungsgleichheit von Sache, Erkenntnis und Beschreibung eigen.[28] Diese Konvergenz mußte nicht auf ihren Wahrheitsgehalt hin befragt werden. Der methodisch-formale Charakter der *topoi* im ursprünglichen aristotelischen Sinne war damit allerdings verlorengegangen.[29]

Im Zusammenhang mit einem derart sich wandelnden Toposverständnis steht auch die begriffliche Veränderung von ›Kritik‹ und »kritischem« Verfahren. Zunächst beschreibt der Ausdruck lediglich die mit Beginn der Neuzeit und der Wiederentdeckung antiker Texte aufkommende Art und Weise der philologischen Betrachtung. Der Kieler Professor für Poesie, Beredsamkeit und Geschichte Daniel Georg Morhof (1639–1691) nennt im fünften Buch *Criticus* seines *Polyhistor* (1687) unter anderem Justus Lipsius, Claudius Salmasius und Isaak Casaubonus als Wegbereiter der neuzeitlichen kritischen Methode.[30] Diese

---

27 Vgl. auch zum folgenden G. TONELLI/C. V. BORMANN: Kritik. In: HWPh, Bd. 4, Sp. 1249–1267; Werner NELL: Zum Begriff »Kritik der höfischen Gesellschaft« in der deutschen Literatur des 18. Jahrhunderts. In: IASL 10 (1985), S. 170–194.

28 Vgl. dazu oben, Kap. III, 4. 2., sowie die – leider nur knappen – Bemerkungen über sprachphilosophische Lehren von ›Dingen‹ und ›Worten‹ im Barockzeitalter bei UEDING/STEINBRINK, Grundriß, S. 89 f.

29 Vgl. zu dieser Problematik grundsätzlich Josef KOPPERSCHMIDT: Topik und Kritik. Überlegungen zur Vermittlungschance zwischen dem Prius der Topik und dem Primat der Kritik. In: BREUER/SCHANZE, Topik, S. 171–187.

30 Daniel Georg MORHOF: Polyhistor literarius, philosophicus et practicus. (...). Editio Quarta (...), ad a. 1747 continuatam a J. Joachim Schwab. Tomus 1: Polyhistor literarius. Aalen 1970. (ND der Ausgabe Lübeck 1747), Lib. V: Criticus, Cap. I: De Scriptoribus Criticis, S. 921–929; zu Morhof als Übergangsfigur zwischen barockem und kritisch-rationalistischem Wissenschaftsverständnis Siegfried SEIFERT: »Historia literaria« an der Wende zur Aufklärung. Barocktradition und Neuansatz in Morhofs »Polyhistor«. In: GARBER, Barock-Rezep-

Vernunft und Kritik

Feststellung beleuchtet auf kennzeichnende Weise, was traditionell unter »Kritik« verstanden wurde: das im Humanismus wurzelnde Verfahren der Textkritik. Im zweiten Buch *Methodicus* referiert Morhof eine Inventionslehre, in der das Verfahren, Argumente durch *loci communes* in Form von Sentenzen oder Sprüchen zu ordnen, als Möglichkeit der Instrumentalisierung von Wissen vorgestellt wird.[31]

Ähnlich wie Morhof, jedoch ohne die Integrationskraft seines enzyklopädischen Blickfeldes, erklärt Mitte des 17. Jahrhundert Johannes Micraelius in seinem vom ramistischen Denken beeinflußten *Philosophischen Lexikon* den Gehalt von »Kritik« im engeren Sinn als Fähigkeit des philologischen Beurteilens. Die kritische Diagnose bezieht sich insbesondere auf die Methode des sachgerechten Befindens über klassische Schriften und die Bibel anhand des Textvergleichs: »*Critica* alias est ars philologorum; tradens modum bene judicandi de scriptis classicis. Sic etiam est critica *Biblica Hebraeorum*, qvam vocant *Masoram* (...)«[32]

An gleicher Stelle erwähnt Micraelius die ramistische Definition der Kritik als des zweiten Bestandteiles der Dialektik neben dem Urteil: »*Critica* Ramistis est altera pars Dialecticae de judicio«; demnach untersteht die Kritik nicht dem rhetorischen Verfahren. Die Berufung auf Petrus Ramus bei Micraelius erscheint hier insofern interessant, als dessen auf die stoische Dialektik zurückgreifende Wiederbelebung der urteilenden Methode im Gegenzug zur Betonung der *ars inveniendi* im Ciceronianismus von entscheidender Bedeutung für die Entwicklung der Prävalenz des *iudicium* im kritischen Denken in der Aufklärungsästhetik und -rhetorik gewesen sein dürfte. Damit im Zusammenhang steht auch die an die Ramisten anschließende Definition der *inventio* in Micraelius' *Lexicon*, die mit der dem *iudicium* unterstehenden syllogistischen Form die im aufklärerischen Verständnis entscheidende Vorbedingung für die rednerische Erfindung

---

tion, Tl. I, S. 215–228. Nach Morhofs Tod 1691 wurde der *Polyhistor* mehrmals aktualisiert und neu herausgegeben; die hier zitierte letzte Neuauflage von 1747 wurde durch den Gottschedianer Schwabe besorgt.

[31] Daß dementsprechend die polyhistorische Methode der Invention zur »gelehrten Technik des Exzerpts« wird, beschreibt zutreffend SCHMIDT-BIGGEMANN, Topica, S. 265–268.

[32] Johannes MICRAELIUS: Lexicon Philosophicum Terminorum Philosophis Usitatorum. Mit einer Einleitung von Lutz Geldsetzer. Düsseldorf (1966). (ND der 2. Auflage Stettin 1662), Sp. 342. Ganz in diesem Sinne wird die Beredsamkeit schon von MELANCHTHON, Elementorum, Sp. 418, in erster Linie als ein Hilfsmittel zum Verständnis von Literatur bei der Schullektüre verstanden, daneben als Werkzeug der Urteilsbildung in Streitfragen. Vgl. auch BORMANN, Kritik, Sp. 1253 f., sowie zu dem hierbei aufgeworfenen problematischen Verhältnis zur Auslegungskunst Hans Georg GADAMER: Rhetorik und Hermeneutik. Als öffentlicher Vortrag der Jungius-Gesellschaft der Wissenschaften. Göttingen 1976.

bereithält: Neben gängigen Begriffsbestimmungen wie »*Inventio* est prima pars officii oratorii (...)« und »*Inventio* poëtis est, qva thema & argumentum invenitur ad docendum cum delectatione« findet sich auch die folgende Erläuterung: »*Inventio* Ramistis habetur pro prima parte Logicae, contra distincta judicio, qvo disponuntur argumenta inventa per justam formam syllogisticam«.³³

*

Ramus und seine Schule hatten mit dem Primat von Dialektik bzw. Logik gegenüber der *eloquentia* eine Art Widerstandshaltung gegen bestimmte eklektizistische Tendenzen des weithin vom Ciceronianismus geprägten humanistischen Schul- und Universitätsbetriebs begründet; ihre Kritik am Fehlen einer gründlichen rednerischen Ausbildung im zeitgenössischen Unterrichtswesen griffen die Frühaufklärer bereitwillig auf.³⁴ Die redepraktische Folgerung war freilich eine ganz andere: Kamen die Humanisten zu dem Schluß, die Topik müsse als Argumentationsmethode dem logischen Schließen vorangehen, und definierten sie ihr antischolastisches Erziehungsprogramm auf der Grundlage dieser Aufwertung der Topik³⁵, zogen die Redelehrer im 18. Jahrhundert die gegenteilige Schlußfolgerung: Die Topik, entkleidet ihrer inhaltlichen Argumentationskraft, vermag kein Beweispotential zu aktivieren und ist deshalb als oratorische Erfindungstechnik unergiebig.

Kritik bedeutet in diesem Kontext daher Ausbildung der Urteilskraft in Fragen des rhetorischen Erfindens, einschließlich der Prinzipienreflexion und Methodendiskussion, die sich immer wieder auf das rechte Verhältnis aller die »vernünftige« Beredsamkeit definierenden Konstituenten wie ›Worte‹ und ›Sachen‹, Einbildungs- und Urteilskraft, Scharfsinn und Witz, Wahrheit und Wahrscheinlichkeit zu besinnen hat.³⁶

---

33 MICRAELIUS, Lexicon, Sp. 342. Vgl. hierzu oben, Kap. III, 6. und Kap. VII, 4.
34 Vgl. dazu BARNER, Barockrhetorik, S. 246 f. und 249. Die Schulrhetorik seit der Renaissance rezipierte Aristoteles nahezu ausschließlich in der durch Cicero vermittelten Form, und es war genau dieser Weg, der die ramistische Eklektizismuskritik hervorrief. Vgl. dazu MAINBERGER, Aristotelismus, HWR, Bd. 1, hier Sp. 1000–1004.
35 Vgl. neben dem Artikel MAINBERGERS über den Aristotelismus im HWR, Bd. 1, und SCHMIDT-BIGGEMANN, Topica, S. 41, 47, 72 passim, auch Christoph HUBIG: Humanismus – die Entdeckung des individuellen Ichs und die Reform der Erziehung. In: PGL, Bd. 3, S. 31–67, hier S. 41 f.
36 Ein später Reflex der alten Begrifflichkeit findet sich noch bei PEUCER, Anfangs=Gründe, Einleitung, §. 8, S. 8: »Grammatic«, »Logic« und »Oratorie« als verwandte Nachbarwissenschaften, und – neu hinzukommend – die »Dichtkunst«. Allerdings ist diese Differen-

Vernunft und Kritik

Gottsched äußert sich demzufolge ganz verschieden zu früheren Konzeptionen und weit über deren Verständnis hinausgehend zum Wesen der Kritik. In der *Vorrede An den Leser* zur ersten Auflage seiner *Critischen Dichtkunst* macht er deutlich, daß sein Entwurf auf ganz anderen Prämissen beruht. Er reagiert auf Anfeindungen gegen sein Werk und die darin vorgeführte Methode der sich auf alle »freyen Künste« erstreckenden »Beurtheilungs-Kunst«. »Gründe« sollen hier an die Stelle der »Zeugen« treten. Die Merkmalsbestimmung in der Vorrede als exponiertem Ort macht deutlich, wie sehr für Gottsched eine exakte Begriffsklärung unter veränderten Voraussetzungen nötig scheint:

»Wenn es Feinde der Critick unter uns giebt, so haben sie entweder keinen rechten Begriff von derselben; oder sie verstehen gar wohl was critisiren heißt, hassen es aber deswegen, weil sie ein böses Gewissen haben, und ihre Schrifften nicht gern in Gefahr setzen wollen als schlecht erfunden zu werden. Denen ersten kan man leicht begegnen, wenn man ihnen nur zeigt, daß die wahre Critick keine schulfüchsische Buchstäberley, kein unendlicher Kram von zusammengeschriebenen Druck- und Schreibfehlern (...) sey.«[37]

So sehr hat der Begriff sich verändert, daß Anknüpfungspunkte an die vorangegangene Debatte nur noch mühsam gesehen werden können. Das, was noch in der vorherigen Generation als Wesen der kritischen Methode erfaßt wurde, kann für den aufgeklärten, »kritisch« räsonnierenden Zeitgenossen allenfalls den Criticus »von der untersten Klasse« kennzeichnen. Demgegenüber entwickelt sich Kritik unter den Bedingungen des rationalen Denkens zu einer »weit edlere[n] Kunst«: »Ihr Nahme selber zeiget zur Gnüge, daß sie eine Beurtheilungs-Kunst seyn müsse, welche nothwendig eine Prüfung oder Untersuchung eines Dinges nach seinen gehörigen Grundregeln, zum voraus setzet.«[38]

Wahre »Kritik« hängt als »Beurtheilungs-Kunst« vom *iudicium* ab, sie umfaßt den gesamten Bereich des Ästhetischen im Rahmen der ›freyen Künste‹. Der ›Criticus‹ hat philosophische Einsicht in die alle Disziplinen einschließenden Regeln, die in »Grammatic, Poesie, Redekunst, Historie, Music und Mahlerey« genau so herrschen wie in den Naturwissenschaften. Dennoch unterscheiden sich die letzteren von den ›freyen Künsten‹ in einem Punkt – in ihnen werden, dem

---

zierung ebd., im §. 9, S. 9, wieder relativiert, indem die Redekunst als »Theil der Philologie« betrachtet wird, die diese neben der Dichtkunst und der »Critic« unter sich begreift; Philologie und Historie sind als die »freyen Künste« angesehen.

[37] GOTTSCHED, Critische Dichtkunst, AW VI/2, Anh. I: Vorrede *An den Leser*, S. 394–405, hier S. 394.

[38] Ebd., S. 395. Auch jenseits der Rhetorik gerät der Topos in zunehmendem Maß allenfalls zum Zitat ohne jede Verbindlichkeit, »seine historische Evidenz wird zum Verweis auf die literarische Tradition und damit in der jeweils aktuellen pragmatischen Situation selbst erneut begründungsbedürftig.« NELL, Zum Begriff »Kritik«, S. 172.

neuartigen Begriff der Naturwissenschaften entsprechend, Beobachtung und Experiment wirksam. Daher zählen Architektur und Geometrie nicht mehr zu den *artes liberales*.[39] Mit dieser Definition beginnt die endgültige Ablösung von der oft zum bloßen Gestus geratenen oder selbstgenügsamen Berufung auf Traditionen und Autoritäten, wie sie für Poetik und Rhetorik im 17. Jahrhundert selbstverständlich war.

3. Das Mittel des *Criticus*: Die vernünftige Meditation

Gottscheds aufgeklärter Mitstreiter in Jena, der lutherische Theologe Friedrich Andreas Hallbauer, bezieht seine Mißbilligung der zeitgenössischen ›Schuloratorie‹ auf die überkommene und kritiklose Transformation antik-lateinischer Beredsamkeit in deutschsprachigen Rhetoriken, die seiner Meinung nach schon allein deshalb nicht statthaft ist, weil für beide nicht dieselben Bedingungen und Voraussetzungen gelten. Diese Übertragung wird als ebenso unzeitgemäß verworfen wie das unreflektierte Auswendiglernen von Regeln einer schematisch verstandenen Redekunst durch die Schüler.[40] Um seine eigene, neuartige Sichtweise deutlich zu markieren, greift Hallbauer auf traditionelles Vokabular zurück, das er jedoch mit neuem Inhalt füllt. Dabei rückt ein *terminus technicus* in den Mittelpunkt der Betrachtung, der den von Hallbauer beschriebenen Vorgang der Erfindung auf charakteristische Weise beleuchtet. Für ihn ist das wichtigste inventionale Mittel die »Meditation«, da sie allein einen angemessenen Zugang zum Thema und eine adäquate Beschreibung der Sachen liefern kann. Voraussetzung dieses einzig authentischen produktiven rednerischen Vorgehens ist für Hallbauer die natürliche Anlage eines »gut iudicium und ingenium«.[41] Die »Meditation« tritt an die Stelle der topischen Sammlungen, weil diese einer sachge-

---

[39] GOTTSCHED, Critische Dichtkunst, S. 395; als historische Begründung für das Ausscheiden von Baukunst und Geometrie aus der hergebrachten Systematik gibt Gottsched zu verstehen, daß beide Disziplinen im Gegensatz zu den anderen seit geraumer Zeit einer »demonstrativen Gewißheit« sicher sein können. – Leider bezieht der Artikel *Artes liberales* im HWR, Bd. 1, Sp. 1080–1109, nicht die frühneuzeitliche Geschichte nach dem Humanismus mit ein; die nur sehr kursorischen Hinweise geben keine Auskunft über ihr sukzessives Verschwinden in der Propädeutik.

[40] HALLBAUER, Anweisung, Vorrede, Bl. a7^v–a8^r, u. öfter. Vgl. dazu GEITNER, Sprache, S. 171–191; FRANK, Geschichte, S. 88.

[41] Ebenso PEUCER, Anfangs=Gründe, Einleitung, §. 22, S. 29 f.: *ingenium* und *iudicium* als Grundlage der »Erfindung des *thematis*«, der »Erläuterungen« und Beweise; vgl. genauso ebd., §. 18, S. 20.

Das Mittel des *Criticus*: Die vernünftige Meditation

mäßen Invention nicht genügen: »Es ist besser, man erfindet die Gleichnisse selbst, als daß man sie aus collectaneis oder Büchern schreibt. Es werden dieselbe sich mehr zur Sache schicken, und in besserer Connexion stehen, wenn sie die eigene Meditation an die Hand gibt.«[42]

Immer wieder wettert der Jenaer *Professor Eloquentiae* in diesem Bezugsrahmen gegen »oratorische Tredel=Buden«, die nichtssagende Gemeinplätze und Phrasen zur Verfügung stellen, und gegen die »Excerpir=Sucht« seiner Zeitgenossen, die ihre Kräfte besser für das eigenständige Nachdenken nutzen sollten, durch das erst die tatsächlich dem Redethema innewohnenden Gesichtspunkte zutage treten.[43] Bemerkenswert und von ausschlaggebender Bedeutung ist hier die neuartige Feststellung, es müsse sich um die »eigene« Meditation des Redners handeln. Hallbauer legt mit dieser Formulierung dem Leser seines Unterrichtswerks vorderhand nahe, auf die aus anderen Anweisungsrhetoriken bekannte und über lange Zeit als selbstverständlich aufgefaßte Arbeitstechnik des un-›kritischen‹ Anhäufens heterogenen Quellenmaterials aus zweiter und dritter Hand zu verzichten. Es ist zugleich auch ein Appell an seinen Leser, die Meditation im Sinne des selbständigen, rationalen Vorgehens zu verstehen und damit auch seiner selbst als aufgeklärten Subjekts innezuwerden.[44] Der Begriff der »Meditation« führt den Schüler der Redekunst also in das Herzstück aufklärerischen Rhetorikverständnisses.[45]

---

[42] HALLBAUER, Anweisung, S. 223 f., § 20; Zur Kritik an den Topossammlungen vgl. ebd., S. 273: »Es hindern diese *loci* eine freye Meditation, und machen, daß man nicht natürlich schreibet.« – Auch in seiner satirischen Vorrede zur Predigtlehre zeigt Hallbauer eine deutlich ablehnende Haltung gegenüber den in den »collectanea«, den Schatzkammern, versammelten *loci communes* für den Kirchenredner – HALLBAUER, Unterricht, Vorrede, Bl. a7v.

[43] Ders., Anweisung, hier S. 287 und 289; ders., Anleitung, Cap. II., §. 2, S. 65. Ebenso PEUCER, Anfangs=Gründe, Einleitung, §. 22, Anm. *, S. 30: »Das Nachdenken aber ist eine bedächtige Untersuchung einer Sache nach ihrem Verstande, Grunde und Nutzen«.

[44] Die zentrale Bedeutung des Meditationsbegriffs in der Rhetorik der Frühaufklärung wurde bisher noch nicht ausreichend gewürdigt. Lediglich die Anfang der sechziger Jahre entstandene Arbeit von Ursula Stötzer deutet überhaupt seine Tragweite an, wenn auch nur am Rande. Vgl. STÖTZER, Redekunst, S. 111 f.: Hallbauer als prominentester Gegner einer lediglich mechanistischen Auffassung der Gedankenverknüpfung in der »Meditation« – Voraussetzung sei die Fähigkeit des Verstandes, diese Operation überhaupt durchführen zu können; dieser Befund entspricht, ohne daß er von Stötzer benannt und in seinen Konsequenzen bedacht wird, der traditionell im *ingenium* vorgefundenen Fähigkeit zur Kategorisierung bzw. Spezifikation der durch die *inventio thematis* aufgefundenen Charakteristika.

[45] Vgl. ähnlich PEUCER, Anfangs=Gründe, Einleitung, §. 13, S. 16: Meditation als »Quell der Beredsamkeit«; ebd., §. 29, S. 49: Forderung der »gesunden Meditation« anstelle der »locorum dialecticorum«.

Konsequenzen rationalistischer Vorstellungen

Welchen Stellenwert Hallbauer dem »critisch« geläuterten, eigenständigen Reflektieren zuschreibt, sieht man daran, daß der Meditationsbegriff in all seinen rhetorischen Werken an exponierter Stelle zu finden ist, nämlich immer dann, wenn es um Prinzipienfragen der Redekunst in ihrer Vielschichtigkeit geht. Die »Meditiation« erstreckt sich sowohl auf die weltliche als auch auf die geistliche Redekunst. In der Vorrede zu seiner Predigtlehre bezeichnet Hallbauer die »Meditation«, das »Nachsinnen« im Sinne der *inventio argumentorum*, als »das Hauptwerck bey der Beredsamkeit« auch auf der Kanzel. Aus eben diesem Grund verwahrt er sich gegen die barocke Predigtpraxis mit ihren Allegorien, Emblemen usw. als Fundstätten der Erfindung.[46]

Eine kompilierende und kombinatorische Vorgehensweise wie in der Praxis des arguten Sprechens ist für diese Art der »Connexion« nicht gefragt; unverfälschte »sinnreiche Reden« entstehen auch im höfisch-diplomatischen Kontext alleine »aus der Verbindung der Gedancken selbst, oder aus dem Ausdrucke derselben«.[47] Gleich welcher Bezirk der Beredsamkeit auch immer in Frage kommt – immer ist es für Hallbauer von besonderer Dringlichkeit, darauf hinzuweisen, daß und wie überkommene Verfahrensweisen überwunden werden müssen. Es sollen also gerade nicht – wie seit den Zeiten der für ganz Europa stilprägenden *acutezza* der italienischen Barockdichtung[48] – heterogene Vorstellungen assoziiert und die Natur durch die aus ihr resultierende Metaphorik gar noch übertroffen werden, sondern die sprachlichen Bilder sollen der Natur, der zu beschreibenden Sache selbst, entsprechen. Die Meditation alleine stellt nach Hallbauer zum sachadäquaten Verstehen und Beschreiben das Mittel dar, und da es sich um das »eigene« Nachdenken des Redners handelt, muß er auf Hilfsmittel der Kombinatorik verzichten. Die althergebrachte Inventionslehre wird auf ihre Schlüssigkeit hin überprüft, und hinsichtlich der Frage, ob sie denn überhaupt diesen Kernpunkt der Redekunst wahrnimmt, muß sich der Redner von vertrau-

---

46 HALLBAUER, Unterricht, Vorrede, Bl. a5ʳ. Siehe dazu auch Kap. IV, 1. 3. und Kap. VII, 3. 2.

47 Ders., Anleitung, Cap. II., §. 19. Von scharfsinnigen Gedancken, S. 104–109, hier S. 104.

48 Die Kombination entlegener bzw. weit auseinanderliegender Dinge manifestiert sich in der metaphorischen Sprechweise der *acutezza* und in dem ihr ähnlichen *concetto*. In der Concettipredigt diente dieses Prinzip als hermeneutisches Verfahren zur Bibeldeutung – allerdings blieb die Rezeption dieser im frühen 17. Jahrhundert entwickelten Stilhaltung in Deutschland im Grunde auf den katholischen Einflußbereich beschränkt. Gottsched bemerkt hierzu: »Sonderlich ist auch in Italien unter dem schönen Nahmen der *Concetti*, viel solch Flitter=Gold verkaufet und durch einige unsrer Poeten und Redner begierig gesucht, auch in Deutschland eingeführet worden.« GOTTSCHED, Grundriß, II. Abth., II. HSt., §. 6., S. 64. Vgl. zu diesem Themenkomplex HWR, Bd. 1, Sp. 88– 100, s. v. Acutezza, ebd., s. v. Argutia-Rhetorik, hier Sp. 992, sowie Bd. 2, Sp. 306– 308, s. v. Conceptismo, und ebd., Sp. 311–316, s. v. Concetto; HOFFMEISTER, Barockliteratur, S. 11; HÖPEL, Emblem, S. 198.

Das Mittel des *Criticus*: Die vernünftige Meditation

ten Prozeduren zwangsläufig verabschieden. Dabei ist bereits bei den *argutia*-Rhetorikern, auf anderer Ebene freilich, doch auf dieselben Überlegungen hinführend, eine alte Problemstellung zugrundegelegt, nämlich die schon im Altertum diskutierte Kardinalfrage, ob die ›Natur‹ und der sie beschreibende sprachliche Ausdruck im Sinne einer *aequatio rei et imaginis* übereinkommen.[49] Im Vordergrund steht hier also weniger die Frage, ob die Rede genau genommen in der Lage sein kann, entsprechende Sprachmittel zu finden, sondern ob und inwiefern die zur Verfügung stehenden Sprachmittel zu einem treffenden Ausdruck verhelfen können. Der artifizielle Charakter barocker Metaphorik leitet sich von einer Sprachhaltung ab, die, nicht zentriert um die Erkenntnis der Dinge, sondern ihre pointierte Beschreibung, die Kongruenz von ›Sache‹ und ›Wort‹ voraussetzt. Dem Jenaer Aufklärer reichen diese als selbstverständlich tradierten Denkschemata nicht aus, um den Redner zur (selbst-)kritischen Reflexion seiner Vorgehensweise zu bewegen. Im Gegensatz dazu soll die »Meditation« ihm nahelegen, auch seinen Sprachgebrauch hinsichtlich der Übereinkunft von ›Wort‹ und ›Sache‹ zu überdenken. Die Rhetorik wird in ihren Kernpunkten von Hallbauer um die Dimension sprachphilosophischer Reflexion erweitert, und wohl kein Rhetoriker vor ihm hat diese Tiefenschicht so konsequent auch für die unterschiedlichen Arten der Redekunst zu durchdringen versucht.

Daß Hallbauer die »Meditation« auch als Verfahrensweise des Kanzelredners namhaft macht, lenkt zugleich die Aufmerksamkeit darauf, daß dieser Terminus nicht nur in der weltlichen Rhetorik der Frühen Neuzeit, sondern auch in der auf ihr aufbauenden Lehre vom Verfassen und Halten der Predigt eine Rolle gespielt hat. Die von ihm referierte Vorstellungsweise hat jedoch nur am Rande mit der Meditation zu tun, wie sie aus der christlich-theologischen Theorie und Praxis überliefert ist, nämlich der Meditation im Sinne der inneren Einkehr oder Versenkung, der Kontemplation.[50] Die Tradition des von besonderen Voraussetzun-

---

[49] Vgl. zu dieser Fragestellung schon in antiken Lehrbüchern UEDING/STEINBRINK, Grundriß, S. 12.

[50] Zu diesem Meditationsbegriff vgl. LThK, Bd. 7, Freiburg 1962, Sp. 234, sowie die Artikel im Evangelischen Kirchenlexikon, Bd. 3, Sp. 346– 349; insbes. in: RGG, Bd. 4, Sp. 824–826: W. TRILLHAAS, kennzeichnet ebd., Sp. 825 f., die Meditation in der Homiletik als Bindeglied zwischen Exegese und Predigt. – Das im Mittelalter entwickelte Schema von *lectio – meditatio – oratio – contemplatio* umfaßte in seiner zweiten Phase die geistige Durchdringung der Heiligen Schrift und in seiner dritten die Zuwendung zu Gott und die Bitte um Heil. Vgl. hierzu auch den Beitrag von Martin NICOL, Meditation, in: TRE, , Bd. 22, S. 328–353, hier S. 340–245, sowie ders.: Meditation bei Luther. Göttingen 1984 (^{2}1991); Oswald BAYER: Oratio, Meditatio, Tentatio. Eine Besinnung auf Luthers Theologieverständnis. In: Lutherjahrbuch 55 (1988), S. 7–59, hier insbes. S. 39; WOLF, Luther, S. 95–101; zu Luthers rhetorischem Verständnis der Predigt vgl. UEDING/STEINBRINK, Grundriß, S. 82;

gen des geistlichen Redners ausgehenden Meditationsbegriffs geht auf die Anfänge der sakralen Rhetorik zurück und ist zu Hallbauers Zeit besonders im Pietismus und Quietismus des frühen 18. Jahrhunderts zu finden.[51]

Bei dem aufgeklärten lutherischen Theologen Hallbauer, der seit 1740 das Amt eines herzoglich sachsen-eisenachischen Kirchenrats ausübte, liegt dem Meditationsbegriff ein sich an bestimmten Konzeptionen der Homiletik der Reformationszeit orientierendes Bild zugrunde, und zwar hinsichtlich der prinzipiellen Vereinbarkeit der geistlichen und der weltlichen Rhetorik. Beide gehorchen seiner Ansicht nach denselben Grundsätzen, und Hallbauer gebraucht in seiner Predigtlehre den Begriff der »Meditation«, um das »vernünftige« Nachsinnen gemäß der *inventio argumentorum* zu kennzeichnen.[52] Hallbauer orientiert sich am zeitgenössischen Entwurf der den Vernunftregeln unterworfenen philosophischen Demonstration und der synthetischen Kombinatorik. »Meditation« als »scharfsinnige« Beobachtung oder »witziger« Gedanke ist Ausdruck des rednerischen Vermögens der adäquaten Erfassung und Beschreibung von Realität.[53]

Karl-Heinz ZUR MÜHLEN: Rhetorik in Predigten und Schriften Luthers. In: Lutherjahrbuch 57 (1990), S. 257–259. Zur weiteren Entwicklung vgl. jetzt Udo STRÄTER: Meditation und Kirchenreform in der lutherischen Kirche des 17. Jahrhunderts. Tübingen 1995.

[51] Wie fundamental für die Homiletik die Vorstellung von einem transzendenten, nur der geistlichen Rede eigenen Bereich der *inventio* war, veranschaulicht eines der wichtigsten Kompendien des 16. Jahrhunderts: Ludovicus Granatensis (Luis de Granada, 1504–1588) macht in seinen *Ecclesiasticae Rhetoricae libri sex* (1578) darauf aufmerksam, daß »partim studio & meditatione, partim sacrarum literarum, sanctorumque Patrum lectione« die Invention von »rationes« des Predigers befördert werden könne, deren Beschaffenheit und Wirkungsweise ganz anderer Art als die des weltlichen Redners seien; konsequent deutet der er die *acumina*, versteckte, durch Scharfsinn erkannte Argumentationsbeziehungen, als Erträge der Prophetie und entwickelt daraus eine *fontes*-Lehre für den sentenziösen, amplifizierenden Stil. Reverendi patri F. Ludovici Granatensis, sacrae Theologiae professoris ordinis S. Dominici Ecclesiasticae Rhetoricae libri sex. Köln 1578, S. 172. Vgl. die Hinweise bei Hans-Henrik KRUMMACHER: »De quatuor novissimis«. Über ein traditionelles theologisches Thema bei Andreas Gryphius. In: Respublica Guelpherbytana. Amsterdam 1987, S. 499–577, hier S. 510, 514, 555 f., u. ö.; HWR, Bd. 1, s. v. Argutia-Bewegung, Sp. 993 f.; NICOL, Meditation, hier S. 346.

[52] HALLBAUER, Unterricht, Vorrede, Bl. a5ʳ. Ähnlich PEUCER, Anfangs=Gründe, Einleitung, §. 29, S. 22: »Inuentio est comparatio thematis atque argumentorum.« Vgl. dazu auch HWR, Bd. 1, Sp. 904–914, s. v. Argumentatio und Sp. 914–991, s. v. Argumentation. Zur ganz ähnlichen Konzeption der Homiletik bei Gottsched siehe oben, Kap. II, 1. 1.

[53] Der in der abendländischen philosophischen Tradition wurzelnde Begriff der Aufklärer wird deutlich etwa in dem Artikel *Meditation* von B. MOJSISCH, in: HWPh, Bd. 5, Sp. 961–965.

Das Mittel des *Criticus*: Die vernünftige Meditation

Bezeichnenderweise spielt der Begriff der »Meditation« auch in Gottscheds rhetorischer Systematik von Anfang an eine wichtige Rolle. Weniger elementar jedoch als Hallbauer und unter anderem Blickwinkel, nennt Gottsched *loci communes* und »Meditationes« zusammen als argumentative Hilfsmittel von *narratio* und Beweisführung, wobei sie ihm allerdings lediglich in sententiös-illustrativer Funktion angemessen scheinen:

> »Ein *Locus communis* ist ein allgemeiner, mehrentheils moralischer Lehr=Satz oder Ausspruch, den man bey Gelegenheit anbringet. *Meditatio* aber ist ein sinnreicher Einfall, den man bey einer Materie hat. (...) *Loci communes* fliessen aus der Gelehrsamkeit; *Meditationes* aber aus einem aufgeweckten Naturelle. Bey dem ersten sehe man aber zu, daß man nicht gar zu gemeine Warheiten davor ausgebe. Bey dem andern aber hüte man sich, daß man nicht falsche Possen vor sinnreiche Einfälle ansehe.«[54]

Die zu seiner Zeit tagtäglich – bei öffentlichen Anlässen, im diplomatischen Verkehr, bei Hof – geübte Praxis des scharfsinnig-arguten Sprechens, auf die Gottsched mit seinen Formulierungen hier anspielt, erscheint bei ihm in weit stärkerem Maß als im früheren Verständnis auf ihre Gebundenheit an die Kontrollinstanz *iudicium* verwiesen. Sowohl die *loci* als auch die *meditationes*, die der Redner entweder aus den Eigenschaften des eigenen »aufgeweckten Naturells« schöpft oder sich durch die Nutzung von Hilfmitteln der »Gelehrsamkeit« aneignen kann, sind dem Unterscheidungsvermögen verpflichtet. Die Kennzeichnung der Meditation als »sinnreichen Einfalls« freilich läßt Gottscheds Kritik an arguten Redetechniken weniger konsequent erschienen als Hallbauers Beharren auf dem stringenten logisch-analytischen Schematismus einer autonomen rednerischen Reflexion.

Der »sinnreiche« Gedanke unterliegt nach Gottsched damit ebenso wie seine Einkleidung in präzise und treffende Worte dem urteilenden Verstand weit mehr als etwa den Regeln des höfischen Protokolls und Zeremoniells, wie dies noch seine ›politischen‹ oder ›galanten‹ Zeitgenossen fordern. Dementsprechend finden sich bei ihnen weniger systematische Ableitungen von Regeln aus überlieferten Normen als vielmehr auf den einzelnen Anlaß zugeschnittene programmatische Hinweise angesichts konkreter sozialer und politischer Erfordernisse.[55] Eine Rückbezüglichkeit auf die komplexe Begriffsgeschichte der *meditatio*, des (nicht allein rhetorischen) »Nachsinnens«, ist zwar überall erkennbar, aber mit ihr wird die entscheidende Erörterung von Methoden nicht immer zum Thema.

---

[54] GOTTSCHED, Grundriß, I. Abth., II. HSt., §. 19., S. 25 und §. 20., S. 26; vgl. ebd., IV. HSt., §. 16., S. 37.

[55] Vgl. dazu BRAUNGART, Hofberedsamkeit, S. 58 f. und 64; zu diesem Aspekt vgl. auch die Rezension dieser Arbeit durch Jutta SANDSTEDE, in: Rhetorik 10 (1991), S. 145–147.

Konsequenzen rationalistischer Vorstellungen

Auch bei den Vertretern der ›galanten‹ Redekunst taucht der von den Frühaufklärern in den Diskussionsmittelpunkt gestellte Terminus auf. Wenn Benjamin Neukirch in seiner *Anweisung zu deutschen Briefen* die Meditation charakterisiert, nimmt auch er Bezug auf die antike Toposlehre: »Es ist aber die *meditation*, deren man sich bei erzählungen bedienen kan, dreyerley. Denn sie besteht entweder in anführung allerhand ursachen und umstände; oder in beschreibung der in der historie fürkommenden personen; *actio*nen und örter: oder endlich in guten und vernünfftigen judiciis.«[56]

Als inventionales Vorgehen ist die Meditation hier vor allem antiken Vorstellungen vom oratorischen *decorum* unter den Vorzeichen ›galanter‹ Rhetorik verpflichtet. Ursachen, Umstände, Personen und Orte als mögliche Elemente oder Konstituenten der Meditation – es ist dies die alte, an Quintilian oder Fortunatian erinnernde Aufführung der topischen Generalnenner, wie sie in vielen Rhetoriken und Poetiken der Frühen Neuzeit zu finden ist.

Bei Neukirch bedeutet »Meditation« ein konventionelles Verfahren nach topischem Muster, und von einer erkenntniskritischen Selbstreflexion des Redners zu Beginn der »Erfindung« seiner Rede ist hier noch nichts zu verspüren. Die *délicatesse* Neukirchscher Provenienz im Sinne der Abkehr von elocutionellen Gestaltungsmitteln hin zum inventionalen Moment der Rede orientiert sich immer auch am gesellschaftlichen Kontext, in dem sie steht. Insofern hat das von ihm geforderte »judicium« weniger die Qualität einer Vernunftinstanz als vielmehr den Charakter eines Verhaltensreglements.

*

Der Kunstcharakter der Rede und ihrer Beweise wurde stets in engstem Zusammenhang mit der Diskussion um die Eigenart und Beschaffenheit der Beweisquellen gesehen, die, je nach Herkunft, der natürlichen oder der künstlichen Gattung zugerechnet wurden. Auch im Sinne von »scharfsinnigen Gedanken« (*acumina*) von Gottsched gebraucht[57], offenbart die rednerische Meditation bei ihm Vorstellungen, die in Anlehnung an vorgefundene Konzeptionen entwickelt wurden.[58] Dies bedeutet keineswegs, daß *meditationes* als »Einfälle« oder

---

56 NEUKIRCH, Anweisung, Vierdtes buch, das VI. capitel, von dem unterschiede des guten *styli*, §. 8. (Der historische *stylus*), S. 606, weiter ausgeführt ebd., S. 607 f. (wobei Neukirch feststellt: die »*Judicia* sind nichts anders als *L.L. Communes*«!).

57 GOTTSCHED, Akademische Redekunst, VIII. HSt., 15. §., S. 150.

58 Daß das Postulat des »eigenen Nachdenckens« schon bei Thomasius aufscheint und dem ihm oft angelasteten ›Eklektizismus‹ nicht widerspricht, macht PETRUS, »Pedanterey«, S. 435, deutlich.

Das Mittel des *Criticus*: Die vernünftige Meditation

»scharfsinnige Gedanken« mit der topischen Erfindungsmethode gleichgesetzt werden könnten – entweder durch Gelehrsamkeit, durch »Lesung sinnreicher Schriftsteller«, oder aber, wie bei Hallbauer, durch »eigenes Nachdenken« kommen sie zustande: »Eben darum aber ist es auch nicht möglich, Regeln zu geben, wie man sie erfinden soll.«[59]

Gottsched verweist auf komplexe rhetorikgeschichtliche Zusammenhänge: In der römischen Antike findet sich die schon von Aristoteles getroffene Unterscheidung zwischen πίστεις ἄτεχνοι und πίστεις ἔντεχνοι wieder *(probatio inartificialis* und *probatio artificialis)*.[60] Quintilian diskutiert im V. Buch der *Institutio oratoria* eingehend die dem Redegegenstand innewohnenden (Kapitel 2–7) und die auf der Kunstfertigkeit des Redners beruhenden *probationes* (Kapitel 9–14).[61] Innerhalb des Systems der Beredsamkeit entsteht ein beziehungreiches Gebilde von Querbezügen, da natürliche wie auch künstliche Beweisquellen topischen Charakter haben können. Aber damit nicht genug: Nicht nur in diesem Zusammenhang, sondern auch, wenn sie auf die Prinzipien des Rhetorischen überhaupt kommen, die in dialektische Prozeduren hinüberspielen, verweisen antike Autoren auf das Verfahren der *meditatio*.[62] An dem von den Aufklärern

---

[59] GOTTSCHED, Akademische Redekunst, VIII. HSt., 15. §. und 16. §., S. 150.

[60] CICERO, De oratore, 2, 116–117, S. 278; QUINTILIAN, Institutio oratoria, Tl. 1, V. Buch, Kap. 1, 1, S. 514; zur Unterscheidung in *genus artificiale* und *genus inartificiale probationum* als Teile der *argumentatio* vgl. LAUSBERG, Handbuch, § 350, S. 191; zu den technischen Beweisen ausführlich ebd., §§ 355–426, S. 193–235. RICHTER, Thesaurus, gliedert und systematisiert im zehnten Kapitel *De Compositione, und erstlich de inventione in gemein*, S. 76–91, hier S. 78, das Argumentationsmaterial auf klassischer Grundlage in Verbindung mit seiner Definition der rhetorischen *inventio*: »Was nun erstlich die *Invention* in gemein belanget/ ist solche nichts anders als eine Aussinnung derer Gründe/ Ursachen und Materien/ welche zum überreden/ oder dieses/ was ich vorhabe/ beredt vorzubringen/ bequem seyn. Und ist solche Invention zweyerley/ nemlich die Natürliche/ und die durch Kunst ausgesonnene.« – Die »*artificial-Invention*« oder »*Inventio è diverso*« besteht als zweite, neben der »natürlichen«, zur Sache selbst gehörigen Art der Beweismittelfindung.

[61] Vgl. dazu auch LAUSBERG, Handbuch, § 350–§ 357, S. 191–195; UEDING/STEINBRINK, Grundriß, S. 218 und 246 f.; FUHRMANN, Rhetorik, S. 90: »(...) bei den technischen Beweisen handelt es sich um logische Operationen, die auf Grund von Gewißheiten oder Wahrscheinlichkeiten dem noch Ungewissen ein möglichst hohes Maß an Glaubwürdigkeit verschaffen sollen«.

[62] Vgl. etwa P. Cornelius TACITUS: Dialogus de oratoribus/Dialog über den Redner. Lateinisch/deutsch. Nach der Ausgabe von Helmut Gugel hrsg. von Dietrich Klose. Stuttgart (1981), 30, 2, S. 62: »(...) statim dicturus referam necesse est animum ad eam disciplinam, qua usos esse eos oratores accepimus, quorum infinitus labor et cotidiana meditatio et in omni genere studiorum assiduae exercitationes ipsorum etiam continentur libris.« In der Übersetzung GOTTSCHEDS, Gespräch von Rednern, AW VII/1, S. 42: »Ich muß hier noth-

aufs neue in seiner Bedeutung hervorgehobenen Meditationsbegriff wird die ganze Vielschichtigkeit der oratorischen Erfindung deutlich, auch was das gnoseologische Ausmaß der Redelehre betrifft. Die Grenzen zwischen Rhetorik und Dialektik werden unscharf, die Nachbarwissenschaften diffundieren ineinander. Die in beiden Disziplinen sich vollziehenden Interferenzen an diesem wesentlichen Punkt zeigen sich umgekehrt auch darin, daß die *meditatio* in der Frühen Neuzeit, wie etwa im *Lexicon Philosophicvm* des Rudolph Goclenius aus dem Jahr 1613, auch als rhetorische Methode gekennzeichnet wird.[63]

Offenbar hatte Gottsched die antiken Differenzierungen im Sinn, als er die »Meditationen« zusammen mit den »loci communes« als Quellen rhetorischer Erfindung benannte. Entweder sie treten durch Kunstfertigkeit oder durch eine natürliche Disposition des Redners zutage. Bewertungskriterien dieser »sinnreichen Gedanken« – die keineswegs »von ungefähr« kommen – sind der »Geschmack« und die »Wahrheit«: »Ein ausschweifender Witz kann Himmel und Hölle zusammen reimen. Wer aber eine gesunde Vernunft hat, der mäßiget seine Einbildungskraft.«[64]

In der Auseinandersetzung um die Rechtfertigung inventionaler Argumentationsmittel im 17. und 18. Jahrhundert kommt nicht nur bei den Frühaufklärern der Unterscheidung in die natürliche und künstliche oder kunstgemäße Beweisführung besonderes Interesse zu – auch in diesem Bezugsrahmen wird schon vor ihnen die »Meditation« zum Thema. Erst auf rationalistischer Grundlage macht das zunehmend von der traditionellen Systematik sich loslösende, sie transzendierende Wesen des Rhetorischen auf sich aufmerksam, wenngleich der rhetorische *terminus technicus* »Meditation« immer wieder begegnet. Die 1706 erschienene *Einleitung zur Oratorie*[65] des Leipziger Juristen und Universitätsleh-

---

wendig meine Gedanken auf diejenige Zucht wenden, die jene Redner gehabt haben, deren unendliche Arbeit, tägliches Nachsinnen, und beständige Uebungen in allen Gattungen der Gelehrsamkeit, uns in ihren Büchern vor Augen liegen«.

[63] Rodolphus GOCLENIUS: Lexicon Philosophicvm Qvo tanqvam Clave Philosophiae Fores Aperivntvr. Lexicon Philosophicvm Graecvm. Hildesheim/New York 1980. (2. ND der Ausgabe Frankfurt 1613), S. 675, s. v. Meditatio: »Meditari non tantum est, vt vulgus putat, attente cogitare & commentari, vt qui causam acturus est, secum ipse meditetur necesse est: Sed etiam interdum accipitur ab Oratoribus, Historicis, Politicis, Poetis, pro eo, quod est Exercere, vel exercitatione prædiscere, vt loquitur etiam Cicero. Sic Meditatio modo cogitatio, modo exercitatio & vsus (...) est«.

[64] GOTTSCHED, Ausführliche Redekunst, VIII. HSt., XX. §. S. 213, sowie ebd., XVI. §. und XX. §., S. 205 f. und S. 209 f.

[65] D. Gottfried Langens Einleitung zur *ORATORIE* (...). Leipzig 1706. Das Werk Langes, das in zweiter Auflage 1713 erschien, war auch Gottsched wohlbekannt. Es findet sich als Nr.

Das Mittel des *Criticus*: Die vernünftige Meditation

rers Gottfried Lange (1672–1748)[66], eine über 600 Seiten umfassende, mit vielen gesammelten Beispielen angereicherte Darstellung und Weiterführung der Weiseschen Lehre, handelt tatsächlich über den Begriff der »Meditation« neben den »Loci Communes« in den rhetorischen Regeln.[67] Lange, dessen *Einleitung* eher als praxisorientierte Sammlung kurzer, anschaulich disponierter und begründeter Reden (Chrien) mit fest umrissener Zielsetzung in der Nachfolge Christian Weises denn als ausführlich darstellendes, theoretisierendes Regelwerk angesehen werden kann, definiert anfänglich die Verbundenheit der rednerischen *inventio* vermittels der *loci communes* oder *meditatio* als prozessuale Vorgehensweise. Ganz ähnlich wie Gottsched nennt er *loci communes* und Meditation zusammen an einer Stelle und wägt ihre Bedeutung gegeneinander ab. Ein analytisch-sachbezogenes Vorgehen im rationalistischen Sinn liegt seinem Begriff der Meditation jedoch erkennbar nicht zugrunde: »Überhaupt aber sind sie darinnen unterschieden/ daß der *Locus Communis* allemal aus der *Proposition*, wie *Genus* aus der *Specie* gesucht/ die *Meditation* aber meistentheils dabey errathen wird.«[68]

Im Gegenteil legt die Definition des *locus communis* in der von einer positiven Inhaltsbestimmung des Begriffs ausgehenden Tradition des Ciceronianismus, »daß ich aus den Exempeln Regeln mache/ und von dem *Individuo* die *Speciem*,

---

2147 in der BG (*Litteratura germanica*) sowie in der Akademischen Redekunst, S. 18, Nr. XXII[*]; vgl. daneben auch die Hinweise bei WECHSLER, Gottsched, S. 24.

[66] Vgl. über ihn JÖCHER, Gelehrten=Lexicon, Tl. 2, Sp. 2248: nach dem Studium der Theologie ab 1689 in Leipzig und dem Magisterexamen 1692, der Promotion in Erfurt 1702 und wissenschaftlicher Tätigkeit ebendort, dann in Halle und (ab 1707) in Leipzig, machte er schließlich unter König August II. politische Karriere. Zum weithin unkommentierten rhetorischen Werk vgl. die wenigen Hinweise bei WECHSLER, Gottsched, S. 24; STÖTZER, Redekunst, S. 111 und 269.

[67] LANGE, Einleitung, Vorrede, Bl. 3ʳ–3ᵛ, S. 12, 15 u. öfter. In der neueren Rhetorikforschung wird bisweilen die Meinung vertreten, daß eine rationalistische Rhetorik- bzw. Toposkonzeption nicht erst bei den Frühaufklärern, sondern schon bei Lange, einem der ersten Widersacher des Sammelwesens, zu finden sei. Er habe schon vor Fabricius, Hallbauer und Gottsched seinen Schülern nahegelegt, sich auf eigenständige Ideen und Vorstellungen zu stützen. Vgl. STÖTZER, Redekunst, S. 111; KLASSEN, Logik, S. 137. Daß dies so nicht aufrechterhalten werden kann, werden die folgenden Ausführungen zeigen.

[68] LANGE, Einleitung, Das siebende Capitel. Von der *Amplification* à loco communi und meditatione, S. 99–228, hier S. 221 f. In Langes Sprachgebrauch ist die Proposition mit der ersten Fundamentalstufe der Invention gleichzusetzen, die von ihm als vorgeordneter Redegegenstand (*thema datum*) bezeichnet wird; vgl. ebd., S. 10: »Denn die *Propositio*, oder das erste *Fundament*, darauf meine Gedancken müssen gerichtet werden/ ist nichts anders als THEMA DATUM, das *Artificium* aber/ welches dazu kommen muß/ machet das THEMA ACCEPTUM, welches man vielleicht auch die *Invention* nennen könte«.

von der *Specie* das *Genus* hervorsuche«[69], ein Bekenntnis Langes zur von den Frühaufklärern geschmähten ›Schuloratorie‹ nahe. Wenn die *loci* als *argumenta* nicht nur ein methodisches Vorgehen, ein logisch reglementiertes Verfahren des Erkennens oder der Wahrheitsfindung beschreiben, sondern auch – in Anlehnung an die ciceronische Tradition – sich anhand eines deduktiven Vorgehens aus dem Redethema gleichsam von selbst ergeben, kommt ihnen der Rang eines natürlichen Beweismittels zu.

Dagegen kann von der Meditation nur gesagt werden, daß ihr, indem sie sozusagen von außen und im nachhinein an das Thema herangetragen wird, der Charakter der Künstlichkeit anhaftet. Offensichtlich bilden diese Vorstellungen einen tiefgehenden und in seiner Quellenbezogenheit eindrucksvollen Verweis auf die Tradition antiker Redelehren, die nicht nur in Details, sondern in deren spezifischer Bedeutung für das Ganze des Systems rezipiert werden. Indem als meditativ-inventionale Methode die logische Operation der Induktion nahegelegt wird, ist gleichzeitig die Vorstellung von den *loci* als *sedes argumentorum* vermittelt. Damit verbindet sich der ciceronische Entwurf der *loci* als Technik im Gegensatz zum Anspruch auf universelle Welterfassung im originären aristotelischen Modell.

Der Unterschied zu frühaufklärerischen Konzeptionen, die immer die primäre »critische« Methodenreflexion vom Redner verlangen, ist deutlich zu sehen. Im Gegensatz zu Lange vermögen die Rhetoriker um Gottsched den *meditationes* als künstlichen Beweismitteln keinen Wert abzugewinnen. In der *Ausführlichen Redekunst* identifiziert Gottsched die »Meditation« mit den »Einfällen« oder »pensées« der französischen Kunstlehren (er nennt explizit Dominique Bouhours)[70], macht aber wie schon im *Grundriß* starke Bedenken gegen den leichtfertigen Gebrauch freier Reflexion durch unerfahrene Redner geltend.

Voraussetzung und Rahmenbedingung jeder scheinbar autonomen »Meditation« bleibt das *iudicium*: »Scharfsinn«, »Witz« und »Geschmack« sind seine Kriterien. Der »scharfsinnige« oder »sinnreiche Gedanke« in Gottscheds Inventionslehre ist freilich ein anderer als der etwa bei Weise oder Harsdörffer, näm-

---

[69] Ebd., Einleitung, Cap. 6, S. 99.
[70] GOTTSCHED, Ausführliche Redekunst, VIII. HSt., XIV. §.–XX. §., S. 205–214; ebenso ders., Akademische Redekunst, VIII. HSt., 15. §., S. 150: »Ich komme auf die Einfälle, oder scharfsinnigen Gedanken, davon Bouhours eine ganze Sammlung aus den Schriften der Alten und Neuern herausgegeben hat. Die Franzosen nennen sie *Pensées*, gerade, als ob alle andre ernsthafte Gedanken, keine Gedanken wären. Da wir aber hinzusetzen, scharfsinnige Gedanken: so sieht man wohl, wie derjenige Kopf beschaffen seyn muß, der sie hervorbringen soll.« Vgl. hierzu auch ABELER, Erhabenheit, S. 127–130.

lich klares und deutliches *acumen* gegenüber dunkler und verworrener *argutia*.[71] Selbst Cicero bleibt in diesem Zusammenhang von der Kritik des Aufklärers nicht bewahrt – die aus Zweideutigkeiten konstruierten »sinnreichen Einfälle« seiner Verrinischen Reden dienen Gottsched als Maßstab für die Ermahnung an seine Zeitgenossen, derlei anspielungsreiche Arten der Meditation tunlichst zu unterlassen: »Hat man nun einen so großen Redner nicht geschonet, so wird man andern geringern nichts neues machen; zumal wenn sie recht ein Handwerk daraus machen, solche unrichtige Gedankenspiele auszuhecken. Auch das wahre Sinnreiche muß nicht verschwenderisch, sondern mäßig angebracht werden. Eine Speise, die aus lauter Zucker bestünde, würde schlecht nähren: und eine Rede, die aus lauter Einfällen zusammen gesetzet wäre, würde weder den Verstand noch den Willen des Zuhörers rühren.«[72]

Die auf originärer gedanklicher Arbeit des Redners beruhenden »Meditationen« treten an die Stelle der eben nur scheinbar »witzigen« inventionalen »*argutiae*«. Nicht mehr die kunstfertig-kombinatorisch auf alle möglichen Sachbezüge verweisenden Einfälle, sondern die den Zuhörer entsprechend den Vernunftregeln überzeugenden Gründe – und nur sie – sind für die oratorische »Meditation« gefragt.

In unterschiedlicher Prägnanz, am zielstrebigsten formuliert wohl bei Hallbauer, sind die ›critisch‹-rationalistischen Positionen bei den Rhetorikern der Frühaufklärung zu erkennen. Gerade ihre Vorstellungen über die Erfindungstechnik

---

[71] Wiederum wird Lohenstein von Gottsched als Beispiel für die »falschen Gedanken« gewählt: »Bey uns hat sich *Lohenstein* zu einem andern *Loredan* aufgeworfen, und leider! eben so viele Anhänger gefunden, als jener in Wälschland. Sein Arminius wimmelt von solchen Einfällen, darinn eben so wenig Wahrheit und Vernunft stecket; nur daß er sie mehrentheils noch mit mehrern buntschäckigten Zierrathen durchwirket hat. Wer einzele Exempel daraus haben will, der darf nur *Männlings Lohensteinium Sententiosum*, und *Arminium Enucleatum* nachschlagen, da er sie auf allen Blättern finden wird.« GOTTSCHED, Ausführliche Redekunst, VIII. HSt., XVIII. §., S. 210 f. – Der Hinweis von BARNER, Barockrhetorik, S. 45, auf die *Akademische Redekunst* in Verbindung mit der *argutia*-Tradition ist insofern verfehlt, als es Gottsched nicht um die Anknüpfung an diese Lehre, sondern um deren Bekämpfung geht. Vgl. wie Gottsched auch LINDNER, Anweisung, §. 58, S. 65.

[72] GOTTSCHED, Ausführliche Redekunst, VIII. HSt., XX. §., S. 213 f.; vgl. auch ders., Akademische Redekunst, VIII. HSt., 24. §., S. 156 f. – Wohl in Anlehnung an Cicero formuliert Harsdörffer eine unmittelbare Nachbarschaft von arguter rhetorischer und dialektischer Findekunst. Eine sachgerechte Beschreibung kommt durch den im kombinatorischen Vorgehen aufgespürten Fund des Topos zustande. Georg Philipp HARSDÖRFFER: Frauenzimmer Gesprächspiele. Hrsg. von Irmgard Böttcher. I.–VIII. Teil. Tübingen 1968–1969, hier Tl. V, CCVIII, 25, S. 120 (ND S. 237). Zur Rhetorizität der Harsdörfferschen Poetik vgl. Peter HESS: Imitatio-Begriff und Übersetzungstheorie bei Georg Philipp Harsdörffer. In: Daphnis 21 (1992), S. 9–26, hier S. 12, sowie HOFFMEISTER, Barockliteratur, S. 75.

›Meditation‹ scheinen als Anknüpfungspunkt für die weitere Diskussion über die Aufgaben der Redekunst als solcher von nicht unmaßgeblichem Einfluß gewesen zu sein. Bevor wir den Blick auf die Weiterentwicklung des rhetorischen Meditationsbegriffs im 18. Jahrhundert lenken, ist zunächst noch genauer zu klären, wie in ihrem Auftreten ganz ähnliche rhetorische Phänomene bei den ›politischen‹ Vorläufern und Zeitgenossen von den Frühaufklärern bewertet werden.

4. Die *argutia*-Rhetoriker als Kontrahenten aufklärerischer Beredsamkeit

4. 1. Das Compliment als Ort scharfsinniger Rede

Wenn Gottsched in seinen rhetorischen Werken das ›critische‹ Verfahren als Fundament der rednerischen Erfindung bezeichnet, formuliert er damit zugleich eine aus dem *ethos* der Vernunft hervorgegangene Konzeption der rhetorischen Wahrheitsvermittlung, die den Zeitgenossen nicht unbedingt selbstverständlich ist. Ebensowenig haben Kategorien wie »Wahrheit« und »Wahrscheinlichkeit«, »Witz« und »Scharfsinn« aus diesem Blickwinkel für sie eine essentielle Bedeutung. Für sie ist eine andere Schule der Redekunst Orientierungspunkt bei der Definition des Rhetorischen.

Das der Erziehung der adligen Jugend gewidmete Lehrbuch des schlesischen Schulmannes Christian Schröter, die *Gründliche Anweisung zur deutschen Oratorie* (1704), beschreibt auf knapp 100 Seiten anhand einer riesigen Beispielsammlung die Regeln und Mechanismen des arguten Sprechens.[73] Vornehmlich zur Einübung verbaler Überzeugungstechniken bei Hof gedacht, folgt das Werk Christian Weises Vorbild oft bis ins Detail. Ganz ähnlich wie in Männlings *Expeditem Redner* werden auch hier die Romane Lohensteins als Fundgrube für das Gewinnen rednerischer Reputation zur Verfügung gestellt. Das Ziel ist freilich nicht unbedingt das gleiche. Weniger zu einer alle nur denkbaren Assoziationen herstellenden, differenzierten Ausbreitung von Gelehrsamkeit, sondern mit dem Anspruch, partikuläres Wissen planmäßig für aktuelle Erfordernisse disponibel zu halten, vermittelt Schröter seine Beispiele. Den Mustern aus Lohensteins Werk vorangestellt ist eine Definition des scharfsinnigen Sprechens, die durch ihr Hin- und Herschwenken zwischen »Leser« auf der einen und »Zu-

---

[73] SCHRÖTER, Anweisung, Cap. XI: De Argutiis et Inscriptionibus, S. 501–594. Schröter, über den kaum biographische Angaben vorliegen, war Konrektor der Fürstlichen Stadt- und Landschule in Liegnitz. Neben der *Gründlichen Anweisung* verfaßte er auch einen *Politischen Redner* (1714); vgl. hierzu die spärlichen Aussagen bei ZEDLER, Universal-Lexikon, Bd. 35 (1743), Sp. 1258.

Die *argutia*-Rhetoriker als Kontrahenten

hörer« auf der anderen Seite sowohl die rhetorischen Anforderungen an den Schriftverkehr des Hofmannes im Auge hat wie es auch den rhetorischen Charakter der Barockdichtung verdeutlicht: »ARgutiae sind scharfsinnige Reden/ welche bey dem Leser ein sonderbares Nachdencken und Verwunderung verursachen. Man braucht sie in allerley Reden, wenn man seinen Worten einen grossen Nachdruck geben will: vornemlich zu Anfange/ damit der Zuhörer desto Auffmercksamer auf alle Worte Achtung gebe; und zu Ende der Rede/ daß man noch einen *Aculeum* und Stachel in den Gemüthern der Menschen hinterlasse.«[74]

Einleitung (*exordium, principium*) und Schluß (*conclusio, peroratio*) der Rede bilden in Schröters Konzeption der überzeugenden Rede den Schwerpunkt arguten Sprechens. Die gesellschaftliche Rolle der Rhetorik als Repräsentationsmedium ist damit offenbar: Es geht um das knappe, treffend formulierte Anbringen von Formeln und Themen an passender Stelle, mit dem ein Gegenüber im gesellschaftlichen Dialog für die eigenen Absichten eingenommen werden soll. Diesen Absichten entspricht die zielgerichtete, vom sententiösen Stil getragene Kurzrede (Compliment), die frei ist von weitschweifigen Darlegungen, viel eher als die ausführliche Hofrede.

Die »Complimentirrede« ist im 18. Jahrhundert von so großer gesellschaftlicher Bedeutung, daß auch Gottsched immer wieder auf sie zu sprechen kommt und der ihr eigentümlichen Inventionstechnik noch in seiner *Akademischen Redekunst* ein eigenes *Hauptstück* widmet.[75] Der Ort, an dem sich die so von Weise, Schröter und anderen konzipierte Erfindung abspielt und den auch Gottsched dahingehend behandelt, ist die Chrie.[76] Auf die spätantiken *Progymnasmata* des

---

[74] SCHRÖTER, Anweisung, hier S. 501. Wie sehr dieser Autor von der Weiseschen Propädeutik geprägt ist, zeigt auch seine *Kurtze Anweisung zur Information der Adelichen Jugend* (1704, wohl identisch mit der bei Zedler genannten *Anleitung der edlen Jugend*); zu Schröters Werk vgl. die knappen Hinweise bei SINEMUS, Poetik, S. 185 f. und STÖTZER, Redekunst, S. 131 f.

[75] GOTTSCHED, Akademische Redekunst, XI. HSt. Von kleinern Ceremonien= oder Complimentirreden, S. 208–222. Wie vielfältig der Aufgabenbereich war, in dem die Complimentierkunst zum Einsatz kam, zeigt sich beispielsweise daran, daß WEISE in der *Anderen Abtheilung. Von der Ubung mit den Complimenten* (S. 161–434) seines *Politischen Redners* sowohl die Brieflehre (6. Cap., S. 219–249) als auch – schwerpunktmäßig – die »Complimentir=Comödie« (9. Cap., S. 292–434) abhandelt. Zum Begriff des Compliments vgl. BARNER, Barockrhetorik, S. 166; BRAUNGART, Hofberedsamkeit, S. 225–228.

[76] Besonders deutlich in: Christian Weisens Neu=Erleuterter Politischer Redner (...) Leipzig 1684. (ND Kronberg Ts. 1974), S. 58–206; S. 641–644; daneben ders., Politischer Redner, Das Dritte Capitel. Von der Ubung/welche in Schulen *Chria* genennet wird, S. 24–41. GOTTSCHED, Grundriß, I. Abth., V. Hauptstück: Von Chrien, S. 38–42. Ders., Ausführliche Redekunst, Das XI. Hauptstück: Von den Chrieen und ihren verschiedenen Arten, S. 272–

Aphthonius sich berufend, versucht Weise in der Chrie eine äußerste Verknappung argumentativ-rhetorischer Strategien zu erreichen. Etymologisch von griech. χρεία »Brauchbarkeit«, »Nutzen« abgeleitet, ist die Chrie als verkürzte Kernform der vollständigen großen Hofrede, die aus vielen einzelnen Chrien zusammengesetzt ist (»vollkommene Oration«)[77], der rhetorischen Theorie seit alters bekannt und namentlich von Weise und seinen Schülern beschrieben worden.[78] Sie gewinnt aber darüber hinaus erst bei ihnen besondere Bedeutung als eigene Verfahrensweise mit streng reglementiertem Ordnungsschema – Weise erkennt ihr den größten Nutzen aller Redearten zu. Zwei Aspekte der Complimentierrede gehen aus ihr hervor: Zum einen beschreibt die Chrientechnik ein kommunikatives Verfahren der Verknüpfung von Zusammenhängen im zeremoniellen Kontext, zum anderen die sachkundige Applikation vorgegebener Materialien auf momentane Anlässe.

Bei den ›politischen‹ Rhetorikern der Weißenfelser Schule steht die Chrie im Mittelpunkt der Lehre. Der politisch-diplomatische Zweck bestimmt die Mittel der Erfindung und Einübung scharfsinnig-pointierten Sprechens. Sein bekanntestes rhetorisches Lehrbuch, den *Politischen Redner* (1677), gliedert Weise in vier Hauptabschnitte, die jeweils bestimmten Anlässen zugeordnet sind: Schulrede, Compliment, Bürgerliche Rede und Hofrede.[79] Alle Redegattungen setzen

---

284. Dieses Kapitel ist zwischen den Passagen über *dispositio* und *elocutio* eingeschoben und unterbricht damit die ›klassische‹ Reihenfolge. Vgl. noch die knappe Darstellung bei BAUMEISTER, Anfangsgründe, Cap. 5, S. 33–35.

[77] Neben der Kurzform des »Compliments« und dem »Sermon« führt Riemer als dritte und letzte Redegattung die große »Oration« an: RIEMER, Standes-Rhetorica, S. 144: »Die *Oration* ist eine lange Rede/ welche aus etzlichen *Chrien* bestehet«. Vgl. dieser Definition zunächst erstaunlich ähnlich PEUCER, Anfangs=Gründe, §. 2, S. 444: »Eine Rede ist überhaupt nichts anders, als ein Inbegriff verschiedener auf einen gewissen Haupt=Zweck abzielender und also vernünftig zusammenhangender *chrien*.« – Allerdings ist Peucers Erläuterung hier durch den Zuschnitt auf »einen« Hauptzweck der Gottschedschen Perspektive verpflichtet. Vgl. zur historisch-etymologischen Ableitung STÖTZER, Redekunst, S. 54 und 126; zur Weiseschen Chrienlehre und zur aufklärerischen Kritik vgl. KLASSEN, Logik, S. 109–116; GROSSER, Redeschule, S. 32, sowie HWR, Bd. 2, Sp. 190–197, s. v. Chrie.

[78] Neben Weise vor allem auch WEIDLING, Hofmeister, Cap. III De Chriis, S. 90–135, insbes. S. 90–92 (Definition der Chrie); RIEMER, Standes-Rhetorica, S. 122–135, zur Chrienlehre ebd., S. 115: Für die gebräuchliche Form der Rede, von der lediglich das »Compliment« als Kurzform abweicht, kennt Riemer zwei Arten der Disposition, und zwar »I. Die Chria« und »II. Den Syllogismum«. Vgl. dazu auch HORN, Weise, S. 107–109; BRAUNGART, Hofberedsamkeit, S. 201 f.; STÖTZER, Redekunst, S. 54 und 126, sowie für einen Überblick auch die Ausführungen im HWR, Bd. 1, Sp. 445–471, s. v. Amplificatio.

[79] Vgl. den Titel des Werks: Christian Weisens Politischer Redner/ Das ist/ Kurtze und eigentliche Nachricht/ wie ein sorgfältiger Hofemeister seine Untergebene zu der Wolreden-

Die *argutia*-Rhetoriker als Kontrahenten

sich aus Chrien in unterschiedlicher Konstellation der Bestandteile zusammen.[80] Im Kapitel über den rechten Umgang mit ausgeklügeltem Wissen sind die *argutia* als »allerhand sinnreiche Reden« in der Schulchrie definiert, die »zwischen die Stücke mit einer sonderbahren Annehmlichkeit eingeschoben werden/ also daß sie bißweilen unterschiedene Periodos, ja wol gar gantze Blätter vollmachen«.[81]

Weise stellt sich mit den weiteren Ausführungen über die Anfertigung von Epigrammen, Inscriptionen und Emblemen in die Nachfolge des traditionellen jesuitischen Erziehungsprogramms, in dem die *argutia* als praktische Stilübung fester Bestandteil des Unterrichts war. Zugrundegelegt ist – neben neustoizistischen Einflüssen – wohl in erster Linie das System der *fontes argutiarum* aus der *Ars Nova Argutiarum* (1649) bzw. den *Familiarium Argutiarum Fontes* (1660)[82] des Kölner Jesuiten Jacob Masen (1606–1681), bei Weise allerdings unter der Perspektive der Nutzung für einen protestantisch geprägten Unterricht.[83] Der Rhetorik als alle *artes* leitender Disziplin kommt in der jesuitischen

---

heit anführen sol/ damit selbige lernen 1. Auf was vor ein *Fund* eine Schul=Rede gesetzet ist/ 2. Worinn die Complimenten bestehen; 3. Was bürgerliche Reden sind; 4. Was bey hohen Personen sonderlich zu Hofe vor Gelegenheit zu reden vorfällt. (...) Leipzig ³1681. Wie weit verbreitet das Werk war, macht schon die Auflagenzahl deutlich: HORN, Weise, S. 212, nennt neben der ersten Auflage von 1677 sechs weitere bis 1694, BARNER, Barockrhetorik, S. 176, ermittelt noch drei weitere Auflagen bis 1701.

[80] Dies gilt auch für die Gelegenheitsreden, die von WEISE in der III. Abtheilung des Politischen Redners *Von Bürgerlichen Reden* auf knapp 450 Seiten abgehandelt werden (S. 434–880); der Schwerpunkt liegt dabei auf dem Kapitel *Von Leich=Abdanckungen*, das alleine annähernd 300 Seiten (S. 439–722) umfaßt.

[81] Ebd., I, Das Fünffte Capitel. Von der Ubung mit den *Argutiis*, S. 60–113, hier S. 60; vgl. HORN, Weise, S. 97 f. Vgl. ähnlich Weise auch LANGE, Einleitung, Das neundte Capitel. Von der *Amplification* ab ARGUTIIS, S. 241–284, hier S. 214: »Lauter sinnreiche Reden/ welche hin und wieder eingestreuet werden/ und entweder auf die gantze *Proposition* oder auf etliche *Periodos* von derselben gehen«.

[82] Familiarvm Argvtiarvm Fontes, Honestae & eruditae recreationis gratia excitati (1660). Zu den verschiedenen Auflagen der *Ars Nova Argutiarum* vgl. die bibliographischen Angaben bei BREUER/KOPSCH, Rhetoriklehrbücher, S. 254 f. Zu den *fontes* vgl. KATSAKOULIS, Scharfsinn, Sp. 1218 f.; zur Stellung der Rhetorik im *artes*-Schema Masens vgl. FISCHER, Rede, S. 22 f.

[83] Über Masens Vorbildlichkeit siehe die Bemerkungen im *Politischen Redner*, Cap. 5, S. 61 f. und 111. Neben der *Ars Nova Argutiarum* sind es vor allem die *Palaestra Oratoria* (1659) und die *Palaestra Eloquentiae Ligatae* (um 1654), die von großem Einfluß auf Weise, aber auch auf Morhof waren. Vgl. dazu BAUER, »ars rhetorica«, S. 326 f.; Wilhelm KÜHLMANN: Macht auf Widerruf – Der Bauer als Herrscher bei Jacob Masen SJ und Christian Weise. In: BEHNKE/ROLOFF, Weise, S. 245–260. Vgl. auch FULLENWIDER, Rezeption, S. 232–234, der nachweist, daß Weises Rezeption sich auf die *Ars Nova Argutiarum* kon-

Konsequenzen rationalistischer Vorstellungen

Pädagogik Wissenschaftscharakter zu – Masens Werk ist durch den Versuch gekennzeichnet, systematisch die überlieferten *loci argumentorum* (*loci intrinseci* und *loci extrinseci*) auf wenige Quellen (*fontes*) zu begrenzen.[84] Alle Ausführungen des Schulmanns Weise über die scharfsinnige Rede beziehen sich auf die praxisorientierte Anweisung, wobei seine aus dem täglichen Unterricht jugendlicher Adliger gewonnenen Erfahrungen die Grundlage der Theorie bilden. Aus zwei unterschiedlichen Bestandteilen setzt sich das für diese Bedürfnisse passende Compliment zusammen: »Erstlich ist Propositio oder Vortrag/ darinn man sagt/ was man in der Rede wil. Darnach ist Insinuatio, ich möcht es fast eine Schmeycheley nennen/ darinn man bemüht ist/ so wol die Sache als seine eigene Person zu recommendiren.«[85]

Aus diesen Erfordernissen hervorgehend, gibt es die enge Verknüpfung zwischen *argutia* auf der einen Seite und der durch intensive Beschäftigung mit der Topik zustandegekommenen Anspielung auf der anderen nicht mehr, wie sie noch bei Masen, Tesauro und Harsdörffer selbstverständlich war. Dagegen steht die vom Interesse an gezieltem Einsatz der Mittel geleitete Kürze im Vordergrund des Interesses.[86] Weise geht sogar so weit, in bestimmten gesellschaftlichen Konstellationen die Erfindung als ungebräuchlich zu bezeichnen: »(...) der Hof hat keine eigne Invention, keine sonderliche Disposition; sondern das gan-

---

zentriert, die er jedoch die nur in der zweiten Ausgabe von 1660 zu gekannt zu haben scheint. Daneben bezieht Weise sich auch auf die rhetorische Tradition in der Nachfolge des neustoischen Humanisten Justus Lipsius und der von ihm beeinflußten Straßburger Gelehrten Matthias Bernegger, Friedrich Taubmann, Julius Wilhelm Zincgref und Johann Heinrich Boecler.

[84] Dies geschieht in Analogie zur aristotelischen Kategorienlehre und nach dem Vorbild des italienischen Humanisten Emanuele Tesauro (1592–1675 – *De Dictione arguta/Idea argutae et ingeniosae dictionis*; *Il Cannochiale Aristotelico*), dem Gottsched die Gründerrolle der *argutia*-Rhetorik zugesteht: »Gleichwohl kann sich der Italiener *Emanuel Thesaurus* (...) für den Urheber und Erfinder dieser sogenannten scharfsinnigen, oder vielmehr spitzfindigen Schreibart ausgeben.« GOTTSCHED, Ausführliche Redekunst, XV. HSt., XIII. §., S. 373. Über Tesauro als Wegbereiter Masenscher Rhetorik vgl. neben LANGE, Theoretiker, auch BEETZ, Logik, S. 216 f.

[85] WEISE, Politischer Redner, S. 169. Vgl. dazu FISCHER, Rede, S. 34 f. und 260 f.; BARNER, Barockrhetorik, S. 187 f.; zu Weises Kritik an der für ihn insbesondere durch Vossius vertretenen Schulrhetorik vgl. BARNER, ebd., S. 274 f.; HORN, Weise, S. 89.

[86] Vgl. die Textbeispiele aus WEISE: Curiöse Gedancken von Deutschen Versen. Das III. Cap. Von der *Construction*, in: Poetik des Barock. Hrsg. von Marian Szyrocki. Stuttgart (1982), S. 224–230, sowie die Ausführungen über den ›Stylus Politicus‹ in SZYROCKI, Literatur des Barock, S. 226–230; ALT, Traditionswandel, S. 260; zur praktischen Anwendung der *argutia*-Lehre in Weises Schauspielen vgl. ebd., S. 259–261.

Die *argutia*-Rhetoriker als Kontrahenten

tze Werck besteht in gewissen Worten und Redens-Arten/ welche durch die Gewohnheit angenommen (...) werden.«[87]

Hier scheint sich – ebenso wie im erstmals als Anspruch an den Rhetorikunterricht im Sinne einer Propädeutik formulierten syllogistischen Verfahren der Chrientechnik – eine Abkehr von überlieferten Vorstellungsbereichen abzuzeichnen, der sich dann später, allerdings unter ganz anderen Vorzeichen, Aufklärer wie Gottsched, Fabricius und Hallbauer anschlossen. Kürze und Natürlichkeit als oratorisches Ideal zum Zweck der Durchsetzung politischer Ziele harmonieren nicht mit einer anspielungsreichen, mittelbaren Redeweise, allerdings ebensowenig mit dem moralischen Gebot an den Redner, auf taktische »Schmeycheley« zu verzichten.

4. 2. Maßnahmen gegen die Complimentierkunst

Gottscheds Urteil über die Chrientechnik fällt freilich recht eindeutig aus: Der Chrie fehlen der wichtige Redeeingang, die affektische Erregung, gründliche Definitionen und Beweise. Sie ist nichts weiter als eine Disziplin, »womit man Schulknaben üben kann. (...) Auch Weidling und Schröter, Talander und Menantes haben zu fast nichts anderm, als zu Chrien Anleitung gegeben, und ganze Bücher damit angefüllt. Das ist nun der Mühe nicht werth. Denn wer die große und vollständige Rede in seiner Gewalt hat, dem wird eine Chrie nur als ein Spielwerk vorkommen.«[88]

Der Leipziger Aufklärer rekurriert hier, indem er den systematischen Ansatzpunkt der Weiseaner auf den Kopf stellt, auf die unmittelbar mit der Praxis des arguten Sprechens zusammenhängende Diskussion über die Beurteilung und Bewertung der »scharfsinnigen« Sprechweise. In Auseinandersetzung mit der seinerzeit weithin dominierenden Weise-Schule ist für Gottsched die Einführung einer neuen Bewertungskategorie notwendig, mit der das auf den ersten Blick bestechende redepraktische Konzept seiner Gegner unterlaufen und in seiner Mangelhaftigkeit entlarvt werden kann: Wo keine Vernunft ist, ist auch kein »Geschmack« in der Redekunst. Dies wird im historischen Überblick über Entstehung und Wachstum der Beredsamkeit veranschaulicht – schon die spätrömi-

---

[87] WEISE, Politischer Redner, Vorrede, Bl. 5a f.
[88] GOTTSCHED, Akademische Redekunst, XI. HSt., 2. §., S. 209; vgl. dazu auch GROSSER, Redeschule, S. 32 f.; SCHWIND, Schwulst-Stil, S. 274 f.; ausführliche Quellenverweise auf die Chrienlehre sowie die kritischen Bemerkungen der Gottsched-Schule bei KLASSEN, Logik, S. 109 f. Gottscheds Opposition gegen die Weiseaner wird im Artikel über die Chrie von M. FAUSER, in: HWR, Bd. 2, hier Sp. 195, nicht recht deutlich.

sche Zeit bot einen »von Tage zu Tage anwachsenden üblen Geschmack; und ein hochtrabendes, schwülstiges und ungesundes Wesen in Gedancken und Ausdrückungen (...) Eine Hauptursache dieses verderbten Geschmackes aber mochte wohl der schlechte Werth seyn, darinn alle Gelehrsamkeit und alle freye Künste von den Kaisern und allen Großen des römischen Hofes gehalten wurden.«[89]
Nachdem »in den folgenden barbarischen Zeiten, zugleich mit der übrigen Gelehrsamkeit, auch alle Beredsamkeit verloren gegangen« war, kam Petrarca als einer der ersten, die »den guten Geschmack wieder eingeführet« haben. In Deutschland hat Opitz »einen ganz neuen Geschmack eingeführet«, geprägt durch Bildung und »eine Fertigkeit, wohl und natürlich zu denken«; nach den gelegentlichen Entgleisungen späterer Barockrhetoriker zeigten schließlich Canitz, Besser und Thomasius, daß sie »nicht nur eine sehr natürliche Art zu denken; sondern auch eine reinere Schreibart« propagieren und damit »den guten Geschmack« befördern konnten.[90]

›Critisch-vernünftiges‹ Bildungsideal, »natürliche« Denk- und Sprechweise und Geschmack sind untrennbar miteinander verknüpft. In der *Critischen Dichtkunst* fügt Gottsched ein eigenes Kapitel *Vom guten Geschmacke eines Poeten* ein. Hier definiert er die unerläßliche Gabe der differenzierten Beurteilung des Dichters nach den von der Natur vorgegebenen Regeln als vernunftgegründet:

»*Derjenige Geschmack ist gut, der mit den Regeln übereinkömmt, die von der Vernunft, in einer Art von Sachen allbereit fest gesetzet worden.*
(...) Nach dieser allgemeinen Beschreibung und Erklärung des guten Geschmackes überhaupt, wird es leicht fallen, den guten Geschmack in der Poesie zu erklären. Es ist nämlich derselbe eine Geschicklichkeit, von der Schönheit eines Gedichtes, Gedankens oder Ausdruckes recht zu urtheilen, die man größtentheils nur klar empfunden, aber nach den Regeln selbst nicht geprüfet hat.«[91]

Anknüpfend an die elementaren Darlegungen in der *Critischen Dichtkunst*, versucht Gottsched ausführlich in den *Beobachtungen über den Gebrauch und Misbrauch vieler deutscher Wörter und Redensarten* die Bedeutungsvarianten des Geschmacks-Begriffs historisch zu erklären, indem er zunächst auf die ety-

---

[89] GOTTSCHED, Ausführliche Redekunst, Historische Einleitung, XX. §., S. 73 f.
[90] Ebd., XXI. §.–XXVII. §., S. 74–80.
[91] GOTTSCHED, Critische Dichtkunst, AW VI/1, III. Capitel. Vom guten Geschmacke eines Poeten, S. 169–193; Zitat ebd,. 10. §. (im Original gesperrt) und 11. §., S. 176. Vgl. zu diesem Thema F[ranz]. SCHÜMMER: Die Entwicklung des Geschmacksbegriffs in der Philosophie des 17. und 18. Jahrhunderts. In: Archiv für Begriffsgeschichte 1 (1955), S. 120–141; Hans-Jürgen GABLER: Geschmack und Gesellschaft. Rhetorische und sozialgeschichtliche Aspekte der frühaufklärerischen Geschmackskategorie. Frankfurt und Bern 1982, sowie die Untersuchung von FRACKOWIAK, Geschmack.

mologische Ableitung von »schmecken« verweist. Grundlage dieser Erklärung ist die auch in der Poetik sich andeutende Wolffsche Lehre von den oberen und niederen Seelenvermögen. Geschmack ist »das, nach der blossen sinnlichen Empfindung eingerichtete Urtheil von Sachen, davon wir kein deutliches, sondern nur ein klares Erkenntnis haben (...) So viel es also Arten von Wissenschaften giebt, mit denen hauptsächlich die untersten Seelenkräfte zu thun haben: so viele Arten von Geschmacke in diesem Verstande giebt es auch.«[92]

Daß Gottsched sich mit der Orientierung an der Psychologie der *ideae clarae et distinctae* als der Grundlage des Geschmacksbegriffs in bester Gesellschaft weiß, zeigt seine anschließende Bemerkung, in diesem Sinne hätten »unsre besten deutschen Schriftsteller, wenigstens seit 30 Jahren, das Wort Geschmack (...) genommen«.[93]

Dieser indirekte Hinweis ist auf den sächsischen Hofdichter Johann Ulrich (von) König (1688–1744) und dessen *Untersuchung von dem guten Geschmack in der Dicht= und Redekunst* (1727) gerichtet.[94] Ihm stehen insbesondere zwei Exponenten des »schlechten Geschmacks« gegenüber, nämlich Christian Weise und Daniel Casper von Lohenstein, die beide »die Ausbreitung des guten Geschmacks« verhindert haben.[95] Während der letztere nach Ansicht Gottscheds in stilistischer Hinsicht die objektiven Geschmacksregeln verletzt hat, ist es der erstere gewesen, der gegen die Grundsätze einer geschmackvollen *inventio* durch Vermittlung falscher Regeln zur Findung der Beweisgründe verstoßen hat.

Aus der Unterscheidung der zeitgenössischen Rhetoriker in Weiseaner (namentlich werden Talander, Hübner, Lange, Uhse und Menantes erwähnt) und Lohensteinianer (Riemer, Weidling, Schröter und Männling), die alle abgewiesen werden, fällt als einziger Gottfried Polykarp Müller heraus, dessen Anlei-

---

[92] GOTTSCHED, Beobachtungen, S. 104 (Originalpag. S. 114 f.); vgl. Critische Dichtkunst, AW VI/1, III. Cap. 3. §.–4. §., S. 170 f.; zusätzliche, allerdings kaum weiterführende Belege aus der verstreuten Korrespondenz bei WEHR, Briefwechsel, S. 56 f.

[93] GOTTSCHED, Beobachtungen, S. 104 (Originalpag. S. 116). Diese später übliche Bedeutungsvariante kommt erst zu Gottscheds Zeit auf – eine der alten, rein physiologischen Erklärung verhaftete Begriffsdeutung noch bei ZEDLER, Universal-Lexikon, Bd. 10 (1735), Sp. 1225–1228.

[94] Nach DWB, Bd. IV, 1. 2 (1897), s. v. Geschmack, Sp. 3924–3932, war Thomasius (*Von Nachahmung der Franzosen*, 1687) und nicht König der erste, der den Begriff im heutigen Sinne eines Beurteilungsvermögens verwendete; vgl. dazu auch SCHÜMMER, Geschmacksbegriff, S. 120, 127 f. und 135, zu König ebd., S. 138 f.; FEGER, Logik, S. 245–247; ausführlich SINEMUS, Poetik, S. 173–179; vgl. daneben auch BÖCKMANN, Formgeschichte, S. 496 f. und REICHEL, Gottsched, Bd. 1, S. 366–371.

[95] GOTTSCHED, Ausführliche Redekunst, Historische Einleitung, XXIX. §., S. 81; siehe ebd., XXVII. §., S. 80 (gegen Lohenstein), §. XXVIII, S. 80 f. (gegen Weise).

tung zur Redekunst »aus den gehörigen Quellen geflossen« sei.[96] Die Behauptung einer Dichotomie der fehlgeleiteten ästhetischen Apperzeption und einer in die falsche Richtung führenden Beurteilung in Werken Weiseanischer und Lohensteinianischer Provenienz ist ein Grundzug in Gottscheds Kontroverse mit zeitgenössischen Anschauungen. Sie macht zum mindesten deutlich, daß es nicht allein die vielzitierte Stildiskussion ist, in die Gottsched sich einmischt, sondern auch und gerade die Auseinandersetzung um deren vernunftgegründete Basis in Form der Inventions- und Argumentationstheorie.[97]

In Frankreich war die Diskussion um den »bon goût«, den guten Geschmack, freilich schon einige Zeit früher geführt worden; allerdings dürften die an Gracián orientierten Vorstellungen vom Geschmack bei Thomasius, vom *bon goût* im Sinne der gesellschaftlichen Umgangsformen und der mit ihnen unmittelbar verbundenen *honnêteté*, von geringerem Einfluß auf die Debatte bei Gottsched gewesen sein. Im Gegensatz zu dergleichen Erörterungen nimmt er zur französischen Geschmacksdiskussion bezüglich ästhetisch-poetologischer Charakteristika in der *Critischen Dichtkunst* Stellung. Insbesondere knüpft er dabei an den *Traité de la manière d'enseigner et d'etudier les belles lettres* Charles Rollins an.[98] Der Schluß dieses Werks, in dem die rhetorische Lehre abgehandelt wird und der von größtem Einfluß im frühen 18. Jahrhundert war, vermittelt eine an Fénelon ausgerichtete Erziehung zum »guten Geschmack« anhand umfänglicher exemplarischer Verweise auf die Alten, vor allem Cicero und Quintilian.[99]

Verbunden mit der Geschmacksdiskussion wurde über die Auseinandersetzungen um die Rhetorik in Frankreich eine Anschauungsweise vermittelt, die der sensualistischen Ästhetik eines Baumgarten und besonders eines Meier in Deutschland die Tür öffnete: Das in Dialogform gehaltene Werk *Entretiens d'Ariste et d'Eugène* (1676) des Dominique Bouhours (1628–1702) enthält u. a. Unterhaltungen zweier Freunde über den »bel esprit« und über das »je ne sais quoi«, die Undefinierbarkeit des ästhetischen Wohlgefallens. Das sich von antiken Mustern des »nescio quid« distanzierende neuzeitliche Geschmacksideal be-

---

[96] GOTTSCHED, Akademische Redekunst, Einleitung, §. 29, S. 13. Zu Müllers Rolle siehe oben, Kap. I, 2. 3., S. 48 f. sowie Kap. IV, 2., S. 157–159.

[97] Aus Fénelons Forderung nach strenger Beweisführung zur Überzeugung der Rede fließt für ihn ohne weiteres die Ablehnung des schmuckreichen Stils, da dieser eine sachliche Vermittlung verschleiere: FÉNELON, Dialogues, Préface, Bl. *2ʳ–*2ᵛ.

[98] GOTTSCHED, Critische Dichtkunst, AW VI/1, III. Cap., 2. §., S. 169 und 14. §*., S. 179 f.; vgl. auch ders., Akademische Redekunst, S. 35 und die Vorrede in den Vorübungen, ebenso BG, *libri incompacti*, Nr. 132. – Siehe dazu auch oben, Kap. II, 4., S. 77–85.

[99] Vgl. dazu KLASSEN, Logik, S. 11; WECHSLER, Gottsched, S. 72 f.; SALLWÜRK, Fénelon, S. 231–234.

zeichnet neben dem Unaussprechlichen auch das Unwägbare des *honnête homme*, des idealen Gesellschaftsmenschen.[100] Die ›Galanten‹ wie Benjamin Neukirch beziehen sich auf Bouhours und charakterisieren diese Undefinierbarkeit als wichtigstes Merkmal der »galanten« Schreibart. Als Zugeständnis an den Publikumsgeschmack im Sinne des *decorum* oder *aptum externum* scheint das »je ne sais quoi« für die deutschen Frühaufklärer allenfalls in das rhetorische System integrierbar zu sein.[101]

5. Rhetorische Meditation: Die Konsolidierung einer Idee

Gottscheds und besonders Hallbauers Vorstellung von der *Meditation* als der philosophisch-vernünftigen Reflexion ist auch in anderen Werken mit aufklärerischem Anspruch zu ihrer Zeit formuliert worden und hat beispielsweise in *Zedlers Universallexikon* ihren Niederschlag gefunden. Hier wird die »Meditation« gleichgesetzt mit der »(...) practische[n] Logick, das ist, eine[r] vernünfftige[n] und kluge[n] Anwendung der Regeln, welche die theoretische Logick von der Erfindung und Erkenntniß des wahren und falschen fürgeschrieben hat«.[102]

Auch die Praxis der *inventio* kommt dabei zur Sprache: Die Erfindung neuer Wahrheiten entspricht der »synthetische[n] Meditation«, im Gegensatz zur »analytische[n] Meditation«, der verifizierenden Prüfung. Der Prozeß der Synthesis findet in der Form der logischen Schlußfolgerung statt.[103] Damit ist klar, daß der

---

[100] Vgl. hierzu Erich HAASE: Zur Bedeutung von »Je ne sais quoi« im 17. Jahrhundert. In: ZFSL 67 (1956), S. 47–68, hier S. 54. Daß – als wichtiger Impuls für eine antirationalistische Ästhetik – schon Bouhours und Boileau die Gefühlsgebundenheit des »je ne sais quoi« und dessen Unbeweisbarkeit herausarbeiten, betont zu Recht HAASE, ebd., S. 64; vgl. dazu auch Erich KÖHLER: »Je ne sais quoi«. Ein Kapitel aus der Begriffsgeschichte des Unbegreiflichen. In: Ders.: Esprit und arkadische Freiheit. Aufsätze aus der Welt der Romania. Frankfurt am Main/Bonn 1966, S. 230–286, hier S. 255–265.

[101] Zur Rezeption bei Neukirch vgl. ROSENO, Entwicklung, S. 30; WECHSLER, Gottsched, S. 70; WALDBERG, Literaturfehde, S. 89 f. Zur Geschmacksdebatte bei Thomasius vgl. UEDING/STEINBRINK, Grundriß, S. 87. Zum Einfluß auch auf Gottsched vgl. SCHWIND, Schwulst-Stil, S. 224; BÖCKMANN, Formprinzip, S. 64–66.

[102] ZEDLER, Universal-Lexikon, Bd. 20 (1739), Sp. 132–136, hier Sp. 132.

[103] Ebd., Sp. 132 und 134. Vgl. in eben diesem Sinne und wörtlich nahezu übereinstimmend auch Johann Georg WALCH: Philosophisches Lexicon (...), Bd. II. Hildesheim 1968. (ND der 4. Auflage Leipzig 1775), Sp. 73–78, s. v. Meditation, hier Sp. 73: »Es ist aber diese Erkenntniß gedoppelt: entweder erfinden wir neue Wahrheiten, welches die *synthetische* Meditation ist; oder wir prüfen das wahre und falsche, so die *analytische*; und wie die Wahrheit entweder ganz gewiß; oder nur wahrscheinlich, also lassen sich beyde Arten der

Konsequenzen rationalistischer Vorstellungen

Vorstellung von der Erfindung »neuer« Wahrheiten eben nicht eine moderne, kreative Auffassung von ›Originalität‹ zugrunde liegt; im Gegenteil verwirklicht sich die spezifische ›Neuartigkeit‹ einer solcherart beschreibenden Erfindung im von der Urteilskraft dirigierten kombinatorisch-entdeckenden Nachvollziehen von Realität, die als solche unveränderlich vorgefunden wird.

Ausführlich hat Daniel Peucer, der in seiner *Anweisung zur verbesserten Teutschen Oratorie* Gottsched, Fabricius und Hallbauer immer wieder als richtungweisende und regelgebende Vorbilder anführt, von der oratorischen Meditation gehandelt. Im einleitenden Abschnitt über den Ursprung der rednerischen Erfindung geht Peucer umfassend – und weit systematischer als seine Lehrmeister – darauf ein und entwickelt Grundsätze für eine vernunftgeleitete rednerische Vorgehensweise, indem er alle von jenen vorgebrachten Punkte anführt:

»Wenn die Beredtsamkeit aus der rechten Quelle hergeleitet werden soll: so müssen wir die Meditation zu Hülfe nehmen. Diese giebt uns folgende unentbehrliche Regeln:
1. Mache dir von dem *Subi[ect].* und *Praedic[at].* deiner vorhabenden Materie einen deutlichen, ausführlichen und vollständigen Begriff. Denn verstehest du die Sachen nicht; kanst du die Sachen nicht erklären und eintheilen: was willst du davon gewisses und unerwartetes sagen?
2. Suche den Zusammenhang und Grund deines *Thematis* zu zeigen: denn, ohne Beweis, findest du keinen Beyfall; du magst reden, was du willst.
3. Leite aus einer gründlich erwiesenen Wahrheit die andere, die zu deinem Vorhaben dienlich ist, her, und bringe sie in einen Zusammenhang. Denn eben dieses macht deinen Vortrag einer an einanderhangenden Kette gleich.«[104]

Aus der von den Frühaufklärern in Gang gesetzten Erörterung von Möglichkeiten, Leistung und Grenzen der Topik sowie aus dem die Geschmacksdebatte sensualistisch begreifenden Standpunkt zieht Baumgarten nur kurze Zeit nach ihnen für die Formulierung von Regeln des »schönen Denkens« und der ästhetischen Erkenntnis weitreichende Konsequenzen. Ebenso wie sie, jedoch offenbar in noch stärkerem Maß, grenzt er sich von der hergebrachten Denkweise ab und verbirgt keineswegs seine Geringschätzung der Topik: Ihr kann allenfalls eine den Anfänger auf die ästhetische Disziplin hinführende, diese in Gang setzende Funktion, nicht aber ein heuristischer Wert zuerkannt werden.[105]

Meditation, die synthetische und analytische wieder in eine *gewisse* und *wahrscheinliche* abtheilen. Die Meditation ist nichts anders, als eine practische Logik, das ist, eine vernünftige und kluge Anwendung der Regeln, welche die theoretische Logik von der Erfindung und Erkenntniß des wahren und falschen fürgeschrieben hat (...)«.

[104] PEUCER, Anfangs=Gründe, Einleitung, §. 13. Quell der Beredtsamkeit, S. 16.
[105] Vgl. die Diskussion der Topik in: BAVMGARTEN, Aesthetica, Pars I., Cap. I, Sectio X. Topica, § 130–141, S. 66–74, insbes. §. 136, S. 69 f.: Die Topik als *ars inveniendi argumentorum* wird nicht sehr hoch geschätzt, sie ist Sache des Anfängers; §. 138, S. 70 f.: die To-

Rhetorische Meditation: Die Konsolidierung einer Idee

Nach den Frühaufklärern und im Anschluß an sie ist es Johann Gotthelf Lindner, der die »Meditation« als elementaren Bestandteil der Rede faßt – freilich mit kennzeichnenden Abweichungen. Ebenso wie seine Vorgänger beruft er sich dabei auf französische Kunstlehren, um den Begriff näher zu umschreiben. So identifiziert Lindner wie Gottsched die *meditatio* mit dem »Gedanken« – »pensée« – oder, in klassisch-rhetorischer Terminologie, mit der »sententia«. Ihm bedeutet der Gedanke »(...) jede richtige und lebhafte Vorstellung der Sache, die zugleich im Ausdruck gefalle. Die ist das sogenannte Aesthetische, welches den Gedanken schön macht, und ihm Geschmack giebt; das logische oder philosophische allein giebt ihm nur Wahrheit.«[106]

Eindeutig ist hier der Einfluß der Baumgarten-Meierschen Schule zu erkennen, auf die Lindner sich neben Gottsched beruft: Der aus dem empfindenden Subjekt hervorgehende »schöne Gedanke« als Grundlage des Ästhetischen überhaupt, dessen Regeln zu suchen das Ziel des Baumgartenschen Werks ist, übernimmt bei Lindner vollends die Rolle einer rhetorischen Topik.[107] Anders aber als bei Baumgarten oder Meier ist in Lindners primär der Beredsamkeit gewidmeten Ausführungen konzentriert und weitergeführt, was Gottsched, Fabricius und Hallbauer eine Generation vor ihm in Hinsicht auf spezifisch rednerische Methoden erarbeitet hatten. Unbefangen kann er das von ihnen noch gegen die Widerstände konservativer Kreise mobilisierte Instrumentarium nutzen und weiterentwickeln. Lindner vollendet in gewisser Weise – und bis zu einem bestimmten Punkt – auf der Ebene der rhetorischen Diskussion den Prozeß, den die Frühaufklärer in Gang gesetzt haben. In seinem Werk ist die Rhetorik ihrer seit Jahrhunderten zugesprochenen Funktion als Leitwissenschaft der »freyen Künste« bereits enthoben.

Als selbständiges Reflektieren des vernunftbegabten Subjekts kommt der Meditation im Prozeß des Erfindens zentrale Bedeutung zu. In ihr manifestiert und verdichtet sich gleichsam die rationalistische Konzeption vom dialektisch-rheto-

---

pik der allgemeinen Regeln (*loci universales*) ist für die Ästhetik unbrauchbar, sie erweist sich als entweder abgedroschen und banal oder künstlich; vgl. dazu auch SCHWEIZER, Ästhetik, S. 320 f. und BENDER, Tradition, S. 482 f.

[106] LINDNER, Anweisung, Drittes Hauptstück: Von dem Innerlichen der Beredsamkeit, und der guten Schreibart überhaupt. Erster Abschnitt. Von Gedanken überhaupt, §. 59, S. 66.

[107] Vgl. auch den von der alten Begrifflichkeit befreiten, gänzlich ›entrhetorisierten‹ Begriff am Schluß der Kantischen Logik-Vorlesungen. Immanuel KANT: Logik. In: Ders.: Schriften zur Metaphysik und Logik. Bd. 2. Hrsg. von Wilhelm Weischedel. (Frankfurt am Main 1977), § 120, S. 418–582, hier S. 582: »Unter Meditation ist Nachdenken oder ein *methodisches Denken* zu verstehen. – Das Meditieren muß alles Lesen und Lernen begleiten; und es ist hierzu erforderlich, daß man *zuvörderst* vorläufige Untersuchungen anstelle und *sodann* seine Gedanken in Ordnung bringe oder nach einer Methode verbinde«.

rischen Verfahren der *inventio*. Der synthetisch kombinatorische Witz, als perzeptives und kommunikatives Vermögen, kontrolliert durch die Urteilsinstanzen Kritik und Geschmack, ist komprimiert in der Vorstellung von der »eigenen Meditation« des Redners.

Wie sehr philosophische und damit nichtrhetorische Kriterien die Diskussion um Wesen und Aufgaben genuin rednerischer Verfahrensweisen an dieser Stelle bestimmen und damit zu epochalen Verschiebungen in den Anschauungen über Rhetorik als solcher führen, ist deutlich an der begrifflichen und inhaltlichen Übertragung und der Integration in neuartige Bedeutungszusammenhänge zu erkennen. Kritische Reflexion und Problematisierung, Eingliederung in eine deterministische Ontologie und zugleich fundamentale Mißbilligung des für die Zeitgenossen selbstverständlichen Instrumentariums signalisieren eine irreversible Abkehr von traditionellen Vorstellungen; nicht nur für die weltliche, sondern auch für die geistliche Beredsamkeit gelten die neuartigen Perspektiven. Es ist ein umfassender Transformationsprozeß, den die Rhetoriker der Frühaufklärung im ersten Drittel des 18. Jahrhunderts in Gang setzen und der schließlich hundert Jahre später, bei den Brüdern Schlegel etwa oder bei Hegel, in einer Kunstlehre mündet, die zu ihren Quellen kaum mehr zurückzufinden versucht.

KAPITEL VI

VERNÜNFTIGE RHETORIKKRITIK: FRÜHAUFKLÄRER UND ›POLITISCHE‹ REDEKUNST

1. Topische Persuasionsstrategien der Hofberedsamkeit

Mit der Gründung der rhetorischen *inventio* auf das *iudicium*, bzw. auf die dem *iudicium* unterstehende »Meditation«, formulieren Fabricius, Hallbauer und Gottsched den Kern der frühaufklärerischen Mißbilligung der rhetorischen Schule vorangegangener Zeiten. Damit gehen sie allerdings auch über das sich an Aristoteles und Cicero orientierende Toposverständnis hinaus und desavouieren ein Herzstück der traditionellen Rhetorikinterpretation. Nicht die Topik als solche, sondern sie als Teil des rednerischen Verfahrens steht hier zur Diskussion, indem sie nicht mehr ausschließlich wie vordem seit der Antike als Herstellungslehre, sondern als Erkenntnislehre begriffen wird.[1] Als dem urteilenden Verstand zugehörig qualifiziert, muß der rhetorischen Topik konsequenterweise die erkenntnisermöglichende Dimension im Verfahren der oratorischen Meditation abgesprochen werden. Diese Tiefenschicht der Redekunst loten die Frühaufklärer erstmals aus und explizieren ihre Bedeutung für das gesamte Lehrgebäude.

Der über eine lange Zeitspanne herrschende aristotelisch-ciceronische Toposbegriff war freilich schon vor den frühaufklärerischen Rhetorikern, nämlich seit dem späten 17. Jahrhundert, hinterfragt worden, aber auf ganz andere Art als bei ihnen und mit ganz unterschiedlichen Absichten. Die im Lauf der Zeit immer weiter veränderten und spezifizierten praktischen Anforderungen an den Redner hatten zu Überlegungen geführt, wie das überkommene rhetorische System für neue Ziele nutzbar gemacht werden kann.

In seiner autobiographischen Rückschau zu Beginn der *Ersten Gründe der gesammten Weltweisheit*, die der fünften und letzten Auflage des Werks zu Lebzeiten (1754) vorangestellt ist, berichtet Gottsched von der Vorherrschaft der Weiseaner zur Zeit seiner eigenen rednerischen Ausbildung. Während des Studiums an der Königsberger Universität standen bei seinem Rhetoriklehrer, dem Professor der Poesie und Beredsamkeit Johann Jacob Rohde (1690–1727), offensichtlich nur die mehr oder weniger aktuellen Redelehren Weises und die seiner Schüler Bohse-Talander, Hunold-Menantes, Hübner und Uhse auf dem Lehrplan. Mit Bedauern stellt Gottsched in seiner Vorrede fest, daß an der Albertina

---

[1] Vgl. in diesem Sinne Wilhelm SCHMIDT-BIGGEMANN: Aristoteles im Barock. Über den Wandel der Wissenschaften. In: NEUMEISTER/WIEDEMANN, Res Publica, Tl. I, S. 281–298, hier S. 290.

die Werke der »Alten« nicht zur Sprache kamen.[2] Bekanntschaft mit ihnen schloß er erst in Leipzig im Jahr 1724, als er schon Bibliothekar und Hofmeister bei Mencke war.[3]

Es ist wohl kaum übertrieben, wenn man die rhetorische Lehre der Weiseaner als die das Deutschland des späten 17. und frühen 18. Jahrhunderts dominierende Anschauung über die Aufgaben der Beredsamkeit bezeichnet. Auch Gottsched konnte sich der aktuellen Bedeutung der Weiseaner nicht entziehen, und eine Fülle von konzeptionellen Eigentümlichkeiten seiner Lehrbücher weist auf deren Führungsrolle hin. Die in Gottscheds *Redekünste* aufgenommenen Passagen über die Chrienlehre bzw. die *Ceremonien=* oder *Complimentirreden* zeugen davon, besonders die Vorschriften, die darin für die Redepraxis »bey Landtagen, Huldigungen, Vorstellungen gewisser neuer Präsidenten, oder andrer Hofbeamten, bey Gesandtschaften, Grundlegungen und Einweihungen von öffentlichen Gebäuden u.s.w.« formuliert sind.[4] Allerdings sind nach Gottscheds Meinung im Lauf der Zeit die Aufgaben für den Redner noch gewachsen und spezifizischer geworden und haben einschneidende, nur dem ›critischen‹ Betrachter sich offenbarende Veränderungen für das rednerische Vorgehen bewirkt. Dem können die aufs »Complimentiren« allein achtenden Rhetoriker mit ihrem spezialisierten Anforderungskatalog nicht beikommen, insbesondere was die *inventio* betrifft: »Dabey nun fallen die meisten Regeln der wahren und großen Beredsamkeit weg, und es bleibt eine bloße Wohlredenheit übrig.«[5]

Die veränderten Erwartungen an den Redner, auf die Gottsched hier Bezug nimmt, spiegeln sich vielfältig in den Werken der ›politischen‹ Rhetoriker. Genau aus diesem Grund ist etwa die Einteilung des Lehrbuchs von Christian Weidling, des *Oratorischen Hofmeisters*, so eigentümlich proportioniert: Den im Verhältnis zum Gesamtumfang des Werks (1.680 Seiten!) geradezu bescheidenen 74 Seiten Ausführungen über die *Bürgerlichen und Raths=Reden* steht das fast 700seitige Kapitel *Von Hoff=Reden* gegenüber, in zehn ausführlich belegte und mit Beispielen detailliert illustrierte Arten wie *Huldigungs=Reden* (III.),

---

[2] Fortgesetzte Nachrichten von des Verfassers eigenen Schriften, bis zum 1754sten Jahre. In: GOTTSCHED, Erste Gründe, Praktischer Teil, S. 3–66, hier S. 23 f.; vgl. auch REICKE, Lehrjahre, S. 11–18, inbes. S. 12 und S. 17 f.; REICHEL, Gottsched, Bd. 1, S. 64, 78 und 83.

[3] Vgl. WITKOWSKI, Geschichte, S. 245; RIECK, Gottsched, S. 20–23.

[4] GOTTSCHED, Akademische Redekunst, XI. Hauptstück: Von kleinern Ceremonien= oder Complimentirreden, 1. §., S. 208; vgl. noch ausführlicher ders., Ausführliche Redekunst, Besonderer Theil, VII. Hauptstück: Von den Hof- und Staatsreden, I. §., S. 269.

[5] Ebd. – Zu Gottscheds sich auf antike Lehren berufender Differenzierung zwischen Beredsamkeit und Wohlredenheit vgl. oben, Kap. II, 2., S. 71 f.

Land=Tags=Reden (VI.) oder *Fürstliche Annehmungs=Reden* (IX.) unterteilt.[6] Es ist nicht Weidlings Absicht, langatmige theoretische Darlegungen über die verschiedenen Arten der Invention bei öffentlichen Reden anzubieten, denn das Exempel ist für ihn entscheidend. Ihm geht es um die praktische Einübung anhand vieler Vorbilder aus der gesellschaftlich-politischen Praxis.

Obwohl sie sich aus vielen Chrien zusammensetzt und an Umfang die höfische Kurzrede, das Compliment, immer übertrifft, ist die »Hofrede« (*sermo publicus*) nicht mit einer ausführlichen Rede deckungsgleich, wie sie in klassischen Redelehren und auch bei Gottsched und seinen Mitstreitern im Mittelpunkt steht, und auch zur ›Schuloratorie‹ ergeben sich signifikante Differenzen. Gerade die Darstellung der Rolle der *inventio* macht dies deutlich. Das für die Schulrhetoriker so wesentliche *officium* der schlüssigen thematischen Organisation der Rede an Hand zahlreicher kunstreicher, aber auch künstlicher Erfindungen bekommt ein ganz anderes Gewicht durch die Konzentration der Aufgabenstellung. Die im vorhinein genau definierte Zielsetzung des politischen Redners führt schließlich dahin, die Aufgabe der stofflich-thematischen Durchführung an eine ausgefeilte Kasuistik zu binden und die *inventio thematis* ist damit, wie Christian Weise verdeutlicht, ganz der *persuasio* im Sinne der Überredung untergeordnet: »Aber wo man ein *Thema* finden soll/ das sich nicht allein wol schicket/ sondern auch curieus scheinet/ da wil manchmal guter Raht theuer werden. Und das heist in der Oratorie INVENTION.«[7]

Wie diese Art der *inventio* aussieht, verdeutlicht Weises Weißenfelser Amtsnachfolger Johannes Riemer (1648–1714)[8], der den Leser seines bekannten und seinerzeit weitverbreiteten rhetorischen Realienwerks, des *Schatz=Meisters Aller Hohen/ Standes und Bürgerlichen Freud= und Leid=Complimente* (1681), häufig in Anlehnung und mit zum Teil wörtlichen Übernahmen aus den Schrif-

---

[6] WEIDLING, Hofmeister, Cap. V *Von Hoff=Reden*, S. 780–1466; Cap. VI *Von Bürgerlichen und Raths=Reden*, S. 1467–1541. – Letzteres Kapitel schließt nur drei Arten ein: *Huldigungs=Reden, Introductions=Reden, Raths=Wahl=Reden*.

[7] WEISE, Neu-Erleuterter Politischer Redner, S. 639.

[8] Riemer war von 1678 bis 1687 Nachfolger des nach Zittau berufenen Weise. 1691 in Helmstedt als Theologe promoviert, war er Superintendent in Hildesheim und 1704 Hauptpastor von St. Jakobi in Hamburg. Innerhalb von 25 Jahren veröffentlichte er eine Realiensammlung, den *Politischen Halbfisch* (1681), und sieben Redelehren. Vgl. hierzu neben KÖLMEL, Riemer, S. 5–16 (Biographie), S. 17–24 (Bibliographie) vor allem Helmut KRAUSE: Feder kontra Degen. Zur literarischen Vermittlung des bürgerlichen Weltbildes im Werk Johannes Riemers. Berlin 1979, hier Kap. II, S. 127– 164; BARNER, Barockrhetorik, S. 177 f. Zur Biographie vgl. auch DLL, Bd. 12 (1990), Sp. 1229–1232.

Frühaufklärer und ›politische‹ Redekunst

ten Weises[9], mit einer Fülle von Beispielen aus Politik, Geographie oder Astronomie bedenkt. In Riemers Einleitung zum *Schatz=Meister* wird der Anschein erweckt, die *II. Haubt=Abtheilung* des Werks werde die Lehre von der Erfindung abhandeln. Der zwischen der ersten Abteilung (über Ursprung der Complimente und Anleitung zu ihrer Ausarbeitung) und der dritten (mit Mustern und Beispielen) liegende zweite Hauptteil des Werks »soll die Materie und Mittel dazu vorbringen/damit ein ieglicher auf alle Fälle/ *inventiones* und Materie genug haben kan/ auf alle Begebenheiten/ zu Leid und Freude/ geschwind etwas geschicktes vorzubringen.«[10]

Diese Ankündigung entpuppt sich aber als etwas ganz anderes, als sich der Leser vielleicht vorgestellt hatte. Der Beitrag über die *inventio* besteht aus zwei Stücken: »einem Reim-*Lexico*« und »einem *Realien-Indice*«.[11] Das *Real-Lexicon*, in zwei Teile (*Leid=Realien* bzw. *Leich=Realien und Realien zu Freuden= Complimenten*) gegliedert, bietet denn auch entgegen allen Erwartungen der theoretisierenden Schuloratorie keinerlei Ausführungen zur rhetorischen Lehre, sondern erweist sich als umfassendes, für alle Gelegenheiten des gesellschaftlichen Lebens gedachtes Sammelwerk.[12] Die rhetorische Theorie spielt im *Schatz= Meister* so gut wie keine Rolle.

In aller Ausführlichkeit bezieht sich Riemer dagegen auf die theoretische Ebene der Redekunst in seiner *Standes-Rhetorica* (1685), und dies unter anderem auch zum Anspruch seiner riesigen Beispielsammlungen und Anweisungen. Im Abschnitt *Antritt zum vollständigen Regenten=Redner* legt Riemer die verschiedenartigen Aufgabenfelder der Schulberedsamkeit und einer speziell auf die Interssen es Hofs abgestimmten Rhetorik dar: »Wahr ist es/ daß die Schule zu Hoff=Reden wenig/ oder wol gar nichts *contribuiret*.« Diese Diskrepanz, die jedoch keineswegs zu einer fundamentalen Kritik Riemers wie später etwa bei Hallbauer Anlaß gibt, muß gerade für die Findung der Argumente im Sinne eines hinichtlich diplomatischer Erfordernisse geltenden Gegenstandsbereichs konstatiert werden. Die Schuloratorie sei für die Ausbildung in Wortschatz und Grammatik zwar sinnvoll, jedoch: »Die *Invention* aber und *Disposition* muß

---

[9] Zur Orientierung Riemers an Weise, wohl in erster Linie am *Politischen Redner* (1679), GOTTSCHED, Ausführliche Redekunst, Historische Einleitung, XXIX. §., S. 81; ders., Akademische Redekunst, Einleitung, §. 29, S. 13. Vgl. dazu auch KÖLMEL, Riemer, S. 71 f. Zum durchaus nicht ungetrübten Verhältnis Weises zu Riemer vgl. BARNER, Barockrhetorik, S. 178.

[10] Vgl. Johann Riemers Uber=Reicher Schatz=Meister Aller Hohen/ Standes und Bürgerlichen Freud= und Leid=Complimente. (...) Leipzig und Franckfurth 1681, Vorrede, S. 13.

[11] RIEMER, Schatz=Meister, S. 145.

[12] Ebd., S. 233–384.

schweigen/ wenn sie vor die Hoff=Thür kommen.«[13] Die Schule ist nach Riemers Ansicht zwar bis zu einem bestimmten Punkt in der Lage, Regeln bereitzustellen, die politische Redekunst im eigentlichen Sinne jedoch kann nur durch den gesellschaftlichen Umgang mit Hofleuten erlernt werden. Die Erfindung des Hofredners vollzieht sich also, weil sie anderen Bedürfnissen folgt als beispielsweise die Schulrede, auf anderer Ebene, und sie bedarf, wie Christian Weise verdeutlicht, in den meisten Fällen lediglich der ohnehin als bekannt vorausgesetzten und eingeübten Formalien: »Wer zu Hofe was geschicktes vorbringen wil/ muß auch die Sprache verstehen/ wie sie zu Hofe geführet wird. Und dannenhero wenn einer gleich den *Demosthenes* übertreffe/ und wäre in den gebräuchlichen *Curiali*en unerfahren/ so würde seine Geschicklichkeit zu Hofe wenig *admirirt* werden. Und also ist von nöthen/ daß man sich umbsehe/ wie andere geredet/ und worinnen sie eins und das andere mit guter Anständigkeit vorgebracht haben.«[14]

Daß er seine Ausführungen über Argumentationstechniken bei den Hofreden im Gegensatz zur eingehenden Erörterung der »bürgerlichen« Reden sehr knapp hält, begründet Riemer damit, »daß der Hoff um die *Invention* sich nicht eben so sehr bekümmert«, obgleich das »*Officium Rhetoricum*«, also die Aufgabenstellung des Redners, mit denen der »bürgerlichen« Oratorie identisch sei. Eine mögliche Begründung für das Desinteresse des Hofs an aufwendig hergestellten Persuasionsstrategien mag, so Riemer, darin liegen, daß – neben der größeren dispositionellen »Freyheit« – die (wohl meist sehr eng gefaßte) Aufgabenstellung des Hofredners einen ausführlichen Reflexionsprozeß ebenso überflüssig

---

[13] Ders., Standes-Rhetorica, §. II, S. 2 und §. XIII., S. 11, im Abschnitt »Antritt zum vollständigen Regenten=Redner«, S. 1–17; vgl. ähnlich die schon oben, Kap. V, 4. 1., S. 199 f., wiedergegebene Stelle im *Politischen Redner*. – Eine umständliche Verdeutlichung von im Kern durch die syllogistische Chrie bereits Vorgegebenem in der Hofrede hält WEISE, Neu-Erleuterter Politischer Redner, S. 641, nicht für erforderlich: »Hernach aber müste ich alle Umstände/ alle *Locos Topicos* zu Hülffe nehmen/ darans [recte: daraus] ich eben dieses *Antecedens* und *Conseqvens* gleichsam *illustri*ren könte«.

[14] Ders., Politischer Redner, IV. Abth. Von Politischen Hoff=Reden, 4. Cap., S. 955 f.; in diesem Sinne auch RIEMER, Standes-Rhetorica, §. 1., S. 1. Wo dieser für die Aufklärer fatale Weg endet, gibt Gottsched, erkennbar auf Weises Formulierungen bezugnehmend, deutlich zu verstehen: »Heute zu Tage aber regieren selbst die Republiken, nicht mehr durch Vernunft und Ueberzeugung, sondern durch Zwang und Gewalt, oder durch List. Daher haben sich auch alle diese Hofreden in Chrieen verwandelt, die sich ohne alle Gelehrsamkeit und Einsicht in die Natur des Menschen, halten lassen. Folglich brauchen wir auch keinen Demosthenes oder Cicero bey Hofe: und wenn ja ein solcher irgend wo aufstünde, so würde er in den heutigen Complimentirreden, alle seine Kunst nicht anbringen können.« GOTTSCHED, Ausführliche Redekunst, AW VII/2, VII. HSt., II. §., S. 270.

mache wie etwa auch einen ausgefeilten Stil: »Die *Invention* stecket meist schon in der *Proposition*.«[15]

Man könnte angesichts der neudefinierten Rolle der rhetorischen Erfindung bei den Weiseanern annehmen, die Bedeutung der klassischen *inventio* werde relativiert, wenn das eigentliche Aufgabenfeld des zeitgenössischen Redners, die Hofrede, auf diese Bearbeitungsphase nahezu verzichten kann, ohne dabei Schaden zu nehmen. Die sich hier aufdrängende Frage muß jedoch sein, ob Riemers und Weises knappe oder Weidlings ganz fehlende Äußerungen tatsächlich eine Geringschätzung inventionaler Aufgaben in sich bergen oder ob nicht vielmehr unausgesprochen der demjenigen Redeteil eigentümliche Reflexionsprozeß als selbstverständlich vorausgesetzt wird, der die Beweismittel zuallererst präsent macht.

Auch Gottsched, der gewiß nicht mit Rügen und Ermahnungen an die Adresse dieser Redelehrer spart, kommt nicht umhin, den praktischen Beispielen für die Hofreden in seinen rhetorischen Lehrbüchern verhältnismäßig mehr Platz als anderen Redearten einzuräumen, und zwar deshalb, weil die »Ceremonien= und Complimentirreden« aufgrund ihrer je unterschiedlichen Situationsgebundenheit weniger allgemein formulierbaren Regeln gehorchen als vielmehr durch *imitatio* von Vorbildern eingeübt werden müssen.[16]

2. Die Auseinandersetzung mit der Realienpädagogik der Weisaner

2. 1. Pragmatische Erziehung durch die Klugheitsregeln

Gottsched wird in seinen rhetorischen Werken nicht müde, die historische Konstellatin darzustellen, von der aus er seine eigene, sich auf das antik-humanistische Erbe berufende Lehre als eine Art oppositionelle Reorganisation der Beredsamkeit in die Wege geleitet hat. Die knappe Darstellung im *Grundriß* der

---

[15] RIEMER, Standes-Rhetorica, S. 175, §. I. und II; unter *Proposition* ist im Sprachgebrauch der Weiseaner sowohl allgemein die thematische Vorgabe der Rede zu verstehen als auch der — im Gegensatz zur aufklärerischen Interpretation — mit ihr identifizierte, vom Eingang zum Hauptteil überleitende Redeteil im engeren dispositionellen Sinne.

[16] In diesem Zusammenhang verweist Gottsched, wenn auch unter immer wieder eingeschärften Vorbehalten, auf Lünigs Sammlung der *Reden großer Herren*. GOTTSCHED, Ausführliche Redekunst, Besonderer Theil, AW VII/2, VII. HSt., V. §.–VII. §., S. 272–274; ders., Akademische Redekunst, XI. HSt., 12. §., S. 218, 15. §., S. 222 und öfter. Rigoros dagegen HALLBAUER, Anleitung, II. Cap., §. 6, Anm. 2), S. 73: »(...) allein das Zeug ist von der Natur einer männlichen und vernünftigen Beredsamkeit weit entfernet, und überläst es ein politischer Redner Kindern, die mit solchen Puppen spielen mögen«.

Die Auseinandersetzung mit den Weiseanern

zu seiner Jugendzeit im Rhetorikunterricht an den Schulen dominierenden und auf bestimmte Art, nämlich auf die Weiseanische, eingeübten Chrientechnik schließt Gottsched ab mit der Bemerkung, deren mittlerweile ohnehin überbetonte Stellung in der pädagogischen Vermittlung der »Complimentirkunst« führe den Redeschüler vom Erlernen und der späteren Wahrnehmung eines Großteils seiner spezifischen Aufgaben ab. Darin eingeschlossen ist der Vorwurf, die – namentlich nicht genannten – Weiseaner hätten sich wegen ihres einseitigen Augenmerks auf aktuelle Bedürfnisse nicht um die eigene geschichtliche Stellung gekümmert und schon von den Alten protokollierte fundamentale Erkenntnisse ignoriert: »So viel mag von Chrien genug seyn. Andere machen ohne Noth viel Wesens davon, und halten ihre Lehrlinge wer weiß wie lange damit auf; so, daß sie wohl gar der völligen Reden darüber vergessen. Wir haben dieses einem berühmten Schul=Manne aus der Lausnitz zu dancken, der theils selbst durch seine Schrifften, theils auch durch seine Schüler[,] die großentheils wieder Schul=Männer geworden, fast über alle deutsche Trivial und hoheSchulen in der Redekunst die Herrschaft bekommen; darüber man aber die alten Redner gäntzlich aus dem Gesichte verlohren hat.«[17]

Die rhetorikgeschichtlichen Verhältnisse, auf die Gottscheds kritische Bemerkungen verweisen, sind äußerst komplex und stehen als eigenständiger Strang seit der Genese der neuzeitlichen Redekunst neben der ›Schuloratorie‹. Die Weiseanische Art der Redekunst war im Gegensatz zu den Intentionen der Schulrhetoriker weniger auf eine universelle Nutzung der Topik für alle Bereiche des Lebens durch den umfassend gebildeten Redner ausgerichtet, sondern vielmehr unmittelbar den Bedürfnissen einer eng eingegrenzten, lebenspraktischen Erziehung vornehmlich adliger Jugendlicher angepaßt.[18] Institutionalisiert war das hier propagierte Bildungsprogramm in den Ritterakademien, aber auch Gelehrtenschulen konnten mehr und mehr der vornehmen Zöglinge für sich einnehmen.[19]

Der Weißenfelser Schulmann und seine Mitstreiter waren in den ersten Jahrzehnten des 18. Jahrhunderts dort präsent, vornehmlich im nord- und ostdeutschen Raum. Der zentrale Begriff der von ihnen praktizierten Pädagogik ist »po-

---

[17] GOTTSCHED, Grundriß, I. Abth., V. HSt., §. 11., S. 41 f.

[18] Vgl. hierzu z. B. die einführenden Bemerkungen bei RIEMER, Standes-Rhetorica, S. 1–17: *Antritt zum vollständigen Regenten=Redner.*

[19] Vgl. zu diesem Thema Norbert CONRADS: Ritterakademien der frühen Neuzeit. Bildung als Standesprivileg im 16. und 17. Jahrhundert. Göttingen 1982; BARNER, Barockrhetorik, S. 377–384; zur wachsenden Annäherung zwischen adliger und bürgerlicher Erziehung ebd., S. 384–386; Friedrich PAULSEN: Das deutsche Bildungswesen in seiner geschichtlichen Entwicklung. Darmstadt ³1966, hier S. 69–72.

litisch«.[20] Anregungen zu ihrer intentionalen Weltsicht bezogen die Weiseaner weniger aus der gelehrten Kritik, sondern aus höfisch-diplomatischen Verhaltenslehren, deren neuzeitliche Ursprünge bis in das 16. Jahrhundert zurückreichen. Dem vielfältigen Schrifttum der *Politici* oder *Aulici* war Niccolò Machiavellis (1469–1527) berühmtes Werk *Il Principe* (1513) vorangegangen. Seit der zweiten Hälfte des 16. Jahrhunderts war die neue Staatsidee der ›Politica‹, in deren Mittelpunkt die Diskussion um die Regeln der Klugheit *(prudentia)* stand, nach Deutschland vorgedrungen.[21] Neben der machiavellistischen Theorie war es namentlich der seit Justus Lipsius (1547–1606) wiederbelebte Stoizismus *(Politicorum sive civilis doctrinae libri sex*, 1589), der die *Prudentia civilis* oder *prudentia politica* im 17. Jahrhundert zum Lehrfach an den Universitäten wachsen ließ.[22]

Die Klugheitsregeln, auf die die Weiseaner Bezug nehmen, haben ihren Ursprung damit nicht unmittelbar in Lehren des Altertums, sondern eher in einer bestimmten Richtung der Renaissance-Rhetorik, als deren wohl wichtigste und bemerkenswerteste Quelle das *Buch vom Hofmann* (*Il Libro del Cortegiano*, 1528) des Baltasar Castiglione (1478–1529) zu nennen ist. Die lebenspraktische Bewältigung aktueller Situationen steht hier im Vordergrund der rhetorischen Unterweisung, und bisweilen wird bei Castiglione die zweckvolle »prudenzia« *(prudentia)* mit der Tugend und sogar mit dem »giudicio« *(iudicium)* selbst gleichgesetzt. Die universelle Konzeption Ciceros überträgt Castiglione auf das Ideal des Hofmannes, indem er dessen spezifisches rednerisches *ethos*, die »ars aulica«, herausarbeitet und *prudentia* nicht bloß als sachopportune Klugheit, sondern als pragmatische Urteilsfähigkeit auffaßt.[23]

---

[20] Zum Begriff vgl. neben GRIMM, Oratorie, auch BARNER, Barockrhetorik, S. 135–138; STÖTZER, Redekunst, S. 76 und S. 265: neben administrativen Aufgaben im weiteren Sinne meint »politisch« bei den Weiseanern und deren Zeitgenossen so viel wie »weltklug«, »gewandt«, »diplomatisch«.

[21] Diese Tradition ist deutlich noch erkennbar in der einleitenden Definition bei HALLBAUER, Anleitung, II. Cap. Von den Grundsätzen der politischen Beredsamkeit und Schreibart, § 1., S. 63: »DIe politische Beredsamkeit ist eine Klugheit, die Zuhörer durch geschickte, und nach den Umständen wohl eingerichtete Reden nach seinen Absichten zu lencken«.

[22] Vgl. dazu BARNER, Barockrhetorik, S. 135–142; SZYROCKI, Einleitung, S. 20 f. – Zur ›Politica‹ vgl. Horst DREITZEL: Protestantischer Aristotelismus und absoluter Staat. Die »Politica« des Henning Arnisaeus. Wiesbaden 1970; zur Verbindung von ›politischer‹ und *argutia*-Bewegung, namentlich bei Lipsius, vgl. HOFFMEISTER, Barockliteratur, S. 41.

[23] Vgl. dazu Loos, Castiglione, S. 104–106. Die Berufung Castigliones auf Cicero, insbesondere auf den *Orator* und *De Oratore*, zeigt Loos, ebd., S. 172 f. und 175 f. Vgl. außerdem BRAUNGART, Hofberedsamkeit, S. 16 f.; Klaus CONERMANN: Der Stil des Hofmanns. Zur

Die Auseinandersetzung mit den Weiseanern

Mit der Hofliteratur Castigliones, Baltasar Graciáns (*Agudeza y arte de ingenio*, 1642 bzw. 1648; *El Criticon*, 1651–57; *Oráculo manual y arte de prudencia*, 1647) oder Emanuele Tesauros (*Il Cannocchiale Aristotelico*, 1655) als Vorbilder und Quellen der Weiseaner ist ein weiterer Traditionsstrang für die Entwicklung der Erziehung zur *argutia*, zugleich aber auch für die aufklärerische Kritik an ihr benannt, die sich auch an einer andersartigen Auffassung darüber entzündet, wie die Klugheitsregeln, von denen bei den Alten die Rede ist, auf moderne Verhältnisse zu übertragen sein sollen.[24]

Seit dem späten 16. Jahrhundert hatte sich die Zahl der in ganz Europa verbreiteten politisch-prudentistischen Werke auch in Deutschland schnell vergrößert. Castigliones Traktat vom Hofmann lag in einer Übersetzung ebenso vor wie die unter anderem durch Aegidius Albertinus übertragenen Werke Antonio de Guevaras (1480–1545).[25] Graciáns *El Político Don Fernando el Catolico* (1640), das *als Lorentz Gratians Staats-Kluger Catholischer Ferdinand* 1672 durch Lohenstein übersetzt worden war, konnte Gottsched als Musterbeispiel der politischen »falschen Scharfsinnigkeit« dienen.[26] Genau diese Konzeption des ›Politischen‹ aber war es, die für Weise in den Mittelpunkt des Ausbildungsprogramms gestellt werden sollte, mit der Konsequenz, daß die Rhetorik als *disciplina instrumentalis* zum Zentrum der höfisch-politischen Denkweise avancierte.[27]

Genese sprachlicher und literarischer Formen aus der höfisch-politischen Verhaltenskunst. In: BUCK, Hofkultur, Bd. I, S. 45–56.

[24] Vgl. dazu Salvatore GIAMMUSSO: Sprache der Macht und Macht der Sprache. Rhetorik und Politik in Balthasar Graciáns »Oraculo Manual«. In: GRM 74 (1993), S. 302–314; Sebastian NEUMEISTER: Höfische Pragmatik. Zu Baltasar Graciáns Ideal des ›Discreto‹. In: BUCK, Hofkultur, Bd. II, S. 51–60. Zur Rezeption vgl. Knut FORSSMANN: Baltasar Gracián und die deutsche Literatur zwischen Barock und Aufklärung. Diss. Mainz 1976. Die ältere Arbeit von BORINSKI, Baltasar Gracian und die Hoflitteratur in Deutschland (1894), kann allenfalls als Beispiel für die Verständnislosigkeit des 19. Jahrhunderts gegenüber der Hofberedsamkeit angeführt werden. – Zu Weises Rezeption der *argutia* HWR, Bd. 1, Sp. 991–998, s. v. Argutia-Bewegung. insbes. Sp. 993.

[25] Ins Deutsche übertragen wurde Castigliones Werk zweimal, durch Lorenz Kratzer (1565/66) und durch Johann Engelbert Noyse (1593), Guevaras *Galateo*, ergänzt durch eine *Teutsche Rhetorica*, durch Nathan Chytraeus (1597). Vgl. dazu BONFATTI, Verhaltenslehrbücher, S. 74 und 77 f.

[26] GOTTSCHED, Ausführliche Redekunst, VIII. HSt., XVIII. §., S. 210: »Nun ist es aber bekannt, daß dieser Scribent, wo er recht schön schreiben will, z. E. wie in seinem *Criticon*, recht ungereimte Einfälle hat, darinn nicht die geringste Wahrheit zum Grunde liegt«.

[27] Bei Gracián, dessen *Handorakel* in Deutschland durch die französische Übersetzung aus dem Jahr 1684 bekannt wurde, findet sich die *agudeza* als kunstreich-scharfsinnige Denk-

Frühaufklärer und ›politische‹ Redekunst

Friedrich Andreas Hallbauer, der ebenso wie Gottsched eine Orientierung an den Weiseanischen Rhetoriklehrbüchern für die Zwecke einer *Verbesserten Oratorie* ablehnt, schlägt genau wie dieser seinen Zeitgenossen vor, sich wieder auf antike Redelehrer zu besinnen, die von Aristoteles und Cicero entwickelten Prinzipien und Regeln auf aktuelle Erfordernisse zu übertragen und sie so »nach unserem Zustande und künftigen Gebrauche« nutzbar zu machen. Vom politischen Redner verlangt er, damit dieser »bey allen im gemeinen Wesen vorkommenden Fällen geschickt zu reden im Stande sey«, mehr als die Beherrschung eingeübter Curialformeln. Namentlich Cicero, aus dessen vereinzelten und oft scheinbar widersprüchlichen Äußerungen »man klärlich abnehmen« könne, daß er »die gantze Beredsamkeit in der Klugheit setzt, zu reden, wie es nach Beschaffenheit der Sache/ dem Endzwecke der Rede, und allen Umständen nöthig ist«[28], wird als Autorität für seine Auffassung von der unbedingten Vereinbarkeit aktueller tagespolitischer Erfordernisse der *prudentia* mit den alten oratorischen Tugenden in Anspruch genommen.

Den ›Politicus‹ fordert er, entgegen der vorherrschenden Lehrmeinung, dazu auf, seine historischen Standort zu bedenken und sich dabei traditioneller rednerischer *virtutes* zu vergewissern. Dabei soll er aber auch, um eine »glaubhafte Vorstellung der Möglichkeiten« für das überzeugende Sprechen entwickeln zu können, die *meditationes* zu Hilfe nehmen. Die so geartete rhetorische *ars inveniendi* als Theorie *Von muthmaßlichen Errathungen*[29], als Möglichkeitswissenschaft im Wolffschen Sinne, enthüllt auch eine neue, vernünftige Fundamentaltopik für den politischen Redner: »Der Grund zu diesen Muthmassungen ist die Sache selbst, darüber die Meditation angestellet wird, die Erfahrung, welche lehret, was sonst in den Umständen zu geschehen pfleget, die Natur und Beschaffenheit menschlicher Leidenschaften, das Temperament und die Gewohnheiten der Personen, von welchen geredet wird, etc.«[30]

Die Verbindung der rationalen Meditation mit der selbstauferlegten Einordnung in die rhetorische Tradition seit der Antike – die immer auch korrekte Adaption antiker Vorstellungen ist – macht auch für Hallbauer, für ihn vielleicht noch mehr als für Gottsched, das Wesentliche der »wahren« Beredsamkeit aus, zu der zu bekennen sich auch und gerade der politische Redner seiner Zeit überwinden soll.

---

weise des kombinierenden Verstandes, der auch dunkelste Zusammenhänge zwischen verschiedenartigen Gegenständen treffend benennt. Die Kunst der *agudeza* ist inspiriert durch Raimundus Lullus. Vgl. HOFFMEISTER, Barockliteratur, S. 20 f. und S. 78.

[28] HALLBAUER, Anleitung, II. Cap., § 1., S. 63, und ebd., I. Cap., S. 40.
[29] Ebd., II. Cap., § 16., S. 97–99.
[30] Ebd., Anm. 1, S. 97.

Die Auseinandersetzung mit den Weiseanern

2. 2. Die Lehre von den Redegattungen

Für die Weiseaner steht auch bei der Findung der Beweismittel in der Rede immer der praktische Nutzen und die unmittelbare Anwendbarkeit eines Themas im Vordergrund. Es geht demnach nicht, wie in der ›Schuloratorie‹, die ihren didaktischen Zielen gemäß zunächst reine Schulübung ist, um das Erlernen von Arbeitstechniken für alle möglichen Themengebiete, sondern in erster Linie um das pragmatische Hinlenken des Sprechenden auf die Bewältigung konkreter Situationen, vornehmlich in politisch-diplomatischen Beziehungen bei Hofe.[31] Konsequent werden die auf diese Zwecke konzentrierten »Realien« als entscheidender inhaltlicher Bestandteil der Bildung an den Ritterakademien und Gymnasien gelehrt; im Gegenzug verliert das alte protestantisch-humanistische Bildungsideal angesichts der zunehmend auf bestimmte gesellschaftlich nutzbare Inhalte ausgerichteten Pädagogik an Bedeutung.[32] Ein Kondensat aus Kenntnissen in Geographie, Naturwissenschaften, Mathematik und neueren Sprachen, scharfsinnig und prägnant artikuliert, sichert die persönliche Anerkennung.

Von ausschlaggebender Bedeutung ist weniger das »Was« als das »Wie« der Überzeugung, für das ausgefeilte Persuasionsstrategien entwickelt und im Unterricht vermittelt werden. Dementsprechend bilden sich Weises Kompendien im Lauf seiner Lehrtätigkeit immer mehr zu reinen Realiensammlungen heraus, in denen die Regeln immer weiter in den Hintergrund treten. Die Schüler sollen, im Gegensatz zum langwierigen Suchen in vorgegebenen, von anderen erarbeiteten Zusammenstellungen für jeden denkbaren Zweck, eigene Exzerpthefte mit dem wohldefiniertem Ziel anlegen, Realien für die Erfordernisse des bündigen, zielgerichteten Sprechens bei Hof verfügbar zu halten.[33] Christian Schröter macht in

---

[31] In der schulischen Ausbildung wurde deswegen besonderer Wert auf das praktische Einüben realistischer Situationen gelegt, wofür vor allem das Theaterspielen als geeignet erachtet wurde. Auf fast 150 Seiten führt WEISE, Politischer Redner, II., 9. Cap., S. 292–434, dementsprechend schwerpunktmäßig die die »Ubung« mit der »Complimentir=Comödie« vor. Vgl. dazu die Hinweise oben, Kap. IV, 1. 1., S. 129, Anm. 8, sowie UEDING/STEINBRINK, Grundriß, S. 89.

[32] Vgl. dazu auch Herwig BLANKERTZ: Die utilitaristische Berufsbildungstheorie der Aufklärungspädagogik. in: HERRMANN, »Jahrhundert«, S. 247–270, hier S. 249 f.

[33] Am methodischen Weg der Wissensvermittlung und -erlangung änderte sich durch die Neudefinition der Weiseaner zunächst wenig. Nach wie vor bildeten die *loci communes* die Leitbegriffe, die nun auf anderem Weg auf andere Ziele zugeschnitten wurden. Schon zur Zeit Melanchthons und Sturms waren Schüler zum Anlegen von »Lesefrüchten«, Auszügen aus literarischen Werken, oder zusammengetragenen eigenen Beobachtungen angeregt worden – dies galt, den pädagogischen Leitlinien entsprechend, in erster Linie der *imitatio*

seiner *Gründlichen Anweisung zur deutschen Oratorie* auf annähernd siebzig Seiten deutlich, welche Aufgabe den Complimenten dabei zukommt. Das Compliment, das sprachliche Werben um die Gunst höhergestellter Personen unter Beachtung der zeremoniellen Form und des sozialen Ranges, hat lediglich propädeutische Funktion: »COmplimenten sind solche Reden/ die man in Conversation entweder gegen seines gleichen/ oder Höhere gebrauchet; womit der Mangel würcklicher Auffwartung gleichsam ersetzt wird. Sonderlich stehet diß einem *Politico* wohl an/ wenn er in Gesellschaft entweder frembder Personen/ oder vornehmen Frauenzimmers sich befindet/ und sich als geschickten Mann auffführen [sic!] will.«[34]

Während die bürgerlichen Reden den herkömmlichen Gelegenheitsreden entsprechen, kommt den noch weit genauer als sie untergliederten Hofreden (zwischen Herren und Dienern und Gesandtschaftsreden) eine andere, eigentümliche Bedeutung zu, die mit ganz speziellen, veränderten Erwartungen an den Sprechenden zu tun hat, und dies zeigt sich auch in der Bewertung der unterschiedlichen Redearten: Nach der antiken Unterscheidung der drei *genera causarum* – die freilich in ihrer alten Form für die eigenen Bedürfnisse obsolet geworden ist – sprechen Weise und seine Nachfolger dem zeitgemäß umgestalteten *genus deliberativum*, der beratenden Rede, bisweilen einen größeren aktuellen Nutzen zu als dem *genus demonstrativum*, der Lob- oder Tadelrede. Daneben übt Weise Kritik an der herkömmlichen vollständigen Oration, wie sie seiner Meinung nach übertrieben in der ›Schuloratorie‹ vermittelt wurde – abgesehen von wenigen Ausnahmen, ist sie im Staatsdienst kaum nützlich, allenfalls in Schulen, Universitäten oder auf der Kanzel.[35] Dennoch bleibt als Grundlage auch hier das aus dem Humanismus überlieferte Ideal der *eloquentia* (bzw. der stilistischen *elegantia*) als Anknüpfungspunkt bestehen. Es wird lediglich in einen neuen Be-

---

der antiken Vorbilder in Grammatik und Stilistik. Vgl. hierzu BARNER, Barockrhetorik, S. 286. SCHINDLING, Hochschule, S. 210–235; siehe auch oben, Kap. IV, 1.

[34] SCHRÖTER, Anweisung, Cap. V: Von Complimenten, S. 183–249, hier S. 183. Vgl. auch WEIDLING, Hofmeister, Cap. VI: Von Complimenten, S. 1542–1576: 43 unterschiedliche Arten je nach sozialem Rangverhältnis werden vorgeführt. Die gesellschaftliche Funktion des Compliments veranschaulicht am Beispiel der »Anwerbungs=Complimente« Manfred BEETZ: Soziale Kontaktaufnahme. Ein Kapitel aus der Rhetorik des Alltags in der frühen Neuzeit. In: Rhetorik 10 (1991), S. 30–44; vgl. daneben BARNER, Barockrhetorik, S. 166, 172–175; BRAUNGART, Hofberedsamkeit, S. 224–226; zu Riemers Adaption dieses Schemas FISCHER, Rede, S. 33.

[35] Vgl. dazu auch HORN, Weise, S. 110; STÖTZER, Redekunst, S. 77. Beispielhaft analysiert findet sich eine Trauerrede Weises bei Joachim KNAPE: »Was im Oratorischen Wesen angenehmlich«. Eine Kasualrede und Rede-Grundsätze Christian Weises aus dem Jahre 1691. In: BEHNKE/ROLOFF, Weise, S. 65–78.

Die Auseinandersetzung mit den Weiseanern

zugsrahmen gestellt: Der künftige Staatsdiener muß die *prudentia sermonis secreti* beherrschen, die Kunst des privaten Gesprächs, der vertraulichen Kabinettsberatung.[36]

Dies hat konkrete Auswirkungen auf die Initialphase beim Ausarbeiten einer Rede. Der Weißenfelser Schulmann lehnt aus pragmatischen Gründen das Lehr- und Lerngebäude der Topik als Erfindungstechnik in seiner überkommenen Form für die eigene Zielsetzung ab. Das topische Denken hatte zu immer komplizierteren Anweisungen und umfassenderen Sammlungen geführt, die er für die Zwecke des Hofmannes ebenso verschmäht wie den hinter ihnen stehenden enzyklopädischen Bildungsgedanken, wenn er dem redepraktischen Anliegen hinderlich wird.[37] Als Ersatz dafür stellt er eine eigene Topik entgegen, verkörpert in einem neudefinierten Realienbegriff; seine Lehrbücher haben daher weitgehend den Charakter von über bloße Anweisungsrhetoriken hinausgehenden Sammlungen von Realien.[38] Insofern emanzipieren sie sich von der seiner Meinung nach in Traditionalismen erstarrten ›Schuloratorie‹, die sich den Vorwurf einer allzu unflexiblen Adaption klassischer Lehren gefallen lassen muß.

Daß die zeitbedingten Erfordernisse und die immer differenzierter sich darbietenden gesellschaftlichen Verpflichtungen des Redners zu Modifikationen der antiken Gattungslehre führen müssen, ist nicht allein den ›politischen‹, sondern auch den aufklärerischen Redelehrern klar.[39] Die alte Gattungstrias stellt ein zu grobes Raster dar für den elaborierten Verhaltenskodex von Protokoll und Etikette, und aus diesem Grund zählt auch Gottsched im *Besonderen Theil* seiner *Ausführlichen Redekunst* neben den *Trauerreden* oder *Parentationen*, den *Schul-* und den *Universitätsreden*, den *Verlobungs-*, *Trauungs-* und *Strohkranzreden* auch die *Hof- und Staatsreden* als eigene Arten auf, die im täglichen Leben sei-

---

[36] Weise veranschaulicht dies in vielen praktischen Beispielen, wie etwa in den *Neuen Proben von der vertrauten Redens=Kunst (...) nebst einer Vorrede von der sogenannten prudentia sermonis secreti* (1700). Vgl. dazu Konradin ZELLER: Der Hof im Drama Christian Weises. Zu Form und Funktion des Favoritendramen. In: BUCK, Hofkultur, Bd. III, S. 543–549, hier S. 547; BARNER, Barockrhetorik, S. 172; HORN, Weise, S. 96. Das der Antike überlieferte Bild des eloquenten Redners, das wohl noch bei Weise als Bewertungsmaßstab dient, dokumentiert die ciceronianische Traditionslinie seiner Lehre. Vgl. auch zu konkurrierenden lipsianischen Vorstellungen der *politica* HOFFMEISTER, Barockliteratur, S. 41.

[37] WEISE, Politischer Redner, I, Cap. 6, Von den *Locis Topicis*, S. 113–132.

[38] Vgl. dazu auch KÖLMEL, Riemer, S. 71 f., über das ähnliche Erscheinungsbild bei Riemer.

[39] »Vermuthlich wird jemand denken, man thäte besser, die heutigen Arten der Reden in gewisse Classen abzutheilen, die uns alsdann eigen wären. Und freylich wäre solches leicht. Wer sieht nicht, daß wir viele Reden haben, davon die Alten nichts gewußt (...)« GOTTSCHED, Akademische Redekunst, III. HSt., 5. §., S. 63.

ner Zeit eigene Relevanz beanspruchen.[40] In den meisten Fällen allerdings dienen diese nicht mehr dem traditionellen Redeziel der *persuasio* und können deshalb auch nicht am Maßstab der herkömmlichen ›Schuloratorie‹ gemessen werden: »Wir haben ferner, sowohl bey Höfen, als im bürgerlichen Leben, verschiedene kürzere Ceremonienreden, von hunderterley Arten; die aber alle darin übereinkommen, daß sie fast mehr dem Prunke, wie ausführlichere Complimenten, als der Ueberredung halber, gehalten werden. Die Lobreden aber bleiben bey uns eben so wohl, als bey den Alten, im Schwange; und also könnte man die heutigen Reden in Lob=, Lehr= und Prunkreden eintheilen.«[41]

Ihres persuasiven Nachdrucks entbunden, wird die oratorische *inventio* in ihrer klassischen Form bei Hof ebenso überflüssig wie die herkömmlichen Regeln des *aptum externum*, und mit ihnen auch die überlieferten Mittel und Techniken. Unterschiedlich sind die Beanstandungen der Frühaufklärer am System der Schulrhetorik gegenüber den Weiseanern dennoch: Während diese versuchen, dem hergebrachten Lehrgebäude – ohne an dessen Prinzipien zu zweifeln – ein inhaltlich neu gewichtetes Schema hinzuzufügen, ist die Kritik der Aufklärer genereller Natur und kommt zu einer in bestimmter Hinsicht tatsächlich fundamental ablehnenden Haltung gegenüber vorgefundenen Entwicklungen der Beredsamkeit. Diese Ablehnung gilt aber auch und gerade den Weiseanern, weil diese in den Augen Gottscheds, Fabricius' und Hallbauers mit ihrer Realienpädagogik keine echte Alternative zu dem von ihnen selbst als nicht länger zureichend erkannten Weg formuliert haben. Anstelle einer wie auch immer organisierten Topik fordern die Aufklärer denn auch vom *Politicus* die »critisch-vernünftige« Erfindung: »Die Quellen, woraus zu politischen Reden und Schriften nöthige Sachen geschöpfet werden müssen, sind weder die *loci topici*, noch *collectanea* oder dergleichen, sondern ein fähiger Kopf, gründliche Wissenschaft und zulängliche Erfahrung.«[42]

2. 3. Die Observation des Kollektaneenwesens

In Weiterführung der humanistischen Organisation der Schule und des Studiums mit der Rhetorik als Dreh- und Angelpunkt von Zugang und Vermittlung

---

[40] Auf über 20 Seiten führt noch HALLBAUER, Anleitung, Cap. II., §. 42, S. 166–187, die »gewöhnlichen Curialien und Formeln« vor, und auf über 70 Seiten, §. 43, S. 187–259, die »gewöhnlichen Titulaturen«.
[41] GOTTSCHED, Akademische Redekunst, III. HSt., 5. §., S. 63.
[42] HALLBAUER, Anleitung, Cap. II., §. 29, S. 129–131, hier S. 129; deutlich auch ebd., Anm. 1, S. 130: »Selbst Collectanea zu machen, ist eine Mühe, die sich nicht verlohnet«.

Die Auseinandersetzung mit den Weiseanern

verschiedenartigster Sujets dient das topische Denken spätestens seit der Vorherrschaft der Weiseaner mit ihren veränderten Schwerpunkten nun auch und in erster Linie dem gesellschaftlichen Umgang. Das Denkschema ›loci communes‹ bleibt als regulatives Prinzip der stofflich-thematischen Realitätsbewältigung auch in der Anleitung zur Anlage von Sammlungen wie Florilegien oder Miszellaneen erhalten. Von den Aufklärern in der Regel unter dem Begriff ›Kollektaneen‹ zusammengefaßt, sind diese Werke für die Zeitgenossen unentbehrliche Begleiter der Redepraxis, und auch die Redelehrer im rationalistischen Einflußbereich können sich ihrer geballten Wirkungsmacht nicht entziehen. Dennoch sind gerade die Beobachtung der in ihnen vermittelten Vorgehensweisen der Ansatzpunkt für eine grundlegende rhetorische Methodenkritik. Die ›politische‹ Beredsamkeit wird selbstverständlich auch von den Protagonisten der aufklärerischen Redekunst abgehandelt, und zwar gerade auch bezüglich der Lehre von der Erfindung. Schon im *Grundriß* kann Gottsched, der sich wie Hallbauer das eigenständige inventionale *procedere* ausbedingt, trotz der spezifizierten Zwecksetzung unter ›politisch‹-kommunikativem Aspekt, keinen qualitativen Unterschied zwischen den von den Schulrhetorikern und den von den Weiseanern propagierten Sammlungen konstatieren:

»Die Erfindung dieser Sätze kömmt theils auf die Belesenheit, theils auf einen witzigen Kopf an. Wem es an jenem mangelt, dem zu Gefallen hat man grosse Oratorische Schatz= Kammern voller Sinnbilder, Müntzen, Uberschrifften, Wahlsprüche, Buchstaben=Wechsel und Sprüchwörter, samt andern solchen *Promptuariis, Repertoriis, Vademecums, Florilegiis, Thesauris* und Bibliothecken, voll schöner Raritäten zusammen gestoppelt, und sie vorzeiten als rechte Nothhelfer und Tröster in allen Rhetorischen Nöthen gar fleißig angepriesen. Andere haben Anleitung gegeben, wie sich angehende Redner selbst durch unermüdete Arbeit allerhand Rhetorische Blümchen sammeln sollten (...)«[43]

Gottsched zielt in das Herzstück der ›politischen‹ Redekünste – das von ihm dergestalt mißbilligte Vorgehen des Hofredners und dessen mittels der *loci-communes*-Sammlung bewerkstelligtes Begreifen und Vermitteln von Realität ist überall in den Lehrbüchern als sachgerechte Strategie der Umsetzung oratorischer Aufgaben beschrieben. Dieses Rhetorikverständnis spiegelt sich beispielsweise in den ausführlichen Erläuterungen Gottfried Langes über die rhetorische

---

[43] GOTTSCHED, Grundriß, I. Abth., II. HSt., §. 8., S. 19. Die Wertlosigkeit der Kollektaneen als Fundstätten der Beweise betonen FABRICIUS, Redekunst, § 47, S. 29; HALLBAUER, Anweisung, S. 286–295, insbes. S. 291–294; Vgl. dazu auch GRIMM, Oratorie, S. 68–75. Zu den die topischen Sammlungen beschreibenden, ihre einander überlagernden und ergänzenden Aufgaben, sowie zu den differenzierenden Termini ›Kollektaneen‹, ›Florilegien‹ usw. vgl. BRÜCKNER, Loci, S. 5; KÜHLMANN, Gelehrtenrepublik, S. 291 f., sowie STÖTZER, Redekunst, S. 77.

Amplifikation wider, die er im sechsten Kapitel seiner *Einleitung zur Oratorie* gibt. Lange unterscheidet zwischen verschiedenen Arten von Amplifikationen: Denjenigen »à contrario« (durch das Gegenteil) oder denen »à simili« (durch das Ähnliche), die »durch fleißiges Nachdenken« vom Redner selbst »erfunden« werden, sind die Amplifikationen »ab exemplo« (durch das Beispiel) oder »à testimonio« (durch das Zeugnis) entgegengesetzt, deren Quelle in den *»Collectaneis«* und *»Miscellaneis«* zu suchen ist.[44]

Einerseits soll der Redner also zur eigenständigen thematischen Durchführung einer wie auch immer gearteten Aufgabenstellung in der Lage sein, wozu er die Vorgehensweise durch die herkömmliche Anleitung in der ›Schuloratorie‹ erlernt hat; die gemeinhin im dialektischen Unterricht vermittelten Regeln der Logik bilden dafür seit Melanchthon und Sturm die Grundlage. Um das Thema aber in der gewünschten Prägnanz, aber auch der angemessenen Ausführlichkeit – die nicht mit Weitschweifigkeit verwechselt werden darf – durchführen zu können, reichen diese Regeln nicht aus. Künstliche, aus den vom Adepten selbst anzulegenden Quellensammlungen entnommene Beweise müssen für eine sachadäquate Amplifikation zu Rate gezogen werden. Sie bilden sozusagen das ›zweite Gedächtnis‹ des Redners, das erst das Persuasionspotential auf das auch im politischen Verkehr erforderliche Mindestmaß anhebt. Der volle Titel von Christoph Lehmanns *Florilegium Politicum* (1639) fördert schon ein halbes Jahrhundert vor Lange deutlich zutage, worauf es dem Redner bei Hof ankommen sollte: *Florilegium Politicum*: Politischer Blumen Garten/ Darinn Außerlesene Sentenz/ Lehren/ Regulen und Sprüchwörter Auß *Theologis, Juriconsultis, Politicis, Historicis, Philosophis, Poëten,* vnd eigener erfahrung vnter 286. Tituln/ zu sonderm nutzen vnd Lust Hohen vnd Niedern im Reden/ Rahten vnd Schreiben/ das gut zubrauchen vnd das böß zu meiden. In locos communes zusammen getragen Durch C. L.[45]

Alle möglichen Fachgebiete dienen hier als Fundgruben für die Redepraxis – jede in Schule und Universität gelehrte Wissenschaft eignet sich dazu. Sogar die Theologie darf für profane diplomatische Zwecke in Anspruch genommen werden. Lehmann artikuliert indessen keine ausgesprochene Neuigkeit, denn die Bibel als Quelle und Fundstätte der *loci communes* stand zur Demonstration von Wissen neben vielen anderen gleichberechtigten Quellen auch schon früher zur Verfügung. Poetische Florilegien wie Michael Bergmanns *Deutsches Aerarium*

---

[44] LANGE, Einleitung, Das sechste Capitel. Von den *Amplificationibus* ab EXEMPLO und TESTIMONIO, S. 92–99, hier S. 92.

[45] Als Faksimiledruck der Auflage von 1639 neu hrsg. 1986. Daß dieses Werk Gottsched bekannt war und daß er sich mit seiner Toposkritik auch darauf bezog, ist wahrscheinlich. Ein Exemplar ist in den Beständen der BST, S. 371, nachgewiesen.

Die Auseinandersetzung mit den Weiseanern

Poeticum Oder Poetische Schatzkammer (1662) verzeichnen traditionelle theologische Themen als Stichwort.[46] Aber die quantitative Ausweitung der Fundgruben auf alle möglichen Wissensgebiete enthebt, abgesehen von der Frage der dadurch nicht weniger kompliziert gewordenen Wissensorganisation, den Redner nicht seines eigentlichen Dilemmas, ob nämlich mit ihr eine substantielle Klärung von Sachverhalten wirklich geleistet werden kann.

Die Antwort der Frühaufklärer auf all diese Fragen ist klar, ihre Kritik an der von den *Politici* vorgeschlagenen Vorgehensweise frostig. Wieder ist es Hallbauer, der die Kritik an der »falschen« politischen Beredsamkeit durch die Nutzung der Kollektaneenwerke auf den Punkt bringt: »In den Schatzkammern, Trauersälen, Schauplätzen, Schaubühnen, Bilderhäusern, Confecttafeln und andern Sammlungen von Exempeln werden viel wunderbare Geschichte erzehlet, welche Einfalt und Aberglaube ausgehecket hat: die ein politischer Redner um so viel mehr vermeidet, ie gewisser er sich in Betrachtung bey vernünftigen Zuhörern setzen würde, wenn er solche als Wahrheiten anführen wollte.«[47]

Augenscheinlich ist genau dieses Nichtbeachten des ›wirklichen‹ Publikumshorizonts, des *aptum externum*, mangels inventionaler Vorüberlegung in Verbindung mit dem Beliebigwerden von Wissenschaft einer der zentralen Punkte, den die Frühaufklärer an der Realienpädagogik ihrer Vorgänger bemängeln. Eine Deklaration von »wunderbare[n] Geschichte[n]« als »Wahrheiten« ist in Hallbauers Augen nicht statthaft. Sein Verweis auf die Verkündung von »Wahrheiten« als Redeziel indessen setzt die zeitgenössische Redekunst – einerlei, welchen enger oder weiter definierten Zwecken sie gehorcht – in Beziehung zum traditionellen Diskurs über das rhetorische *ethos*. Für Hallbauer sind die geschichtlichen Unterschiede klar erkennbar: Waren die Gemeinplätze und der Weg zu ihnen in der Antike und bei den Humanisten stets an ethische Verhaltensmaßregeln geknüpft, so bestimmen bei den Weiseanern intentionale Ansichten die Argumentation. Die zielgerichtete rhetorische Ausbildung zur Förderung von Aufstieg und Fortkommen in höfischen und städtischen Ämtern durch das

---

[46] Vgl. dazu die Nachweise bei KRUMMACHER, »De quatuor novissimis«, S. 516 und 518 – dort auch Hinweise auf Bilderfindungen illustrierter Flugblätter sowie Motive in Graphik, Malerei und Plastik. Vgl. auch HWR, Bd. 1, Sp. 199–202, s. v. Aeraria Poetica. – Umgekehrt und in Anknüpfung an die Tradition der Bibelrhetorik nennt Daniel Richter in der Vorrede seines *Thesaurus oratorius novus* die Bibel als Musterbeispiel der Beredsamkeit: »(...) daß man aus keinem andern Buch solche [= die Beredsamkeit] gründlicher und stattlicher/ als daraus [= aus der Bibel]/ erlernen und begreiffen kan.« RICHTER, Thesaurus, Vorrede, Bl. Aiij^r; zur patristischen Tradition der Bibelrhetorik seit Augustinus siehe oben, Kap. II, 1, 1.

[47] HALLBAUER, Anleitung, Cap. II., §. 25, Anm. 2, S. 120.

Mittel der Komplimentierkunst darf eben nicht von eigenständigem Vorgehen und primärer Selbstreflexion absehen, und auch sie muß notwendigerweise auf äußerliche Hilfsmittel verzichten: »Es ist nicht die Meinung, daß man die Bücher ausschreiben solle. Ein Redner muß den Vortrag nicht erborgen, sondern selbst machen.«[48]

2. 4. Die besondere Funktion des Redeeingangs

Die selbstverständliche Überzeugung, daß zur Durchsetzung rednerischer Ziele auch möglicherweise verdächtige Mittel der Publikumsbeeinflussung angebracht seien, zeigt sich bei den ›politischen‹ Rhetorikern in der vom allgemeinen Usus der ›Schuloratorie‹ abweichenden Auslegung der *insinuatio* als eines eigenständigen Redeteils.[49] Neben der Proposition (πρόθεσις, Vortrag des Themas) gilt die *insinuatio* (Einschmeichelung) in der höfischen Kurzrede als der über Erfolg oder Versagen des Redners entscheidende Faktor.[50] Die Theoretiker der Hofberedsamkeit kennzeichnen die Einschmeichelung als Teil der sprachlichen Umwerbung höherrangiger Personen unter Rücksichtnahme auf alle sie auszeichnenden und umgebenden Konstellationen, als Teil des Compliments also. Demgegenüber bezeichnete sie in der antiken Rhetorik eine spezielle Machart der Einleitung bei den *genera causarum* in der Gerichtsrede, galt jedoch nicht als eigener Redeteil.[51]

---

[48] Ebenda, §. 4, Anm. 2, S. 69 f. PEUCER, Anfangs=Gründe, Einleitung, §. 26, S. 38 f., lobt zwar Weises Verdienste als Schulmann, nennt aber als dessen bemerkenswerteste Untugend, »daß er die Jugend, durch die angepriesene Einsammlung der Realien in die Excerpten und Miscellaneen=Bücher, bey nahe von dem Meditiren abhielt«.

[49] SCHRÖTER, Anweisung, Cap. V, S. 185: Vortrag/*propositio* und *insinuatio* sind Bestandteile des Compliments; die letztere »giebt dem Compliment/ so zu sagen/ das rechte Geschicke/ den Geist und volle Anmuth«, ebd., S. 193. Vgl. auch WEISE, Politischer Redner, II, 2, S. 169, sowie ebd., 4. Cap. Von der *Insinuation*, S. 182–205. Vgl. dazu BRAUNGART, Hofberedsamkeit, S. 227; SINEMUS, Poetik, S. 184 und 374 f.

[50] WEISE, Politischer Redner, II, 4. Cap., I., S. 182 f.: »Doch das rechte Leben und die volle Annehmlichkeit in Complimenten besteht in der *Insinuation*, das ist/ in den artigen Schmeicheley[en]/ darmit man die Sache *recommandirt* [sic !] und der andern Person ihre Gewogenheit gewonnen wird«.

[51] Im Anschluß an antike Theorien und wie die humanistische Rhetorik von Anfang an führt Vossius in den *Rhetorices contractae* die *insinuatio* als auf die Weckung des Wohlwollens (*benevolentia*) zu Beginn der Rede (*exordium*) begrenztes Mittel auf, das aber ein tugendhafter Redner keineswegs nötig hat. Vgl. dazu auch die bei FUHRMANN, Rhetorik, S. 86, an-

Die Auseinandersetzung mit den Weiseanern

Ein besonders eindrucksvolles Beispiel für die Hochschätzung der Schmeichelei als initiales und den Redezweck von Anfang an vorantreibendes Element der höfischen Rede liefert Johannes Riemer in der *1. Abtheilung Ursprung und Regulen der Complimente* seines *Schatz=Meisters*. Nach einer knappen, dreiseitigen Einführung »von Complimenten ins gemein« stellt er auf fast 70 Seiten im *II.Capitul/ von Der Insinuation* dar, wie er sich den gesellschaftlichen Umgang im politisch-diplomatischen Leben seiner Zeit vorstellt.[52] In äußerster Genauigkeit werden alle möglichen Situationen, alle nur denkbaren Standesverhältnisse und wechselnden Konstellationen besprochen und mit auf die alltägliche Praxis bezogenen Beispielen vorgeführt. Die Schlüsselrolle der *insinuatio* ist im späten Barockjahrhundert wohl nirgends so deutlich dokumentiert worden. Bei Riemer wird lebensnah veranschaulicht, wie im komplizierten Wechselspiel der ›Complimentirreden‹, etwa bei Audienzen, der Rekurs auf das soziale Gefüge im Insinuationsteil der Rede Ausdruck festgefügter zeremonieller Gepflogenheiten ist. Die genaue Beachtung und richtige Beherrschung all dieser Faktoren ist entscheidend für Gelingen oder Fehlschlagen der politischen Mission.[53]

Nicht nur die in Riemers populärer Redelehre dargestellte mündliche Konversationsebene ist für die Auffassung der Weiseaner aufschlußreich, das Feld der ›politischen Oratorie‹ umfaßt auch schriftliche Mitteilungen. Bohse-Talander[54] erläutert entsprechend die Einschmeichelung in Briefen: »Diese *Insinuationes* seynd nichts anders/ als geschickte und schmeichelnde Beywörter/ *Adverbia* oder *Adjectiva*: auch *Substantiva* und *Verba*: oder es seynd auch wohl ganße [sic!] *Phrases*, welche liebkosend/ und die sowol vor dem Vortrage bey angehendem Briefe/ als bey dessen Schließung; und mitten in dem Contextu angebracht worden.«[55]

---

gegebenen Beispiele in der Rhetorik an Herennius und bei Quintilian. Zu den *Rhetorices Contractae* siehe oben, Kap. I., 2. 3., sowie BRAUNGART, Hofberedsamkeit, S. 227.

[52] RIEMER, Schatz=Meister, S. 14–17 (Einleitung), S. 17–86 (Über Insinuationen); darauf folgt als drittes und letztes Kapitel »Von der *Proposition* in Complimenten«, S. 86–92.

[53] Vgl. die weiteren Hinweise und Beispiele bei BRAUNGART, Hofberedsamkeit, S. 75 f., 142, 144, 147 f.

[54] Siehe über ihn oben, Kap. II, 1. 2., S. 64, und III, 4. 1., S. 106. – Nach dem Studium der Rechtswissenschaft in Leipzig und Halle und vorübergehender Lehrtätigkeit in Hamburg (1685–1688) amtierte Bohse, wie fast alle Weiseaner auch als Schriftsteller von großer Produktivität, ab 1691 als Sekretär am Weißenfelser Hof. Zur Biographie vgl. Thomas BÜRGER: »August Bohse Pseudonym: Talander 1661–1742.« In: Deutsche Schriftsteller im Porträt. Das Zeitalter des Barock. Hrsg. von Martin Bircher. München 1979, S. 42–43.

[55] August BOHSE, genannt Talander: Gründliche Einleitung zu Teutschen Briefen (1706). Kronberg Ts. 1974. (ND der Ausgabe Jena MDCCVI), Das eilffte Capitel. Von Denen *Insinuationibus* in teutschen Briefen, S. 218–227, hier S. 218. Ähnlich WEISE, Politischer Red-

Die scheinbar bis zur Beliebigkeit ausgebreiteten Angaben relativieren in den Augen eines auf exakte Bestimmbarkeit achtenden Betrachters jegliche Eignung zur genaueren Funktionsbeschreibung der politischen Schmeichelkunst. Indem Bohse-Talander seinen Katalog der Gebrauchsmöglichkeiten offensichtlich ohne Plan zusammenträgt, gibt er seinen Gegnern Anlaß genug, stichhaltige Begründungszusammenhänge für den in der täglichen Praxis so wichtigen Redeteil der *insinuatio* zu fordern. Die pragmatische Definition von Überzeugung im Sinne der »Überredung« in Rhetoriken des späten 17. und frühen 18. Jahrhunderts, bei der eine sachgemäße Annäherung an den Redegegenstand offensichtlich als weniger wichtig erachtet wurde als die zielgerichtete *persuasio*[56], lehnen die Aufklärer – wohl wissend um die Rolle der Affekte – entschieden ab: Erst nachdem die rationalen Überzeugungsmittel ausgeschöpft sind, sollen die Mittel der Affekterregung eingesetzt werden.[57]

Für diesen Befund des Einflusses von eigenen lebensweltlichen Erfahrungen auf das systematische Denken als solches spricht denn über die Kritik an den Insinuationen der ›politischen‹ Zeitgenossen hinaus auch die ausgesprochene Relativierung der in den Abschnitten über den Redeeingang (προοίμιον, *exordium*) von Gottsched vorgetragenen ciceronisch-quintilianischen Lehre. Kriterien für eine erfolgreiche Überzeugungsarbeit »nach dem heutigen Gebrauche« bei der exordialen Hinführung auf das Redethema können nicht mehr unbedacht aus antiken Redelehren übernommen werden, sondern müssen, so ausschlaggebend die-

---

ner, II, 4. Cap., III., S. 183: »Solches [d. i. die Insinuatio] geschieht erstlich durch artige Wörtgen/ welche in der *Proposition* mit eingemischet werden: Darnach geschieht es durch gantze *Periodos*, welche an dem Vortrage als eine nothwendige Amplification gefüget werden.« Vgl. auch die an der zeitgenössischen Praxis orientierte Übersetzung der klassischen Terminologie bei GOTTSCHED, Ausführliche Redekunst, 4. HSt., IV. und V. §., S. 144 f.: *attentum parare* »Verheißungen«, *benevolum parare* »Einschmäuchelung«.

[56] Vgl. BOHSE-TALANDER, Rede=Kunst, S. 4: »*Die Redekunst ist ein Vermögen dem Zuhörer alle Dinge ein= und auszureden*«.

[57] GOTTSCHED, Grundriß, I. Abth., II. HSt., §. 15 Von Bewegungs=Gründen, S. 23 f. Vgl. ähnlich ebd., §. 16., S. 24; IV. HSt., §. 12., S. 34; FABRICIUS, Redekunst, § 42, S. 18 f.; PEUCER, Anfangs=Gründe, Einleitung, §. 16: Nothwendigkeit der Beredtsamkeit, S. 18; HALLBAUER, Anleitung, Cap. II., §. 3, S. 66–69. – Damit findet bei Gottsched (und nicht nur bei ihm!), wie SCHWIND, Schwulst-Stil, S. 256, richtig herausstellt, eine Unterordnung der »passionellen Erregung« des Publikums unter den in der Rede gelieferten Beweis statt; allerdings ist Schwinds Folgerung, dem Aufklärer gehe es damit *nicht mehr* um die Leidenschaftserregung als Überzeugungsmittel (»persuasion passionelle«), sondern »lediglich um eine affektive Verstärkung dessen, was im logisch-demonstrativen Hauptteil der Rede bereits wesentlich geleistet werden soll«, in dieser pointierten Wendung zumindest mißverständlich. Siehe dazu auch oben, Kap. III, 4. 1.

se auch für die globale systematische Perspektive sind, den Anforderungen der realen Gegebenheiten Genüge leisten.[58]

Auf die allem anderen übergeordnete Findung des »Hauptsatzes« der Rede folgt in Gottscheds Konzeption, ganz in herkömmlicher dispositioneller Manier, die Erfindung des Redeeingangs. Alleiniges Ziel des *exordium* ist nach Gottsched die Vorbereitung des Publikums auf die Lehre des »Hauptsatzes«. Die drei Grundlagen für einen erfolgreichen Redeeingang sind, und hier beruft Gottsched sich explizit auf Cicero, die des *benevolum parare* (»den Redner angenehm machen«), des *attentum parare* (»den Zuhörer aufmerksam machen«) und des *docilem parare* (»die Sache selbst als merkwürdig vorstellen«).[59] Auch bei der Formulierung der Voraussetzung für diese Grundlagen, nämlich der genauen Bekanntschaft mit der Redesituation, folgt Gottsched der überlieferten Lehre: Wenn er auf Umstände, Zeit, Ort, Personen verweist, die die Konstellationen einer Rede entscheiden, ist dies in antiken Vorstellungen vom *aptum externum* vorgeprägt. Diese Kategorien des Angemessenen lassen sich bis zur platonischen, in Auseinandersetzung mit der sophistischen Lehre vom καιρός erörterten Theorie des πρέπον zurückverfolgen.[60] Eine idealisierende Perspektive läßt Gottsched dabei allerdings nicht gelten: Die Kalkulierbarkeit aller äußeren Gegebenheiten ist nicht zu erreichen.

Die von Cicero in bezug auf den Redeeingang etablierten Grundlagen *attentum* bzw. *benevolum parare* halten einer Überprüfung nach Maßgabe der eigenen Lebenswelt im 18. Jahrhundert ohne weiteres stand und können problemlos in sie integriert werden. Bezüglich der Präsentation des Redegegenstandes als »merkwürdig«, d. h. als vorzugsweise einer Erörterung wert (*docilem parare*), sind nach Gottscheds Ansicht demgegenüber Einschränkungen zu machen.[61] Offensichtlich ist damit aber genau das gemeint, was insbesondere Christian Weise als das »Curieuse« der rednerischen Erfindung bezeichnet hat[62], das sich besonders im Redeeingang abzeichnet und in unmittelbarer Verbindung mit den Techniken des insinuativen Sprechens steht.

---

[58] GOTTSCHED, Ausführliche Redekunst, IV. HSt., III. §.–V. §.

[59] Ebenda, I. §., S. 141. Gottsched mißachtet hier freilich Ciceros auf den Zuhörer bezogene Perspektive. Die §§. III.–V. erklären die ciceronische Einteilung der Zielsetzungen des *exordium* in umgekehrter Reihenfolge – nicht zuletzt deshalb, weil hier in §. III. sich eine entscheidende Modifikation bei Gottsched vollzieht.

[60] Ebenda, II. §., S. 142. Zu der aus psychologischem Wissen um das Auditorium hervorgehenden sophistischen Psychagogik und der platonischen Kritik vgl. FEY, Dilemma, S. 53 f.

[61] Vgl. dazu auch HWR, Bd. 1, Sp. 1161–1163, s. v. Attentum parare, facere.

[62] Z. B. WEISE, Neu-Erleuterter Politischer Redner, S. 639; ders., Politischer Redner, I, 4, IV., S. 97; ebd., I, 6, XXV., S. 132.; ebd., IV., 4. Cap., S. 956 f.

Frühaufklärer und ›politische‹ Redekunst

Die Berücksichtigung der vom Zuhörer ausgehenden Perspektive hinsichtlich des Redegegenstands bei der Konzeption einer Rede erfordert hier infolge der veränderten Ausgangssituation auch für Gottsched neuartige Kriterien, die vom ciceronisch-quintilianischen Kanon (*honestum, humile, dubium/anceps, admirabile/turpe, obscurum*) abweichen: »Das Neue, das Wichtige, das Nöthige und das Schwere«.[63] Damit ist die Art und Weise der Vorüberlegungen bezüglich der Relation von Redegegenstand und Auditorium, zwischen denen der Vortragende verständnisvermittelnd agiert, auf ein neuartiges Feld verlegt. Wird etwa das alte *genus obscurum* mit der Kategorie »das Schwere« noch beibehalten, da beide der Klärung schwer verständlicher oder schwer durchschaubarer Angelegenheiten dienen, fällt das *genus admirabile* (bzw. *genus turpe*) unter den Tisch – und mit ihm auch die oratorische Einschmeichelung.

Diese in der Detaildiskussion sich abspielende spezifische Adaption der antiken Vorstellungen vor dem Hintergrund der aktuellen rednerischen Anforderungen belegt die offene Kritik des Aufklärers gegenüber den Spezifica der höfischen Rhetorik, und gerade auch das kleinste Teilstück macht deutlich, wie verschiedenartig und auf wievielen Ebenen die Antikerezeption im frühen 18. Jahrhundert vonstatten geht: Die *insinuatio* wird mit diesem *genus*, dessen originäres Forum sie ist, zurückgewiesen.[64] Die Funktion der exordialen *insinuatio* und der in ihr zur Schau gestellten *argutiae* und ihrer Initialfunktion als besonders wichtige Aufgabe für den *Aulicus* oder *Politicus* übernimmt die aus der vernünftigen Reflexion gewonnene sachliche Entwicklung des Themas durch den *homo philosophicus*: »Ueberhaupt ist von Eingängen noch zu merken, daß ein Redner durch die Eingänge sich in das Ansehen eines verständigen, redlichen und gesetzten Mannes setzen muß. Allein gar zu scharfsinnig und spitzfündig muß er nicht reden wollen. Denn viel glänzender Witz und aufgeweckte Einfälle, oder gekünstelte Prunkworte würden den Anschein geben, daß er seinen Zuhörern Fallstricke legen, oder sie durch seine Kunst fangen wolle. Je ungezwungener und unge-

---

[63] GOTTSCHED, Ausführliche Redekunst, IV. HSt., III. §., S. 143; ders., Akademische Redekunst, IV. HSt., 5. §., S. 82 f. Vgl. zur antiken Lehre UEDING/STEINBRINK, Grundriß, S. 240 f.: »Unterschieden werden beim *exordium* zwei Arten: das *prooemium* (*principium*; Einleitung) und die *insinuatio* (Einschmeichelung). Bei den Vertretbarkeitsgraden *genus dubium anceps, genus humile, genus honestum* und *genus obscurum* sind die Anfänge der Rede im allgemeinen *prooemii* (Einleitungen), während die *insinuatio* (Einschmeichelung) dem *genus turpe* (= *admirabile*) zuzuordnen ist.« Vgl. auch ebd., S. 238 f. und 242.

[64] Genauso übrigens wie die höfische Form der *amplificatio* als Element eben dieses *genus*. Vgl. dazu unten in diesem Kapitel, Abschnitt 3. 2., daneben auch UEDING/STEINBRINK, Grundriß, S. 239.

künstelter also der Eingang aussieht[,] desto besser wird er den Redner empfehlen.«[65]

Sicher besteht in dieser Umwertung ein Zusammenhang mit Gottscheds genereller Sichtweise der Redegattungen. Da sich die quintilianische Einteilung, an die Gottsched hier anknüpft, vor allem auf das in der Antike vorherrschende *genus iudiciale* bezog, Gottscheds Betrachtungsweise aber eindeutig das *genus demonstrativum* in den Vordergrund stellt, ja diese Gattung als die einzig zeitgemäße versteht, in der Gerichts- und Beratungsrede aufgehen, muß für ihn auch die Gewichtung der Kriterien »nach dem heutigen Gebrauche« eine andersartige sein. Die aus den epochalen Umständen und Erfordernissen gewonnenen neuartigen Kriterien des »docilem parare« im Redeeingang erhalten ein umso größeres Gewicht, als sie hier zu Regeln erhoben werden. Auch dies stellt einen wichtigen Aspekt für die Absetzungsbewegung von der ›politisch-galanten‹ Rhetorik dar. Die belehrende Funktion (*docere*) wird wieder stärker betont, ihre Bedeutung durch die exponierte Stellung im *exordium* umso mehr hervorgehoben. Ergänzend kommen die Ungezwungenheit oder Natürlichkeit und die Kürze hinzu sowie die Forderung, nur unmittelbar dem Thema immanente Gesichtspunkte anzusprechen.[66]

3. Urteilskraft und ›realistische‹ Topik bei der Instruktion der *Politici*

3. 1. *Iudicium*: Eklektische Auswahl oder kritische Wertung?

In dem zum Abschnitt über die *Politischen Hoff-Reden* gehörigen IV. Kapitel »Von allerhand *Oratori*schen *Collectaneis*« erteilt Christian Weise Instruktionen für den späteren Gebrauch der Realien in höfischen Diensten. Der Schüler wird

---

[65] GOTTSCHED, Akademische Redekunst, 4. HSt., IV. 22. §., S. 87. Einen unter diesen Bedingungen ›bereinigten‹ Merkmalskatalog vernünftiger Einschmeichelung, die eben doch nicht ganz verzichtbar für den *Politicus* ist, gibt HALLBAUER, Anleitung, II. Cap., § 23: Von Insinuationen, S. 113: »Es werden dazugerechnet die Titulaturen, die Beywörter und Formeln, womit man den andern Unterthänigkeit, Ehrerbietigkeit[,] Höflichkeit und Ergebenheit bezeiget, ein geschickt angebrachtes Lob, eingestreute angenehme Sachen, Wünsche, u.d.gl.«.

[66] GOTTSCHED, Ausführliche Redekunst, IV. HSt., IV. §. *attentum parare* (»Verheißungen«), S. 144; V. §. *benevolum parare* (»Einschmäuchelung«), S. 145; VI. §., S. 146. Zur Grundlage in der quintilianischen Gliederung der Redegegenstände nach dem Verhältnis vom Zuhörer zur Sache vgl. UEDING/STEINBRINK, Grundriß, S. 238 f. – Im übrigen läßt sich an diesem Punkt leicht ein Zusammenhang zwischen der Diskussion des rhetorischen Systems bei Gottsched und der Brieflehre Gellerts herstellen. Siehe dazu auch oben, Kap. II, 1. 2., insbes. S. 68–70.

für die eigenen Zusammenstellungen von Fundstätten im Sinne der *imitatio* dazu verpflichtet, Sammlungen wie Lünigs *Reden großer Herren* mit ihren praktischen Redebeispielen zu studieren und zu exzerpieren. Diese Exzerpte sollen dann systematisiert und nach Stichworten gegliedert in eigens dafür angelegte Hefte eingetragen werden. Unter Verweis auf Melchior Goldasts und Michael Londorps Publikationen erteilt Weise den Ratschlag, »keine Gelegenheit [zu] versäumen/ und weñ etwas *curieuses* von dergleichë Sachen in die Hände kömmt/ niemahls nachläßig seyn alles geschwinde abzuschreiben.«[67]

Diese Empfehlung bezieht sich allerdings nicht auf die vollständigen dort abgedruckten Reden, sondern sie lenkt das Augenmerk des Schülers auf »etliche schöne Formuln daraus«.[68] Für das kurze, treffende Sprechen in politischer Mission genügt die Selektion derjenigen *curieusen* Gemeinplätze, die vom Anspruch auf Beachtung von Konvention und Zeremoniell getragen sind.[69] Unterdessen verbindet Weise seine Anleitung zur maßvollen Nutzung der Topik, die bei der *inventio thematis* in großen »bürgerlichen« Reden, außerhalb diplomatischer Zielsetzungen, vonnöten ist, mit einer Abgrenzung der eigenen Pädagogik von der hergebrachten Schulrhetorik:

»Wiewol es kan nicht schaden/ wofern sich einer auff die *Oratoriam ex professo* [= Schulrhetorik] legen will/ daß er in Zeiten gute *Locos Communes* macht/ und alle *curieuse* Sachen/ welche in *Historicis, Philosophicis, Philologicis*, auch in *argutis Inscriptionibus* und sonsten vorlauffen/ unter gewisse Titul träget/ weil solche Sachen bißweilen an statt des Zuckers dienen/ welcher auff die Rede gestreuet wird. Doch muß auch dieses darbey gesagt werden/ daß man gar mäßig darmit umbgehe/ sonst möchte es das Ansehen gewinnen/ als wolte man nicht so wol die Sache erklären/ als mit seinen *Locis Communibus* und mit vielen *Allegatis* braviren.«[70]

Ein sich verselbständigender Gebrauch topischer Erfindungsquellen kann danach dem Redeziel der *persuasio* entgegenstehen. Offensichtlich gilt diese eingeschränkte Nutzung der Topik aber nur für die Erfindung in der Schulrede, denn von der diplomatischen Hofrede hören wir kein Wort. Ein lückenloses Zusammentragen aller nur möglichen Argumente ist offensichtlich auch hier nicht geboten. Demnach muß in beiden Redearten eine weitere Instanz gefordert sein,

---

[67] WEISE Politischer Redner, I, 4, IV., S. 97; vgl. ebd., IV., 4. Cap., S. 956 f.

[68] Ebenda, I, 4, IV., S. 99.

[69] Vgl. zum gesellschaftlichen Kontext Hubert Ch. EHALT: Zur Funktion des Zeremoniells im Absolutismus. In: BUCK, Hofkultur, Bd. II, S. 411–419. Vgl. hierzu auch die von BRAUNGART, Hofberedsamkeit, S. 67–98, analysierten Huldigungsreden und deren Orientierung an zeremoniellen Kontexten.

[70] WEISE, Politischer Redner, Das sechste Capitel (= Erste Abtheilung: Von den Schul=Reden), I, 6, XXV., S. 132.

Urteilskraft und ›realistische‹ Topik

die die Auswahl der als Realien verwendbaren Phrasen, Redewendungen und sinnreichen Einfälle konstituiert: Es ist Aufgabe des *iudicium* zu unterscheiden, welche »Formuln« exzerpiert werden sollten, damit später nicht unnötiger Ballast herumgeschleppt wird. Insofern ist das Epitheton »schön« in Beziehung auf diese Phrasen von Weise nicht als stilistische Kategorie gemeint, sondern es bezieht sich auf die inhaltliche Brauchbarkeit einer Wendung als Argument einer Rede. Die vollständige topische *inventio* im Sinne der Schulrhetorik ist bei diesem Verständnis der rednerischen Aufgaben nicht mehr angebracht.

Entscheidend ist dabei wohl die auf Castigliones und besonders auf Graciáns Differenzierungen zurückzuführende Rolle des *iudicium* in der Hofrede, dem andersartige Kontrollmechanismen als in der ›Schuloratorie‹ zugesprochen werden. Der rechte, in *prudentia* sich gründende Gebrauch des Urteilsvermögens unter Mitwirkung der Topik verschafft dem klugen Hofmann die beabsichtigte erfolgversprechende Wirkung.[71] Als dialektisches Verfahren ist die *inventio argutiarum* ursprünglich an die Urteilskraft gebunden.[72] Ihre zunehmende Integration in topisch vorgehende Verfahrensweisen betont dann aber die *ars inveniendi* gegenüber logisch-dialektischen Dispositionsprinzipien, wie sie etwa die Ramisten vertreten. Insofern sind auch Weises Ausführungen über den scharfsinnigen Redestil des *Politicus* und die »curieusen« Erfindungen immer vor dem Hintergrund der Debatte um die Aufgaben der Topik zu sehen. Es ist aber keine fundamentale Kritik an dem topischen Inventionsverfahren wie dann bei den Frühaufklärern, die Weises Konzeption bestimmt – zwar wird die Empfehlung neuartiger Vorgehensweisen ausgesprochen, gleichwohl entpuppen sich diese als systemimmanente Alternative zur traditionellen Topik.

Die Urteilskraft konzentriert sich im Rhetorikbild der Weiseaner offenbar auf ein bestimmtes Aufgabenfeld. Die praktische Nutzbarkeit der »curieusen« *inventiones* steht im Mittelpunkt der rednerischen Überlegungen. Johann Riemer fächert in seiner *Standes-Rhetorica* (1685) die Argumente einer Rede nach dem üblichen, schon seit den Sophisten geläufigen und von Aristoteles näher aufgezeigten Muster in »argumenta naturalia« bzw. »argumenta artificialia« auf. Nach

---

[71] CONERMANN, Stil, S. 46 und 54; vgl. dazu auch den Artikel über die Argutia-Bewegung im HWR, Bd. 1, hier Sp. 992.

[72] Hier kann nur angedeutet werden, daß dies auf die antike, nicht nur Stilphänomene betreffende Kontroverse zwischen Attizismus und Asianismus, d. h. auf die ciceronisch-quintilianische Kritik an der scharfsinnig-geistreichen Rede zurückgeht; vgl. dazu KATSAKOULIS, Scharfsinn, hier Sp. 1217 f.; auch Ulrich von WILAMOWITZ-MOELLENDORFF: Asianismus und Atticismus. In: Rudolf STARK (Hrsg.): Rhetorika. Schriften zur aristotelischen und hellenistischen Rhetorik. Hildesheim 1968, S. 350–401; HWR, Bd. 1, Sp. 1114–1120, s. v. Asianismus und ebd., Sp. 1163–1176, s. v. Attizismus.

den »natürlichen« Erklärungen wie »Historia« oder »Fabula« wird dem Leser auch ein ausführlicher, aus vielen Beispielen zusammengesetzter Toposkatalog geboten, den Riemer den künstlichen Beweisgründen subsumiert. Diese Art der Argumente wird von Riemer ganz in Weiseanischer Manier mit den *topoi* gleichgesetzt.[73] Weiter erkennt er wie schon Cicero die *topoi* in den *loci* wieder: »Dannenhero werden auch die *Loci topici*, genennet: *Loci communes*: weil sie der *Logica* nicht alleine zu eigen gegeben; daraus zu disputiren/ wozu sie denn trefflich bedient seyn: sondern weil sie zur *Oratoria* einen unaussprechlichen Nutzen beytragen. Zumal sie einander dergestalt die Hand bieten/ daß es scheine/ als flüße immer einer aus dem andern her.«[74]

Riemers Wortwahl »unaussprechlicher Nutzen« und »daß es scheine« bei der Definition der *loci topici* wertet auf den ersten Blick deren Zweckdienlichkeit zugunsten sich verselbständigender Überzeugungsstrategien auf. Es geht ihm in der Tat aber eher um die begründete Auswahl dieser *topoi* für genau definierte Redeziele. Aller unnötige Ballast soll beiseite gelassen werden. Der oratorische Nutzen soll in der zielbewußten Verfügbarkeit bestehen und weniger in ihrer virtuellen Befähigung, alle nur möglichen Gesichtspunkte für das »Disputiren« bereitzustellen. Die Rhetorik als primär der Überzeugung verpflichtete Lehre kann sich, anders als die Logik, auch auf die Glaubhaftmachung von Argumenten durch Wahrscheinlichkeitsgründe berufen und muß nicht alles ausführlich begründen. Auch bei Riemer steht die urteilende Vernunft, das *iudicium*, im Hintergrund, und dies wie bei Weise als Maßstab für die Auswahl, nicht aber für die Bewertung der *topoi*.

Dahingehend sind wohl auch die Bemerkungen Talanders gemeint, nach seiner Weißenfelser Zeit von 1708 bis zu seinem Tod 1730 Lehrer an der Liegnitzer Ritterakademie: Er will Realien zur Verfügung stellen, »damit [d. h. mit denen] man die Reden ausbutzen kan«, und im Anschluß an die damit gegebene Aufforderung an den Schüler der Redekunst kennzeichnet er seine Sammlung als eine »Vorraths=Kammer/ von allerhand netten Exempeln/ Gleichnüssen/ und Denckssprüchen«.[75] Allem Anschein nach macht Bohse hier keinen Unterschied zwischen stilistischer Ausgestaltung der Rede und den zur *inventio* gehörenden,

---

[73] RIEMER, Standes=Rhetorica, I. Articul. Von der Invention, S. 72–109, darin §. XLV., S. 93–99; Identifikation der »Argumentis Artificialibus«: »Diese sind/ die *Loci Topici*, und werden dreyfach eingetheilet (...)« §. XLV., S. 93.

[74] Ebenda, §. XLVII., S. 99 f.; vgl. ganz ähnlich WEISE, Politischer Redner, Cap. 6., XVIII., S. 122: »Doch ist dieses noch zu mercken/ daß sie alle [d. h. die *Loci*] zusammen gleichsam einander die Hände bieten/ daß man offt zierliche Ausrede vielen *Locis* zugleich dancken muß«.

[75] BOHSE-TALANDER, Rede=Kunst, S. 574 f.

den Redegegenstand inhaltlich beschreibenden oder erklärenden Realien. Eine sachgemäße Annäherung an das Thema steht demnach also ebensowenig zur Debatte wie die Frage, wie das Redeziel der *persuasio* zu erreichen sein soll. Allerdings wird dieser vorläufige Eindruck nicht bestätigt: Als entscheidende Kategorie kennzeichnet auch dieser Autor die Urteilskraft *iudicium*, wenn es um die praktische Anwendung und Einarbeitung der vorgegebenen Beispiele in die je unterschiedlichen Reden geht: »(...) doch muß das judicium, wie es [das »reale«] zu appliciren niemahls mangeln/ wenn es a propos soll heraus kommen.«[76]

Die Formulierung »a propos« deutet hier eben doch über das bloße Stilistikum des »Ausbutzens« oder »Wohlklingens« hinaus auf die besondere Aufmerksamkeit, die dem Redner abverlangt werden muß, soll er ›der Sache gemäß‹ referieren. Es ist aber weniger eine mit allen Mitteln der Logik operierende Unterscheidungsfähigkeit zwischen ›richtig‹ und ›falsch‹, ›wahr‹ und ›unwahr‹, sondern eine auf den Erfahrungswerten des *Politicus* beruhende lebenspraktische Beschlagenheit, die die entscheidende Voraussetzung für eine gelungene Applikation vorgegebener Realien auf den immer neu sich definierenden (und als solchen richtig einzuschätzenden) Redegegenstand bildet. Die Quelle des Unterscheidungsvermögens bleibt demnach aber neben dem souveränen Umgang mit den verschiedenartigsten Redesituationen das topische Denken, wie es auch Benjamin Neukirch in seiner *Anweisung zu deutschen Briefen* beschreibt: Die Beurteilung der Sachverhalte (*iudicia*) und *loci communes* werden miteinander identifiziert.[77]

Die Ausführungen der Weiseaner über die Funktion des *iudicium* im Prozeß der rednerischen Erfindung zeigen, daß ihre an verschiedenen Stellen formulierte Kritik an den hergebrachten Unterrichtsmethoden sich nicht so sehr von Vorstellungen der ›Schuloratorie‹ unterscheidet, wie es ihre Darlegungen zunächst vermuten lassen. Ihre selbstauferlegte Einschränkung der topischen Methode auf ein genau abgestecktes Feld hält im Grunde genommen an hergebrachten rednerischen Vorgehensweisen fest. Die Rhetoriklehrer mit aufklärerischem Anspruch wie Gottsched, Fabricius und Hallbauer können die kritischen Bemerkungen der Weiseaner gegenüber der Schulrhetorik als nichts anderes verstehen denn als Lippenbekenntnisse. Weder erfährt die Redepsychologie, die sich mit dem Verhältnis von Gesagtem und zu Sagendem in Relation zum Publikum beschäftigt, durch die ›politischen‹ Rhetoriker eine Neubewertung, noch geschieht dies mit den aus ihr hervorgehenden Überlegungen zur Argumentationsstrategie; das

---

[76] Ebenda, S. 575.
[77] NEUKIRCH, Anweisung, Vierdtes buch, VI. Cap., S. 607 f.: »*Judicia* sind nichts anders als *L.L. Communes*«. Siehe dazu oben, Kap. V, 3., S. 188.

Frühaufklärer und ›politische‹ Redekunst

iudicium hat lediglich begrenzte Funktion als aposteriorisches Auswahlkriterium. Dagegen stellen die Aufklärer eine von der Fundamentalebene primärer rednerischer Abwägungen ausgehende *Erfindung der Gedancken oder Sachen überhaupt*, wie sie Hallbauer in seiner *Anleitung zur politischen Beredsamkeit* entwickelt. Sicher soll auch für ihn der *Politicus* »alle Theile der Rechts=Gelahrtheit« im Kopf und Erfahrungen in »Staats= und politischen Händeln« gemacht haben, um sich auf diplomatischem Parkett profilieren zu können. Dennoch führt dies nicht zu einer Empfehlung topischer Vorgehensweisen oder gar zur Identifikation von *topos* und *iudicium*, sondern zur Verpflichtung auf die selbständige *meditatio*: »Die Sachen, welche zu politischen Hof= und Wohlstands= auch andern dergleichen Reden, und Schreiben gehören, kan ein geübter [Redner] gar leicht durch eigenes Nachdencken finden, zumal wo er vorher Anweisung gehabt, und gute Muster gelesen hat.«[78]

Dementsprechend versteht Hallbauer unter dem *iudicium* nicht ein Auswahlverfahren der eklektisch vorgehenden »Sophisten, Zungendrescher und Wäscher«, sondern die thematische Sachanalyse der logisch operierenden urteilenden Vernunft: es ist »nöthig, unter den Gedanken eine gute Wahl zu halten.«[79] Neuartige Voraussetzungen, in Gang gesetzt durch die Vernunftlehre, ermöglichen den Rhetorikern um Gottsched eine verschiedenartige Einschätzung dessen, was auch von den politischen Rhetorikern als »Erfindung« oder »Urteilskraft« bezeichnet wird. Diese Neubewertung indessen stellt, da sie das Zentrum der rhetorischen Lehre von der *inventio* trifft, traditionelle Vorstellungen von der rednerischen Verfahrensweise überhaupt in Frage.

3. 2. Ätiologie und Amplifikation

Die *Politici* des 18. Jahrhunderts halten durch ihr charakteristisches Verständnis der *loci communes* im Sinne von ›Realien‹ an der Topik als rednerischer Methode fest, genauso wie durch ihre Interpretation des *iudicium*. Darüber hinaus bildet die Topik für sie das wichtigste Bindeglied zwischen den Redebereichen Erfindung und sprachlicher Ausgestaltung, denn sie ist in beiderlei Hinsicht dazu bestimmt, die thematische Vorgabe zu amplifizieren. In diesem Sinne kann Weise in seinem *Politischen Redner* den von ihm wiedergegebenen Katalog von »Locis topicis« auf »dreyerley Nutzen« hin befragen: Neben den »*Aetiologiis*«

---

[78] HALLBAUER, Anleitung, Cap. II., §. 4, S. 69 f.
[79] Ebd., §. 5, S. 70 f.

Urteilskraft und ›realistische‹ Topik

und den »*Inventionibus*«[80] erscheinen auch die Amplifikationen als die Elemente der Rede, denen die *topoi* dienlich sein können – nicht nur im *exordium*, sondern überall ist von ihnen ein gar nicht auszusinnender, ein »unersinnlicher Nutzen« zu erwarten; ein »sorgfältiger Lehrmeister« soll daher die Übung mit den *loci* befördern.[81] Auch hier zeigt sich wieder die Weisesche Bevorzugung des gezielten Einsatzes rhetorischer Mittel an genau fixierbaren Punkten. Favorisierter Ort des ›realistisch‹-topischen Sprechens unter Beachtung der dreifachen Nutzanwendung und damit Dreh- und Angelpunkt der rednerischen Erfindung unter ›politischen‹ Vorzeichen ist die auf den formalen schematischen Kern reduzierte Redeform, die Chrie.

Im Dispositionsschema der Weiseschen Chrienlehre umfaßt die »chria ordinata« vier Teile: Protasis (Behauptung), Aetiologia (Begründung), Amplificatio (Bekräftigung) und Conclusio (Schluß).[82] Auf unterschiedliche Art angeordnet, können diese Elemente von der ordentlichen zur umgekehrten Chrie (»chria inversa«) weiterentwickelt werden. Durch die daraus hervorgehende Variabilität der Ordnung ergibt sich die Abhängigkeit der Wirkung von der erweiterten stofflichen Füllung – Aufgabe der *amplificatio*, der die *loci topici* als Fundstätten zugewiesen sind.[83]

Die Ätiologie war schon in der Antike nicht unumstritten. Nachdem die ursprüngliche aphthonische Gliederung der Chrie ins Kreuzfeuer der Kritik gera-

---

[80] Hier wohl im engeren Sinne wie die Ätiologien als die *inventio argumentorum* verstanden. Vgl. ebenso bei LANGE, Einleitung, S. 2.

[81] WEISE, Politischer Redner, I, Cap. 6, III., S. 114 und XIX., S. 122. Der Toposkatalog ebd., IV.–XVII., S. 115–122; Beispiele von »Aetiologiis« S. 123–129, Beispiele von »Amplificationibus« S. 129, Beispiele von »Inventionibus« S. 129–132; vgl. genau wie Weise LANGE, Einleitung, S. 2; zur *amplificatio* in der klassischen Rhetorik vgl. auch UEDING/STEINBRINK, Grundriß, S. 252–255; FUHRMANN, Rhetorik, S. 117 f.

[82] Ohne die *conclusio* bei WEIDLING, Hofmeister, Cap. III De Chriis, S. 91: »*Protasis* ist nichts anders als der Grund=Satz/ auf welchen die übrigen Stücke gleich als auff ein *Centrum* ihr Absehen haben. Dieß haben die Alten Redner/ wie bekant/ *propositionem* genennet. (...) *Ætiologia* bringet tüchtige Beweißgründe/ um dadurch die *protasin* oder Grundsätze zu behaupten. Dieß haben die Alten *rationem, causam* oder *confirmationem* genennet. (...) *Amplificatio* ist eine manierliche Erweiterung/ und geschiehet *ordinair per simile, exemplum, contrarium* und *testimonium*. Und ob gleich scheinen dürfte/ ob sey kein Unterscheid unter der neuen und alten *Oratoria*, indem beyde diese Stücke sehr gemein haben/ so weiset dich so wohl die oratorische *liberté* als Ordnung das klare Widerspiel«.

[83] Die *loci topici* als Mittel der *amplificatio* ebenso bei WEIDLING, Hofmeister, Cap. I De Periodis, Abschn. De Periodi Amplificatio, S. 37–41, hier S. 38. Vgl. dazu auch HORN, Weise, S. 107 f. und 254. Zur praktischen Anwendung im Schuldrama neben ZELLER, Hof, auch ders., Rhetorik und Dramaturgie, hier S. 258 f.

ten war, wurde die Ätiologie spätestens seit Quintilian viel weniger als Redefigur denn als Beweismittel verstanden.[84] Gottsched, der eine solchermaßen »vernünftige« Auffassung von der Inventionstechnik der Chrie im Rahmen seiner Lehre gutheißt, referiert diese Entwicklung in der *Ausführlichen Redekunst*: »Doch war es deswegen noch nicht rathsam, die Chriee ganz und gar aus dem Reiche der Wohlredenheit zu verbannen. Daher gerieten verständige Redner auf eine freyere Art derselben, die viel nutzbarer und doch zugleich leichter war, als die aphthonischen. Sie beobachteten, daß einige Stücke derselben nothwendig, einige aber zufällig und willkührlich waren; und sie hielten es also für rathsam, beyde sorgfältig voneinander zu unterscheiden. Die nothwendigen waren *propositio*, der Hauptsatz, und *ratio*, oder *aetiologia*, der Beweis; die zufälligen aber *paraphrasis* oder *explicatio*, die Erklärung, und *illustratio*[,] die Erläuterung«.[85]

Ein solches Verständnis kommt dem aufklärerischen Impetus entgegen, die Absichten des ›Politicus‹ werden dadurch nicht unbedingt erfüllt. Hier öffnet sich die alte Kluft hinsichtlich der Frage, ob und inwieweit die Elemente der Erfindung inhaltliche Relevanz durch die Identifikation von *loci communes* als Argumenten selbst beanspruchen dürfen. Die Antworten fallen unterschiedlich aus – Gottfried Lange, zeitweise Pädagoge an der Ritterakademie in Wolfenbüttel[86], erweitert in seiner *Einleitung zur Oratorie* die knappen Andeutungen seines Lehrers Weise in dem Sinne, daß die *topoi* auch als Quelle der Ätiologie über ihre methodische Qualifikation hinaus inhaltlich tragfähige Argumente sein können. Die ätiologischen *topoi* sind für den Redner tauglich » (...) Wenn die *Proposition*, so er [d. i. der Redner] vor sich hat/ nicht gar zu wahrscheinlich aussie-

---

84 Unter Anlehnung an ihn definiert LAUSBERG, Handbuch, § 867, S. 430: »Die *aetiologia* ist die Anfügung eines Grundes zu einem Hauptgedanken. Sie tritt in mehreren Arten auf, von denen die meisten sich mit der kausalen *subnexio* decken«. Vgl. auch HWR, Bd. 1, Sp. 203–209, s. v. Aetiologia, hier Sp. 206: »In der *argumentatio* bezeichnet die A. im weitesten Sinn den Gedanken, daß die Vergangenheit zur argumentativen Fundierung einer Behauptung eingesetzt werden kann (...)«. Leider endet die historische Erörterung des Begriffs in diesem Beitrag mit der humanistischen Theorie. Angesichts des hier zutage tretenden Begriffswandels im Werk Weises und seiner Schüler und der darauf gründenden Kritik der Frühaufklärer ist dies um so bedauerlicher.
85 GOTTSCHED, Ausführliche Redekunst, XI. HSt., III. §., S. 276 f.
86 Vgl. über ihn oben, Kap. V, 3., S. 190–192. – Auffälligerweise unterläßt Gottsched eine direkte Polemik gegen Lange, wo er doch sonst die Weiseschule offen befehdet; sicherlich hängt dies damit zusammen, daß Lange seit 1710 Ratsherr und seit 1719 Bürgermeister in Leipzig war. Ein direkter Affront gegen einen so prominenten und einflußreichen Zeitgenossen hätte die Regeln der *prudentia* verletzt.

het/ und dergestalt mehr durch Schein=Gründe als rechte Beweisthümer muß ausgeführet werden.«[87]

Wenn der Redner keine plausiblen Beweisgründe mehr vorzubringen hat, kann er sich auf Scheinargumente verlegen – zwischen dem Redeanlaß und seinem oratorischen Traktieren wird offensichtlich keine Diskrepanz empfunden, da topologische Erfindungen nicht *per se* problematisch sein müssen. Die von Lange auf über 50 Seiten ausführlich vorgetragene Ätiologienlehre bildet zusammen mit der Lehre von den Amplifikationen ein Herzstück der politischen Redekunst im Sinne der ›Methodus Weiseana‹. Langes oft weitschweifig erläuterte Regeln sind um ein Toposverzeichnis vermehrt und durch dieses anschaulich als korrekt beglaubigt.[88] Interessant und aufschlußreich hierbei erscheint die Zuordnung der Ätiologie zum *genus demonstrativum*/ἐπιδεικτικὸν.[89] Lange sieht die im tagtäglichen Gebrauch seiner Zeit an vorderster Stelle der drei klassischen Redegattungen stehende Lob- oder Tadelrede, zu der gewöhnlich auch alle durch offizielle Anlässe bedingten Schul-, Leichen-, Hochzeits- und ähnliche Gelegenheitsreden gehören, als besonders empfänglich für den Einsatz von »Schein=Gründen« anstelle »rechter Beweisthümer« an, was allerdings angesichts der als unproblematisch empfundenen Möglichkeit der rednerischen Ausschmückung im Sinne des *decorum* nicht weiter verwundert.

Daß den auf »Wahrheit« und »critische« Vorüberlegung achtenden Aufklärern eine solche Verselbständigung überlieferter rhetorischer Techniken ein Dorn im Auge sein mußte, ist leicht nachvollziehbar. Eine Orientierung am stichhaltig beweisenden Verfahren ist hier bei Lange wie bei Weise durch die Auswahl gerade der Darstellungsschwerpunkte Proposition – Aetiologie – Amplifikation im Argumentationspotential der Rede trotz der terminologischen Option jedenfalls nicht zu konstatieren. Es ist denn auch ein geradezu eklektisch agierendes *iudicium*, das bei Weise die Kontrolle der topischen *inventio* übernimmt: »Zwar indem ich aus allen *Locis* eine Ætiologia heraus ziehe/ hat es nicht die Meynung/ als solte ein Redner alle auff einmahl wie Kraut und Rüben heraus schütten;

---

[87] LANGE, Einleitung, Cap. 3, S. 26 f.; Proposition (Vortrag des Themas), Ätiologie und Amplifikation sind für Lange die drei Hauptbestandteile der Rede (ebd., S. 2); Ætiologien sind »Beweisthümer« und folglich synonym mit den Argumenten (ebd., S. 2 und S. 17). – Die Ätiologie als Teil der Beweismittel (*argumenta probantia*) findet sich noch bei BAVMGARTEN, Aesthetica, Pars I, Cap. I, Sect. XXXIII, §. 545, S. 350 f. Vgl. dazu auch SCHWEIZER, Ästhetik, S. 333.

[88] LANGE, Einleitung, Das Dritte Capitel. Von den Ætiologien, S. 17–70; der Toposkatalog ebd., S. 21–26.

[89] Ebenda, S. 36.

Sondern er muß hernach sein Judicium gebrauchen/ welches er vor andern erwehlen will.«[90]

Diese kennzeichnenden begrifflichen Modifikationen von bereits bei den Alten stringenter konzipierten Redeelementen geben den Frühaufklärern Anlaß, sich wieder auf die klassische Bedeutung der *termini technici* zu besinnen: »*Aetiologia* ist keine Figur, sondern ein Beweiß.«[91] Im Gegensatz zu den Weiseanern fordert Gottsched mit seiner nachdrücklichen Orientierung an den Regeln der Logik ein ganz andersartiges Vorgehen des Redners bei der argumentativen Begründung – die von jenen zwar den zeitlichen Bedürfnissen entsprechend umgestaltete, jedoch bedenkenlos genutzte Topik als entscheidendes oratorisches Verfahren wird von ihm abgelehnt. Während Weise vom Redner verlangt, im Nachhinein aus den vorgefundenen *topoi* diejenigen auszuwählen, die seinem Urteil nach der Sache entsprechen, fordert Gottsched eine Auswahl sozusagen *a priori*. Allenfalls nachdem die methodischen Vorüberlegungen abgeschlossen sind, kann die Topik Verwendung finden.

*

Oft an gleicher Stelle wie die Darstellung der Ätiologie in den Redekünsten des späten 17. und frühen 18. Jahrhunderts finden sich Ausführungen über die Amplifikation. Umgekehrt und in Ergänzung zur Ätiologie verleiht sie als Mittel der Überzeugung durch Steigerung und pathoserregende Wirkung der Argumentation in der Barockzeit den ihr notwendigen Nachdruck. Als Ausweitung eines Kerngedankens vermittels der vielfachen Betrachtung unter verschiedenartigen Aspekten ist sie ihr charakteristisches Merkmal. Erdmann Uhse umschreibt in Anlehnung an Weise die Kennzeichen der Amplifikation, gestaltet dessen Ausführungen aber doch merklich um: »Was nutzen uns aber diese *Loci Topici*? Mehr/ als man meynen solte: Denn sie dienen uns in der *Invention* eines *Thematis*, in der *Partition*, in der *Disposition*, in der *Probation*, in der *Amplification*/ und in der *Variation*.«[92]

---

[90] WEISE, Politischer Redner, I, 6. Cap., XXI., S. 129.
[91] GOTTSCHED, Ausführliche Redekunst, XIV. HSt., XVI. §., S. 357.
[92] UHSE, Redner, S. 61, S. 248 f. Ähnlich LANGE, Einleitung, S. 70: Die Amplifikation »ist ein Theil der *Chrie*, dadurch meine *Propositio* erkläret und deutlich gemacht wird.« WEISE, Neu-Erleuterter Politischer Redner, S. 644: Die *amplificatio* zeichnet als besondere Sprechweise, die zugleich äußerer Ausdruck dieser Ordnungsvorstellung ist, die Chrie aus: »Wil iemand eine Regel haben/ so spreche ich: Was sich in der *Chrie* zur *Amplification* schickt/ das schickt sich in dieser *Oration* zum *Themate*/ und nachfolgends zur *Propositon*«.

Urteilskraft und ›realistische‹ Topik

Die Topik kann für bestimmte rednerische Zwecke eingesetzt werden, und sie erfüllt diese Aufgabe, ohne daß hinsichtlich der Aussagekraft zwischen generellen erfinderischen Vorgehensweisen und rein illustrativen Funktionen Unvereinbarkeiten empfunden werden. Die Amplifikation kann auch als rednerisches Beiwerk wie bei Weise und Lange als formal und qualitativ mit der *inventio* auf eine Stufe gestelltes und damit als den Redegegenstand selbst widerspiegelndes, ihn auf argumentativer Ebene beschreibendes Element verstanden werden. Gleichzeitig verbürgt sie aber auch als verdeutlichendes, den Sprachgestus intensivierendes Moment stilistische Qualität.[93]

Welch entscheidende Bedeutung dem amplifizierenden Sprechen in Theorie und Praxis der Redekunst des ausgehenden 17. und beginnenden 18. Jahrhunderts beigemessen wurde, ist besonders deutlich an den Lehrbüchern der Weiseaner abzulesen, weil es sich hier von früheren universalistischen Vorstellungen hinsichtlich Aufgaben im erfinderischen Prozeß zu emanzipieren beginnt. Erkennbar beschreiben diese Werke damit ein Desiderat der zeitgenössischen Debatte um Wesen, Aufgaben und Möglichkeiten der oratorischen Praxis: die klar abgrenzbare situative Nützlichkeit, die Betonung absichtsvollen, auf spontane Zustimmung hoffenden Sprechens, die prägnante, pointierende Redeweise – all dies wurde zumal vom *Politicus* erwartet.[94]

Gottfried Langes Ausführungen zum Thema ›Amplifikation‹ umfassen mehrere Kapitel auf über 250 Seiten. Christian Schröter beschreibt im siebten Kapitel *De Amplificatione* seiner 1704 erschienenen *Gründlichen Anweisung* auf über 40 Seiten anhand von Musterbeispielen aus »des vortrefflichen Herrn von Lohensteins (...) herrlichen Schrifften« drei Arten der Amplifikation: die »leichte«, die »mittelmäßige« und die »hohe«.[95] Während Gleichnisse, Beispiele oder Zeugnisse als nachgeordnete oder »leichte« Amplifikationen das Thema lediglich illustrieren, interessieren Schröter eher die »mittelmäßigen« aufgrund ihres für die Hofrede essentiellen Charakters. Über die »leichten« Eigenschaften hinaus, die in ihr aufgehen, zählen zur »mittelmäßigen« Gattung auch Fabeln, Sinn-

---

[93] Zur *amplificatio* in systematischer Bedeutung vgl. LAUSBERG, Handbuch, § 400–§ 409, S. 220–227; UEDING/STEINBRINK, Grundriß, S. 252–255; zur geschichtlichen Entwicklung vgl. HWR, Bd. 1, Sp. 445–471.

[94] Daß die *amplificatio* dem von den Weiseanern geforderten Stilideal der »Kürze« keineswegs widerspricht, hängt damit zusammen, daß nicht gelehrte Weitschweifigkeit, sondern die Anpassung an wechselnde Situationsbedingungen im Vordergrund stehen. Vgl. hierzu BRAUNGART, Hofberedsamkeit, S. 65 f., sowie die ebd., S. 225–236, S. 287 f. und S. 292 f. und öfter, an vielen Beispielen vorgeführten Redeanalysen.

[95] SCHRÖTER, Anweisung, Cap. VII, S. 392–435; die Einteilung ebd., S. 392.

Frühaufklärer und ›politische‹ Redekunst

bilder »und andere *Curiosa*«; dazu »gehören auch die *Amplificationes* aus den *Locis Topicis*«.[96]

Diese die Grenzen potentieller Beweisgründe verwischende Argumentationstechnik wird von Gottsched und seinen Mitstreitern nicht mehr akzeptiert. Für sie stellt eine so verstandene Redekunst nur noch *ad libitum* zu nutzende Mittel zur Verfügung, ohne daß die selbstverständlichen Unterscheidungsmerkmale länger eine Aufgabe haben. Wie die Rhetoriker von der Antike bis zu den Vorgängern der *Politici* hebt Gottsched denn auch die Scharnierfunktion der *amplificatio* (αὔξησις) zwischen Erfindung und stilistischer Ausgestaltung der Rede wieder stärker hervor: Er kennzeichnet sie als nicht eindeutig zur Invention gehörig, sondern mißt ihr eine doppelte Bestimmung zu. Entweder erkennt man in ihr eine Redefigur, die als solche aber, wenn sie zu weitschweifig ausgeführt wird und damit eine zu große Eigenständigkeit gewinnt, abgelehnt werden muß, oder sie ist ein Inventionsmittel. Für Gottsched ist die Amplifikation in dieser zweiten, instrumentalen Funktion Bestandteil eines jeden der vier »Neben-« oder »Zusätze« zum ›Hauptsatz‹ der Rede, jedoch keine eigene »Gattung von Zusätzen«: »In den meisten Rhetoricken findet man auch Regeln von Amplificationen, oder Erweiterungen. Allein es sind entweder kindische Umschweife in Worten und Redens=Arten, übelangebrachte Vergrösserungen und unnöthige Figuren; oder nützliche Sätze, die zur Erklärung, Erläuterung, Behauptung, oder Bewegung, das ihrige beytragen. Ist jenes, so sieht man wohl, daß ein vernünftiger Redner solche Erweiterungen mehr zu vermeiden als zu suchen habe. Ist aber das Letztere, so werden solche Dinge doch keine neue Gattung von Zusätzen in einer Rede ausmachen, sondern gantz füglich zu einer von den obigen und bißher erklärten Gattungen gezogen werden können.«[97]

---

[96] Ebenda, S. 401; nach dieser Definition wird eine Übersicht über die verschiedenen Arten am Beispiel Lohensteinscher Schriften erläutert. Zur Verbundenheit von *loci* und *amplificationes* vgl. auch VOSSIUS, Commentariorum, Liber II, Cap. XV: De locis communibus, deque argumentatione, et amplificatione, S. 310–320. Interessant ist hierbei, daß dieser Katalog der Amplifikationen Gottscheds Aufzählung der »Erläuterungen« in einer Rede entspricht, zu denen er Gleichnisse (*comparata*), Beispiele (*exempla*) und Lehrsprüche (*sententia*), daneben Zeugnisse (*testimonia*), ähnliche Fälle (*similia*) und Widerspiele (*contraria*) zählt, sowie schließlich die »guten Einfälle« (*meditationes*) – GOTTSCHED, Akademische Redekunst, VIII. HSt., 2. §., S. 138.

[97] Ders., Grundriß, I. Abth, II. HSt., §. 21., S. 26 f. – »Zusätze« sind für Gottsched, gemäß der mathematisch-demonstrativen Methode Wolffs und im Sinne der von diesem zur philosophischen *ars inveniendi* hinzugerechneten *Corollaria* nur dann »nützliche Sätze«, wenn sie nicht ausufern oder auf Abwege kommen. Vgl. dementsprechend WOLFF, Deutsche Logik, 6. Cap., § 13: Von Zusätzen, S. 199: »Man pfleget auch wohl in der Mathematick, wo man einer jeden Art der Wahrheit ihren Namen beyschreibet, unter die Zusätze zu rech-

Urteilskraft und ›realistische‹ Topik

Diese ›Einschränkung‹ ihrer Wirkungsfunktion ist hier insofern von Interesse, als die Amplifikation in der Praxis der Beredsamkeit schon immer eine als besonders wichtig empfundene Aufgabe hatte und ihr daher bisweilen, etwa in den Redelehren der Weiseaner, in bestimmten Zusammenhängen sogar ein eigenständiger dispositioneller Rang zugesprochen wurde.[98]

Gottsched wendet sich hier klar erkennbar gegen die an einer nur bestimmte Gebiete umfassenden Praxis orientierte Generalisierungstendenz, die einen differenzierten, auch für andere Bereiche geltenden Gebrauch dieser »Erweiterungen« unmöglich macht und die der Amplifikation nur in gewisser Hinsicht Bedeutung zubilligt. Ein vernünftiger Redner hat ein solch wahlloses Vorgehen zu vermeiden. Als Stilmittel findet die *amplificatio* in der *Redekunst* denn auch die entsprechende Beachtung – sie ist alleine Ausdruck der das oratorische Vorgehen leitenden ›vernünftigen‹ *inventio*. Insofern sie genuin topisches Mittel der Erfindung ist und damit zugleich in die tropische Ausgestaltung der Rede übergeht, kann sie dem Anspruch Gottscheds an eine authentische Aufarbeitung des Themas nicht mehr genügen: »Die sogenannte *Amplification* oder Erweiterung, in so weit sie nichts anders ist, als eine Verlängerung einer Rede, oder eines Satzes, ist uns aus andern Ursachen verdächtig. Denn entweder die ganze Ausführung eines Hauptsatzes ist eine Erweiterung desselben zu nennen; (...) oder die Erweiterung ist ganz und gar unnütz und überflüßig. Denn was soll ein langes Geplauder nützen, welches weder zur Erklärung, noch zum Beweise, noch zur Widerlegung der Zuhörer beyträgt?«[99]

Im sparsamen, den Redegegenstand selbst auf einsichtige und vernünftig nachvollziehbare Weise repräsentierenden Gebrauch, nur als illustrative Erweiterung des »Hauptsatzes«, vermag sie gleichwohl als Mittel der Pathoserregung und Steigerung das Redeziel der Überzeugung zu unterstützen. Gottsched formuliert hier auf paradoxe Weise die ›vernünftige‹ Perspektive in Bezug auf ein rhetorisches Mittel, das den Maßgaben einer rationalistischen Redekunst problematisch zu werden scheint. Wenn das Mittel der *amplificatio* dem beweisenden oder sich auf zumindest wahrscheinliche Begründungen stützenden Verfahren untergeordnet ist, muß es im inventionalen Stadium der Rede als topische Vorgehensweise überflüssig sein. Da es als Stilmittel immer auch auf die Er-

---

nen, was man für Lehr-Sätze könte paßiren lassen, wenn ihr Beweiß nicht gar zu weitläuftig ist und der Lehr-Satz, unter den man ihn setzt, mit einen Haupt-Grund des Beweises abgiebet«.

[98] LANGE, Einleitung, S. 2: neben *Aetiologien* (Beweisgründen) und der »Protasis« (*propositio*, Thema) bildet die *Amplificatio* einen der drei Bestandteile der höfischen Kurzrede.

[99] GOTTSCHED, Ausführliche Redekunst, VIII. HSt., I. §., S. 193 f.

findung verweist, sind ihm dadurch enge Grenzen gesetzt.[100] Diese mit der Topik einhergehende transzendierende Funktion, die zuletzt auf das Verhältnis der ›Worte‹ zu den ›Sachen‹ schließen läßt, unterliegt als rednerische Methode prinzipiellem Zweifel.

---

[100] Hier deutet sich ein fundamentaler Unterschied zu den zeitgenössischen *Politici* im Verständnis der Funktion und der Anwendungsmöglichkeiten von Stilmitteln an, die nicht nur der Ausschmückung im Sinne eines reduzierten *decorum*-Begriffs zur Verfügung stehen, sondern auch inhaltliche Bedeutung zu gewinnen vermögen: er ist in einem ganz wesentlich verschiedenen Verständnis von Sprache und Rede begründet.

KAPITEL VII

DER NEUENTWURF DER AUFKLÄRER: EINE »VERNÜNFTIGE TOPIC«

1. Fundamente rationalistischer Rhetorikkritik: ›Seelenkunde‹ und Vernunft*ethos*

Die Opposition der frühaufklärerischen Rhetoriker gegen Tendenzen der zeitgenössischen Theorie und Praxis der Redekunst führt zu einer generellen Revision der Funktionsbestimmung der Beredsamkeit. Diese Überprüfung spielt sich, sowohl was die ›Schuloratorie‹ als auch was die ›politische‹ Redekunst betrifft, im Detail ab und wird nur von hier aus verständlich. Die Auswirkungen auf das System als Ganzes sind demzufolge in ihren Tiefenschichten lediglich aus dieser Perspektive richtig einzuschätzen. Die Wolffsche ›Vernunftlehre‹, die von allen Vertretern der frühaufklärerischen Rhetorik zum Paradigma erhoben wird, stellt das passende Instrumentarium zur Verfügung: Es ist die von ihr vorbildlich ins Werk gesetzte ›Seelenkunde‹, die als Fundament einer bereinigten »philosophischen Oratorie« dienen kann.

Gottscheds Ressentiments gegen die »Sophisten unsrer Zeiten«[1], die sich rhetorischer Mittel und Persuasionsstrategien zum Ziel der Publikumsbeeinflussung um jeden Preis bedienen, stehen in unmittelbarem Zusammenhang mit seinem durch die rationalistische Psychologie geprägten Bild vom Redner. Dessen Darstellung ist ihm offenbar so wichtig, daß er ihr in seinen Werken zur Rhetoriktheorie jeweils eigene Kapitel widmet.[2] Das Rednerbild Gottscheds offenbart dem heutigen Leser Ansichten, die höchst aufschlußreiche Einblicke in seine – und darüber hinaus in epochenspezifische – Vorstellungen von der Beredsamkeit überhaupt gestatten:

> »Soll nämlich ein Redner den Verstand und Willen seiner Zuhörer zu gewinnen und zu lenken vermögen: so muß er diese Kräfte der Seelen recht kennen. Wie will einer die Gemüther der Menschen recht angreifen, sich ihrer Empfindungen, ihrer Einbildungskraft, ihrer Urtheile und Vernunftschlüsse, ihrer Neigungen und Entschließungen recht bemeistern; wenn er alle diese Wirkungen entweder gar nicht, oder nur obenhin kennet? Ja, wie will er sich sogar ihrer Vorurtheile und Leidenschaften, zuweilen zu seinem Vortheile bedienen, wenn er deren geheime Triebfedern nicht ausgespähet und erforschet hat? Zu diesem Ende muß denn ein Red-

---

[1] GOTTSCHED, Ausführliche Redekunst, VI. HSt., XVII. §., S. 178.
[2] Ebd., II. Hauptstück: Von dem Charactere eines Redners, und von denen ihm dienlichen Vorbereitungen, S. 102–121; ders., Akademische Redekunst, II. Hauptstück: Vom Redner und seinen Vorbereitungen, S. 39–59; ders., Grundriß, Einleitung, S. 1–6.

Aufklärerischer Neuentwurf: Eine »vernünftige topic«

ner die Vernunftlehre, Geisterlehre und Sittenlehre völlig inne haben, und sich dieselben zu Nutze zu machen wissen.«[3]

Obwohl der Redner wahrscheinliche Gründe zum Ziel der Glaublichkeit und der Überzeugung nutzen kann, bleibt doch die Verkündung der Wahrheit sein oberstes Gebot.[4] Einerseits also ist er moralisch zur Aufrichtigkeit verpflichtet, andererseits ist es ihm aus Überzeugungsgründen gestattet, gewisse Schwächen des Publikums zu seinen Gunsten auszunutzen. Die hier aufbrechende Inkonsequenz Gottscheds ist aber aus seiner Perspektive nur eine scheinbare: Da der von ihm geforderte ideale gute Redner nur die den Dingen selbst inhärenten (und damit *eo ipso* wahren) Eigenschaften zur Argumentation heranziehen kann, ist es ihm unmöglich, die Unwahrheit zu sagen.[5]

In der römischen Antike hatten Cato der Ältere, Cicero und Quintilian auf der Basis des aristotelischen ἦθος das Ideal vom »vir bonus« entwickelt, das von Gottsched nach der *Institutio oratoria* zitiert wird.[6] Er setzt ebenso wie die Alten »orator« und »vir bonus« gleich und fordert wie diese, der Redner müsse Ehrlichkeit (*honestum*), Klugheit (*prudentia*) und Rechtschaffenheit (*probitas*) verkörpern.[7]

Über das ciceronische Rednerbild hinaus, das hier wohl in erster Linie als Anhaltspunkt dient, reicht Gottscheds Verknüpfung von Wahrhaftigkeit und Auf-

---

[3] Ders., Akademische Redekunst, II. HSt., 3. §., S. 41; ähnlich ders., Ausführliche Redekunst, II. HSt., III. §., S. 104. Der Verweis auf »Vernunft-« und »Sittenlehre« auch bei BAUMEISTER, Anfangsgründe, 1, 17., S. 4.

[4] GOTTSCHED, Ausführliche Redekunst, II. HSt., I. §., S. 102 f.

[5] Ebd., VII. §., S. 108. Vgl. auch das Postulat des ehrlichen und tugendliebenden »wahren Poeten« in: Ders., Critische Dichtkunst, AW VI/1, II. Cap., 18. §., S. 159 f. Zur Rezeption des antiken ethischen Rednerbildes vgl. Wilhelm KÜHLMANN: Frühaufklärung und Barock. Traditionsbruch – Rückgriff – Kontinuität. In: GARBER, Barock-Rezeption, Tl. I, S. 187–214.

[6] GOTTSCHED, Ausführliche Redekunst, II. HSt., VI. §., S. 107. Vgl. dazu im Zusammenhang mit dem ciceronischen Bildungskonzept PTASSEK, Rationalität, S. 82–100; FUHRMANN, Rhetorik, S. 72; CLARKE, Rhetorik, S. 77 (Cicero), S. 149–152 (Quintilian). Zur Rezeption im 17. Jahrhundert DYCK, Ticht-Kunst, S. 124–127; zu Gottscheds Rezeption FEY, Dilemma, S. 120–123.

[7] Vgl. auch Gottscheds *Akademische Rede, Daß ein Redner ein ehrlicher Mann seyn muß*, in: Ders., Gesammelte Reden, AW IX/2, S. 509–518. Ähnlich HALLBAUER, Anleitung, Cap. II., §. 1, Anm. 3, S. 65; PEUCER, Anfangs=Gründe, Einleitung, §. 18, Anm. 2, S. 21; BAUMEISTER, Anfangsgründe, 1, 19., S. 4: Der Redner muß ein »rechtschaffener und ehrlicher Mann« sein. Vgl. noch Adam MÜLLER, Zwölf Reden, VIII: Von dem moralischen Charakter des Redners und der geistlichen Beredsamkeit, S. 107–120. Zu Gottscheds *Akademischer Rede* vgl. UEDING/STEINBRINK, Grundriß, S. 116 f.

richtigkeit bis zu Platons in Auseinandersetzung mit den Sophisten gewonnenen Aussagen über das Wesen der Rhetorik zurück: wahre Redekunst und rednerische Verkündung von Wahrheit sind untrennbar miteinander verbunden.[8] Gottsched hebt sicher nicht zuletzt aufgrund dieses Urteils strikt »wahre« und »falsche« Beredsamkeit voneinander ab und problematisiert damit zugleich das rednerische *ethos*.[9] Auch die ciceronische Forderung an den Redner, er müsse als *doctus orator* universell gebildet sein, ist in dieser Unterscheidung gegenwärtig: »Ich habe gesaget, ein Redner sey ein gelehrter Mann; und dadurch behaupte ich: daß kein Ungelehrter ein Redner seyn könne. Man wird mir dieses leicht zugeben, wenn man erwägen will, was für eine weitläuftige Wissenschaft zur wahren Beredsamkeit gehöret. (...) fürs erste muß er selbst die Sache, davon er redet, vollkommen innen haben (...).«[10]

Freilich gehen Gottscheds Vorstellungen mit ihrem Bestreben nach lückenloser philosophische Ableitung der Regeln weit über die eher unsystematisch vorgetragenen, auch aus ganz anderen Diskussionszusammenhängen gewonnenen Theorien der Alten hinaus. Der universelle Anspruch Wolffs ist auch hier Bezugspunkt für eine Betrachtungsweise, die immer auch die Möglichkeit wahrscheinlicher Annahmen oder plausibler Begründungen als Wahrheit verbürgende Erkenntnisse einschließt.[11] Gottsched scheint sich in seiner ›vernünftigen‹ Argu-

---

[8] Die Unterscheidung in wahre und falsche Rede schon bei PLATON: Der Staat (Politeia). Übersetzt und hrsg. von Karl Vretska. Stuttgart (1982), Zweites Buch, 17. [376 e], S. 150; ders.: Gorgias oder über die Beredsamkeit. Nach der Übersetzung von Friedrich Schleiermacher hrsg. von Kurt Hildebrand. Stuttgart (1989), 36. [480a–480d], S. 54 f. Vgl. dazu auch FEY, Dilemma, S. 39, 41, 45 u. öfter. Antje HELLWIG: Untersuchungen zur Theorie der Rhetorik bei Platon und Aristoteles. Göttingen 1983; Rudolf HIRZEL: Ueber das Rhetorische und seine Bedeutung bei Plato. Leipzig 1871; JAFFE, Limits, S. 411–420.

[9] GOTTSCHED, Ausführliche Redekunst, II. HSt., IV. §., S. 105 f. und VI. §., S. 107 f., sowie ders., Akademische Redekunst, II. HSt., 6. §., S. 43 f. Zum zugrundeliegenden *ethos*-Begriff vgl. WOERNER, Das Ethische; HWR, Bd. 2, Sp. 1516–1543, s. v. Ethos.

[10] GOTTSCHED, Ausführliche Redekunst, II. HSt., II. §., S. 103. Ders., Critische Dichtkunst, AW VI/1, IV. Cap., 18. §., S. 213: im Zusammenhang mit den »moralische[n] Absichten« der Fabel wird konstatiert, daß »ein Poet (...) auch ein rechtschaffener Bürger und ein redlicher Mann seyn muß«. Vgl. ebd., II. Cap., 21. §., S. 163: die »tugendhafte Gemüthsart eines Poeten« muß, in der Person eines »vernünftigen und rechtschaffenen« Mannes und »redlichen Bürger[s]«, den unerläßlichen Gegenpol zu den »Schmeichler[n]« und »Lästerer[n]« bilden. Auch mit dieser Differenzierung besinnt sich der Aufklärer auf die Wurzeln der abendländischen Rhetoriktheorie. Vgl. PLATON, Gorgias, 18. [463 a], S. 26; die sophistische Redekunst als »Schmeichelei« ebd., [466 a], S. 30.

[11] GOTTSCHED, Akademische Redekunst, VI. HSt., 19. §.–20. §., S. 116–118: »Die Beweisgründe aber sind auch den Graden nach, unterschieden. Denn sie sind entweder ganz augenscheinliche und dringende Ursachen, denen man den Beyfall unmöglich versagen kann;

mentation auch am französischen Leitbild Lamys zu orientieren – hatte dieser doch über ein halbes Jahrhundert vor ihm und einige Jahre vor Wolff im Anschluß an die Cartesianische Toposkritik die rhetorische Wahrheitsfindung von der Affektivität des Redners abgekoppelt und die oratorische Beweiskraft ausschließlich als Werk der Vernunft gekennzeichnet.[12]

Ein weiteres Moment kommt hinzu: Die präzise psychologische Kenntnis und die situationsgemäße Einschätzung des Publikums stehen sowohl in der Antike als auch in der Frühen Neuzeit als Anspruch an den Redner in untrennbarem Zusammenhang mit der Forderung an seine Moralität. Aus der rechten Einsicht in die prinzipiell unveränderliche Natur des Menschen folgt für Gottsched ohne weitere Einschränkung die Fähigkeit zu überzeugen: »Nichts ist in Künsten und Wissenschaften vernünftig, als was auf gute Gründe gebauet ist. Diese Gründe aber sind nicht bloß Meynungen großer Leute, nicht die Beyspiele berühmter Männer, nicht das Alte, oder neue, in so weit es alt, oder neu ist: sondern die unveränderte Natur des Menschen, mit der ein Redner zu thun hat.«[13]

Grundsätzlich sieht Gottsched ein rednerisches Urteil in jedweder Frage als möglich an, solange nach den Prinzipien der Wolffschen Philosophie vorgegangen wird, nämlich gemäß der genauen Definition der verwendeten Begriffe und der Beweisführung nach dem Satz vom Widerspruch und dem Satz des zureichenden Grundes. Auch die auf induktivem Wege gewonnenen »wahrscheinlichen« Gründe haben demnach einen Wahrheitsanspruch: »Cicero theilet den Be-

---

oder sie sind nur wahrscheinliche Gründe. Beyde kann ein Redner nicht entbehren (...) Behelfen sich nun auch die Gelehrten in den meisten Disciplinen mit wahrscheinlichen Beweisen; ja ist man im gemeinen Leben fast überall damit zufrieden: so muß mans auch von einem Redner nicht fodern, daß er mehr Gewißheit gebe, als die Natur der Sachen erlaubet«.

[12] LAMY, Discours, Chapitre I, I, S. 277: »Si on conteste une verité de bonne foy, si ce n'est point l'interest, ny la mauvaise humeur, ny la passion qui aveuglent, & qui empéchent qu'on ne se rende; il n'est besoin que de bonnes preuves qui levent toutes les difficultez, & qui dissipent par leur clarté les obscuritez qui cachoient la verité.« – In der Übersetzung Messerschmidts, Von der Kunst, I. HSt., I, S. 268: »Wenn man die Wahrheit aufrichtig ausmacht, wenn weder der Eigennutz, noch eine böse Gemüthsbeschaffenheit, noch eine Leidenschaft verblenden und verhindern, daß man sich nicht ergibt; so darf man sich nur um gute Beweise bekümmern, welche alle Schwierigkeiten heben und vermöge ihrer Deutlichkeit die Dunkelheiten vertreiben, welche die Wahrheit versteckten«. Siehe dazu oben, Kap. III, 6., S. 120–126.

[13] GOTTSCHED, Akademische Redekunst, I. HSt., 13. §., S. 32; siehe auch ebd., II. HSt., 3. §., S. 41; in der Critischen Dichtkunst, AW VI/1, II. Cap., 4. §., S. 146, wird Aristoteles als derjenige gewürdigt, der »das innere Wesen der Beredsamkeit und Poeterey aufs gründlichste eingesehen [hat], und alle Regeln, die er vorschreibet, gründen sich auf die unveränderliche Natur der Menschen, und auf die gesunde Vernunft«.

›Seelenkunde‹ und Vernunft*ethos*

weis in zwo Gattungen, die *Induction* und den Vernunftschluß. Die erste ist eine Anführung ähnlicher Fälle, daraus man den Schluß zieht (...) Wenn es nun mit der Aehnlichkeit seine Richtigkeit hat; und die Fälle unstreitig wahr sind: so ist der Beweis sehr gut und stark. Denn die Menschen sind gewohnt, im gemeinen Leben so zu schließen, wie die Erfahrung sie von dergleichen Dingen gelehret hat.«[14]

Das rednerische *ethos* scheint durch die Ausrichtung auf die Plausibilität jedenfalls nicht erschüttert zu werden. Zwar sagt Gottsched nichts Neues, wenn er konzediert, daß die »wahrscheinlichen« Gründe bisweilen wirkungsvoller sein können als die »tiefsinnigsten«.[15] Allerdings – auch die wahrscheinlichen Gründe dürfen nicht von außen an den Redegegenstand herangetragen werden, sondern müssen aus ihm selbst hervorgehen. Ausdruck dessen ist nicht nur wie in der Philosophie bei Leibniz und Wolff[16], sondern auch im rhetorischen Verfahren das analytische Urteil. Die Separation zwischen »argumenta artificialia« und »naturalia«, ein bestimmendes Moment in den antiken Redelehren, greift somit in der aktuellen Beredsamkeit nicht mehr; sie wird sogar angesichts einer von Grund auf veränderten Systematik überflüssig, und die Begründung des rednerischen *ethos* erfährt gegenüber den althergebrachten Konzeptionen eine fundamentale Veränderung.[17] Künstliche Beweisgründe können nach Gottsched dem

---

[14] Ebd., VI. HSt., 23. §., S. 120. Vgl. LAMY, Discours, Chapitre I, II, S. 278–280 *De l'Invention des Preuves*; in der Übersetzung Messerschmidts Abschn. *Von der Erfindung der Beweise*, S. 269–271.

[15] GOTTSCHED, Ausführliche Redekunst, X. HSt., VIII. §., S. 265 und V. HSt., VII. §., S. 154 f.; ähnlich FABRICIUS, Redekunst, § 92, S. 41. LAMY, Discours, Chapitre I, II, S. 278 f.: »Pour persuader ceux qui nous contestent quelque proposition parce qu'elle leur semble doûteuse & obscure, il faut se servir d'une ou de plusieurs propositions qui ne souffrent aucune difficulté, & leur faire voir que cette proposition contestée est la même que celles qui sont incontestable.«; in der Übersetzung Messerschmidts S. 270: »Diejenigen zu überreden, welche uns einen Satz nicht zugeben, weil er ihnen zweifelhaft und dunkel vorkommt, muß man sich eines oder mehrerer Sätze bedienen, welche keine Schwierigkeit bey sich haben, und ihnen zu erkennen geben, daß dieser unausgemachte Satz mit den ausgemachten einerley sey«.

[16] Vgl. LENDERS, Urteilstheorie, S. 158.

[17] Vgl. in diesem Sinne auch PEUCER, Anfangs=Gründe, Einleitung, §. 18. Hülfsmittel der Beredtsamkeit, S. 19–24: die alte Einteilung spiegelt sich nur scheinbar noch in der Gliederung in »natürliche« und »äusserliche« Hilfsmittel wider, allerdings mit gänzlich abgewandelten Gesichtspunkten: »natürliche« Quellen sind neben einem dienlichen Gedächtnis in »gut *ingenium*« und ein »zureichend *iudicium*« (S. 20), »äußerliche« Mittel dagegen »Logic«, »Moral« und »Politic«, wobei letztere der traditionellen rednerischen *prudentia* entspricht (S. 21).

Aufklärerischer Neuentwurf: Eine »vernünftige topic«

Redethema nicht mehr gerecht werden, da sie eine Konvergenz von Sache und inventionalem Referieren lediglich behaupten. Demgegenüber tut es der oratorischen Wahrheit keinen Abbruch, wenn wahrscheinliche Gründe einem potentiell ungelehrten Auditorium nahegebracht werden, da sie doch im Gegenteil dessen »Aufklärung« zur Folge haben können.

Keinesfalls können *topoi* das eigene Nachdenken des Redners bei der stofflich-thematischen Analyse ersetzen, und damit spielt ihre Bedeutung auch hinüber in seine Verantwortlichkeit gegenüber dem Publikum. In einem entscheidenden Punkt unterscheidet sich dies von hergebrachten Auffassungen: Für die Weiseaner unterliegen die rednerischen Regeln, von Fall zu Fall am Beispiel vorgeführt, einer detaillierten und sorgfältig abgestuften Kasuistik. Kriterium bei der Auswahl der *topoi* ist hier die praktische Klugheit (*prudentia*). Bei Gottsched findet eine Rückbesinnung auf die Klugheit im ciceronischen Sinne statt: auf die *prudentia* als Rechtschaffenheit des Redners, die aus vernünftiger Reflexion entsteht.

Daß aber auch Gottsched von den so einflußreichen Vorstellungen der Hofberedsamkeit, gerade was die Redepsychologie betrifft, nicht unberührt bleiben konnte, zeigt seine aus der täglich erfahrbaren Praxis gewonnene Definition der Klugheit in den *Ersten Gründen der gesammten Weltweisheit*, wie er überhaupt in diesem Werk oft überraschend ›realistische‹, den aktuellen gesellschaftlichen und politischen Umständen seiner Zeit entsprechende Begriffsbestimmungen vorträgt: »*Das eigentliche Werk der Klugheit ist also*, in der Ausführung seiner Absichten, und Anwendung der dazu dienlichen Mittel, *alle sich eräugende Schwierigkeiten zu überwinden, und sich in der Vollziehung seines Vorhabens, durch keine Hindernisse stören zu lassen.*«[18]

Gottsched referiert hier ohne Wertung freilich nur, was in der rhetorisch-politischen Unterweisungspraxis seiner Zeit in den Adelsgymnasien und an den Ritterakademien gang und gäbe war. Die an den italienischen Höfen des Cinquecento entwickelte Lehre hatte sich zu seiner Zeit längst in ganz Europa verbreitet und war auch in den Schulen Deutschlands präsent.

Die Bekanntschaft mit den in den Klugheitsregeln formulierten Überzeugungsmitteln im zweckdienlichen Verständnis der »Oratorie« entbindet den Redner für Gottsched dennoch nicht vom moralischen Postulat, nur wahrheitsgemäß über ein Thema zu handeln. Wenn also die rhetorische *prudentia* Regeln an die Hand gibt, auch ohne Berücksichtigung der Vorschriften vom Angemessenen, bzw. nur durch deren pragmatische Umdeutung, Persuasionsstrategien zu ent-

---

[18] GOTTSCHED, Erste Gründe, Praktischer Teil, Tl. 3, 1. Abschn., V. HSt., 506. §, S. 332; vgl. auch die folgenden §§ 507–509, ebd., S. 333 f.

Inventio thematis und *inventio argumentorum*

wickeln, kann sie in seinen Augen nur auf Ablehnung stoßen. Ein Riemer oder ein Weise bleibt, mitsamt seinem aus dem topischen Realitätsbegriff extrahierten *ethos*, immer nur einer der »Sophisten unsrer Zeiten«.

2. *Inventio thematis* und *inventio argumentorum* im Rahmen der klassischen Beweislehre

Eine vergleichende Betrachtung der frühaufklärerischen Positionen zur generellen Berechtigung der Topik angesichts eines rationalistischen Rhetorikverständnisses macht nicht nur eine gemeinsame Abwehrhaltung gegen Schul- und Hofberedsamkeit deutlich, sondern läßt auch bezeichnende Unterschiede in den jeweiligen Auffassungen Gottscheds, Fabricius' und Hallbauers erkennen. Diese Unterschiede beziehen sich aber gerade auch auf die Bewertung von Schul- und Hofberedsamkeit.

Im Zentrum der Erfindungslehre in der frühaufklärerischen Rhetorik steht der »Hauptsatz«, das durch ›critisch‹-vernünftige Meditation des Redners sich vollziehende Innewerden und Bewerkstelligen des Themas. Damit ist freilich der Anspruch auf Überzeugung nicht allezeit vollständig erfüllt, denn ein je unterschiedliches Publikum hat heterogene Ansprüche und Erwartungen an den Redner, und der Bildungshorizont wechselt von Fall zu Fall. Das Ziel der *persuasio* ist bisweilen nicht auf dem geraden Wege der Vernunftgründe zu erreichen. Für Johann Andreas Fabricius ergibt sich die Einteilung der »nebensäze« aus der alten Erkenntnis des Wesens der Rhetorik, neben den rationalen auch irrationale Überzeugungsmittel in der affektischen Erregung des Publikums vorrätig zu haben. Entsprechend handelt es sich bei seiner Gliederung der *inventio argumentorum* in »erläuterungsgründe, beweißgründe und bewegungsgründe« um die Übersetzung der geläufigen lateinischen termini *argumenta illustrantia, probantia* und *commoventia* oder *pathetica*.[19] Aber die durch diesen terminologischen Transfer aufscheinende äußerliche Konventionalität erweist sich als irreführend, denn die solchermaßen beschriebene Gliederung geht einher mit der eindeutigen Zurückweisung der hergebrachten Lehre von den topischen Fundstätten. Statt ihrer fordert Fabricius eine eigene »vernünftige topic«.[20]

---

[19] FABRICIUS, Redekunst, § 42, S. 19; § 104, S. 48: zu den *argumenta probantia* zählt auch der Redeteil der *refutatio*; vgl. ähnlich PEUCER, Anfangs=Gründe, Einleitung, §. 22: Theile der Oratorie, I. Erfindung, S. 29 f.: Die »nöthigen Bau=Materialien« der rednerischen *inventio*. Siehe dazu auch oben, Kap. III, 4. 1.

[20] FABRICIUS, Redekunst, § 130, S. 63–65: Entwurf einer vernünftigen topic. Vgl. ebd., § 38, S. 16 f. und Vorrede.

Aufklärerischer Neuentwurf: Eine »vernünftige topic«

Mit der Dreiteilung der *argumenta* verfährt Fabricius formal nach traditionellem, aus der Antike überlieferten Muster: der Anordnung der Beweisgründe gemäß den Affektstufen λόγος, ἦθος und πάθος.[21] Diese Unterscheidung steht seit Aristoteles in direkter Verbindung zum inventionalen Verfahren: Er differenziert zwischen πίστεις ἔντεχνοι auf der einen Seite, also »technischen« oder »künstlichen« Beweisen bzw. vom Redner selbst erbrachten Argumenten, und auf der anderen Seite πίστεις ἄτεχνοι, also den bereits in der Sache selbst vorgefundenen, »natürlichen« Argumenten.[22] Das Finden der natürlichen Argumente gehört nach Aristoteles nicht zu den Aufgaben der Rhetorik, diese konzentriert sich vielmehr auf die unterschiedlichen Arten bzw. Aspekte der entechnischen Beweisgründe.[23] Durch das Glaubhaftmachen all dieser das Thema betreffenden Sachaspekte und -zusammenhänge soll das rednerische Ziel der Überzeugung des Zuhörers zustandekommen. Für Aristoteles sind demnach die technisch-künstlichen Beweise diejenigen Elemente der Rede, die Überzeugung und Glaubwürdigkeit zum Ergebnis haben, in ihnen sind *logos, ethos* und *pathos* aufgehoben.

Die Rezeption dieser aristotelischen Grundgedanken bei den Rhetorikern um die Mitte des 18. Jahrhunderts verläuft jedoch nicht einheitlich. Auf der einen Seite wird die aristotelische Verknüpfung von Argumentation und Erregung der Affekte durch die Bindung an *ethos* und *pathos,* bzw. deren Einbindung in den Komplex der rhetorischen Überzeugungsmittel (πίστεις) beibehalten.[24] Auf der anderen Seite erfährt der *logos* im aufklärerischen Vokabular einen Bedeutungswandel, indem er – unter offensichtlichem Einfluß der modernen Sprachauffassung – konsequent als Synthese von Sprache und Vernunft betrachtet wird.

---

[21] Nach KLASSEN, Logik, S. 134, folgt Fabricius mit dieser Einteilung den an der Logik orientierten Prinzipien des Philosophen Andreas Rüdiger, den Fabricius nach 1715 in Leipzig hörte. Dies ist dahingehend zu ergänzen, als Fabricius erst nach 1724 durch die Bekanntschaft mit der Lehre Wolffs zu einer vollständigen Neugestaltung fand. Siehe dazu auch oben, Kap. IV, 2.

[22] ARISTOTELES, Rhetorik, Buch I, 2. Kap., 2., S. 12 f.; vgl. dazu auch Josef MARTIN: Antike Rhetorik. Technik und Methode. München 1974, S. 97–119; Markus H. WÖRNER: »Pistis« und der argumentative Umgang mit reputablen Meinungen in der Rhetorik des Aristoteles. In: KOPPERSCHMIDT/SCHANZE, Argumente, S. 9–17.

[23] ARISTOTELES, Rhetorik, Buch I, 2. Kap., 2.–4., S. 12 f.; vgl. auch zum folgenden WÖRNER, »Pistis«, S. 13–15; GRIMALDI, Studies, S. 44, 57–67, 136.

[24] Vgl. dazu SIEVEKE, Kommentar zu Aristoteles, Rhetorik, S. 232 f., unter Verweis auf die Rezeption bei Baumeister; UEDING/STEINBRINK, Grundriß, S. 127.

Inventio thematis und *inventio argumentorum*

Fabricius, der die »inuentio thematis« in der »erfindung des hauptsazes« ortet, die Erfindung der Nebensätze in der »inuentio argumentorum«[25], entwirft ein auf psychologischer Durchdringung des Überzeugungsziels basierendes Schema der Argumente. Weiter noch als diese Auffassung, die ihrerseits die Bedeutung konventioneller Ordnungskategorien durch die Kennzeichnung als »nebensäze« abmildert, hält Hallbauer nur die *argumenta probantia* und die *argumenta illustrantia* in einer Rede für angebracht.[26] Damit deutet er das geläufige, auf der aristotelischen Lehre beruhende Dreier- oder Viererschema bei der Einteilung der Beweisgründe neu.

Gliederte die rhetorische Lehre nach dem Herkommen die Argumente nach dem antiken Muster der Affektstufen von *logos*, *ethos* und *pathos* in *docentia/logica*, *persuadentia/rhetorica*, *conciliantia/ethica* und *commoventia/pathetica*, fordert Hallbauer mit der Zusammenfassung in rationalisierbare Begründungen – *probantia*, daneben, wenn überhaupt, nur *illustrantia* – eine rein vernunftgemäße Ausführung der Argumentation.[27] Mit der Umdeutung des hergebrachten Schemas bindet er zugleich nachdrücklich die psychologisierende Affektenlehre an die logisch-rationale Argumentation, um damit einer rednerischen Manipulation durch Erregung falscher Leidenschaften vorzubeugen. Eindeutiger noch als Fabricius löst Hallbauer sich so von der klassischen Lehre von den Gemütsbewegungen. Indem er die *argumenta persuadentia/rhetorica* und die *argumenta commoventia/pathetica* zu den *logica* zählt, wird das Redeziel der Überzeugung der Notwendigkeit zum Beweis zugeordnet, und die rationale Durchformung der Rede erhält den höchsten Stellenwert.[28]

---

[25] FABRICIUS, Redekunst, § 31, S. 14. Vgl. ebenso die Unterscheidung zwischen dem als Redethema identifizierten »Hauptgedanken« und den zusätzlichen »Nebengedanken« bei BAUMEISTER, Anfangsgründe, 1, 22., S. 6.

[26] HALLBAUER, Anweisung, S. 257–265. Vgl. diese Unterscheidung auch bei BAVMGARTEN, Aesthetica, Pars altera, Cap. I, Sect. XXXXIII, §. 730–§. 741, S. 487–497 (*argumenta illustrantia*) und ebd., Pars I, Cap. I, Sect. XX–XIII, §. 539–§. 554, S. 347–358 (*argumenta probantia*). Vgl. dazu auch SCHWEIZER, Ästhetik, S. 333 und S. 337 f.

[27] HALLBAUER, Anleitung, II. Cap., §. 13, Anm. 2) und 3), S. 99: bei der »Erregung und Dämpfung der Affecten« geht es um eine »glaubhafte Vorstellung der Möglichkeiten« für das überzeugende Sprechen, um Vernunftschlüsse in den rednerischen Vorüberlegungen, nicht um Spekulationen; vgl. ebd., §. 12., S. 85: die »Bewegungsgründe« sind nicht wie gewohnt als *argumenta rhetorica*, sondern dezidiert als *logica* interpretiert; vgl. ebenso ders., Anweisung, II. Abth., Cap. II, I, § 13.

[28] KLASSEN, Logik, S. 139; vgl. allerdings ebd., S. 140: die Unterordnung von früher als selbständig geltenden Argumentationsmustern, nämlich der *argumenta rhetorica* und der *pathetica*, unter die *logica* sieht Klassen eher als »ethische[n] Appell als eine Notwendigkeit des logisch-rhetorischen Systematik«, also eine Art ›Vorsorgemaßnahme‹ Hallbauers zur

Aufklärerischer Neuentwurf: Eine »vernünftige topic«

Hallbauer ist im Kreis der ersten Aufklärergeneration der wohl entschlossenste Verfechter einer ›vernünftigen‹ Redekunst gewesen. So wie in seiner *Anweisung Zur Verbesserten Teutschen Oratorie* (1725) der gegenwärtige Zustand der ›Schuloratorie‹ Anlaß zur Kontroverse ist[29], übt er in der Vorrede seiner *Anleitung zur Politischen Beredsamkeit* (1736) Kritik an der aktuellen pädagogischen Ausbildung zukünftiger Staatsmänner, die keine fundierte Unterweisung zu einer sich »politisch« verstehenden Beredsamkeit im eigentlichen Sinne mehr erteilen könne; die meisten Schüler blieben »Schlendrianisten und Formularisten, und nur wenige gelangen durch die Fertigkeit ihres Verstandes und unermüdeten Fleiß dahin, daß sie Reden und Schriften von Wichtigkeit mit kluger Beredsamkeit und netter Schreibart abfassen können.«[30]

Die Hallbauersche Invektive zielt auf die zu seiner Zeit den Rhetorikunterricht dominierende ›Methodus Weiseana‹, die sich seiner Meinung nach im Ergebnis nicht von der ›Schuloratorie‹ unterscheidet. Waren dort »kindische Wäschereyen« das Ergebnis einer verfehlten Erziehung, so ist analog hier »rechte Schulfüchserey« am Werk, die rednerisches Unvermögen der künftigen *Politici* evoziert.[31] Die Weiseaner haben mit ihrem oratorischen Neuentwurf zwar unzeitgemäße Tendenzen der humanistisch-barocken Topologie im Auge, jedoch ohne die rechte Konsequenz aus deren Fehlentwicklungen zu ziehen – ihnen geht das nötige philosophische Fundament ab. Aus dem Anspruch auf eine vernunftgegründete Redekunst ergibt sich für Hallbauer selbstverständlich die Zurückweisung sowohl der Topik als auch der falsch verstandenen ›Realien‹: »Die Quellen, woraus die zu politischen Reden und Schriften nöthige Sachen geschöpft werden müssen, sind weder die loci topici, noch collectanea oder dergleichen,

---

Verhütung sich verselbständigender, sich der Priorität der Logik widersetzender Manipulationsmöglichkeiten. Es mag dahingestellt bleiben, ob eine solche Sichtweise womöglich den rationalistischen Anspruch Hallbauers nicht zu sehr abschwächt, und ob überhaupt eine Separation zwischen rhetorischem *ethos* und logischer *inventio* von dem Aufklärer intendiert war.

[29] Siehe hierzu oben, Kap. III, 1., IV, 1. und öfter.

[30] HALLBAUER, Anleitung, Vorrede, Bl.)(4ᵛ; mit der Benennung der »netten« Schreibart ist hier auf einen zentralen Terminus der ›politischen‹ wie auch der ›galanten‹ Rhetorik angespielt, die *honnêteté*; anders als die »Schuloratorie« mit ihrem traditionellen Anspruch auf vollständige Behandlung des rhetorischen Systems dürfen sich diese auf bestimmte Zwecke spezialisierten Arten der Redekunst gewisser, ansonsten abzulehnender »Formalien« und »Curialien« bedienen. Zu diesem Thema vgl. oben, Kap. I, 2. 1., sowie neben der Untersuchung von Volker KAPP, Attizismus, auch GEITNER, Sprache, S. 71 f.

[31] HALLBAUER, Anweisung, Vorrede, Bl. a7ᵛ–a8ʳ; ders., Anleitung, Vorrede, Bl.)(4ᵛ.

Inventio thematis und *inventio argumentorum*

sondern ein fähiger Kopf, gründliche Wissenschaft und zulängliche Erfahrung.«[32]

Eine »vernünftige topic«, wie sie Fabricius zur gleichen Zeit für eine allgemeingültige »philosophische Redekunst« postuliert, hält Hallbauer auch für den Schüler der politischen Redekunst bereit, denn auch für die ›politische‹ Beredsamkeit gilt die konsequente Orientierung am logischen Konnex bei der oratorischen Erfindung. Die von anderen vorgeschlagene Wissensorganisation durch Realienwerke wird substituiert durch den eigenständigen Fund *per meditationem* gemäß der Interpretation der Rhetorik als Möglichkeitswissenschaft im Sinne der Wolffschen Philosophie: Die »Erfindung« in einer politischen Rede »geschieht durchs Nachdencken«.[33] Anstelle der *loci* fordert Hallbauer die »freye Meditation«, die im Gegensatz zu jenen auch dazu führt, daß man »natürlich schreibet«.[34] Zwischen Gelehrsamkeit und natürlicher Ausdrucksweise besteht für ihn – im Gegensatz zu den Weiseanern – offensichtlich keine Unverträglichkeit.

Der Begriff einer »natürlichen« Sprechweise, den Hallbauer verwendet, steht noch ganz in der Tradition der Gebundenheit jeglicher Erfindung an die Kenntnis der in ihrer objektiven Existenz nicht hinterfragten ›Sachen‹.[35] Vom ›genialen‹, schöpferischen Denken ist der Jenaer *Professor Eloquentiae* jedenfalls noch weit entfernt. Problematisch bleibt in diesem Zusammenhang überhaupt die Vermutung eines anthropologischen Entwurfs Hallbauers jenseits rhetorischer Vorstellungen im Sinne eines autonomen *ethos*[36] – schließlich sind auch die auf oft erstaunlich ›modern‹ anmutenden (sozial-)psychologischen Erkennt-

---

[32] Ders., Anleitung, II. Cap., §. 29, S. 129.

[33] Ebd., §. 2, S. 65.

[34] Ders., Anweisung, S. 273; ähnlich ebd., Vorrede, Bl. a6ᵛ, §. 20, S. 342, u. öfter; vgl. ähnlich PEUCER, Anfangs=Gründe, Einleitung, §. 29, S. 49.

[35] Auf stilistischer Ebene ist in der rhetorischen Theorie seit je her die Frage der Stilhöhe entscheidend für die sprachlich adäquate Vermittlung von Sachverhalten. Zu den Wurzeln in antiken Rhetoriken, ihrer Rezeptionsgeschichte sowie dem Gegenentwurf im »natürlichen« Stil der Frühaufklärer vgl. UEDING/STEINBRINK, Grundriß, S. 91–95; SCHWIND, Schwulst-Stil, S. 238; SINEMUS, Poetik, S. 189 und 197 f.; BLACKALL, Entwicklung, S. 113 f.

[36] Es geht sicher zu weit, Hallbauer aufgrund eines hinter den rhetorischen Regeln stehenden anthropologischen Konzepts der »Natürlichkeit« und der daraus erwachsenen Kritik an früheren Redelehrern eine Vorbildfunktion für die Genie-Zeit unterstellen zu wollen – so GEITNER, Sprache, S. 177 f. – Vgl. noch weiterführend die Deutung der Hallbauerschen Dispositionslehre bei KLASSEN, Logik, S. 159: Da er den Aufbau der Rede an der »natürlichen Ordnung« des Einzelfalls ausrichte, verwerfe Hallbauer alle traditionellen Vorstellungen und propagiere stattdessen die dispositionelle »Anarchie«.

Aufklärerischer Neuentwurf: Eine »vernünftige topic«

nissen beruhenden Verhaltenslehrbücher etwa Castigliones oder Graciáns von solcherlei antike Autoritäten und Muster nachahmenden Normen geprägt. Gerade die Generation der Frühaufklärer versucht durch den Rückgriff auf ein von ihr so eingeschätztes überzeitliches Wertesystem die von antiken Redelehrern artikulierten ethischen Ambitionen neu zu befestigen und tradierte Prinzipien der mit ihm untrennbar verbundenen Erfindungslehre in einem objektivierenden Regelgefüge zu konsolidieren. Da der Anspruch auf »natürliche« Sprechweise sich aber nicht nur bei den Aufklärern, sondern ebenso auch bei Vorgängern findet, kann, wenn es in seinem epochenspezifischen Sinngehalt nicht erfaßt wird, zu einer mißverständlichen Einschätzung des Rhetorischen überhaupt führen, wie sie bis weit in unser Jahrhundert verbreitet war und erst durch die neuere Rhetorikforschung widerlegt werden konnte. Ebenso oder mehr noch als in den Anweisungen zur Dichtung ist auch in der Beredsamkeit der Frühaufklärung das Bekenntnis, die Aussprache von Gefühl, geschweige denn von subjektiver Empfindung und Selbstauslegung kaum je zu erwarten, wenn an die »Natürlichkeit« des Redners appelliert wird.[37]

»Natürlich« reden im Sinne einer sachgemäßen thematischen Analyse heißt angemessen reden an jeder Stelle, ohne artifizielle Topologie auch auf stilistischer Ebene. Das Verlangen nach Natürlichkeit formuliert sich im Gebot des »natürlichen« Stils gemäß dem aufklärerischen Vernunft- und Geschmacksideal ebenso wie im Entwurf der »natürlichen«, »vernünftigen« und »wahrhaften« Beschreibung von Fakten.[38] Wie seine Mitstreiter Fabricius und Gottsched fordert auch Hallbauer aufbauend auf philosophischen Grundlagen und der dialektischen Übung die logische Kombination rednerischer Erfindungen, nicht aber deren Assoziierung im Sinne einer eigengesetzlichen Kreativität.[39] Ganz ähnlich wie bei ihnen sich in der *Anleitung zur Politischen Beredsamkeit* der Appell an eine auf dem Vernunfturteil aufbauende Redekunst auch für diesen speziellen Bereich:»Wer sich der politischen Beredsamkeit widmet, muß so wol ein gut *ingenium*, als *iudicium* haben. Jenes machet, daß es ihm nicht an Gedanken und Worten mangele; dieses, daß er aus denselben das nöthige und dienliche klüglich wehlen, und alles recht anwenden könne.«[40]

Das *ingenium* als selbständiges *procedere* bedarf der Kontrollinstanz des *iudicium*, aber dieses wirkt nicht nur restriktiv, sondern es erlaubt auch gewisse Frei-

---

[37] Dies in Anlehnung an KRUMMACHER, Stand, S. 19, über die frühneuzeitliche Epistolographie.
[38] Vgl. dazu oben, Kap. IV, 1., S. 138.
[39] GRIMM, Oratorie, S. 90; vgl. auch BARNER, Barockrhetorik, S. 232–234.
[40] HALLBAUER, Anleitung, Cap. I., §. 10, S. 38.

heiten. Dementsprechend finden sich bei Hallbauer nicht nur an einer Stelle Systematisierungen wie in der alten Topik, die bei ihm freilich dazu dienen, dem Schüler der Redekunst den methodischen Einstieg zu erleichtern, nicht aber dazu, ihm das Denken abzunehmen: »Die Sache, von der man redet, gibt die erklärenden Umstände selbst an die Hand, als ihr Wesen, die Theile, Ursachen, Eigenschaften, Wirckungen, oder bey historischen Sätzen, wenn es Thaten betrifft, die Gelegenheit, Ursachen, Zeit, Ort, Art und Weise, Hülfsmittel, Erfolg etc., wenn es Personen sind, ihr Geschlecht, Vaterland, Erziehung, Natur= und Glücks=Gaben, Verrichtungen, Thaten, Tugenden, Alter, Tod etc.«[41] Natürliche und künstliche Beweisgründe im Rahmen der »vernünftigen« *inventio* verlangen immer nach einer ihnen unmittelbar verbundenen gedanklichen Operation, die Welterkenntnis und kommunikative Vermittlung einer einheitlichen und vereinheitlichenden Konzeption unterstellt. Dieses Verfahren geht als Fundamentalreflexion jeder eigentlichen, konkreten Auffindung oder »Erfindung« von Argumenten und Beweisen voraus. Es geht also gleichzeitig immer auch um die Problematisierung und Hinterfragung dessen, was Rhetorik an sich zu leisten vermag.

Die urteilende Vernunft übernimmt diese Aufgabe. Erfahrung, die Vermittlung der als objektiv und überzeitlich vorgestellten Regeln und nicht zuletzt das »eigene Nachdencken« konstituieren für die Frühaufklärer die korrekte rhetorische *inventio*. Das Aufspüren ›neuer‹ Wahrheiten im kombinatorisch-synthetisierenden Prozeß der ›Erfindung‹ ist mit dieser Vorstellung von »Natürlichkeit« ohne weiteres vereinbar, da sie selbst den natürlichen Denkvorgang repräsentiert. Die Erörterung des Begriffs der Meditation steht hierbei im Zentrum der Überlegungen, denn sie kann unter diesen Voraussetzungen am unmißverständlichsten als autonomes rednerisches Vorgehen auch im Rekurs auf traditionelle Werte charakterisiert werden. Nur vor diesem Hintergrund wird verständlich, was die Rhetoriker der Frühaufklärung meinen, wenn sie in offensichtlichem Widerspruch zu ihren eigenen Prinzipien des öfteren Verzeichnisse aufführen, die den hergebrachten Toposkatalogen ausgesprochen ähnlich sind.

3. Angriffspunkte der Vernunftrhetorik: Die »künstlichen Beweisgründe«

3. 1. Modifikationen der Gottschedschen Kritik an den Topossammlungen

Gottsched scheint im Gegensatz zu seinen Mitstreitern, insbesondere Hallbauer, gegenüber der Nutzung der Topik eine eher unentschlossene Haltung zu be-

---

[41] Ebd., Cap. II, §. 10. Von der Erklärung und Ausführung, S. 80–82, hier S. 80.

Aufklärerischer Neuentwurf: Eine »vernünftige topic«

ziehen, obwohl er ähnlich wie Fabricius ebenfalls »Nebensätze« oder, wie der *Grundriß* sie nennt, »Zusätze« als Untergliederungspunkte der oratorischen Invention anführt. Diese »Nebensätze«, als *argumenta* traditionell Ort der topischen Erfindung, sind in vier Arten aufgefächert, nämlich »Erklärungen, Erläuterungen, Beweisthümer und Bewegungs=Gründe«.[42]

Bei seiner Analyse der im »Hauptsatz« der Rede enthaltenen Aspekte in der *Akademischen Redekunst* läßt Gottsched die an der klassischen *argumentatio* orientierte Unterscheidung wegfallen. Statt dessen spitzt er die Ausrichtung an der Logik zu, indem er »nur vier gute Arten der Abtheilungen« des rednerischen Hauptsatzes zuläßt, nämlich solche, die sich in der Form unterschiedlicher Relationen von Subjekt und Prädikat auflösen lassen.[43] Die *argumenta artificialia* des Redners, von denen seit der Antike die Rede ist und die besonders von den Barockrhetorikern geschätzt wurden, verfehlen in Gottscheds Augen eine solchermaßen präzise eingegrenzte Zielsetzung. Ebenso verhält es sich mit den »Nebensätzen« des Redners – sie alle unterstehen dem ›critisch‹-vernünftigen *procedere*. An die Stelle von überlieferten Kategorien der Redekunst treten somit traditionell der Logik/Dialektik vorbehaltene Größen, wenngleich das konventionelle rhetorische Vokabular beibehalten wird.

Im rhetorischen Frühwerk Gottscheds, dem *Grundriß*, ist noch am ehesten eine – wenn auch zurückhaltend formulierte – affirmative Einschätzung des überkommenen topischen Systems als eines Hilfsmittels der Argumentation zu verspüren. Neben den traditionell möglichen Erfindungskategorien wie Zeit, Ort, Personen und Gelegenheiten, deutet Gottsched auf topische Quellen als Hilfsmittel hin: »Wem aber von sich selbst nichts einfallen will, kan sich wiederum in den *locis topicis* Raths erholen.«[44] Andererseits besteht Gottsched im selben Werk aber auf der Ablehnung künstlich-topischer Fundstätten als eines mögli-

---

[42] GOTTSCHED, Grundriß, I. Abth., II. HSt., §. 1 und 2, S. 15; vgl. ähnlich PEUCER, Anfangs=Gründe, Einleitung, §. 29, S. 22: »Die *Erfindung* ist eine Darstellung der Sachen, die sich zu unserm Zwecke schicken (...) Diese *Sachen* aber sind a. der Hauptsatz, thema. b. dessen Erklärung, c. dessen Beweis=Gründe, d. Die Erläuterung«.

[43] Diese vier Arten werden wie folgt benannt: »I. Da das Subject, als ein Begriff einer Gattung, viele Arten unter sich hat (...) II. Wenn das Prädicat den Begriff der Gattung liefert. (...) III. Wenn das Subject ein Ganzes ist, das verschiedene Theile hat. (...) IV. Wenn das Prädicat sich, als in ein Ganzes, in Theile zergliedern läßt (...)«. GOTTSCHED, Akademische Redekunst, III. HSt., 24. §., S. 77.

[44] Ders., Grundriß, I. Abth., III. HSt., §. 4, S. 29. In diesen Erfindungsquellen begegnen die topischen ›Generalnenner‹ wieder, wie sie seit den Überlegungen des Aristoteles häufig genannt wurden. Ihre Wertigkeit im rhetorischen System ist allerdings durch die Fundierung im Satz vom Widerspruch und dem Satz des zureichenden Grundes, von Wolff vorbildlich formuliert, eine grundlegend andere.

chen Weges für die Zeitgenossen zur methodischen Auffindung von inhaltsbezogenen Überzeugungsmitteln. So verweist er auch nur unter Vorbehalt auf die Eignung der *Topiken* des Aristoteles und Ciceros als Werkzeugen selbst für die antiken Oratoren, »weil sie einen klugen Redner auf die Spur bringen, und ihn dessen erinnern konnten, was ihm sonst nicht eingefallen seyn würde«, nicht aber das eigenständige »Nachsinnen« zu ersetzen vermochten.[45] Einen Ersatz für die in der Philosophie gründende Invention der Beweise können die so gefundenen Argumente zu keiner Zeit bieten. Die Redner der Gegenwart sind anderen Voraussetzungen verpflichtet, und deshalb müssen sie erst recht andere Wege als die Alten gehen. Abgesehen von unterschiedlichen historischen Bedingungen sind die *argumenta artificialia* allenfalls als Notbehelf tauglich. Eine gute Rede wird durch die Findung bloßer »Nebensätze« auf diese Weise dennoch nicht zustandekommen.

Gegenüber der frühen Schrift, dem *Grundriß*, zeigen die rhetorischen Haupt- und Spätwerke Gottscheds doch eindeutig ein abschätziges Urteil über den Gebrauchswert der antiken Topiken zugunsten einer eigenständig durchformten Beweisgründung. Offensichtlich hängt dieses Urteil ebenso wie die schematische Relationierung der Argumentationsfiguren auf den formallogischen Kern mit einer über die Jahre intensivierten Reflexion des Aufklärers auf vollständige Deduktion des rhetorischen Systems zusammen – oder, gemessen an ›klassischen‹ Grundbegriffen, auf der unmißverständlichen und endgültigen Abgrenzung zwischen πίστεις ἔντεχνοι und πίστεις ἄτεχνοι wie etwa bei Aristoteles.[46] Die Entwicklung der Gottschedschen Rhetoriktheorie zeigt an dieser Stelle paradigmatisch die zunehmende Entfernung vom alten, selbstreferentiellen System der Beredsamkeit bei gleichzeitiger Unterordnung rednerischer Vorgehensweisen unter neuartige, sich im Sinne der deterministischen Möglichkeitswissenschaft verstehende Methoden.

Innerhalb des rhetorischen Gesamtwerks Gottscheds sind über diese immer deutlicher herausgearbeiteten Ansichten hinaus weitere Modifikationen festzustellen. Formulierte er im *Grundriß* noch unbestimmt die Überzeugung, »nicht alle loci topici« seien als »stichhaltige Argumente« brauchbar und als Beweisgründe müßten diese *loci topici* »bey der gesunden Vernunfft die Probe halten«[47], so bestreitet er in der *Ausführlichen Redekunst* entschieden die Brauchbarkeit einer jeglichen Topik für alle aktuell realisierbaren Redearten:

---

[45] Ebd., I. Abth., II. HSt., §. 11, S. 21.
[46] Ders., Akademische Redekunst, I. HSt., 7. §., S. 28 und 9. §., S. 29 f.
[47] Ders., Grundriß, I. Abth., II. HSt., §. 11, S. 21; allerdings warnt er schon hier vor den besonders bei den Barockdichtern beliebten *topoi* »a Notatione, oder der Etymologie« und ähnlichen »trüben Quellen«.

Aufklärerischer Neuentwurf: Eine »vernünftige topic«

»In den heutigen Arten der Reden aber, und nach den Hauptregeln, die wir bereits zum Grunde geleget haben, können wir uns leicht ohne diese Topik der Alten behelfen. Wir verwerfen sie aber deswegen nicht ganz und gar. In den gerichtlichen Reden war es sehr dienlich, wenn man zu Erfindung gewisser Beweisgründe nur ein Register durchlaufen dorfte, dadurch man auf gute Gedanken gebracht wurde. Wir haben aber itzo dergleichen Reden nicht mehr, und weder in unsern Lobreden, noch in Lehrreden, noch in Complimenten können uns die topischen Fächer etwas helfen. Folglich müssen wir einen andern Weg gehen, wenn wir von den Beweisgründen brauchbare Regeln geben wollen.«[48]

Verglichen mit den aufgeklärten Mitstreitern, namentlich Hallbauer, der sich oft polemisch gegen die »Excerpir=Sucht« der sich aus Realiensammlungen unterrichtenden Zeitgenossen wendet[49], fallen Gottscheds Formulierungen bei der Kritik an der weitverbreiteten Nutzung der rhetorischen Vorratsbücher relativ moderat aus, wenn er auch in der Sache hart bleibt. Dies liegt an seiner gegenüber Hallbauer viel genaueren Unterscheidung zwischen den »Oratorischen Schatzkammern« einerseits und den Realienbüchern andererseits, die er mit »Excerpten= und Collectaneen=Bücher[n]« auf eine Stufe stellt: Während diese dem Realwissen, also der Gelehrsamkeit zugute kommen können und somit unter gewissen Bedingungen zu befürworten sind, müssen jene Werke, weil sie lediglich der Vortäuschung von Bildung dienen, abgelehnt werden.[50]

Bei Gottsched ist eher eine integrative Haltung zu spüren, die auf eine produktive Nutzung der nun einmal vorhandenen Hilfsmittel unter Vorbehalt des eigenen Vernunfturteils zielt. Bedenken äußert er nicht in der Weise, daß er herkömmlichen Mitteln einfach eine Abfuhr erteilt, sondern indem er ihre Bedingungen und Möglichkeiten diskutiert.[51] Die Realienfächer wie Geographie, Mathematik und naturwissenschaftliche Disziplinen sind, richtig verstanden, in dem von ihnen vermittelten Erkenntniswert ganz gewiß nicht zu verurteilen – abzulehnen ist ihre Instrumentalisierung als Lieferanten beliebiger Stichwörter durch gewisse Redelehrer, die mit einem reduzierten ›Realien‹-Begriff operieren und denen die erkenntnisvermittelnde Funktion von Wissenschaft weniger wichtig gegenüber der Durchsetzung von Ergebnissen *ad libitum* zu sein scheint.

---

48 Ders., Ausführliche Redekunst, VI. HSt., II. §., S. 164 f. Vgl. ähnlich auch ders., Akademische Redekunst, S. 104 f.; ders., Handlexicon, Sp. 1571 f., s. v. Topik.

49 HALLBAUER, Anweisung, S. 268–278, hier S. 289; die ständige Nutzung der Kollektaneen verderbe die Augen, verschwende Zeit, ruiniere die Gesundheit usw., ebd., S. 273; vgl. dazu auch KLASSEN, Logik, S. 137.

50 GOTTSCHED, Grundriß, I. Abth., II. HSt., § 9, S. 19 f. Keinesfalls ersetzen die Sammelwerke gleich welcher Art aber das eigene »Nachsinnen«: ebd., II. Abth., I. HSt., §. 8, S. 50.

51 Vgl. ders., Grundriß, I. Abth., II. HSt., § 9, S. 19 f.; vgl. ders., Erste Gründe, Theoretischer Teil, 5. Aufl. 1748, AW V/1, S. 475 f.

Angriffspunkte der Vernunftrhetorik

3. 2. Die Diskussion der Emblematik

Gegen die in der ganzen Barockzeit und noch bei den Weiseanern oder den ›Galanten‹ gebräuchliche Form der topischen Erfindung setzen Gottsched und seine aufklärerischen Mitstreiter das Prinzip der streng an der Logik orientierten *inventio*. Dies konkretisiert sich an bestimmten rhetorischen Phänomenen, die durch ihren eigentümlichen Charakter dafür prädestiniert sind: Neben der Allegorie bildet die Emblematik einen Hauptangriffspunkt.[52] Im Grunde eine poetische Erscheinung, schwankt die Zuordnung des Emblems zwischen Poetik und Rhetorik; daß es überhaupt in die Erörterung argumentativer Methoden der Redekunst mit einbezogen wurde, war nicht unbedingt selbstverständlich, jedenfalls nicht in Rhetoriken des 17. Jahrhunderts, die zwischen ›gebundener‹, poetischer und ›ungebundener‹, rhetorischer Rede unterschieden. Das Sinnbild entsprach, insbesondere durch die Subscriptio, der gebundenen Form und wurde deshalb eher in der poetischen Debatte mit erfaßt.[53]

Während Gottsched seine eigentlichen Erörterungen in der *Critischen Dichtkunst* stattfinden läßt, scheinen Hallbauer und Fabricius das »Sinnbild« als eher der Rhetorik zugehörig anzusehen; für beide ergibt sich die Bedeutung des Emblems in der Rede aus seiner virtuellen Verfügbarkeit für die topische *inventio*. In dieser Funktion hat es allerdings von vornherein keinerlei Anspruch auf Substantialität – Fabricius zählt es als nicht beweisfähig zu den »Erläuterungsgründen« einer Rede.[54] Erklärungsbedürftige Ähnlichkeitsbeziehungen entsprechen weder Vernunft noch Geschmack, und obwohl Gottsched der bildhaften Darstellung eine zuweilen größere Wirksamkeit konzediert als der »mit Beweisen und Vernunftschlüssen« vorgetragenen Aussage, spricht doch die rhetorisch-poetische Praxis gegen eine allzu große Freizügigkeit in der Benutzung des »Sinnbildes«, da Verständnisschwierigkeiten vorprogrammiert scheinen: »Wenn ein solch Bild nicht selbst redet, und wenigstens von einem etwas witzigen Kopfe,

---

[52] Vgl. GAEDE, Humanismus, S. 36–40; August BUCK: Die Emblematik, S. 36–54; Albrecht SCHÖNE: Emblematik und Drama im Zeitalter des Barock. München ³1993, hier insbes. das Kap. Einführung in die Emblematik, S. 15–63; ders.: Emblemata. Versuch einer Einführung. In: DVjS 37 (1963), S. 197–213. WINDFUHR, Bildlichkeit, S. 94–98; HWR, Bd. 2, Sp. 1098–1108, s. v. Emblem, Emblematik.

[53] Z. B. bei ROTTH, Poesie, III, 1. Th. Cap. III., §. 5., S. (28). Vgl. hierzu HÖPEL, Emblem, S. 200.

[54] FABRICIUS, Redekunst, § 94, S. 42; § 98, S. 45; vgl. GOTTSCHED, Critische Dichtkunst, Anderer Theil, AW VI/2, II. Abschn., IX. HSt. Von Wahlsprüchen, Sinnbildern und ihren Ueberschriften, S. 604–612; HALLBAUER, Anweisung, S. 340–345; zur kritischen Haltung Fabricius' und Hallbauers gegenüber der überlieferten Emblematik vgl. HWR, Bd. 2, Sp. 1103 und 1105.

Aufklärerischer Neuentwurf: Eine »vernünftige topic«

der es betrachtet, verstanden werden kann: so taugt es nicht. Denn für die Einfältigen muß es ein Räthsel seyn und bleiben, bis es ihnen von Klügern erkläret wird.«[55]

*

Die Emblematik, wie sie in Werken beginnend mit dem *Emblematum liber* (1531) des Andreas Alciatus präsentiert wurde, war in der Hochphase des Barock eine weit verbreitete Quelle der rednerischen Erfindung; die Vielfalt an emblematischem Schrifttum erreichte im 17. Jahrhundert annähernd den Produktionsreichtum rhetorischer Lehrbücher.[56] Als wichtigste Leitfigur der Weiseaner hatte bereits Jacob Masen die Wertmaßstäbe der Epigrammatik als der Manifestation der *argutia*-Rhetorik auf die Emblematik übertragen, nachdem schon von Vincentius Gallus das Emblem als Sonderform des Epigramms beschrieben worden war. Gleichzeitig mit dem rednerischen Scharfsinn sollte derjenige des Rezipienten auf die Probe gestellt werden.[57]

Besonders in einer bestimmten Hinsicht, nämlich konzentriert auf den Bereich der Kanzelberedsamkeit, handeln auch die Rhetoriker von der Emblematik als Fundstätte der Invention. Offensichtlich ist es der Verweischarakter, der Bedarf nach Auslegung, die aufs äußerste komprimierte Zusammenfassung abstrakter Erkenntnisse im Emblem, die es für die Redekunst geeignet macht. Im 17. Jahrhundert diente auch die Bibel als Fundort für die Emblematik, die sich selbst als im wesentlichen auf ethisch-moralische Didaxe festgelegte Kunstform begriff.[58]

---

[55] GOTTSCHED, Critische Dichtkunst, Anderer Theil, AW VI/2, II. Abschn., IX. HSt., S. 609.

[56] Nahezu eintausend Titel von Emblembüchern sind mittlerweile bibliographisch erfaßt. Vgl. hierzu die weiterführenden Hinweise bei HÖPEL, Emblem, S. 15. Zur Verbindung mit der Rhetorik im frühen 18. Jahrhundert vgl. Friedrich Wilhelm WENTZLAFF-EGGEBERT: Emblematik und Rhetorik. Zu Jacob Friedrich Reimmanns *Bekandte und Unbekandte Poesie der Deutschen* (1703). In: Rezeption und Produktion zwischen 1570 und 1730. FS für Günther Weydt. Bern/München 1972, S. 493–497.

[57] Vgl. zu Masen BAUER, »ars rhetorica«, S. 461–480, hier S. 462; zu Gallus' *De Epigrammate, oda et elegia Opusculum* (1624) vgl. HÖPEL, Emblem, S. 193–196. Zum barocken Epigramm und seinen rhetorischen Implikationen Wilfried BARNER: Vergnügen, Erkenntnis, Kritik. Zum Epigramm und seiner Tradition in der Neuzeit. In: Gymnasium 92 (1985), S. 350–371, hier insbes. S. 362–364.

[58] Harsdörffer etwa diskutiert in der Vorrede seiner *Hertzbeweglichen Sonntagsandachten* (1649–1652) Möglichkeiten und Grenzen der emblematischen Darstellung von Bibeltexten. Der Nürnberger kann sicherlich als der wichtigste und einflußreichste, zumindest aber als der bei den Zeitgenossen populärste Vertreter neuer Verwendungsgebiete und spezifischer Varianten des »Sinnbildes« bezeichnet werden. Vgl. dazu den Hinweis bei KRUMMACHER,

Angriffspunkte der Vernunftrhetorik

Der Weise-Schüler Christian Weidling, Jurist und Theologe, verfaßte noch 1702 eine *Emblematische Schatzkammer*, die beide Überlieferungsstränge, Sinnbild und Redekunst, miteinander zu vereinen suchte.[59] Wo Lehre und Trost, Devotion und Erweckung christlicher Andacht als Hauptzwecke des Gebrauchs von Bildern standen, waren sie durch die lutherische Kirche anerkannt.[60] Daniel Cramer (1568–1637), Stettiner Archidiakon, Pastor an der dortigen Marienkirche und Gymnasialprofessor, war einer der produktivsten Verfasser von emblematischen Handbüchern.[61] Der Untertitel der Originalausgabe seiner *Octoginta Emblemata Moralia Nova* aus dem Jahr 1630 nennt als Ziel emblematischer Erfindung die Stärkung des christlichen Glaubens: *Achtzig Sinnreiche Nachdenckliche Figuren auß heyliger Schrifft in Kupfferstücken fürgestellet/ worinnen schöne Anweisungen zu wahrer Gottesforcht begrieffen.*[62]

Die Predigt der Barockzeit bediente sich der Werke eines Cramer, Alciatus oder Weidling als Fundstätte der Erfindung – die Bindung an eine Vorlage wie die *Octoginta Emblemata Moralia Nova* wurde als etwas Selbstverständliches aufgefaßt. Gleichermaßen wurde die emblematische *inventio* der *ars concionan-*

Gryphius, S. 161. Vgl. auch Jean-Daniel KREBS: Georg Philipp Harsdörffer (1607–1658). Poétique et Poésie. Bern u. a. 1983, S. 260–323. Zu den umfassenden Anwendungsmöglichkeiten von Sinnbildern vgl. HÖPEL, Emblem, S. 165 f. und S. 210–223.

[59] Daneben verfaßte Weidling auch einen *Trauerredner* (1698, 1706), einen *Gelehrten Kirchenredner oder Excerpta homiletica* (1700), sowie einen *Oratorischen Kern der gelehrtesten Englischen Redner oder Excerpta Oratoria* (1700), von dem ein Gottsched zugängliches Exemplar im Bestand der BST, S. 726 f., nachgewiesen ist. Vgl. GOTTSCHED, Ausführliche Redekunst, Historische Einleitung, XXIX. §., S. 82: Weidling als derjenige, der »mit seinen oratorischen Hofmeistern und Schatzkammern vollends alles auf den höchsten Gipfel gebracht, was nur mit der Wohlredenheit ungereimt seyn kann.« Siehe auch ebd., S. 218; BG, Nr. 2312 und 2313 sowie ders., Akademische Redekunst, S. 18, Nr. XX*, und S. 21, Nr. XX*.

[60] Vgl. HÖPEL, Emblem, S. 216.

[61] Cramer veranstaltete die Ausgaben *Emblemata Sacra: Das ist: Fünfftzig Geistliche in Kupffer gestochene Emblemata, oder Deutungsbilder/ aus der Heiligen Schrifft* (1622), sowie zusammen mit Konrad Bachmann (Cunradus Bachmannus) *Emblematum Sacrorum Prima Pars. Das ist: Fünfftzig Geistlicher in Kupffer gestochener Emblematum auß der H. Schrifft/ von dem süssen Namen vnd Creutz Jesu Christi. Erster Theyl* (1624). Vgl. auch zum folgenden HÖPEL, Emblem, S. 215–220, sowie ebd., S. 310–312, Abb. 57–60.

[62] Daniel CRAMER: Octoginta Emblemata Moralia Nova. Hildesheim/New York 1981. (ND der Ausgabe Frankfurt a. M. 1630); vgl. auch die Hinweise auf geistliche Emblembücher, emblematische Postillen und Perikopen des 17. Jahrhunderts bei HÖPEL, Emblem, S. 181. Ein deutliches Zeichen gegen die Erfindung in der Predigt anhand der Perikopen, z. B. in den Sonntagsandachten, setzt GOTTSCHED, Rede wieder die so genannte Homiletik, AW VII/3, Anh. 16, hier insbes. S. 137.

Aufklärerischer Neuentwurf: Eine »vernünftige topic«

di oder *ars praedicandi* mit der Exegese der Bibel angenommen, und wohl aus diesem Grund bestand das Verfahren der Herstellung von Predigten, ja der Gebets- und Erbauungsliteratur wie geistlicher Dichtung überhaupt, für die Autoren im 17. Jahrhundert vornehmlich in der Kombination vieler Schriftworte.[63] Johannes Riemer nutzte erwartungsgemäß für seine in Ausübung des geistlichen Amtes als Pfarrer in Osterwieck gehaltene Trauerrede auf den brandenburgischen Kurfürsten die Bibel als Quelle der rhetorischen Erfindung.[64] Der Möglichkeit der emblematischen Predigt wurde für den Weiseaner dadurch der Weg gebahnt, daß in der von seinem Lehrmeister konzipierten rhetorischen Theorie keine Unterscheidung zwischen den Redearten Schulrede und Kanzelrede mehr nötig war: beide gehören zum *genus deliberativum*. Diesen Standpunkt erläutert Riemer in seiner *Standes-Rhetorica*. Die klassische Dreiteilung der *genera dicendi* lehnt er ab.[65] Das einzige Unterscheidungskriterium bei der Unterteilung in die drei Redegattungen »I. Complimentum«, »II. Sermo«, »III. Oratio«, ist die Länge der Rede: »Unterdeßen laße ichs bey einem *Genere dicendi* freylich bewenden/ und halte dafür/ daß die drey sonst so genandte *genera* nicht so wol drey unterschiedne *classes*, als dreyerley Nahmen einer einigen Sache sind. Es mag nun solches von dem Schulmanne oder Geistlichen *Deliberativum*: von dem Gesandten *Demonstrativum*; oder von dem Advocaten *Juridiciale* gennennet werden.«[66]

Die »Oration« wird von Riemer sowohl mit der Schulrede als auch mit der Predigt identifiziert. Diese beiden so in bezeichnender Weise nebeneinander angeführten Redearten stehen gemeinsam der kurzen Hofrede gegenüber. Nach Riemers Ansicht gibt es insofern keine qualitative Diskrepanz zwischen den überkommenen Redearten Schul- und Kanzelrede; deren verschiedenartige Bezeichnungen markieren lediglich die unterschiedliche Aufgabenstellung der Redenden.[67] Die spezielle Machart der zur Schulrede zählenden Trauer- oder Leichenrede bedient sich des Emblems ebenso wie die Kanzelrede.[68]

---

[63] Vgl. im einzelnen hierzu die Hinweise bei KRUMMACHER, Gryphius, S. 281; ders., Überlegungen, S. 107. Vgl. zur katholischen Predigtlehre HERZOG, Wohlredenheit, S. 195–215.

[64] GOTTSCHED, [Rezension] Riemers Maccabäus, S. 626; der Rezensent legt dabei das Schwergewicht seiner Ausführungen auf den Nachweis, daß Riemer sich der Inventionen der von ihm bewunderten Trauerrede Valentin-Esprit Fléchiers auf den Marschall Turenne bedient habe, dies freilich in unzureichender Weise.

[65] RIEMER, Standes-Rhetorica, §. XVI., S. 38 f.

[66] Ebd., S. 25; ebenso §. X., S. 32 f.

[67] Ebd., S. 25.

[68] Zur Nähe der beiden Redegattungen und den vielfachen Übergängen gerade hinsichtlich der rednerischen Erfindung siehe oben, Kap. II, 1. 1., S. 57–61.

Angriffspunkte der Vernunftrhetorik

Die Möglichkeiten und Wirkungsweisen emblematischer Erfindung wurden angesichts ihrer weiten Verbreitung in der Praxis auch im 17. Jahrhundert – insbesondere gegen dessen Ende – unter die Lupe genommen. Daniel Richter erläutert im Zuge seiner Rechtfertigung der Invention durch *argumenta artificialia*, die sogar mittels eigentlich nicht zum Thema selbst gehöriger, von außen herangetragener Beweisgründe wie Emblemata, Hieroglyphen und ähnlichem möglich sein solle, diese von ihm so genannte »*artificial-Invention* per Diversum«: »Die Ursach ist/ weil dieses nicht so gar hoch nöthig/ sondern nur darum/ damit man eine Sache/ so sonst bekand oder verdrießlich/ und doch gleichwol vorgebracht werden muß/ durch diese *Invention* gleichsam überzuckert/ anmutiger und annemlicher gemacht werde.«[69]

Um den Anforderungen an die Rede im eigentlichen Sinne gerecht zu werden, besteht nach Richter also kein hinreichender Anlaß, künstliche Erfindungsquellen wie Emblemata an das Thema heranzutragen, weil diese ihr nicht wesentlich sind. Allerdings gibt es Redethemen, die dem Zuhörer schon so geläufig sind, daß eine mittelmäßige Ausführung – etwa in der alltäglichen Praxis der Leichenpredigten – ihm sogar Überdruß bereiten könnte. Dagegen stellt diese Form der künstlichen Erfindung das geeignete Mittel dar und gewinnt so ihre Berechtigung. Richter legt demnach hohen Wert auf die Erfüllung der traditionellen rhetorischen Forderung nach möglichst großer Annäherung an das Publikum (und dessen Bildungshorizont), um es zu überzeugen, kurz: auf das äußere *aptum*, dem der Redner trotz möglicher Widerstände des Hörerkreises nachzukommen hat. Durch den Terminus »Überzuckerung« ist gleichzeitig eine gewisse Nähe zur stilistischen Ausgestaltung der Rede gegeben.

Daß hierin gleichwohl Gefahren lauern, denen der unbedarfte Redner nur allzu leicht aufsitzen kann, wird in Gottscheds Kritik an »allerley Sinnbildern« deutlich, die, wie andere »Erfindungsquellen« der Barockzeit »zum Schimpfe der wahren Beredsamkeit erfunden«, nur dahin geführt haben, daß nicht einer »jemals ein wahrer Redner geworden« ist, der sich ihrer bedient hat.[70] Will der Redner Gottscheds Forderung der vom Vernunft*ethos* gebotenen Erwartungen an die Moralität nachkommen, so kann er vermittels des schematisch-emblematischen Vorgehens den Anspruch auf sach- und sprachgemäße Richtigkeit kaum je verwirklichen. Richter redet aufklärerischer Meinung nach einer Nivellierung von *res* und *verba* das Wort, Riemer führt lediglich Lobreden ohne geistliche

---

[69] RICHTER, Thesaurus, S. 89.
[70] GOTTSCHED, Ausführliche Redekunst, III. HSt., XII. §., S. 133.

Aufklärerischer Neuentwurf: Eine »vernünftige topic«

Unterrichtung vor und verfehlt damit das Ziel der Besserung, der Stärkung der Tugenden und der moralischen Läuterung des Auditoriums.[71] Ganz im Sinne der Gottsched-Schule kehrt der Leipziger Student Johann Gottfried Reichel, später als ironischer Kommentator Christoph Otto von Schönaichs und Georg Friedrich Meiers bekannt, der Emblematik als Erfindungsquelle der geistlichen Redekunst den Rücken. Reichel, Mitglied der *Gesellschaft der freyen Künste zu Leipzig*, verwahrt sich in einem Aufsatz über die klerikale Rhetorik ebenso gegen »sinnreiche Emblemata« wie gegen die »homiletischen Vorrathskammern, die allezeitfertigen Prediger und Polstermacher voriger Zeiten; die man als Verderber des guten Geschmackes in der geistlichen Beredsamkeit anzusehen und zu schelten hat«.[72]

Die von ihm als dunkel und künstlich bezeichnete Predigtart der Gegenspieler vergleicht er mit den Dichtwerken der »neuen Hexameterschmiede«, insbesondere Klopstocks; beide bezeichnet Reichel als »Neologisten«.[73] Dagegen führt er, wie vorher schon sein Lehrer Gottsched, besonders den Abt des evangelischen Konvents Marienthal Johann Lorenz Mosheim als den Protagonisten der »natürlichen Schreibart« im kirchlichen Amt. Auch dieser Hinweis erweist sich im Zusammenhang mit der Diskussion um die Emblematik als ergiebig: Mosheim (1694–1755), seit 1733 Professor der Theologie in Helmstedt, tritt – auch als Mitglied (seit 1728) und zeitweiliger Präsident der Leipziger *Deutschen Gesellschaft* und Korrespondent Gottscheds[74] – noch in seinen *Anweisungen, er-*

---

[71] Vgl. oben, Kap. II, 1. 1., S. 60. – In nahezu gleichem Wortlaut wie Gottsched identifiziert HALLBAUER, Unterricht, Vorrede, Bl. b2ʳ, als ›Realien‹ im falschen Weiseanischen Verständnis das zu seiner Zeit übliche Konglomerat aus »Allegorien, Gleichnissen, Exempeln, Historien, Zeugnissen, *emblematibus*, Müntzen, hieroglyphischen Figuren, Wapen und dergleichen Raritäten«. Statt ihrer fordert er die strenge Ausrichtung am Bibeltext und seiner Exegese.

[72] Hrn. Joh. Gottfr. Reichels, des heil. Predigtamts Cand. Erweis, ein geistlicher Redner solle in der Schreibart kein Neuling seyn. In: Sammlung einiger Ausgesuchten Stücke, der Gesellschaft der freyen Künste zu Leipzig. Zweyter Theil. Leipzig 1755., S. 401–416, hier S. 402 f. Vgl. ähnlich noch LINDNER, Anweisung, 3. HSt., 2. Abschn., 1. Abth., S. 110 f.: »Die emblematisch=schematischen Themata, und wie die Puppen der kleinen Geister alle heissen, sind ziemlich heruntergekommen«.

[73] REICHEL, Erweis, S. 404. – In Cap. X seiner Predigtlehre verwahrt sich Gisbert gegen die Dunkelheiten in der Erfindung; demgemäß arbeitet er die Forderung nach logisch-dialektischer Durchformung auch der geistlichen Rede aus und begründet die Notwendigkeit einer entsprechenden Ausbildung mit dem Wahrheitspostulat, das auch für die Predigt gelte. GISBERT, Beredsamkeit, S. 261–294. Zu Gisbert siehe oben, Kap. II, 1. 1. und III, 4. 1.

[74] Vgl. über ihn Martin PETERS: Der Bahnbrecher der modernen Predigt. Johann Lorenz Mosheim, in seinen homiletischen Anschauungen dargestellt und gewürdigt. Ein Beitrag zur

baulich zu predigen (1762 postum erschienen), als entschiedener Gegner der emblematischen Predigtart im Gefolge der Weiseaner auf, ebenso wie er sich gegen die Anwendung der Weiseschen Realienmethode in der Predigt verwahrt.[75] Einmütigkeit charakterisiert also auch hier die ›Gesellschaft der Aufklärer‹.

4. Aufklärerische Argumentationsstrategien

4. 1. Logische Korrektheit der Beweisführung

Im Gegensatz zu den weitverbreiteten, in ihrer Überzeugungskraft und Glaubwürdigkeit nicht grundsätzlich angefochtenen Erfindungsquellen in der Art der »Vorrathskammern« steht die logisch operierende *inventio* Gottscheds und seiner Mitstreiter, die in dem von ihnen so genannten »Hauptsatz«[76] verkörpert ist. Bei der Wiedergabe der Lehre vom rhetorischen ›Hauptsatz‹ stellen die Aufklärer in besonderer Weise das seit der Antike bekannte Gebot der unbedingten Wahrheitsvermittlung in den Vordergrund, das freilich unter epochenspezifischen Vorzeichen interpretiert wird. Oratorische ›Wahrheit‹ kann im streng rationalistischen Sinne nur über das Vorgehen des Redners anhand des *principium rationis sufficientis* und anhand des *principium contradictionis* ermittelt werden.[77] Der »Hauptsatz« als Kern der *inventio* steht dem barocken allegorisch-emblematischen Verfahren diametral entgegen.

Geschichte der Homiletik. Leipzig 1910; HINDERER, Rhetorik, S. 27; REICHEL, Gottsched, Bd. 1, S. 569 und 715; KROKER, Gesellschaft, S. 12; zum Briefwechsel SUCHIER, Korrespondenten, S. 53 f.; WEHR, Briefwechsel, S. 12 f. und 79. – Gottsched erwähnt in seinen rhetorischen Schriften wiederholt Mosheims sechsbändige, zwischen 1725 und 1739 erschienenen *Heiligen Reden über wichtige Wahrheiten der Lehre Jesu Christi* als vorbildlich für den Prediger.

[75] Zur Konzeption der Predigt nach Mosheim vgl. PETERS, Bahnbrecher, S. 183–185, zur Bibel als Predigtquelle ebd., S. 121–130. Den im besten Sinne rhetorischen Charakter seiner Predigten, wie ihn Gottsched in der *Ausführlichen Redekunst* oft hervorhebt, unterstreicht auch die kommentierte Ankündigung einer Ausgabe von Predigten Mosheims in den Beyträgen VIII, 9. Stück (1734), S. 190: »Ob dieses gleich Predigten sind, so herrschet doch eine solche Stärke einer wahren Beredsamkeit darinn, daß wir sie auch politischen Rednern als Muster anpreisen können.« – Daß umgekehrt Mosheim auch von Gottsched beeinflußt ist, etwa in der Konzeption des rhetorischen »Hauptsatzes«, wird durch die Arbeit von PETERS, Bahnbrecher, S. 142 u. ö., deutlich.

[76] GOTTSCHED, Grundriß, I. Abth., I. HSt., §. 2., S. 8; ebd., I. Abth., II. HSt., §. 1. und 2., S. 15; ähnlich FABRICIUS, Redekunst, § 31, S. 14. Siehe dazu auch oben, Kap. III, 5.

[77] Vgl. zu Gottscheds Vermittlung der Lehre vom Satz des zureichenden Grundes in den *Ersten Gründen* CARBONCINI, Wahrheit, S. 167–170.

Aufklärerischer Neuentwurf: Eine »vernünftige topic«

Johann Andreas Fabricius macht, um für das eigentliche Ziel des Redners, die Überzeugung irgendeines Publikums, die theoretischen Präliminarien bereitzustellen, wesentlich weiterführende Konzessionen an den Horizont der potentiell ungelehrten Hörer als Gottsched – er schließt außer den von diesem zugestandenen wahrscheinlichen Beweisen philosophischer, moralischer und historischer Art auch Argumente und Behauptungen in die stichhaltigen Überzeugungsgründe ein, die über die von dem Leipziger strikt eingeforderte Bindung an die »Wahrheit« hinausgehen:

> »Im gemeinen leben und der übung wil es nicht allezeit glücken, mit den jezt erzehlten gründen [d. i. den wahrscheinlichen Argumenten], daß man dadurch andere von der wahrheit einer sache überführen [d. i. überzeugen] solte, weil dazu auch ein gemüth erfodert wird, das im stande ist, sich überführen zu lassen. Daher muß man auch nach der beschaffenheit dessen, mit dem man zu thun hat, seine gründe einrichten (...) Uebrigens sind in solchem falle die beweißgründe so aus der erfahrung, den folgerungen, den eignen meinungen des andern hergenommen werden, allezeit besser zu gebrauchen, als die aus einer tieffen gelehrsamkeit, den ersten gründen, und der wahrheit an sich selbst hergeleitet werden.«[78]

Hier liegt zunächst die Vermutung nahe, Fabricius billige dem Redner zu, er könne doch um der allgemeinen Nachvollziehbarkeit willen dem Publikum gelegentlich nach dem Munde reden und zu dessen unbeschwertem Begreifen auf logisch deduzierte Beweise oder solche aus Gelehrsamkeit verzichten, denn die psychologische Einschätzung des Auditoriums kommt hier ins Spiel. Es muß für bestimmte Argumentationsmuster disponiert sein. Dennoch – der Bindung der *persuasio* an »beweißgründe« gleich welcher Art tut dies keinen Abbruch. Der Verweis Fabricius' auf die empirische »Erfahrung« verdeutlicht recht genau, daß es bei aller Unterschiedlichkeit Gottsched gegenüber im einzelnen doch die gemeinsame Haltung der Frühaufklärer gegen die artifizielle Invention wie die anhand der Emblemata oder der *themata allegorica* ist, an der die neuartige, streng rational vorgehende Anweisung zur rednerischen Erfindung festzumachen bleibt.

Die äußere Form der so beschaffenen rhetorischen *inventio* aus den »beweißgründen« ist die logische Schlußfolgerung. Gottsched, Fabricius und Hallbauer äußern sich hinsichtlich der Bevorzugung des syllogistischen Verfahrens einhellig als Schüler Wolffs. Alle drei fassen das synthetische Vorgehen mit der entsprechenden Schlußmethode als die elementare Grundhaltung des Redners auf und betrachten den formallogischen Syllogismus als Ausdruck des natürlichen

---

[78] FABRICIUS, Redekunst, § 92, S. 41; vgl. aber auch GOTTSCHED, Ausführliche Redekunst, IV. HSt., XIII. §., S. 174.

Denkprozesses.[79] Spezifisch für sie als Wolffianer ist die als Gewißheit artikulierte Auffassung von der Syllogistik bzw. der Lehre von der demonstrativen Erkenntnis als Weg zur Ermittlung von philosophischer Wahrheit.[80] Mit dieser Sichtweise übereinstimmend kommt auch für den Rhetoriker alles auf die Auffindung brauchbarer Regeln zum vernünftigen Schließen an: »Soll aber die Redekunst, wie gleich anfangs gedacht worden, eine vernünftige Anweisung zur Beredsamkeit seyn; so muß dieselbe nicht in gewissen *willkührlich* angenommenen Regeln bestehen; sondern auf die *Natur des Menschen* gegründet, und aus der *Absicht des Redners* hergeleitet werden.«[81]

An diesem Punkt der prinzipiellen Überlegungen macht sich eine Zäsur bemerkbar, die für den Werdegang der Beredsamkeit im Zeichen des Wolffianismus von ausschlaggebender Bedeutung ist: Wenn das syllogistische Denken die Verifizierung seiner Inhalte durch das Verfahren selbst zu liefern in der Lage ist, steht das »Glaubliche« oder das »Wahrscheinliche« nicht mehr im Mittelpunkt der rhetorischen *inventio* – die Suche nach Wahrheit avanciert zum Hauptgegenstand des Verfahrens. Die formale Organisation herkömmlicher Inventionsquellen der Redekunst wird damit obsolet und dem Wahrscheinlichkeitsprinzip als der Basis des topischen Verfahrens wird die Grundlage entzogen: »Die Wahrheiten hängen alle mit einander zusammen, und die eine fließet aus der andern: so daß die eine nur darum wahr ist, weil eine oder etliche andere wahr sind. Daraus folgt nun, daß ein Redner keinen einzigen Satz zum Hauptsatz seiner Rede wird wählen können, der sich nicht beweisen, das ist, durch Aufführung eines zulänglichen Grundes rechtfertigen ließe ...«[82] Das von Gottsched so beschriebene Verfahren der im Determinismus wurzelnden »vernünftigen« Rhetorik ersetzt die topische *inventio* des 17. Jahrhunderts durch neuartige methodische Konzepte auch der empirischen Erkenntnis und bezieht seine Beweiskraft allein aus der schlüssig verfahrenden Argumentation.[83]

---

[79] GOTTSCHED, Grundriß, S. 34; HALLBAUER, Anweisung, S. 396; FABRICIUS, Redekunst, S. 165; vgl. dazu auch KLASSEN, Logik, S. 166, sowie HWR, Bd. 2, Sp. 1214. Vgl. auch die weiteren Ausführungen im folgenden Abschnitt 4.2.

[80] Vgl. etwa die symptomatische Äußerung Wolffs über den Anspruch seiner Methode: »Demnach sind die förmlichen Schlüsse allerdings ein Mittel, dadurch wir die Wahrheit erfinden. Und wenn wir uns in acht nehmen, daß wir hier keinen Fehltritt thun; so werden wir auch niemahls in Irrthum verfallen.« WOLFF, Deutsche Logik, 4. Cap., § 24, S. 175. Vgl. auch LENDERS, Urteilstheorie, S. 159.

[81] GOTTSCHED, Ausführliche Redekunst, I. HSt., XIII. §., S. 97.

[82] Ebd., VI. HSt., III. §., S. 165.

[83] Vgl. in diesem Sinne HESS, Toposbegriff, S. 88; ergänzend ders., »Lusthauß«, insbes. S. 26–30 (zur Topik der Barockzeit) und S. 35 f.

Aufklärerischer Neuentwurf: Eine »vernünftige topic«

In diesem Kontext ist es sicher zu sehr vereinfacht, den frühaufklärerischen Rhetorikern ein grundlegendes Überbordwerfen von traditionellen Vorstellungen der »Imitationsrhetorik« zu unterstellen[84], wie es andererseits zu kurz gegriffen ist, in der Substitution althergebrachter topischer Vorgehensweisen durch das eigenständige, formallogisch operierende Denken eine Entwicklung ausfindig machen zu können, »in deren Verlauf sich die alten rhetorischen Kategorien in Elemente der Ästhetik als einer verselbständigten Disziplin wandeln«.[85] Vielmehr und trotz aller gelegentlich rigoros formulierten Zurückweisungen scheint die Feststellung berechtigt zu sein, daß die Darstellung des rhetorischen Systems bei allen frühen Repräsentanten aufklärerischer Denkungsart, zumal bei Gottsched selbst, »eher synthetischen als polemischen Charakter«[86] hat, wobei die eigentliche Leistung darin besteht, sowohl die zeitgenössische innerrhetorische Diskussion über aktuelle, quasi ›tagespolitische‹ Obliegenheiten konstruktiv in neuentwickelte und als vorrangig erkannte Konzepte des Rationalismus zu integrieren, als auch im Versuch, die seit der Antike geführte Grundsatzdebatte um Wesen und Aufgaben der Rhetorik auf dieser Basis weiterzuführen.

Innerrhetorische Akzentverlagerungen scheinen im Barockjahrhundert die in Antike und Humanismus der Syllogistik zugedachte Rolle als Wahrheit verbürgende Instanz wenigstens teilweise nivelliert zu haben. Die Initialzündung zu ihrer Rehabilitation in der Redekunst kommt von seiten der Philosophie. Durch Wolff erfährt die Syllogistik eine erneute Aufwertung als philosophische Methode und arriviert zum Zentrum einer neuen Rhetorik. Das der Schlußweise des Syllogismus entsprechende synthetische Verfahren wird mit dem der Natur entsprechenden Denkvorgang identifiziert und kann daher für die aufgeklärten Rhetoriker als Grundlage der Theorie der Beredsamkeit dienen.

4. 2. Grade der Plausibilität in der »Schluß=Rede«

Gleichzeitig mit der Orientierung der Rhetorik am Wolffschen Systemdenken vollzieht sich eine Wende in der frühneuzeitlichen Rezeptionsgeschichte der

---

[84] So REICHEL, Gottsched, Bd. 2, S. 2; vgl. ähnlich die These bei DIETZE, Gottsched, S. 12, der Leipziger Aufklärer stelle aufgrund einer »bereits anachronistisch gewordenen, zu hoch veranschlagten Funktionsbestimmung des Rhetorischen eine gewisse Endposition« dar; vgl. dazu auch HORCH/SCHULZ, Das Wunderbare, S. 54.

[85] Ebd., S. 156. Wohl in der Sache richtig, können so pointiert wie hier als Schluß der Untersuchung zusammengefaßte Thesen leicht zu Mißverständnissen führen.

[86] GRIMM, Oratorie, S. 91. Aufschlußreich in diesem Sinne ist auch das achte Kapitel der Arbeit von SINEMUS, Poetik, S. 182–206.

klassischen Argumentationstheorie. Nicht nur die seit der Antike bestehende Ambivalenz des Toposbegriffs, sondern auch dessen in Aristoteles' Werk erstmals sichtbar werdende Verknüpfung mit der Lehre von den Beweisen findet bei den Aufklärern zu Beginn des 18. Jahrhunderts in Deutschland ein neuartiges Verständnis. Im *Grundriß* beschreibt Gottsched das oratorische Verfahren der Schlußfolgerung genau. Es handelt sich dabei um eine bestimmte Art des logischen Vorgehens, die speziell dem Redner gestattet ist:

>»Ist der eine von den Förder=Sätzen so bekannt und ungezweifelt, daß er einem jeden von sich selbst einfällt, wenn er den andern höret, so kan man ihn gantz und gar auslassen. Daher entstehet ein verstümmelter Vernunfft=Schluß, den man griechisch Enthymema zu nennen pfleget, teutsch aber eine Schluß=Rede heissen könnte. Dieses Enthymema bestehet also aus zween Sätzen, davon der eine den Grund des andern in sich enthält: und diese können gleichfalls nach Belieben verwechselt werden, nachdem man entweder synthetisch oder analytisch verfahren will.«[87]

Die so von Gottsched beschriebene Technik der »Schluß=Rede« ist Teil der Logik und gehört damit wesentlich zur Nachbardisziplin der Rhetorik, zur Dialektik.[88] Dennoch haben schon zu Beginn der Geschichte der Redekunst die griechischen Lehrer darauf aufmerksam gemacht, daß das Enthymem hier gleichsam eine Mittelstellung einnimmt. Nach Aristoteles' Entwurf der Rhetorik läßt die Redekunst zwei Arten logischer Operationen erkennen: den rhetorischen Schluß (ἐνθύμημα – deduktiv) oder das Beispiel (παράδειγμα – induktiv). Das Enthymem ist das Zentrum der rhetorischen Kunst, das Paradigma ist als Methode der Demonstration das Korrelativ des Enthymems.[89] Dabei unterscheidet er zwischen »technischen, auf der Kunst des geschulten Redners beruhenden Beweise[n]« einerseits und den »streng wissenschaftlichen« Beweisen anderer-

---

[87] GOTTSCHED, Grundriß, I. Abth., IV. HSt., §. 9., S. 34 f.; vgl. HALLBAUER, Anweisung, S. 396; FABRICIUS, Redekunst, S. 165, sowie die ganz ähnlichen Formulierungen bei WOLFF, Deutsche Logik, 4. Cap. Von den Schlüssen, und wie wir dadurch der Wahrheit versichert werden, § 17, S. 169: »Wenn einer von den Förder-Sätzen so klar ist, daß ihn niemand in Zweifel ziehet; so pfleget man ihn wegzulassen, und dann nennet man ihn einen verstümmelten Schluß«.

[88] Durch die logischen Schlüsse, zu denen auch das Enthymem zählt, »wird alles erfunden, was durch menschlichen Verstand heraus gebracht wird, und alles anderen erwiesen, von dessen Gewißheit sie überführet werden wollen; unerachtet wir weder im Erfinden, noch im Beweisen die Forme der Schlüsse allezeit deutlich vor Augen haben«. WOLFF, ebd., § 20, S. 171.

[89] ARISTOTELES, Rhetorik, Buch I, 2. Kap., 8., S. 14. Vgl. LAUSBERG, Handbuch, § 371, S. 198–200; Sigrid SCHWEINFURTH-WALLA: Studien zu den rhetorischen Überzeugungsmitteln bei Cicero und Aristoteles. Tübingen (1986), S. 38–65; GRIMALDI, Studies, S. 16, 65, 136 und öfter.

seits.⁹⁰ Der mangelnden Präzision der ersteren Art mit ihren mehr oder weniger wahrscheinlichen Gründen und den nicht in jedem Fall zwingenden Ergebnissen steht die wissenschaftliche Art der syllogistisch verfahrenden Deduktion gegenüber.

Die rhetorische Verfahrensweise der Deduktion durch das Enthymem wird von Aristoteles als ein verkürzter wissenschaftlicher συλλογισμός angesehen.⁹¹ Die Deduktion vermittels axiomatisch begründeter, eine Prämisse oder die *conclusio* stillschweigend als bekannt voraussetzender Schlüsse ist in der Rhetorik die dominante Methode. Sie hat topischen Charakter: So wie der vollständige wissenschaftliche Syllogismus die Quellen des Wissens organisiert, so disponiert der rhetorische Syllogismus, das Enthymem, die *topoi* in der klassischen Redelehre als Quellen der Überzeugung.⁹²

Für die Frühaufklärer bleiben die von Aristoteles niedergelegten Grundsätze ebenso verbindlich wie schon für die ihnen vorangegangenen Generationen von Redelehrern, aber auch hier machen sich charakteristische Aspekte einer Rhetorik im Zeichen des Rationalismus bemerkbar. Gottsched konzediert neben den demonstrativen Schlüssen auch den wahrscheinlichen eine gewisse Beweiskraft und läßt neben dem Vernunftschluß auch die induktive Beweisführung als Mittel der wirkungsvollen Überzeugung und der Publikumsbeeinflussung gelten. Außer den »demonstrativen« haben daher auch die »wahrscheinliche[n] Gründe« in der überzeugenden Rede ihre Berechtigung.⁹³ Auf den ersten Blick reiht Gottsched seine Theorie damit in die seit jeher geäußerte Überzeugung ein, die Rhetorik als primär persuasive Disziplin könne sich, anders als die Logik und unabhängig von ihr, auch auf die Glaubhaftmachung von Argumenten durch Plausibilitätsgründe berufen. Aber der Diskussionszusammenhang bei dem Leipziger Früh-

---

⁹⁰ ARISTOTELES, Rhetorik, Buch I, 2. Kap., 2., S. 12 f.; ebd., 20.–22., S. 19 f. – Vgl. dazu auch den Kommentar von Franz Günter SIEVEKE, S. 231 f.; HWR, Bd. 2, Sp. 1202–1206, sowie FUHRMANN, Rhetorik, S. 90: »(...) bei den technischen Beweisen handelt es sich um logische Operationen, die auf Grund von Gewißheiten oder Wahrscheinlichkeiten dem noch Ungewissen ein möglichst hohes Maß an Glaubwürdigkeit verschaffen sollen«. Vgl. dazu auch ders., Rhetorik und öffentliche Rede, S. 8 u. 12 f.

⁹¹ ARISTOTELES, Rhetorik, Buch I, 2. Kap., 13.–14., S. 16 f.; siehe auch QUINTILIAN, Institutio oratoria V, 14, 24: »*enthymema ab aliis oratorius syllogismus, ab aliis pars* dicitur *syllogismi*, propterea quod syllogismus utique conclusionem et propositionem habet ab omnes partes efficit, quod proposuit, enthymema tantum intellegi contentum sit (...)«. – Entsprechend behandelt WEISE, Politischer Redner, im *vierdten Capitel: Von der Übung mit dem Syllogismo,* S. 41–59, auch das Enthymem.

⁹² Vgl. GRIMALDI, Studies, S. 47, 136 f.

⁹³ GOTTSCHED, Ausführliche Redekunst, VI. HSt., XV. §.–XVIII. §., S. 176–180; ders., Akademische Redekunst, VI. HSt., 19. §., S. 116 f.

Aufklärerische Argumentationsstrategien

aufklärer legt insofern eine andere Deutung nahe, als sich bei ihm eine neuartige Begründung für dieses Zugeständnis findet.

Es geht Gottsched immer um den Versuch, die überlieferte rhetorische Systematik angesichts veränderter aktueller Voraussetzungen auf der Basis umfassender systematischer Welterkenntnis und -beschreibung im Sinne des Determinismus bzw. der Wolffschen Ontologie neu zu definieren und beides in dem Sinne zu harmonisieren, daß er die Spezifica der Realitätsbewältigung durch den Redner auf dem Weg der *inventio* nicht als Bruchstelle interpretiert, sondern auf das argumentative Integrationspotential der Persuasivität vertraut.

Mit der Benennung des *sensus communis* respektive der *communis opinio* als der Autorität verbürgenden Instanz einer auf Glaublichkeit beruhenden Beweisführung rekurriert Gottsched wiederum auf die klassische, von den Griechen ererbte Definition der Rhetorik selbst, die von der streng beweisenden Dialektik durch das Glaubhaftmachen von Argumenten und ihrer Bestätigung durch das ausschlaggebende Urteil des Auditoriums als hinlänglicher Grundlage der Überzeugungsfähigkeit unterschieden wurde.[94] Freilich wird die schon von den Sophisten gegebene Begründung dieser Unterscheidung, nach der die Rhetorik immer mit Wahrscheinlichkeiten und Meinungen operiere, von Gottsched abgelehnt und in kennzeichnender Weise auf die Unzulänglichkeiten des menschlichen Erkenntnisvermögens zurückgeführt:

> »Nun kann man es freylich nicht läugnen, daß nicht die Redner meistentheils nur wahrscheinliche Gründe aufzuführen pflegen. Allein das kömmt nicht aus der Natur der Beredsamkeit, oder ihrem Vorsatze und Gutachten her: sondern die Beschaffenheit der meisten Sachen läßt es nicht anders zu. Wo will man doch in allen Arten der Wahrheiten, dergleichen unwidersprechliche Beweisthümer hernehmen, die man Demonstrationen nennet? Sind denn alle Wissenschaften schon zu dem hohen Grade der Gewißheit gekommen, daß ihre Lehrsätze ganz unumstößlich erwiesen werden können?«[95]

Es ist kein systemimmanentes Manko der Redekunst, wenn aktuelle Möglichkeiten zur apodiktischen Beweisführung anhand der ›Vernunftgründe‹ nicht ausgeschöpft werden. Dies bedeutet aber auch, daß die klassische Redelehre des Aristoteles nicht als solche relativiert werden muß, wenn man sie unter ›critischvernünftige‹ Vorzeichen stellt. Im Gegenteil – der Stagirit arriviert noch eher als

---

[94] Ders., Ausführliche Redekunst, VI. HSt., XV. §., S. 176. S. auch oben, Kap. III, 4. 1.

[95] Ebd., XVI. §., S. 177; ähnlich ders., Akademische Redekunst, VI. HSt., 20. §., S. 118 f. – Grundlage dieser Auffassung, die virtuelle Befähigung des Publikums zur Entscheidungsfindung an dieser zentralen Stelle relativiert, ist die Wolffsche Seelenlehre bzw. die dort erläuterte Stufung in niedere und höhere Erkenntnisvermögen; vgl. dazu KIMPEL, Wolff, S. 205 und 208. Zur rhetorischen Komponente des Gottschedschen Wahrscheinlichkeitsbegriffs vgl. MÖLLER, Überlieferung, S. 35 f.; GROSSER, Redeschule, S. 36.

Aufklärerischer Neuentwurf: Eine »vernünftige topic«

Cicero und trotz allen scholastischen Dogmatismus in der Geschichte seiner Interpretation wieder zum eigentlichen *praeceptor* der Redekunst. In einem wesentlichen Punkt – und dies unterscheidet ihn kennzeichnenderweise von der Aristoteles-Rezeption früherer Zeit – differenziert Gottsched auf dieselbe Art wie der griechische Philosoph: Er durchbricht das herkömmliche Aufbauschema eines rhetorischen Lehrbuchs, indem er die einzelnen Arten der Argumente genau wie dieser voneinander trennt und ihnen eigene *Hauptstücke* widmet.

Gottsched unterscheidet zwischen »Erklärungen«, »Erläuterungen« und »Beweisgründen«. Der Terminus »Erklärungen« meint sowohl den klassischen dispositionellen Teil der »narratio« als auch dessen notwendige inhaltliche Füllung mit einer bestimmten Art der Argumentation. Während so den »Erklärungen« neben der Funktion der *narratio*, also des zum Thema hinführenden Redeteils, die Aufgabe der verdeutlichenden Entwicklung eines Sachverhalts (*argumenta explicantia*) zugewiesen ist[96], versteht Gottsched unter den »Erläuterungen« ein das Verständnis erweiterndes, nicht aber notwendig auf dieses verweisendes Beiwerk (*argumenta illustrantia*): »Eine Erläuterung ist aber ein Ausputz und Zierrath einer Rede, der zugleich dienet, die Sachen etwas deutlicher und glaublicher zu machen.«[97] Damit ist die Funktion der *illustrantia* eingeschränkt auf eine Ergänzung der eigentlichen Redeteile ohne dispositionell festgelegten Platz. »Sie sollen dem Zuhörer zur Belustigung, und zur Erleichterung schwerer Sachen dienen: folglich muß sie der Redner als Blumen ansehen, die man über den ganzen Inbegriff der Rede zu streuen hat (...) Nur hüte man sich, nicht zu viele hintereinander zu häufen; sondern brauche sie nur als eine Würze bey nahrhaftern Speisen.«[98]

---

[96] GOTTSCHED, Ausführliche Redekunst, V. HSt., I. und II §., S. 148 f.; vgl. ähnlich SCHULZ, Muster, Kap. IX: Von den Erklärungen in der Rede, S. 459–487, sowie die Begriffsbestimmung der Erklärungen als analytischen »*Definitiones*« bei BAUMEISTER, Anfangsgründe, 1, 24., S. 7: »Durch die Erklärungen wird der Hauptsatz verständlich gemacht, indem man die Kennzeichen und Merkmale der vorzutragenden Sache auseinander setzt, und, so viel möglich, entwickelt«.

[97] GOTTSCHED, Akademische Redekunst, VIII. HSt., 2. §., S. 138; nahezu wortgleich ders., Ausführliche Redekunst, VIII. HSt., II. §., S. 194. Vgl. diese Differenzierung schon bei LANGE, Einleitung, S. 69, allerdings mit dem kennzeichnenden Unterschied, daß die Beweiskraft weder der *argumenta illustrantia* (»*Amplificationibus à Simili, Objectione, Testimonio &c.*«) noch der zur »*Amplificatio ab interpretatione*« zählenden *argumenta explicantia* irgendwie eingeschränkt oder gar verneint würde.

[98] GOTTSCHED, Akademische Redekunst, X. Hauptstück: Von der Anordnung, oder guten Einrichtung einer Rede, 15. §., S. 196; ders., Ausführliche Redekunst, VIII. HSt., I. §., S. 193. Die scheinbare Gleichbehandlung der »Erläuterungen« mit traditionellen Teilen der *dispositio* in der Gliederung seiner rhetorischen Lehrbücher hat in der Forschungsliteratur schon

Aufklärerische Argumentationsstrategien

Die »Erläuterung« umfaßt neben Gleichnissen, Zeugnissen und Lehrsprüchen auch die Beispiele, die deshalb von besonderem Interesse sind, weil sie trotz ihres illustrativen Charakters in der Antike als beweiskräftig angesehen wurden: »Man versteht dadurch eine der vorhabenden Sache ähnliche Begebenheit, die sich irgendwo vormals zugetragen hat. Dieß ist nun eine der angenehmsten und nützlichsten Arten der oratorischen Putzwerke. Denn sie führet zugleich eine Art der Bestätigung bey sich: angesehen man das, was schon einmal geschehen ist, nicht nur für möglich, sondern auch für wahrscheinlich ansieht. Die Alten zählten daher die Exempel mit unter die Beweise (...)«[99]

Die Bezeichnung als »oratorische Putzwerke« weist darauf hin, daß die *illustrantia* nicht die Beweiskraft haben, auf die es letztlich ankommt. Die Tatsache, daß Gottsched die Argumentationsfähigkeit der Paradeigmata zurückweist, setzt, anders als ihre ununterschiedene Gleichsetzung mit dem Enthymem, eine Beobachtung verschiedenartiger Verfahrensweisen voraus. Aber die traditionelle Lehre wird damit keineswegs verschmäht, sondern an diesem richtungsweisenden Punkt wird im Gegenteil die Verbindung zu den Ursprüngen der wissenschaftlich-systematischen Betrachtung der Beredsamkeit hergestellt. Gottsched beobachtet genau und sieht dabei, wohl als einer der ersten, daß es bei Aristoteles einen zweifachen Begriff des Enthymems gibt: einerseits das schlußfolgernde rhetorische Argumentieren generell, andererseits (in engeren Sinne) die Opposition des Enthymems aus dem Wahrscheinlichen (ἐξ εἰκότων, *ex probabilibus*) zum Enthymem aufgrund von Indizien (ἐκ σημείων, *ex signis*).[100]

Der Induktionsschluß der letzteren Art aus ähnlich gelagerten Fällen auf das Allgemeine und die daraus erst folgende Deduktion kann von Gottsched nicht als regelgebend für die gesicherte Glaubhaftmachung auch wahrscheinlicher Gründe akzeptiert werden. Die neuartige Haltung des Aufklärers besteht in der Zurückweisung der *argumenta illustrantia* im Sinne der aristotelischen *para-*

---

verschiedentlich zu Mißverständnissen geführt, am eklatantesten wohl bei BORMANN, Rhetoric: Gottsched habe die »narratio« durch die »definitio« ersetzt und zwei neue Redeteile hinzugefügt (nämlich Illustrationen und Weckung der Affekte), so die Feststellung ebd., S. 66, 68 u. ö., was sich folgenreich auf die weitere Darstellung auswirkt.

[99] GOTTSCHED, Akademische Redekunst, VIII. HSt., 9. §., S. 145. Im Gegensatz zu Gottsched – und bedingt durch die spezifizierte Zielsetzung – behandelt HALLBAUER, Anleitung, Cap. II, §. 8. Von den Nebensätzen, ob und selbige in politischen Reden statt finden, S. 74–77, die »Nebensätze« oder »*themata libera, sive arbitraria*«, nur in Vorübergehen. Da sie nur »ausserwesentliche« Sache des politischen Redners sind, genügt eine allgemeine Vorüberlegung: »Man findet aber einen bequemen Nebensatz, wenn man den Hauptsatz, den Endzweck der Rede, die Personen, die Umstände der Zeit, Orts, etc. erweget« (ebd., S. 75).

[100] ARISTOTELES, Rhetorik, Buch I, 2. Kap., 14., S. 17. Zum doppelten Begriff bei Aristoteles vgl. SIEVEKE, Kommentar, S. 235 f.; HWR, Bd. 1, Sp. 918, s. v. Argumentation.

Aufklärerischer Neuentwurf: Eine »vernünftige topic«

deigmata, von Gottsched »Erläuterungen« genannt. Für ihn vermitteln diese, streng philosophisch genommen, allenfalls fragwürdige Wahrscheinlichkeit und sind damit sekundäre Beweisgründe.[101] Daniel Peucer geht noch unmißverständlicher als er gegen die *argumenta illustrantia* als Mittel des Redners vor, hat dabei aber besonders die den illustrativen Beweisgründen korrespondierenden »Realien« der zeitgenössischen *Politici* im Auge. Sie stehen seiner Meinung nach dem kritischen Verfahren der vernünftigen Erfindung, der Meditation, entgegen: »Die Erläuterungen und Erweiterungen vor Realien auszugeben, ist eine höchst=schädliche Einbildung. Denn die Beweisthümer, Erklärungen der Natur einer Sache, und überhaupt eine gründliche und nach den Lehrsätzen einer gesunden Meditation eingerichtete Ausführung eines *Thematis* verdienen allein den Titul der Realien; nicht aber die *Allegata,* Gleichnisse, Exempel, Allusionen etc. Jene gehören zum Wesen der Rede: diese aber sind zufällige Theile, die nicht nur wegbleiben; sondern auch offt durchaus wegbleiben müssen.«[102]

Ähnlich wie Gottsched differenziert Hallbauer zwischen »Erklärungen« und »Erläuterungen«. Allerdings rechnet er die *explicantia* nicht zu den *argumenta,* sondern sieht für sie eher den Begriff »circumstantiae explicantes« gerechtfertigt. Er versteht unter »Erklärungen« den Vortrag eines Beispiels oder Beweises »mit den nöthigen erklärenden Umständen«.[103] Obwohl die »Erklärungen« nach Hallbauer für das Beweisverfahren notwendig sind, schwächt er mit der Einschränkung ihrer Funktion auf die Präsentation von »Umständen« (*circumstantiae*) der ursprünglichen Beweise ihr unmittelbares Argumentationspotential ab. Im Gegensatz dazu zählen die Erläuterungen (»Exempel, Gleichnisse, Zeugnisse, das Gegentheil etc.«) zu den eigentlichen Argumenten. Hallbauer unterscheidet hier also nochmals zwischen den Argumenten selbst und den sie erklärenden Umständen.

Bei all diesen Abstufungen im einzelnen bleibt als gemeinsames Ziel der frühaufklärerischen Rhetoriker doch klar erkennbar, daß sie die bei den Vorgängern übliche Redepraxis der Überfülle an illustrierenden Beispielen aus topischen Fundgruben ebenso dezidiert bestreiten wie die methodische Ableitung aus ihnen.[104] Dabei ist eines besonders hervorzuheben: Die Rezeption der klassischen

---

[101] Vgl. dazu auch die Hinweise bei WECHSLER, Gottscheds Rhetorik, S. 68.

[102] PEUCER, Anfangs=Gründe, Einleitung, §. 29. 7, S. 49.

[103] HALLBAUER, Anweisung, Tl. II, Cap. II, 1. Abth., § 5, S. 240 f.; zur Kritik an den seiner Ansicht nach oft abstrusen Differenzierungen der Schulphilosophie in *argumenta explicantia, probantia, illustrantia, amplificantia, adplicantia* usw. vgl. ebd., § 7, S. 243 f.

[104] GOTTSCHED, Ausführliche Redekunst, VIII. HSt., II. §., S. 194, XXIV. §., S. 218 f.; Vgl. Gottscheds Rezension der Lohensteinschen Rede auf Hofmannswaldau, in: Beyträge zur Critischen Historie I, Leipzig 1732, S. 496–526, insbes. S. 498, und seine Kritik an Rie-

Beweis- und Argumentationslehre geht, was die Detailkenntnis wie auch den Anspruch auf substantielles Erfassen betrifft, weit über das bei ihren Vorgängern, den Vertretern von ›Schuloratorie‹, ›politischer‹ oder ›galanter‹ Redekunst vertretene Maß hinaus. Gerade in bezug auf die Auseinandersetzung mit dem aristotelischen Werk wird aus ihrem Blickwinkel bemerkbar, daß das für Generationen von Redelehrern selbstverständliche und unhinterfragte Tradieren überkommener Normen in Frage gestellt werden muß, um zum ›Eigentlichen‹ der rhetorischen Lehre und damit zur Lehre von der *inventio* wieder vordringen zu können. Das verbreitete eklektische Verfahren, das bis zur Auflösung der in sich kohärenten aristotelischen Ordnung geführt hatte[105], muß in den Augen der Frühaufklärer zu einem Verlust an prinzipieller Einsicht führen.

Die Weichen für diesen erneuten, authentisierenden Rückgriff auf die als überzeitlich angesehenen Werte der Alten wurden indessen erst durch die neuzeitliche Philosophie im Gefolge des Cartesianismus gestellt; nur in Verbindung mit ihr konnte die grundlegende Revision zementierter Reglements stattfinden. So hat die Philosophie der Aufklärung ihre ausschlaggebende, das Denken des ganzen Jahrhunderts bis ins kleinste revolutionierende Rolle auch und gerade in der Theorie von der Redekunst gezeigt.

5. Ausblicke: Gottsched und die neue Zeit

Die Wirkungen der frühaufklärerischen Rhetorikkritik ließen nicht lange auf sich warten. Von Baumgartens grundsätzlichen Überlegungen veranlaßt, bahnte sich in der Mitte des 18. Jahrhunderts ein Wandel bei der Funktionsbestimmung des Rhetorischen an, mit dem zurechtzukommen den Frühaufklärern, namentlich ihrem Protagonisten Gottsched, zunehmend schwer fiel.

Das von den Schweizern Bodmer und Breitinger in Verbindung mit der Aufwertung emotionaler Überzeugungsstrategien (*movere*) gegenüber dem rationalen *docere* bei Gottsched erstmals als Maßstab des ästhetischen Urteils in der deutschen Theorie formulierte ›Erhabene‹ avancierte zur zentralen Kategorie der späten Aufklärungsästhetik eines Lessing, Kant oder Schiller.[106] Es war von der

---

mers Rede *Der von aller Welt beweinte Maccabäus*; FABRICIUS, Redekunst, S. 63–65 und Vorrede, Bl. 2ᵛ. Vgl. dazu auch GRIMM, Oratorie, S. 74, KÖLMEL, Riemer, S. 76.
[105] Siehe das Beispiel der Aristoteles-Ausgabe Riccobonis, oben Kap. I, 2. 2., S. 44–46.
[106] Vgl. UEDING/STEINBRINK, Grundriß, S. 105–107. Zur Rolle der Beredsamkeit bei Schiller vgl. erstmals Hermann MEYER: Schillers philosophische Rhetorik. In: Ders.: Zarte Empirie. Studien zur Literaturgeschichte. Stuttgart 1963, S. 337–389; Gert UEDING: Schillers Rhetorik. Idealistische Wirkungsästhetik und rhetorische Tradition. Tübingen 1971.

Aufklärerischer Neuentwurf: Eine »vernünftige topic«

hergebrachten Anweisungsrhetorik weitgehend losgelöst und in größere systematische Entwürfe eingebunden. Der alte programmäßige Diskussionszusammenhang wurde immer weniger thematisiert, wenngleich er noch unterschwellig gegenwärtig blieb.[107] Entsprechend den im Lauf des Aufklärungsjahrhunderts sich wandelnden Einordnungskategorien und Wertmaßstäben reduzierte sich die Aufgabe der Rhetorik zunehmend auf die Anleitung zur Verfertigung aller Arten von Prosa, zum Beispiel auch wissenschaftlicher Texte[108], und umgekehrt bewirkten die immer umfassender werdenden ästhetischen Theorien und die literarische Praxis im weiteren Verlauf die mehr und mehr sich verbreitende Einschätzung des überkommenen rhetorischen Systems als ungenügend für die veränderten Ansprüche.[109]

Daß diese Entwicklungen auch von Gottsched selbst wahrgenommen wurden, macht ein Beitrag aus seinen letzten Lebensjahren deutlich, der aufschlußreich für die sich wandelnde Wesens- und Funktionsbestimmung des Rhetorischen sein kann. Es handelt sich hierbei um eine Rezension in der Zeitschrift *Das Neueste aus der anmuthigen Gelehrsamkeit*, die Gottsched mangels Assistenz nahezu alleine ausgearbeitet hat und die sein starres Festhalten an den einmal als richtig erkannten Grundsätzen, das ihn schließlich von vielen seiner Anhänger und früheren Mitarbeiter entfremdete, offenbaren. Eine französische Sammelpublikation aus dem Jahr 1755 hatte die Antrittsvorlesung des Enzyklopädisten Jean Lerond d'Alembert (1717–1783) an der *Académie Française* aus dem vorangegangenen Jahr veröffentlicht, deren Thema unter anderem auch die Beredsamkeit ist. Schon der Beginn der Rede findet Gottscheds Mißfallen. Seiner Auffassung nach äußert d'Alembert die Meinung

---

[107] Siehe dazu oben, Kap. II, 3., S. 75–79.

[108] Diese Entwicklung verdeutlicht auch Gustav Reinbecks *Handbuch der Sprachwissenschaft* (1816). Obwohl der zweite Teil des Werks ausdrücklich »Rhetorik« genannt ist und der Form nach die traditionelle Einteilung in *inventio, dispositio* und *elocutio* gewahrt bleibt, bilden dennoch die Kategorien der ästhetischen Diskussion der vorangegangenen Jahrzehnte den Gegenstand der Ausführungen. Innerhalb des althergebrachten Rahmens wird bei Reinbeck die Gattungstheorie zu einer Stilkunde aller möglichen Arten von Prosa. Demnach kann das bewährte System der Rhetorik Anleitung für die Gesamtheit der rhetorischen Prosa geben.

[109] Auch der Beitrag Eulogius Schneiders (1756–1794) über *Die ersten Grundsätze der schönen Künste* (1790) ist keine Rhetorik mehr, sondern eine *Ästhetik* – Teile der sprachlich-stilistischen Ausgestaltung, traditionell der rhetorischen *elocutio* zugehörig, werden der Ästhetik angegliedert. Unter dem Einfluß der Rezeption von Longins Schrift ist auch bei Schneider das von der Rhetorik separierte *Erhabene* die wesentliche ästhetische Kategorie.

Gottsched und die neue Zeit

»(...) bald anfangs, es gehöre zu einem Redner nichts, als eine lebhafte Empfindung, die das, was sie fühlet, auch andern mittheilen kann; und sey also die Beredsamkeit keine Kunst, weil die Empfindung keine ist. Die großen Meister hätten also ihre Regeln, nicht zu Erfindungen der Schönheiten, sondern bloß zu Vermeidung der Fehler geschrieben. Aber die Falschheit dieser Voraussetzung, wird durch eine gelehrte Anmerkung gewiesen. Empfinden können fast alle Zuhörer des großen Redners: aber durch ihre Bewunderung seines Vortrages zeigen sie ihr Unvermögen, ebenso zu reden.«[110]

Dies läuft den Vorstellungen Gottscheds eindeutig entgegen – wenn Beweise, Argumentationsstrategien, Vernunftgründe und Regeln nicht mehr im Mittelpunkt stehen, kann es mit der Rhetorik nicht mehr weit her sein. Aber selbst wenn d'Alembert das Schwergewicht seiner Ausführungen auf die Beschreibung der Empfindung und ihrer kommunikativen Vermittlung legt, ist die Entfernung von einer Haltung wie der Gottscheds noch nicht unüberbrückbar geworden. Im Grunde geht es beiden um die korrekte Adaption antiker Ideen. So konstatiert der französische Aufklärer in seinem der Beredsamkeit gewidmeten Artikel der *Encyclopédie* im epochalen Vergleich von Antike und Neuzeit, daß die blinde Orientierung an den Regeln der Alten eine größere Unvernunft der »Modernen« erzeugt habe. Darüber hinaus hätten diese sich umso mehr ins Unrecht gesetzt, als sie die Wohlredenheit auf die Funktion der Überredung beschränkt hätten.[111]

All das, was d'Alembert über den Gebrauch der rhetorischen Regeln mitzuteilen weiß, kann nur auf Gottscheds Unverständnis stoßen. Dieser geht selbstverständlich davon aus, daß der korrekte Gebrauch der »Regeln«, wie sie sich für ihn am reinsten im logisch-syllogistischen Verfahren äußern, sozusagen aus sich selbst heraus bereits das exakte und einwandfreie rednerische Ergebnis der thematischen Bewältigung bewirke, und deshalb vermag er die Polemik des Enzyklopädisten weder zu durchschauen noch seiner die gesamte rhetorische Tradition auf andere Weise resümierenden und sie zugleich konterkarierenden Haltung argumentativ entgegenzutreten. Es muß Gottscheds Wesen im Kern treffen, wenn d'Alembert konstatiert, daß die Regeln und ihre Beachtung als solche niemals einer Rede zu substantieller Rhetorizität verhelfen. Im Gegenteil, so der Enzyklopädist, hätten sie lediglich regulative Funktion, indem sie dafür sorgten,

---

[110] GOTTSCHED: [Rezension] Choix Litteraire. T. T. A Genève, Chez Claude Philibert. 1755, in: Das Neueste, Num. V, Leipzig, Wonnemond 1760, S. 361–368, hier S. 366.
[111] Encyclopédie ou Dictionnaire Raisonné des Sciences, des Arts et des Métiers, par une Societé de Gens des Lettres. (...) Tome Cinquieme. A Paris, M.DCC.LV., Art. Elocution, S. 520–526, hier S. 521: »Les modernes, en adoptant aveuglement la définition des anciens, ont eu bien moins de raison qu'eux. (...) ils ont donc eu encore plus de tort que les anciens, lorsqu'ils ont borné l'eloquence à la persuasion«. – Zu d'Alembert als Verfasser des Artikels, zu seinem Rhetorikverständnis sowie zur Rhetorizität in seinem Werk vgl. FRANCE, Rhetoric, S. 96–112, bes. S. 107.

daß die wahrhaft beredten und durch die Natur bestimmten Stellen einer Rede nicht durch andere – Früchte der Vernachlässigung und des schlechten Geschmacks – entstellt und ihrer Wirkung beraubt würden.[112]

Den neuartigen Perspektiven einer sensualistisch operierenden Ästhetik, wie sie sich nicht nur in Frankreich, sondern längst auch in Deutschland breitgemacht hatte, konnte Gottsched nichts entgegensetzen. Nach vielfachen Wandlungen erfuhr das schon im 17. Jahrhundert von Bouhours, Boileau und anderen propagierte Geschmacksleitbild des ›je ne sais quoi‹ eine entscheidende Wendung – unter neuen Vorzeichen, aber immer auch in Zusammenhang mit der umfassenden Debatte um die Stellung der Alten in der eigenen Epoche, interpretierten Rousseau, Diderot, d'Alembert und Voltaire es nun als spontanes Urteilsvermögen des künstlerischen Geschmacks, der sich seinerseits im fruchtbaren Dialog mit den antiken Vorbildern formt.[113]

Gottsched reagierte dementsprechend mit Unverständnis auch auf Voltaires Beitrag über die Redekunst, der ebenso wie d'Alemberts Artikel 1755 im fünften Band der *Encyclopédie* erschienen und dann in derselben Schriftenreihe wie dessen Vorlesung veröffentlicht worden war. Unter dem deutschen Titel *Betrachtungen über die Beredsamkeit und die Zierlichkeit* von Gottsched im *Neuesten* 1761 rezensiert und in zentralen Punkten in deutscher Übersetzung wiedergegeben, zeigt sich ein ähnliches Bild wie im Falle von d'Alemberts Thesen. Zwar ähneln sich die Bewertungskategorien, ihr interpretativer Gebrauch steht jedoch den Gottschedschen Auffassungen entgegen: Die Kategorie der »Natur« bzw. des »Natürlichen« wird auch von Voltaire aufgeboten, um die besondere Lage, in der sich der Redner befindet, zu beschreiben. Allerdings steht das »Natürliche« hier ganz im Rousseauschen Sinne als dem Zivilisatorischen entgegengesetzte Größe und verkehrt so traditionelle, Gottsched geläufige Bedeutungen: »Die Beredsamkeit ist vor den Regeln der Redekunst, so wie die Sprache vor der Sprachkunst gebohren. Die Natur machet die Menschen in großen Angelegenheiten, und in großen Leidenschaften beredt.«[114]

---

[112] Ebd., S. 521: »Les regles ne rendront jamais un ouvrage ou un discours éloquent; elles servent seulement à empêmpecher que les endroits vraiment éloquens & dictés par la nature, ne soient défigurés & déposés par d'autres, fruits de la négligence ou du mauvais goût«.

[113] Vgl. hierzu KÖHLER, »Je ne sais quoi«, hier insbes. S. 268–270. August BUCK: Diderot und die Antike. In: Richard TOELLNER (Hrsg.): Aufklärung und Humanismus. Heidelberg (1980), S. 131–144, hier bes. S. 140 f.; den Wandel von der Geschmackskategorie zum »Genie«-Begriff als leitender Instanz untersucht FRACKOWIAK, Geschmack.

[114] GOTTSCHED: [Rezension] Choix Litteraire. Tome V. A Genève & Copenhague, Chez Les Philiberts. 1756, in: Das Neueste aus der anmuthigen Gelehrsamkeit, Num. IV, Leipzig, Ostermond 1761, S. 286–296, hier S. 292. Die entsprechende, von Gottsched wörtlich wie-

Gottsched und die neue Zeit

Alle Versuche, das alte Denken in Regelmechanismen zu überwinden, werden von dem Leipziger Aufklärer abgelehnt, ebenso wie die Voltairesche Annahme, die »natürliche« Redeweise sei tropisch und damit gleichzeitig affektisch, der Figurenreichtum also als etwas Ursprüngliches anzusehen und analog dazu mit dem Ausdruck der Leidenschaften zu identifizieren. Dabei bezieht sich Voltaire auf das große Vorbild Rousseaus und dessen sozial-anthropologische Theorien, die er auf die menschheitsgeschichtliche Entwicklung der Redekunst überträgt.[115] Daß Gottsched keinesfalls ein Menschenbild dulden kann, das den »edlen Wilden« über die hochzivilisierte, von der Vernunft geleitete Gesellschaftsform erhebt, zeigt er deutlich genug: »Siehet man nicht, daß diese Art des Ausdruckes die Natur und das Wesen der Beredsamkeit bey weitem nicht erschöpfet?«[116]

Einen natürlichen, autochthonen Figurenreichtum in der Sprache des Volkes selbst, wie ihn Voltaire in Anlehnung an Rousseau konstatiert (»le peuple même«), will Gottsched nicht anerkennen. An dieser Stelle ganz konventionellen Denkmustern verpflichtet, liegt bei ihm die Konfrontation der nur durch Gelehrsamkeit zu erarbeitenden »vernünftigen« mit der »pöbelhaften« Beredsamkeit zugrunde. Es fällt das starre Festhalten an Traditionalismen auf, müssen die Thesen der Franzosen doch als Versuch gewertet werden, all das zu unterminieren, wofür Gottsched eintritt: »Man suchet aber darinn die Beredsamkeit bloß auf die bewegliche Schreibart eines in Leidenschaften stehenden Menschen einzuschränken.«[117]

Mit ähnlich auch von Deutschland aus geäußerten Auffassungen hatte Gottsched noch zu Lebzeiten zu kämpfen, aber die einmal vollzogene Entwicklung war unumkehrbar geworden. Ebenso wie in Frankreich war auch hier in den

---

dergegegebene Stelle in der *Encyclopédie* lautet [VOLTAIRE:] Art. Eloquence, S. 529–531, hier S. 529: »*L'eloquence*, dit M. de Voltaire, est née avant les regles de la Rhétorique, comme les langues se sont formées avant la Grammaire. La nature rend les hommes eloquens dans les grands intérêts & dans les grandes passions«.

[115] Ebd., S. 529: »Un philosophe très èclairé [i. e. Rousseau] a remarqué que le peuple même s'exprime par des figures; que rien est plus commun, plus naturel que les tours qu'on appelle tropes«.

[116] GOTTSCHED: [Rezension] Choix Litteraire, S. 293.

[117] Ebd., S. 292. – Daß das zeitgenössische Urteil über Voltaire immer wieder, und dies nicht nur bei Gottsched, am Wolffianismus gemessen wurde, zeigt Peter-Eckhard KNABE: L'accueil fait à Voltaire par les Göttingischen Gelehrten Anzeigen (1739–1779). In: Peter BROCKMEIER u. a. (Hrsg.): Voltaire und Deutschland. Quellen und Untersuchungen zur Rezeption der Französischen Aufklärung. Mit einem Geleitwort von Alfred Grosser. Internationales Kolloquium der Universität Mannheim zum 200. Todestag Voltaires. Stuttgart (1979), S. 343–355.

letzten Jahrzehnten des Aufklärungsjahrhunderts immer deutlicher der prägende Einfluß Rousseaus zu spüren. Mit der Hinwendung zur Rousseauschen Anthropologie bei der Beschreibung künstlerischer Verfahrensweisen vollzog sich zugleich die Abkehr vom deterministischen Wolffianismus der Frühaufklärung. Die elementaren Auswirkungen auf die rhetorische Systematik, und dabei allem anderen voran auf die Lehre von der *inventio*, waren evident. Wenn die Wahrheitsfrage von der Problematik der Authentizität sinnlicher Empfindung und ihrer adäquaten sprachlichen Repräsentation abgelöst wurde, wenn die Spontaneität des Geschmacksurteils in den Vordergrund rückte, mußte sich zwangsläufig die Einschätzung der Aufgaben der Redekunst verändern. Ein deutliches Bild dieses Wandels zeichnet Immanuel Kant in seiner *Anthropologie in pragmatischer Hinsicht* aus dem Jahr 1798, wenn er in den Passagen über den »Kunstgeschmack« Bedingungen und Möglichkeiten der Rhetorik – auch was die »Erfindung« betrifft – angesichts historischer Neuordnungen und eines immer umfassender werdenden Poesiebegriffs diskutiert:

> »Warum gewinnt unter den schönen (redenden) Künsten die Poesie den Preis über die Beredsamkeit, bei eben denselben Zwecken? – Weil sie zugleich Musik (singbar) und Ton, ein für sich allein angenehmer Laut ist (...) Die Poesie gewinnt aber nicht nur den Preis über die Beredsamkeit, sondern auch über jede andere schöne Kunst: über die Malerei (wozu die Bildhauerkunst gehört) und selbst über die Musik (...) Es gilt aber nicht bloß vom Poeten, sondern von jedem Besitzer der schönen Kunst: man müsse dazu geboren sein und könne nicht durch Fleiß und Nachahmung dazu gelangen; imgleichen, daß der Künstler, zum Gelingen seiner Arbeit, noch einer ihm anwandelnden glücklichen Laune, gleich dem Augenblicke einer Eingebung, bedürfe (...), weil, was nach Vorschrift und Regeln gemacht wird, geistlos (sklavisch) ausfällt, ein Produkt der schönen Kunst aber nicht bloß Geschmack, der auf Nachahmung gegründet sein kann, sondern auch Originalität des Gedanken erfordert, die aus sich selbst belebend, *Geist* genannt wird.«[118]

---

[118] KANT, Anthropologie, I, § 68, S. 575 f. Siehe dazu oben, Kap. II, 3., S. 75–79.

EXKURS
BEDINGUNGEN UND MÖGLICHKEITEN RHETORISCHER PRAXIS: GOTTSCHEDS OPITZ-REDE

1. Rhetorisch-poetologische Auseinandersetzungen als Rezeptionsrahmen

Gottsched hat zeitlebens viel Wert auf die praktische Redetätigkeit gelegt, und dies weit mehr, als daß es mit dem noch heute weitverbreiteten Bild vom trockenen, alle Kunst reglementierenden und beständig theoretisierenden Leipziger *Criticus* übereinstimmen könnte. Bei den Zeitgenossen genoß Gottsched nicht nur als Rhetoriklehrer, sondern auch als Redner großes Ansehen. Als Sproß einer preußischen Pastorenfamilie war ihm die Kunst der Rede von kleinauf vertraut, und spätestens seit der Studienzeit in Königsberg – zunächst strebte er selbst das Pfarramt an – hatte Gottsched Gelegenheit, sich als Redner zu bewähren.[1] Auch in seiner Eigenschaft als Spektabilität der Philosophischen Fakultät und Magnifizenz der Leipziger Universität[2] war es immer wieder Gottscheds Aufgabe, öffentlich zu reden. Die von ihm wohlweislich großgezogenen und lange Jahre betreuten Rednergesellschaften übten weithin Einfluß auf die Redepraxis ihrer Zeit aus.[3]

Gottsched selbst hat die zu bedeutenden Anlässen von ihm gehaltenen Reden aus den unterschiedlichsten Epochen seines Lebens immer wieder eigens publiziert und, miteinander vereinigt, 1749 als Sammlung herausgegeben. Auch haben die praktischen Redeübungen seiner beiden Rednergesellschaften und diejenigen der Leipziger *Deutschen Gesellschaft* den Weg ans Licht der Öffentlichkeit gefunden.[4]

---

[1] Vgl. zum familiären Hintergrund REICHEL, Gottsched, Bd. 1, S. 43; RIECK, Gottsched, S. 9–12; zur Studienzeit ebd., S. 12–20, und neben REICKE, Lehrjahre, auch Eugen REICHEL: Gottscheds Spiel- und Lehrjahre. In: Kleine Gottsched-Halle. Jb. der Gottsched-Gesellschaft. Bd. 1. Berlin 1904, S. 1–32, hier insbes. S. 17–21; siehe auch oben, Kap. II, 1. 1., S. 57 f.

[2] Vgl. hierzu DIETZE, Gottsched, S. 14; REICHEL, Gottsched, Bd. 1, S. 669; RIECK, Gottsched, S. 67.

[3] Zur Redepraxis Gottscheds vgl. über die bisher gegebenen Hinweise hinaus auch RIECK, Gottsched, S. 81; REICHEL, Gottsched, Bd. 1, S. 705–707, 709 f., Bd. 2, S. 24, 747–751. Als Thema einer eigenständigen zukünftigen Untersuchung ist die Gottschedsche Redepraxis allemal ein lohnender Gegenstand.

[4] Der Deutschen Gesellschaft in Leipzig Eigene Schriften und Uebersetzungen in gebundener und ungebundener Schreibart. Zweyte vermehrte Auflage. Tle. 1–3. Leipzig 1742. In dieser erstmals 1734/35 veröffentlichten Sammlung erschienen u. a. Gottscheds Rede *Daß man die wahre Beredsamkeit nur in männlichen Jahren recht fassen und ausüben könne*, ebd., Tl. 2,

Rhetorische Praxis: Gottscheds Opitz-Rede

Vor allen anderen herausragenden Beispielen für die Redepraxis Gottscheds hat seine 1739 zum hundertsten Todestag gehaltene und noch im selben Jahr erstmals veröffentlichte Lobrede auf den frühbarocken Dichter Martin Opitz[5] seit jeher besondere Beachtung gefunden. Sie soll hier, auch stellvertretend für andere, insbesondere hinsichtlich der Frage, ob und inwiefern sich die rhetorische Theorie des Leipziger Frühaufklärers in der Redepraxis widerspiegelt, untersucht werden.

Allerdings müssen in diesem Kontext auch weitergehende Perspektiven deutlich gemacht werden, denn vom inhaltlichen Aspekt her steht diese Rede im Bezugsrahmen einer umfassenden Opitz-Rezeption, die auf ein ausgesprochen biographisches und editorisches Interesse an diesem Dichter verweist. Um die Mitte des 18. Jahrhunderts fand man zu einer neuartigen Haltung ihm gegenüber im Vergleich mit den panegyrischen Lobgedichten auf den »Vater der deutschen Dichtkunst« vergangener Zeiten[6], die Ansätze zu einer bis dahin nicht gekannten historischen Betrachtungsweise erkennen ließ, Einzelereignisse in umfassende ›philosophische‹ Konzeptionen einordnete und damit erstmals Maßstäbe für eine geschichtliche Sichtweise entwickelte, die schließlich zu ausschlaggebenden Bewertungskriterien für die Erkenntnis und die Problematisierung der eigenen lebensweltlichen Situation avancierten.

In den Jahren 1740 und 1741 erschien eine umfangreiche Opitz-Biographie des aus Hirschberg in Schlesien stammenden Arztes Kaspar Gottlieb Lindner in zwei

---

S. 236–246, und Johann Joachim Schwabes Rede *Daß niemand suchen solle klüger zu werden, als seines gleichen,* ebd., Tl. 3, S. 332–348.

[5] Johann Christoph GOTTSCHED: Lob- und Gedächtnißrede auf den Vater der deutschen Dichtkunst, Martin Opitzen von Boberfeld, Nachdem selbiger vor hundert Jahren in Danzig Todes verblichen, zur Erneuerung seines Andenkens im 1739sten Jahre den 20. August auf der philosophischen Catheder zu Leipzig gehalten. Leipzig 1739. Nach diesem Erstdruck folgten viele weitere Einzelausgaben; der Abdruck aus den *Gesammleten Reden* wieder in: Ders., Gesammelte Reden, AW IX/1, S. 156–192; gekürzt wiederabgedruckt in: Ders.: Schriften zur Literatur, hrsg. von Horst Steinmetz. Stuttgart (1982), S. 212–238. In Gottscheds Redesammlung finden sich als weitere bekannte Beispiele die Rede auf die Erfindung der Buchdruckerkunst, AW IX/1, S. 115–155, und die Gedächtnisrede auf Kopernikus, ebd., S. 87–114. Vgl. hierzu auch Dieter PILLING: Kopernikus, Gottsched und Polen. Bemerkungen zu Gottscheds Rede auf Nikolaus Kopernikus. In: Deutsche Polenliteratur. Internationales Kolloquium Karpacz 3.–7. Oktober 1988. Wroclaw 1991, S. 75–82, sowie KÜHLMANN, Gelehrtenrepublik, S. 176.

[6] Vgl. dazu die bei Gottsched wiedergegebenen Beispiele von Buchner, Fleming, Zincgref u. a., in: AW IX/1, S. 173–178. Zur Opitz-Rezeption im Barock vgl. Rudolf DRUX: So singen wie der Boberschwan. Ein Argumentationsmuster gelehrter Kommunikation im 17. Jahrhundert. In: NEUMEISTER/WIEDEMANN, Res Publica, Tl. II, S. 399–408.

Der Rezeptionsrahmen

Bänden, die *Umständliche Nachricht von des weltberühmten Schlesiers, Martin Opitz von Boberfeld, Leben, Tode und Schriften, nebst einigen alten und neuen Lobgedichten auf Ihn.* Entscheidend für die Entstehung dieses Werks war wohl eine Ermunterung Gottscheds, in dessen Umkreis Lindner einzuordnen ist – Lindner, der auch als Mitglied des Hirschberger *collegium poeticum* in regem Briefverkehr mit Gottsched stand, wurde wohl vor allem durch dessen Opitz-Rede aus dem vorangegangenen Jahr zu seinem Werk angeregt.[7]

Gottsched selbst trug sich, wie aus seiner Korrespondenz mit Bodmer zu erfahren ist, bereits seit den Anfängen seiner akademischen Lehrtätigkeit in den späten zwanziger und frühen dreißiger Jahren des 18. Jahrhunderts mit dem Gedanken, die Werke des Barockdichters herauszugeben.[8] Daneben gab es auch den Plan der Schweizer zu einer Opitz-Ausgabe, deren erster (und einziger) Band tatsächlich 1745 gedruckt vorlag.[9] Überdies war zu jener Zeit eine dritte Edition aus den Händen des Göttinger Hofrats Georg Christian Gehbauer im Entstehen.[10] 1746 erschienen schließlich in Frankfurt *Martin Opizen Teutsche Gedichte, in vier Bände abgetheilet, Von neuem sorgfältig übersehen, allenthalben fleißig ausgebes-*

---

[7] Zu Lindner vgl. Herbert GRUHN: Caspar Gottlieb Lindner. In: Schlesier des 18. und 19. Jahrhunderts. Hrsg. von Friedrich Andreae u. a. Sigmaringen (^{2}1985), S. 99–103, hier S. 101. Zu seiner publizistischen Tätigkeit sowie zur Korrespondenz mit Gottsched vgl. Hans JESSEN: Die Anfänge des Zeitschriftenwesens in Schlesien. In: Jahrbuch der schlesischen Friedrich-Wilhelms-Universität zu Breslau 18 (1973), S. 33–55, hier insbes. S. 37 f.

[8] Eugen WOLFF (Hrsg.): Briefwechsel Gottscheds mit Bodmer und Breitinger. Nach den Originalen der Züricher Stadtbibliothek und der Leipziger Universitätsbibliothek. In: Zeitschrift für den deutschen Unterricht 11 (1897), S. 353–387, hier S. 374: Gottsched an Bodmer, Leipzig, 11. May 1739. Bodmer antwortet auf das Schreiben am 16. Mai 1739 (ebd., S. 374–376), indem er seinen eigenen Editionsplan offenbart und ausführlich erläutert – allerdings aus Vorsicht in der dritten Person als Vorhaben eines ungenannten »hiesige[n] Gelehrte[n]«. Vgl. hierzu auch die Antwort Gottscheds vom 30. Oktober 1739, in: ebd., S. 377–379.

[9] Martin Opitzens Von Boberfeld Gedichte. Von Johann Jakob Bodmer und Johann Jakob Breitinger besorget. Erster Theil. Zürich 1745. Die Vorrede zur Ausgabe ist wiederabgedruckt in: BODMER/BREITINGER, Schriften, S. 205–214; vgl. dazu auch LEIBROCK, Interesse, hier S. 331–333; Helmut HENNE: Eine frühe kritische Edition neuerer Literatur. Zur Opitz-Ausgabe Bodmers und Breitingers von 1745. In: ZdPh 87 (1968), S. 180–196, hier S. 186 f.; BENDER, Bodmer, hier S. 53.

[10] Gehbauer, wie Lindner gebürtiger Schlesier, war Professor der Jurisprudenz in Göttingen und ist heute der wohl unbekannteste, sicherlich nicht aber unwichtigste Opitz-Forscher jener Zeit. Er besaß eine umfangreiche Sammlung von Werken und Briefen des Dichters, auch im Original. Als Korrespondent Lindners war er wohl nicht unmaßgeblich an der Entstehung von dessen Opitz-Biographie beteiligt. Vgl. auch zum folgenden Jörg-Ulrich FECHNER: [Rezension] Martin Opitz, Gesammelte Werke. Kritische Ausgabe, hrsg. von George Schulz-Behrend. Bd. 1. Stuttgart 1968. In: Euphorion 64 (1970), S. 435.

sert, mit nöthigen Anmerckungen erläutert von Daniel Wilhelm Triller. Eine Streitschrift der Schweizer unter dem Titel *Der Gemißhandelte Opiz in der Trillerischen Ausfertigung seiner Gedichte*, im folgenden Jahr in Zürich publiziert, in der sie alle möglichen Verstöße gegen die Texttreue anprangerten, konnte die größere Verbreitung der Trillerschen Ausgabe nicht verhindern.[11]

Obwohl Lindner eine seinen eigenen Vorstellungen entsprechende Ausgabe wohl noch am ehesten dem Gottsched-Kreis zutraute, ist diese nie publiziert worden, wenngleich insbesondere die Opitzsche Lyrik intensiv im Leipziger Kollegium rezipiert wurde. Im Jahr 1739, zum hundertsten Todestag des Opitz, hielt Gottsched Vorlesungen über ihn, als deren krönender Abschluß die berühmte Lobrede überliefert ist. So steht diese Rede also nicht als isoliertes Zeugnis eines individuellen Interesses da, sondern sie ist Teil des öffentlichen, gelehrten Diskurses ihrer Zeit, der über das konkrete Ereignis des Dichterjubiläums hinaus nach Perspektiven für die eigene Epoche sucht.

Bei allen Differenzen hinsichtlich der Schwerpunktsetzung, bei aller Unterschiedlichkeit der Werkpräsentation im einzelnen und der dadurch hervorgehenden gegenseitigen kritischen Beurteilung bleibt doch festzustellen, daß die Aneignung des Barockdichters bei Gottsched, den Schweizern und ihren Zeitgenossen immer unter den Vorzeichen eigener sprach- und literaturkritischer, in der Rhetorik verwurzelter Prinzipien auf der Grundlage der Wolffschen Psychologie steht. Damit ist die dichterische Gabe der »witzigen« und »scharfsinnigen« Erfindung ebenso in Verbindung mit dem Geschmacks- und Vernunfturteil zu sehen wie die Lehre von den Gemütsbewegungen unter den Vorzeichen einer Neubewertung künstlerisch-kommunikativer Verfahrensweisen – Vorstellungen, die Opitz selbst fremd waren.[12] Die Rezeptionsbedingungen des eigenen Opitz-Bildes sind den Frühaufklärern nur bis zu einem gewissen Punkt deutlich, und ob der in der Forschungsliteratur auch jüngeren Datums bisweilen erhobene Vorwurf einer methodischen Inkorrektheit und geschichtlichen Verfälschung von Tatsachen Bestand hat, wenn von einer Indienststellung des schlesischen Barockdichters für die eigenen Interessen die Rede ist[13], muß daher bezweifelt werden. Von einer erkennt-

---

[11] Vgl. dazu auch GOTTSCHED (?): [Rezension] Martin Opitz von Boberfeld deutsche Gedichte (...) mit nöthigen Anmerkungen erläutert von Daniel Wilhelm Trillern (...) (Frankfurt 1746), in: Neuer Büchersaal der schönen Wissenschaften und Künste, Bd. 2 (1746), S. 483–501.

[12] Siehe oben, Kap. V, 1. und VII, 2. Vgl. dazu auch Klaus GARBER: Martin Opitz – »der Vater der deutschen Dichtung«. Eine kritische Studie zur Wissenschaftsgeschichte der Germanistik. Stuttgart 1976, S. 55 f.

[13] So Uwe K. KETELSEN: Auf den Flügeln des patriotischen Eifers über das Gestrüpp der Sätze: Gottsched rühmt Opitz. In: Opitz und seine Welt. FS für George Schulz-Behrend. Amsterdam 1990, S. 267–286; ähnlich auch SINEMUS, Poetik, S. 179–182, hier S. 179: Opitz als Re-

Der Rezeptionsrahmen

niskritisch begründeten Historizität, von einer Differenzierung zwischen historischer Erkenntnis und geschichtlicher Wirklichkeit kann hier noch nicht die Rede sein.[14]

Die noch in der Zeit der Frühaufklärung als ›Realwissenschaft‹ im Schul- und Universitätsunterricht gelehrte »Historie« war vorderhand der Rhetorik als Hilfsdisziplin untergeordnet, und damit stand zunächst jede geschichtliche Perspektive im Dienst der überzeugenden Interessenvermittlung.[15] Es erhebt sich die Frage, ob und inwieweit dieses Problembewußtsein auch in Gottscheds berühmter Gedächtnisrede als Maßstab für die Bewertung des Dichters angenommen werden kann, oder ob nicht vielmehr die traditionell rhetorische Sichtweise entscheidend für Gottscheds Geschichtsbild ist, der auch das »historische« Opitz-Bild unterliegt.

Auf den Umstand, daß »historisch« auch bei Gottsched gleichbedeutend mit »nicht theoretisch« oder auch »faktisch gegeben« gebraucht ist und nicht etwa im Sinne einer bestimmten Geschichtsauffassung, verweist das V. Hauptstück *Von den Erklärungen in einer Rede* seiner *Ausführlichen Redekunst*, in dem zwischen lehrhaften (»dogmatischen«) und »historischen« Argumenten einer Rede unterschieden wird.[16] Die »historischen« Erklärungen haben die Aufgabe, zur Verdeutlichung der im »Hauptsatz« formulierten thematischen Vorgabe beispielhaft bestimmte geschichtliche Ereignisse, »Begebenheiten« vorzuführen. Daher liegt der ihnen eigentümliche Aufgabenbereich im *genus demonstrativum*.[17] Immer wieder betont Gottsched in diesem Zusammenhang die Publikumsbezogenheit, die traditionell rhetorische *persuasio*, als eigentlichen Grund für die Forderung

---

präsentant der Gottschedschen Poetik aus dessen Perspektive; KÜHLMANN, Frühaufklärung, hier S. 206.

[14] Siehe etwa noch Johann Martin CHLADENIUS: Allgemeine Geschichtswissenschaft. Mit einer Einleitung von Christoph Friederich und einem Vorwort von Reinhart Koselleck. Wien u. a. 1985 (ND der Ausgabe 1752). Zur Rhetorizität auch seiner Lehre vgl. das KOSELLECK, Vorwort, hier S. IX, sowie die Einleitung von Christoph FRIEDERICH, hier S. XIII: die Mitte des 18. Jahrhunderts als »Phase des Übergangs von der rhetorisch-exemplarischen zur forschungsorientierten Geschichtsauffassung«.

[15] Vgl. dazu den Überblick bei KESSLER, Modell. Zur Entwicklung des historischen Denkens im Zeitalter der Aufklärung vgl. Peter Hanns REILL: The German Enlightenment and the Rise of Historicism. Berkeley u. a. 1975.

[16] GOTTSCHED, Ausführliche Redekunst, V. HSt., I. §., S. 148.

[17] Ebd.: »Jene [= die dogmatischen Erklärungen] haben da statt, wo man gewisse dunkle Wörter und Sachen deutlich zu machen suchet; diese aber sind da nöthig, wo man gewisse Eigenschaften beschreiben muß, um dem Zuhörer einen rechten Begriff von dem Hauptsatze beyzubringen«.

nach der Präsenz »historischer Erklärungen«.[18] Geschichtliches Referieren dient demnach nicht als Selbstzweck oder dem Ausdruck einer Bewußtseinshaltung, sondern es ist instrumentalisiert und der rhetorischen Wirkungsabsicht untergeordnet. Als eigentümlich rhetorisches Element kommen bei den historischen Erklärungen Überlegungen zur Plausibilität der vorgetragenen Gründe ins Spiel. Die Merkmalsbeschreibung der Wahrscheinlichkeitsgründe erinnert an die Verfahrensweise der in Rhetoriken wie auch Poetiken früherer Zeiten immer wieder vorzufindenden topischen ›Generalnenner‹ – die Wahrscheinlichkeit »wird erhalten, wenn man den Character der Personen, die Beschaffenheit der Zeiten und der Oerter, die eingeführten Gewohnheiten und die Natur der Sachen recht vor Augen hat.«[19]

Historische Argumentationsformen werden dann aufgegriffen, wenn sie der Verdeutlichung oder näheren Umschreibung der im Zentrum oratorischer Überlegungen stehenden ›Wahrheit‹ dienen. Keinesfalls geht es um die Erörterung eines Für und Wider von Ursachen oder Beweggründen für die Vergegenwärtigung komplexer Entwicklungsprozesse, sondern um den gezielten Einsatz von aus diesen Zusammenhängen notwendigerweise isolierten Argumenten zum Zweck der Überzeugung. Sie werden gewonnen und beschrieben durch die vernünftige *inventio*, durch die im Verfahren der rednerischen Meditation erworbene Sachkenntnis. Es ist genau die hier von Gottsched auf Theorieebene beschriebene ›vernünftige‹ oratorische Vorgehensweise, die bei seiner Opitz-Rede zum Einsatz kommt.

2. Aufgeklärte Redekunst

In der *Historischen Einleitung* seiner *Ausführlichen Redekunst* weist Gottsched nachdrücklich auf Martin Opitz als eine der prägenden Persönlichkeiten in der Entwicklung der deutschen Dichtkunst und Beredsamkeit hin. Weil dieser die Tugenden beider Künste, Poetik und Rhetorik, in sich vereinte, gebührt ihm als erstem nach dem *Praeceptor Germaniae* Philipp Melanchthon ein besonderer Rang: »Es sind fast volle hundert Jahre verflossen, in welchen sich kein einziger Redner in Deutschland hervor gethan, dessen Ruhm bis auf unsre Zeiten gekommen wäre: so viel Zeit brauchte es, ehe der vom Melanchthon ausgestreute Samen der freyen Künste recht aufgehen konnte! Dieses geschah endlich um die Zeiten des gelehrten Schlesiers, *Martin Opitz von Boberfeld*, der nicht nur in ge-

---

[18] Ebd., V. §.–VII. §., S. 152–156.
[19] Ebd., VII. §., S. 154.

bundener, sondern auch in ungebundener Schreibart einen ganz neuen Geschmack eingeführet hat.«[20]

Das Werk des Barockdichters, auf dessen Bedeutung Gottsched hier besonders hinsichtlich der Initialfunktion für die Entwicklung der Rhetorik verweist, bildet für ihn den Beginn einer Entwicklung, die vom Versuch der Integration antiker und muttersprachlicher Redekunst geprägt ist und als deren Erbe sich der Aufklärer selbst betrachtet. Opitz' Meisterschaft in beiden Bereichen wird auf Gelehrsamkeit und Urteilskraft zurückgeführt, die Gottsched ebenso als Merkmal originärer Kunstfertigkeit nimmt wie die Fähigkeit des souveränen sprachlichen Ausdrucks:

»Die große Kenntnis der Alten, hatte diesen großen Mann in den Stand gesetzet, seinen Landsleuten ein ganz unverhofftes Licht in den freyen Künsten anzuzünden. Durch das Lesen der besten Weltweisen hatte er sich einen Vorrath der schönsten Materien, und eine Fertigkeit, wohl und natürlich zu denken, erworben. Durch den beständigen Umgang aber mit den alten Rednern und Poeten, hatte er sich auch die Fähigkeit zuwege gebracht, seine Gedanken deutlich und zierlich auszudrücken: wie dieses auch die prosaischen Schriften sattsam zeigen, die wir in seinen Werken finden.«[21]

Daß Gottscheds Opitz-Bild von den Maßstäben seiner eigenen Epoche geprägt ist, tritt in dieser Darstellung deutlich zutage. Die Argumentation, mit der seine Mustergültigkeit dargelegt wird, ist genuin rhetorisch – sie besteht in der möglichst präzisen Aufführung von Begründungen zur Untermauerung der These von der Vorreiterrolle des Barockdichters. Ganz ähnlich wie in der *Redekunst* sieht es in der großen Opitz-Rede aus: Alle »historischen« Erklärungen werden wie die übrigen »Nebensätze« der rednerischen Argumentation von dem einen »Hauptsatz« abgeleitet, der die Intentionen des Redners in sich zusammenfaßt. Er findet sich nach den im *exordium* vorbereitend dargestellten Sachverhalten, nämlich der mangelnden Dichterehrung überhaupt in Deutschland, dem Rückblick auf antike Gegenbeispiele für diesen Zustand und der ausführlichen Darlegung der Gründe, warum ausgerechnet Opitz eine den Alten entsprechende Ehrung verdient habe. In der Form der logischen Schlußfolgerung, in der zugleich das Redeziel genau formuliert wird, lautet Gottscheds Hauptsatz:

»Wenn es nun dergestalt, gnädige und hochgeschätzte Anwesende, eine ausgemachte Sache bleibet, daß geistreiche Scribenten durch lehrreiche, witzerfüllte und anmuthige Schriften in ihrer Muttersprache, ihrem Vaterlande jederzeit viel Ehre machen, und also von ihren Landsleuten einen unsterblichen Ruhm und Dank verdienen; wenn es ferner ausgemacht ist, wie ich bisher gezeiget habe, daß unser großer Opitz aber seinem Vaterlande allerdings diesen so wichtigen Dienst, und zwar zu allererst, bey unzähligen Schwierigkeiten kriegerischer Zeiten, und

---

[20] Ebd., Historische Einleitung, XXV. §., S. 78.
[21] Ebd., S. 78 f.

fast in allen Arten sinnreicher Schriften, geleistet hat: wer wollte denn, wer könnte noch wohl den geringsten Zweifel tragen, ob er nicht bei allen redlichen Deutschen ein unsterbliches Andenken, und einen ewigen Dank verdienet habe.«[22]

Wie in der *Ausführlichen Redekunst* theoretisch dargelegt, entspricht die hier dargebotene rhetorische Schlußfolgerung, das Enthymem, nicht genau dem strengen philosophischen Syllogismus, sondern läßt im Unterschied zu diesem einen etwas größeren Spielraum in der Abfolge der Teile und ihres Gehalts zu. Der Regreß auf die axiomatischen Grundlagen der Argumentation ist vom Redner in der gedanklichen Vorbereitung zwar gefordert, nicht jedoch die ausführliche Begründung in ihrer Gesamtheit vor dem Publikum[23], und im Gegensatz zur Syllogistik, die eine exakte und vollständige Deduktion unter striktem Wahrheitsgebot erfordert, kann sich der Redner beim Enthymem auf die Glaublichkeit seiner Sätze durch Wahrscheinlichkeit berufen.[24] Diese Wahrscheinlichkeit kann unter anderem das Urteil der *communis opinio* bzw. des *sensus communis* verbürgen.

Gottscheds »Hauptsatz« entspricht genau dieser Anforderung an das rhetorische Enthymem: Prämissen werden als gegeben angenommen. Sowohl der Obersatz (*propositio maior*) ist in »einer ausgemachten Sache« begründet wie auch der Untersatz (*propositio minor*), der eine »ferner ausgemachte« Wahrscheinlichkeit voraussetzt. Sowohl die allgemeine Regel als auch der unter ihre Bedingung subsumierte Satz beruhen auf Plausibilitätsgründen. So hängt der Schluß (*conclusio*) letztlich von dem Einverständnis des Publikums mit der Glaubhaftmachung seiner Prämissen durch den Redner ab.

Allerdings kann die Art und Weise, wie Gottsched diesen Kern- oder »Hauptsatz« mit einzelnen Argumenten der Beweisführung untermauert, den Hörer oder Leser der heutigen Zeit vor nicht unerhebliche Verständnisprobleme stellen und dazu führen, daß er mit Uwe Ketelsen eine »Konkurrenz der Paradigmen«[25] feststellt. Diese scheinbare Spannung einander entgegenlaufender und sich in ihrer Grundlage widersprechender Argumentationsmuster läßt sich jedoch ohne weiteres auflösen, wenn man die Ausrichtung der Beweisführung als zutiefst im Wesen der topischen Rhetorik verankerte Schemata erkennt, dabei aber mitbedenkt, daß Gottsched eine schon in der Antike begegnende wesentliche Unterscheidung berücksichtigt: Die topische Methode bedingt nicht unter allen Umständen inhalt-

---

[22] Ders., Lob- und Gedächtnißrede, AW IX/1, S. 188.

[23] Vgl. dazu auch LAUSBERG, Handbuch, § 371, S. 198–200; UEDING/STEINBRINK, Grundriß, S. 247 f.

[24] Schon bei Aristoteles ist das Enthymem Grundlage der Glaubhaftmachung, des rhetorischen Beweises; es bedeutet soviel wie »Wahrscheinlichkeitsschluß«. Vgl. HESS, Toposbegriff, S. 72. Siehe auch zum folgenden oben, Kap. VII, 4. 2.

[25] KETELSEN, Flügel, S. 273.

liche Aussagen über ihr Thema. Gottsched hält sich nämlich trotz der bei ihm an die Stelle der *loci argumentorum* rückenden Vernunftschlüsse und trotz all seiner Ressentiments gegen althergebrachte Inventionstechniken genau an traditionelle Vorstellungen von Aufgaben und Möglichkeiten rhetorischer Argumentationsweisen. Aber – er stellt sie unter neue Vorzeichen, er bedient sich herkömmlicher Techniken als eines Mittels für das, was er als Hauptzweck einer recht verstandenen Redekunst interpretiert: die »vernünftige« *persuasio*.

Obwohl sich Gottsched in seinen theoretischen Grundlegungen der Beredsamkeit sehr entschieden gegen eine rednerische Verfahrensweise im Sinne des 17. Jahrhunderts wendet und immer wieder gegen ›Schatzkammern‹, Kompendien und Florilegien und einer aus diesen Werken gezogenen inhaltlichen Argumentation wettert, nutzt er doch Form und Methode topischer Argumentationsmuster. Die von ihm postulierte »vernünftige« Findung der Argumente aus den einem Redegegenstand immanenten Gesichtspunkten macht das überkommene Verfahren der topischen Invention nicht hinfällig, so lange es den Bedingungen der logischen Form gehorcht und keine inhaltliche Gültigkeit beansprucht, und in diesem Sinn dient Gottsched als Vortragendem das seit der Antike bereitgestellte Instrumentarium auch zur Begründung der Einzigartigkeit des Opitz.

Ein Katalog topischer Erfindungsquellen, wie ihn der Frühaufklärer im Auge hat, wenn er hergebrachte rednerische Verfahrensweisen angreift (den er sich umgekehrt aber auch zunutze macht), findet sich beispielweise in der *Akademischen Redekunst*. In genauer Kenntnis antiker und neuzeitlicher Stichwortverzeichnisse memoriert Gottsched unter anderem den *topos* aus dem »Namen« (*nomen*), den »Aeltern« und »Vorfahren« (*genus*), den »Lehrern« (*educatio et disciplina*), den »Gütern des Glückes« (*fortuna*), den »Ehrenstellen« (*conditio*), der »äußerliche[n] Leibesgestalt« (*habitus corporis*) oder dem »Alter« (*aetas*).[26] Die Opitz-Rede zeigt augenfällig alle diese überlieferten topischen Muster, die freilich zugunsten der Wahrscheinlichkeit im Sinne des kombinatorischen »Witzes« instrumentalisiert werden. Wie dies geschieht, zeigt das Beispiel des *topos ex genere*: »Man verehret zwar billig all die berühmten Geschlechter, deren Stammtafeln fast eine unzertrennte Kette großer Leute darstellen; wo man fast eben so viel Helden, als Ahnen zählet, und die Lorbeerreiser zu hunderten rechnen kann, die ihre Bilder und Helme vormals gekrönet haben. Allein, es bedünkt mich allemal viel rühmlicher zu seyn, wenn ein edler Sohn seine unberühmten Aeltern adelt,

---

[26] GOTTSCHED, Akademische Redekunst, IV. HSt., 9. §., S. 109; ähnlich ders., Ausführliche Redekunst, VI. HSt., V. §., S. 167. Die lateinischen Termini sind nach Quintilian rückübersetzt. Siehe dazu auch oben, Kap. II, 4., sowie Kap. VI. 2. 3.

und denjenigen Stamm, so zu reden, krönet, dem er seine Geburt zu danken hat (...)«[27]

In nur scheinbarer Erfüllung maßgeblicher topischer (Denk-)Muster werden konventionelle Argumente aufgezählt, um sie tatsächlich in ihren Gegensatz zu verkehren. Die bloße Anwendung der Methode heißt daher noch lange nicht, daß sich daraus auch ableiten ließe, Gottsched argumentiere »in genau der antiquarischen Weise«, die er dem 17. Jahrhundert angelastet habe.[28] Im Gegenteil gebraucht er hier lediglich das vom System der Topik bereitgestellte Instrumentarium als Möglichkeit, nicht aber als zu bestimmten inhaltlichen Aussagen zwingendes Denkschema zur Stützung seiner von logischen Vernunftschlüssen geleiteten Beweisführung.

Von der althergebrachten Topik mußte sich der Festredner geradezu ermuntert fühlen, alle verfügbaren Mittel für seine Aufforderung zur aktiven Opitz-Verehrung zu nutzen, beispielsweise innerhalb der *loci a persona*, also der sich aus der Person ergebenden Fundorte, den *topos ante acta dicta*, also die die Vorgeschichte eines Individuums betreffenden Gesichtspunkte. Die *loci a re* stellten Gottsched die sich aus der Sache ergebenden Fundstätten und damit die aus ihnen hervorgehenden *loci a causa* (des bereits Geschehenen als Ursache eines Umstandes), der *loci a tempore* (Beweise, die sich aus den Zeitumständen herleiten) usw. zur Verfügung.[29]

Indem Gottsched an kennzeichnender Stelle, zu Beginn des Hauptteils (*narratio*), traditionell mögliche topische Argumentationsmuster verwendet, diese aber inhaltlich ganz untypisch in ihr Gegenteil umkehrt, unterläuft er die in sie gesetzten Erwartungen. Wenn es einen derart spielerischen Umgang mit den Formen auch schon vorher gegeben hatte, ist hier gleichwohl durch die Bindung traditioneller Verfahrensweisen an die logische Form vor dem Hintergrund des sachanalytischen Stoffzugangs doch eine neue Qualität in der Redekunst erreicht: Die ›wahren‹ Gründe und Beweise zählen. So ist es nicht die Abkunft aus einer berühmten Stadt oder dem Elternhaus, die das Dichterlob begründen, sondern umgekehrt gibt der Dichter selbst erst durch sein persönliches Verdienst Anlaß zum Lob seines Herkunftsorts und seiner Eltern. Gottsched geht sogar so weit, die inhaltliche Beweiskraft der *topoi*, die er hintertreibt, zu verneinen, falls sie im Sinne überkommener ›Gemeinplätze‹ Verwendung finden sollten:

---

[27] Ders., Lob- und Gedächtnißrede, AW IX/1, S. 164. – Ganz nebenbei formuliert Gottsched hier das aufklärerische Gesellschaftsideal der Einvernehmlichkeit zwischen Geblüts- und Verdienstadel.

[28] KETELSEN, Flügel, S. 283. Den Gegenstandpunkt dazu vertritt CAMPE, Affekt, hier S. 16.

[29] Eine knappe Übersicht der *loci topici* findet sich im systematischen Teil von UEDING/STEINBRINK, Grundriß, S. 220–235.

Aufgeklärte Redekunst

»Doch, was halte ich mich bey der Vaterstadt unsers deutschen Ennius auf; da doch dieselbe mehr Glanz von ihrem Sohne erlanget hat, als sie demselben hat mittheilen können? Hätte man nicht dieselbe lieber gar mit Stillschweigen übergehen sollen; da es ohnedieß ein schlechtes Lob großer Leute ist, welches von der Geburtsstadt, oder von dem Vaterlande derselben hergenommen wird? (...) Allein, ich habe es mit gutem Vorbedachte angeführet, um in diesem besondern Falle desto deutlicher zu zeigen, daß unser Poet keines fremden Beystandes benöthiget, und durch sich selbst allein groß gewesen sei.«[30]

In einer knappen Abfolge rhetorischer Fragen und anaphorischer Reihungen[31], die an die ausführlich auf ihren Sinn hinterfragten *topoi* ›Herkunft‹ und ›Elternhaus‹ anschließen, handelt Gottsched weitere traditionell mögliche Erörterungspunkte der Lobrede ab. Schulbildung, Studium, Freunde und Gönner, persönliche Verdienste um Wissenschaft und Religion – sie alle können nur hinführen auf das, was Gottsched »das Hauptwerk meiner Rede« nennt, nämlich den Nachweis der Verdienste Opitz' »um unsere Muttersprache, Dichtkunst und Beredsamkeit«.[32] Mit dieser Nennung der Redeabsicht (*partitio*), die in argumentativer Hinsicht den Untersatz des von Gottsched anvisierten »Hauptsatzes« bildet, ist der Redeteil der *narratio* abgeschlossen und der ebenso logisch strukturierte Redeteil der *argumentatio* kann nun beginnen.

Opitz wird von Gottsched deshalb ins Gedächtnis seiner Hörer zurückgerufen, weil er, wie der Hauptsatz zu demonstrieren versucht, sich um das Vaterland verdient gemacht hat. Zur Stützung dieser zentralen These der *argumentatio* werden alle verfügbaren Arten der Beweise aufgeführt und gründlich mit Zeugnissen belegt. Eines der wesentlichen und auffälligsten Argumente, das besonders breit mit Beispielen illustriert wird, ist die Berufung auf Autoritäten, die Gottscheds Hochachtung vor Opitz authentisieren und unwidersprechlich bezeugen sollen. Zu diesen gehören etwa der Heidelberger Kreis um Lingelsheim, Gruter, Freher, Venator und die berühmten Leidener Gelehrten Vossius, Heinsius und Grotius, ebenso die Barockdichter und -poetiker Buchner, Fleming, Rist, Kaldenbach und Zincgref.[33] Auch hier fußt die rednerische Vorgehensweise auf einer alten rhetori-

---

[30] GOTTSCHED, Lob- und Gedächtnißrede, AW IX/1, S. 163 f.
[31] Ders., Ausführliche Redekunst, XIV. HSt., XIV. §., S. 345 (Anaphora) und S. 354 (Interrogatio).
[32] Ders., Lob- und Gedächtnißrede, AW IX/1, S. 168.
[33] Zum Heidelberger Kreis um Opitz vgl. Hans-Henrik KRUMMACHER: Laurea Doctoralis Julii Guilielmi Zincgrefii (1620). Ein Heidelberger Gelegenheitsdruck für Julius Wilhelm Zincgref mit einem unbekannten Gedicht von Martin Opitz. In: BECKER-CANTARINO/FECHNER, Opitz, S. 287–349. – Die von Horst Steinmetz herausgegebene Auswahl Gottschedscher Schriften zur Literatur verzichtet leider auf den Abdruck der gelehrten Anmerkungen, die ausführlich Textzeugnisse der genannten Personen darbieten.

schen Tradition: Es handelt sich um die sogenannten *auctoritates* oder, systematisch betrachtet, um den *topos ex iudiciis hominum* (bzw. um den *topos ex iudicio posteritatis*), also um das Urteil der Mit- und Nachwelt.

Die Absicht in der gezielten Verwendung der alten Topik ist deutlich nachvollziehbar: Der Redner nutzt die Regeln der Rhetorik in persuasiver Absicht und entkräftet genau an den Dreh- und Angelpunkten mit der Benennung seiner Intention alle denkbaren Gegenargumente, um nachher umso nachdrücklicher sein Anliegen zu wiederholen. Obwohl Gottsched sich also des überlieferten Inventars der Beredsamkeit bedient, stellt er durch die Argumentationstechnik heraus, daß die jeweilige inhaltliche Füllung des *topos* in eine andere Richtung als im traditionellen Sinne geht.[34]

Das topische Schema dient so der Hinführung auf die wesentliche, aus der eigenen Reflexion über den Redegegenstand hervorgegangene Argumentation des Redners. Durch sie wird die überkommene Topik als der Sacherkenntnis und -beschreibung inadäquat entlarvt, da der stofflich-thematische Gehalt der Rede aus sich selbst erklärt werden muß.[35] Berücksichtigt man diese Vorgehensweise Gottscheds, so wird klar, daß es ihm überhaupt nicht um eine unserem heutigen Verständnis entsprechende geschichtliche Darstellung des Opitz gehen konnte, die qualitative Unterschiede der Zeitläufe wahrnimmt und sich dem Problem der historischen Genese stellt.[36] Das rhetorische Modell der Geschichtsbetrachtung fordert als historische Wahrheit eben keine objektivierende Beschreibung, sondern es sieht sich selbst als eine Art ›Kunstregel‹ zur praktischen Herstellung von Reden: historische ›Realität‹ ist im Kommunikationsvorgang der überzeugenden rednerischen Vermittlung untergeordnet; oratorische Wahrheit bedarf der Anerkennung durch ein Publikum genauso, wie sie vorher durch die rednerische »Erfindung« glaublich und damit wahrheitsfähig gemacht werden muß.[37]

Geschichte dient hier lediglich als eines von vielen möglichen Argumentationsmustern, die historische Perspektive bleibt an die sie bestimmende Wirkungsintention gebunden. Authentische Zeugnisse nimmt Gottsched für die eigene Zeit in Anspruch, um durch sie als Mittel der Bestätigung oder Widerlegung eines Beweisgrundes zur Einflußnahme auf das Publikum zu gelangen.[38]

---

[34] Vgl. zu diesem Gedanken ausführlich CAMPE, Affekt, S. 12–20, hier S. 15 f.

[35] Vgl. ebd., S. 16.

[36] So KETELSEN, Flügel, S. 275 f.

[37] Vgl. dazu neben HEITMANN, Verhältnis, auch KESSLER, Modell, S. 47 und 50. Siehe auch oben, Kap. II, 3. und Kap. III, 4.

[38] Die von Ketelsen eingeforderte genetische Sichtweise ist nur durch ein geschichtsphilosophisches Prinzip zu bewerkstelligen, das das nötige erkenntniskritische Instrumentarium bereitstellt, mit dem qualitative Bewertungsmaßstäbe entwickelt werden können. Dieses In-

Aufgeklärte Redekunst

Nicht nur hinsichtlich der *inventio* bezieht Gottsched sich auf die alten Muster, die er für die eigenen Absichten nutzt. Auch *dispositio* (Einteilung) und *elocutio* (sprachliche Ausgestaltung) sind an traditionellen Vorgaben orientiert, aber auch sie werden von ihm abgewandelt. So folgt die Gliederung der Rede als ganzer der seit der Antike geläufigen Gattung des *genus demonstrativum*, und neben der Einteilung in die Hauptteile Einleitung (*exordium*), Erzählung (*narratio*), Beweisführung (*argumentatio*) und Redeschluß (*conclusio, peroratio*) nimmt Gottsched auch im Detail überlieferte Schemata auf.[39]

Aber – die bereits von Cicero und Quintilian als Eingang der Beweisführung, bzw. als Bindeglied zwischen Einleitung und Hauptteil benannte Begründung der Redeabsicht vor dem Publikum (*partitio* oder *divisio*) nutzt er erst als natürliche Gelegenheit, um das Verständnis für die folgenden Ausführungen seiner »vernünftigen« *narratio* bzw. *argumentatio* vorzubereiten und durch die gliedernde Aufzählung der Redeziele zu erleichtern, nachdem er die topischen Argumentationsstrategien als unbrauchbar demaskiert hat. Mit einer langen Reihe von Fragen konterkariert er traditionelle Erwartungen an den Lobredner: »Sie wissen also, hochzuehrende Herren, wer unser Dichter, seiner Ankunft nach, gewesen ist. Soll ich ihnen denselben nunmehr auch in einer genauern persönlichen Abbildung vor die Augen malen? (...) Was für ein Feld würde mir nicht hier überall offen stehen, unsern Dichter mit Nachdrucke zu loben? (...) Wenn würde ich endlich das Hauptwerk meiner Rede berühren können?«[40] Ebenso finden sich als klassische Bestandteile neben den Beweisen der *argumentatio* im engeren Sinn (*probationes*) auch Widerlegungen möglicher gegnerischer Einwände (*refutationes*). Diese Gegenbeweise liefert Gottsched immer wieder an hervorgehobener Stelle, und zwar dann, wenn er den Hörern seinen »Hauptsatz« ins Gedächtnis zurückruft und sein von Anfang an deutlich benanntes Redeziel formuliert, zur Erhaltung des Andenkens an den Dichter aufzurufen und ihm als Zeichen dessen ein Denk-

---

strumentarium gibt es weder bei Gottsched noch bei den Schweizern – es wird erst bei Herder in der Auseinandersetzung mit der Kantischen Philosophie zum Maßstab der Literaturgeschichte und dann in der Frühromantik von den Brüdern Schlegel in ihren Vorlesungen weiterentwickelt. Daß Gottsched diesem dynamischen Geschichtsbild nicht entsprechen konnte, weil er noch der überlieferten Diskussion um ästhetische Normen im Rahmen der Auseinandersetzungen um die Vorbildlichkeit antiker oder neuzeitlicher Dichter verpflichtet war, belegt die Studie von PAGO, Gottsched. Vgl. dazu auch oben, Kap. I, 2., und Kap. II, 4.

[39] Das Dispositionsschema des *exordium* der Opitz-Rede bei KLASSEN, Logik, S. 165.
[40] GOTTSCHED, Lob- und Gedächtnißrede, AW IX/1, S. 166–168. Vgl. zur *partitio* die Hinweise bei UEDING/STEINBRINK, Grundriß, S. 245 f.

mal zu errichten.⁴¹ Damit sind auch sie allein der »vernünftigen«, auf ein Hauptziel gerichteten Überzeugung unterworfen.

Auch die Nutzung der Stilistik in Gottscheds Opitz-Rede steht in diesem Zusammenhang. So bedient Gottsched sich am Anfang und am Schluß seines Vortrages der Mittel des hohen Stils in Form von Bildern, Ausrufen (*exclamationes*) und Fragehäufungen.⁴² Damit unterscheidet er sich zunächst nicht im geringsten von seinen Vorgängern, die er aber in den theoretischen Stellungnahmen gerade wegen ihrer amplifikativen Sprechweise rügt.⁴³ Im Gegensatz zur Redepraxis hauptsächlich des späten 17. Jahrhunderts und ihrer von den Aufklärern kritisierten kunstreichen, oft übervollen Ausgestaltung mit allen zur Verfügung stehenden Mitteln des *ornatus*, liegt der Schwerpunkt bei ihm jedoch auf der sprachlichen Deutlichkeit (*perspicuitas*). Gottsched als einer der entschiedensten Verfechter eines auf Klarheit und Deutlichkeit angelegten Redestils⁴⁴ wendet hier praktisch an, was aus dem theoretisch dargelegten Begründungszusammenhang hervorgeht: Aus der Erkenntnis des untrennbaren Zusammenhangs zwischen Inhalt und Form der Rede, zwischen Beweisfindung und Ausarbeitung, wächst die Einsicht, daß auch die Art der sprachlichen Repräsentation der dem Barock wesentlichen Erfindungsquellen Allegorie und Emblematik vermittels der ihnen entsprechenden Stilelemente kein tragfähiges Medium für eine sachgerechte, den Redegegenstand selbst verkörpernde Wortwahl sein kann.⁴⁵

An die Stelle von Allegorie und Emblematik tritt auf stilistischer Ebene eine Bildersprache, die vornehmlich auf Vergleichen (*comparationes*) basiert. Nicht

---

[41] GOTTSCHED, Lob- und Gedächtnißrede, AW IX/1, S. 159 f.; S. 169 f.

[42] Ders., Ausführliche Redekunst, XIV. HSt., XV. §., S. 353 (*exclamatio*) und 354 (*interrogatio*).

[43] Daß in der *amplificatio* traditionell eines der wesentlichen Bindeglieder zwischen den Herstellungsphasen *inventio* und *elocutio* zu sehen ist und sie damit sowohl zur einen wie auch zur anderen Produktionsphase hinzuzurechnen ist, wurde schon an früherer Stelle dieser Arbeit erläutert; siehe Kap. V, 4.; VI, 2.–VI, 3.

[44] Ebd., XIII. HSt., III. §., S. 300 f. XV. HSt., IV. §.–VIII. §., S. 361–367, sowie das gesamte XVI. Hauptstück, S. 393–414. – Die zugrundeliegenden alten Kategorien der Rhetorik *claritas* und *latinitas* unterliegen dem rationalistischen Verständnis der Leibniz-Wolffschen Unterscheidung der Bewußtseinsgrade zwischen dunkler Vorstellung, klarer und verworrener bzw. undeutlicher Vorstellung, sowie klarer und distinkter bzw. deutlicher Vorstellung. Vgl. dazu oben, Kap. IV, 3. 1., sowie die Ausführungen bei dems., Erste Gründe, Theoretischer Teil, AW V/1, Tl. 4, II. Abschn., II. HSt., 1037. §, S. 570 f.: *Diversus in ideis perfectionis gradus* – Merkmale der Ausführlichkeit – Unausführlichkeit, Deutlichkeit – Undeutlichkeit, Klarheit – Dunkelheit.

[45] Ders., Ausführliche Redekunst, XIII. HSt., XII. §., S. 309 f.; XV. §., S. 312 f.; XV. HSt., XX. §., S. 383.

mehr zeichenhaft für das Gemeinte stehendes uneigentliches Sprechen – für Gottsched immer ein Verstoß gegen die *perspicuitas* – sondern eloquent verknappte Benennungen dienen der Steigerung der Anschaulichkeit. Dementsprechend schöpft er nicht, wie es für Generationen von Rednern selbstverständlich war, aus der Kraft des metaphorischen Ausdrucks, indem er überraschend kombiniert und Unerwartetes ausdrückt. Alle »sinnreiche«, »verblümte Redensart« untersteht dem Gebot der unmittelbaren Identität von Sache und sprachlichem Ausdruck.[46] Die bei der Metapher vorausgesetzte Verständlichkeit anhand des *tertium comparationis* durch stillschweigende Übereinkunft zwischen Redner und Publikum kann die Rede in der Schwebe halten und dadurch bereichern, birgt jedoch die Gefahr zu großer Komplikation und dadurch der »Dunkelheit« oder »Undeutlichkeit«.[47] In der Form des stufenweise anhebenden Vergleichs oder – auf syntaktischer Ebene – des *incrementum (gradatio)* veranschaulicht der Redner den Lobpreis als Folge von sich überbietenden Gedanken:

»Wie ein reiner Spiegel alle sichtbare Dinge darstellet, die vor ihn gebracht werden: so nimmt auch der reiche Witz eines Dichters fast alle möglichen Gestalten an. Er erhebt sich wie ein Adler, wann er das hohe Lob der Tugend besinget. Er nimmt die Stimme einer zärtlich lokkenden Nachtigall an, wann er eine verliebte Leidenschaft ausdrücken will. Er girret wie eine Taube, wann er den Verlust wichtiger Güter bedauret. Und wann er die Wohlthaten seines Schöpfers preiset: so wird sein Gesang von einer lieblichen Lerche die Kunst entlehnen, womit sie die heitre Sommerluft erfüllet, und einen aufmerksamen Landmann zur Dankbarkeit ermuntert. Wenn ich nun zu all diesen Bildern, noch den herzhaften Klang einer schmetternden Feldtrompete hinzusetze, womit ein muthiger *Tyrtäus* seine Leser zu einem tapfern Schutze ihrer Rechte und Freyheiten anfeuert: so werde ich freylich sehr viel, aber dessen ungeachtet, noch nichts mehr angezeiget haben, als was unser großer Opitz seinem Vaterlande wirklich geleistet (...)«[48]

Bei aller Rationalität seiner Argumentation, bei aller Orientierung an der logisch korrekten Form des Syllogismus bzw. des Enthymems, knüpft der Frühaufklärer Gottsched dennoch in der Art und Weise, wie er Opitz durch den Vergleich mit antiken Vorgängern besonderes Lob zollt, an die Formen des Dichterlobes an, die auch die enkomiastische Tradition des 17. Jahrhunderts auszeichnen. Wenn auch die Vergleiche bei Gottsched weniger als in der Barockzeit dazu da sind, die Rede im Sinne einer gelehrten Anspielung kunstvoll zu schmücken, und bei ihm

---

[46] Ebd., XIV. HSt., IX. §., S. 337. Siehe dazu oben, Kap. III, 4.
[47] Ebd., XIII. HSt., hier XII. §.–XV. §., S. 312 f. (Metapher und Allegorie als Redefigur) und ebd., XV. HSt., IV. §.–VIII. §., S. 361–367 (»dunkle« und »undeutliche Schreibart«).
[48] Ders., Lob- und Gedächtnißrede, AW IX/1, S. 186 f. Vgl. zu den Redefiguren, ders., Ausführliche Redekunst, XIV. HSt., XV. §., S. 354, sowie UEDING/STEINBRINK, Grundriß, S. 254 und 271 f.

in die Fußnoten verbannt sind[49], zielt er gleichwohl, genau wie seine Vorgänger, auf eine essentielle, »wahrhaftige« Erfassung der poetischen Leistung des Opitz im Sinne einer tatsächlichen Nachfolge von unangezweifelten antiken Mustern, etwa durch den Vergleich mit Ennius, Homer, Vergil oder Musäus. Das alte rhetorische Schema von *doctrina/praecepta, exempla* und *imitatio* bzw. *imitatio* und *aemulatio* bleibt so gewahrt.[50] Gottscheds Verfahrensweise des Vergleichs steht damit eben doch in einer Tradition, die ihre Wurzeln nicht verleugnen kann – und dies auch gar nicht will.

---

[49] Vgl. die von Gottsched im Anmerkungsapparat zur Lob- und Gedächtnißrede wiedergegebenen Gedichte von Buchner, S. 173 f., Fleming, S. 174, Zincgref, S. 175, die Opitz mit Vergil, Horaz, Ovid und Neulateinern auf eine Stufe stellen oder ihn diese gar übertreffen sehen.

[50] GOTTSCHED, Lob- und Gedächtnißrede, AW IX/1, S. 187: »In Wahrheit, gnädige und hochgeschätzte Anwesende! hier scheue ich michs nicht zu sagen, was ich bisher in Ansehung der Gedichte unsers Poeten, noch nicht habe wagen mögen; daß er nämlich alle Dichter des Alterthumes übertroffen habe (...)«.

SCHLUSS
REDEKUNST UND KRITISCHE ERFINDUNG – PERSPEKTIVEN FÜR EINE ZUKÜNFTIGE BETRACHTUNG

Ziel der vorangegangenen Untersuchung war es, Traditionen und Entwicklungsprozesse, Schnittstellen und Brüche des rhetorischen Systems innerhalb seiner theoretischen Darlegung im 18. Jahrhundert, von der ›galanten‹ bis zur ›genie‹-ästhetischen Lehre, sichtbar zu machen. Eine entscheidende Wende in dieser Entwicklung ging dabei von den Frühaufklärern aus. Die Wahrnehmung der von ihnen vermittelten Diskussion um Wesen und Aufgaben der Topik, um Verfahrensweisen im Grenzbereich zwischen Rhetorik und Dialektik und der aus dieser Diskussion erwachsenen Fundamentalkritik an der rednerischen *inventio* früherer Zeiten, führte über das Gebiet der Beredsamkeit hinaus in die Beobachtung allgemeiner geistesgeschichtlicher Abläufe.

Die von der bisherigen Forschung bearbeitete Quellenbasis hat sich als ungenügend für eine sachgerechte historische Einschätzung von Aussagen über rhetorische Aufgaben und Einflußbereiche erwiesen, insbesondere was die Lehre von der rednerischen »Erfindung« betrifft. Der hier vorliegende Versuch einer Integration von literaturgeschichtlichen Perspektiven, von Ergebnissen der Barock- und Aufklärungsforschung und insbesondere der bislang noch immer kaum einbezogenen historischen Toposforschung hat sich dazu als hilfreich erwiesen. Dabei war eine erneute und vielfach auch erstmalige intensive Sichtung und Analyse der Quellen hinsichtlich ihrer Aussagen zu Persuasions- und Argumentationsstrategien unerläßlich. Sie hat die einleitend formulierte Annahme bestätigt, daß über den ohnehin schon weitgesteckten Rahmen der Theorie der Beredsamkeit in ihrer geschichtlichen Entwicklung hinaus allgemeinere Perspektiven zutage treten werden, vor allem was die Entwicklung von der Rhetorik als instrumenteller Leitwissenschaft des überlieferten *artes*-Systems hin zu einer allgemeinen Kunstlehre im 19. Jahrhundert betrifft. Insbesondere der in der vorliegenden Analyse intensiv aufgearbeitete rhetorische ›Kernbereich‹ der Lehre von der *inventio* ist tatsächlich dazu geeignet, in längst verlorengegangene Denkformen und -traditionen zurückzufinden und dadurch das Verständnis kulturgeschichtlicher Prozesse wesentlich zu erhellen.

In der begriffsdefinitorischen Diskussion der von den Aufklärern primär als Argumentations- und Beweislehre aufgefaßten Anleitung zur *inventio* spielt sich die Debatte um Richtlinien und Vorgehensweisen der Rhetorik ab. Dies ist insofern nicht ungewöhnlich, als frühneuzeitliche Rhetoriklehrer auch schon vor dem 18. Jahrhundert immer wieder die Prinzipienfrage an diesem Punkt gestellt

haben. Eine eindeutige Zuordnung inventionaler Prozeduren zur Beredsamkeit ist von Anfang an strittig, da das logisch-dialektische Verfahren ebenfalls den Rang einer Prinzipienwissenschaft auf diesem Gebiet beansprucht. Als Folge dieser Erörterung ergibt sich die Frage der Abgrenzung der Rhetorik von der zunächst ganz ähnlichen, aber eben doch unterscheidbaren Aufgabenstellung der Logik bzw. Dialektik, die nicht folgenlos bleibt: das ›Denksystem‹ Rhetorik wird durch die Identifikation mit logisch-dialektischen, d. h. eigentlich rhetorikfremden Formalien in der Lehre von der *inventio* entscheidend beeinflußt. Die Philosophie kann schließlich, bei der zweiten und dritten Generation der Aufklärer, ureigene Aufgaben der Beredsamkeit in sich aufnehmen, indem sie als synthetisierende philosophische Ästhetik zu einer umfassenden Kunsttheorie findet. Der im 18. Jahrhundert immer wieder formulierte Anspruch auf ein vollständiges, widerspruchsfreies Lehrgebäude allgemeiner Natur, wie er aus Traditionsgründen an die Rhetorik gestellt wurde, ist so schließlich von der philosophischen Ästhetik eingelöst worden, zumindest was die Forderungen der Frühaufklärer betrifft. Es hat sich bei der Beobachtung der zunehmend lauter werdenden Forderungen gezeigt, daß der Rhetorik durch eine eindimensionale Fundierung der Findung von Argumenten und Beweismitteln in den logisch-philosophischen Operationen des Urteils und des Schlusses die Existenzgrundlage entzogen wurde. Die Maximalforderung der Frühaufklärer Gottsched, Fabricius und Hallbauer, die den Syllogismus mit dem natürlichen Denkprozeß in eins setzt, endet mit dem Verfall des seit der Antike überlieferten topischen Denkens. Freilich offenbart die je unterschiedliche Anknüpfung an bestimmte Überlieferungsstränge der schon in antiken Werken durchaus nicht unhinterfragten Methoden, daß der Prozeß der »Aufklärung der Rhetorik«, wie er schließlich in der Kantischen Ästhetik einen Endpunkt findet, als über lange Jahrzehnte intensiv und kontrovers geführte Erörterung vonstatten geht. Umso mehr gilt dies für die seit der Epoche der Renaissance bzw. des Humanismus sich immer weiter differenzierende Auseinandersetzung um inventionale Vorgehensweisen.
Die Übertragung rationalistischer Denkweisen, insbesondere Wolffscher Provenienz, von ontologisch-erkenntnistheoretischen Entwürfen auf das System der Redekunst, die sich im Postulat des beweisenden Verfahrens äußert, kondensiert im sogenannten »Hauptsatz«, macht allerdings halt vor der Notwendigkeit der Integration des Publikums und damit der genuin rhetorischen Konzessionen an dessen Horizont, im Fall der Frühaufklärer durch den Verweis auf Plausibilität und empirische »Erfahrung«. In ihm bleibt bei allem Rationalismus ein Residuum an alter Affektivität erhalten, selbst wenn sich die »Erfahrungswissenschaft« als theoretischer Reflex auf das sich stürmisch entwickelnde naturwissenschaftliche Denken und die ihm entsprechende mathematische Methode geriert.

Perspektiven für eine zukünftige Betrachtung

Die im »Hauptsatz« sich ereignende aufgeklärte Argumentation zeigt sich dementsprechend vor allem in der Zurückweisung von topischen Prozeduren bzw. der als solche aufgefaßten »Realien« und, im Gegenzug, in der ihnen durch die oratorische »Meditation« gesetzten Alternative. Diese läßt allemal ebenso eine produktive Nutzung der herkömmlichen Hilfsmittel, unter Vorbehalt des Vernunfturteils, zu. Sie findet *in nuce* ihren Ausdruck in Fabricius' Forderung einer »vernünftigen topic«. Die drei Protagonisten der frühaufklärerischen Theorie der Beredsamkeit, Fabricius, Hallbauer und Gottsched, sind sich einig in ihrer Gründung der *inventio* auf der Urteilskraft, bzw. auf dem *iudicium* unterstehenden »Meditation«. In ihr manifestiert sich der Kern der frühaufklärerischen Rhetorikkritik, die Simultaneität von Erfindung und Kritik. Die Meditation als wichtigstes inventionales Vorgehen, bisweilen sogar definiert als »practische Logick«, löst im Verbund mit den epochenspezifischen Kategorien ›Geschmack‹, ›Witz‹ und ›Scharfsinn‹ den Anspruch auf Restitution der verschwunden geglaubten Kontrollfunktion der Vernunft ein. Zugleich signalisiert sie einen fundamentalen Vorstellungswandel von rednerischen und poetischen Verfahrensweisen, indem sie die Reflexion ihrer eigenen Bedingungen und Möglichkeiten einschließt.
Die produktive Kritik der Frühaufklärer näherte sich allerdings schon nach wenigen Jahren ihrem Ende. Zu übermächtig wurden die Wandlungsprozesse, die sie selbst mit in Gang gesetzt hatten. Erste Hinweise für eine zukünftige Beschäftigung mit der Rhetorik des späteren 18. Jahrhunderts, deren vielschichtige Weiterentwicklung in der vorliegenden Arbeit durch den ihr gesteckten Rahmen nicht erschöpfend behandelt werden konnte, vermag der Blick auf Gottscheds Verständnislosigkeit für diese Differenzierungen zu vermitteln, mit dem der Hauptteil dieser Untersuchung abschließt. Ihre genaue Interpretation sollte als lohnender Gegenstand für spätere Analysen ins Auge gefaßt werden.
Überhaupt wäre es eine eigene Untersuchung wert, den Werdegang der psychologischen Vorstellungen und die epochal oft sehr unterschiedliche situationsgemäße Einschätzung des Publikums zu erforschen. Dabei stünde zu erwarten, daß die weithin noch ungesichteten Quellen zur frühneuzeitlichen Redepraxis unvermutete Aufschlüsse über den vielfach nuancierten Rezeptionsgang der antiken Lehren liefern können und daß zum Beispiel auch mittelalterliche Rhetoriker über elaborierte und in der Praxis mitunter sehr raffinierte Persuasionsstrategien verfügten, die ihre Überzeugungskraft aus oft sehr ›modern‹ anmutenden Einsichten in die menschliche Wesensart ableiteten.[1] Ausgehend davon würde auch

---

[1] Vgl. hierzu exemplarisch Birgit STOLT: Rhetorik und Gefühl im Ackermann aus Böhmen. In: Dies.: Wortkampf. Frühneuhochdeutsche Beispiele zur rhetorischen Praxis. Frankfurt am Main 1974; Franz H. BÄUML: Rhetorical devices and structure in the Ackermann aus Böhmen. Berkeley and Los Angeles 1960; Fritz TSCHIRCH: Colores rhetorici im ›Acker-

Schluß

Gottscheds in der Einleitung zur *Redekunst* knapp markiertes Verhältnis zur mittelalterlichen Rhetorik, das in der vorliegenden Arbeit leider nur angedeutet werden konnte, sicherlich zu einer eigenständigen Monographie taugen.[2] Ebenso ließe es sich als sinnvoll vorstellen, die komplexen Phänomene des Übergangs zwischen (neu-)lateinischer und muttersprachlicher Beredsamkeit in ihrem historischen Verlauf sowie hinsichtlich der Auswirkungen auf die frühneuzeitliche Sprachkultur zu verfolgen.
Die prinzipielle methodische Hinterfragung des früher oft unreflektiert mitgeführten Anspruchs auf ein vollständiges rhetorisches Lehrgebäude durch die Frühaufklärer hat auf Dauer auch der zeitgenössischen Redepraxis die ihr eigentümliche Grundlage entzogen. Es wäre lohnend zu klären, inwiefern theoretische Überlegungen zur Argumentationsstrategie in Werken des 18. Jahrhunderts in Zusammenhang mit der sichtbar oft mechanistischen Übertragung philosophischer Erkenntnisse in die tatsächlich praktizierte Redekunst übersetzt wurden und inwiefern eine solche Übertragung sich in Beziehung zu einer auch inhaltlichen Neubewertung der Möglichkeiten und Perspektiven oratorischer Überzeugungskraft setzen läßt. Dabei könnte sich das als ausschlaggebend erweisen, was die vorliegende Untersuchung auf grundsätzlicher Ebene der Theorie unter den Stichworten »Seelenvermögen«, »Erfindung«, »Nachahmung« oder »Urteilskraft« vorgeführt hat. Eine solche Neubewertung vor redepraktischem Horizont wäre daraufhin zu untersuchen, inwiefern in die Tat umgesetzte Persuasionsstrategien das Zentrum der rhetorischen Lehre von der *inventio* getroffen haben und ob durch sie die belehrende Funktion der Rede (*docere*) auch in der alltäglichen Ausübung wieder stärker betont wurde. Die Rolle der »Meditation« in der Praxis der aufklärerischen Rhetorik ist noch weithin unerforscht. In diesem Zusammenhang könnte die Betrachtung von Redebeispielen aus dem Bereich der Naturwissenschaften aufschlußreich kenntlich machen, ob und inwieweit im Verlauf der Entwicklung der rhetorischen Systematik aus dem Geist der Frühaufklärung ne-

---

mann aus Böhmen‹. Aequivoca, Synonyma, Figurae etymologicae und Reimformeln. In: Literatur und Sprache im europäischen Mittelalter. FS für Karl Langosch, S. 364–397.

[2] Vgl. die oben im Exkurs genannte Literatur zum Thema; eine Übersicht über Gottscheds Besitz an mittelalterlicher Literatur geben Johannes JANOTA: Zur Rezeption mittelalterlicher Literatur zwischen demm 16. und 18. Jahrhundert. In: Das Weiterleben des Mittelalters in der deutschen Literatur. Hrsg. von James F. Poag und Gerhild Scholz-Williams. (Königstein/Ts.) 1983, S. 37–46, hier S. 39, und Wolfgang HARMS: Das Interesse an mittelalterlicher deutscher Literatur zwischen der Reformationszeit und der Frühromantik. In: Akten des VI. internationalen Germanisten-Kongresses Basel 1980. Tl. 1, hrsg. von Heinz Rupp und Hans-Gert Roloff. Bern u. a. (1981), S. 60–84, hier S. 78.

Perspektiven für eine zukünftige Betrachtung

ben der mathematischen Methode empirisch-experimentelle Demonstrationstechniken auch in kommunikativer Hinsicht ins Spiel gekommen sind. Der hier nur knapp angedeutete Ausblick auf der Basis eher summarischer Schlußfolgerungen aus der vorliegenden Arbeit sollte als problemorientierter erster Anhaltspunkt für eine weitere Beschäftigung mit dem komplexen Phänomen der Rhetorik der Frühaufklärung verstanden werden. Die beziehungsreiche »critisch-vernünftige« Perspektive im sogenannten philosophischen Jahrhundert führt hin zu weiteren Fragen, für deren Beantwortung ein Vielfaches an unerforschten Quellen und die immer verzweigter werdende Forschungsdiskussion als Ausgangsbasis zur Verfügung stehen.

Gottsched zeigte sich besonders gegen Ende seines Lebens unfähig zum ungezwungenen und sachlichen Umgang mit Ansichten, die vom einmal als richtig erkannten Weg abkamen. Bemerkenswert ist vor allen Dingen seine Ohnmacht, sich selbst als Mitinitiator einer höchst produktiven Debatte zu erkennen. Die Rezeption der überlieferten Diskussion um Wesen, Aufgaben und Möglichkeiten der Redekunst ist bei ihm nur bis zu einem gewissen Grad auf fruchtbaren Boden gefallen. Was allerdings seine eigene Wirksamkeit auch noch in späteren Jahren betrifft, davon soll, abschließend, eine Passage aus Goethes Lebenserinnerungen über die Studienzeit in Leipzig unterrichten. Die in sanfter Ironie vorgetragenen Aussagen über Gottscheds Einfluß auf die Dichtkunst erhellten zu seiner Zeit sicher genauso auch den Zustand der Beredsamkeit – zumindest können sie als Anspielung auf den Titel der *Ausführlichen Redekunst* gelesen werden:

»Das Gottschedische Gewässer hatte die deutsche Welt mit einer wahren Sündflut überschwemmt, welche sogar über die höchsten Berge hinaufzusteigen drohte. Bis sich eine solche Flut wieder verläuft, bis der Schlamm austrocknet, dazu gehört viele Zeit, und da es der nachäffenden Poeten in jeder Epoche eine Unzahl gibt, so brachte die Nachahmung des Seichten, Wäßrigen einen solchen Wust hervor, von dem gegenwärtig kaum ein Begriff mehr geblieben ist. Das Schlechte schlecht zu finden, war daher der größte Spaß, ja der Triumph damaliger Kritiker. Wer nur einigen Menschenverstand besaß, oberflächlich mit den Alten, etwas näher mit den Neueren bekannt war, glaubte sich schon mit einem Maßstabe versehen, den er überall anlegen könne (...)«[3]

---

[3] Johann Wolfgang von GOETHE: Aus meinem Leben. Dichtung und Wahrheit. Autobiographische Schriften I. Textkritisch durchgesehen von Liselotte Blumenthal. Kommentiert von Erich Trunz. München (1981). (Hamburger Ausgabe, Bd. IX.), Zweiter Teil, Sechstes Buch, S. 254 f.

ABKÜRZUNGEN

Abt., Abth.	Abteilung, Abtheilung
ADB	Allgemeine Deutsche Biographie
AKG	Archiv für Kulturgeschichte
AW	Ausgewählte Werke
AR	Archiv für Reformationsgeschichte
Bd., Bde.	Band, Bände
BG	Bibliotheca Gottschediana
BST	Bibliotheca Societatis Teutonicae
Cap.	Caput, Capitel
DBF	Dictionnaire de Biographie Française
Diss.	Dissertation
Diss. masch.	maschinenschriftliche Dissertation
DLL	Deutsches Literatur-Lexikon
DVjS	Deutsche Vierteljahresschrift für Literaturwissenschaft und Geistesgeschichte
DWB	Deutsches Wörterbuch
EdF	Erträge der Forschung
EHS	Europäische Hochschulschriften
FS	Festschrift
GA	Germanistische Abhandlungen
GRM	Germanisch-romanische Monatsschrift
GW	Gesammelte Werke
H.	Heft
Hrsg.	Herausgeber
HSt.	Hauptstück
HWPh	Historisches Wörterbuch der Philosophie
HWR	Historisches Wörterbuch der Rhetorik
IASL	Internationales Archiv für Sozialgeschichte der deutschen Literatur
Jb.	Jahrbuch
JbG	Jahrbuch für Internationale Germanistik
JbSG	Jahrbuch der Deutschen Schillergesellschaft
LThK	Lexikon für Theologie und Kirche
ND	Nachdruck, Neudruck
N. F.	Neue Folge
PGL	Propyläen Geschichte der Literatur

Abkürzungen

r	recto
RF	Rhetorik-Forschungen
RGG	Die Religion in Geschichte und Gegenwart
RZL	Romanistische Zeitschrift für Literaturgeschichte
Sect.	Sectio
s. v.	sub voce
TRE	Theologische Realenzyklopädie
Tl., Tle.	Teil, Teile
v	verso
VIEG	Veröffentlichungen des Instituts für Europäische Geschichte Mainz
ZdPh	Zeitschrift für deutsche Philologie
ZfdA	Zeitschrift für deutsches Altertum und deutsche Literatur
ZFSL	Zeitschrift für französische Sprache und Literatur

QUELLEN- UND LITERATURVERZEICHNIS

1. QUELLEN

(Für nicht allgemein zugängliche Quellen werden im folgenden Standortnachweise gegeben)

ADELUNG, Johann Christoph: Fortsetzung und Ergänzungen zu Christian Gottlieb Jöchers allgemeinem Gelehrten=Lexico, worin die Schriftsteller aller Stände nach ihren vornehmsten Lebensumständen und Schriften beschrieben werden. Vom Buchstaben K fortgesetzt von Heinrich Wilhelm ROTERMUND. Bde. 1–6; Bd 7, hrsg. von Otto GÜNTHER. Hildesheim 1960–1961. (Unveränderter ND der Ausgabe Leipzig 1784–1819)

AGRICOLA, Rudolf: De inventione dialectica libri tres. Drei Bücher über die inventio dialectica. Hrsg., übersetzt und kommentiert von Lothar Mundt. Tübingen 1992. (Frühe Neuzeit 11)

ARISTOTELES: Rhetorik. Übersetzt, mit einer Bibliographie, Erläuterungen und einem Nachwort von Franz G. Sieveke. München (^{2}1985). (Uni-Taschenbücher 159)

ARISTOTELES: Topik (Organon V). Übersetzt und mit Anmerkungen versehen von Eugen Rolfes (unveränderter ND der zweiten Auflage von 1922). Hamburg (1968). (Philosophische Bibliothek. Bd. 12)

ARNAULD, Antoine: Die Logik oder Die Kunst des Denkens. Darmstadt 1972. (Übersetzung der Ausgabe Amsterdam 1685 von Christos Axelos)

ARNAULD, A./LANCELOT, C.: Grammaire générale et raisonée (1660) *suivie de* La Logique ou L'Art de Penser (1662). Genève 1972. (Réimpression des editions de Paris, 1660 et 1662)

BAUMEISTER, Friedrich Christian: Anfangsgründe der Redekunst in kurzen Sätzen. Zum Gebrauch der oratorischen Vorlesungen in dem Gymnasio zu Görlitz, abgefaßt von F. Chr. B., Rect. Leipzig und Görlitz, bey Richter und Compagnie. 1751.
(Deutsches Institut der Universität Mainz, Kopie)

[BAUMEISTER, Friedrich Christian]: Vita, Fata et scripta Christiani Wolfii Philosophi. Lipsiae et Vratislaviae, Apud Siegmundum Ehrenfriedum Richterum. MDCCXXXIX. Abgedrckt in: Christian WOLFF: Biographie. Mit einem Vorwort von Hans Werner Arndt. Hildesheim/ New York 1980. (GW, Hrsg. und bearb. von J. Ecole u. a., I. Abt. Bd. 10)

BAVMGARTEN, Alexan. Gottlieb: Aesthetica. Hildesheim 1961. (Unveränderter reprografischer ND der Ausgabe Fankfurt 1750)

Quellen- und Literaturverzeichnis

BAYLE, Pierre: Historisches und Critisches Wörterbuch. Nach der neuesten Auflage von 1740 ins Deutsche übersetzt; auch mit einer Vorrede und verschiedenen Anmerkungen versehen von Johann Christoph Gottsched. Bd. I. Mit einem Vorwort von Erich Beyreuther – Bd. IV. Hildesheim/New York 1974–1978

Bibliotheca Societatis teutonicae Saeculi XVI-XVIII. Katalog der Büchersammlung der Deutschen Gesellschaft in Leipzig. Nach dem von Ernst Kroker bearbeiteten handschriftlichen Bestandsverzeichnis der Universitätsbibliothek Leipzig hrsg. vom Zentralantiquariat der DDR in Leipzig. Mit Vorwort von Dietmar Debes. I. A bis K; II. L bis Z. München (1971)

[BIRKEN, Sigmund von:] Teutsche Rede-bind und Dicht-Kunst/ oder Kurze Anweisung zur Teutschen Poesy/ mit Geistlichen Exempeln: verfasset durch Ein Mitglied der höchstlöblichen Fruchtbringenden Gesellschaft Den Erwachsenen. Samt dem Schauspiel Psyche und einem Hirten-Gedichte. Nürnberg/ Verlegt durch Christof Riegel. Gedruckt bey Christof Gerhard. A. C. MDCLXXIX.
(Deutsches Institut der Universität Mainz, Kopie)

BODMER, Johann Jakob/BREITINGER, Johann Jakob: Schriften zur Literatur. Hrsg. von Volker Meid. Stuttgart (1980)

BOHSE, August, genannt Talander: Gründliche Einleitung zu Teutschen Briefen (1706). Kronberg Ts. 1974. (Fotomechanischer ND der Ausgabe Jena, Bey Ernest Clavde Bailliar MDCCVI)

[BOHSE, August:] Talanders getreuer Wegweiser zur Teutschen Rede= Kunst und Briefverfassung: Oder/ Aufrichtige Anleitung/ Wie so wohl bey Hofe/ als auch in bürgerlichen Angelegenheiten/ eine geschickte Compliment, gute Oration, und wohl=fließender Brief einzurichten/ Alles mit gnugsamen Exempeln gezeiget/ und so wohl der studirenden Jugend/ als denen Ungelehrten/ zur bequemen Nachahmung aus dem Kern der Teutschen Sprache mitgetheilet. Leipzig, Verlegts Moritz Georg Weidmann/ Gedruckt 1692.
(Deutsches Institut der Universität Mainz, Kopie)

CHLADENIUS, Johann Martin: Allgemeine Geschichtswissenschaft. Mit einer Einleitung von Christoph Friederich und einem Vorwort von Reinhart Koselleck. Wien/Köln/Graz 1985 (ND der Ausgabe 1752). (Klassische Studien zur sozialwissenschaftlichen Theorie, Weltanschauunglehre und Wissenschaftsforschung, Bd. 3)

CICERO, Marcus Tullius: De oratore. Über den Redner. Lateinisch/ deutsch. Übersetzt und hrsg. von Harald Merklin. Stuttgart (^{2}1986)

Quellen

Ders.: Rhetoricae libri duo [Qui sunt de inventione rhetorica]. In: M. Tullii Ciceronis Opera Rhetorica recognovit Guilielmus Friedrich. Vol. I. Leipzig 1893. (Unveränderter ND der Ausgabe Leipzig 1884), S. 117–236
Ders.: Topik. Übersetzt und mit einer Einleitung hrsg. von Hans Günter Zekl. Hamburg (1983). (Philosophische Bibliothek. Bd. 356)
CRAMER, Daniel: Octoginta Emblemata Moralia Nova. Hildesheim/New York 1981. (ND der Ausgabe Frankfurt a. M. 1630)

Der Deutschen Gesellschaft in Leipzig Eigene Schriften und Uebersetzungen in gebundener und ungebundener Schreibart. Zweyte vermehrte Auflage. Tle. 1–3. Leipzig 1742. Verlegts Bernhard Christoph Breitkopf
(Universitätsbibliothek Leipzig)

Encyclopédie ou Dictionnaire Raisonné des Sciences, des Arts et des Métiers, par une Societé de Gens des Lettres. (...) Tome Cinquieme. A Paris, M.DCC.LV. Avec Approbation et Privilege du Roy
Das Jetztlebende Gelehrte Europa, Oder Nachrichten von den vornehmsten Lebens=Umständen und Schrifften Jetztlebender Europäischer Gelehrten, welche mit Fleiß gesammlet und unpartheyisch aufgesetzet worden Durch Gabriel Wilhelm Goetten, Past. zu St. Michael in Hildesheim. Der II. Theil. Braunschweig und Hildesheim, Verlegts Ludolf Schröder, 1736
(Jantz-Collection, Microfilm, reel 603, No. 3409 pt. 2)

FABRICIUS, Johann Andreas: Abriß einer allgemeinen Historie der Gelehrsamkeit. Bde. I–III. Hildesheim/New York 1978.(ND der Ausgabe Leipzig 1752)
M. Johann Andreä Fabricii, der hochl. Philos. Fac. zu Jena Adjuncti, Philosophische Redekunst, oder Auf die Gründe der Weltweißheit gebauete Anweisung, Zur gelehrten und jezo üblichen Beredsamkeit. In unstreitig erwiesenen Regeln, und auserlesenen Exempeln Von Briefen, Schul= Lob= Trauer= Hof= Stats= Lehrreden, Predigten etc. Nebst einem Entwurfe einer Teutschen Ticht= und Sprachkunst. Leipzig, Verlegts Wolfgang Deer, 1739.
(Deutsches Institut der Universität Mainz, Kopie)
FÉNELON, François de Salignac de la Motte: Dialogues sur l'eloquence en general, et sur celle de la chaire en particulier (...) Avec les Reflexions sur la poesie françoise. Par le P[ère]. [Jean Antoine] Du Cerceau. A Amsterdam, Chez J. Frederic Bernard M.DCCXVIII
(HAB Wolfenbüttel, Microfiche, Um 98)

Quellen- und Literaturverzeichnis

GELLERT, Christian Fürchtegott: Gedanken von einem guten deutschen Briefe, an den Herrn F. H. v. W. In: Ders.: Gesammelte Schriften. Kritische, kommentierte Ausgabe. Hrsg. von Bernd Witte. Bd. IV. Berlin/New York 1984, S. 97–104

Ders.: Briefe, nebst einer praktischen Abhandlung von dem guten Geschmacke in Briefen. In: Ders.: Gesammelte Schriften. Kritische, kommentierte Ausgabe. Hrsg. von Bernd Witte. Bd. IV. Berlin/New York 1984, S. 105–221

[GISBERT, Blaise:] Die Christliche Beredsamkeit, Nach ihrem innerlichen Wesen, und in der Ausübung vorgestellt durch den ehrwürdigen Pater Blasius Gisbert, von der Gesellschaft JEsu. Aus dem Französischen übersetzt. Bey dieser Ausgabe mit einer neuen Vorrede versehen von Herrn Pater Franz Neumayr, aus ermeldter Gesellschaft, der hohen Domstiftskirche in Augsburg Predigern. Augsburg und Innsbrugg, Auf Kosten Joseph Wolffs. 1759
(Stadtbibliothek Mainz: XIII s 344)

L'Eloquence Chrétienne. Dans l'IDEE et dans la PRATIQUE. Par le P[ère]. B[laise]. GISBERT de la Compagnie de JÉSUS. Nouvelle Edition, où l'on à joint les Remarques de Mr. LENFANT. A Amsterdam, Chez J. F. Bernard. MDCCXXVIII
(HAB Wolfenbüttel, Microfiche, Um 94)

GOCLENIUS, Rodolphus: Lexicon Philosophicvm Qvo tanqvam Clave Philosophiae Fores Aperivntuvr. Lexicon Philosophicvm Graecvm. Hildesheim/New York 1980. (2. Reprografischer ND der Ausgaben Frankfurt 1613 und Marburg 1615)

GOETHE, Johann Wolfgang von: Aus meinem Leben. Dichtung und Wahrheit. Autobiographische Schriften I. Textkritisch durchgesehen von Liselotte Blumenthal. Kommentiert von Erich Trunz. München (1981). (Goethes Werke. Hamburger Ausgabe, Bd. IX.)

GOTTSCHED, Johann Christoph: Ausgewählte Werke, hrsg. von P. M. Mitchell. Zwölfter Band: Gottsched-Bibliographie. Berlin/New York 1987

Ders.: Akademische Redekunst, zum Gebrauche der Vorlesungen auf hohen Schulen als ein bequemes Handbuch eingerichtet und mit den schönsten Zeugnissen der Alten erläutert von Johann Christoph Gottscheden. Leipzig 1759
(Jantz-Collection, Microfilm, reel 222, No. 1137)

Ders.: Ausführliche Redekunst, Nach Anleitung der alten Griechen und Römer, wie auch der neuern Ausländer, in zweenen Theilen verfasset (...). Leipzig ^{1}1736; ^{2}1739; ^{3}1743; ^{4}1750; ^{5}1759. Als ND: Ausführliche Redekunst. Teile 1–4 (Ausgewählte Werke, hrsg. von P. M. Mitchell. Bd. VII, Tle. 1–4, bearb. von Rosemary Scholl. Berlin/New York 1975–1981. (Ausgaben deutscher Literatur des XV. bis XVIII. Jahrhunderts, Bde. 53, 54, 60, 98)

Quellen

Ders.: Beobachtungen über den Gebrauch und Misbrauch vieler deutscher Wörter und Redensarten. Hrsg. von Johannes Hubertus Slangen. Diss. Heerlen 1955. (ND der Ausgabe Straßburg und Leipzig, bey Johann Amandus Königen 1758)

Ders. (Hrsg.): Beyträge zur Critischen Historie der deutschen Sprache, Poesie und Beredsamkeit. Hrsg. von einigen Mitgliedern der Deutschen Gesellschaft in Leipzig. Begründet von Johann Christoph Gottsched und Johann Georg Lotter, fortgeführt von Johann Christoph Gottsched. 32 Stücke in acht Bänden. Hildesheim/New York 1970. (Reprografischer ND der Ausgabe Leipzig 1732–1744)

Bibliotheca Gottschediana. Catalogvs Bibliothecae, qvam Jo. Ch. Gottschedius [...] collegit atqve reliqvit [...] Lipsiae, Literis Eisfeldianis o. J. (Omnia-Minireprint. München 1977)

Ders. (Hrsg.): Der Bidermann. Faksimiledruck der Originalausgabe Leipzig 1727–1729, mit einem Nachwort und Erläuterungen hrsg. von Wolfgang Martens. Stuttgart (1975)

Ders.: Erste Gründe der gesammten Weltweisheit. (Theoretischer Teil); (Praktischer Teil). Berlin/New York 1983; (Variantenverzeichnis), bearb. von Otto Tetzlaff. Berlin/New York 1989. (AW V/1; 2; 3)

Ders.: Gesammelte Reden. Hrsg. von Joachim Birke und Brigitte Birke, Bde. 1–2, bearb. von Rosemary Scholl. Berlin/New York 1976. (AW IX/1; 2)

Ders.: Grundriß Zu einer Vernunfftmäßigen Redekunst Mehrentheils nach Anleitung der alten Griechen und Römer entworfen und zum Gebrauch seiner Zuhörer an Licht gestellet von M. Joh. Christoph Gottscheden des Colleg. U. L. F. in Leipzig Collegiaten. Hannover, Verlegts Nicolaus Förster und Sohn 1729. (HAB Wolfenbüttel, Microfiche)

Ders.: Handlexicon oder Kurzgefaßtes Wörterbuch der schönen Wissenschaften und freyen Künste. Hildesheim/New York 1970. (Reprografischer ND der Ausgabe Leipzig 1760)

Ders.: Historische Lobschrift des weiland hoch= und wohlgebohrnen HERRN Herrn Christians, des H. R. R. Freyherrn von Wolff (...). Halle, In Verlegung der Rengerischen Buchhandlung, 1755. ND in: Christian WOLFF: Biographie. Mit einem Vorwort von Hans Werner Arndt. Hildesheim/New York 1980. (GW, I. Abt., Bd. 10)

Ders.: Kleinere Schriften, hrsg. von P. M. Mitchell. Erster Teil; zweiter Teil. Berlin/New York 1980 (AW X/1; 2)

Ders. (Hrsg.): Das Neueste aus der anmuthigen Gelehrsamkeit. Bde. 1–12. Leipzig, Bey Bernhard Christoph Breitkopf 1751–1762 (Jantz-Collection, Microfilm, reel 232–234, No. 1160)

Ders.: Schriften zur Literatur. Hrsg. von Horst Steinmetz. Stuttgart (1982)
Ders.: Versuch einer Critischen Dichtkunst: Erster, allgemeiner Theil; Anderer besonderer Theil. (Ausgewählte Werke, hrsg. von Joachim Birke und Brigitte Birke. Bd. VI/1; 2). Berlin/New York 1973
Ders.: Vorübungen der Beredsamkeit, zum Gebrauche der Gymnasien und größern Schulen, aufgesetzet von Joh. Christ. Gottscheden. Mit Römisch Kaiserl. Königl. Polnischer und Churfürstl. Sächsischer allergnädigster Freyheit. Leipzig, verlegts Bernhard Christoph Breitkopf. 1754
(Sammlung Faber du Faur, Microfilm, reel 626, No. 1780)
Reverendi patri F. Ludovici Granatensis, sacrae Theologiae professoris ordinis S. Dominici Ecclesiasticae Rhetoricae libri sex. Köln 1578
(Deutsches Institut der Universität Mainz, Kopie)

Friedrich Andreas Hallbauers (...) Anleitung zur Politischen Beredsamkeit. Wie solche Bey weltlichen Händeln Jn Lateinisch= und Teutscher Sprache üblich. JENA und LEIPZIG, Verlegts Johann Rudolph Cröker, 1736
(Deutsches Institut der Universität Mainz, Kopie)
M. Friedrich Andreas Hallbauers Der Hochlöbl. Philosophischen Facultät zu Jena ADVUNCTI Anweisung Zur Verbesserten Teutschen Oratorie. Nebst einer Vorrede von Den Mängeln Der Schul=Oratorie. (...) JENA, Verlegts Johann Bernhard Hartung. 1725. (Reprint Kronberg Ts. 1974)
HALLBAUER, Friedrich Andreas: Anweisung Zur Verbesserten Teutschen Oratorie. Nebst einer Vorrede von Den Mängeln Der Schul=Oratorie. Dritte Auflage. JENA, Verlegts Johann Bernhard Hartung. 1736.
(Deutsches Institut der Universität Mainz, Kopie)
M. Friedrich Andreas Hallbauers, der Hochlöbl. philosophischen Facultät zu Jena ADJVNCTI Nöthiger Unterricht zur Klugheit Erbaulich zu Predigen, zu Catechisiren und andere geistliche Reden zu halten. Nebst einer Vorrede von der Homiletischen Pedanterey. Andere Auflage. Mit Königl. Pohlnischen und Churfl. Sächsischen allergnädigsten PRIVILEGIO. Jena, bey Johann Bernhard Hartung. 1726.
(Jantz-Collection, Microfilm, reel 249, No. 1273)
HARSDÖRFFER, Georg Philipp: Frauenzimmer Gesprächspiele. Hrsg. von Irmgard Böttcher. I.-VIII. Teil. Tübingen 1968–1969. (Deutsche NDe. Reihe: Barock. 13–20)
HARSDOERFFER, Georg Philippp: Poetischer Trichter. Darmstadt 1969. (Reprografischer ND der Ausgabe Nürnberg 1648–1653)

Quellen

Incerti auctoris De ratione dicendi ad C. Herennium libri IV. [M. Tulli Ciceronis ad Herennium libri VI]. Edidit Fridericus Marx. Leipzig 1894

JÖCHER, Christian Gottlieb (Hrsg.): Allgemeines Gelehrten=Lexicon, Darinne die Gelehrten aller Stände sowohl männ= als weiblichen Geschlechts, welche vom Anfange der Welt bis auf ietzige Zeit gelebt, und sich der gelehrten Welt bekannt gemacht, Nach ihrer Geburt, Leben, merckwürdigen Geschichten, Absterben und Schrifften aus den glaubwürdigsten Scribenten in alphabetischer Ordnung beschrieben werden. Teile 1–4. Hildesheim 1960–1961. (Unveränderter ND der Ausgabe Leipzig 1750–1751)

KÄSTNER, Abraham Gotthelf: Betrachtungen über Gottscheds Charakter. In: Ders.: Vermischte Schriften. Zweyter Theil. Altenburg, In der Richterischen Buchhandlung 1772, S. 76–86
(Stadtbibliothek Mainz: III h 159)

KANT, Immanuel: Werkausgabe. Bde. I-XII. Hrsg. von Wilhelm Weischedel. (Frankfurt am Main 1977)

LAMY, Bernard: De l'art de parler. Kunst zu reden. Hrsg. von Ernstpeter Ruhe, mit einem einleitenden Essay »Perspektiven für eine Lektüre des *art de parler* von Bernard Lamy« von Rudolf Behrens. München (1980).(Reihe Rhetorik. Bd. 1)

D. Gottfried Langens Einleitung zur *ORATORIE* durch Regeln und gnugsame Exempel. Leipzig/ Jm Verlag Joh. Ludw. Gleditsch. Anno Christi 1706
(Jantz-Collection, Microfilm, Reel 314, No. 1563)

LEHMANN, Christoph: Florilegium Politicum. Politischer Blumen Garten. Faksimiledruck der Auflage von 1639. Hrsg. u. eingel. von Wolfgang Mieder. Bern/ Frankfurt am Main/New York 1986. (Nachdrucke deutscher Literatur des 17. Jahrhunderts, Bd. 61)

LEIBNIZ, Gottfried Wilhelm: Discours touchant la méthode de la certitude et l'art d'inventer. Abhandlung über die Methode der Gewißheit und die Kunst des Auffindens (etwa 1690/91). In: Ders.: Schriften zur Logik und zur philosophischen Grundlegung von Mathematik und Naturwissenschaft. (Philosophische Schriften. Hrsg. und übersetzt von Herbert Herring. Bd. IV.) Darmstadt 1992, S. 203–213

Ders.: De synthesi et analysi universali seu arte inveniendi et iudicandi. Über die universale Synthese und Analyse oder über die Kunst des Auffindens und Beurteilens. In: Ders.: Schriften zur Logik und zur philosophischen Grundlegung von Mathematik und Naturwissenschaft. (Philosophische Schriften. Hrsg. und übersetzt von Herbert Herring. Bd. IV.) Darmstadt 1992, S. 131–151

LEUSCHNER, Johann Christian: Ad Cunradi Silesiam Togatam Spicilegivm Vicesimvm Primvm (...). Hirschberg (1756)
(Universitätsbibliothek Halle (Saale): II n 7193)

LINDNER, Johann Gotthelf: Anweisung zur guten Schreibart überhaupt und zur Beredsamkeit insonderheit (1755). Kronberg Ts. 1974. (Fotomechanischer ND der Ausgabe Königsberg, Bey Johann Heinrich Hartung 1755)

Dionysius LONGIN vom Erhabenen, Griechisch und Teutsch, Nebst dessen Leben, einer Nachricht von seinen Schrifften, und einer Untersuchung, was Longin durch das Erhabene verstehe, von Carl Heinrich Heineken. Leipzig und Hamburg, Verlegts Conrad König. 1738.
(Jantz-Collection, Microfilm, reel 603, No. 3416)

LONGINUS: Vom Erhabenen. Griechisch/Deutsch. Übersetzt und hrsg. von Otto Schönberger. Stuttgart (1988)

MÄNNLING, Joh. Christoph: Der *Europä*ische *Helicon*, Oder Musen=Berg/ Das ist Kurtze und deutliche Anweisung Zu der Deutschen Dicht= Kunst [...], Alten Stettin/ Gedruckt bey G. Dahlen [...] 1705
(Deutsches Institut der Universität Mainz, Kopie)

M. Joh. Christoph Männlings B. S. P. L. C. P. S. Colleg. Teuton. Cons. Expediter Redner. Oder Deutliche Anweisung zur galanten Deutschen Wohlredenheit. Nebst darstellenden Deutlichen Praeceptis und Regeln auserlesenen Exempeln und Curieusen Realien. Der Jugend zum Gebrauch und den Alten zum Vergnügen vorgestellet. FRANKFURT und LEIPZIG Bey Johann Gottfried CONRADI. 1718. (Reprint Kronberg Ts. 1974)

MEIER, Georg Friedrich: Anfangsgründe aller schönen Wissenschaften. Teile I-III. (ND der Ausgabe Halle 1754). Hildesheim/ New York 1976. (Documenta Linguistica. Reihe V)

MELANCHTHON, Philipp: Elementorum Rhetorices Libri Duo. In: Opera qui supersunt omnia. Edidit Carolus Gottlieb Bretschneider. Halis Saxonum 1846. (Corpus Reformatorum. Vol. XIII. Reprint New York/London/Frankfurt am Main 1963), Sp. 417–506

MEYFART, Johann Matthäus: Teutsche Rhetorica oder Redekunst. 1634. Hrsg. von Erich Trunz. Tübingen 1977. (Deutsche NDe. Reihe: Barock, Bd. 25)

MICRAELIUS, Johannes: Lexicon Philosophicum Terminorum Philosophis Usitatorum. Mit einer Einleitung von Lutz Geldsetzer. Düsseldorf (1966). (Photomechanischer ND der 2. Auflage Stettin 1662)

Quellen

MORHOF, Daniel Georg: Polyhistor literarius, philosophicus et practicus. Cum accessionibus a Johannes Frick et Johannes Moller. Editio Quarta, cui praefationem praemisit Johann Albert Fabricius, notitiamque diariorum litterariorum Europae, nunc auctam et ad a. 1747 continuatam a J. Joachim Schwab. 3 tomi in 2 voluminibus. Tomus 1: Polyhistor literarius. Aalen 1970. (ND der 4. Ausgabe Lübeck 1747)
MÜLLER, Adam: Zwölf Reden über die Beredsamkeit und deren Verfall in Deutschland. Hrsg. von Jürgen Wilke. Stuttgart (1983)
Muster der Beredsamkeit. Aus den besten geistlichen und weltlichen Rednern der Deutschen gesammlet, und mit einigen Anmerkungen über die Beredsamkeit, und mit einer Vorrede Herrn Prof. Gottscheds begleitet, Hrsg. von M. Johann Traugott SCHULZEN, Der herzogl. deutschen Gesellschaft zu Jena, und der Gesellschaft der fr. Künste zu Leipzig Mitglied. Leipzig, In Verlag Amand Königs, Buchh. in Straßburg. 1755.
(Jantz-Collection, Microfilm, reel 607, No. 3465)

Benjamin Neukirchs Weyland Hoch=Fürstl. Brandenb. Onolzb. Hof=Raths Anweisung zu Teutschen Briefen. Achte Auflage. Nürnberg, Bey Johann Adam Stein und Gabriel Nicolaus Raspe. 1746
(Stadtbibliothek Mainz: VI l 376 [f])
Martin OPITZ: Buch von der Deutschen Poeterey (1624). Hrsg. von Cornelius Sommer. Stuttgart (1970)

M. Daniel PEUCERS, Directoris des Hoch=Fürstl. Gymnasii in Eisenach erläuterte Anfangs= Gründe der Teutschen Oratorie in kurzen Regeln und deutlichen Exempeln vor Anfänger entworfen. Vierte Auflage. Dresden, 1765. In der Waltherischen Hof=Buchhandlung. (Fotomechanischer ND Kronberg Ts. 1974)
PLATON: Gorgias oder über die Beredsamkeit. Nach der Übersetzung von Friedrich Schleiermacher hrsg. von Kurt Hildebrand. Stuttgart (1989)
Ders.: Der Staat (Politeia). Übersetzt und hrsg. von Karl Vretska. Stuttgart (1982)
Poetik des Barock. Hrsg. von Marian SZYROCKI. Stuttgart (1982)

QUINTILIANUS, Marcus Fabius: Institutionis oratoriae libri XII. Ausbildung des Redners. Zwölf Bücher. Hrsg. und übersetzt von Helmut Rahn. Teile 1–2. Darmstadt 1972–1975. (Texte zur Forschung. Bde. 2 und 3)

Quellen- und Literaturverzeichnis

RAMUS, Petrus: Dialecticae Institutiones. Aristotelicae Animadversiones. Faksimile-ND der Ausgaben Paris 1643 mit einer Einleitung von Wilhelm Risse. Stuttgart-Bad Cannstatt 1964
Ders.: : Scholae in liberales Artes. With an introduction by Walter J. Ong. Hildesheim/New York 1970. (Reprografischer ND der Ausgabe Basel 1569)
RAPIN, René: Les Réflexions sur la Poétique de ce Temps et sur les Ouvrages des Poètes Anciens et Modernes. Edition Critique publiée par E. T. Dubois. Genève 1970 (nach der Originalausgabe Paris MDCLXXV)
Antonio RICCOBONI De Vsv Artis Rhetoricæ Aristotelis Commentarii Vigintiqvinqve, qvibus duplex Rhetorica strictim explicatur (...) & adiuncto compendio eiusdem artis Rhetoricæ Aristotelis. Qvibus accessit eivsdem Antonii Riccoboni à Io. Mario Matio Brixiano dissensio de quibusdam locis Quintiliani probantibus rhetorica ad Herennium esse Cornificij. Francoforti, Apud Andreae Wecheli heredes, Claudium Marnium, & Ioan. Aubrium MDXCV
(HAB Wolfenbüttel, Microfiche, 54 Rhet (2))
RICHTER, Daniel: Thesaurus Oratorius Novus. Oder ein neuer Vorschlag/ wie man zu der Rednerkunst/ nach dem *Ingenio* dieses *Seculi*, gelangen/ und zugleich eine Rede auf unzehlich viel Arten verändern könne. Nürnberg/ In Verlegung Michael Endters/ Im Jahr 1660.
(Deutsches Institut der Universität Mainz, Kopie)
Johann Riemers Standes=Rhetorica. Oder vollkommener Hoff= und Regenten=Redner/ Darinnen durch lebendige Exempel Hoher und gelehrter Leute in gewissen Kunst=Regulen gewiesen wird: Auff was sonderliche Manier Der gröste u. geringste Hof=Diener/ Der Officirer im Felde/ Der Regente zu Rath=Hause Und ein Jeder in bürgerlichen Leben Auf Freuden= Ehren= und Trauer=Fällen geschickt reden kan/ Und so wol der adlichen und bürgerlichen Jugend Auch sonst männiglichen Liebhaber Der Rede=Kunst Zur gantz leichten Nachfolge vorgebildet. Leipzig/ verlegts Johann Friedrich Gleditsch/ Druckts in Weißenfels Joh. Brühl/ J. J. 1685
(Deutsches Institut der Universität Mainz, Kopie)
Johann Riemers Uber=Reicher Schatz=Meister Aller Hohen/ Standes und Bürgerlichen Freud= und Leid=Complimente/ Aus welchem ohne Lehr=Meister/ Wohl=Redende und Singende/ Das ist/ *Oratori*sche und *Poëti*sche Arthen überaus leichte zu erlernen/ Mit Gleichnißen, klugen Wahl=Sprüchen der Gelehrten/ Historischen Exempeln/ neuerfundenen Mustern und schönen Realien so reichlich versehen/ Daß man numehr keines andern Mittels zu einem Compliment vonnöthen. Der Jugend so wohl/ Als auch denen von höhern Jahren/ Welche sich dieser Politischen Zierligkeit befleißigen wollen/Zum geschwinden Vortheil geschrieben. Mit Chur=Fl. Sächs. Gnädigst. *Privilegio*. Leipzig

und Franckfurth/ Verlegt es Caspar Lunitzius/ J. J. 1681. Durch Weissenfelsischen Druck.
(Stadtbibliothek Mainz: VI 1 375 b)
Albrecht Christian ROTTH: Vollständige Deutsche Poesie/ in drey Theilen/ Deren der I. Eine Vorbereitung/ In welcher die gantze Prosodia enthalten/ und was sonst in dergleichen Sachen pflegt geschrieben zu werden? II. Eine fernere Anleitung zu den insgemein üblichen Gedichten. (...) III. Eine richtige Einleitung zu den vor andern so beniemten Poetischen Gedichten. (...) LEIPZIG/ In Verlegung Friedrich Lauckischen Erben/ Anno 1688.
(Deutsches Institut der Universität Mainz, Kopie)

Sammlung einiger Ausgesuchten Stücke, der Gesellschaft der freyen Künste zu Leipzig. Leipzig, Verlegts Bernhard Christoph Breitkopf. Teil I-Teil 3, 1754–1756
(Sammlung Faber du Faur, Reel 626, Nr. 1179, Vol. 3)
SCHRÖTER, Christian: Gründliche Anweisung zur deutschen Oratorie nach dem hohen und sinnreichen Stylo der unvergleichlichen Redner unsers Vaterlandes (1704). Kronberg Ts. 1974. (Fotomechanischer ND der 4. Ausgabe Leipzig, verlegts Johann Friedrich Gleditsch, Jm Jahre Christi 1704)

TACITUS, P. Cornelius: Dialogus de oratoribus/Dialog über den Redner. Lateinisch/deutsch. Nach der Ausgabe von Helmut Gugel hrsg. von Dietrich Klose. Stuttgart (1981)
THOMASIUS, Christian: Von dem Studio der Poesie. Achtes Kapitel der »Höchstnöthigen Cautelen für einen Studiosus juris« aus dem Jahre 1713. In: Aus der Frühzeit der deutschen Aufklärung. Christian Thomasius und Christian Weise. Hrsg. von F[ritz]. Brüggemann. Leipzig 1938. (Deutsche Literatur. Sammlung literarischer Kunst- und Kulturdenkmäler in Entwicklungsreihen, Reihe Aufklärung, Bd. 1), S. 122–127
TITIUS, Johann Daniel: Lebensumstände weil. Herrn Johann Traugott Schulzens, Der Weltweisheit Magisters, der herzoglichen jenaischen deutschen Gesellschaft, und der hiesigen Gesellschaft der freyen Künste weiland Mitgliedes. In: Sammlung einiger ausgesuchten Stücke, der Gesellschaft der feyen Künste zu Leipzig. Dritter Theil. Leipzig, Verlegts Bernhard Christoph Breitkopf. 1756, S. 472–478
(Sammlung Faber du Faur, Microfilm, reel 626, No. 1779)

M. Erdmann UHSENS Rect. Gymn. Martisb. wohl=informirter Redner, worinnen die Oratorischen Kunst=Griffe vom kleinesten bis zum grösten, durch kurtze

Quellen- und Literaturverzeichnis

Fragen und ausführliche Antwort vorgetragen werden. Die Fünffte Auflage, an vielen Orten verbessert. (...) Leipzig, verlegts Friedrich Groschuff, 1712. (Reprint Kronberg Ts. 1974)

Vossius, Gerardus Johannes: Gerardi Ioannis Vossi Commentariorum Rhetoricorum sive Oratoriarum institutionum, Libri sex, Quarta hâc editione auctiores, & emendatiores. Lugduni Batavorum, Ex Officinâ Ioannis Maire MDCXLIII
(Universitätsbibliothek Mainz: Ai 2389)

Walch, Johann Georg: Philosophisches Lexicon. Mit einer kurzen kritischen Geschichte der Philosophie von Justus Christian Hennings. Bde. I-II. Hildesheim 1968. (Reprographischer ND der 4. Auflage Leipzig 1775)

D. Christian Weidlings *Oratori*scher Hofmeister/ Welcher Angenehme *Instruction* schencket Lehr=begierige Untergebene in allen Stücken politer Rede= Kunst glücklich anzuführen/ In *Curiali*en feste zu setzen/ und zum *raisonni*ren geschickt zu machen/ Damit sie sich bey *Occasion* Durch eine nette Hoff= und Bürgerliche Rede/ Gelehrte Abdanckung/ auch bey sehr raren Fällen Z. E. bey Entleibten etc. klugen Brieff/ geschicktes Compliment und sinnreiche *Inscription recommendi*ren können, Alles durch sehr leichte *Oratorische Caute*len erkläret Und Mit vielen der gelehrtesten Cavaliers und Männer gelehrten Proben erleutert. Unter Churfl. Sächsischen *Privilegio*. Leipzig, Verlegts Mart. Theod. Heybey/ 1698.
(HAB Wolfenbüttel: Um 208)

Christian Weisens Politischer Redner/ Das ist/ Kurtze und eigentliche Nachricht/ wie ein sorgfältiger Hofemeister seine Untergebene zu der Wolredenheit anführen sol/ damit selbige lernen 1. Auf was vor ein *Fund* eine Schul=Rede gesetzet ist/ 2. Worinn die Complimenten bestehen; 3. Was bürgerliche Reden sind; 4. Was bey hohen Personen sonderlich zu Hofe vor Gelegenheit zu reden vorfällt. Alles mit gnugsamen Regeln/ anständigen Exempeln/ und endlich mit einem nützlichen Register ausgefertiget/ Auch bey dieser 3ten *Edition* in vielen verbessert. (...) Leipzig/ Bey Thimot. Ritzschens sel. Erben zu finden. Druckts Gallus Niemann/ 1681. (Reprint Kronberg Ts. 1974)

Christian Weisens Neu=Erleuterter Politischer Redner. Das ist: Unterschiedene Kunstgriffe welche in gedachten Buche entweder gar nicht oder nicht so deutlich vorkomen/ gleichwohl aber Zu Fortsetzung der hochnöthigen Ubungen etwas großes helffen können; Aus bisheriger *Experienz* abgemercket/ und so wol durch leichte Regel als durch deutliche und nützliche Exempel ausgeführet. (...) LEIPZIG/ Jn Verlegung Sabina GERDESIN, gebohrne Ritzschin. Und bey

Quellen

Lorentz Sigism. Cörnern zu finden. Gedruckt bey Joh. Wilh. Krügern 1684. (Reprint Kronberg Ts. 1974)

WINCKELMANN, Johann Joachim: Kunsttheoretische Schriften. V.: Geschichte der Kunst des Altertums. Erster und zweiter Teil. Baden-Baden/Strasbourg 1966. (Faksimiledruck der 1. Auflage Dresden 1764)

Christiani WOLFFII Psychologia empirica. Edidit et curavit Johannes Ecole (...). (ND der Ausgabe Frankfurt und Leipzig 1738). Hildesheim 1968. (GW, hrsg. und bearb. von J. Ecole u. a. II. Abteilung: Lateinische Schriften. Bd. 5)

Christiani WOLFII [!] Psychologia rationalis. Édition critique avec introduction, notes et index par Jean Ecole (...). (ND der Ausgabe Frankfurt und Leipzig 1740). Hildesheim/New York 1972. (GW, hrsg. und bearb. von J. Ecole u. a. II. Abteilung: Lateinische Schriften. Bd. 6)

WOLFF, Christian: Vernünfftige Gedancken von Gott, der Welt und der Seele des Menschen, auch allen Dingen überhaupt (Deutsche Metaphysik). Mit einer Einleitung und einem kritischen Apparat von Charles A. Corr. Hildesheim/Zürich/New York 1983. (GW, hrsg. und bearb. von J. Ecole u. a. I. Abt., Bd. 2)

Ders.: Der Vernünfftigen Gedancken von Gott, der Welt und der Seele des Menschen, auch allen Dingen überhaupt, anderer Theil, bestehend in Ausführlichen Anmerckungen. Mit einer Einleitung und einem kritischen Apparat von Charles A. Corr. Hildesheim/Zürich/New York 1983. (GW, Hrsg. und bearb. von J. Ecole u. a., I. Abt., Bd. 3)

Ders.: Vernünfftige Gedancken von der Menschen Thun und Lassen, zu Beförderung ihrer Glückseligkeit (Deutsche Ethik). Mit einer Einleitung von Hans Werner Arndt. Hildesheim/New York 1976. (GW, Hrsg. und bearb. von J. Ecole u. a. I. Abt. Bd. 4)

Ders.: Vernünftige Gedanken von den Kräften des menschlichen Verstandes und ihrem richtigen Gebrauche in Erkenntnis der Wahrheit (Deutsche Logik). Hrsg. und bearb. von Hans Werner Arndt. Hildesheim/New York 1978. (GW, Hrsg. und bearb. von J. Ecole u. a., I. Abt., Bd. 1)

WOLFF, Eugen (Hrsg.): Briefwechsel Gottscheds mit Bodmer und Breitinger. Nach den Originalen der Züricher Stadtbibliothek und der Leipziger Universitätsbibliothek. In: Zeitschrift für den deutschen Unterricht 11 (1897), S. 353–387

ZEDLER, Johann Heinrich: Großes vollständiges Universal-Lexikon. Bd. 1–64; Suppl. I IV. Graz 1961–1964. (Photomechanischer ND der Ausgabe Halle und Leipzig 1732–1754)

Quellen- und Literaturverzeichnis

2. NACHSCHLAGEWERKE, LEXIKA

Allgemeine Deutsche Biographie. Bde. 1–56. Leipzig 1875–1912
Deutsche Dichter. Leben und Werk deutschsprachiger Autoren. Hrsg. von Gunter E. Grimm und Frank Rainer Max. Bde. 1–8. Stuttgart (1988)
Deutsches Literatur-Lexikon. Biographisches-bibliographisches Handbuch. Begründet von Wilhelm Kosch. Dritte, völlig neu bearbeitete Auflage. Hrsg. von Heinz Rupp (Mittelalter) und Carl Ludwig Lang (Neuzeit). Bde. I–XV. Bern und München 1969–1993
Deutsches Wörterbuch von Jacob Grimm und Wilhelm Grimm. Bde. I–XVI; Quellenverzeichnis. Leipzig 1854–1971
Dictionnaire de Biographie Française. Bde. 1–17. Paris 1933–1989
Gebhardt. Handbuch der deutschen Geschichte. Neunte, neu bearb. Auflage, hrsg. von Herbert Grundmann. Bde. 1–22. (München 1973–1980)
HIRSCHBERG, Leopold: Der Taschengoedeke. Bibliographie deutscher Erstausgaben. (München 1970)
Historisches Wörterbuch der Philosophie. Unter Mitwirkung von mehr als 900 Fachgelehrten hrsg. von Joachim Ritter und Karlfried Gründer. Bde. 1–8. Basel/Stuttgart (1971–1992)
Historisches Wörterbuch der Rhetorik. Hrsg. v. Gert UEDING. Bd. 1: A-Bib. Tübingen (zugleich Darmstadt) 1992; Bd. 2: Bie-Eul. Tübingen (zugleich Darmstadt) 1994
LAUSBERG, Heinrich: Handbuch der literarischen Rhetorik. Eine Grundlegung der Literaturwissenschaft. Zweite, durch einen Nachtrag vermehrte Auflage. (München 1973)
Propyläen Geschichte der Literatur. Literatur und Gesellschhaft der westlichen Welt. Bde. 1–6. Berlin (1988)
Die Religion in Geschichte und Gegenwart. Handwörterbuch für Theologie und Religionswissenschaft. Dritte, völlig neu bearbeitete Auflage, hrsg. von Kurt Galling. Bde. I–VI. Tübingen 1957–1962
Lexikon für Theologie und Kirche. Zweite, völlig neu bearbeitete Auflage. Bde. 1–10. Freiburg 1958–1965
STENGEL, Edmund: Chronologisches Verzeichnis französischer Grammatiken vom Ende des 14. bis zum Ausgange des 18. Jahrhunderts nebst Angabe der bisher ermittelten Fundorte derselben. Neu hrsg. mit einem Anhang von Hans-Josef Niederehe (Universität Trier). Amsterdam 1976. (Amsterdam Studies in the Theory and History of Linguistic Science. Vol. 8)
Theologische Realenzyklopädie. Hrsg. von Gerhard Krause und Gerhard Müller. Bde. 1–22 Berlin/New York 1977–1992

3. FORSCHUNGSLITERATUR

ABELER, Helmut: Erhabenheit und Scharfsinn: Zum »argutia«-Ideal im aufgeklärten Klassizismus. Diss. Göttingen 1983

ADAM, Konrad: Docere – Delectare – Movere. Zur poetischen und rhetorischen Theorie über Aufgaben und Wirkungen der Literatur. Diss. Kiel 1971

ALT, Peter-André: Begriffsbilder. Studien zur literarischen Allegorie zwischen Opitz und Schiller. Tübingen 1995. (Studien zur deutschen Literatur, Bd. 131)

Ders.: Traditionswandel des Allegoriebegriffs zwischen Christian Gryphius und Gottsched. In: GARBER (Hrsg.), Europäische Barock-Rezeption, Tl. I, S. 249–279

ARNDT, Hans Werner: Methodo scientifica pertractatum. Mos geometricus und Kalkülbegriff in der philosophischen Theoriebildung des 17. und 18. Jahrhunderts. Berlin/New York 1971. (Quellen und Studien zur Philosophie, Bd. 4)

ARNHART, Larry: Aristotle on political Reasoning. A Commentary on the »Rhetoric«. Illinois 1981

ARNIM, Hans von: Das Ethische in Aristoteles' Topik. Wien/Leipzig 1927. (Akademie der Wissenschaften in Wien. Philosophisch-historische Klasse. Sitzungsberichte, Bd. 205, Abh. 4)

AZIBERT, Mireille Marie-Louise: L'influence d'Horace et de Ciceron sur les arts de rhétorique première et seconde sur les arts poétiques dur seizième siècle en France. Diss. University of Pennsylvania 1969

BAASNER, Rainer: Abraham Gotthelf Kästner, Aufklärer (1719–1800). Tübingen 1991. (Frühe Neuzeit, Bd. 5)

BAEUMER, Max L. (Hrsg.): Toposforschung. Darmstadt 1973. (Wege der Forschung, Bd. CCCXCV)

Ders.: Vorwort. in: Ders. (Hrsg.), Toposforschung, S. VII–XVII

BÄUML, Franz H.: Rhetorical devices and structure in the Ackermann aus Böhmen. Berkeley and Los Angeles 1960. (University of California Publications in Modern Philology, Vol. 60)

BALL, Gabriele: »Befehlen Sie mir, so sollen meine geringe Kräfte alle Zeit zu dero Diensten bereit seyn« – Gottscheds literarische Vermittler- und Multiplikatorrolle im Spiegel seiner Briefsammlung in Leipzig. In: Das achtzehnte Jahrhundert. Mitteilungen der Deutschen Gesellschaft für die Erforschung des achtzehnten Jahrhunderts. Jahrgang 18, H. 1: Briefwechsel, geheime Korrespondenzen, klandestine Schriften. Wolfenbüttel 1994, S. 11–18

BARNER, Wilfried: Barockrhetorik. Untersuchungen zu ihren geschichtlichen Grundlagen. Tübingen 1970

Ders.: »Beredte Empfindungen«. Über die geschichtliche Position der Brieflehre Gellerts. In: Eberhard MÜLLER (Hrsg.): »...aus der anmuthigen Gelehrsamkeit«. Tübinger Studien zum 18. Jahrhundert. Dietrich Geyer zum 60. Geburtstag. Tübingen (1988), S. 7–23

Ders.: Stilbegriffe und ihre Grenzen. Am Beispiel »Barock«. In: DVjS 45 (1971), S. 302–325

Ders.: Vergnügen, Erkenntnis, Kritik. Zum Epigramm und seiner Tradition in der Neuzeit. In: Gymnasium 92 (1985), S. 350–371

Ders.: Wirkungsgeschichte und Tradition. Ein Beitrag zur Methodologie der Rezeptionsforschung. In: Gunter GRIMM (Hrsg.): Literatur und Leser. Theorien und Modelle zur Rezeption literarischer Werke. Stuttgart 1975, S. 85–100

BARTH, George: The pianist as orator. Beethoven and the transformation of keyboard style. Ithaca, NY 1993

BARWICK, Karl: Der Dialogus de oratoribus des Tacitus – Motive und Zeit seiner Entstehung. Berlin 1954

BAUER, Barbara: [Rezension] Manfred Beetz, Rhetorische Logik. In: IASL 9 (1984), S. 214–227

Dies.: Jesuitische »ars rhetorica« im Zeitalter der Glaubenskämpfe. Frankfurt am Main/Bern/New York (1986). (Mikrokosmos, Bd. 18)

BAUMHAUER, Otto A.: Die sophistische Rhetorik. Eine Theorie sprachlicher Kommunikation. Stuttgart (1986)

BAYER, Oswald: Oratio, Meditatio, Tentatio. Eine Besinnung auf Luthers Theologieverständnis. In: Lutherjahrbuch 55 (1988), S. 7–59

BECKER, Ph. Aug.: Gottsched, Bayle und die Enzyklopädie. In: Beiträge zur Deutschen Bildungsgeschichte. FS zur Zweihundertjahrfeier der Deutschen Gesellschaft in Leipzig 1727–1927. Leipzig 1927. (Mitteilungen der Deutschen Gesellschaft zur Erforschung Vaterländischer Sprache und Altertümer in Leipzig, Bd. 12), S. 94–108

BEETZ, Manfred: ARGUMENTA. Stichpunkte zu ihrer Begriffsverwendung, Systematik und Geschichte in der Rhetoriktheorie des 17. und frühen 18. Jahrhunderts. In: KOPPERSCHMIDT/ SCHANZE (Hrsg.): Argumente, S. 48–60

Ders.: Negative Kontinuität. Vorbehalte gegenüber barocker Komplimentierkultur unter Altdeutschen und Aufklärern. In: GARBER (Hrsg.), Europäische Barock-Rezeption, Tl. I, S. 281–301

Ders.: Rhetorische Logik. Prämissen der deutschen Lyrik im Übergang vom 17. zum 18. Jahrhundert. Tübingen 1980. (Studien zur deutschen Literatur, Bd. 62)

Ders.: Soziale Kontaktaufnahme. Ein Kapitel aus der Rhetorik des Alltags in der frühen Neuzeit. In: Rhetorik 10 (1991), S. 30–44
Ders.: Christian Weise. In: Deutsche Dichter. Bd. 2. Reformation, Renaissance und Barock. Stuttgart (1988), S. 376–388
BEHNKE, Peter/Hans-Gert ROLOFF (Hrsg.): Christian Weise. Dichter – Gelehrter – Pädagoge. Beiträge zum ersten Christian-Weise-Symposium aus Anlaß des 350. Geburtstages, Zittau 1992. Bern u. a. (1994). (JbG, Reihe A, Bd. 37)
BEHRENS, Rudolf: Problematische Rhetorik. Studien zur französischen Theoriebildung der Affektrhetorik zwischen Cartesianismus und Frühaufklärung. München (1982). (Reihe Rhetorik. Editionen und Untersuchungen, Bd. 2)
Ders.: Französischsprachige rhetorische Theoriebildung im 17. und frühen 18. Jahrhundert. Eine Auswahlbibliographie. In: ZFSL 88 (1978), S. 326–353
BENDER, Wolfgang F.: J. J. Bodmer und J. J. Breitinger. Stuttgart 1973. (Sammlung Metzler. Realien zur Literatur, Bd. 113)
Ders.: Rhetorische Tradition und Ästhetik im 18. Jahrhundert. Baumgarten, Meier und Breitinger. In: ZdPh 99 (1980), S. 481–506
BERIGER, Andreas: Die aristotelische Dialektik. Ihre Darstellung in der *Topik* und in den *Sophistischen Widerlegungen* und ihre Anwendung in der *Metaphysik* M 1–3. Heidelberg 1989.
BERNS, Jörg Jochen/Wolfgang NEUBER (Hrsg.): Ars memorativa. Zur kulturgeschichtlichen Bedeutung der Gedächtniskunst 1400–1750. Tübingen 1993. (Frühe Neuzeit, Bd. 15)
BEST, Otto F.: Der Witz als Erkenntniskraft und Formprinzip. Darmstadt (1989). (EdF, Bd. 264)
BEZZOLA, Tobia: Die Rhetorik bei Kant, Fichte und Hegel. Ein Beitrag zur Philosophiegeschichte der Rhetorik. Tübingen 1993. (RF, Bd. 5)
BIRKE, Joachim: Gottscheds Neuorientierung der deutschen Poetik an der Philosophie Wolffs. In: ZfdPh 85 (1966), S. 560–575
Ders.: Christian Wolffs Metaphysik und die zeitgenössische Literatur- und Musiktheorie: Gottsched, Scheibe, Mizler. Berlin 1966. (Quellen und Forschungen zur Sprach- und Kulturgeschichte der germanischen Völker. N. F., Bd. 21)
BISSINGER, Anton: Die Struktur der Gotteserkenntnis. Studien zur Philosophie Christian Wolffs. Bonn 1970. (Abhandlungen zur Philosophie, Psychologie und Pädagogik, Bd. 63)
BLACKALL, Eric A.: Die Entwicklung des Deutschen zur Literatursprache 1700–1775. Mit einem Bericht über neue Forschungsergebnisse 1955–1964 von Dieter Kimpel. Stuttgart (1966)
BLANKERTZ, Herwig: Die utilitaristische Berufsbildungstheorie der Aufklärungspädagogik. in: Ulrich HERRMANN (Hrsg.): »Das pädagogische Jahrhundert«.

Volksaufklärung und Erziehung zur Armut im 18. Jahrhundert in Deutschland. Weinheim und Basel 1981. (Geschichte des Erziehungs- und Bildungswesens in Deutschland, Bd. 1), S. 247–270

BLÜHM, Elger: Johann Heinrich Zedler und sein Lexikon. In: Jb. der schlesischen Friedrich-Wilhelms-Universität zu Breslau 7 (1962), S. 184–200

BÖCKMANN, Paul: Anfänge der Naturlyrik bei Brockes, Haller und Günther. In: Literatur und Geistesgeschichte. Festgabe für Heinz Otto Burger. Hrsg. von Reinhold Grimm und Conrad Wiedemann. (Berlin 1968), S. 110–126

Ders.: Formgeschichte der deutschen Dichtung. Erster Band: Von der Sinnbildsprache zur Ausdruckssprache. Der Wandel der literarischen Formensprache vom Mittelalter zur Neuzeit. Hamburg ²1964

Ders.: Das Formprinzip des Witzes in der Frühzeit der deutschen Aufklärung. In: Jb. des Freien Deutschen Hochstifts Frankfurt am Main 1932/33, S. 52–130

BÖDEKER, Hans Erich/Ulrich HERRMANN (Hrsg.): Aufklärung als Politisierung – Politisierung der Aufklärung. Hamburg (1987). (Studien zum achtzehnten Jahrhundert, Bd. 8)

BONFATTI, Emilio: Verhaltenslehrbücher und Verhaltensideale. In: Harald STEINHAGEN (Hrsg.): Zwischen Gegenreformation und Frühaufklärung: Späthumanismus, Barock. 1572–1740. (Deutsche Literatur. Eine Sozialgeschichte. Hrsg. von Horst Alber Glaser Bd. 3), S. 74–87

BORMANN, C. v.: Kritik. In: HWPh, Bd. 4, Basel/ Stuttgart (1976), Sp. 1254 f.

BORMANN, Dennis Robert: Gottsched's enlightened Rhetoric: The Influence of Christian Wolff's Philosophy on Johann Gottsched's *Ausführliche Redekunst*. Diss. Iowa 1968

Ders.: [Abstract] Gottsched's enlightened Rhetoric: The Influence of Christian Wolff's Philosophy on Johann Gottsched's *Ausführliche Redekunst*. In: Dissertation Abstracts 19, Nr. 11 (1969), S. 4125 A–4126 A

Ders.: A Rhetoric of the German Enlightenment. Johann C. Gottsched's Ausführliche Redekunst. In: Speech Monographs 38 (1971), S. 92–108

BORNSCHEUER, Lothar: Die Aufklärung der Topik und die Topik der Aufklärung. In: Siegfried JÜTTNER/Jochen SCHLOBACH (Hrsg.), Europäische Aufklärung(en). Einheit und nationale Vielfalt. Hamburg (1992). (Studien zum achtzehnten Jahrhundert, Bd. 14), S. 54–65

Ders.: Bemerkungen zur Toposforschung. In: Mittellateinisches Jb. 11 (1976), S. 312–320

Ders.: Topik. Zur Struktur der gesellschaftlichen Einbildungskraft. (Frankfurt am Main 1976)

Ders.: Neue Dimensionen und Desiderata der Topik-Forschung. In: Mittellateinisches Jb. 22 (1987), S. 2–27
BRANDES, Helga: [Rezension] Thomas Pago, Gottsched und die Rezeption der Querelle des Anciens et des Modernes in Deutschland. In: Germanistik 33 (1992), S. 143 (Nr. 1134)
BRAUN, Edmund: Zur Einheit der aristotelischen »Topik«. Diss. Köln 1959
BRAUNGART, Georg: Hofberedsamkeit. Studien zur Praxis höfisch-absolutistischer Rede im deutschen Territorialabsolutismus. Tübingen 1988. (Studien zur deutschen Literatur, Bd. 96)
BREEN, Quirinus: The Subordination of Philosophy to Rhetoric in Melanchthon. A Study of his Reply to G. Pico della Mirandola. In: AR 43 (1952), S. 13–28
Ders.: The Terms »Loci Communes« and »Loci« in Melanchthon. In: Church History 16 (1947), S. 197–209
BRENNER, Peter J.: Individuum und Gesellschaft. In: Harald STEINHAGEN (Hrsg.): Zwischen Gegenreformation und Frühaufklärung: Späthumanismus, Barock. 1572–1740. (Deutsche Literatur. Eine Sozialgeschichte. Hrsg. von Horst Alber Glaser Bd. 3), S. 44–59
BREUER, Dieter/KOPSCH, Günther: Rhetoriklehrbücher des 16. bis 20. Jahrhunderts. Eine Bibliographie. In: SCHANZE (Hrsg.), Rhetorik, S. 217–355
BREUER, Dieter/SCHANZE, Helmut (Hrsg.): Topik. Beiträge zur interdisziplinären Diskussion. (München) 1981. (Kritische Information. 99)
BREYMAYER, Reinhard: Die Erbauungsstunde als Forum pietistischer Rhetorik. In: SCHANZE (Hrsg.), Rhetorik, S. 87–104
Ders.: Pietistische Rhetorik als eloquentia nov-antiqua. Mit besonderer Berücksichtigung Gottfried Polykarp Müllers (1684–1747). In: Tradition – Krisis – Renovatio aus theologischer Sicht. FS Winfried Zeller zum 65. Geburtstag. Marburg 1976, S. 258–272
Ders.: [Rezension] NEUMEISTER/WIEDEMANN (Hrsg.), Res Publica Litteraria. In: Rhetorik 10 (1991), S. 193–195
Ders.: [Rezension] UEDING/STEINBRINK, Grundriß der Rhetorik. In: Rhetorik 6 (1987), S. 207–211
BRINKMANN, Hennig: Mittelalterliche Hermeneutik. Darmstadt 1980
BROCKMEIER, Peter u. a. (Hrsg.): Voltaire und Deutschland. Quellen und Untersuchungen zur Rezeption der Französischen Aufklärung. Mit einem Geleitwort von Alfred Grosser. Internationales Kolloquium der Universität Mannheim zum 200. Todestag Voltaires. Stuttgart (1979)
BRODY, Jules: Boileau and Longinus. Genève 1958

BRÜCKNER, Wolfgang: Loci communes als Denkform. Literarische Bildung und Volkstradition zwischen Humanismus und Historismus. In: Daphnis 4 (1975), H. 1, S. 1–12

BRÜGGEMANN, Diethelm: Gellert, der gute Geschmack und die üblen Briefsteller. Zur Geschichte der Rhetorik in der Moderne. In: DVjS 45 (1971), S. 117–149

BRÜGGEMANN, F[ritz].: Einführung. In: Ders.: Gottscheds Lebens- und Kunstreform in den zwanziger und dreißiger Jahren. Gottsched, Breitinger, die Gottschedin, die Neuberin. Leipzig 1935. (Deutsche Literatur. Reihe Aufklärung, Bd. 3)

BUCHHEIM, Thomas: Die Sophistik als Avantgarde des normalen Lebens. Hamburg (1986)

BUCK, August: Diderot und die Antike. In: Richard TOELLNER (Hrsg.): Aufklärung und Humanismus. Heidelberg (1980). (Wolfenbütteler Studien zur Aufklärung, Bd. VI), S. 131–144

Ders. u. a. (Hrsg.): Europäische Hofkultur im 16. und 17. Jahrhundert. Vorträge und Referate gehalten anläßlich des Kongresses des Wolfenbütteler Arbeitskreises für Renaissanceforschung und des Internationalen Arbeitskreises für Barockliteratur in der Herzog August Bibliothek Wolfenbüttel vom 4. bis 8. September 1979. Bde. I-III. Hamburg (1981). (Wolfenbütteler Arbeiten zur Barockforschung, Bd. 8)

Ders.: Renaissance und Barock. Die Emblematik. Zwei Essays. (Frankfurt am Main 1971)

BÜRGER, Thomas: August Bohse, Pseudonym: Talander, 1661–1742. In: Deutsche Schriftsteller im Porträt. Das Zeitalter des Barock. Hrsg. von Martin Bircher. München (1979), S. 42–43

BURGER, Heinz Otto: Deutsche Aufklärung im Widerspiel zu Barock und »Neubarock«. In: Ders.: »Dasein heißt eine Rolle spielen«. Studien zur deutschen Literaturgeschichte. München (1963), S. 94–119

CAEMMERER, Christiane: [Rezension] Christian HALLIER, Johann Matthäus Meyfart. In: TATLOCK (Hrsg.), Konstruktion, S. 746–748

Dies.: Christian Weises Stücke vom dritten Tag als praktischer Übungsteil seiner Oratorielehre. In: BEHNKE/ROLOFF (Hrsg.): Christian Weise, S. 297–313

CALOT, Frantz/MICHON, Louis-Marie: Port-Royal et le Jansénisme. (Paris 1927)

CAMPE, Rüdiger: Affekt und Ausdruck. Zur Umwandlung der literarischen Rede im 17. und 18. Jahrhundert. Tübingen 1990. (Studien zur deutschen Literatur, Bd. 107)

Literatur

CARBONCINI, Sonia: Transzendentale Wahrheit und Traum. Christian Wolffs Antwort auf die Herausforderung durch den Cartesianischen Zweifel. (Stuttgart-Bad Cannstatt 1991). (Forschungen und Materialien zur deutschen Aufklärung, Bd. 5)

CIZEK, Alexander: Zur Bedeutung der »topoi enkomiastikoi« in der antiken Rhetorik. In: BREUER/SCHANZE (Hrsg.), Topik, S. 33–41

CLARKE, M. L.: Die Rhetorik bei den Griechen und Römern. Ein historischer Abriß. Göttingen (1968)

CONERMANN, Klaus: Der Stil des Hofmanns. Zur Genese sprachlicher und literarischer Formen aus der höfisch-politischen Verhaltenskunst. In: BUCK u. a. (Hrsg.), Europäische Hofkultur im 16. und 17. Jahrhundert, Bd. I, S. 45–56

CONRADS, Norbert: Ritterakademien der frühen Neuzeit. Bildung als Standesprivileg im 16. und 17. Jahrhundert. Göttingen 1982. (Schriftenreihe der Historischen Kommission bei der Bayerischen Akademie der Wissenschaften. Schrift 21)

CONRADY, Karl Otto: Lateinische Dichtungstradition und deutsche Lyrik des 17. Jahrhunderts. Bonn 1962. (Bonner Arbeiten zur deutschen Literatur, Bd. 4)

CURTIUS, Ernst Robert: Europäische Literatur und lateinisches Mittelalter. Bern/München ^{3}1961

DAHLHAUS, Carl: Ludwig van Beethoven und seine Zeit. Laaber 1987

DANZEL, Theodor Wilhelm: Gottsched und seine Zeit. Auszüge aus seinem Briefwechsel, zusammengestellt und erläutert von T. W. D. Hildesheim/New York 1970. (Reprografischer ND der Ausgabe Leipzig 1848)

DIETZE, Walter: Gottsched und Leipzig. Vortrag aus Anlaß der Verleihung der Promotionsurkunden durch den Rektor der Karl-Marx-Universität am 5. Februar 1974. Leipzig 1978. (Leipziger Universitätsreden. N. F., H. 46)

DOCKHORN, Klaus: Die Rhetorik als Quelle des vorromantischen Irrationalismus in der Literatur und Geistesgeschichte. In: Nachrichten der Akademie der Wissenschaften in Göttingen aus dem Jahre 1949. Philologisch-Historische Klasse. Göttingen 1949, S. 109–150

Ders.: Rhetorik und germanistische Literaturwissenschaft. In: JbG III, Heft 1 (1971), S. 165–185

DREITZEL, Horst: Absolutismus und ständische Verfassung in Deutschland. Ein Beitrag zu Kontinuität und Diskontinuität der politischen Theorie in der Frühen Neuzeit. Mainz 1992. (VIEG, Abt. Universalgeschichte, Beiheft 24)

Ders.: Protestantischer Aristotelismus und absoluter Staat. Die »Politica« des Henning Arnisaeus. Wiesbaden 1970. (VIEG, Abt. Universalgeschichte, Bd. 55)

DRONKE, Peter: Mittelalterliche Rhetorik. In: Die mittelalterliche Welt. 600–1400. (PGL, Bd. 2) Berlin (1988), S. 182–198

DRUON, H.: Fénelon. Archevêque de Cambrai. Paris (^{3}1905)

DRUX, Rudolf: So singen wie der Boberschwan. Ein Argumentationsmuster gelehrter Kommunikation im 17. Jahrhundert. In: NEUMEISTER/WIEDEMANN (Hrsg.), Res Publica Litteraria, Tl. II, S. 399–408

DUBOIS, E. T.: Introduction. In: René Rapin S. J.: Les Réflexions sur la Poétique de ce Temps et sur les Ouvrages des Poètes Anciens et Modernes. Edition Critique publiée par E. T. Dubois. Genève 1970, S. VII–XXXIV

DUBOIS, Jacques (u. a.): Allgemeine Rhetorik, übersetzt und hrsg. von Armin Schütz. (München) 1974.

DÜLMEN, Richard van: Die Gesellschaft der Aufklärer. Zur bürgerlichen Emanzipation und aufklärerischen Kultur in Deutschland. (Frankfurt 1986)

DYCK, Joachim: Ornatus und Decorum im protestantischen Predigtstil des 17. Jahrhunderts. In: ZfdA 94 (1965), S. 225–236

Ders.: Philosoph, Historiker, Orator und Poet. Rhetorik als Verständnishorizont der Literaturtheorie des XVII. Jahrhunderts. In: Arcadia 4 (1969), S. 1–15

Ders.: Philosophisches Ideal und rhetorische Praxis der Aufklärung: Eine Problemskizze. In: Helmut SCHANZE/Josef KOPPERSCHMIDT (Hrsg.): Rhetorik und Philosophie. München (1989), S. 191–200

Ders.: Rhetorische Argumentation und poetische Legitimation. Zur Genese und Funktion zweier Argumente in der Literaturtheorie des 17. Jahrhunderts. In: SCHANZE (Hrsg.), Rhetorik, S. 69–86

Ders.: Die Rolle der Topik in der literarischen Theorie und Praxis des 17. Jahrhunderts in Deutschland. In: JEHN (Hrsg.), Toposforschung, S. 121–149

Ders.: Ticht-Kunst. Deutsche Barockpoetik und rhetorische Tradition. 2. Aufl. Bad Homburg v. d. H./Berlin/Zürich (1969). (Ars Poetica. Texte und Beiträge zur Dichtungslehre und Dichtkunst, Bd. 1)

EGGEBRECHT, Hans Heinrich: Invention. In: Riemann Musik Lexikon. Sachteil. Mainz 1967, S. 416–417

EHALT, Hubert Ch.: Zur Funktion des Zeremoniells im Absolutismus. In: BUCK u. a. (Hrsg.), Europäische Hofkultur im 16. und 17. Jahrhundert, Bd. II, S. 411–419

EHNINGER, D.: Bernard Lami's »L'art de parler«. A critical analysis. In: Quarterly journal of speech 22, Nr. 4 (1946), S. 429–434

ERICKSON, Keith V.: Aristotle's Rhetoric: Five Centuries of Philological Research. Metuchen, N. J. 1975

Literatur

FECHNER, Jörg-Ulrich: [Rezension] Martin Opitz, Gesammelte Werke. Kritische Ausgabe, hrsg. von George Schulz-Behrend, Bd. 1. Stuttgart 1968. In: Euphorion 64 (1970), S. 435

FEGER, Hans Detlef: Logik ohne Dornen. Zum Zusammenhang von wissenschaftlicher Methode und sinnlicher Erkenntnis im 17. und 18. Jahrhundert. In: Daphnis 22 (1993), S. 197–264

FEY, Gudrun: Das ethische Dilemma der Rhetorik in der Theorie der Antike und der Neuzeit. Diss. Konstanz. Stuttgart 1990

FINK, Adolf: [Rezension] Peter Jehn (Hrsg.): Toposforschung. In: GRM 56 (1975), S. 102–106

FINOCCHIARO, Maurice A.: Galileo and the Art of Reasoning. Rhetorical Foundations of Logic and Scientific Method. Dordrecht/Boston/ London (1980). (Boston Studies in the Philosophy of Science, Vol. 61)

FINSTER, Reinhard: [Rezension] Werner SCHNEIDERS (Hrsg.), Christian Wolff. In: Aufklärung 1 (1986), H. 1, S. 125–127

FISCHER, Ludwig: Gebundene Rede. Dichtung und Rhetorik in der literarischen Theorie des Barock in Deutschland. Tübingen 1968. (Studien zur deutschen Literatur, Bd. 10)

Ders.: Topik. In: Grundzüge der Literatur- und Sprachwissenschaft. Hrsg. von Heinz Ludwig Arnold und Volker Sinemus. Bd. 1: Literaturwissenschaft. (München ^{4}1976), S. 157–164

FLASCH, Kurt: Das philosophische Denken im Mittelalter. Von Augustin zu Machiavelli. Stuttgart (1987)

FLEISCHMANN, Max (Hrsg.): Christian Thomasius. Leben und Lebenswerk. Aalen 1979. (ND der Ausgabe Halle 1931)

FRACKOWIAK, Ute: Der gute Geschmack. Studien zur Entwicklung des Geschmacksbegriffs. München (1994). (Freiburger Schriften zur Romanischen Philologie, Bd. 43)

FRANCE, Peter: Rhetoric and Truth in France. Descartes to Diderot. Oxford 1972

FRANK, Horst Joachim: Geschichte des Deutschunterrichts. Von den Anfängen bis 1945. (München 1973)

FRANKE, Ursula: Kunst als Erkenntnis. Die Rolle der Sinnlichkeit in der Ästhetik des Alexander Gottlieb Baumgarten. Wiesbaden 1972. (Studia Leibnitiana, Bd. IX)

FREYDANK, Hanns: Christian Thomasius der Journalist. In: FLEISCHMANN (Hrsg.), Thomasius, S. 345–382

FRIEBEL, Ulrich: Auf der Schwelle zur »neuen Zeit«. Zur Einschätzung Gottscheds und seiner Zeit im 19. Jahrhundert. In: Lessing Yearbook 12 (1980), S. 85–105

FUCHS, Max: Untersuchungen zur Genese des mathematischen und naturwissenschaftlichen Denkens. Weinheim und Basel (1984)
FUES, Wolfram Malte: Die Prosa der zarten Empfindung. Gellerts Brieftheorie und die Frage des weiblichen Schreibens. In: Das achtzehnte Jahrhundert. Mitteilungen der Deutschen Gesellschaft für die Erforschung des achtzehnten Jahrhunderts. Jahrgang 18, H. 1: Briefwechsel, geheime Korrespondenzen, klandestine Schriften. Wolfenbüttel 1994, S. 19–32
FUHRMANN, Manfred: Die antike Rhetorik. Eine Einführung. München/Zürich (^{3}1990)
Ders.: Die ›Querelle des Anciens et des Modernes‹, der Nationalismus und die Deutsche Klassik. In: Bernhard FABIAN u. a. (Hrsg.): Deutschlands kulturelle Entfaltung. Die Neubestimmung des Menschen. München (1980). (Studien zum achtzehnten Jahrhundert, Bd. 2/3), S. 49–67
Ders.: Rhetorik und öffentliche Rede. Über die Ursachen des Verfalls der Rhetorik im ausgehenden 18. Jahrhundert. Konstanz 1983
FULLENWIDER, Henry F.: Die Rezeption der jesuitischen *argutia*-Bewegung bei Weise und Morhof. In: GARBER (Hrsg.), Europäische Barock-Rezeption, Tl I, S. 229–238

GABLER, Hans-Jürgen: Geschmack und Gesellschaft. Rhetorische und sozialgeschichtliche Aspekte der frühaufklärerischen Geschmackskategorie. Frankfurt und Bern 1982. (EHS, Reihe I, Bd. 549)
GADAMER, Hans Georg: Rhetorik und Hermeneutik. Als öffentlicher Vortrag der Jungius-Gesellschaft der Wissenschaften gehalten am 22. 6. 1976 in Hamburg. Göttingen 1976
Ders.: Wahrheit und Methode. Grundzüge einer philosophischen Hermeneutik. Tübingen 1986. (Gesammelte Werke, Bd. 1)
GAEDE, Friedrich: Gottscheds Nachahmungstheorie und die Logik. In: DVjS 49 (1975), Sonderheft »18. Jahrhundert«, S. 105*–117*
Ders.: Humanismus, Barock, Aufklärung. Geschichte der deutschen Literatur vom 16. bis zum 18. Jahrhundert. Bern/München (1971). (Handbuch der deutschen Literaturgeschichte. Abt. 1, Bd. 2)
GARBER, Klaus (Hrsg.): Europäische Barock-Rezeption. Tle. I und II. Wiesbaden 1991. (Wolfenbütteler Arbeiten zur Barockforschung, Bd. 20)
Ders.: Martin Opitz – »der Vater der deutschen Dichtung«. Eine kritische Studie zur Wissenschaftsgeschichte der Germanistik. Stuttgart 1976
GAWLICK, Günter: Johann Christoph Gottsched als Vermittler der französischen Aufklärung. In: MARTENS (Hrsg.), Zentren der Aufklärung, S. 179–204

GEITNER, Ursula: Die Sprache der Verstellung. Studien zum rhetorischen und anthropologischen Wissen im 17. Jahrhundert. Tübingen 1992. (Communicatio. Studien zur europäischen Literatur- und Kulturgeschichte, Bd. 1)

GELZNER, Thomas: Klassizismus, Attizismus und Asianismus. In: Helmut FLASHAR (Hrsg.): Le Classicisme à Rome aux 1^{iers} Siècles avant et après J.-C. Genève 1978. (Entretiens sur l'Antiquité Classique, Tl. 25), S. 1–41

GERKEN, Barbara: Die sprachtheoretische Differenz zwischen Gottsched und Gellert. Frankfurt am Main u. a. (1990). (Analysen und Dokumente. Beiträge zur neueren Literatur, Bd. 27)

GIAMMUSSO, Salvatore: Sprache der Macht und Macht der Sprache. Rhetorik und Politik in Balthasar Graciáns »Oraculo Manual«. In: GRM 74 (1993), S. 302–314

GIRBAL, François: Bernard Lamy (1640–1715). Étude biographique et bibliographique. Textes inédits. Paris 1964. (Le mouvement des idées au XVIIe siècle. 2)

GOLDMANN, Lucien: Die Kulturgeschichte des Jansenismus und die Vision des Tragischen: Pascal und Racine. In: Renaissance und Barock. 1400–1700. (PGL, Bd. 3) Berlin (1988), S. 281–300

GOMBOCZ, Istvan: »Es ist keine Wissenschaft von seinem Bezirke ganz ausgeschlossen.« Johann Christoph Gottsched und das Ideal des aufklärerischen poeta doctus. In: Daphnis 18 (1989), S. 542–561

GRABMANN, Martin: Ungedruckte lateinische Kommentare zur aristotelischen Topik aus dem 13. Jahrhundert. In: AKG 28 (1938), S. 210–232

GRASSHOFF, H[elmut].: Lomonosov und Gottsched. Gottscheds »Ausführliche Redekunst« und Lomonosovs »Ritorika«. In: Zeitschrift für Slawistik 6 (1961), S. 498–507

GRASSI, Ernesto: Macht des Bildes: Ohnmacht der rationalen Sprache. Zur Rettung des Rhetorischen. (Köln 1970)

GRIMALDI, William M. A.: Studies in the Philosopy of Aristotle's Rhetoric. Wiesbaden 1972. (Hermes, H. 25)

GRIMM, Gunter E.: Muttersprache und Realienunterricht. Der pädagogische Realismus als Verschiebung im Wissenschaftssystem (Ratke – Andreae – Comenius). In: NEUMEISTER/WIEDEMANN (Hrsg.), Res Publica Litteraria, Tl. I, S. 299–324

Ders.: Martin Opitz. In: Deutsche Dichter. Bd. 2. Reformation, Renaissance und Barock. Stuttgart (1988), S. 138–155

Ders.: Von der »politischen« Oratorie zur »philosophischen« Redekunst. Wandlungen der deutschen Rhetorik in der Frühaufklärung. In: Rhetorik 3 (1983), S. 65–96

Ders.: Rezeptionsgeschichte. Grundlegung einer Theorie. Mit Analysen und Bibliographie. München 1977
Ders.: Rezeptionsgeschichte. Prämissen und Möglichkeiten historischer Darstellungen. In: IASL 2 (1977), S. 144–186
Ders.: Vom Schulfuchs zum Menschheitslehrer. Zum Wandel des Gelehrtentums zwischen Barock und Aufklärung. In: Hans Erich BÖDEKER/Ulrich HERRMANN (Hrsg.): Über den Prozeß der Aufklärung in Deutschland im 18. Jahrhundert. Personen, Institutionen und Medien. Göttingen (1987). (Veröffentlichungen des Max-Planck-Instituts für Geschichte 88), S. 14–38
GROSSER, Bertold: Gottscheds Redeschule. Studien zur Geschichte der deutschen Beredsamkeit in der Zeit der Aufklärung. Diss. Greifswald 1932
GRUHN, Herbert: Caspar Gottlieb Lindner. In: Schlesier des 18. und 19. Jahrhunderts. Hrsg. von Friedrich Andreae u. a. 2. Aufl. Sigmaringen (1985). (Schlesische Lebensbilder, Bd. 2), S. 99–103

HAAS, Elke: Rhetorik und Hochsprache. Über die Wirksamkeit der Rhetorik bei der Entstehung der deutschen Hochsprache im 17. und 18. Jahrhundert. Frankfurt am Main/Bern/Cirencester (1980). (EHS, Reihe I, Bd. 349)
HAASE, Erich: Zur Bedeutung von »Je ne sais quoi« im 17. Jahrhundert. In: ZFSL 67 (1956), S. 47–68
HAILLANT, Marguerite: Fénelon et la prédication. Paris 1969. (Publications de la Faculté des Lettres et Sciences Humaines de Paris-Nanterre, Serie A, Bd. 6)
HALLIER, Christian: Johann Matthäus Meyfart. Ein Schriftsteller, Pädagoge und Theologe des 17. Jahrhunderts. Mit einem Nachwort von Erich Trunz. Neumünster 1982. (Kieler Studien zur deutschen Literaturgeschichte, Bd. 15)
HAMMERSTEIN, Notker: Jus und Historie. Ein Beitrag zur Geschichte des historischen Denkens an deutschen Universitäten im späten 17. und im 18. Jahrhundert. Göttingen (1972)
Ders.: Die Universität Leipzig im Zeichen der frühen Aufklärung. In: MARTENS (Hrsg.), Zentren der Aufklärung, S. 125–140
Ders.: Christian Wolff und die Universitäten. Zur Wirkungsgeschichte des Wolffianismus im 18. Jahrhundert. In: SCHNEIDERS (Hrsg.), Wolff, S. 266–277
HARDER, Hans-Bernd (Hrsg.): Marburger Professoren und Studenten aus Ostdeutschland und Osteuropa. Marburg/Lahn 1977
HARMS, Wolfgang: Das Interesse an mittelalterlicher deutscher Literatur zwischen der Reformationszeit und der Frühromantik. In: Akten des VI. internationalen Germanisten-Kongresses Basel 1980. Teil 1, hrsg. von Heinz Rupp und Hans-Gert Roloff. Bern/Frankfurt am Main/Las Vegas (1981).(JbG, Reihe A, Bd. 8), S. 60–84

HARTFELDER, Karl: Philipp Melanchthon als Praeceptor Germaniae. Nieuwkoop 1964. (Reprint der Ausgabe Berlin 1889)
HEILMANN, Christa: Wissenschaftstheoretische Positionen Gottscheds zur Rhetorik und ihre Aufhebung im 20. Jahrhundert. In: Beiträge zur Erforschung der deutschen Sprache 5 (1985), S.276–280
HEILMANN, Willibald: »Goldene Zeit« und geschichtliche Zeit im Dialogus de oratoribus. Zur Geschichtsauffassung des Tacitus. In: Gymnasium 96 (1989), S. 385–405
HEITMANN, Klaus: Das Verhältnis von Dichtung und Geschichtsschreibung in älterer Theorie. In: AKG 52 (1970), S. 244–279
HELLER, Wolfgang: Kooperation und Konfrontation. M. V. Lomonosov und die russische Wissenschaft im 18. Jahrhundert. In: Jahrbücher für die Geschichte Osteuropas. N. F. 38 (1990), S. 1–24
HELLWIG, Antje: Untersuchungen zur Theorie der Rhetorik bei Platon und Aristoteles. Göttingen 1983
HENNE, Helmut: Eine frühe kritische Edition neuerer Literatur. Zur Opitz-Ausgabe Bodmers und Breitingers von 1745. In: ZdPh 87 (1968), S. 180–196
HERRMANN, Hans Peter: Naturnachahmung und Einbildungskraft. Zur Entwicklung der deutschen Poetik von 1670 bis 1740. Bad Homburg v. d. H./Berlin/Zürich (1970). (Ars Poetica, Bd. 8)
HESS, Peter: »Ein Lusthauß der Nimfen und Feldtgötter«. Zur Rolle der Topik in der Erzählprosa des 16. und 17. Jahrhunderts. In: TATLOCK (Hrsg.), Konstruktion, S. 25–40
Ders.: Imitatio-Begriff und Übersetzungstheorie bei Georg Philipp Harsdörffer. In: Daphnis 21 (1992), S. 9–26
Ders.: Zum Toposbegriff der Barockzeit. In: Rhetorik 10 (1991), S. 71–88
HILDEBRANDT-GÜNTHER, Renate: Antike Rhetorik und deutsche literarische Theorie im 17. Jahrhundert. Marburg 1966. (Marburger Beiträge zur Germanistik, Bd. 13)
HINDERER, Walter: Über deutsche Rhetorik und Beredsamkeit. Eine Einführung. In: Ders. (Hrsg.): Deutsche Reden. Teil 1: Von Berthold von Regensburg bis Ludwig Uhland. Stuttgart (1981), S. 15–60
Ders.: Das kluge Amphibium. Über Adam Müller. In: Der Monat 20 (1968), H. 243, S. 80–86
HÖPEL, Ingrid: Emblem und Sinnbild. Vom Kunstbuch zum Erbauungsbuch. (Frankfurt am Main 1987)
HOFFMEISTER, Gerhart: Deutsche und europäische Barockliteratur. Stuttgart (1987). (Sammlung Metzler, Bd. 234)

HOHNER, Ulrich: Zur Problematik der Naturnachahmung in der Ästhetik des 18. Jahrhunderts. Erlangen 1976. (Erlanger Studien, Bd. 12)

HOOYKAAS, R.: Von der »Physica« zur Physik. In: SCHMITZ, Rudolf/KRAFFT, Fritz (Hrsg.): humanismus und naturwissenschaften, S. 9–38

HORCH, Hans Otto/SCHULZ, Georg-Michael: Das Wunderbare und die Poetik der Frühaufklärung. Gottsched und die Schweizer. Darmstadt (1988). (EdF, Bd. 262)

HORN, Hans Arno: Christian Weise als Erneuerer des deutschen Gymnasiums im Zeitalter des Barock. Der »Politicus« als Bildungsideal. Weinheim/Bergstr. 1966. (Marburger Pädagogische Studien, Bd. 5)

HOWELL, Wilbur Samuel: Poetics, Rhetoric, and Logic. Studies in the basic Disciplines of Criticism. Ithaca and London (1975)

HUBIG, Christoph: Humanismus – die Entdeckung des individuelllen Ichs und die Reform der Erziehung. In: Renaissance und Barock. 1400–1700. (PGL, Bd. 3) Berlin (1988), S. 31–67

HÜGLI, A./THEISSMANN, U.: Invention, Erfindung, Entdeckung. In: HWPh, Bd. 4. Basel/Stuttgart (1976), Sp. 544–574

HÜLLE, Johannes: Johann Valentin Pietsch. Sein Leben und seine Werke. Ein Beitrag zur deutschen Literaturgeschichte des 18. Jahrhunderts. Weimar 1915 (Forschungen zur neueren Literaturgeschichte, Bd. 50)

VAN INGEN, Ferdinand: Zum Selbstverständnis des Dichters im 17. und frühen 18. Jahrhundert. In: Literary Culture in the Holy Roman Empire 1555–1720. Hrsg. von James A. Parente u. a. Chapel Hill/ London 1991, S. 206–224

IJSSELING, Samuel: Rhetorik und Philosophie. Eine historisch-systematische Einführung. (Stuttgart-Bad-Cannstatt 1988)

JÄGER, Hans-Wolf: Politische Kategorien in Poetik und Rhetorik der zweiten Hälfte des 18. Jahrhunderts. Stuttgart (1970)

JÄGER, Michael: Kommentierende Einführung in Baumgartens »Aesthetica«. Zur entstehenden wissenschaftlichen Ästhetik des 18. Jahrhunderts in Deutschland. Hildesheim/New York 1980. (Philosophische Texte und Studien, Bd. 1)

JAFFE, Samuel: The Limits of Theory. *Ars Exemplum* and *Materia* in a New Presentation of the History and System of Rhetoric. In: AKG 72 (1990), S. 405–439

JAMISON, Robert/DYCK, Joachim: Rhetorik – Topik – Argumentation. Bibliographie zur Redelehre und Rhetorikforschung im deutschsprachigen Raum 1945–1979/80. (Stuttgart-Bad Cannstatt 1983)

JANOTA, Johannes: Zur Rezeption mittelalterlicher Literatur zwischen dem 16. und 18. Jahrhundert. In: Das Weiterleben des Mittelalters in der deutschen Literatur. Hrsg. von James F. Poag und Gerhild Scholz-Williams. (Königstein/Ts.) 1983, S. 37–46

JANSSENS-KNORSCH, Uta: Jean Deschamps, Wolff-Übersetzer und »Alétophile français« am Hofe Friedrichs des Großen. In: SCHNEIDERS (Hrsg.), Christian Wolff, S. 254–265

JEHN, Peter (Hrsg.): Toposforschung. Eine Dokumentation. (Frankfurt am Main 1972). (Respublica Literaria. Studienreihe zur europäischen Bildungstradition vom Humanismus bis zur Romantik, Bd. 10)

JESSEN, Hans: Die Anfänge des Zeitschriftenwesens in Schlesien. In: Jb. der schlesischen Friedrich-Wilhelms-Universität zu Breslau 18 (1973), S. 33–55

JOACHIMSEN, Paul: Loci communes. Eine Untersuchung zur Geistesgeschichte des Humanismus und der Reformation. In: Lutherjahrbuch VIII (1926), S. 27–97

JUST, Leo: Fénelons Wirkung in Deutschland. Umrisse und Beiträge. In: Johannes KRAUS/Josef CALVET (Hrsg.): Fénelon. Persönlichkeit und Werk. FS zur 300jährigen Wiederkehr seines Geburtstages. Baden-Baden 1953, S. 35–62

KAGER, Gertrud: De doctrina christiana von Aurelius Augustinus: Die erste Anweisung zur christlichen Redekunst. Diss. Wien 1970

KAPP, Volker: Argutia-Bewegung. In: HWR, Bd. 1, Sp. 991–998

Ders.: Attizismus und Honnêteté in Farets »L'honnête homme ou l'art de plaire à la cour«. Rhetorik im Dienste frühabsolutistischer Politik. In: RZL 13 (1989), S. 102–116

Ders.: Die Sprache der Zeichen und Bilder. Rhetorik und nonverbale Kommunikation in der frühen Neuzeit. (Marburg 1990). (Ars Rhetorica, Bd. 1)

Ders.: Rhetorische Theoriebildung im Frankreich des 17. und frühen 18. Jahrhunderts. Methodologische Randbemerkungen mit Nachträgen zu einer Auswahlbibliographie von R. Behrens. In: ZfSL 89 (1979), S. 195–210

KASSEL, Rudolf: Der Text der aristotelischen Rhetorik. Prolegomena zu einer kritischen Ausgabe. Berlin/New York 1971. (Peripatoi, Bd. 3)

KATSAKOULIS, G.: Scharfsinn. In: HWPh, Bd. 8, Basel (1992), Sp. 1217–1220

KEMPER, Josef A. R.: Topik in der antiken rhetorischen Techne. In: BREUER/SCHANZE (Hrsg.), Topik, S. 17–32

KENNEDY, George A.: Classical Rhetoric and its Christian and Secular Tradition from ancient to modern Times. Chapel Hill (1980)

KESSLER, Eckhard: Das rhetorische Modell der Historiographie. In: Formen der Geschichtsschreibung, hrsg. von Reinhart Koselleck, Heinrich Lutz und Jörn

Rüsen. (Theorie der Geschichte. Beiträge zur Historik, Bd. 4). (München 1982), S. 37–85

KETELSEN, Uwe K.: Auf den Flügeln des patriotischen Eifers über das Gestrüpp der Sätze: Gottsched rühmt Opitz. In: Opitz und seine Welt. FS für George Schulz-Behrend zum 12. Februar 1988. Hrsg. von Barbara Becker-Cantarino und Jörg-Ulrich Fechner. Amsterdam 1990. (Chloe. Beihefte zum Daphnis, Bd. 10), S. 267–286

Ders.: Poesie und bürgerlicher Kulturanspruch. Die Kritik an der rhetorischen Gelegenheitspoesie in der frühbürgerlichen Literaturdiskussion. In: Lessing Yearbook 8 (1976), S. 89–107

KIMPEL, Dieter: Christian Wolff und das aufklärerische Programm der literarischen Bildung. In: SCHNEIDERS (Hrsg.), Christian Wolff, S. 203–236

KLASSEN, Rainer: Logik und Rhetorik der frühen deutschen Aufklärung. Diss. München. Augsburg 1974

KLEIN, Jürgen/KRAMER, Johannes (Hrsg.): J. H. Alsted, Herborns calvinistische Theologie und Wissenschaft im Spiegel der englischen Kulturreform des frühen 17. Jahrhunderts. Studien zu englisch-deutschen Geistesbeziehungen der frühen Neuzeit. Frankfurt am Main u. a. (1988). (Aspekte der englischen Geistes- und Kulturgeschichte, Bd. 16)

KNABE, Peter-Eckhard: L'accueil fait à Voltaire par les Göttingischen Gelehrten Anzeigen (1739–1779). In: BROCKMEIER (Hrsg.): Voltaire und Deutschland, S. 343–355

KNAPE, Joachim: Philipp Melanchthons »Rhetorik«. Tübingen 1993. (RF, Bd. 6)

Ders.: Die Stellung der *memoria* in der frühneuzeitlichen Rhetoriktheorie. In: BERNS/NEUBER (Hrsg.): Ars memorativa, S. 274–285

Ders.: »Was im Oratorischen Wesen angenehmlich«. Eine Kasualrede und Rede-Grundsätze Christian Weises aus dem Jahre 1691. In: BEHNKE/ROLOFF (Hrsg.): Christian Weise, S. 65–78

KOBUCH, Agatha: Zensur und Aufklärung in Kursachsen. Ideologische und politische Meinungen zur Zeit der sächsisch-polnischen Union (1697–1763). Weimar 1988. (Schriftenreihe des Staatsarchivs Dresden, Bd. 12)

KOCH, Friedrich: Christian Fürchtegott Gellert. Poet und Pädagoge der Aufklärung. Weinheim 1992

KÖHLER, Erich: »Je ne sais quoi«. Ein Kapitel aus der Begriffsgeschichte des Unbegreiflichen. In: Ders.: Esprit und arkadische Freiheit. Aufsätze aus der Welt der Romania. Frankfurt am Main/Bonn 1966, S. 230–286

KÖLMEL, August Friedrich: Johannes Riemer. 1648–1714. Diss. Heidelberg 1914

KOPITZSCH, Franklin (Hrsg.): Aufklärung, Absolutismus und Bürgertum in Deutschland. Zwölf Aufsätze. München 1976. (nymphenburger texte zur wissenschaft. 24)

KOPPERSCHMIDT, Josef (Hrsg.): Rhetorik. Zwei Bände. Bd. I: Rhetorik als Texttheorie. Darmstadt (1990); Bd. II: Wirkungsgeschichte der Rhetorik. Darmstadt (1991)

Ders.: Topik und Kritik. Überlegungen zur Vermittlungschance zwischen dem Prius der Topik und dem Primat der Kritik. In: BREUER/ SCHANZE (Hrsg.), Topik, S. 171–187

Ders./SCHANZE, Helmut (Hrsg.): Argumente – Argumentation. Interdisziplinäre Problemzugänge. München (1985)

KRAUS, Oskar: Neue Studien zur aristotelischen Rhetorik, insbesondere über das génos epideiktikon. Halle a. S. 1907

KRAUSE, Helmut: Feder kontra Degen. Zur literarischen Vermittlung des bürgerlichen Weltbildes im Werk Johannes Riemers. Berlin 1979. (Deutsche Sprache und Literatur, Bd. 2)

KRAUSS, Werner: Gottsched als Übersetzer französischer Werke. In: Hermann Samuel Reimarus (1674–1768), ein »bekannter Unbekannter« der Aufklärung in Hamburg. Vorträge gehalten auf der Tagung der Joachim Jungius-Gesellschaft der Wissenschaften, Hamburg, am 12. und 13. Oktober 1972. Göttingen 1973, S. 66–74

KREBS, Jean-Daniel: Georg Philipp Harsdörffer (1607–1658). Poétique et Poésie. Bern/Frankfurt am Main/New York (1983). (EHS, Reihe I, Bd. 642)

KROKER, Ernst: 200 Jahre Deutscher Gesellschaft. In: Beiträge zur Deutschen Bildungsgeschichte. FS zur Zweihundertjahrfeier der Deutschen Gesellschaft in Leipzig 1727–1927. Leipzig 1927. (Mitteilungen der Deutschen Gesellschaft zur Erforschung Vaterländischer Sprache und Altertümer in Leipzig, Bd. 12), S. 7–27

KRUMMACHER, Hans-Henrik: Erbauung. In: HWPh, Bd. 2, Basel/Stuttgart (1972), Sp. 601–604

Ders.: Paul Gerhardt. In: Deutsche Dichter des 17. Jahrhunderts. Ihr Leben und Werk. Unter Mitarbeit zahlreicher Fachgelehrter hrsg. von Harald Steinhagen und Benno von Wiese. (Berlin 1984), S. 270–288

Ders: Der junge Gryphius und die Tradition. Studien zu den Perikopensonetten und Passionsliedern. München 1976

Ders.: Laurea Doctoralis Julii Guilielmi Zincgrefii (1620). Ein Heidelberger Gelegenheitsdruck für Julius Wilhelm Zincgref mit einem unbekannten Gedicht von Martin Opitz. In: BECKER-CANTARINO/FECHNER (Hrsg.), Opitz und seine Welt, S. 287–349

Ders.: »De quatuor novissimis«. Über ein traditionelles theologisches Thema bei Andreas Gryphius. In: Respublica Guelpherbytana. Wolfenbütteler Beiträge zur Renaissance- und Barockforschung. FS für Paul Raabe. Hrsg. von August Buck und Martin Bircher. Amsterdam 1987, S. 499–577

Ders.: Stand und Aufgaben der Edition von Dichterbriefen des deutschen Barock. In: Ders. (Hrsg.): Briefe deutscher Barockautoren. Probleme ihrer Erfassung und Erschließung. Arbeitsgespräch in der Herzog August Bibliothek Wolfenbüttel 10. und 11. März 1977. Vorträge und Berichte. Hamburg (1978), S. 9–33

Ders.: Die Tagebücher des Sigmund von Birken. Zur Ausgabe und Kommentierung durch Joachim Kröll. In: ZfdA 112 (1983), S.125–147

Ders.: Überlegungen zur literarischen Eigenart und Bedeutung der protestantischen Erbauungsliteratur im frühen 17. Jahrhundert. In: Rhetorik 5 (1986), S. 97–113

KÜHLMANN, Wilhelm: Frühaufklärung und Barock. Traditionsbruch – Rückgriff – Kontinuität. In: GARBER (Hrsg.), Europäische Barock-Rezeption, Tl. I, S. 187–214

Ders.: Gelehrtenrepublik und Fürstenstaat. Entwicklung und Kritik des deutschen Späthumanismus in der Literatur des Barockzeitalters. Tübingen 1982. (Studien und Texte zur Sozialgeschichte der Literatur, Bd. 3)

Ders.: Macht auf Widerruf – Der Bauer als Herrscher bei Jacob Masen SJ und Christian Weise. In: BEHNKE/ROLOFF (Hrsg.): Christian Weise, S. 245–260

KURZ, Gerhard: Metapher, Allegorie, Symbol. Göttingen (1982)

LANGE, Hans-Joachim: Aemulatio Veterum sive de optimo genere dicendi. Die Entstehung des Barockstils im XVI. Jahrhundert durch eine Geschmacksverschiebung in Richtung der Stile des manieristischen Typs. Bern/Frankfurt a. M. 1974. (EHS, Reihe I, Bd. 99)

LANGE, Klaus-Peter: Theoretiker des literarischen Manierismus. Tesauros und Pellegrinis Lehre von der »acutezza« oder von der Macht der Sprache. München 1968. (Humanistische Bibliothek, Reihe I, Bd. 4)

LECOAT, Gerard: The Rhetoric of the Arts, 1550–1650. Frankfurt/M. 1975. (EHS, Reihe XVIII, Bd. 3)

LEHMANN, Ulf: Der Gottschedkreis und Rußland. Deutsch-russische Literaturbeziehungen im Zeitalter der Aufklärung. Berlin 1966. (Deutsche Akademie der Wissenschaften zu Berlin. Veröffentlichungen des Instituts für Slawistik Nr. 38)

Literatur

LEIBROCK, Felix: Das Interesse an der Barockliteratur bei Gottsched und den Schweizern. In: GARBER (Hrsg.), Europäische Barock-Rezeption, Tl. I, S. 327–335

LENDERS, Winfried: Die analytische Begriffs- und Urteilstheorie von G. W. Leibniz und Chr. Wolff. Hildesheim/New York 1971

LICHTENSTEIN, Erich: Gottscheds Ausgabe von Bayles Dictionnaire. Ein Beitrag zur Geschichte der Aufklärung. Heidelberg 1915. (Beiträge zur neueren Literaturgeschichte. Heft 8)

LIEBERWIRTH, Rolf: Die französischen Kultureinflüsse auf den deutschen Frühaufklärer Christian Thomasius. In: Wissenschaftliche Zeitschrift der Martin-Luther-Universität Halle-Wittenberg, Gesellschafts- und sprachwissenschaftliche Reihe XXXIII (1984), H. 1, S. 63–73

LINN, Marie Luise: A. G. Baumgartens »Aesthetica« und die antike Rhetorik. In: DVjS 41 (1967), S. 424–443

Dies.: Studien zur deutschen Rhetorik und Stilistik im 19. Jahrhundert. Marburg 1963. (Marburger Beiträge zur Germanistik, Bd. 4)

LITZMANN, Berthold: Kronprinz Friedrich und Gottscheds Ausführliche Redekunst. In: ZfdA, Bd. 30 (N. F., Bd. 18), Berlin 1886, S. 204–212

LÜHE, Irmela von der: Natur und Nachahmung. Untersuchungen zur Batteux-Rezeption in Deutschland. Bonn 1979. (Abhandlungen zur Kunst-, Musik- und Literaturwissenschaft, Bd. 283)

MAINBERGER, Gonsalv K.: Rhetorica I. Reden mit Vernunft. Aristoteles. Cicero. Augustinus. (Stuttgart-Bad-Cannstatt 1987). (problemata, Bd. 116)

MAINZER, Klaus: Weltbild und literarische Form. Philosophie, Naturwissenschaft und Literatur im Übergang vom Spätmittelalter zur frühen Neuzeit. In: Literatur, Artes und Philosophie. Hrsg. von Walter Haug und Burghart Wachinger. Tübingen (1992). (Fortuna vitrea, Bd. 7), S. 195–228

MANSFELD, Franz: Das literarische Barock im kunsttheoretischen Urteil Gottscheds und der Schweizer. Diss. Halle 1928

MARTENS, Wolfgang: Die Botschaft der Tugend. Die Aufklärung im Spiegel der Moralischen Wochenschriften. Stuttgart 1971

Ders. Bürgerlichkeit in der frühen Aufklärung. In: KOPITZSCH (Hrsg.), Aufklärung, Absolutismus und Bürgertum, S. 347–363

Ders.: Hallescher Pietismus und Rhetorik. Zu Hieronymus Freyers Oratoria. In: IASL 9 (1984), S. 22–43

Ders. Die deutsche Schaubühne im 18. Jahrhundert – moralische Anstalt mit politischer Relevanz? In: BÖDEKER/HERRMANN (Hrsg.), Aufklärung als Politisierung, S. 90–107

Ders. (Hrsg.): Zentren der Aufklärung III: Leipzig. Aufklärung und Bürgerlichkeit. Heidelberg (1970). (Wolfenbütteler Studien zur Aufklärung, Bd. 17)

MARTI, Hanspeter: Die Rhetorik des Heiligen Geistes. Gelehrsamkeit, poesis sacra und sermo mysticus bei Gottfried Arnold. In: Dietrich BLAUFUSS (Hrsg.): Pietismus-Forschungen. Zu Philipp Jacob Spener und zum spiritualistisch-radikalpietistischen Umfeld. Frankfurt am Main/New York (1986). (EHS, Reihe XXIII, Bd. 290), S. 197–284

MARTIN, Josef: Antike Rhetorik. Technik und Methode. München 1974. (Handbuch der Altertumswissenschaft. 2. Abt., 3. Teil)

MARTINO, Alberto: Daniel Casper von Lohenstein. Geschichte seiner Rezeption. Bd. I: 1661–1800. Aus dem Italienischen von Heribert Streicher. Tübingen 1978

MAURER, Karl: Boileaus Übersetzung der Schrift peri hypsus als Text des französischen 17. Jahrhunderts. In: Helmut FLASHAR (Hrsg.): Le Classicisme à Rome aux 1[iers] Siècles avant et après J.-C. Genève 1978. (Entretiens sur l'Antiquité Classique, Tl. 25), S. 213–257

MEERHOFF, Kees: Rhétorique et Poétique au XVIe siècle en France. Du Bellay, Ramus et les autres. Leiden 1986. (Studies in Medieval and Reformation Thought, Vol. 36)

MERTNER, Edgar: Topos und Commonplace. In: JEHN (Hrsg.), Toposforschung, S. 20–68

MEYER, Ernst: Die Quaestionen der Rhetorik und die Anfänge juristischer Methodenlehre. In: Zeitschrift der Savigny-Stiftung für Rechtsgeschichte, Romanistische Abteilung 68 (1951), S. 30–73

MEYER, Hermann: Schillers philosophische Rhetorik. In: Ders.: Zarte Empirie. Studien zur Literaturgeschichte. Stuttgart 1963, S. 337–389

MICHEL, Walter: Der Herborner Philosoph Johann Heinrich Alsted und die Tradition. Diss. Frankfurt am Main 1969

MITCHELL, P. M.: Ein isländischer Student bei Gottsched. In: »Der Buchstab tödt – der Geist macht lebendig«. FS zum 60. Geburtstag von Hans-Gert Roloff von Freunden, Schülern und Kollegen. Bd. II. Bern u. a. (1992), S. 989–997

MÖLLER, Uwe: Rhetorische Überlieferung und Dichtungstheorie im frühen 18. Jahrhundert. Studien zu Gottsched, Breitinger und G. Fr. Meier. München (1983)

MOJSISCH, B.: Meditation. In: HWPh, Bd. 5, Basel/Stuttgart (1980), Sp. 961–965.

MOSS, Jean Dietz: Novelties in the heavens. Rhetoric and science in the Copernican controversy. Chicago 1993

ZUR MÜHLEN, Karl-Heinz: Rhetorik in Predigten und Schriften Luthers. In: Lutherjahrbuch 57 (1990), S. 257–259

MÜHLPFORDT, Günter: Radikaler Wolffianismus. Zur Differenzierung und Wirkung der Wolffschen Schule ab 1735. In: SCHNEIDERS (Hrsg.), Christian Wolff, S. 237–253

Ders.: Gelehrtenrepublik Leipzig. Wegweiser- und Mittlerrolle der Leipziger Aufklärung in der Wissenschaft. In: MARTENS (Hrsg.), Zentren der Aufklärung, S. 39–101

MÜLLER, Jan-Dirk: J. J. Bodmers Poetik und die Wiederentdeckung mittelhochdeutscher Epen. In: Euphorion 71 (1977), S. 336–352

MÜLLER, Thomas: Rhetorik und bürgerliche Identität. Studien zur Rolle der Psychologie in der Frühaufklärung. Tübingen 1990. (RF, Bd. 3)

MURPHY, James J.: Augustinus und die Debatte über eine christliche Rhetorik (erstmals 1960). In: KOPPERSCHMIDT (Hrsg.), Rhetorik, Bd. II, S. 60–80

Ders.: Rhetoric in the Middle Ages. A History of Rhetorical Theory from Saint Augustine to the Renaissance. Berkeley/Los Angeles/ London 1974

NADLER, Steven M.: Arnauld and the Cartesian philosophy of ideas. Manchester (1989)

NDIAYE, Aloyse Raymond: La philosophie d'Antoine Arnauld. Paris 1991

NELL, Werner: Zum Begriff »Kritik der höfischen Gesellschaft« in der deutschen Literatur des 18. Jahrhunderts. In: IASL 10 (1985), S. 170–194

NEUBER, Wolfgang: [Rezension] Barbara Bauer, Jesuitische »Ars rhetorica«. In: ZdPh 108 (1989), S. 615–617

NEUMANN, Friedrich: Gottsched und die Leipziger Deutsche Gesellschaft. In: AKG 18 (1928), S. 194–212

NEUMEISTER, Sebastian: Höfische Pragmatik. Zu Baltasar Graciáns Ideal des ›Discreto‹. In: BUCK u. a. (Hrsg.), Europäische Hofkultur im 16. und 17. Jahrhundert, Bd. II, S. 51–60

Ders./Conrad WIEDEMANN (Hrsg.): Res Publica Litteraria. Die Institution der Gelehrsamkeit in der frühen Neuzeit. Tle. I und II. Wiesbaden 1987. (Wolfenbütteler Arbeiten zur Barockforschung, Bd. 14)

NICOL, Martin: Meditation bei Luther. Göttingen 1984. (Forschungen zur Kirchen- und Dogmengeschichte, Bd. 34)

NICKEL, Karl-Heinz: Forschung zur Rhetorik im 18. Jahrhundert. Eine Bibliographie der Veröffentlichungen aus den Jahren 1971–1979. In: Das 18. Jahrhundert 4 (1980), S. 132–136

Ders.: Quellen- und Rezeptionsbibliographie zur Rhetorik des 18. Jahrhunderts. In: Das 18. Jahrhundert 4 (1980), S. 136–145

NICKISCH, Reinhard M. G.: Gottsched und die deutsche Epistolographie des 18. Jahrhunderts. In: Euphorion 66 (1972), S.365–382

Ders.: Die Stilprinzipien in den deutschen Briefstellern des 17. und 18. Jahrhunderts. Mit einer Bibliographie zur Briefschreiblehre (1474–1800). Göttingen 1969. (Palaestra 254)

NOE, Alfred: Der Einfluß des italienischen Humanismus auf die deutsche Literatur vor 1600. Ergebnisse jüngerer Forschung und ihre Perspektiven. Tübingen 1993. (IASL, 5. Sonderheft)

ONG, Walter J.: Ramus. Method, and the Decay of Dialogue. From the Art of Discouse to the Art of Reason. Cambridge Mass. 1958

PAGO, Thomas: Gottsched und die Rezeption der Querelle des Anciens et des Modernes in Deutschland. Untersuchungen zur Bedeutung des Vorzugsstreits für die Dichtungstheorie der Aufklärung. Frankfurt a. M./Bern u. a. (1989). (EHS, Reihe I, Bd. 1142)

PAQUIER, J.: Le Jansénisme. Paris 1908

PAULSEN, Friedrich: Aufklärung und Aufklärungspädagogik (erstmals 1903). In: KOPITZSCH (Hrsg.), Aufklärung, Absolutismus und Bürgertum, S. 275–293.

Ders.: Das deutsche Bildungswesen in seiner geschichtlichen Entwicklung. Mit einem Geleitwort zur dritten Auflage von W. Münch und einem Nachwort zum ND von Wilhelm Flitner. Darmstadt 1966

PEKAR, Thomas: Topos. In: Literatur Lexikon. Begriffe, Realien, Methoden, hrsg. von Lothar Meid. Gütersloh/München 1993, S. 434–436

PERELS, Christoph: [Rezension] Hans Peter Herrmann, Naturnachahmung und Einbildungskraft. In: Daphnis 3 (1974), H. 1, S. 124–126

PETERS, Martin: Der Bahnbrecher der modernen Predigt. Johann Lorenz Mosheim, in seinen homiletischen Anschauungen dargestellt und gewürdigt. Ein Beitrag zur Geschichte der Homiletik. Leipzig 1910

PETRUS, Klaus: Convictio oder persuasio? Etappen einer Debatte in der ersten Hälfte des 18. Jahrhunderts (Rüdiger – Fabricius – Gottsched). In: ZdPh 113 (1994), S. 481–495

Ders.: »Scholastische Pedanterey« und »anklebende crudelitas«. Für und wider die Autorität? Aspekte der Philosophie Christian Thomasius'. In: DVjS 68 (1994), S. 429–446

PEURSEN, Cornelis-Anthonie van: Ars inveniendi im Rahmen der Metaphysik Christian Wolffs. Die Rolle der ars inveniendi. In: SCHNEIDERS (Hrsg.), Christian Wolff, S. 66–88

PIETSCH, Christian: Prinzipienfindung bei Aristoteles. Methoden und Erkenntnistheoretische Grundlagen. Stuttgart 1992. (Beiträge zur Altertumskunde, Bd. 22)

PILLING, Dieter: Kopernikus, Gottsched und Polen. Bemerkungen zu Gottscheds Rede auf Nikolaus Kopernikus. In: Deutsche Polenliteratur. Internationales Kolloquium Karpacz 3.–7. Oktober 1988. Wroclaw 1991. (Acta Wratislawiensis, No. 1297/Germanica Wratislawiensia XCII), S. 75–82

PLATZECK, Erhard Wolfram: Raimund Lull. Sein Leben – seine Werke. Die Grundlagen seines Denkens (Prinzipienlehre). Bde. I-II. Düsseldorf (1962–1964). (Bibliotheca Franciscana 5 und 6)

PÖGGELER, Otto: [Rezension] Lothar Bornscheuer, Topik. In: Poetica 10 (1978), S. 106–119

PTASSEK, Peter: Rhetorische Rationalität. Stationen einer Verdrängungsgeschichte von der Antike bis zur Neuzeit. München (1993)

RADEMAKER, C. S. M.: Life and Word of Gerardus Joannes Vossius (1577–1649). Assen 1981. (Respublica Literaria Neerlandica, Bd. 5)

RECKOW, Fritz: Zwischen Ontologie und Rhetorik. Die Idee des *movere animos* und der Übergang vom Spätmittelalter zur frühen Neuzeit in der Musikgeschichte. In: Traditionswandel und Traditionsverhalten. Hrsg. von Walter Haug und Burghart Wachinger. Tübingen (1991). (Fortuna vitrea, Bd. 5), S. 145–178

REENTS, Christine: Die Bibel als Schul- und Hausbuch für Kinder. Werkanalyse und Wirkungsgeschichte einer frühen Schul- und Kinderbibel im evangelischen Raum: Johann Hübner, Zweymal zwey und funffzig Auserlesene Biblische Historien, der Jugend zum Besten abgefasset ... Leipzig 1714 bis Leipzig 1874 und Schwelm 1902. Göttingen (1984). (Arbeiten zur Religionspädagogik, Bd. 2)

REICHARDT, Rolf: Der *Honnête Homme* zwischen höfischer und bürgerlicher Gesellschaft. Seriell-begriffsgeschichtliche Untersuchungen von *Honnêteté*-Traktaten des 17. und 18. Jahrhunderts. In: AKG 69 (1987), S. 341–370

Ders.: Wandlungen des *Honnêteté*-Ideals vom Absolutismus zur Französischen Revolution. Zwischenbilanz der Forschung aus sozialhistorischer Sicht. In: RZL 11 (1987), S. 174–192

REICHEL, Eugen: Gottsched. Erster Band. Berlin 1908. Zweiter Band. Berlin 1912

Ders.: Gottscheds Spiel- und Lehrjahre. In: Kleine Gottsched-Halle. Jb. der Gottsched-Gesellschaft. Bd. 1. Berlin 1904, S. 1–32

Ders.: Gottscheds Stellung in der Geschichte des deutschen Unterrichts- und Erziehungswesens. In: Mitteilungen der Gesellschaft für deutsche Erziehungs- und Schulgeschichte 19 (1909), S.77–117

REICKE, Johannes: Zu Joh. Christ. Gottsched's Lehrjahren auf der Königsberger Universität. Königsberg i. Pr. 1892 (Sonderabdruck aus: Altpreußische Monatsschrift, Bd. 29 [1892], H. 1 u. 2, S. 70–150)

REIFFENSTEIN, Ingo: Gottsched und die Bayern. Der Parnassus Boicus, die Bayerische Akademie der Wissenschaften und die Pflege der deutschen Sprache im 18. Jahrhundert. In: Soziokulturelle Kontexte der Sprach- und Literaturentwicklung. FS für Rudolf Große zum 65. Geburtstag, hrsg. von Sabine Heimann u. a. Stuttgart 1989. (Stuttgarter Arbeiten zur Germanistik, Nr. 231), S. 177–184

REILL, Peter Hanns: The German Enlightenment and the Rise of Historicism. Berkeley/Los Angeles/London 1975

REIMANN, Margarete: Invention. In: Die Musik in Geschichte und Gegenwart. Allgemeine Enzyklopädie der Musik. Unter Mitarbeit zahlreicher Musikforscher des In- und Auslandes hrsg. von Friedrich Blume. Bd. 6: Head-Jenny. (Kassel/Basel/London 1989), Sp. 1383–1389

RICHTER, Karl: Literatur und Naturwissenschaft. Eine Studie zur Lyrik der Aufklärung. München (1972). (Theorie und Geschichte der Literatur und der schönen Künste, Bd. 19)

Ders.: Die kopernikanische Wende in der Lyrik von Brockes bis Klopstock. In: JbSG 12 (1968), S. 132–169

RIECK, Werner: Johann Christoph Gottsched. Eine kritische Würdigung seines Werkes. Berlin 1972

RIMBACH, Günther C.: Das Epigramm und die Barockpoetik. Ansätze zu einer Wirkungsästhetik für das Zeitalter. In: JbSG 14 (1970), S. 100–130

ROSENO, Agnes: Die Entwicklung der Brieftheorie von 1655–1709. (Dargestellt an Hand der Briefsteller von Georg Philipp Harsdörfer, Kaspar Stieler, Christian Weise und Benjamin Neukirch). Diss. Köln 1933

ROSSMANN, Isabella: Gottscheds Redelehre und ihre antiken Quellen. Diss. Graz 1970

ROTH, Oskar: Höfische Gesinnung und *honnêteté* im Frankreich des 17. Jahrhunderts. In: BUCK u. a. (Hrsg.), Europäische Hofkultur im 16. und 17. Jahrhundert, Bd. II, S. 239–244

RÜDIGER, Horst: Die Wiederentdeckung der antiken Literatur im Zeitalter der Renaissance. In: Herbert HUNGER/Otto STEGMÜLLER u. a.: Die Textüberlieferung der antiken Literatur und der Bibel. (München ²1988). (Unveränderter

ND des 1961 erschienenen Bds. I der »Geschichte der Textüberlieferung der antiken und mittelalterlichen Literatur«), S. 511–580

RÜEGG, Walter: Cicero und der Humanismus. Formale Untersuchungen über Petrarca und Erasmus. Zürich 1946

RUSTERHOLZ, Sibylle: Leichenreden. Ergebnisse, Probleme, Perspektiven ihrer interdisziplinären Erforschung. In: IASL 4 (1979), S. 179–196

SAFT, Walter: Meditation. In: Evangelisches Kirchenlexikon, Bd. 3: L-R, Göttingen ³1992, Sp. 346–349

SAHLER, Benjamin (Bearb.): Madame Guyon et Fénelon. La Correspondence Sécrete. Avec un Choix de Poésies Spirituelles. Paris (1982)

SAINE, Thomas P.: [Rezension] BÖDEKER/HERRMANN (Hrsg.), Aufklärung als Politisierung. In: Aufklärung 4 (1989), H. 1, S. 127–129

SALLWÜRK, E. von: Fénelon und die Litteratur der weiblichen Bildung in Frankreich von Claude Fleury bis Frau Necker de Saussure. Langensalza 1886. (H. Beyer's Bibliothek pädagogischer Klassiker)

SANDSTEDE, Jutta: [Rezension] Rudolf BRAUNGART, Hofberedsamkeit. In: Rhetorik 10 (1991), S. 145–147

SAUDER, Gerhard: Argumente der Fiktionskritik 1680–1730 und 1960–1970. In: GRM 57 (1976), S. 129–140

Ders.: Bayle-Rezeption in der deutschen Aufklärung. (Mit einem Anhang: In Deutschland verlegte Bayle-Ausgaben und deutsche Übersetzungen Baylescher Werke). In: DVjS 49 (1975), Sonderheft »18. Jahrhundert«, S. 83*–104*

Ders.: Der junge Goethe und Leipzig. In: MARTENS (Hrsg.), Zentren der Aufklärung, S. 233–ø246

SCHÄFER, Gerhard: Johann Christoph Gottsched. In: Deutsche Dichter. Bd. 3. Aufklärung und Empfindsamkeit. Stuttgart (1988), S. 34–50

Ders.: »Wohlklingende Schrift« und »rührende Bilder«. Soziologische Studien zur Ästhetik Gottscheds und der Schweizer. Frankfurt am Main/Bern/New York (1987). (EHS, Reihe I, Bd. 967)

SCHALLER, Klaus: Comenius. Darmstadt 1973. (Erträge der Forschung, Bd. 19)

Ders.: Die Pädagogik des Johann Amos Comenius und die Anfänge des pädagogischen Realismus im 17. Jahrhundert. Heidelberg 1962

SCHANZE, Helmut: Geschichte der Rhetorik. Literaturgeschichte – Stilgeschichte – Sprachgeschichte. Anmerkungen zu einer interdisziplinären Fragestellung. In: Karl-Heinz BAUSCH/Siegfried GROSSE (Hrsg.): Praktische Rhetorik. Beiträge zu ihrer Funktion in der Aus- und Fortbildung. Mannheim (1985), S. 11–22

Ders. (Hrsg.): Rhetorik. Beiträge zu ihrer Geschichte in Deutschland vom 16.–20. Jahrhundert. Frankfurt am Main (1974)

Ders.: Romantik und Rhetorik. Rhetorische Komponenten der Literaturprogrammatik um 1800. In: Ders. (Hrsg.): Rhetorik, S. 126–144

Ders.: Transformation der Rhetorik. Wege der Rhetorikgeschichte um 1800. In: Rhetorik 12 (1993), S. 60–72

SCHINDLING, Anton: Humanistische Hochschule und freie Reichsstadt. Gymnasium und Akademie in Straßburg 1538–1621. Wiesbaden 1977. (VIEG, Abt. Universalgeschichte, Bd. 77)

SCHMID, Christoph: Die Mittelalterrezeption des 18. Jahrhunderts zwischen Aufklärung und Romantik. Frankfurt am Main/Bern/Las Vegas (1979). (Regensburger Beiträge zur deutschen Sprach- und Literaturwissenschaft, Bd. 19)

SCHMIDT, Günter R.: François Fénelon (1651–1715). In: Hans SCHEUERL (Hrsg.): Klassiker der Pädagogik. Bd. 1: Von Erasmus von Rotterdam bis Herbert Spencer. München (1979), S. 194–203

SCHMIDT, Josef: [Rezension] SCHANZE/KOPPERSCHMIDT (Hrsg.), Rhetorik und Philosophie. In: Rhetorik 10 (1991), S. 178–179

SCHMIDT-BIGGEMANN, Wilhelm: Aristoteles im Barock. Über den Wandel der Wissenschaften. In: NEUMEISTER/WIEDEMANN (Hrsg.), Res Publica Litteraria, Tl. I, S. 281–298

Ders.: Topica universalis. Eine Modellgeschichte humanistischer und barocker Wissenschaft. Hamburg (1983). (Paradeigmata 1)

SCHMITZ, Arnold: Die oratorische Kunst J. S. Bachs. Grundfragen und Grundlagen. In: KOPPERSCHMIDT (Hrsg.): Rhetorik, Bd. I, S. 290–312

SCHMITZ, Rudolf/KRAFFT, Fritz (Hrsg.): humanismus und naturwissenschaften. Boppard (1980). (Beiträge zur Humanismusforschung, Bd. VI)

SCHNEIDER, John R.: Philip Melanchthon's Rhetorical Construal of Biblical Authority. Oratio Sacra. Lewiston/Queenston/Lampeter (1990). (Texts and Studies in Religion, Vol. 51)

SCHNEIDERS, Werner (Hrsg.): Christian Thomasius 1655–1728. Interpretationen zu Werk und Wirkung. Mit einer Bibliographie der neueren Thomasius-Literatur. Hamburg (1989). (Studien zum achtzehnten Jahrhundert, Bd. 11)

Ders. (Hrsg.): Christian Wolff 1679–1754. Interpretationen zu seiner Philosophie und deren Wirkung. Mit einer Bibliographie der Wolff-Literatur. Hamburg (1983). (Studien zum achtzehnten Jahrhundert, Bd. 4)

SCHÖNE, Albrecht: Emblematik und Drama im Zeitalter des Barock. Dritte Auflage mit Anmerkungen 1993. München 1993

Ders.: Emblemata. Versuch einer Einführung. In: DVjS 37 (1963), S. 197–231

SCHOLDER, Klaus: Grundzüge der theologischen Aufklärung in Deutschland (erstmals 1966). In: KOPITZSCH (Hrsg.), Aufklärung, Absolutismus und Bürgertum, S. 294–318

SCHOLL, Rosemary: Nachwort des Herausgebers. In: J. Chr. GOTTSCHED: Ausführliche Redekunst. Ausgewählte Werke, hrsg. von P. M. Mitchell. Siebenter Band, Dritter Teil: Anhang, Variantenverzeichnis, Nachwort, bearb. von R. S. Berlin/New York 1975, S. 243–250

Dies.: Die Rhetorik der Vernunft. Gottsched und die Rhetorik im frühen 18. Jahrhundert. In: Akten des V. Internationalen Germanisten-Kongresses Cambridge 1975. Bern/Frankfurt M. 1976. (JbG, Reihe A, Bd. 2), S. 217–221

SCHOTTLAENDER, Rudolf: Der Beitrag der ciceronischen Rhetorik zur Entwicklung der Humanitätsidee. In: Antike und Abendland. Beiträge zum Verständnis der Griechen und Römer und ihres Nachlebens 22 (1976), S. 54–69

SCHRÖDER, Christel Matthias: Die »Bremer Beiträge«. Vorgeschichte und Geschichte einer deutschen Zeitschrift des achtzehnten Jahrhunderts. Bremen 1956. (Schriften der Wittheit zu Bremen. Reihe D: Abhandlungen und Vorträge, Bd. 21, H. 2)

SCHÜMMER, F[ranz].: Die Entwicklung des Geschmacksbegriffs in der Philosophie des 17. und 18. Jahrhunderts. In: Archiv für Begriffsgeschichte 1 (1955), S. 120–141

SCHUMANN, Hans Gerd: Ideologiekritische Rhetorikforschung als interdisziplinäre Aufgabe. In: SCHANZE (Hrsg.), Rhetorik, S. 199–215

SCHWEINFURTH-WALLA, Sigrid: Studien zu den rhetorischen Überzeugungsmitteln bei Cicero und Aristoteles. Tübingen (1986). (Mannheimer Beiträge zur Sprach- und Literaturwissenschaft, Bd. 9)

SCHWEIZER, Hans Rudolf: Ästhetik als Philosophie der sinnlichen Erkenntnis. Eine Interpretation der »Aesthetica« A. G. Baumgartens mit teilweiser Wiedergabe des lateinischen Textes und deutscher Übersetzung. Basel/Stuttgart (1973)

SCHWIND, Peter: Lohensteins Lobrede auf Hoffmannswaldau als Beispiel argumentativen Figureneinsatzes barocker Gelegenheitsrede. In: Deutsche Barockliteratur und europäische Kultur. Zweites Jahrestreffen des Internationalen Arbeitskreises für deutsche Barockliteratur in der Herzog August Bibliothek Wolfenbüttel 28. bis 31. August 1976. Vorträge und Kurzreferate, hrsg. von Martin Bircher und Eberhard Mannack. Hamburg (1977), S. 303–305

Ders.: Schwulst-Stil. Historische Grundlagen von Produktion und Rezeption manieristischer Sprachformen in Deutschland 1624–1738. Bonn 1977. (Abhandlungen zur Kunst-, Musik- und Literaturwissenschaft, Bd. 231)

SEIFERT, Siegfried: »Historia literaria« an der Wende zur Aufklärung. Barocktradition und Neuansatz in Morhofs »Polyhistor«. In: GARBER (Hrsg.), Europäische Barock-Rezeption, Tl I, S. 215–228

SEYDEWITZ, Thea von: Ernst Christoph Graf Manteuffel, Kabinettsminister Augusts des Starken. Persönlichkeit und Wirken. Dresden 1926 (Aus Sachsens Vergangenheit, H. 5)

SIEVEKE, Franz Günter: Anmerkungen. In: Aristoteles: Rhetorik. Übersetzt, mit einer Bibliographie, Erläuterungen und einem Nachwort von F. G. S. München (^{2}1987)

Ders.: Eloquentia sacra. Zur Predigtlehre des Nicolaus Caussinus S. J. In: SCHANZE (Hrsg.), Rhetorik, S. 43–68

Ders.: Topik im Dienst poetischer Erfindung. Zum Verhältnis rhetorischer Konstanten und ihrer funktionsbedingten Auswahl oder Erweiterung (Omeis – Richter – Harsdörffer). In: JbG VIII (1976), H. 2, S. 17–48

SINEMUS, Volker: Poetik und Rhetorik im frühmodernen deutschen Staat. Sozialgeschichtliche Bedingungen des Normenwandels im 17. Jahrhundert. Göttingen 1978 (Palaestra, Bd. 269)

SLANGEN, Johannes Hubertus: Einleitung. In: Ders. (Hrsg): Johann Christoph Gottsched, Beobachtungen über den Gebrauch und Misbrauch vieler deutscher Wörter und Redensarten. Diss. Heerlen 1955

SOLMSEN, Friedrich: The Aristotelian Tradition in Ancient Rhetoric. In: Rudolf STARK (Hrsg.:) Rhetorika. Schriften zur aristotelischen und hellenistischen Rhetorik. Mit einem Vorwort von Peter Steinmetz. Hildesheim 1968, S. 312–349

SPAEMANN, Robert: Reflexion und Spontaneität. Studien über Fénelon. (Stuttgart ^{2}1990)

STACKELBERG, Jürgen von: Die »Querelle des Anciens et des Modernes«. Neue Überlegungen zu einer alten Auseinandersetzung. In: Richard TOELLNER (Hrsg.): Aufklärung und Humanismus. Heidelberg (1980). (Wolfenbütteler Studien zur Aufklärung, Bd. VI), S. 35–56

STEINMETZ, Horst: Nachwort. In: Ders. (Hrsg.): Johann Christoph GOTTSCHED: Schriften zur Literatur. Stuttgart (1982), S. 367–385

Ders.: Nachwort. In: Ders. (Hrsg.): Johann Christoph GOTTSCHED: Sterbender Cato. Im Anhang: Auszüge aus der zeitgenössischen Diskussion über Gottscheds Drama. Stuttgart 1984, S. 132–142

STÖTZER, Ursula: Deutsche Redekunst im 17. und 18. Jahrhundert. Halle (Saale) 1962

STERN, Martin: Über die Schauspiele. Eine vergessene Abhandlung zum Schultheater des Basler Theologen Samuel Werenfels (1657–1740) und ihre Spuren bei Gottsched, Lessing, Gellert, Hamann und Nicolai. In: Text & Kontext 17 (1989), S. 104–126

Ders./Thomas WILHELMI: Samuel Werenfels (1657–1740): Rede von den Schauspielen. Der lateinische Urtext (1687/ 1716), die Übersetzungen von Mylius (1742) und Gregorius (1750) sowie deren Rezeption durch Gottsched, Lessing und Gellert. Ein Beitrag zur Theaterfrage in der Frühaufklärung. In: Daphnis 22 (1993), S. 73–171

STOLT, Birgit: Rhetorik und Gefühl im Ackermann aus Böhmen. In: Dies.: Wortkampf. Frühneuhochdeutsche Beispiele zur rhetorischen Praxis. Frankfurt am Main 1974. (Acta Universitatis Stockholmiensis. Stockholmer Germanistische Forschungen, Bd. 13)

STRÄTER, Udo: Meditation und Kirchenreform in der lutherischen Kirche des 17. Jahrhunderts. Tübingen 1995

STROSETZKI, Christian: Konversation. Ein Kapitel gesellschaftlicher und literarischer Pragmatik im Frankreich des 17. Jahrhunderts. Frankfurt/Main 1978. (Studia romanica et linguistica, 7)

STROTHMANN, Friedrich Wilhelm: Die Gerichtsverhandlung als literarisches Motiv in der deutschen Literatur des ausgehenden Mittelalters. Jena 1930

STRUTH, Fritz: Gottscheds »Beyträge zur critischen Historie der deutschen Sprache, Poesie und Beredsamkeit« 1732–1744. Ein Beitrag zur Würdigung seiner Verdienste um die Geschichte der deutschen Philologie. Diss. masch. Marburg 1948

SUCHIER, Wolfram: Gottscheds Korrespondenten. Alphabetisches Absenderregister zur Gottschedschen Briefsammlung in der Universitätsbibliothek Leipzig. Mit Vorwort von Dietmar Debes. Leipzig 1971. (Unveränderter ND aus: »Kleine Gottsched-Halle«, Bd. 7 und 8 [1910–1912])

SZYROCKI, Marian: Einleitung. In: Ders. (Hrsg.): Die deutsche Literatur des Barock. Eine Einführung. Stuttgart (1987), S. 10–102

TATLOCK, Lynne (Hrsg.): Konstruktion. Untersuchungen zum deutschen Roman der frühen Neuzeit. Amsterdam/Atlanta 1990. (Daphnis 19, 1990, H. 1)

TONELLI, G./BORMANN, C. V.: Kritik. In: HWPh, Bd. 4. Basel/Stuttgart (1976), Sp. 1249–1267

TORBRUEGGE, Marylin K.: Bodmer and Longinus. In: Monatshefte 63 (1971), H. 4, S. 341–357

TREUE, Wilhelm: Wirtschaft, Gesellschaft und Technik in Deutschland vom 16. bis zum 18. Jahrhundert. (München ^{6}1986). (Gebhardt. Handbuch der deutschen Geschichte, Bd. 12)

TRILLHAAS, W.: Meditation. In: RGG, Bd. 4,: Kop-O, Tübingen 1960, Sp. 824–826

TRUNZ, Erich: Johann Matthäus Meyfart. Theologe und Schriftsteller in der Zeit des Dreißigjährigen Krieges. München (1987)

TSCHIRCH, Fritz: Colores rhetorici im ›Ackermann aus Böhmen‹. Aequivoca, Synonyma, Figurae etymologicae und Reimformeln. In: Literatur und Sprache im europäischen Mittelalter. FS für Karl Langosch zum 70. Geburtstag, hrsg. von Alf Önnerfors u. a. Darmstadt 1973, S. 364–397

TWORUSCHKA, Udo/NICOL, Martin: Meditation. In: TRE, Bd. 22. Hrsg. von Gerhard Müller. Berlin/New York 1992, S. 328–353

UEDING, Gert u. a.: Destructio destructionis. Über böswillige und sachliche Kritik am *Historischen Wörterbuch der Rhetorik*. In: Rhetorik 12 (1993), S. 178–183

Ders. (Hrsg.): Rhetorik zwischen den Wissenschaften. Geschichte, System, Praxis als Probleme des »Historischen Wörterbuchs der Rhetorik«. Tübingen 1991.

Ders.: Von der Rhetorik zur Ästhetik. Winckelmanns Begriff des Schönen. In: Ders.: Aufklärung über Rhetorik. Versuche über Beredsamkeit, ihre Theorie und praktische Bewährung. Tübingen 1992. (RF, Bd. 4), S. 139–154

Ders.: Schillers Rhetorik. Idealistische Wirkungsästhetik und rhetorische Tradition. Tübingen 1971. (Studien zur deutschen Literatur, Bd. 27)

Ders./STEINBRINK, Bernd: Grundriß der Rhetorik. Geschichte – Technik – Methode. Stuttgart (1986)

UHLIG, Claus: Dichtung und Prosa in England. In: Renaissance und Barock. 1400–1700. (PGL, Bd. 3) Berlin (1988), S. 258–280

VERWEYEN, Theodor: Christian Wernicke. In: Deutsche Dichter. Bd. 2. Reformation, Renaissance und Barock. Stuttgart (1988), S. 428–435

VIERHAUS, Rudolf: Deutschland im Zeitalter des Absolutismus (1648–1763). In: Deutsche Geschichte. Bd. 2: Frühe Neuzeit, von Bernd Moeller, Martin Heckel, Rudolf Vierhaus, Karl Otmar Freiherr von Aretin. Göttingen 1985, S. 355–512

VILLWOCK, Jörg: Rhetorik und Poetik: Theoretische Grundlagen der Literatur. In: Renaissance und Barock. 1400–1700. (PGL, Bd. 3) Berlin (1988), S. 98–120

VORLÄNDER, Karl: Geschichte der Philosophie mit Quellentexten. Neu hrsg. von Herbert Schnädelbach. Bd. III: Neuzeit bis Kant. (Reinbek bei Hamburg 1990)

Literatur

VOSSKAMP, Wilhelm: Das Ideal des Galanten bei Christian Friedrich Hunold. In: BUCK u. a. (Hrsg.), Europäische Hofkultur im 16. und 17. Jahrhundert, Bd. II, S. 51–60

Ders.: Probleme und Aufgaben einer sozialgeschichtlich orientierten Literaturgeschichte des 18. Jahrhunderts. In: Das achtzehnte Jahrhundert als Epoche. Hrsg. von Bernhard Fabian und Wilhelm Schmidt-Biggemann. Nendeln 1978. (Studien zum achtzehnten Jahrhundert, Bd. 1), S. 53–69

WALDBERG, Max Freiherr von: Eine deutsch-französische Literaturfehde. In: Deutschkundliches. Friedrich Panzer zum 60. Geburtstag, überreicht von Heidelberger Fachgenossen. Hrsg. von Hans Teske. Heidelberg 1930, S.87–116

WALLIES, Max: Die griechischen Ausleger der Aristotelischen Topik. Berlin 1891. (Wissenschaftliche Beilage zum Programm des Sophien-Gymnasiums zu Berlin. Ostern 1891)

WALTER, Peter: Theologie aus dem Geist der Rhetorik. Zur Schriftauslegung des Erasmus von Rotterdam. Mainz (1991). (Tübinger Studien zur Theologie und Philosophie, Bd. 1)

WANIEK, Gustav: Gottsched und die deutsche Litteratur seiner Zeit. (Leipzig 1972). (Unveränderter fotomechanischer ND der Originalausgabe Leipzig 1897)

WARNING, Rainer (Hrsg.): Rezeptionsästhetik. Theorie und Praxis. München ²1979

WARNKE, Frank J.: Versions of Baroque. European Literature in the Seventeenth Century. New Haven/London 1972

WECHSLER, Gerhard: Johann Christoph Gottscheds Rhetorik. Diss. Heidelberg 1933

WEHR, Marianne: Johann Christoph Gottscheds Briefwechsel. Ein Beitrag zur Geschichte der deutschen Frühaufklärung. Diss. masch. Leipzig 1965

WEISZ, Jutta: Das deutsche Epigramm des 17. Jahrhunderts. Stuttgart 1979. (GA, Bd. 49)

WELZIG, Werner: Vom Nutzen der geistlichen Rede. Beobachtungen zu den Funktionsweisen eines literarischen Genres. In: IASL 4 (1979), S. 1–23

WENDLAND, Ulrich: Die Theoretiker und Theorien der sogen. galanten Stilepoche und die deutsche Sprache. Ein Beitrag zur Erkenntnis der Sprachreformbestrebungen vor Gottsched. Leipzig 1930 (Form und Geist, Bd. 17)

WENTZLAFF-EGGEBERT, Friedrich-Wilhelm: Emblematik und Rhetorik. Zu Jacob Friedrich Reimmanns *Bekandte und Unbekandte Poesie der Deutschen* (1703). In: Rezeption und Produktion zwischen 1570 und 1730. FS für Günther Weydt zum 65. Geburtstag. Hrsg. von Wolfdietrich Rasch u. a. Bern/ München 1972, S. 493–497

WESTMAN, Robert S.: Humanism and scientific roles in the Sixteenth Century. In: SCHMITZ/ KRAFFT (Hrsg.): humanismus und naturwissenschaften, S. 83–99

WETTERER, Angelika: Publikumsbezug und Wahrheitsanspruch. Der Widerspruch zwischen rhetorischem Ansatz und philosophischem Anspruch bei Gottsched und den Schweizern. Diss. Freiburg i. Br. 1979

WIEGMANN, Hermann: Redekunst und Politik. Über die Bedingungen der rhetorischen Übereinkunft im 18. Jahrhundert. In: BÖDEKER/HERRMANN (Hrsg.), Aufklärung als Politisierung, S. 150–157

Ders.: Ästhetik. In HWR, Bd. 1, Sp. 11334–1154

WILAMOWITZ-MOELLENDORFF, Ulrich von: Asianismus und Atticismus. In: Rudolf STARK (Hrsg.:) Rhetorika. Schriften zur aristotelischen und hellenistischen Rhetorik. Mit einem Vorwort von Peter Steinmetz. Hildesheim 1968, S. 350–401

WINDFUHR, Manfred: Die barocke Bildlichkeit und ihre Kritiker. Stilhaltungen in der deutschen Literatur des 17. und 18. Jahrhunderts. Stuttgart (1966). (GA, Bd. 15)

WINKLER, Christian: Elemente der Rede. Die Geschichte ihrer Theorie in Deutschland von 1750–1850. (Walluf/Nendeln 1975). (Unveränderter reprographischer ND der 1. Auflage, Halle an der Saale 1931)

WINKLER, Marianne: Johann Christoph Gottsched im Spiegel seiner kritischen Journale. Eine Teiluntersuchung zum gesellschaftlichen und philosophischen Standort des Gottschedianismus. In: Karl-Marx-Universität Leipzig 1409–1959. Beiträge zur Universitätsgeschichte. Bd. I. Leipzig (1959), S. 145–192

WINTER, Fritz: A. G. Kästner und Gottsched. In: Vierteljahrsschrift für Litteraturgeschichte 1 (1888), S. 264–271

WITKOWSKI, Georg: Geschichte des literarischen Lebens in Leipzig. Leipzig/ Berlin 1909

WITTE, Bernd: Christian Fürchtegott Gellert. In: Deutsche Dichter. Bd. 3: Aufklärung und Empfindsamkeit. Stuttgart (1988), S. 101–118

Ders.: Die Individualität des Autors. Gellerts Briefsteller als Roman eines Schreibenden. In: Ders. (Hrsg.): »Ein Lehrer der ganzen Nation«. Leben und Werk Christian Fürchtegott Gellerts. München (1990), S. 86–97

WÖRNER, Markus H.: »Pistis« und der argumentative Umgang mit reputablen Meinungen in der Rhetorik des Aristoteles. In: KOPPERSCHMIDT/ SCHANZE (Hrsg.): Argumente, S. 9–17

Ders.: Das Ethische in der Rhetorik des Aristoteles. Freiburg/München 1990. (Alber-Reihe Praktische Philosophie, Bd. 33)

Wolf, Herbert: Martin Luther. Eine Einführung in germanistische Luther-Studien. Stuttgart 1980

Worstbrock, Franz Josef (Hrsg.): Der Brief im Zeitalter der Renaissance. (Weinheim 1983). (Deutsche Forschungsgemeinschaft. Mitteilung IX der Kommission für Humanismusforschung)

Ders.: Deutsche Antikerezeption 1450–1550. Teil I: Verzeichnis der deutschen Übersetzungen antiker Autoren. Mit einer Bibliographie der Übersetzer. Boppard (1976). (Veröffentlichungen zur Humanismusforschung, Bd. 1)

Ders.: [Rezension] HWR, Bd. 1, in: ZfdA 122 (1993), S. 227–243

Wychgram, Marianne: Quintilian in der deutschen und französischen Literatur des Barocks und der Aufklärung. Langensalza 1921. (Friedrich Manns Pädagogisches Magazin, Heft 803)

Zeller, Konradin: Der Hof im Drama Christian Weises. Zu Form und Funktion der Favoritendramen. In: Buck u. a. (Hrsg.), Europäische Hofkultur im 16. und 17. Jahrhundert, Bd. III, S. 543–549

Ders.: Rhetorik und Dramaturgie bei Christian Weise am Beispiel der dramatischen Disposition. In: Deutsche Barockliteratur und europäische Kultur. Zweites Jahrestreffen des Internationalen Arbeitskreises für deutsche Barockliteratur in der Herzog August Bibliothek Wolfenbüttel 28. bis 31. August 1976. Vorträge und Kurzreferate, hrsg. von Martin Bircher und Eberhard Mannack. Hamburg (1977), S. 258–260

Zumsteg, Georg: Wahrheit und Volksmeinung. Zur Entstehung und Bedeutung der aristotelischen Topik – Grundmodell des Denkens und Handelns in der Demokratie. Bern/Stuttgart (1989)

PERSONENREGISTER

Der Personenindex erschließt die Namen in Text und Anmerkungen und ergänzt sie so weit wie möglich um biographische Eckdaten. Alle Belege, die sich nur in den Anmerkungen finden, sind durch ein A nach der Seitenzahl gekennzeichnet. Namen aus der – nur selektiv aufgeführten – Forschungsliteratur sind kursiv hervorgehoben. Nicht nachgewiesen wird der Name Johann Christoph Gottsched.

Agricola, Rudolf (1443–1485) 49 f., 150
Albertinus, Aegidius (1560–1620) 215
Alciatus, Andreas (1492–1550) 260 f.
Alembert, Jean Lerond d' (1717–1783) 276–278
Alsted, Johann Heinrich (1588–1638) 51 f., 136
Antiphon (um 480–411 v. Chr.) 89
Aphthonius, Aelius Festus (4. Jh.) 196, 235 f.
Aristoteles (384–322 v. Chr.), Aristotelismus 3, 12, 35, 40 A, 43–46, 50 f., 71, 75, 78, 82, 84, 88, 90 f., 97 f., 102, 114, 121, 123–125, 151, 152 A, 165 f., 176–178, 180 A, 189, 192, 207, 216, 231, 244, 246 A, 250 f., 256 A, 257, 269–273, 275, 288 A
Arnauld, Antoine (1612–1694) 39, 122, 123
August der Starke s. Friedrich August I. von Sachsen
August von Sachsen-Weißenfels (1656–1680) 129 A
Augustinus, Aurelius (354–430) 55 f., 82

Bach, Johann Sebastian (1685–1750) 74
Bachmann(us), Konrad (1572–1646) 261 A
Barner, Wilfried 11 A, 138 A
Barry, René (17. Jh.) 80
Batteux, Charles (1713–1780) 148 A
Baumeister, Friedrich Christian (1709–1785) 14, 32, 66 A, 92 A, 104 A, 119 A, 139 A, 196 A, 244 A, 250 f. A, 272 A
Baumgarten, Alexander Gottlieb (1714–1762) 22, 27, 31 A, 73, 75–78, 119 A, 163 A, 173, 176 A, 202, 204 f., 237 A, 251 A, 275
Baumgarten, Christoph Friedrich 166
Bayle, Pierre (1647–1706) 123 A
Beethoven, Ludwig van (1770–1827) 74
Behrens, Rudolf 124 A
Behrnauer, Georg Ehrenfried (1682–1740) 48
Bergmann, Michael (1633–1675) 222
Bernegger, Matthias (1582–1640) 198 A
Besser, Johann von (1654–1729) 200
Biemann, Johann 57 A
Birken, Sigmund von (1626–1681) 112 A, 130 A–132 A
Bodmer, Johann Jakob (1698–1783) 4–6, 21 A, 27, 143, 275, 283 f., 293 A

Boecler, Johann Heinrich (1611–1672) 198 A
Böhmer, Justus Christoph (1670/71–1732) 155
Boethius, Anicius Manlius Severinus (um 480–524) 91 A
Bohse, August, gen. Talander (1661–1742) 38, 64, 106, 199, 201, 207, 225 f., 232 f.
Boileau-Despréaux, Nicolas (1636–1711) 37, 203 A, 278
Bormann, Dennis Robert 6, 118 A, 273 A
Bornscheuer, Lothar 13
Bouhours, Dominique (1628–1702) 192, 202 f., 278
Breitinger, Johann Jakob (1701–1776) 4–6, 21 A, 27, 143, 275, 283 f., 293 A
Breitkopf, Bernhard Christoph (1695–1777) 3
Brockes, Barthold Heinrich (1680–1747) 78
Brüggemann, Fritz 4 A
Buchner, August (1591–1661) 282 A, 291, 296 A

Caesar, Gaius Julius (100–44 v. Chr.) 103 A
Calvin, Jean (1509–1564), Calvinismus 83
Campe, Rüdiger 290 A
Canitz, Friedrich Rudolf von (1654–1699) 200
Cartesius s. Descartes
Casaubonus, Isaak (1559–1614) 178
Castiglione, Baldassare (1478–1529) 214 f., 231, 254

Cato (der Ältere), Marcus Porcius (234–149 v. Chr.) 244
Caussinus, Nicolaus (1583–1651) 56 A, 57, 136 A, 150 A
Chladenius, Johann Martin (1710–1759) 285 A
Christiane Eberhardine von Sachsen (1671–1727) 74 A
Chrysostomus s. Johannes Chrysostomus
Chytraeus, Nathan (1543–1598/99) 215 A
Cicero, Marcus Tullius (106–43 v. Chr.), Ciceronianismus 3, 35, 41 A, 43–45, 50, 52, 69, 71 f., 82, 84, 88, 90–95, 97–100, 102 f., 114, 123 A, 125, 126 A, 150 A, 152, 179 f., 189 A, 191–193, 202, 207, 211 A, 214, 216, 219 A, 227 f., 231 A, 232, 244–246, 248, 257, 272, 293
Cleander s. Francke, Salomo
Clerk, Jean (Johann) le (1657–1736) 165
Comenius, Johann Amos (1592–1670) 135
Cramer, Daniel (1568–1637) 261
Cressoles, Louis de (1568–1634) 80
Curtius, Ernst Robert 3 A, 12

Danzel, Theodor Wilhelm 4, 9
Demosthenes (384–322 v. Chr.) 44, 82, 211
Descartes, René (1596–1650) 52 A, 82, 114, 120 f., 123 f., 126, 161 f., 165–167, 246, 275
Diderot, Denis (1713–1784) 278
Dietze, Walter 2 A, 9 A, 268 A
Dionysios von Halikarnaß (1. Jh. v. Chr.) 84, 101 f., 125

Personenregister

Dockhorn, Klaus 5
Dommerich, Johann Christoph (1723–1767) 31 f., 139 A
Dornblüth, Augustin 30 f.
Dyck, Joachim 11 A, 18 A, 19 A, 136 A

Ennius, Quintus (239–169 v. Chr.) 291, 296
Erasmus Desiderius von Rotterdam (1469–1536) 48, 69
Ernst I., der Fromme, Herzog von Sachsen-Gotha und Altenburg (1620–1675) 136

Fabricius, Johann Andreas (1696–1769) 14, 31, 108 f., 117 A, 121–123, 127–130, 134, 135 A, 137–139, 146 A, 148, 152–159, 163 A, 166, 177, 191 A, 199, 204 f., 207, 220, 221 A, 226 A, 233, 247 A, 249–251, 253 f., 256, 259, 265–267, 269 A, 275 A, 298 f.
Faucheur, Michel le 80
Fénelon, François de Salignac de la Motte (1651–1715) 42, 79 f., 82–85, 104 A, 122 A, 124 A, 165, 202
Fey, Gudrun 140 A
Fléchier, Valentin-Esprit (1632–1710) 71, 102, 262 A
Fleming, Paul (1609–1640) 282 A, 291, 296 A
Fontenelle, Bernard de (1657–1757) 37
Fortunatianus (4. Jh.) 130, 188
Francke, Salomo (1659–1725) 64 A
Freher, Marquard (1565–1614) 291
Freyer, Hieronymus (1675–1747) 159 A

Friedrich II., der Große, König von Preußen (1712–1786) 29 A
Friedrich August I. von Sachsen, der Starke, als August II. König von Polen (1670–1733) 74 A, 191 A
Friedrich Wilhelm I., König von Preußen 29
Friedrich Wilhelm von Brandenburg (1640–1688), der Große Kurfürst 60 A, 149
Fuhrmann, Manfred 18 A

Gaede, Friedrich 148 A
Gärtner, Karl Christian (1712–1791) 21 A
Galilei, Galileo (1564–1642) 78 A
Gallus, Vincentius 260
Gehbauer, Georg Christian (1690–1773) 283
Geitner, Ursula 253 A
Gellert, Christian Fürchtegott (1715–1769) 3, 21 A, 63, 66, 68–70, 229 A
Gisbert, Blaise (1657–1731) 59–61, 105, 121 A, 264 A
Gleditsch, Johann Friedrich (1653–1716) 3
Goclenius, Rudolph (1547–1628) 190
Goethe, Johann Wolfgang von (1749–1832) 20 A, 301
Goette, Gabriel Wilhelm (1708–1781) 4 A
Goldast von Heimenfeld, Melchior (1576–1635) 230
Goldtwurm, Caspar (geb. 1557/59) 64 A
Gorgias von Leontinoi (gest. um 380 v. Chr.) 35, 111

Gottsched, Johann (1688–1704) 166 A
Gottsched, Luise Adelgunde Viktorie (1713–1762) 123 A
Gracián y Morales, Bltasar (1601–1658) 155 A, 202, 215, 231, 254
Granada, Luis de (Ludovicus Granatensis, 1504–1588) 186 A
Gregorius von Nazianz (329/330–390) 55
Grimm, Gunter E. 88 A, 141 f., 155 A, 157 A, 268 A
Grimm, Jacob (1785–1863) 4
Grimm, Wilhelm (1786–1859) 4
Grosser, Berthold 5 f.
Grotius, Hugo (1583–1645) 291
Grulich, Caspar Damian 48 A
Gruter, Janus (1560–1627) 291
Guevara, Antonio de (1480–1545) 215

Hallbauer, Friedrich Andreas (1692–1750) 14, 31, 54 A, 56 A, 86–88, 104 A, 108, 117 A, 127, 141 A, 148, 150, 152, 154, 176 A, 182–187, 189, 191 A, 199, 203–205, 207, 210, 212 A, 214 A, 216, 220, 221, 223 f., 226 A, 229 A, 233 f., 244 A, 249, 251–255, 258 f., 264 A, 266 f., 269 A, 273 A, 274, 298 f.
Haller, Albrecht von (1708–1777) 21, 78
Hamann, Johann Georg (1730–1777) 119 A
Harsdörffer, Georg Philipp (1607–1658) 112 A, 130 A, 172 A, 175 A, 192, 193 A, 198, 260 A
Hederich, Benjamin (1675–1748) 155

Hegel, Georg Wilhelm Friedrich (1770–1831) 206
Heilmann, Christa 7 A, 9 A
Heineken, Carl Heinrich (1706–1791) 67, 173
Heinsius, Daniel (1580–1655) 291
Helvetius, Claude Adrien (1715–1771) 170 A
Herder, Johann Gottfried (1741–1803) 4, 27 A, 119 A, 293 A
Herennius, Gaius (um 85 v. Chr.) 97 A, 99, 225 A
Hermagoras von Temnos (2. Jh. v. Chr.) 99
Hieronymus (347–419/20) 55
Hippel, Theodor Gottlieb von (1741–1796) 119
Hoffmannswaldau, Christian Hofmann von (1617–1679) 144, 274 A
Homer (8. Jh. v. Chr.) 296
Horatius Flaccus, Quintus (65–8 v. Chr.) 35, 130 A, 296 A
Hübner, Johann (1668–1731) 138 A, 148 f. A, 201, 207
Huet, Pierre Daniel (1639–1721) 37
Hunold, Christian Friedrich, gen. Menantes (1680–1721) 38, 64, 66 A, 199, 201, 207

Isokrates (436–338 v. Chr.) 35, 89

Jansenius, Cornelius (1585–1638), Jansenismus 83, 122 A
Jasius, Ulrich 64 A
Johann Adolph von Sachsen-Weißenfels (1649–1697) 129
Johann Georg III., Herzog von Sachsen, Kurfürst (1647–1691) 144 A

Johannes Chrysostomus (um 344/ 354–407) 55
Juncker, Christian (1668–1714) 65 A

Kästner, Abraham Gotthelf (1719–1800) 20–22, 24, 61 f.
Kaldenbach, Christoph (1613–1698) 52 A, 291
Kant, Immanuel (1724–1804) 26 f., 70–73, 77, 119 A, 174, 205 A, 275, 280, 293 A, 298
Ketelsen, Uwe K. 284 A, 288, 290, 292 A
Kindermann, Balthasar (1636–1706) 88 A
Kircher, Athanasius (1602–1680) 136 A
Klaj, Johann (1616–1656) 112 A
Klassen, Rainer 250 A–253 A
Klopstock, Friedrich Gottlieb (1725–1803) 31 A, 78, 119 A, 264
Knutzen, Martin (1713–1751) 119 A
König, Johann Ulrich von (1688–1744) 201
Kopernikus, Nikolaus (1473–1543) 78 A, 282 A
Kornrumpf, Johann Valentin (1709–nach 1767) 59 A
Kratzer, Lorenz (um 1565) 215 A

La Fontaine, Jean (1621–1695) 37
Lamy, Bernard (1640–1715) 83, 85, 120–126, 144 A, 165, 246 f.
Lancelot, Dom Claude (1615–1695) 122 A
Lange, Gottfried (1672–1748) 112 A, 147, 190–192, 197 A, 201, 221 f., 235–239, 241 A, 272 A

Lausberg, Heinrich 8
Lehmann, Christoph 222
Leibniz, Gottfried Wilhelm (1646–1716) 3, 21 f., 81, 112, 137 A, 152, 159–167, 171, 247, 294 A
Lessing, Gotthold Ephraim (1729–1781) 20, 275
Lichtenberg, Georg Christoph 20 A
Lindheimer, Johann Georg 31 f.
Lindner, Johann Gotthelf (1729–1776) 14, 78 A, 119, 173 f., 205, 264 A
Lindner, Kaspar Gottlieb 282–284
Lingelsheim, Georg Michael (1556–1636) 291
Lipsius, Justus (1547–1606) 178, 198 A, 214, 219 A
Locke, John (1632–1704) 165
Lohenstein, Daniel Casper von (1635–1683) 34, 113 A, 144 f., 149, 193 A, 194, 201, 215, 239 f., 274 A
Lomonosov, Michail Vasil'evic (1712–1765) 32
Londorp, Michael (1. Hälfte d. 17. Jhs.) 230
Longin (1. Jh. n. Chr.) 27, 67, 76, 119 A, 126 A, 173, 276 A
Loredano, Giovanni Francesco (1606–1661) 193 A
Ludovici (Ludwig), Karl Günther (1707–1778) 15 A
Ludwig XIII., König von Frankreich (1601–1643) 56 A
Ludwig XIV., König von Frankreich (1638–1715) 38
Lünig, Johann Christian (1662–1740) 140 f., 212 A, 230

Lullus, Raimundus (Ramón Llull, um 1235–um1315) 51, 136 f., 160, 216 A
Luther, Martin (1483–1546) 41 A, 57, 60, 111 A, 185 f. A
Lyly, John (um 1544–1606) 131 A

Machiavelli, Niccolò (1469–1527) 214
Männling, Johann Christoph (1658–1723) 113 f., 127–132, 145 A, 193 A, 194, 201
Malebranche, Nicolas de (1638–1715) 121
Manteuffel, Ernst Christoph Graf von (1676–1749) 29
Masen, Jacob (1606–1681) 175, 197 f., 260
Meier, Georg Friedrich (1718–1777) 75 A, 119, 173, 202, 205, 264
Melanchthon, Philipp (1497–1560) 47–53, 56 f., 83, 94 A, 95 f., 105, 150, 158 A, 179 A, 217 A, 222, 286
Menantes s. Hunold
Mencke, Friedrich Otto (1644–1702) 3, 24 A
Mencke, Johann Burckhard (1674–1732) 3, 24, 80 A, 153, 208
Messerschmidt, M. 121 A, 125 A, 246 f. A
Meyfart, Johann Matthäus (1590–1642) 147 A
Micraelius, Johannes (1597–1658) 179 f.
Milton, John (1608–1674) 78 A, 119 A
Morhof, Daniel Georg (1639–1691) 155, 178 f., 197 A

Mosheim, Johann Lorenz von (1694–1755) 71, 264, 265
Müller, Adam (1779–1829) 77, 244 A
Müller, August Friedrich (1684–1761) 155
Müller, Gottfried Polykarp (1684–1747) 48 f., 157–159, 201
Musaios (Musäus, um 500 n. Chr.) 296
Muschenbroek, Peter von (1688–1748) 78

Neukirch, Benjamin (1665–1729) 65–69, 188, 203, 233
Neukirch, Johann Georg (gest. 1735) 151 A
Neumayr, Franz (1697–1765) 59 A
Newton, Isaac (1642–1727) 78
Nicole, Pierre (1625–1695) 39, 122 A
Noyse van Campenhouten, Johann Engelbert (1. Hälfte d. 17. Jhs.) 215 A

Opitz, Martin (1597–1639) 33, 200, 281–296
Ovidius Naso, Publius (43 v.–17 n. Chr.) 296 A

Pacius von Beriga, Julius (1550–1635) 136 A
Perrault, Charles (1628–1703) 37
Pestalozzi, Johann Heinrich (1746–1827) 135 A
Petrarca, Francesco (1304–1374) 200
Peucer, Daniel (1699–1756) 14, 31, 66 A, 93 A, 100 A, 115 A, 128–

130, 134 A, 139 A, 150 f., 154, 180 A–183 A, 186 A, 196 A, 204, 224 A, 226 A, 244 A, 247 A, 249 A, 253 A, 256 A, 274
Philander von der Linde s. Mencke, Johann Burckhard
Platon (427–347 v. Chr.) 35, 82, 89, 111, 140 A, 176, 245
Plinius (der Jüngere) Caecilius Secundus, Gaius (61–nach 111) 69
Pope, Alexander (1688–1744) 27 A
Protagoras von Abdera (um 480–410 v. Chr.) 89
Ptassek, Peter 19 A
Pyra, Jacob Immanuel (1715–1744) 20

Quintilianus, Marcus Fabius (um 35–Ende 1. Jh.) 3, 8 A, 35, 41 f. A, 43, 50, 63 A, 69, 84, 91, 93, 95, 97, 98 A, 103, 108, 111 A, 114 A, 126 A, 130, 136 A, 146 A, 149, 152, 188 f., 202, 225 A, 228 f., 231 A, 236, 244, 270 A, 293

Rabener, Gottlieb Wilhelm (1714–1771) 21 A
Ramus, Petrus (Pierre de la Ramée, 1515–1572), 123, 138, 152 A, 179 f., 231
Rapin, René (1621–1687) 80, 81 A, 85
Rast, Georg Heinrich (1695–1726) 165
Reichel, Eugen 2 A, 268 A
Reichel, Johann Gottfried 264
Reinbeck, Johann Gustav (1683–1741) 29

Reinbeck, Gustav 276 A
Riccoboni, Antonio (1541–1599) 44–46, 275 A
Richter, Daniel (2. Hälfte 17. Jh.) 136–138, 189 A, 223 A, 263
Rieck, Werner 2 A, 9 A
Riederer, Friedrich (gest. 1499) 64 A
Riemer, Johannes (1648–1714) 60 A, 105 f. A, 138, 141, 149, 196 A, 201, 209–213, 225, 231 f., 249, 262 f.
Rist, Johann (1607–1677) 291
Rohde, Johann Jacob (1690–1727) 207
Rollin, Charles (1661–1741) 69, 79, 81, 83–85, 121 A, 126 A, 165, 202
Rossmann, Isabella 6, 43 A
Rotth, Albrecht Christian (1651–1701) 146 f., 259 A
Rousseau, Jean Jacques (1712–1778) 278–280
Rüdiger, Andreas (1673–1731) 155, 158, 250 A

Sallustius Crispus, Gaius (um 86–35 v. Chr.) 35
Salmasius, Claudius (Claude de Samaise, 1588–1653) 178
Saurin, Jacques (1677–1730) 71
Sawr, Abraham (1545–1593) 64 A
Schäfer, Gerhard 5 f.
Schaubert, Johann Wilhelm (1720–1751) 63
Schiller, Friedrich (1759–1805) 26, 275
Schlegel, August Wilhelm (1767–1845) 4, 206, 293 A
Schlegel, Friedrich (1772–1829) 4, 206, 293 A

Schlegel, Johann Adolf (1721–1793) 21 A
Schlegel, Johann Elias (1719–1749) 21 A
Schmidt-Biggemann, Wilhelm 12 A
Schneider, Eulogius (1756–1794) 276
Scholl, Rosemary 8 A
Schönaich, Christoph Otto von (1725–1807) 264
Schröter, Christian 65 A, 145 A, 194 f., 199, 201, 217 f., 224 A, 239 f.
Schröter, Johann Friedrich 48 A
Schulz, Johann Traugott (1731–1755) 32–34, 84, 119 A, 146 A, 272 A
Schwabe, Johann Joachim (1714–1784) 21 A, 79 A–81 A, 282 A
Schwind, Peter 132 A, 226 A
Sinemus, Volker 88 f. A
Spinoza, Baruch de (1632–1677) 167
Stieler, Caspar (1632–1707) 64 A, 88 A, 150 A
Stockhausen, Johann Christoph (1725–1784) 63
Stötzer, Ursula 183 A
Sturm, Johannes (1507–1589) 86 A, 150, 165, 217 A, 222

Tacitus, Publius Cornelius (54–120) 103 A, 189 f. A
Talander s. Bohse
Taubmann, Friedrich (1565–1613) 198 A
Teisias von Syrakus (um 430 v. Chr.) 111
Tesauro, Emanuele (1592–1675) 198, 215

That, Theodor Reinhold 166
Thomasius, Christian (1655–1728) 3, 38 f., 157 f. A, 165, 170, 188 A, 200–203
Tilesius, Balthasar Heinrich (1673–1735) 166
Titius (Tietz), Johann Daniel (1729–1796) 32 f. A
Treuer, Gottlieb Samuel (1683–1743) 155
Triller, Daniel Wilhelm (1695–1782) 283 f.

Ueding, Gert 8 A
Uhse, Erdmann (1677–1730) 87 f., 130 A, 132 A, 201, 207, 238

Venator, Balthasar (1594–1664) 291
Vergilius Maro, Publius (70–19 v. Chr.) 35, 296
Vico, Giambattista (1668–1744) 51 f.
Voltaire (François-Marie Arouet, 1694–1778) 278 f.
Vossius, Gerhard Johannes (1577–1649) 40 A, 47 f., 50–53, 90 A, 99 A, 198 A, 224 A, 240 A, 291

Walch, Johann Georg (1693–1775) 203 f. A
Wechsler, Gerhard 6
Wehr, Marianne 9 A
Weidling, Christian (1660–1731) 58 A, 65 A, 127–130, 134–136, 141, 144 A, 148 A, 196 A, 199, 201, 208 f., 212, 218 A, 235 A, 261
Weise, Christian (1642–1708) 66 A, 88, 129 f., 134–136, 138, 144 A, 154, 158, 191 f., 194–199, 201, 207–215, 217–219, 224–226 A,

227, 229–232, 234–239, 249, 252, 264 A, 270 A
Wentzel, Johann Christoph (1659–1714) 48
Werenfels, Samuel (1657–1740) 26 f.
Wernicke, Christian (1661–1725) 170
Wiedeburg, Basilius Christian Bernhard (1722–1758) 146 A
Wiegmann, Hermann 19 A
Winckelmann, Johann Joachim (1717–1768) 73 f. A, 76 A

Wolff, Christian Freiherr von (1679–1754) 3, 21 f., 24, 29, 77, 81, 117, 120, 126, 152–155, 157–160, 162–171, 173–176, 201, 216, 240 f. A, 243, 245–247, 250 A, 253, 256 A, 266–269, 271, 280, 284, 294 A, 298

Zedler, Johann Heinrich (geb. 1706) 3, 15, 155 A, 173 f., 201 A, 203
Zincgref, Julius Wilhelm (1591–1635) 198 A, 282 A, 291, 296 A
Zinzendorf, Nikolaus Ludwig von (1700–1766) 158

SACHREGISTER

Der Sachindex erschließt nach Möglichkeit alle vorkommenden Fachtermini, wobei in der Regel das lateinische Stichwort maßgeblich ist. Zentrale Schlagworte wie »Erfindung/*inventio*«, »Antike«, »Aufklärung« oder »*topos*« werden nur in ihren Ausnahmefällen vermerkt. Dagegen versteht sich der Sachindex durch die Querverweise zwischen griechischer, römischer, französischer und der — von Lausberg nicht miterfaßten — deutschen Terminologie auch als Begleiter bei der Reise durch das Dickicht der rhetorischen Begrifflichkeit.

Abdankung 58, 127, 134, 197 A s. auch Leichenrede; Parentation
Aberglaube 223
Absicht, moralische 245 A
–, rednerische 35, 45, 71, 84, 156 A, 214 A, 267
actio s. *pronuntiatio*, Vortrag
acumen 169, 171 f., 186 A, 188, 193 s. auch *argutia*; Scharfsinn
acutezza 184
Adel 37, 290 A
Adelsschulen 194, 198, 213, 248 s. auch Schulen
Adjektiv s. Beywort
admirabile genus (Vertretbarkeitsgrad) 228
Adverb s. Beywort
Ähnlichkeit, *simile* (topos) 144
Ähnlichkeitsbeziehung, *similitudo* 169 A, 170–172, 174, 240 A, 247, 259, 273
aemulatio, Wetteifer 36, 296
aequatio, Ausgleichung 107, 185
Aesthetica practica 75
– *theoretica* 75
Ästhetik 6, 21 f., 33 f., 71, 73–78, 119, 143, 157, 163 A, 171–173, 177, 179, 202, 204 f., 268, 275, 276 A, 278, 298 s. auch Kunstlehre
aetas, Alter (topos) 101 f., 113, 114 A, 125, 255, 289

aetiologia, Ätiologie, Begründung 234–238 s. auch *ratio*, Beweis
Affekte, Affekterregung, *affectatio* 41, 45, 46 A, 76 A, 77, 107–109, 118, 130 A, 156, 162 f., 199, 226, 249–251, 278 f. s. auch Leidenschaften; passions
Affektenlehre 77, 162 f., 251
Affektstufen 250
agudeza 215 f. A
Ahnen (topos) s. *genus*, Geschlecht (topos)
Allegata, Zitate 230, 274
Allegorie 58 A, 61, 113, 115, 133, 143–149, 172, 184, 259, 264 A, 265 f., 294, 295 A s. auch Satz, allegorischer
Allgemeinplätze s. *loci communes*
Allusion s. Anspielung
Alter, *aetas* (topos) 101 f., 113, 114 A, 125, 255, 289
Altertümer 134 A
amplificatio, Amplifikation, Erweiterung, Verlängerung, αὔξησις 17, 186 A, 191 A, 222, 226 A, 228 A, 234 f., 237–241, 274 A, 294
amplificatio ab argutiis 197 A
– *a contrario* 222, 235 A, 240 A
– *ab exemplo* 222, 235 A
– *ab interpretatione* 272 A
– *ab objectione* 272 A

Sachregister

– *a simili* 222, 235 A, 272 A
– *a testimonio* 222, 235 A, 272 A
Amplifikation, hohe 239
–, leichte 239
–, mittelmäßige 239
Amt, *studia* (topos) 102, 113
Anagramm, Buchstaben=Wechsel 113 f., 221
Analogiedenken 172
Analyse 111, 115, 151, 161, 166, 171 A, 172, 174, 187, 203, 234, 248, 254, 269
Anapher 291
anceps genus (Vertretbarkeitsgrad) 228
Anfang s. *exordium*
animi natura, Gemütseigenschaften (topos) 100–102, 255
Anlaß, *causa* (topos) 100, 130, 188, 255, 290 s. auch Generalnenner, inventionale; Ursache, *causa*
Angemessenheit s. *aptum*
Annehmungsrede 209
Anordnung s. *dispositio*
Anrede 64
Anspielung, Allusion 128, 172, 193, 274, 295
Antecedens 211 A
Anthropologie 45 f., 77, 126, 253, 279, 280
Antikerezeption 39, 43 f., 48, 56, 97, 192, 216, 228, 268, 271 f., 274 f.
Apophthegma, Denkspruch 113, 137, 232
aptum, Angemessenheit 17, 41, 248 s. auch *decorum*
–, äußeres (– *externum*) 107, 111 A, 130, 132, 137, 203, 220, 223, 227, 263

aptum, inneres (– *internum*) 76 A, 111 f., 132 f., 143, 180 s. auch *res-verba*-Problem
Architektur 182
argumenta, Argumente 15 f., 92, 97 f., 102, 104, 106, 118, 122, 124, 147, 180, 192, 210, 230–232, 236, 237 A, 250 f., 256 f., 272–274
argumenta adplicantia 274
– *amplificantia* 274
– *artificialia* 231, 232 A, 247, 250, 256 f., 263
– *commoventia* 249, 251
– *conciliantia* 251
– *docentia* 251
– *ethica* 251
– *explicantia* 16, 272, 274 s. auch Erklärungen
– *illustrantia* 16, 249, 251, 272–274 s. auch Erläuterungen
– *logica* 251
– *naturalia* 231, 247, 250
– *pathetica* 249, 251
– *persuasoria* 76, 251
– *probantia* 151, 237 A, 249, 251, 274
– *rhetorica* 251
Argumente, dogmatische 285
–, historische 285
–, wahrscheinliche 109, 266
argumentatio, Beweisführung 13, 41, 76, 90, 93 f., 122, 137, 139 f., 178, 187, 189 A, 202 A, 223, 238, 244, 246, 250, 256, 265–268, 271, 288–293, 297, 299
Argumentationsfiguren 257
-lehre 12 f., 15, 123, 202, 269, 297
-methode, -technik, 16, 97, 180, 211, 259, 265, 289, 292

363

Sachregister

Argumentationsstrategie 160, 233, 277, 293, 297
argutia 172 f., 185, 193–195, 197 f., 215, 228, 230, 260 s. auch *acumen*; Scharfsinn
Arithmetik 138
ars, Kunst, -fertigkeit 49, 106 A
– *aulica* 214
– *characteristica* 161
– *combinatoria* s. Kombinatorik
– *concionandi* 261
– *dictandi*, – *dictaminis* 64
ars inveniendi 92 f., 122, 137, 142, 159–162, 164, 167 f. A, 169, 176 f., 179, 204 A, 216, 231, 240 A s. auch Erfindungskunst
– – *a posteriori* 163 f.
– – *a priori* 163 f., 167
– – *ex ratione* 142
ars iudicandi 160, 179, 181
– *magna* 137
– *oratoria* 70 f.
– *praedicandi* 261
– *pulchre cogitandi* 76
Art und Weise, *modus* (topos) 255 s. auch Generalnenner, inventionale
Artbegriff, Gattungsbegriff 256 A
Arten, *partes generibus* (topos) 99
artes liberales s. freye Künste
artificial-Invention 137, 189 A, 263
Asianismus 84 A, 231 A
Astronomie 138, 210
attentum parare, Aufmerksamkeit erlangen 226 A, 227, 229 A
Attizismus 84 A, 231 A
auctoritates, Autoritäten 291 f.
Auditorium s. Zuhörer

Aulicus 214
Ausarbeitung s. *elocutio*
Ausbildung (topos) s. *educatio et disciplina*
Ausdruck 112, 133, 135, 184, 200, 205, 279
–, allegorischer 115
–, edler 139 A
–, erhabener 139 A
–, galanter 67
–, gekünstelter 33
–, metaphorischer 115
Ausputz 112 A, 132, 232 f., 272 s. auch *ornatus*, Redeschmuck
Ausruf, *exclamatio* 294
Auswendiglernen s. *memoria*
Autoritäten, *auctoriates* 291 f.
αὔξησις s. *amplificatio*
avis, Meinung 120
Axiom 96 A, 105, 270, 288

Barbarei 143, 200
Barock, -dichtung, -rhetorik 2, 16 f., 34, 36, 39, 66, 87, 94, 107, 110, 113 f., 126–133, 143–147, 154, 176, 178, 184 f., 195, 200, 238, 256, 257 A, 259–263, 265, 267 f., 289, 294 f.
Barockstil 131 s. auch Schwulst
Bearbeitungsphasen s. *rhetorices partes*
Beeinflussung 17, 224, 243, 270
Begebenheiten (topos) 113
Begehrungsvermögen 163
Begriff 103, 151, 156, 164, 169 A, 172, 204, 246
Begriffskombinatorik 161, 171
Behauptung 240, 266
Beispiel s. *exemplum*

Beiwort s. Beywort
Bekräftigung s. *confirmatio*
belehren s. *docere*
belustigen s. *delectare*
benevolentia, Wohlwollen 224 A
benevolum parare, Gewogenheit erlangen 226 A, 227, 229 A
Beobachtung, *observatio* 96 A, 143, 164, 166 f., 182
beratende Rede s. *genera causarum*, einzelne
Beredsamkeit, affectirte 128 A
–, falsche 139 f., 245
–, geistliche; Kanzelberedsamkeit 28, 41 f., 54–62, 82, 105, 184–186, 260, 264
–, pöbelhafte 108, 279
–, politische 214 A
–, vernünftige 108, 212 A, 279
–, wahre 48, 96, 100, 104 A, 126, 139 f., 157, 208, 216, 245, 263, 265 A
–, weltliche 28, 41 f., 54, 58, 61 f., 184–186
Beschäftigung, *studia* (topos) 111
Beschluß s. *peroratio*
Beschreibung (topos) 100
Bestätigung s. *confirmatio*
Beurtheilungs-Kunst, *ars iudicandi* 181
bewegen s. *movere*
Bewegungsgründe, *argumenta commoventia* 45, 84, 104 A, 107, 109 f., 118, 249, 251 A, 256 s. auch Affekte, *affectatio*
Bewegursachen 141
Beweis, *probatio* 42, 84, 89, 98, 92, 100 f., 104 f., 120, 125 f., 141, 180, 182 A, 199, 204, 236–238, 241,
246 f., 251, 256 f., 259, 267, 271, 273, 274, 277, 293
–, künstlicher s. *probatio artificialis*
–, mathematischer 167
–, natürlicher s. *probatio inartificialis*
–, technischer 98, 269 f.
–, unwahrer 139 f.
–, wahrer 139 f.
–, wahrscheinlicher 266
–, wissenschaftlicher 269 f.
Beweisführung s. *argumentatio*
–, induktive 270
Beweisgründe, -quellen, *probationes* 12, 45, 50, 89, 92, 96, 100, 104 A, 111, 118, 120, 122, 125, 140, 162, 188, 235 A, 237, 240, 249–251, 256 A, 258, 266, 272, 274
–, künstliche, 124, 188 f., 232, 247, 250, 255 f., 263
–, natürliche 188 f., 232, 247, 250, 255
Beweislehre 13, 15, 97 f., 249, 269, 275, 297
Beweismittel, künstliche 192
–, natürliche 192
Beyfall 87 A, 104, 107 A, 204, 245 A s. auch Wirkungsperspektive; Zuhörer
Beywort, Adjektiv, Adverb 146 A, 149, 225, 229 A
Bezeichnung (topos) s. *notatio*; *vocabulum*
Bibel, -rhetorik 55 f., 59–61, 82, 105 A, 179, 222 f., 260–262, 264 A
Bild 113, 128, 145 f., 175, 184, 259, 261, 295
Bildende Künste 1, 37, 73 f., 280

365

Bilderhäuser 223
Bildhauerkunst 280, 74 A
Bildung s. Gelehrsamkeit
Bildung (topos) s. *educatio et disciplina*
Bildungshorizont 41, 109, 249, 263, 266, 298
Blumen, rednerische 272 s. auch *ornatus*; Redeweise, verblümte
Bombast s. Schwulst
bon goût 84, 202 s. auch Geschmack; mauvais goût
brevitas, Kürze 63, 198 f., 229, 239 A
Brief, -lehre 1 f., 62–70, 72, 195 A, 225, 229 A s. auch *ars dictandi*; Epistolographie
Briefgedicht 65 A s. auch Gedicht
Briefstil 63–65, 69
Buchstaben=Wechsel s. Anagramm
Bürger, -tum 19, 111, 245 A
bürgerliche Rede 196, 197 A, 208, 211, 218, 220, 230

Canzleystil s. Kanzlei, -stil
Casualpredigt s. Leichenpredigt
causa, Anlaß, Ursache (topos) 100, 130, 188, 255, 290
causa, Begründung 235 A
causa, Ursache 189 A s. auch Generalnenner, inventionale
Ceremonien=Rede 195 A, 208, 212, 220
Charakteristik 161, 164
chria inversa, – ordinata 235
Chrie, χρεία 68 A, 140, 191, 195–197, 199, 208 f., 211 A, 213, 235 f., 238 A
–, aphthonische 235 f.
Chronologie 134 A

circumstantiae, Umstände 113 A, 116 f., 130, 188, 216, 227 s. auch Generalnenner, inventionale
– *explicantes*, erklärende Umstände 255, 274
clara perceptio, klare Vorstellung 162
claritas, clarté, Deutlichkeit, Klarheit 63 A, 162, 246 A, 294
Collectaneen s. Kollektaneen
colores, Färbung 76
communis opinio, allgemeine Meinung 271, 288
comparatio, Vergleich 144, 294, 296
comparatum, Gleichnis 240 A
Compliment, Complimentierrede 38, 140, 149, 194–199, 208–213, 218, 220, 224 f., 258, 262
Complimentierbücher 66
-komödie 195 A, 217 A
concetto 184 A
conclusio, Redeschluß s. *peroratio*
conclusio, Schlußfolgerung 142, 162, 176 f., 203, 235, 266, 267 A, 269 f., 287 f. s. auch Syllogismus; Vernunftschluß
conditio, Stellung (topos) 101, 125, 149 A, 289
confirmatio (*confutatio*), Bestätigung, Bekräftigung 76, 98 A, 137, 235 A, 273, 292
coniuncta, Verwandtes (topos) 99
Connexion 183 f.
consensus omnium, Einstimmigkeit 107 f., 163
Conseqvens 211 A
contraria, Widerspiele 222, 235 A, 240 A

366

Contrarium 137 s. auch Idem
contrarium, Gegenteil (topos) 100, 222
convictio 104 f. s. auch Gewißheit; Überführung
copia verborum 136 A
Corollaria 240 A s. auch Neben-, Zusätze
Curialien 99, 140, 211, 216, 220 A, 252 A
Curiosa 209, 227, 230 f., 240

decorum 39, 41, 67 f., 81 A, 143, 151 A, 188, 203, 237, 242 A s. auch *aptum*, Angemessenheit
Deduktion 105, 152 A, 164 A, 192, 266, 269 f., 273, 288
definitio, inneres Wesen (topos) 98 f., 255
Definition 199, 272 A, 273 A
delectare, belustigen 42, 72, 130 A, 175 A, 180, 272
délicatesse 68, 188
Demonstration 104 f., 167, 169, 186, 267, 269–271
Denkspruch 232
Determinismus 164, 167, 169, 177, 206, 257, 267, 271, 280
Deutlichkeit s. *perspicuitas*
Devise, Wahlspruch 128, 221, 259 A
Dialektik 21, 49–52, 56, 59, 70, 75, 90 f., 93–97, 106, 117, 122 f., 140 A, 143, 150 f., 155 f., 160, 163, 179 f., 189 f., 193 A, 256, 269, 271, 297 f.
Dichtung, Dichtkunst, Poesie 17, 21, 33 f., 70, 73, 75, 77, 80, 99, 106, 131, 147, 173, 180 A, 181, 200, 280, 286 f., 291
διδασκαλικὸν γένος, didaktische Rede 56 s. auch *genus deliberativum*
Diplomatie 140, 210, 222, 225, 234
disertus, beredt 72
dispositio, Anordnung, Einrichtung, Gliederung 17, 25, 33 A, 50, 66, 68–70, 74, 76, 93–95, 111 A, 112, 115, 124, 180, 196 A, 198, 210 f., 238, 241, 272, 276 A, 293
Diversum 137
divisio s. *partitio*
docere, belehren 41 A, 42, 45, 72, 94, 130 A, 156, 175 A, 180, 229, 275, 300
docilem parare, Gelehrigkeit erwecken 227, 229
doctrina, Lehre 296 s. auch *praecepta*
Dualismus 162
dubium genus (Vertretbarkeitsgrad) 228
Dunkelheit, *obscuritas* 143, 162, 246 A, 247 A, 264 A, 285 A, 294 A, 295

educatio et disciplina, Erziehung und Ausbildung (topos) 102, 125, 149, 255, 289, 291
Ehestand (topos) 113
Ehrenamt, -stelle, *conditio* (topos) 101, 125, 149 A, 289
Ehrenpforten (topos) 128
Ehrlichkeit, *honestum* 108, 244
εἰκός 176 s. auch Wahrscheinlichkeit

Sachregister

Einbildungskraft s. *imaginatio*; *ingenium*
Einfälle, künstliche 115
–, sinnreiche s. *meditationes*
–, ungereimte 215
Eingang s. *exordium*
Eingebung, Inspiration 280
Einleitung s. *exordium*
Einrichtung s. *dispositio*
Einschmeichelung s. *insinuatio*
Einweihungsrede 208
Eklektizismus 39, 95, 180, 188 A, 229, 234, 237 f., 275
elegantia 68, 72, 84, 108 A, 112, 218
elocutio, Ausarbeitung 15, 17, 50, 66 A, 68, 76, 93 f., 107, 109, 111 A, 115, 131–133, 145, 176, 188, 196 A, 234, 240, 276 A, 293 f. s. auch Schreibart; Stil
éloquence de la chaire, Kanzelberedsamkeit 42 A, 82
eloquens, beredt 72, 219 A
eloquentia, Wohlredenheit 36, 70–72, 84, 108 A, 157, 180, 208, 218
eloquentia nov-antiqua 48 f., 157–159
Eltern (topos) s. *genus*, Geschlecht
Emblem, Sinnbild 113, 128 f., 137, 141, 184, 197, 221, 239 f., 259–266
Emblematik 61, 259–265, 294
Empfindsamkeit 70
Empfindung 63, 142, 163, 173 f., 200 f., 205, 243, 277, 280
Empirie 78, 96 A, 143, 150 f., 167, 266 f., 298
englische Rhetorik 27
Enkomiastik 295
Entdeckung 122, 164, 174, 204

Entgegnung s. *refutatio*
Enthusiasmus 77
Enthymem, ἐνθύμημα, rhetorischer Schluß 269 f., 273, 288, 295
ἐνθύμημα ἐκ σημείων, *ex signis* 273
– ἐξ εἰκότων, *ex probabilibus* 273
ἐπιδεικτικὸν γένος, epideiktische Rede s. *genera causarum*, einzelne
Epigramm 113, 197, 221, 259 f.
Epistemologie 95, 118, 124
Epistolographie 62–70 s. auch Brief, -lehre
Epitaph 113
Erbauung 55, 60, 105 A
Erfahrung, *experientia* 86, 96, 100, 150, 162–164, 166 A, 216, 220, 233 f., 247, 253, 255, 266, 298
Erfahrungskunst 151
Erfahrungsseelenkunde s. Psychologie
Erfahrungsurteil 151
Erfindung, abgeschmackte 117
–, phantastische 58 A
Erfindungskategorien s. Generalnenner, inventionale
Erfindungskunst 142, 167 f. A, 169 s. auch *ars inveniendi*
Erfindungsquellen s. *sedes argumentorum*
Erfindungsregel 168 A, 174
Erfolg (topos) 255
ἔργα τοῦ ῥήτορος 42 A s. auch *rhetorices partes*
Erhabene, das 26 f., 275 f.
Erkenntnis, -frage 76, 96 A, 97, 122 A, 123, 142, 147, 151, 155, 165, 169, 171, 177, 188, 192, 203, 245, 255, 258, 267, 271, 298

Erkenntnis, deutliche 201
–, klare 201
Erkenntnis, sinnliche 76 f., 204
Erkenntniskräfte 162, 271
Erklärung, *explicatio, paraphrasis*, 236
Erklärungen 16, 84, 89, 139, 141, 236, 240, 256, 272–274 s. auch *argumenta explicantia*
–, dogmatische 285
–, historische 285–287
Erläuterung, *illustratio* 236, 239, 241
Erläuterungen 16, 89, 182 A, 236, 240, 256, 272–274 s. auch *argumenta illustrantia*
Erläuterungsgründe 249, 259
Erweiterung s. *amplificatio*
Erzählung s. *narratio*
Erziehung (topos) s. *educatio et disciplina*
esprit, bel esprit 170, 202 s. auch Geist; Witz
ethos, ἦθος 17, 50, 56, 72, 83, 90, 107–110, 118, 140 f., 176 f., 194, 214, 223, 243–251, 253 f., 263 s. auch Moral; Sitten-; Verhaltenslehre
Etikette 219
Etymologie, *nota, notatio* (topos) 98–100, 257 A
Eudämonismus 90 A, 155 A
Euphuismus 131
exclamatio, Ausruf 294
exempla, Vorbilder 35 f., 48, 246, 296
exemplum, Beispiel 45, 113, 128, 209, 222, 232, 240 A, 264 A, 269, 273 f.
Exordialtopik 68 A, 132

exordium, principium, prooemium Anfang, Eingang, Einleitung 57 A, 84, 118, 132 f., 195, 199, 224–229, 235, 287, 293
Experiment 78, 164, 166 f., 169
explicatio, Erklärung 236
Exzerpte 141, 183, 217, 224 A, 230 f., 258 s. auch Kollektaneen

Fabel 137, 232, 239, 245 A
facultas imaginandi, Einbildungskraft 171
Fahnen (topos) 127
fictio 146 f.
Figuren s. Redefiguren
Figurenlehre 33 A, 121 f., 126
Florilegien 221 f., 289 s. auch Kollektaneen
Förder=Satz s. Prämisse
Folgerung s. *conclusio*, Schlußfolgerung; Vernunftschluß
fontes, -lehre 186 A, 197 f.
formale Logik s. Logik
Formalien 252 A
Formeln 195, 220, 229 A, 230 f.
Formularbücher 64, 66, 154
fortezza, *virtus* 45
fortuna, Glücksgüter (topos) 101, 125, 255, 289
Frage, *interrogatio* 294
französische Rhetorik 27, 35–39, 42, 59 f., 65, 67 f., 79–85, 105, 120–126, 202 f., 246
freye Künste, *artes liberales* 1, 21, 48, 73–75, 80, 83, 106 A, 175, 181 f., 200, 205, 287, 297 s. auch Quadrivium; Trivium
Fundamentaltopoi s. Generalnenner, inventionale

Fundgruben, -stätten, *sedes argumentorum* 89, 98 f., 110, 113, 127, 129 f., 134, 141, 184, 197 A, 221 A, 222, 230, 249, 256, 260, 274, 290 s. auch *loci communes*

galante Rhetorik 64 f., 67 f., 188, 252 A, 275, 297
Galanterie, galant homme 38 f., 61 A, 65, 67 f., 150, 187, 203, 259
Gattung, *genus* (topos) 99 f.
Gattungsbegriff, Artbegriff 256 A
Gattungsfrage 28, 39 f., 44, 56 f., 219 f., 229
Geburtsort (topos) s. *natio*
Geburtsstunde (topos) 125
Geburtstag (topos) 101 f., 111
Gedächtnis, *memoria* 171
Gedanke 112, 139, 150, 177, 200, 234, 251 A, 258
–, scharfsinniger, sinnreicher s. *meditationes*
–, schöner 22, 77, 204 f.
–, vernünftiger 80, 112
Gedicht 65, 200, 282–284, 296 A s. auch Briefgedicht; Lobgedicht; Lyrik
Gegenbeweis s. *refutatio*
Gegenteil, *contrarium* (topos) 100, 222
Geist 170 A, 224 A, 280 s. auch *esprit*; Witz
Geisterlehre s. Psychologie
Gelegenheit, *facultas* (topos) 113 A, 132, 255 f.
Gelegenheitsrede 58, 101, 110, 112, 117, 127 f., 149, 197 A, 210, 218, 237

Gelehrsamkeit, Bildung 52, 58, 61, 71 f., 86, 96, 100, 104 A, 163, 187, 189, 194, 200, 211 A, 214, 221, 245, 253, 258, 266, 279, 287
Gemeinplätze, -stellen s. *loci communes*
Gemütsbewegungen s. Affekte
Gemütseigenschaften, *animi natura* (topos) 101 f., 255
Gemütskräfte s. Seelenkräfte, -vermögen
Genealogie 134 A
genera causarum, – *orationis*, Redegattungen 40, 44, 55 f., 98, 217–220, 224, 229, 237, 257 f., 262 s. auch Gattungsfrage
genera causarum, einzelne:
genus deliberativum, συμβουλευτικὸν γένος, beratende Rede, Lehrrede 40, 44, 55, 218, 220, 229, 258, 262
genus demonstrativum, ἐπιδεικτικὸν γένος, Lob-, Tadelrede 39 f., 44, 55, 60, 100–102, 110 f., 114 f., 125, 128, 140, 145, 218, 220, 229, 237, 258, 262 f., 285, 291, 293
genus didascalicum, διδασκαλικὸν γένος 56
genus ecclesiasticum 44
genus iudiciale, δικανικὸν γένος, Gerichtsrede 40, 44, 55, 71, 92, 99 f., 224, 229, 258, 262
genus mixtum 44
genera dicendi, Stilarten 33 A, 67, 76, 262 s. auch Schreibart; Stil
genera dicendi, einzelne:
genus grande 67
genus humile 41 A, 67, 228

genus medium 67
genus sublime 26
Generalnenner, inventionale; Erfindungskategorien; Fundamentaltopoi 130, 132, 139, 188, 216, 256 A, 286 s. auch *causa, circumstantiae, locus, materia, modus, persona, res, tempus*
Genie 174
Genieästhetik 5, 15, 70, 142, 253 A, 297
genus, Gattung (topos) 99 f.
genus, Geschlecht (topos) 101 f., 125, 149, 255, 289–291
Geographie 134, 140, 210, 217, 258
Geometrie 138, 182
Gerichtsrede s. *genera causarum,* einzelne
Geringeres, *minus* (topos) 192 f.
Gesandtschaftsrede 208, 218
Geschichte s. Historie; Historiographie
Geschichtsphilosophie 52, 292 f. A
Geschlecht (topos) s. *genus*
Geschmack 68, 85, 153, 174, 190, 192, 199–202, 205 f., 278, 280, 287, 299
–, guter 48, 69, 141 A, 145 A, 200–202, 264 s. auch bon goût
–, schlechter, – barbarischer, – übler, – verderbter 128, 143, 145, 200 f., 278 s. auch mauvais goût
Gespräch 69 f., 72, 219 s. auch Konversation
Gestalt s. *habitus corporis*
Gewaltherrschaft 211 A
Gewißheit, *convictio* 104 f., 182 A, 246 A, 269 A, 271 s. auch Überführung

Gewohnheiten (topos) 216, 286
giudicio 214 s. auch *iudicium*
Glaublichkeit, Plausibilität 151, 216, 244, 250, 251 A, 271 f.
s. auch Wahrscheinlichkeit
Glaubwürdigkeit 108, 270 A
Gleichnis, *comparatum* 128, 133, 183, 232, 239, 240 A, 264 A, 273 f.
Gleichnißrede 149
Gliederung s. *dispositio*
Glücksgüter, *fortuna* (topos) 101, 125, 255, 289
Gnoseologie 190
Grabrede 57 s. auch Abdankung; Leichenrede; Parentation
Grabschrift 127
gradatio, stufenweiser Vergleich 295
Gradualismus 162, 294 A
Grammatik, Sprachkunst 75, 106, 115, 180 A, 181, 210, 278 f.
griechische Rhetorik 35, 48, 68, 76, 90, 102, 151, 271 s. auch Sophistik
Größeres, *maius* (topos) 192 f.
Gründe s. *rationes*
–, erste 104 A, 105, 266
–, wahrscheinliche 59, 104, 246 f., 270 f.
Gymnasien 129 A, 217, 248 s. auch Schulen

habitus corporis, Leibesgestalt (topos) 101 f., 113, 125, 289
Hauptgedanken 119, 251 A
Hauptsatz 58, 114–119, 227, 236, 240 f., 249, 251, 256, 265, 267, 272 A, 273 A, 285, 287 f., 293, 298 f.
s. auch *propositio*, Thema
Heraldik s. Wappen, *insignia*
Herkunft (topos) s. *natio*

Hermeneutik 97, 105 A, 124
–, biblische 55, 184
εὕρεσις 15
Hieroglyphen 128, 137, 263, 264 A
Historie, Geschichte (topos) 113, 223, 232, 264 A
Historiographie 72, 75, 80, 96, 106, 134, 140, 147, 152 f., 181, 285
historische Perspektive 40, 53, 85, 89, 96, 109, 116, 134, 152, 199, 212 f., 216, 257, 282, 285 f., 292
Hochzeitsrede 219, 237
Hof, höfisch 37 f., 68, 194 f., 198, 211, 217
Hofberedsamkeit, höfische Rhetorik 66, 105 f., 138, 184, 187, 207–212, 222–225, 248
Hofliteratur 214 f.
Hofrede, *oratio aulica, sermo publicus* 131 A, 195 f., 208–212, 218–221, 229–231, 234, 239
hohe Schule s. Universität
Homiletik 28 f., 41, 42 A, 54–57, 58 A, 60 f., 86, 105, 107 A, 183 A, 185 f., 264 s. auch Predigtlehre
homme savant 39
honestum (Ehrlichkeit) 39, 244
honestum genus (Vertretbarkeitsgrad) 228
honnêteté, honnête homme 38 f., 202 f., 252 A
Huldigungsrede 208, 209 A
Humanismus 43–46, 63, 91, 94, 112, 135, 138, 178–180, 217
humanistische Rhetorik 27, 35 f., 45–53, 56, 72, 143, 154, 218 f. s. auch neuzeitliche Rhetorik
Hyperbel, Vergrößerung 146, 149, 240

ideae clarae et distinctae 201
Idem 137 s. auch Contrarium
illustratio, Erläuterung 236, 239, 241 s. auch *argumenta illustrantia*
imaginatio, Einbildungskraft 171 s. auch *ingenium*, Einbildungskraft
imitatio, Nachahmung 36, 212, 230, 296
incrementum s. *gradatio*
Indices, Register, Toposkataloge 88, 110, 127, 129 f., 131 f., 149 A, 210, 230, 232, 255, 258 s. auch Kollektaneen
Induktion 84, 164 A, 192, 246 f., 269 f., 273
ingenium, Einbildungskraft 21, 52 A, 76, 142, 144, 147, 163 A, 169, 182, 190, 243, 247 A, 254 s. auch *imaginatio*, Einbildungskraft
Inscriptionen, Inschriften 113, 134 A, 197, 230
insinuatio, Einschmeichelung 198, 224–229 s. auch Schmeichelei
Inspiration s. Eingebung
Intentionalität 106, 214, 223
interrogatio, Frage 294
Introductionsrede 208 f.
inventio argumentorum 87 f., 186, 235 A, 249, 251
– *argutiarum* 231
– *artificialis* 137
– *è diverso* 189 A, 263
– *thematis* 56 A, 86, 87 A, 115–117, 130 A, 143, 146, 182 A, 209, 230, 238, 249–251, 274
inventio, musikalische 74
–, natürliche 146, 148
–, philosophische 160 f.
–, topische 145, 161, 256

inversio 146 A
iudicia hominum, Urteil anderer (topos) 292
– *posteritatis,* Urteil der Nachwelt (topos) 292
iudicium, Urteilskraft 21, 93–95, 123, 130, 138, 150–152, 173, 179–182, 187 f., 192, 207, 214, 229–234, 237 f., 247 A, 254, 299 f.

Jahr (topos) 113 f.
Jahreszeit (topos) 102
je ne sais quoi 68, 202 f., 278
Jesuiten, Jesuitismus 80, 197 f.
Jurisprudenz, Rechts=Gelahrtheit 38–40, 57, 64, 234

Kabinettsrede 219
καιρός 227
Kaiser, römische 103 A, 200
Kalkül 160
Kanzelberedsamkeit s. Beredsamkeit, geistliche
Kanzelrede s. Predigt
Kanzlei, -stil 61, 64, 99
Kanzleibücher 154
Kasuistik 104, 209, 248
Katholizismus 30, 56
Kirchenväter 44, 54 f., 82
Klarheit s. *claritas*
Klugheit s. *prudentia*
Klugheitsregeln 212–216, 248
s. auch *prudentia,* Klugheit
Kollektaneen, *loci-communes*-Sammlungen, Sammelwerke, Topossammlungen, Vorratskammern 144, 149 A, 183, 220–224, 229, 252, 258, 264 f. s. auch Exzerpte; Florilegien; Indices; Miszellaneen;
Promptuarien; Realiensammlungen; Schatzkammern; Vademecums
Kombinatorik 74 A, 136, 160 f., 170–175, 184, 186, 204, 255, 289
Kommunikation 18 f., 39, 64, 94–96, 109, 133, 135, 148, 196, 221, 277, 292
Kontemplation 185
Konvention 161
Konversation 66, 140, 187, 195, 202, 209, 217 f., 225 s. auch Gespräch
Kunstlehre 18, 22, 77, 206, 297
s. auch Ästhetik
Kunstregeln 71
Kürze s. *brevitas*
Kurzrede s. Compliment

Landschaft (topos) 125
Landtagsrede 208 f.
Lateinschulen 51
latinitas, sprachl. Korrektheit 294 A
Lebenslauf, Personalia 58
Lehrer (topos) s. *educatio et disciplina*
Lehrrede s. *genera causarum,* einzelne
Lehrsatz, moralischer 146 A, 187
Lehrpruch, *sententia* 240 A, 273
Leibesgestalt (topos) s. *habitus corporis*
Leichabdankung s. Abdankung, Parentation
Leichenpredigt, Casualpredigt 57–60, 144 A, 263
Leichenrede 57–59, 144, 237, 262
s. auch Abdankung; Grabrede; Parentation

Leich-Realien 210
Leidenschaften 74, 84, 163 A, 216, 243, 278 f. s. auch Affekte
Leser 72, 194 f.
λέξις 15 s. auch *elocutio*, Ausarbeitung
lieux communs 120, 122 A, 161 s. auch *loci communes*
List 170, 211 A
Literatur 21
Lobgedicht 48 A, 49 A, 111 A, 282 f. s. auch Gedicht; Lyrik
Lobrede s. *genera causarum*, einzelne
–, vernünftige 115
loci communes, (All-)Gemeinplätze, -stellen 74 A, 89 f., 92, 95, 179, 183, 187, 190–192, 221, 230, 232–237 s. auch lieux communs, *loci topici*
loci communes-Sammlungen s. Kollektaneen
loci communes, einzelne:
 loci ab aetate (Alter) 101 f., 113, 114 A, 125, 255, 289
 – *ab animo natura* (Gemütseigenschaften) 100–102, 255
 – *ex ante acta dicta* (Vorgeschichte) 290
 – *a causa* (Anlaß, Ursache) 100, 130, 188, 255, 290
 – *a circumstantia* (Umstände) 100, 113, 114 A, 125, 130 A
 – *a conditione* (Ehrenstellen) 101, 125, 149 A, 289
 – *a coniunctis* (Verwandtes) 99
 – *a contrario* (Gegenteil) 100, 222
 – *a definitione* (inneres Wesen) 98 f., 255

loci ab educatione et disciplina (Erziehung und Ausbildung; Lehrer) 102, 125, 149, 255, 289, 291
 – *ab effectis, ab eventu* (Wirkungen) 100, 255
 – *a facultate* (Gelegenheiten) 113 A, 132, 255 f.
 – *a fortuna* (Glücksgüter) 101, 125, 255, 289
 – *a genere* (Gattung) 99 f.
 – *a genere* (Geschlecht) 101 f., 125, 149, 255, 289–291
 – *ab habitu corporis* (Leibesgestalt) 101 f., 113, 125, 289
 – *ex iudiciis hominum* (Urteile anderer) 292
 – *ex iudicio posteritatis* (Urteil der Nachwelt) 292
 – *a loco* (Ort) 101 f., 113 A, 117, 130, 132, 188, 227, 255 f., 273 A, 286
 – *a minore ad maius* (Größeres durch Geringeres) 192 f.
 – *a modo* (Art und Weise) 255
 – *a natione* (Herkunft) 101, 125, 290 f.
 – *a nomine* (Name) 87 f., 99, 101, 111, 113 f., 125, 128, 130 A, 149, 289
 – *a nota, a notatione* (Bezeichnung, Etymologie) 98–100, 257 A
 – *ex parte* (Teil), – *partibus* (Arten, Teile) 98 f., 255
 – *a patria* (Vaterland) 101 f., 255, 287, 291
 – *a persona* (Person) 87, 98 A, 101 f., 111, 113 A, 117, 130,

132, 149, 188, 227, 255 f., 273, 286, 290
loci a re (Sache) 98, 100, 130, 286, 290
– *a simili* (Ähnlichkeit) 144
– *a studiis* (Amt, Beschäftigung, Beruf) 111
– *a tempore* (Zeit) 101, 113, 117, 130, 132, 227, 255 f., 273 A, 286, 290
– *ex virtute* (Tugenden) 101, 111, 126, 255
– *a vocabulo* (Bezeichnung) 98 f.
loci dialectici 100 A
loci extrinseci, – intrinseci 98, 198
loci topici 87, 89, 134, 211 A, 220, 232, 234 f., 238, 240, 252, 256 f. s. auch *loci communes*
loci universales 205 A
locus, Ort (topos) 101 f., 113 A, 117, 130, 132, 188, 227, 255 f., 273 A, 286 s. auch Generalnenner, inventionale
Logik 21, 62, 93 A, 180, 232, 247 A
–, formale 115, 134, 256 f., 266, 268
–, praktische 203 f., 299
–, theoretische 203 f.
logischer Schluß s. *conclusio*, Schlußfolgerung; Syllogismus; Vernunftschluß
logos, λόγος 250 f.
lutherisch-orthodox 28 f., 158
Lyrik 78, 284 s. auch Briefgedicht; Gedicht; Lobgedicht

maius, Größeres (topos) 192 f.
Malerei 73 f., 181, 280

Manierismus 34, 103 A, 131 f. s. auch Barockstil; Schwulst
Materie, *materia* 189 A s. auch Generalnenner, inventionale; Thema
Mathematik 74, 78 f., 104, 134, 161, 164–168, 217, 240 A, 258, 301
mauvais goût 278 A s. auch *bon goût*, Geschmack
Medaillen 113 s. auch Münzen
Meditation 16 f., 182–186, 188, 191, 203–207, 216, 224 A, 234, 274, 299 f.
–, analytische 204 A
–, freye 253
–, synthetische 204 A
meditationes, sinnreiche Gedanken, – Einfälle 170, 173 f., 187–190, 192 f., 205, 240 A s. auch Scharfsinnigkeit
Medizin 57
Meinungen, *opiniones* 59, 71, 84, 96 A, 120, 165, 246, 266, 271
memoria, Auswendiglernen 111 A, 116 A, 126 A
Metapher 115, 145 A, 149, 184 f., 295
Metaphysik 21, 24 A
Methode 16, 45, 55, 122 A, 151, 176, 192, 205 A
Methode, analytische 161 f.
–, mathematische 78, 162 A, 166 f., 169, 298
–, philosophische 21, 268
–, synthetische 161 f.
–, topische 88 f., 124, 233, 268, 288–290
Methodendiskussion, -kritik 2, 132, 135, 138, 142, 180, 221, 300
minus, Geringeres (topos) 192 f.

Sachregister

Miszellaneen 129, 149 A, 221–224 s. auch Kollektaneen
Mittelalter 56, 64, 74, 90, 99, 154, 185 A, 299 f.
Möglichkeitswissenschaft 117, 163, 169, 216, 251 A, 253
modus, Art und Weise (topos) 255 s. auch Generalnenner, inventionale
Monarchie 103 A, 200
Monat (topos) 113 f.
Moral 46, 60, 89, 162, 247 A s. auch *ethos*; Sitten-; Verhaltenslehre
Moralische Wochenschriften 10, 153
movere, bewegen 42, 45, 72, 77, 94, 105, 130 A, 156, 275
Münzen 113, 128 f., 141, 221, 264 A s. auch Medaillen; Schaupfennige
Musik 1, 74, 138, 181, 280
Muster 33, 45, 48, 69 A, 141 A, 234, 265 A s. auch *exempla*, Vorbilder
Muttersprache s. Sprache, deutsche
muttersprachliche Rhetorik 18, 39, 49, 61, 131, 154, 182, 287, 300

Nachahmung, *imitatio* 36, 280, 300
–, freye 69
Nachdenken, -sinnen 151, 168 A, 183 A, 189, 195, 205 A, 222, 234, 253, 255, 257, 258 A s. auch Meditation
Name (topos) s. *nomen*
narratio, Erzählung 118, 187 f., 272, 290 f., 293
natio, Geburtsort, Herkunft, Vaterstadt (topos) 101, 125, 290 f.
Natürlichkeitspostulat 41, 69 f., 132 f., 143, 146, 200, 254 f., 278 f.

Natur, *natura* 54, 76, 117 A, 145, 147 f., 164, 184, 278 f.
Natur der Dinge, *natura rei* 98, 133, 148, 175 A, 246 A
Natur des Menschen 35, 45 f., 117, 211, 216, 246, 267
Naturlyrik 78
Naturnachahmung 4, 34, 147 f.
Naturrecht 165
Naturwissenschaft 78, 134, 164, 166, 181 f., 217, 258, 298
Nebengedanken 119, 251 A
Nebensätze, Zusätze 240 f., 249, 251, 256 f., 273 A, 287 s. auch Corollaria
Neologisten 264
Neustoizismus s. Stoizismus
neuzeitliche Rhetorik 27 f., 40, 83, 106 f., 112, 116 f., 213 f., 216, 247, 257, 271, 297 f.
nomen, Name (topos) 87 f., 99, 101, 113 f., 125, 128, 130 A, 149, 289
notatio, Bezeichnung, Etymologie (topos) 98–100, 257 A s. auch *vocabulum*
Numismatik s. Münzen

Obersatz, *propositio maior* 104 f., 288 s. auch Prämisse
obscura perceptio, dunkle Vorstellung 162
obscurité 246 A, 247 A s. auch Dunkelheit, *obscuritas*
obscurum genus (Vertretbarkeitsgrad) 228
officia oratoris 42, 180, 211
Ontologie 169, 206, 271, 298
opinio, Meinung 96 A
oratio aulica s. Hofrede

Oration, große, vollständige Rede 196, 199, 213, 218, 238 A, 262
orator 71 f., 244
– *doctus* 36, 245
Ordnung s. *dispositio*
ordonnance 80 f.
Originalität 20, 76, 204, 280
ornatus, rednerische Blumen, Redeschmuck, Zierrat 67, 108, 112, 132, 141, 193 A 202, 232 f., 272, 294 f. s. auch Putzwerk, rednerisches; Redeweise, verblümte
Ort, *locus* (topos) 101 f., 113 A, 117, 130, 132, 188, 227, 255 f., 273 A, 286 s. auch Generalnenner, inventionale
Orthodoxie 28 f., 83

Pädagogik 52, 56, 124, 129, 135, 197 f., 212 f., 215, 217, 230, 252 s. auch Schulen
Panegyrik s. Lobgedicht; *genera causarum*, einzelne
Parabel 113
Paradigma, παράδειγμα 269, 273 f.
paraphrasis, Erklärung 236
Parentation, Trauerrede 60, 149, 219, 262 s. auch Abdankung; Grabrede; Leichenrede
partes, Teile (topos) 98 f., 255
– *generibus*, Arten (topos) 99
– *orationis*, Redeteile 118, 224–226, 272, 293
– *oratoris officii* s. *rhetorices partes*, Bearbeitungsphasen
partitio, divisio, Verkündung der Redeabsicht 238, 291, 293
passions 279 A s. auch Affekte; Leidenschaften

pathos, πάθος 238, 241, 250 f.
πειθώ s. *persuasio*
peindre, malen 42
pensée 161, 192, 205
Perikopen 58 A, 261
Periode, Satz 112, 197, 226 A
permovere s. *movere*
peroratio, conclusio, Beschluß, Redeschluß 118, 195, 225 A, 293
Person, *persona* (topos) 87, 98 A, 101 f., 111, 113 A, 117, 130, 132, 149, 188, 227, 255 f., 273, 286, 290 s. auch Generalnenner, inventionale
Personalia, Lebenslauf 58
perspicuitas, Deutlichkeit 63 A, 112, 143, 204, 272, 287, 294 f.
persuader, überzeugen 120, 124, 247 A, 277 A
persuasio, Überzeugung 59, 103–110, 125, 143, 148, 177, 209, 211 A, 217, 220, 226, 232 f., 249–251, 266, 285 f., 289
– *aesthetica* 76
Perzeption, Wahrnehmung 162, 173
phantasia 52 A
Philologie 44, 49, 178 f.
Philosophie, Weltweisheit 21, 49, 80 f., 117, 133, 142 f., 152 f., 156, 159 f., 163, 165, 205, 282, 298
Phrasen 183, 225, 231
Physik 165 f.
Pietismus 48, 83, 158 f., 186
πίστεις s. *argumentatio*
πίστεις ἄτεχνοι s. *probatio inartificialis*
– ἔντεχνοι s. *probatio artificialis*
Plausibilität s. Glaublichkeit; Wahrscheinlichkeit

Poesie s. Dichtung, Dichtkunst
Poetik 21, 34, 37, 77, 113 f., 130, 146 f., 200 f., 254, 259
Politicus, Hofmann 214–220, 223, 229 A, 231, 233 f., 236, 239, 274
politisch, Politik 106 A, 210, 213 f., 215, 217, 234, 247 A
politische Rhetorik 40, 106, 138, 154, 159, 187, 196, 220–226, 252–254, 273 A, 275
Pomp s. Schwulst
Postille 58 A, 59 A, 261 A
Prädikat 115, 204, 256
praecepta, Lehre, Regeln 35 f., 40, 95, 296 s. auch *doctrina*
Prämisse, Förder=(Vorder-)Satz 104 f., 269 f., 208 s. auch Ober-; Untersatz, *propositio maior*; – *minor*
Pragmatismus 214, 226, 231 f., 248
Predigt, Kanzelrede 28, 41 A, 54–62, 71, 83, 105 A, 117 A, 158, 185, 218, 261–265 s. auch Beredsamkeit, geistliche; Rede, geistliche
–, evangelische 105
Predigtlehre s. Homiletik
πρέπον s. *aptum*
preuve, Beweis 120, 246 A, 247 A
principium s. *exordium*
– *contradictionis*, Satz vom Widerspruch 117 f., 176, 246, 256 A, 265
– *rationis sufficientis*, Satz des zureichenden Grundes 109, 117, 177, 246, 256 A, 265, 267
probatio s. Beweis, *probatio*
– *artificialis*, künstlicher Beweis 98, 124, 189 f., 222, 250, 257
– *inartificialis*, natürlicher Beweis 98, 189 f., 250, 257

Probation 238 s. auch Beweis, *probatio*
probitas, Rechtschaffenheit 244, 245 A, 248
prodesse et delectare 130 A
πρόθεσις s. *propositio*, Vortrag des Themas
Promptuarien 221 s. auch Kollektaneen
pronuntiatio, actio, Redevortrag 54, 61 f., 80, 93, 111 A, 116 A, 126 A, 277
prooemium, προοίμιον s. *exordium*
Propädeutik 25, 31, 199
proportion des parties 80 f. A
propositio, Thema 117 A, 118 f., 191, 212, 236, 241 A, 247 A, 270 A s. auch Hauptsatz; *protasis*, Behauptung
propositio, Vortrag des Themas 197 A, 198, 224 f., 226 A, 236 f., 238 A
propositio maior, Obersatz 104, 288 s. auch Prämisse
– *minor*, Untersatz 288, 291 s. auch Prämisse
proposition, Satz 247 A
protasis, Behauptung 235, 241 A s. auch *propositio*, Thema
Protestantismus 28, 30, 50, 56, 217
prouver, beweisen 42
prudentia, Klugheit 95, 128, 170, 203, 214, 216, 231, 244, 247 A, 248, 257 s. auch Klugheitsregeln
– *civilis* 214
– *politica* 214 s. auch Staatshändel, -kunst
– *sermonis secreti* 219
Prunkreden 220
Prunkworte 228

Sachregister

Psychologie, Geister-, Seelenlehre 77, 126, 162 f., 173, 201, 243 f., 246, 266
Publikum s. Zuhörer
Putzwerk, rednerisches 112 f., 273 s. auch *ornatus*, Redeschmuck

Quadrivium 138 s. auch freye Künste
quaestio finita 92 A
quaestiones infinitae 92 A
Querelle des Anciens et des Modernes 37, 85, 277
Quietismus 83, 186

raisons, Gründe 120
Raths=Reden 208 f.
ratio, Beweis 235 A, 236 s. auch *aetiologia*, Ätiologie
ratio, Methode, Verfahren 49, 93
ratio inveniendi 93
– iudicandi 93
ratiocinatio s. Syllogismus
rationes, Gründe 45, 87 A, 100, 104 A, 139, 141, 181, 189 A, 193, 246, 266
Rätsel 175, 260
Realien 128, 134 f., 137, 139–144, 210, 217, 229–234, 264 A, 274, 299
–, rechte, wirkliche 139, 141 f.
Realiensammlungen 209, 217, 219, 258 s. auch Kollektaneen
Realwissenschaften 134, 138, 140, 217, 258, 285
Rechts=Gelahrtheit s. Jurisprudenz
Rechtschaffenheit s. *probitas*
Rede, bürgerliche 196, 197 A, 208, 211, 218, 220, 230

Rede, gebundene 259
–, geistliche 55 f., 61 s. auch Predigt, Kanzelrede
–, große, vollständige s. Oration
–, politische 40, 220, 252
–, scharfsinnige 195, 228
–, sinnreiche 128, 197 f.
–, spitzfindige 228
–, ungebundene 259
Redeabsicht s. *partitio*
Redearten s. *genera causarum*
Redeeingang s. *exordium*
Redefiguren, Stilfiguren 26, 76, 89, 145, 193, 236, 238, 240, 279
Redegattungen s. *genera causarum*; Gattungsfrage
Redepraxis 57 A, 140, 143 f., 149, 274, 281 f., 287–296, 299 f.
Redepsychologie 233, 248
Redeschluß s. *peroratio*
Redeschmuck s. *ornatus*
Redeteile s. *partes orationis*
Redeübungen 158
Redeweise, natürliche 41
–, sinnreiche 295
–, verblümte 295 s. auch *ornatus*; Tropen
–, zierliche 49, 72, 287
Redezweck 177, 196 A
Redensarten 199, 240
–, ausländische 61 A
Redner, gelehrter, *orator doctus* 245
–, kluger 257
–, politischer 212 A, 216, 223, 265 A
–, scharfsinniger 172
–, vernünftiger 35, 119, 133, 172, 240
–, wahrer 87 A, 263

Rednergesellschaften 30 A, 153, 281
Rednerideal 35, 72, 244
refutatio, Entgegnung, Widerlegung 98, 118, 137, 241, 249 A, 292 f. s. auch *reprehensio*, Widerlegung
Regeln 23, 35, 45, 48, 57 A, 60, 69, 71, 80, 84, 93 A, 112, 151, 156 A, 165, 168 A, 175 A, 181, 189, 191, 203 f., 208, 238 A, 240, 246 A, 258, 267, 277 f., 280
Register s. Indices
Reichtum (topos) 101 f.
Reisen (topos) 101, 125, 141
Renaissance-Rhetorik s. humanistische Rhetorik; neuzeitliche Rhetorik
Repertorien 221
reprehensio, Widerlegung 76 s. auch *refutatio*, Entgegnung, Widerlegung
Republik 103 A, 211 A
res, Sachen s. Generalnenner, inventionale; *loci a re*
res-verba-Problem 111–114, 131 f., 149, 176, 178, 180, 185, 205, 242, 253, s. auch *aptum*, inneres
rhetor 71
rhetorices partes, partes oratoris officii, ἔργα τοῦ ῥήτορος, Bearbeitungsphasen 17, 33 A, 42, 76, 115 f., 126 A, 196 A, 219, 276 A, 294 A
rhetorische Frage 291
Ritterakademien 129 A, 140, 213, 217, 248
römische Rhetorik 35, 40, 48, 68, 76, 90 f., 98 f., 189, 199 f., 244
Roman, galanter 38

Sachen, *res* (topos) 98, 100, 130, 286, 290 s. auch Generalnenner, inventionale
Sammelwerke s. Kollektaneen
Satz, allegorischer 143 s. auch Allegorie
–, historischer 255
–, logischer 103, 115, 118, 142, 177, 267
–, schematischer 143, 263 f.
–, wahrscheinlicher 176
Satz des zureichenden Grundes, *principium rationis sufficientis* 109, 117, 177, 246, 256 A, 265, 267
– vom Widerspruch, *principium contradictionis* 117 f., 176, 246, 256 A, 265
Scharfsinn 163, 180, 192, 284, 299 s. auch *acumen; argutia*
Scharfsinnigkeit 169–174, 192, 260, s. auch *meditationes*
Scharfsinnigkeit, falsche 215
Schatzkammern, oratorische, Thesauri 221, 223, 258, 289 s. auch Kollektaneen
Schaupfennige 113 s. auch Medaillen; Münzen
Scheingründe 140, 237
Schematismus 87, 101, 147, 182, 185, 221, 288–290
Schluß s. Vernunftschluß
–, falscher 102
–, rhetorischer s. Enthymem
–, verstümmelter s. Enthymem
Schlußfolgerung, *conclusio* 142, 162, 176 f., 203, 235, 266, 267 A, 269 f., 287 f.
Schlußrede 105 A, 269 s. auch Enthymem

Schmeichelei 198 f., 224 A, 225, 245 A s. auch *insinuatio*, Einschmeichelung
Schreibart 33 A, 34, 66, 133 s. auch *elocutio*; *genera dicendi*; Stil
–, affectirte 131
–, bewegliche 67, 279
–, dunkle 295 A
–, erhabene, *genus sublime* 26
–, galante 67 f., 203
–, gebundene 286 f.
–, historische 153
–, hochtrabende 133, 200
–, hohe, *genus medium* 67
–, natürliche 34, 66 f., 133, 139 A, 146, 183 A, 253 f., 264
–, nette 252
–, niedrige, *genus humile* 67
–, oratorische 153
–, pathetische, *genus grande* 67
–, pedantische 131
–, phantastische 146 A
–, philosophische 152 f.
–, reine 200
–, scharfsinnige 67, 173, 198 A
–, schwülstige 27, 146, 200
–, sinnreiche 67
–, spitzfindige 198 A
–, undeutliche 295 A
–, ungebundene 287
Schulactus 129 A, 217 A
Schulen 1, 24 f., 48 f., 52 f., 87, 135, 210, 217 f., 222 s. auch Adelsschulen; Gymnasien; Pädagogik; Trivialschulen; Universität, hohe Schule
Schuloratorie, -rhetorik 47, 86, 133, 138, 182, 213, 220, 230 f., 252
Schulrede 197 A, 219, 230, 237, 262

Schwulst, Barockstil, Bombast 27, 128 A, 131, 144, 146, 200 s. auch Manierismus
scientia, Wissenschaft 163
sedes argumentorum, Erfindungsquellen 60, 87 f., 95, 98, 114, 127–130, 132–134, 138, 192, 256–265, 289, 294
Seelenkräfte, -vermögen, Gemütskräfte 169 A, 170 f., 173, 243, 300
–, niedere, obere 162 f., 201
Seelenlehre s. Psychologie
Sekretariatskünste 64
Sensualismus 119, 204, 280
sensus communis 271, 288
sententia, Lehrspruch, Sentenz 113, 129, 137, 179, 205, 221 f., 240 A, 273
sermo humilis 55 A
– *publicus* s. Hofrede
– *secretus* 219
Sermon 196 A, 262
Siegel (topos) 113
simile, Ähnlichkeit (topos) 144
similitudo, Ähnlichkeitsbeziehung 169 A, 170–172, 174, 240 A, 247, 259, 273
Sinnbild s. Emblem
Sinne 163
Sitten 153
Sittenlehre 45 f., 111, 165, 244 s. auch *ethos*; Moral; Verhaltenslehre
Sophistik 176, 227, 231, 234, 243, 245, 271 s. auch griechische Rhetorik
Sprache, deutsche, Muttersprache 21, 153, 291
Sprachen, fremde 134, 217

Sprachgesellschaften 153, 158
Sprachphilosophie, -theorie 30, 83, 111 f., 123 f., 160, 185, 250
Sprichwort s. *sententia*, Lehrspruch, Sentenz
Staatshändel, -kunst 36, 111, 214, 219, 234 s. auch *prudentia politica*
Staatsrecht 140
Staatsrede 208 A, 219
Stand, *genus* (topos) 149
status-Lehre 99, 137
Steigerung 238, 241
Stellung, *conditio* (topos) 101, 125, 149 A, 289
Stil 61, 66 f., 70, 112, 131, 144 A, 145, 148, 184, 231, 239 f., 294 f. s. auch *elocutio*, Ausarbeitung; Schreibart
–, galanter s. Schreibart, galante
–, hoher, *genus grande* 67 A, 294
–, mittlerer, *genus medium* 67 A
–, natürlicher s. Schreibart, natürliche
–, niederer, *genus humile* 67 A
Stilfiguren s. Redefiguren
Stillehre, Stilistik 25 f., 33 A, 67, 276 A
Stilübung 197
Stilwandel 103 A, 131
Stoa, Stoizismus 179, 197, 214
Stoffgliederung s. *dispositio*
Strohkranzrede 219
studia, Beschäftigung (topos) 111
Subjekt 115, 204, 256
Subjektivität 20, 76, 254
subnexio, angefügter Nebengedanke 236 A
Subscriptio 259 s. auch Emblem; Epigramm

Substantiv 225
Syllogismus, συλλογισμός, *ratiocinatio* 117, 179 f., 196 A, 266 f., 270, 288, 298 s. auch *conclusio*, Schlußfolgerung; Vernunftschluß
Symbol (topos) 113
Synthesis 151, 159, 161, 164, 166, 176 f., 203 f., 266, 269

Tadelrede s. *genera causarum*, einzelne
Tag (topos) 113
Taten, Handlungen (topos) 100 f., 111, 126, 130, 188, 255
Teile, *partes* (topos) 98 f., 255
tempus, Zeit (topos) 101, 113, 117, 130, 132, 227, 255 f., 273 A, 286, 290 s. auch Generalnenner, inventionale
tertium comparationis 145 A, 295
testimonia, Zeugnisse 103, 128, 222, 239, 240 A, 264 A, 273 f.
Theater s. Schulactus
Thema 117 A, 118 f., 191 A, 204, 209, 212 A, 238 A, 256 A, 289 s. auch Generalnenner, inventionale; *inventio thematis*, Materie, *materia*; *propositio*, Thema
themata allegorica s. Allegorie
– libera 273 A
Theodizee 165
Theologie 49, 95 A, 185 f., 222 f.
Thesauri s. Schatzkammern, oratorische
θυμός s. *virtus*
Titelbücher 64
Titulaturen 220 A, 229 A
Tod, Todestag (topos) 101, 111, 125, 255

Sachregister

Topik, vernünftige 249
Topiken 90, 100, 125, 161, 257 f.
Toposbegriff 12, 90
Toposforschung 11 f.
Toposkataloge s. Indices
Toposkritik 86–89
Topossammlungen s. Kollektaneen
toucher, *movere* 42
tour 67 f.
Trauerrede s. Parentation
Trieb 163
Trivialschulen 213 s. auch Schulen
Trivium 28 s. auch freye Künste
Tropen 26, 76, 121, 145, 241, 279
Tugenden, *virtutes* (topos) 101, 111, 126, 255
–, rednerische 216
turpe genus (Vertretbarkeitsgrad) 228

Überführung, *convictio* 103–105, 156, 266, 269 A s. auch Gewißheit
Überredung 34, 70–72, 85, 92, 103–105, 107 A, 143, 209, 220, 226
Überschrift s. Epigramm
Überzeugung s. *persuasio*
Umstände, *circumstantiae* 113 A, 116 f., 130, 188, 216, 227 s. auch Generalnenner, inventionale
Umstände, *circumstantiae* (topos) 100, 113, 114 A, 125, 130 A
Undeutlichkeit 162, 295
Universität, hohe Schule 1, 25 f., 48, 52, 213, 218, 222 s. auch Schulen
Universitätsrede 219
Untersatz, *propositio minor* 288, 291 s. auch Prämisse
Ursache, *causa* 189 A s. auch Generalnenner, inventionale

Ursache, *causa* (topos) 100, 130, 188, 255, 290
Urteil 103, 128, 179, 243 s. auch *iudicium*, Urteilskraft
–, analytisches 247
–, logisches 134, 151
Urteil (topos) s. *iudicia hominum*; *iudicia posteritatis*
Urteilskraft s. *iudicium*
–, ästhetische 71

Vademecums 221 s. auch Kollektaneen
variatio, Abwechslung 238
Vaterland, *patria* (topos) 101 f., 255, 287, 291
Vaterstadt (topos) s. *natio*
Verb 225
verba, Worte s. *res-verba*-Problem; *aptum*, inneres
Vergleich, *comparatio* 144, 294, 296
Vergrößerung s. Hyperbel
Verhalten (topos) 102
Verhaltenslehre 38, 68, 214, 223 s. auch *ethos*; Moral; Sittenlehre
verisimilitudo s. Wahrscheinlichkeit
verité, Wahrheit 120, 161, 246 A
Verlängerung s. *amplificatio*
Verlobungsrede 219
Vernunft 54, 140, 142, 145 A, 163, 193 A, 203, 211 A, 299
–, gesunde 83, 102, 190, 246 A, 257
Vernunftlehre 45 f., 93 A, 244
Vernunftregeln 145, 200
Vernunftschluß 45 A, 87 A, 104, 128, 134, 141, 243, 247, 251 A,

259, 267, 270, 289 f. s. auch *conclusio*, Schlußfolgerung; Syllogismus
Verunftschluß, verstümmelter s. Enthymem
Verstand 34, 41, 45, 52, 84, 104 A, 107 A, 119, 133, 156, 163 A, 166 A, 170, 193, 243, 252, 269 A
–, natürlicher 83
–, reiner 163
–, unreiner 163
Vertretbarkeitsgrade 228
Verwandte (topos) s. *genus*, Geschlecht
Verwandtes, *coniuncta* (topos) 99
vir bonus-Ideal 244 f.
virtus, θυμός 45 s. auch Wille
virtutes, Tugenden (topos) 101, 111, 126, 255
vocabulum, Bezeichnung (topos) 98 f. s. auch *notatio*
Vordersatz s. Prämisse
Vorfahren (topos) s. *genus*, Geschlecht
Vorgeschichte, *ante acta dicta* (topos) 290
Vorratskammern s. Kollektaneen
Vorstellung, dunkle 162, 294 A
–, klare 162, 294 A
Vortrag s. *pronuntiatio*
Vortrag des Themas s. *propositio*
Vorurteil 243

Waffen (topos) 113
Wahlspruch, Devise 128, 221, 259 A
Wahrheit, *veritas* 112, 139 f., 142, 164, 187, 193 A, 205, 223, 271
–, bekannte; –, unbekannte 166 f.
–, christliche 59 f.

Wahrheiten, dogmatische 56
–, praktische; –, theoretische 56
–, verborgene 168 A
Wahrnehmung 169 f.
Wahrscheinlichkeit, *verisimilitudo* 89, 97 A, 143, 176, 203 f. A, 236 f., 267, 273 f., 286, 298 s. auch εἰκός; Glaublichkeit, Plausibilität
Wahrscheinlichkeitsschluß s. Enthymem
Wappen, *insignia* (topos) 111, 127–129, 264 A
Weltweisheit s. Philosophie
Wesen, inneres, *definitio* 98 f., 255
Widerlegung s. *refutatio*
Widerspiele, *contraria* 240 A
Widerspruch s. *principium contradictionis*
Wille 34, 45, 84, 104 A, 107 A, 119, 156, 163, 193, 243
Wirkungen, *effectus* (topos) 100, 255
Wirkungsperspektive s. Beyfall; Zuhörer
Wissenschaft 21, 48, 93 A, 96, 102, 141, 143, 150, 163 f., 201, 220, 245 f., 253, 271
Witz 102, 116, 144, 166 A, 169–171, 175, 180, 192, 289, 295, 299 s. auch esprit; Geist
–, ausschweifender 190
–, glänzender 228
Wohlredenheit, *eloquentia* 36, 70–72, 84, 108 A, 157, 180, 208, 218
Wohlstandsrede 234
Wortbedeutung (topos) 100
Worte s. *res-verba*-Problem; inneres *aptum*
Würde (topos) 113

Zeit, *tempus* (topos)   101, 113, 117, 130, 132, 227, 255 f., 273 A, 286, 290 s. auch Generalnenner, inventionale
Zeitschriften   2, 9 f., 153
Zeitungen (topos)   113, 128
Zensur   28 f., 61 f. A
Zeremoniell   66, 68, 187, 218, 225, 230
Zeugen, *testes*   103, 181
Zeugnisse, *testimonia*   103, 128, 222, 239, 240 A, 264 A, 273 f.
zierlich, *ornate*   49, 72, 287 s. auch *decorum*

Zierrat   s. *ornatus*, Redeschmuck; *decorum*
Zitate   s. Allegata
Zivilisation   278 f.
Zufälle (topos)   113 f.
Zuhörer, Auditorium, Publikum   41 A, 56, 60, 71 f., 85, 87 A, 89 A, 103–110, 119, 132, 143, 163 A, 193, 195, 214 A, 227 f., 241, 243, 271 f., 277, 285 A, s. auch Beyfall
–, vernünftiger   223
–, verständiger   87 A
Zusätze   s. Nebensätze
Zwangsherrschaft   211 A

Bernhard Gajek (Hrsg.)

Johann Georg Hamann
Autor und Autorschaft

Acta des sechsten Internationalen Hamann-Kolloquiums im Herder-Institut zu Marburg/Lahn 1992

Frankfurt/M., Berlin, Bern, New York, Paris, Wien, 1996. 371 S., 2 Abb.
Regensburger Beiträge zur deutschen Sprach- und Literaturwissenschaft;
Reihe B/Untersuchungen. Herausgegeben von Bernhard Gajek. Bd. 61
ISBN 3-631-30592-3   br. DM 98.--*

Durch die seit 1976 gehaltenen internationalen Kolloquien wird das Werk des Königsberger Philosphen, Philologen und Theologen Johann Georg Hamann (1730-1788) planvoll erschlossen. Dem Kolloquium von 1992 ging es um Autor und Autorschaft – einen Bereich, der für Hamann Vorstellungen wie „Gott als Schriftsteller", die Schöpfung als Schrift, aber auch die Umsetzung solcher Bilder in eine Fundamentalkritik an der zeitgenössischen Literatur, Philosophie und Theologie beinhaltete. Hamanns Wirkung hält an und überschreitet die fachlichen und nationalen Grenzen. So wurden diesmal die Hamann-Rezeption und Hamann-Forschung im russischen Sprachbereich behandelt und neue Beziehungen zur Universität Königsberg geknüpft, von der Hamann ausgegangen war.

Aus dem Inhalt: Hamann als Schriftsteller · Der Gegenstand von Hamanns Autorschaft · Die Metaphorik „Gott als Schriftsteller" · Die Schöpfung als Schrift · Hamann-Rezeption und Hamann-Forschung in Rußland

Frankfurt/M · Berlin · Bern · New York · Paris · Wien
Auslieferung: Verlag Peter Lang AG
Jupiterstr. 15, CH-3000 Bern 15
Telefon (004131) 9402131
*inklusive Mehrwertsteuer
Preisänderungen vorbehalten